DIE VERLOBTEN
von

Alessandro Manzoni

DIE VERLOBTEN

Eine mailändische Geschichte aus dem 17ten Jahrhundert / Aufgefunden und herausgegeben von

Alessandro Manzoni

Illustrierte Ausgabe

Impressum:
© 2020 Conrad Thiess (Hrsg. u. Bearb.)
Übers. Albert Wesselski, 1913.
Herstellung und Verlag: BoD – Books on Demand, Norderstedt.
ISBN: 978-3-75191-410-9

EINLEITUNG.

„Die Weltgeschichte läßt sich wahrhaftig umschreiben als ein hehrer Krieg gegen die Zeit; denn sie entreißt der Zeit die von ihr Gefangenen, um sie, die schon zu Leichnamen geworden sind, wieder ins Leben zurückzurufen, Heerschau über sie zu halten und sie von neuem ins Treffen zu stellen. Die hehren Helden aber, die auf dieser Wallstatt Palmzweige und Lorbeeren ernten, raffen nur die prächtigste und glänzendste Beute zusammen, indem sie mit ihren Tinten die Unternehmungen der Fürsten und Machthaber und erlauchten Herren einbalsamieren und mit der durchdringenden Nadel des Geistes die goldenen und seidenen Fäden durchziehen als ein immerwährendes Geflecht von preiswürdigen Taten. Meiner Schwäche jedoch ist es nicht verstattet, sich zu solchen Gegenständen und zu so schwindelnden Gipfeln zu erheben, wie es die Bewegung in den Labyrinthen der Staatsaktionen unter dem Widerhall der Kriegsfanfaren erforderte; und ich bescheide mich, das, was mir von denkwürdigen Dingen, gleichwohl nur Handwerker und kleine Leute betreffend, kund geworden ist, dem Gedächtnis der Nachwelt in einer ganz schlichten und lauteren Geschichte zu erzählen oder besser zu überliefern. Auf einer engen Bühne werden darin Tragödien jammervollen Schreckens und Szenen großartiger Ruchlosigkeit zu sehen sein mit Zwischenspielen von tugendhaften Handlungen und englischer Güte als Gegensatz zu den teuflischen Machenschaften. Wahrhaftig, bedenkt man, daß diese unsere Himmelstriche beherrscht werden von dem Katholischen Könige, unserem Herrn, der die Sonne ist, die nie untergeht, und daß über ihnen mit zugeworfenem Lichte als nimmer abnehmender Mond der Held aus edlem Stamme ergänzt, der pro tempore eine Stelle einnimmt, während die erlauchten Senatoren wie Fixsterne und die anderen erhabenen Obrigkeiten gleich kreisenden Planeten überallhin das Licht verbreiten, so daß sie alle zusammen einen hehren Himmel darstellen, so läßt sich, wenn man dann statt dieses Himmels eine Hölle finsterer, verworfener und grausamer Handlungen, von vermessenen Menschen in stetiger Steigerung begangen, erblickt, keine andere Ursache dafür erfinden, als teuflische Tücke und Anstiftung, um so mehr als die menschliche Bosheit für sich allein nicht ausreichen würde, so vielen Helden zu widerstehen, die sich mit Argusaugen und Briareusarmen für das Gemeinwohl abmühen. Indem ich darum diese Dinge erzähle, die sich in meiner frühesten Jugendzeit zugetragen haben, sollen, obwohl die Mehrzahl der handelnden Personen schon vom Schauplatze der Welt verschwunden ist und den Parzen ihren Tribut gezollt hat, doch aus gewichtigen Gründen ihre Namen, nämlich die ihrer Geschlechter, verschwiegen bleiben, und dasselbe muß von den Örtlichkeiten gelten, deren Lage nur generaliter angezeigt werden wird. Und dies wird niemand als eine Unvollkommenheit der Erzählung und als eine Verunstaltung dieses meines groben Erzeugnisses bezeichnen, außer einem Kritiker, der die Philosophie nicht einmal

verkostet hat; Leute, die mit ihr vertraut sind, werden sich überzeugen, daß der besagten Erzählung nichts Wesentliches gebricht. Da es augenscheinlich ist und von niemandem geleugnet wird, daß die Namen nichts anderes als reine Zufälligkeiten sind..."

Habe ich mir aber die heldenhafte Mühe genommen, diese Geschichte aus dieser verblichenen und zerfetzten Handschrift abzuschreiben und habe ich sie, wie man so sagt, herausgegeben, wird sich dann auch jemand finden, der sich die Mühe nehmen wird, sie zu lesen?

Diese zweifelnde Überlegung, auf die ich bei der Plage, eine mir zufällig aufgestoßene verkritzelte Stelle zu entziffern, gekommen war, ließ mich in der Abschreibearbeit innehalten, und ich dachte nun mit größerem Ernste nach, was da zu tun sei. Es ist ja wahr, sagte ich mir, die Handschrift durchblätternd, daß dieser Schauer von schwülstigen Worten und blumigen Wendungen nicht in einem fort durch das ganze Buch anhält: der gute Mann aus dem siebzehnten Jahrhundert hat eben im Anfange ein bißchen zeigen wollen, was er kann; im Verlaufe der Erzählung und manchmal auf längere Stellen wird der Stil viel natürlicher und einfacher. Gut; aber wie alltäglich ist er! wie plump! wie liederlich! Lombardische Ausdrücke zuhauf, dazu verkehrt angewandte Redensarten, willkürliche Fügungen, verschrobene Satzverbindungen! Und dazu da und dort eine spanische Verschnörkelung eingestreut; und dann, was noch schlimmer ist, an den schrecklichsten oder rührendsten Stellen der Geschichte, bei jedem Anlasse zur Verwunderung oder zum Nachdenken, kurz überall dort, wo etwas rednerischer Schwung erforderlich wäre, der freilich nicht aufdringlich sein dürfte und dem guten Geschmack entsprechen müßte, ermangelt der Mann nie, den Schwung seiner also angetanen Einleitung anzubringen. Und indem er dabei mit einer erstaunlichen Fertigkeit die gegensätzlichsten Eigenschaften miteinander verquickt, bringt er es fertig, auf ein und derselben Seite, in ein und demselben Satze, in ein und demselben Worte plump und geziert zu erscheinen. Also: hochtönende Ergüsse, gewaltsam zusammengesetzt aus jämmerlichen Sprachwidrigkeiten, und durchaus diese anspruchsvolle Unbeholfenheit, die das wesentliche Kennzeichen der Bücher dieses Landes in diesem Jahrhundert sind. Das ist wirklich nichts, was man den heutigen Lesern vorsetzen dürfte, die von dieser Art der Übertreibung zu sehr gewitzigt sind und allen Geschmack daran verloren haben. Ein Glück nur, daß ich auf diese Erwägung schon beim Beginne dieser unseligen Arbeit gekommen bin; ich wasche mir die Hände in Unschuld.

Im Begriffe nun, die alte Scharteke zuzumachen und wegzulegen, tat es mir leid, daß eine so hübsche Geschichte durchaus unbekannt bleiben sollte; schien sie mir doch, insoweit sie Geschichte ist - vielleicht wird der Leser anders urteilen - merkwürdig genug zu sein. Warum, dachte ich mir, sollte es nicht angehen, die Folge der Begebenheiten aus der Handschrift herauszugreifen und die Sprache zu ändern? und weil sich kein triftiger Grund dagegen fand, war der

Entschluß rasch gefaßt. Da hat man also den Ursprung dieses Buches, erklärt mit einer Aufrichtigkeit, die der Bedeutung des Buches entspricht.

Freilich schienen uns einige Vorgänge und manche Bräuche, wovon unser Verfasser berichtet, so seltsam und so fremdartig, um ein schlimmeres Wort zu vermeiden, daß wir, bevor wir ihnen Glauben schenkten, andere Zeugnisse befragen wollten; und wir haben uns der Mühe unterzogen, die Urkunden jener Zeit durchzustöbern, um uns klar zu werden, ob es damals in der Welt wirklich so zugegangen ist. Diese Nachforschungen haben unsere Bedenken zerstreut: bei jedem Schritte stießen wir auf ähnliche und auf ärgere Dinge; schließlich – und das war für uns das Entscheidendere – haben wir einige Personen erwähnt gefunden, von denen wir, da wir sie nur aus unserer Handschrift gekannt hatten, in Zweifel gewesen waren, ob sie wirklich gelebt haben. Gelegentlich werden wir auch das eine oder das andere dieser Zeugnisse anführen, um Berichte zu bewähren, deren Seltsamkeit den Leser versuchen könnte, ihnen den Glauben zu verweigern.

Da wir nun aber die Sprache unseres Verfassers als unerträglich verworfen haben, was für eine Sprache haben wir an ihre Stelle gesetzt? Darauf kommt es jetzt an.

Wer immer es, ohne darum gebeten worden zu sein, unternimmt, eine fremde Arbeit zu ändern, muß darauf gefaßt sein, genau Rechenschaft ablegen zu müssen, und übernimmt gewissermaßen auch die Verpflichtung dazu: das gilt mit Fug und Recht als eine Regel, und wir haben keineswegs die Absicht, uns ihr zu entziehen. Um uns ihr vielmehr bereitwillig anzupassen, haben wir uns vorgenommen gehabt, uns hier bis in Einzelheiten für die von uns eingehaltene Schreibart zu verantworten; zu diesem Ende haben wir in der ganzen Zeit der Arbeit danach getrachtet, alle gegebenenfalls möglichen Urteile zu erraten, in der Absicht, sie alle schon im voraus zu widerlegen. Darin wäre auch die Schwierigkeit nicht gelegen gewesen; denn um der Wahrheit die Ehre zu geben, ist uns auch nicht ein Urteil eingefallen, ohne daß sich uns zugleich auch die siegreiche Antwort geboten hätte, eine von den Antworten nämlich, die die Fragen wenn schon nicht lösen, so doch verändern. Oft brachten wir auch zwei Urteile ins Handgemenge miteinander und ließen sie sich gegenseitig bekämpfen, oder es gelang uns dadurch, daß wir ihnen auf den Grund gingen und sie aufmerksam verglichen, zu entdecken und darzutun, daß sie, wie entgegengesetzt sie auch scheinbar waren, doch zu derselben Gattung gehörten und beide nur davon herkamen, daß die Tatsachen und Grundlagen, worauf der Schluß hätte beruhen sollen, nicht beachtet worden waren; dann stellten wir sie zu ihrer großen Verwunderung einander gegenüber und ließen sie sich gegenseitig ihre Haltlosigkeit beweisen. So hätte es denn noch nie ein Buch gegeben, dessen Verfasser so augenscheinlich dargetan hätte, daß er richtig vorgegangen ist; aber was mußten wir sehen? Als wir daran waren, alle die genannten Vorwürfe und Antworten zusammenzufassen und einige Ordnung in sie bringen, da wäre, Gott bewahre uns, ein ganzes Buch daraus geworden. Daraufhin ließen wir unsere Absicht fallen, und zwar aus zwei Gründen, die dem Leser sicherlich einleuchten werden: einmal, weil ein Buch, das den Zweck verfolgte, ein anderes Buch oder besser die Schreibart eines anderen zu rechtfertigen, als etwas Lächerliches erscheinen könnte, und dann, weil bei Büchern eines auf einmal genügt, wenn es nicht schon selber überflüssig ist.

1. KAPITEL.

DER Arm des Comer Sees, der sich zwischen zwei ununterbrochenen Bergketten je nach ihrem Vorspringen und Zurücktreten in lauter Buchten und Busen gen Mittag hinwindet, verengt sich zwischen einem Vorgebirge auf der rechten und einem ausgedehnten Uferlande auf der andern Seite gleichsam mit einem Ruck und nimmt Lauf und Aussehen eines Flusses an; und die Brücke, die dort die beiden Ufer verbindet, scheint diese Veränderung dem Auge noch deutlicher zu machen und bezeichnet den Punkt, wo mit dem Aufhören des Sees die Adda wieder anfängt, freilich nur, um sofort wieder den Namen eines Sees anzunehmen, wo die Ufer, sich von neuem voneinander entfernend, gestatten, daß sich das Wasser ausbreitet und in neuen Busen und Buchten verläuft.

Das Uferland, entstanden aus dem Geschiebe dreier Sturzbäche, senkt sich von der Lehne zweier in einem Zuge liegender Berge herab, deren einer der St. Martinsberg heißt, während der andere von seinem gezackten Kamm, wodurch er wirklich einer Säge ähnelt, mit einem lombardischen Wort der *Resegone*, die *Große Säge*, genannt wird; es ist auch unmöglich, daß ihn nicht jeder, schon wenn er ihn das erstemal sieht, besonders von gegenüber, z. B. von den nördlichen Mauern Mailands aus, an diesem einfache Merkmale in diesem langgestreckten Gebirgszuge von den anderen Bergen mit minder bekannten Namen und gewöhnlicherer Form unterschiede. Eine gute Strecke weit steigt das Gelände den Fluß entlang langsam und stetig; dann zerfällt es in Hügel und Täler, in Hänge und Matten, je nach dem Gerippe der beiden Berge und der Arbeit des Wassers. Der Rand mit den eingeschnittenen Mündungen der Gießbäche besteht nur aus Sand und Kiesgeröll; der Rest sind Halden und Weingärten mit eingestreuten Ortschaften, Dörfern und Gehöften, dazwischen hier und dort Gehölze, die sich bergan fortsetzen.

Lecco, die vornehmste unter diesen Ortschaften, die auch der Gegend den Namen gibt, liegt nicht weit von der Brücke am See und, wenn er steigt, zum Teile auch im See; heutzutage ist es ein großer Burgflecken und ist auf dem Wege, eine Stadt zu werden. Zu den Zeiten, wo die Ereignisse vorfielen, die wir zu erzählen unternehmen wollen, war dieser Burgflecken, an sich schon stattlich, überdies noch befestigt und hatte darum die Ehre, einen Kommandanten zu beherbergen, und den Vorteil, eine ständige Garnison von spanischen Soldaten zu besitzen, die die Mädchen und Frauen des Landes Zucht lehrten, hin und wieder einem Gatten oder einem Vater auf die Schulter klopften und gegen Ende des Sommers nie ermangelten, sich in die Weingärten zu zerstreuen, um die Trauben zu lichten und den Bauern die Mühe der Weinlese zu erleichtern.

Von einer dieser Ortschaften zur anderen, von den Höhen zum Ufer, von einem Hügel zum anderen liefen und laufen noch heute mehr oder minder steile oder ebene Wege und Steige, bald eingeschnitten und zwischen zwei Mauern begraben, so daß man, wenn man den Blick hebt, nichts sonst sieht als den Himmel und etwa eine Bergspitze, bald erhöht auf freien Erdwällen: von dort schweift dann das Auge über mehr oder minder ausgedehnte Bilder, die aber allesamt reich sind und stets etwas Neues bieten, je nachdem der Standpunkt des Beschauers mehr oder weniger von der weiten Landschaft umfaßt und je nachdem sich der eine oder der andere Teil besonders heraushebt oder zurücktritt, abwechselnd verschwindet oder erscheint. Dort dieser Streifen, da jener, da ein großes Stück des weiten und veränderlichen Wasserspiegels: hier als See, an seinem Ende in eine Wirrnis von Bergen gepreßt oder besser jäh verloren und langsam verbreitert zwischen anderen Bergen, die sich nacheinander dem Blicke darbieten und mit den Dörfchen am Ufer vom Wasser verkehrt abgespiegelt werden, dort als Flußarm, dann wieder als See, dann noch einmal als Fluß, der sich endlich in schimmernden, immer schmäleren Schlangenwindungen zwischen den Bergen verliert, die ihn begleiten, um sich, auch selber langsam verschwimmend, im Horizonte zu verlieren. Der Ort selber, von wo ihr diese mannigfachen Bilder betrachtet, ist überall auch an sich ein Bild für euch; der Berg, an dessen Fuß ihr dahinschreitet, entfaltet euch höher hinauf in der Runde seine Gipfel und Zinnen nebeneinander und übereinander, wechselnd bei jedem Schritte, indem sich, was zuerst eine einfache Spitze schien, in eine Reihe oder einen Kreis von Spitzen auflöst, und ihr das, was ich euch soeben auf dem Hange darbot, nun auf der Kuppe seht; und die gastliche Heiterkeit dieser Lehnen mildert gar lieblich die sonstige Unwirtlichkeit und verleiht der Großartigkeit der übrigen Landschaftsbilder einen um so höheren Reiz.

Auf einem dieser Steige kehrte am Abende des 7. Novembers 1628 Don Abbondio, Pfarrer einer der oben erwähnten Ortschaften, gemächlich von einem Spaziergange heim; der Name der Ortschaft findet sich ebenso wie der Zuname des Pfarrers in der Handschrift nicht, weder hier, noch anderswo. Er sprach leise sein Brevier, schloß auch wohl dann und wann zwischen einem Psalm und dem anderen sein Buch, indem er den Zeigefinger der Rechten als Zeichen drinnen ließ, um nun beide Hände auf den Rücken zu legen und, die rechte mit dem geschlossenen Buche auf der linken ruhend, seinen Weg weiter zu verfolgen, die Augen gesenkt und hin und wieder die Steine, die auf dem Wege Anstoß gaben, mit dem Fuße zur Mauer stoßend; dann hob er das Gesicht und ließ seine Blicke, nachdem er sie hatte müßig in der Runde kreisen lassen, auf den vorspringenden Felsmassen eines Berges haften, die das Licht der schon verschwundenen Sonne, durch die Spalten des gegenüberliegenden Berges brechend, hier und dort wie mit breiten, ungleichmäßigen Purpurstreifen überzog. Nachdem er dann das Buch wieder geöffnet und einen andern Absatz hergesagt hatte, kam er zu einer Biegung des Pfades, wo er stets gewohnt war, die Augen vom Buche aufzuschlagen und Umschau zu halten; so tat er denn auch an diesem Tage. Nach der Biegung lief der Weg etwa sechzig Schritte gerade fort, um sich dann wie ein Ypsilon zu spalten: der Weg zur Rechten führte bergaufwärts und zum Pfarrhaus, der zur Linken senkte sich ins Tal hinab bis zu einem Gießbach, und auf dieser Seite reichte die Mauer dem Wanderer nur bis zu den Hüften. Die inneren Mauern der beiden Pfade endigten, statt sich in einem Winkel zu vereinigen, in einer kleinen Kapelle, die mit langen, geschlängelten und in eine Spitze auslaufenden Figuren bemalt war, die nach der Absicht des Künstlers und in den Augen der Bewohner der Umgebung Flammen darstellten; mit diesen Flammen wechselten andere, unmöglich zu beschreibende Figuren ab, die die Seelen des Fegefeuers darstellen sollten: Seelen und Flammen ziegelfarben auf einem gräulichen Grunde und so wie dieser stellenweise durch das Abbröckeln der Tünche beschädigt. Als der Pfarrer nach der Biegung den Blick in der gewohnten Weise auf die Kapelle richtete, sah er etwas, was er nicht erwartet und lieber nicht gesehen hätte. Bei dem Zusammenflusse, um es so zu sagen, der zwei Wege befanden sich zwei Männer einander gegenüber, der eine rittlings auf der niedrigen Mauer, ein Bein nach außen baumelnd und den anderen Fuß auf den Weg gesetzt, sein Gesell an die Mauer gelehnt mit auf der Brust verschränkten Armen. Ihre Kleidung, ihr Gehaben und was man sonst von dem Punkte, den der Pfarrer erreicht hatte, wahrnehmen konnte, ließen keinen Zweifel darüber, was sie waren. Beide trugen sie auf dem Kopf ein grünes Netz, das auf der linken Schulter in einer großen Troddel endigte und über der Stirn einen gewaltigen Haarschopf hervortreten ließ, die langen Schnurbärte waren an den Spitzen geringelt, die Wämser wurden am Saume von einem glänzenden Ledergürtel geschlossen, der beschwert war durch zwei angehakte Pistolen, über der Brust hing jedem wie ein Schmuckstück ein kleines Horn voll Pulver, und aus der rechten Tasche der weiten Pluderhosen ragte bei jedem der Griff eines Messers, während ihnen links ein Stoßdegen hing, der Korb mit Messingblättchen beschlagen, die sich, blank gefegt, wie zu einem Buchstaben zusammenfügten: auf den ersten Blick ließen sich die beiden als Angehörige der *Gilde der Bravi* erkennen.

Diese Gilde, heute gänzlich verschwunden, stand damals in der Lombardei in der höchsten Blüte und war sehr alt. Für den, der von ihr keinen Begriff hätte, seien einige Stellen aus Urkunden mitgeteilt, die ein genügendes Bild von ihrem besonderen Wesen, von den Anstrengungen, die gemacht wurden, um sie auszurotten, und von ihrer Hartnäckigkeit und Widerstandskraft werden geben können.

Mit dem Datum vom 8. April 1583 hat der durchlauchtige und erhabene Herr Don Carlos von Aragon, Fürst von Castelvetrano, Herzog von Terranuova, Markgraf von Avola, Graf von Burgeto, Großadmiral und Großkonnetabel von Sizilien, Statthalter von Mailand und Generalkapitän Seiner Katholischen Majestät in Italien, „genau unterrichtet von der unerträglichen Not, worin die Stadt Mailand wegen der Bravi gelebt hat und lebt", eine Achtserklärung gegen sie veröffentlicht. Er *„erklärt und bestimmt, daß in diese Acht alle eingeschlossen sind und als Bravi und Landstreicher gelten sollen, ... die, ob nun fremd oder einheimisch, keinen Beruf haben oder ihn, wenn sie einen haben, nicht ausüben, ... sondern sich ohne Lohn oder für Lohn zu irgendeinem Ritter oder Edelmann, Beamten oder Kaufmann halten, ... um ihm Hilfe und Vorschub zu leisten oder geradezu, wie sich annehmen läßt, anderen nachzustellen..."* Allen diesen befiehlt er, binnen sechs Tagen das Land zu verlassen bei Galeerenstrafe für die Widerspenstigen, und er gewährt allen Gerichtsbehörden weitgehende und unbegrenzte Vollmachten zur Durchführung dieser Verordnung. Aber im nächsten Jahre, am 12. April, erläßt der besagte Herr wegen der Wahrnehmung, *„daß die Stadt noch immer voll ist der besagten Bravi, ... die zu ihrem früheren Lebenswandel zurückgekehrt sind und weder an Zahl abgenommen, noch ihre Weise geändert haben"*, eine zweite gleichermaßen nachdrückliche und denkwürdige Kundmachung, worin er unter anderen Verordnungen vorschreibt:

*„Daß jedermann, ob aus dieser oder einer fremden Stadt, von dem aus zweier Zeugen Mund feststeht, daß er gemeiniglich als Bravo gilt und diesen Namen hat, auch wenn nicht bewährt wird, daß er irgendein Verbrechen begangen hätte,... schon auf den bloßen Verdacht hin, ein Bravo zu sein, ohne sonstige Anschuldigungen, von den besagten Richtern und jedem einzelnen von ihnen der Folter unterworfen und peinlich befragt werden darf, ... und auch wenn er keinerlei Verbrechen gesteht, immerhin für die besagten drei Jahre auf die Galeere geschickt werden soll, nur wegen des Rufes und Namens eines Bravos, wie oben."
All dies und noch ein mehreres, das übergangen wird, weil „Seine Herrlichkeit darauf besteht, bei jedermann Gehorsam zu finden."*

Hört man so kräftige und entschlossene Worte eines solchen Herrn, die von derlei Verordnungen begleitet werden, so ist man sehr geneigt, zu glauben, daß schon bei ihrem Widerhall allein alle Bravi verschwunden wären; aber das Zeugnis eines nicht weniger hochmögenden und nicht mit weniger Titeln ausgestatteten Herrn zwingt uns, das gerade Gegenteil zu glauben, und dieser Herr ist der durchlauchtige und erhabene Herr Juan Hernandez von Velasco, Konnetabel von Kastilien, Oberkammerherr Seiner Majestät, Herzog der Stadt Frias, Graf von Haro und Castelnovo, Herr der Casa von Velasco und der der sieben Infanten von Lara, Statthalter von Mailand usw. Am 5. Juni 1593 bringt er ihnen, gleichermaßen genau unterrichtet, *„wieviel Schaden und Zerrüttung die Bravi und Landstreicher anrichten ... und von den schlimmen Wirkungen, die sich von dieser Gattung Menschen für das Gemeinwohl und zum Hohne der Rechtsprechung ergeben"*, von neuem in Erinnerung, daß sie binnen sechs Tagen das Land zu verlassen haben, wobei er die Vorschriften und Drohungen seines Vorgängers beinahe wörtlich wiederholt. Am 23. Mai 1598 schreibt er dann, *„zu nicht geringem Mißvergnügen seiner Seele unterrichtet, daß ... in dieser Stadt und diesem Staat die Zahl dieser Leute"* – nämlich der Bravi und Landstreicher –

„alltäglich steigt, und daß von ihnen weder bei Tage noch bei Nacht etwas anderes kund wird als Wunden, mit Vorbedacht geschlagen, Mordtaten und Räubereien und alle anderen Gattungen von Verbrechen, die sie um so leichter begehen, als sie darauf bauen, daß sie von ihren Häuptern und Gönnern beschirmt werden", dieselben Heilmittel vor, aber in verstärkter Dosis, wie man es bei hartnäckigen Krankheiten zu tun pflegt; *„jedermann hüte sich also allwege"*, schließt er dann, *„dieser Kundmachung in irgendeinem Teile zuwider-zuhandeln, weil er statt der Milde Seiner Herrlichkeit ihre Strenge und ihren Zorn zu verspüren bekäme, ... da Seine Herrlichkeit entschlossen ist und be-schlossen hat, daß dies die letzte und unumstößliche Verwarnung sein soll."*

Nicht dieser Meinung freilich war der durchlauchtige und erhabene Herr, der Herr Don Pedro Enriquez von Ecevedo, Graf von Fuentes, Kapitän und Statthalter von Mailand; und daß er nicht dieser Meinung war, dafür hatte er gute Gründe. *„Genau unterrichtet von der Not, worin Stadt und Staat wegen der übergroßen Zahl der Bravi sind, ... und entschlossen, einen so verderblichen Samen gänzlich zu vertilgen ..."*, erläßt er am 5. Dezember 1600 eine neue Kundmachung, gleichermaßen voll der härtesten Drohungen, *„mit dem festen Vorsatze, darauf zu beharren, daß diese mit aller Strenge und ohne Hoffnung auf eine Nachsicht durchaus durchgeführt werden".*

Immerhin muß angenommen werden, daß er sich dieser Sache nicht mit dem guten Willen angenommen hat, den er aufzubieten wußte, um gegen seinen großen Feind Heinrich IV. Kabalen anzustiften und ihm Feinde zu erwecken: bezeugt doch dieserhalb die Geschichte, wie er es fertigbrachte, gegen diesen König den Herzog von Savoyen, der durch ihn um mehr als eine Stadt kam, zu bewaffnen, und wie er es fertigbrachte, daß sich der Herzog von Biron, der durch ihn um seinen Kopf kam, in eine Verschwörung einließ, während es von diesem so verderblichen Samen der Bravi sicher ist, daß er noch am 22. September 1612 weitergewuchert hat. An diesem Tage hatte der durchlauchtige und erhabene Herr Don Juan von Mendoza, Markgraf der Hynojosa, Grande usw., Statthalter usw., ernstlich daran gedacht, sie auszurotten. Zu diesem Ende ließ er den königlichen Kammerdruckern Pandolfo und Marco Tullio Malatesti die gewohnte Kundmachung verbessert und vermehrt zugehen, damit sie sie zur Vertilgung der Bravi druckten. Diese aber erhielten sich weiter, um am 24. Dezember 1618 von dem durchlauchtigen und erhabenen Herrn, dem Herrn Don Gomez Suarez von Figueroa, Herzog von Feria usw., Statthalter usw., dieselben und stärkere Schläge zu empfangen. Da sie jedoch auch daran nicht zugrunde gingen, sah sich der durchlauchtige und erhabene Herr, der Herr Gonsalvo Hernandez de Córdova, unter dessen Statthalterschaft der Spaziergang Don Abbondios fällt, gezwungen, die gewohnte Kundmachung gegen sie zu verbessern und neu zu verlautbaren; das war am 5. Oktober 1627, also ein Jahr, einen Monat und zwei Tage vor diesem denkwürdigen Geschehnis.

Und auch diese Verlautbarung war nicht die letzte; die späteren glauben wir aber nicht mehr erwähnen zu brauchen, weil sie über den Zeitabschnitt unserer Geschichte hinausgehen. Hinweisen wollen wir nur noch auf die vom 13. Februar 1632, worin wir von dem durchlauchtigen und erhabenen Herrn, el Duque de Feria, zum zweiten Male Statthalter, erfahren, daß *„die größten Ruchlosigkeiten von denen begangen werden, die Bravi heißen."* Das genügt, um uns zu vergewissern, daß es zu der Zeit, wovon wir handeln, unbedingt Bravi gab.

Daß die zwei oben Beschriebenen auf jemanden warteten, war gar zu augenscheinlich; was aber Don Abbondio noch mehr mißfiel, war, daß er sich aus gewissen Gebärden, die sie machten, klar werden mußte, daß der Erwartete er war. Bei seinem Erscheinen hatten sie sich nämlich beide angesehen und dabei die Köpfe mit einer Bewegung gehoben, woraus zu entnehmen war, daß sie beide auf einmal gesagt hatten: Das ist unser Mann; der, der rittlings gesessen hatte, war aufgestanden und hatte auch das andere Bein auf den Weg gezogen, der andere hatte sich von der Mauer entfernt, und beide gingen ihm nun entgegen. Immerfort das Buch offen vor sich hinhaltend, als ob er läse, schickte er den Blick darüber hinweg, um ihr Verhalten zu beobachten; und als er sie ihm geradeswegs entgegenkommen sah, wurde er von tausend Gedanken auf einmal bestürmt. Augenblicklich fragte er sich hastig, ob zwischen den Bravi und ihm rechts oder links irgendein Nebenweg abzweige; doch schon erinnerte er sich auch, daß dies nicht der Fall war. Er erforschte sich eilig selber, ob er sich gegen einen Mächtigen, gegen einen Rachsüchtigen vergangen habe; aber auch in dieser Besorgnis beruhigte ihn einigermaßen das tröstliche Zeugnis seines Gewissens. Inzwischen kamen ihm jedoch die Bravi immer näher, den Blick fest auf ihn gerichtet. Er steckte den Zeigefinger und den Mittelfinger der linken Hand ins Kollar, wie um es zurechtzurücken, und drehte, indem er sich mit den zwei Fingern rund um den Hals fuhr, das Gesicht nach rückwärts, zugleich den Mund verziehend, und blinzelte, wie er nur konnte, ob nicht jemand komme; aber er sah niemanden. Er warf einen Blick über die Mauer hinunter in die Felder: niemand; einen zweiten schüchternen auf den Weg vor ihm: niemand als die Bravi. Was tun? umzukehren, war zu spät; die Beine in die Hand zu nehmen, war dasselbe wie zu sagen: Lauft mir nach! oder noch ärger. Da er also der Gefahr nicht ausweichen konnte, ging er ihr entgegen, weil ihm die Augenblicke dieser Ungewißheit so peinvoll waren, daß er nichts sonst ersehnte, als sie abzukürzen. Er beschleunigte seinen Schritt, sprach ein Sätzlein mit lauterer Stimme, legte in sein Gesicht so viel Ruhe und Heiterkeit, wie ihm möglich war, und machte alle Anstrengungen, ein Lächeln vorzubereiten; und als er sich den beiden anständigen Kerlen gegenüber befand, sagte er im Geiste zu sich: Da sind wir, und blieb stehen.

„Herr Pfarrer?", sagte der eine von den beiden, indem er ihm die Augen ins Gesicht bohrte.

„Was beliebt?", antwortete Don Abbondio augenblicklich, indem er die seinigen von dem Buche hob, das in seinen Händen aufgeschlagen verblieb wie auf einem Betpulte.

„Sie haben die Absicht", fuhr der Bravo fort mit der drohenden und zürnenden Miene eines Menschen, der einen Untergebenen bei einer Schlechtigkeit ertappt, „Sie haben die Absicht, morgen Renzo Tramaglino und Lucia Mondella zusammenzugeben!"

„Jawohl...", antwortete Don Abbondio mit zitternder Stimme, „jawohl. Sie sind, meine Herren, Männer von Welt und wissen sehr wohl, wie es bei solchen Sachen zugeht. Der arme Pfarrer tut nichts dazu: sie machen ihre Geschichten untereinander ab, und dann ... und dann kommen sie zu uns, wie man zum Wechsler geht, um sein Geld zu beheben; und wir ... wir sind die Diener der Gemeinde."

„Gut also", sagte ihm der Bravo ins Ohr, aber in dem ernsten Tone eines Befehls; „diese Heirat darf nicht stattfinden, weder morgen, noch überhaupt."

„Aber meine Herren", erwidert Don Abbondio mit der sanften und höflichen Stimme, womit man einem Ungeduldigen zuredet, „aber meine Herren, lassen Sie es sich belieben, sich an meine Stelle zu setzen. Hinge es von mir ab... Sie sehen sehr wohl, daß dabei nichts in meine Tasche kommt..."

„Nun", unterbrach ihn der Bravo, „wenn die Sache mit Geplapper zu entscheiden wäre, so würden Sie uns in den Sack stecken. Wir wissen nichts davon und wollen nichts wissen. Ein vorsichtiger Mann ... Sie verstehen uns..."

„Aber, meine Herren, Sie sind zu gerecht, zu billig..."

„Aber", unterbrach ihn diesmal der andere Gesell, der noch nichts gesprochen hatte, „aber die Trauung wird nicht vor sich gehen, oder ..."; und hier folgte ein tüchtiger Fluch, „oder wer sie vornimmt, wird es nicht bereuen, weil ihm die Zeit dazu fehlen wird, und ..."; wieder ein Fluch.

„Still, still", begann der erste Sprecher wieder, „der Herr Pfarrer ist ein Mann, der das Leben kennt; und wir sind anständige Kerle, die ihm nichts zuleide tun wollen, wenn er nur vernünftig ist. Herr Pfarrer, der erlauchte Herr Don Rodrigo, unser Gebieter, läßt sich Ihnen freundlich empfehlen."

Dieser Name war für den Geist Don Abbondios wie mitten in einem nächtlichen Unwetter ein Blitz, der die Gegenstände für einen Augenblick undeutlich beleuchtet und den Schrecken mehrt. Unwillkürlich machte er eine tiefe Verbeugung und sagte: „Wenn Sie mir eine Andeutung geben könnten ..."

„Oh, Ihnen eine *Andeutung* geben, der Sie Latein verstehen", fiel der Bravo wieder ein mit einem halb dummen und halb frechen Lachen. „Das ist Ihre Sache. Und vor allem lassen Sie sich kein Wörtlein über diesen Rat entschlüpfen, den wir Ihnen zu Ihrem Wohle gegeben haben; sonst... hm... wäre es gerade, wie wenn Sie die Trauung vorgenommen hätten. Also, was sollen wir dem durchlauchtigen Herrn Don Rodrigo von Ihnen ausrichten?"

„Meine Ehrerbietung ..."

„Deutlicher, bitte."

„ ... Ich bin bereit ... stets bereit, zu gehorchen." Und indem er diese Worte hervorstieß, wußte er selber nicht, ob er damit ein Versprechen gebe oder eine

Höflichkeitswendung gebrauche. Die Bravi nahmen sie in der ernsteren Bedeutung oder stellten sich wenigstens so.

„Sehr wohl; gute Nacht, Herr", sagte der eine, indem er sich mit seinem Gesellen zum Gehen wandte.

Don Abbondio, der wenige Augenblicke früher ein Auge darum gegeben hätte, sie los zu sein, hätte nun gern das Gespräch und die Verhandlungen verlängert. „Meine Herren ...", begann er, das Buch mit beiden Händen schließend; sie aber schlugen, ohne ihm weiter Gehör zu schenken, den Weg ein, den er gekommen war, und entfernten sich, ein garstiges Lied singend, das ich nicht hieher setzen will. Der arme Don Abbondio blieb ein Weilchen mit offenem Munde stehen, wie verzaubert; dann schlug er den von den zwei Pfaden ein, der zu seinem Hause führte. Seine Beine schienen gelähmt zu sein, so daß er nur mit Mühe eins dem andern nachschleppte, und seine Gemütsverfassung wird der Leser besser verstehen, wenn wir ihm noch einiges über sein Wesen gesagt haben werden und über die Zeiten, wo ihm zu leben beschieden war. Don Abbondio war – das wird der Leser schon bemerkt haben – mit keinem Löwenherzen geboren. Im Gegenteil. Seit seinen ersten Lebensjahren hatte er wahrnehmen müssen, daß damals niemand einen schlimmeren Stand hatte als ein Tier ohne Klauen und Zähne, das trotzdem keine Neigung empfand, gefressen zu werden. Die gesetzliche Macht beschützte keineswegs den ruhigen und verträglichen Menschen, der über keine Mittel verfügte, andere fürchten zu machen. Nicht, daß es an Gesetzen und Strafen gegen die Gewalttaten einzelner gemangelt hätte. Eher gab es einen Überfluß von Gesetzen: die Vergehen waren mit kleinlicher Weitschweifigkeit aufgezählt und eingeteilt, die Strafen waren unsinnig hoch und konnten, wenn sie nicht zureichten, schier in jedem Falle nach dem Gutdünken des Gesetzgebers selber und dem von hundert Vollstreckern verschärft werden, und das Gerichtsverfahren war nur darauf zugeschnitten, den Richter von allem zu entheben, was eine Verurteilung hätte verhindern können; die Abschnitte, die wir aus den Kundmachungen gegen die Bravi angeführt haben, sind dafür kleine, aber treue Belege. Bei alledem, ja zum großen Teile deswegen erzielten diese von jeder Regierung neu veröffentlichten und verstärkten Kundmachungen nichts andres, als daß sie die Ohnmacht ihrer Urheber schwulstig bezeugten; oder wenn sie einen unmittelbaren Erfolg zeitigten, so lag der hauptsächlich darin, daß sie den Plackereien, die die Friedfertigen und Schwachen von den andern zu leiden hatten, neue hinzufügten und die Gewalttätigkeit und die Schlauheit dieser Bösewichte steigerten. Die Straflosigkeit war zu einer festen Einrichtung geworden und hatte Wurzeln, die von den Kundmachungen nicht getroffen wurden oder nicht ausgerissen werden konnten; da waren die Zufluchtsstätten, da waren die Vorrechte etlicher Stände, die von der gesetzlichen Gewalt zum Teile anerkannt, zum Teile mit galligem Schweigen geduldet oder auch mit eitlen Verwahrungen bestritten, aber von diesen Ständen und schier von jedem einzelnen ihrer Glieder mit tätigem Bedachte auf den eigenen Vorteil und anmaßender Eifersucht aufrechterhalten und gehütet wurden. Da nun diese Straflosigkeit von den Kundmachungen zwar bedroht und angetastet, aber nicht vernichtet wurde, galt es natürlich bei jeder Bedrohung und bei jeder Antastung neue Kräfte und neue Listen anzuwenden, damit sie erhalten bleibe. Das geschah denn auch in der Tat: wenn derlei Kundmachungen erschienen, die die Gewalttätigen hätten unterdrücken sollen, suchten diese in ihrer wirklichen Kraft neue und tauglichere Mittel, in dem fortzufahren, was die Kundmachungen abstellen wollten. Sie hatten es leicht, den harmlosen Menschen, der ohne eigene Macht und ohne Schutz war, bei jedem Schritte anzuhalten und zu belästigen; denn zu dem Zwecke, jedermann in der Hand zu haben, um so jedes Verbrechen zu vereiteln oder zu bestrafen, waren alle Bewegungen des Bürgers der Willkür von tausend Obrigkeiten und Vollstreckern unterworfen. Wer aber noch vor der Durchführung des Verbrechens einige Maßnahmen getroffen hatte, um sich beizeiten in einem Kloster, in einem Palast, wohin sich die *Birri*[1] nie ihren Fuß zu setzen getraut hätten, zu verbergen, wer ohne sonstige Maßnahmen einen Rock trug, den zu verteidigen die Eitelkeit und der Vorteil eines mächtigen Geschlechtes, eines ganzen Standes verlangten, der war frei in seinen Handlungen und konnte das ganze Geraffel der Kundmachungen verlachen. Von eben den Leuten die ausersehen gewesen wären, sie zu vollstrecken, gehörten einige von Geburt dem mit Vorrechten ausgestatteten Teile an, einige wieder waren als Schützlinge von ihm abhängig; die einen und die andern hatten durch Erziehung, durch Rücksichten auf ihren Vorteil, durch Gewohnheit, durch Nachahmung eine Grundsätze angenommen und hätten sich wohl gehütet, sie einem an einer Straßenecke angeschlagenen Papierfetzen zuliebe zu verletzen. Die Männer weiter, die mit der unmittelbaren Vollstreckung betraut waren, hätten damit, auch wenn sie kühn wie Helden, gehorsam wie Mönche und bereit, sich zu opfern, wie Märtyrer gewesen wären, nicht zustande kommen können, geringer an Zahl, wie sie waren, als die, um deren Unterwerfung es sich handelte, um so mehr, als häufig die Wahrscheinlichkeit bestand, daß sie von dem, der ihnen sozusagen theoretisch ein Vorgehen auftrug, im Stich gelassen worden wären. Überdies waren sie gemeiniglich die verworfensten und ruchlosesten Kerle ihrer Zeit; ihr Amt galt als verächtlich auch bei denen, die sich davor hätten fürchten können, und ihre Bezeichnung als Schmach. Es war also ganz natürlich, daß sie, statt bei einer unmöglichen Unternehmung ihr Leben aufs Spiel zu setzen oder geradezu wegzuwerfen, ihre Untätigkeit und dazu noch ihr Einverständnis an die Mächtigen verkauften und sich nur vorbehielten, ihre verfluchten Befugnisse und die trotz alledem vorhandene Gewalt bei den Gelegenheiten auszuüben, wo keine

---

[1] Die bewaffnete Polizei.

Gefahr war, nämlich wo es sich um die Bedrückung und Quälerei von friedfertigen und wehrlosen Leuten handelte.

Wer angreifen will oder wer jeden Augenblick angegriffen zu werden fürchtet, sucht natürlich Verbündete und Gesellen; darum war in diesen Zeiten das Bestreben der einzelnen, sich in Stände zusammenzuschließen, neue Stände zu bilden und dem eigenen Stande die größte Macht zu verschaffen, bis auf die Spitze gestiegen. Die Geistlichkeit wachte über die Verteidigung und Ausdehnung ihrer Unverletzlichkeit, der Adel seiner Vorrechte, der Soldat seiner Freiheiten; die Kaufleute, die Handwerker waren in Zünfte und Genossenschaften eingetragen, die Anwälte bildeten eine Vereinigung, und selbst die Ärzte hatten ihre Körperschaft. Jede von diesen kleinen Oligarchien hatte ihre besondere und ihr eigentümliche Form; in jeder fand der einzelne den Vorteil, in dem Maße eines Ansehens und seiner Gewandtheit die vereinten Kräfte vieler für sich zu verwenden. Die Ehrenhafteren bedienten sich dieses Vorteils nur zu ihrer Verteidigung; die Schlauen und die Schlechten nützten ihn aus, um Schurkereien durchzuführen, wozu ihre eigenen Mittel nicht genügt hätten, und um sich die Straflosigkeit zu sichern. Die Kräfte freilich dieser verschiedenen Bünde waren gar ungleich; und besonders auf dem Lande übte der reiche und gewalttätige Adelige, umgeben von einer Rotte Bravi und einer Bevölkerung von Bauern, die ihm aus Familienüberlieferung anhingen und sich ihres Vorteils halber oder gezwungen als Knechte und Soldaten des Herrn betrachteten, eine Macht aus, der dort Glieder einer andern Vereinigung schwerlich hätten widerstehen können.

Unser Abbondio, weder adelig, noch reich und noch weniger beherzt, hatte also, schier noch bevor er die Jahre der Vernunft erreicht hatte, eingesehen, daß er in dieser Gesellschaft wie ein Krug ausgebrannter Erde war, der gezwungen ist, mit vielen eisernen Krügen Weggenossenschaft zu halten; darum hatte er auch gutwillig genug seinen Eltern gehorcht, deren Wunsch es gewesen war, daß er Priester werde. Um die Wahrheit zu sagen, hatte er nicht besonders viel nachgedacht über die Pflichten und edlen Zwecke des Amtes, dem er sich widmete; daß er sich eine gewisse Behaglichkeit des Lebens sicherte und in einen verehrten und mächtigen Stand eintrat, waren ihm zwei mehr als genügende Gründe für eine solche Wahl gewesen. Aber kein Stand schützt und sichert den einzelnen über eine gewisse Grenze hinaus, und keiner erläßt es ihm, sich ein besonderes System zurechtzulegen.

Don Abbondio, vollkommen in Anspruch genommen von den Gedanken an die eigene Ruhe, kümmerte sich nicht um die Vorteile, die zu erlangen viel Mühe oder ein wenig Wagemut erfordert hätten; sein System bestand hauptsächlich darin, daß er alle Gegensätze vermied und bei denen, die er nicht vermeiden konnte, nachgab: eine unbewaffnete Neutralität in allen Kämpfen, die rings um ihn ausbrachen, von den damals so häufigen Zwistigkeiten zwischen der Geistlichkeit und den weltlichen Behörden, zwischen der Bürgerschaft und der bewaffneten Macht, zwischen Adligen und Adligen angefangen bis herunter zu den Streitigkeiten zwischen zwei Bauern, entstanden aus einem Worte und mit den Fäusten oder mit den Messerstichen entschieden. Sah er sich durchaus gezwungen, zwischen zwei Streitenden Partei zu nehmen, stand er zu dem Stärkeren, immer freilich im Hintertreffen und wohl bedacht darauf, dem andern zu zeigen, daß er ihm nicht freiwillig feind sei; und es war so, als ob er ihm sagte: Aber warum habt es nicht Ihr verstanden, der Stärkere zu sein? ich hätte mich auf Eure Seite geschlagen. Indem er den Übermütigen aus dem Wege ging, ihre vorübergehenden und launenhaften Kränkungen übersah, ernstlicheren und mehr überlegten aber mit Unterwürfigkeit begegnete und auch den Barschesten und Mürrischsten, wenn er mit ihnen auf der Straße zusammentraf, mit Bücklingen und heiterer Ehrerbietung ein Lächeln abnötigte, hatte es der arme Mann fertiggebracht, die Sechzig ohne große Gefährlichkeiten zu überschreiten.

Immerhin soll damit nicht gesagt sein, daß nicht auch er sein bißchen Galle im Leibe gehabt hätte; dieses stetige Geduldüben, dieses häufige andern Rechtgeben und so viele schweigend geschluckte bittere Bissen hatten ihn so sauertöpfisch gemacht, daß, wenn er sich nicht manchmal hätte ein bißchen Luft machen können, sicherlich seine Gesundheit darunter gelitten hätte. Aber da es schließlich auf Erden und in seiner Nachbarschaft Leute gab, die er nur zu wohl als unfähig kannte, etwas Böses zu tun, so konnte er dann und wann an ihnen seinen lange zurückgehaltenen Unmut auslassen und auch selber der Lust frönen, ein wenig eigensinnig zu sein und ohne Ursache zu schreien; dann war er ein strenger Richter der Menschen, die sich nicht solche Beschränkungen auferlegten wie er, freilich nur, wenn er das Richteramt ausüben konnte ohne die Spur einer auch nur fernen Gefahr. Der Geprügelte war zum mindesten ein Dummkopf, der Getötete war schon immer ein boshafter Mensch gewesen; bei dem, der den Versuch, gegen einen Mächtigen rechtzubehalten, mit einem zerschlagenen Kopfe hatte bezahlen müssen, wußte er immer irgendein Unrecht zu finden: keine schwierige Sache, weil Recht und Unrecht nicht durch so scharfe Striche geschieden sind, daß jede Partei nur von dem einen haben könnte. Vor allem wetterte er gegen die von seinen Amtsbrüdern, die auf ihre Gefahr hin für den schwachen Unterdrückten gegen den mächtigen Bedränger eintraten: das nannte er mit aller Gewalt Händel suchen und einen Mohren weiß waschen wollen; auch sagte er mit strenger Miene, es sei eine Einmischung in weltliche Dinge auf Kosten der Würde des heiligen Amtes. Und gegen diese Leute predigte er, freilich nur unter vier Augen oder in einem kleinen Kreise, mit einer um so größeren Heftigkeit, je mehr es bekannt war, daß es ihnen fern lag, etwas, das sie persönlich betraf, übelzunehmen. Weiter hatte er einen Lieblingsspruch, womit er stets die Gespräche über derlei Gegenstände besiegelte: daß nämlich einem anständigen Kerl, der auf sich achte und sich nur um das kümmere, was ihn angehe, niemals eine Widerwärtigkeit zustoße.

Nun mögen sich meine fünfundzwanzig Leser vorstellen, was für einen Eindruck die erzählte Begegnung auf das Gemüt dieses armen Teufels machen mußte. Der Schrecken über diese garstigen Gesichter und über diese unheimlichen Reden, die Drohungen eines Herrn, von dem es bekannt war, daß er nicht eitel drohte, der plötzliche Zusammenbruch eines Systems, das so viele Jahre des Eifers und der Geduld gekostet hatte, und eine Sackgasse, die ihm keinen Ausgang zeigte – all diese Gedanken brausten ungestüm in dem gesenkten Haupte Don Abbondios: Wenn sich Renzo mit einem glatten Nein zufrieden gäbe, gut; aber er wird Gründe haben wollen: was soll ich ihm dann, um Himmelswillen, antworten? Eh, eh, auch er hat seinen Kopf: ein Lamm, wenn ihm niemand nahe tritt; wenn ihm aber einer widersprechen will... ih! Dazu ist er in diese Lucia verschossen, verliebt wie ... Solche Bürschchen, die sich verlieben, weil sie nicht wissen, was sie tun sollen, wollen heiraten und denken an nichts anderes; was für Scherereien sie einem armen anständigen Kerl auf den Hals laden, das macht ihnen keine Sorgen. O ich Ärmster! mußten sich denn diese zwei Galgenvögel just auf meinem Wege aufpflanzen und mit mir anbinden? Was geht's mich an? will denn ich mich verheiraten? warum haben sie nicht lieber mit... Da hat man es wieder: es ist einmal mein Unglück, daß mir die guten Gedanken immer einen Augenblick zu spät kommen; wenn ich daran gedacht hätte, ihnen einzugeben, daß sie mit ihrer Botschaft zu ... – Aber hier besann er sich, daß die Reue, zu der Unbill nicht geraten und nichts dazu getan zu haben, allzu unbillig sei; und er lenkte allen Groll seiner Gedanken gegen den, der ihn also um seinen Frieden brachte. Don Rodrigo kannte er nur vom Sehen und dem Namen nach, hatte auch noch nichts sonst mit ihm zu tun gehabt, als daß er die paar Male, wo er ihm auf der Straße begegnet war, die Brust mit dem Kinn und den Boden mit der Spitze eines Huts berührt hatte; wohl aber hatte sich ihm schon mehr als einmal die Gelegenheit geboten, seinen Ruf gegen Leute zu verteidigen, die mit leiser Stimme, unter Seufzern und die Augen zum Himmel erhoben irgendeine seiner Unternehmungen vermaledeit hatten, und hundertmal hatte er gesagt, daß er ein ehrenwerter Ritter sei. In diesem Augenblicke jedoch gab er ihm in seinem Herzen all die Namen, die er von anderen nie hätte auf ihn anwenden hören, ohne sie sofort mit einem Oho zu unterbrechen. Als er in dem Aufruhr dieser Gedanken zu der Tür eines Hauses, das am Eingang des Dörfchens stand, gekommen war, steckte er den Schlüssel, den er schon in der Hand hielt, hastig ins Loch, öffnete, trat ein, schloß wieder sorgfältig zu und rief alsbald voll Verlangen nach seiner vertrauten Gesellschaft: „Perpetua! Perpetua!", seine Schritte immerhin dem kleinen Saale zulenkend, wo die Trägerin dieses Namens sicherlich sein mußte, um den Tisch für das Abendessen zu decken.

Perpetua war, wie jedermann sieht, die Magd Don Abbondios: eine anhängliche und treue Magd, die es verstand, je nach den Umständen zu gehorchen oder zu befehlen, zur Zeit das Gebrumme und die Launen ihres Herrn zu ertragen und zur Zeit ihn die ihrigen ertragen zu lassen, die von Tag zu Tag häufiger wurden, seit sie das kanonische Alter von vierzig Jahren erreicht hatte; ledig war sie geblieben, weil sie, wie sie sagte, alle Partien, die sich ihr geboten hätten, ausgeschlagen hatte, oder weil sie, wie ihre Freundinnen sagten, nie einen Hund gefunden hatte, der hätte anbeißen wollen.

„Ich komme schon", antwortete Perpetua, indem sie die kleine Flasche mit Don Abbondios Lieblingswein an den gewohnten Platz auf dem kleinen Tisch stellte, und setzte sich langsam in Bewegung; sie hatte aber die Schwelle des Gemaches noch nicht betreten, als schon er eintrat, mit einem so verdüsterten Blicke, mit einem so verstörten Gesichte, daß es nicht der erfahrenen Augen Perpetuas bedurft hätte, um auf den ersten Blick zu erkennen, daß ihm etwas wirklich Außerordentliches zugestoßen war. „Barmherzigkeit! was haben Sie denn, Herr?"

„Nichts, nichts", antwortete Don Abbondio, indem er sich keuchend in seinen großen Armstuhl fallen ließ.

„Was? nichts? Das wollen Sie mir weismachen? So hergenommen, wie Sie aussehen? Es ist etwas Außerordentliches geschehen."

„Aber um Himmelswillen! Wenn ich sage, nichts, so ist es entweder nichts, oder etwas, was ich nicht sagen kann."

„Was Sie nicht einmal mir sagen können? Wer wird sich Ihrer Gesundheit annehmen? wer wird Ihnen einen Rat geben?"

„Ach, schweigt doch, und stellt nicht noch etwas an; gebt mir ein Glas von meinem Wein."

„Und Sie wollen mir gegenüber dabei bleiben, daß Sie nichts hätten?", sagte Perpetua, indem sie das Glas füllte und es dann so in der Hand hielt, als ob sie es nur als Belohnung für das Vertrauen hergeben wollte, das so lang auf sich warten ließ.

„Gebt her, gebt her", sagte Don Abbondio; er nahm das Glas mit der nicht recht sicheren Hand und lehrte es hastig, als ob es eine Arznei gewesen wäre.

„Wollen Sie mich also zwingen, herumzufragen, was meinem Herrn zugestoßen ist?", sagte Perpetua, die, die Hände verkehrt in die Hüften gestemmt, die spitzigen Ellbogen nach außen, auf recht vor ihm stand und ihren Blick so fest auf ihn richtete, als ob sie ihm das Geheimnis hätte aus den Augen saugen wollen.

„Um Gottes willen, macht keine Klatscherei, macht keinen Lärm: es gilt ... es gilt das Leben!"

„Das Leben?"

„Das Leben."

„Sie wissen sehr wohl, daß ich, so oft Sie mir etwas aufrichtig und im Vertrauen gesagt haben, niemals ..."

„Bübin! wie damals ..."

Perpetua ward inne, daß sie eine falsche Saite angeschlagen hatte; darum änderte sie augenblicklich den Ton und sagte mit gerührter und rührender Stimme: „Herr, ich bin Ihnen stets zugetan gewesen; und daß ich jetzt unterrichtet sein will, das macht der Eifer, weil ich wünschte, Ihnen helfen zu können, Ihnen einen guten Rat zu geben, Ihnen den Mut aufzurichten ..."

Es steht fest, daß Don Abbondio vielleicht ein ebenso großes Verlangen hatte, sich eines peinigenden Geheimnisses zu entledigen, wie Perpetua, es zu erfahren; nachdem er daher ihre erneuten und heftigeren Anstürme immer schwächer abgeschlagen hatte und nachdem er sie mehr als einmal hatte schwören lassen, daß sie nicht ein Sterbenswörtchen sagen werde, erzählte er ihr schließlich mit vielen Pausen und mit vielem Ach und Weh das betrübliche Ereignis. Als er zu dem schrecklichen Namen des Auftraggebers kam, mußte Perpetua einen neuen und feierlicheren Eid leisten; und kaum hatte er diesen Namen ausgesprochen, so ließ er sich mit einem tiefen Seufzer in die Lehne eines Armstuhls zurücksinken, die Hände mit einer zugleich befehlenden und bittenden Gebärde erhoben, und sagte: „Um Himmels willen!"

„Das sieht ihm ähnlich!", schrie Perpetua. „O dieser Schurke! dieser Frevler! dieser Mensch ohne Gottesfurcht!"

„Wollt Ihr schweigen? oder wollt Ihr mich gänzlich ins Verderben stürzen?"

„Ach, wir sind allein, und niemand hört uns. Aber was werden Sie tun, mein armer Herr?"

„Da hat man's", sagte Don Abbondio mit grollender Stimme; „da hat man's, was für treffliche Ratschläge sie mir zu geben weiß! Mit Fragen kommt sie mir, was ich tun werde, was ich tun werde; als ob sie in der Klemme steckte und ich sie herausziehen müßte."

„O, ich hätte Ihnen schon meinen armseligen Rat zu geben; aber dann ..."

„*Aber dann*, laßt hören ..."

„Mein Rat wäre, daß ich, da ja alle sagen, daß unser Erzbischof ein heiliger Mann ist, ein Mann, der das Herz auf dem rechten Flecke hat, der sich vor niemandem fürchtet und der ganz selig ist, wenn er, um einem Pfarrer zu helfen, einen von diesen Übermütigen zur Vernunft bringen kann, daß ich also sagen würde, und ich sage es auch, daß Sie ihm einen schönen Brief schreiben sollten, um ihn zu unterrichten, wie ..."

„Wollt Ihr schweigen? wollt Ihr schweigen? Ist das ein Rat für einen armen Teufel? Wenn ich eine Kugel ins Kreuz bekäme, Gott bewahre! würde sie mir der Erzbischof herausziehen?"

„Ah, die Kugeln kommen nicht so daher wie Konfetti; es sähe auch schlimm aus, wenn diese Hunde jedesmal beißen wollten, wenn sie bellen. Ich habe noch immer gesehen, daß der, der die Zähne zu zeigen und sich Achtung zu verschaffen weiß, auch respektiert wird; und gerade weil Sie nie auf Ihrem Rechte bestehen, ist es mit uns so weit gekommen, daß sie uns alle, mit Verlaub,..."

„Wollt Ihr schweigen?"

„Ich schweige schon; deswegen ist es aber doch wahr, daß, wenn die Welt merkt, daß einer bei jeder Mißhelligkeit bereit ist, die Segel..."

„Wollt Ihr schweigen? Ist jetzt die Zeit, einen solchen Unsinn zu reden?"

„Genug: Sie werden heute nacht darüber nachdenken; unterdessen beginnen Sie aber nicht damit, daß Sie sich selber weh tun und Ihrer Gesundheit schaden: essen Sie einen Bissen."

„Nachdenken werde ich freilich", antwortete brummend Don Abbondio; „sicherlich, nachdenken werde ich, ich muß ja auch nachdenken." Und indem er aufstand, fuhr er fort: „Zu mir nehmen will ich nichts, gar nichts; ich hätte einen andern Wunsch. Das weiß ich schon selber, daß ich nachdenken muß. Und just mir hat das zustoßen müssen!"

„So schlucken Sie wenigstens noch diesen Tropfen", sagte Perpetua einschenkend; „Sie wissen, daß Ihnen der immer den Magen einrichtet."

„Ach, dazu brauchte es etwas anderes, etwas ganz anderes."

Mit diesen Worten nahm er das Licht und ging, immerfort brummend: „Eine niedliche Kleinigkeit! einem ehrlichen Manne wie mir! und wie wird's morgen gehen?", und unter ähnlichen Klagen, um in seine Kammer hinaufzusteigen. Auf der Schwelle drehte er sich zu Perpetua um, legte den Finger auf den Mund und sagte langsam und feierlich: „Um Himmels willen!" und verschwand.

2. KAPITEL.

MAN erzählt, daß der Prinz von Condé in der Nacht vor dem Tage von Rocroi tief geschlafen hat; aber einmal ist er sehr ermüdet gewesen, und dann hat er auch schon die notwendigen Verfügungen getroffen und alles, was am Morgen geschehen sollte, festgesetzt gehabt. Don Abbondio hingegen wußte noch nichts sonst, als daß der nächste Tag ein Schlachttag ein werde; darum ging ein großer Teil der Nacht auf ängstliche Überlegungen auf. Sich weder um die schurkische Mahnung, noch um die Drohungen zu kümmern und die Trauung vorzunehmen, war eine Lösung, die er nicht einmal in Erwägung ziehen mochte. Renzo die ganze Geschichte mitzuteilen und mit ihm einen Ausweg zu suchen ... Gott bewahre! „Laßt Euch kein Wörtchen entschlüpfen ... sonst... *hm*!", hatte der eine von diesen Bravi gesagt; und wenn er fühlte, wie dieses „*Hm*" in einem Innern widerhallte, empfand Don Abbondio, weit entfernt, an eine Übertretung des Gebotes auch nur zu denken, auch schon Reue, daß er zu Perpetua geschwatzt hatte. Fliehen? Und dann? Wieviel Ungelegenheiten und wieviel Verantwortung? Bei jeder Lösung, die der Arme zurückwies, warf er sich im Bett auf die andere Seite. Das, was ihm noch in jeder Beziehung das beste oder das am wenigsten schlechte schien, war, Zeit zu gewinnen, indem er Renzo hinhalte. Dabei fiel ihm auch schon ein, daß nur noch wenige Tage bis zu der Zeit fehlten, wo keine Hochzeiten stattfinden durften: Kann ich also den Burschen diese paar Tage hinhalten, so kann ich zwei Monate lang aufatmen; und in zwei Monaten können große Dinge geschehen. Und er grübelte nach, was für Ausflüchte er gebrauchen könnte; und obwohl sie ihm alle ein wenig leicht schienen, beruhigte er sich mit dem Gedanken, die Würde seines Amtes werde ihnen das richtige Gewicht und eine ältere Erfahrung ihm einen Vorteil über den unwissenden Renzo verleihen. Wir werden ja sehen, sagte er bei sich: er denkt an seine Liebste, ich an meine Haut; mehr beteiligt bin ich, abgesehen davon, daß ich auch der Schlauere bin. Juckt es dich am Leibe, lieber Sohn, so kann ich nichts dazu sagen; aber eine Lust, mir dabei einen Schaden zuzuziehen, habe ich nicht. Nachdem er also einigermaßen zu einem Entschluß gekommen war, konnte er endlich die Augen schließen; aber was für ein Schlaf! was für Träume! Bravi, Don Rodrigo, Renzo, Fußsteige, Felsen, Flucht, Verfolgung, Geschrei, Schüsse.

Das erste Erwachen nach einem Unglück und in Unannehmlichkeiten ist ein gar bitterer Augenblick. Kaum wieder einer selbst bewußt, ruft sich der Geist die gewohnten Bilder des vorhergegangenen ruhigen Lebens zurück; aber mit rücksichtsloser Plötzlichkeit drängt sich neben diese der Gedanke an den neuen Stand der Dinge, und das Mißvergnügen daran wird lebendiger bei diesem augenblicklichen Vergleich. Nachdem Abbondio diesen Augenblick schmerzlich verkostet hatte, wiederholte er sich alsbald eine nächtlichen Überlegungen, bestärkte sich darin und legte sie sich besser zurecht; dann stand er auf, um Renzo mit Furcht und zugleich mit Ungeduld zu erwarten.

Lorenzo, oder wie ihn alle nannten, Renzo, ließ nicht lange auf sich warten. Kaum war die Stunde gekommen, wo er sich, ohne eine Ungeschicklichkeit zu begehen, beim Pfarrer einfinden zu können glaubte, so ging er auch schon hin mit dem freudigen Ungestüm eines Zwanzigjährigen, der an diesem Tage die heimführen soll, die er liebt. Seit seinen Jünglingsjahren war er elternlos, und er übte das Gewerbe eines Seidenspinners aus, das sozusagen in seiner Familie erblich war, ein Gewerbe, das noch wenige Jahre vorher reichlichen Gewinn gebracht hatte, aber damals schon im Niedergange war, freilich noch nicht soweit, daß nicht daraus ein tüchtiger Werkmann seinen Lebensunterhalt hätte ziehen können. Die Arbeit nahm zwar von Tag zu Tag ab; aber die beständige Auswanderung der durch Versprechungen, Vorrechte und großen Lohn in die Nachbarstaaten gelockten Arbeiter brachte es mit sich, daß es denen, die im Lande blieben, nicht daran mangelte. Überdies besaß Renzo ein Gütchen, das er bearbeiten ließ und, wenn die Spindel stillstand, selber bearbeitete, so daß er sich für seinen Stand wohlhabend nennen durfte. Und obwohl dieses Jahr viel magerer war als die vorhergegangenen und obwohl sich schon eine wirkliche Teuerung fühlbar machte, so war doch unser junger Mann, der, seitdem er die Augen auf Lucia geworfen hatte, sparsam geworden war, mit aller Notdurft wohlversorgt und brauchte nicht mit dem Hunger zu kämpfen. Er erschien vor Don Abbondio in großem Staate, bunte Federn auf dem Hute, einen Dolch mit dem schönen Griffe in der Hosentasche und mit dem gewissen feierlichen und dabei doch trotzigen Wesen, das damals auch den ruhigsten Leuten eigen war. Der unsichere und geheimnisvolle Empfang Don Abbondios stand in einem seltsamen Gegensatz zu dem freimütigen und entschlossenen Auftreten des Jünglings.

Dem muß etwas durch den Kopf gehen, folgerte Renzo bei sich, und dann sagte er: „Ich bin gekommen, Herr Pfarrer, um zu erfahren, zu welcher Stunde es Ihnen paßt, daß wir uns in der Kirche einfinden."

„Von welchem Tage sprecht Ihr?"

„Was? Von welchem Tage? Erinnern Sie sich nicht, daß der heutige festgesetzt ist?"

„Der heutige?", erwiderte Don Abbondio, als ob er davon hätte das erstemal reden hören. „Heute, heute ... habt Geduld, aber heute kann ich nicht."

„Heute können Sie nicht? Was ist denn geschehen?"

„Vor allem, seht Ihr, fühle ich mich nicht wohl."

„Das ist mir unlieb; aber was Sie zu tun haben, erfordert so wenig Zeit und so wenig Mühe ..."

„Und dann, und dann ..."

„Und dann, was denn?"

„Und dann sind Verwicklungen da."

„Verwicklungen? Was für Verwicklungen könnten das sein?"

„Ihr müßtet in meiner Haut stecken, um zu verstehen, wie viel Unannehmlichkeiten bei derlei Dingen entstehen und worüber man alles Rechenschaft ablegen soll. Ich bin allzu weichherzig, ich denke an nichts anderes, als jedes Hemmnis aus dem Wege zu räumen, alles zu erleichtern und nach dem Gefallen anderer zu handeln, und vernachlässige meine Pflicht; und dann treffen mich Vorwürfe und schlimmere Dinge."

„Aber in Himmels Namen, so spannen Sie mich doch nicht so auf die Folter und sagen Sie mir klipp und klar, was es gibt."

„Wißt Ihr, wie viele und wie viele Förmlichkeiten zu einer regelrechten Heirat notwendig sind?"

„Etwas muß ich wohl davon wissen", sagte Renzo, der schon ärgerlich zu werden anfing; „haben Sie mir doch damit in den letzten Tagen den Kopf zur Genüge warm gemacht. Ist denn aber nicht jetzt alles richtig abgewickelt? ist vielleicht nicht alles getan, was zu tun war?"

„Alles, alles, meint Ihr; drum habt Geduld, der Dummkopf bin ich, der ich meine Pflicht vernachlässige, um nur den Leuten keine Schererein zu machen. Aber jetzt ... genug; ich weiß, was ich sage. Wir armen Pfarrer sind zwischen Hammer und Amboß, Ihr Ungeduldiger; Ihr tut mir ja leid, armer Junge, und die Oberen ... genug, alles darf ich nicht sagen. Und wir sind die, die das Bad ausgießen."

„Aber so erklären Sie mir doch einmal, worin denn diese Förmlichkeit besteht, die noch zu erfüllen ist; und sie soll auf der Stelle erfüllt werden."

„Wißt Ihr, wieviel Ehehindernisse es gibt?"

„Was soll ich denn von den Ehehindernissen wissen?"

Error, conditio, votum, Cognatio, crimen, Cultus disparitas, vis, ordo, ligamen, honestas, Si sis affinis ...", begann Don Abbondio, indem er an den Fingerspitzen mitzählte.

„Treiben Sie Scherz mit mir?", unterbrach ihn der junge Mann; „was soll ich mit Ihrem Latinorum anfangen?"

„Also, wenn Ihr die Sachen nicht versteht, so überlaßt sie dem, der sie versteht."

„Ei, da ...!"

„Ruhig, lieber Renzo, erbost Euch nicht, ich bin ja bereit, alles zu tun, ... was von mir abhängt. Ich wünschte nichts mehr, als Euch zufrieden zu sehen; ich will Euch wahrhaftig wohl. Ach ... wenn ich denke, daß es Euch so gut gegangen ist; hat Euch etwas gefehlt? Da ist Euch die Grille gekommen, zu heiraten ..."

„Was sind das für Reden, Herr?", brach Renzo mit einem halb verdutzten und halb zornigen Gesichte los.

„Ich sag Euch's noch einmal, habt Geduld; ich sag Euch's noch einmal. Ich möchte Euch so gern zufrieden sehen..."

„Kurz ..."

„Kurz, mein Sohn, mich trifft keine Schuld; ich habe das Gesetz nicht gemacht. Und bevor wir eine Trauung vornehmen, sind wir geradezu verpflichtet, viele und viele Nachforschungen anzustellen, um uns zu vergewissern, daß kein Hindernis besteht."

„Ach was! Sagen Sie mir doch einmal, was für ein Hindernis dazwischengekommen ist."

„Habt Geduld; das sind keine Dinge, die sich so mir nichts, dir nichts auseinandersetzen ließen. Es wird ja nichts sein, hoffe ich; aber immerhin müssen diese Nachforschungen angestellt werden. Der Text ist klar und einleuchtend: *Antequam matrimonium denunciet ...*"

„Ich habe Ihnen schon gesagt, daß ich nichts Lateinisches hören will."

„Ich muß Euch aber doch erklären..."

„Aber haben Sie denn diese Nachforschungen noch nicht angestellt?"

„Noch nicht alle, wie ich hätte tun sollen, sage ich Euch."

„Warum haben Sie es nicht beizeiten getan? warum mir sagen, daß alles fertig sei? warum warten...?"

„Nun also! Ihr werft mir meine allzu große Güte vor. Ich habe alles leichter genommen, um Euch rascher dienen zu können: aber ... aber jetzt ist mir eingefallen ... genug, ich weiß es."

„Und was soll ich tun?"

„Noch ein paar Tage Geduld haben. Lieber Sohn, ein paar Tage sind keine Ewigkeit; habt also Geduld."

„Wie lange?"

Wir sind auf gutem Wege, dachte Don Abbondio bei sich; und er sagte, liebenswürdiger als je: „Nun, in vierzehn Tagen werde ich trachten ... werde ich es besorgen ..."

„Vierzehn Tage! das ist wirklich eine Überraschung! Es ist alles geschehen, was Sie gewünscht haben, der Tag ist festgesetzt worden, der Tag ist da, und Sie kommen mir mit der Eröffnung, daß ich noch vierzehn Tage warten soll!"

„Vierzehn ...", wiederholte er dann mit lauterer und zornigerer Stimme, den Arm gestreckt und mit der Faust in die Luft schlagend; und wer weiß, was für eine Teufelei er dieser Zahl angehängt hätte, wenn er nicht von Don Abbondio unterbrochen worden wäre, der mit einer schüchternen und ängstlichen Freundlichkeit seine andere Hand faßte:

„Regt Euch nicht auf, um Himmels willen; ich werde sehen, ich werde trachten, in einer Woche ..."

„Und was soll ich Lucia sagen?"

„Daß es ein Versehen von mir ist."

„Und das Gerede der Leute?"

„Sagt nur allen, daß ich aus lauter Eifer, aus allzu großer Güte etwas versehen habe; schiebt alle Schuld auf mich. Kann ich besser mit Euch reden? Also auf eine Woche."

„Und dann wird kein Hindernis mehr sein?"

„Wenn ich Euch sage ..."

„Gut also, ich werde eine Woche Geduld haben; aber merken Sie sich wohl, daß Sie mich, wenn die vorbei ist, nicht mehr mit Geschwätz auszahlen werden. Bis dahin empfehle ich mich Ihnen."

Und nach diesen Worten ging er, indem er Don Abbondio eine weniger tiefe Verbeugung machte als sonst und ihm einen mehr bedeutsamen, als ehrfurchtsvollen Blick zuwarf.

Als er dann herausgetreten war und, zum ersten Male mit Unlust, dem Hause seiner Braut zuschritt, kehrte er mitten in seinem Unmute mit seinen Gedanken zu dieser Unterredung zurück; und er fand sie immer seltsamer. Der kalte und verlegene Empfang Don Abbondios, sein zugleich zögerndes und ungeduldiges Reden, diese zwei grauen Augen, die, während er sprach, hierhin und dorthin entwischten, wie wenn sie Angst gehabt hätten, den Worten, die aus dem Munde kamen, zu begegnen, dieses Getue, als wäre ihm die so ausdrücklich verabredete Heirat etwas Neues, und vor allem diese fortwährenden Andeutungen einer wichtigen Tatsache, ohne sich darüber klar auszusprechen, alle diese Umstände zusammengenommen brachten Renzo auf den Gedanken, daß dahinter ein Geheimnis stecke, das ganz verschieden sei von all dem Zeug, das ihn Don Abbondio habe glauben machen wollen. Einen Augenblick etwa war der junge Mann unschlüssig, ob er nicht umkehren solle, um ihn in die Enge zu treiben und ihn zu einer deutlicheren Erklärung zu zwingen; als er aber die Augen hob, sah er Perpetua vor ihm gehen, um wenige Schritte vom Hause in ein Gärtchen zu treten. Er rief sie an, als sie gerade die Tür öffnete, beschleunigte seinen Schritt und holte sie ein, hielt sie beim Eingang auf und blieb in der Absicht, etwas Bestimmteres aus ihr herauszubringen, bei ihr stehen und begann ein Gespräch mit ihr.

„Guten Tag, Perpetua: ich habe gehofft gehabt, daß wir heute miteinander lustig sein würden."

„Wie Gott will, mein armer Renzo."

„Tut mir einen Gefallen: dieser ganz gescheite Herr Pfarrer hat mich mit einigen Gründen abgespeist, die ich nicht recht habe begreifen können; erklärt Ihr mir, warum er uns heute nicht trauen kann oder will."

„Ja, meint Ihr denn, ich wüßte die Heimlichkeiten meines Herrn?"

Ich habe es mir gleich gesagt, dachte Renzo, daß dahinter ein Geheimnis steckt; und um dieses ans Licht zu bringen, fuhr er fort: „Also, Perpetua, seien wir Freunde; sagt mir, was Ihr wißt, und helft einem armen Jungen."

„Es ist ein Unglück, lieber Renzo, arm auf die Welt zu kommen."

„Das ist wahr", antwortete er, sich immer mehr in seinem Verdachte bestärkend; und in der Absicht, der Frage näherzurücken, fügte er bei: „Es ist wahr; aber ist es denn Sache der Geistlichen, die Armen schlecht zu behandeln?"

„Hört, Renzo, ich darf nichts sagen, weil... ich nichts weiß; aber was ich Euch versichern kann ist, daß mein Herr niemandem ein Unrecht tun will, weder Euch, noch sonst jemand, und daß er nicht schuld daran ist."

„Wer ist dann also schuld daran?", fragte Renzo mit einer Gebärde der Gleichgültigkeit, aber mit unruhigem Herzen und mit gespitzten Ohren.

„Wenn ich Euch sage, daß ich nichts weiß... Zur Verteidigung meines Herrn darf ich reden; denn es tut mir weh, wenn ich höre, wie man ihm zur Last legt, er wolle irgend jemanden kränken. Der arme Mann! wenn er sündigt, tut er's nur aus zu großer Güte. Auf der Welt sind wohl genug Schurken und Frevler, Leute ohne Gottesfurcht ..."

Frevler, Schurken, dachte Renzo, das sind die Obern nicht. „Also", sagte er nun, seine wachsende Aufregung mühsam verbergend, „also sagt mir, wer es ist."

„Ah, Ihr möchtet mich zum Reden bringen; und ich kann nicht reden, weil... ich nichts weiß: und wenn ich nichts weiß, so ist das gerade so, als hätte ich geschworen, zu schweigen. Ihr könntet mich auf die Folter spannen, und Ihr würdet nichts aus mir herausbringen. Lebt wohl; es ist verlorene Zeit für uns beide." Mit diesen Worten trat sie eiligst in den Garten und schloß die Tür.

Renzo, der ihr mit einem Gruße geantwortet hatte, ging zurück, aber sachte, sachte, damit sie nicht merke, welchen Weg er einschlug; als er jedoch der guten Frau aus der Gehörweite war, beschleunigte er seinen Schritt, so daß er in einem Nu bei Don Abbondios Tür war. Er trat ein und ging schnurstracks in das Gemach, wo er ihn verlassen hatte; er fand ihn auch dort und eilte dreist und mit rollenden Augen auf ihn zu.

„Ei, ei, was will das bedeuten?", sagte Don Abbondio.

„Wer ist dieser Frevler", sagte Renzo mit der Stimme eines Mannes, der entschlossen ist, sich eine bestimmte Antwort zu erzwingen, „wer ist dieser Frevler, der nicht will, daß ich Lucia heirate?"

„Was? was?", stammelte der arme Überraschte, dessen Gesicht in einem Augenblicke so weiß und schlaff geworden war wie ein Lappen, der aus der Wäsche kommt. Bei alledem brummend, machte er einen Satz von seinem Armstuhl, um auf die Tür zuzustürzen; aber Renzo, der darauf gefaßt sein mußte und auf der Hut war, sprang vor ihm hin, drehte den Schlüssel um und steckte ihn in die Tasche.

„Ah, werden Sie *jetzt* reden, Herr Pfarrer? Alle kennen meine Angelegenheiten, nur ich nicht; zum Teufel! auch ich will sie kennen. Wie heißt er?"

„Renzo, Renzo, Erbarmen! gebt acht, was Ihr tut; denkt an Euer Seelenheil."

„Ich denke, daß ich es *sofort* wissen will, in diesem Augenblick noch." Und indem er das sagte, legte er, vielleicht unbewußt, die Hand an den Griff des Dolches, der aus seiner Tasche hervorragte.

„Barmherzigkeit!", schrie Don Abbondio mit matter Stimme.

„Ich will es wissen."

„Wer hat Euch gesagt..."

„Nein, nein; kein Geschwätz mehr. Reden Sie deutlich und das sofort."

„Ihr wollt meinen Tod?"

„Ich will wissen, was ich ein Recht habe, zu wissen."

„Aber es ist mein Tod, wenn ich rede; soll mir an meinem Leben nichts gelegen sein?"

„*Dann* reden Sie."

Dieses *Dann* wurde mit einem solchen Nachdruck ausgesprochen, und Renzos Gesicht wurde so drohend, daß Don Abbondio mit der Möglichkeit eines Ungehorsams nicht mehr im geringsten rechnen konnte.

„Ihr versprecht mir", sagte er, „Ihr schwört mir, mit niemandem davon zu sprechen, nie zu sagen ...?"

„Ich verspreche, daß ich eine Dummheit begehe, wenn Sie mir nicht sofort einen Namen sagen." Diese neue Beschwörung hatte die Wirkung, daß Don Abbondio mit Gesicht und Blick eines Menschen, der die Zange des Zahnbrechers im Munde hat, hervorstieß:

„Don ..." „Don?", wiederholte Renzo, wie um dem Patienten zu helfen, auch noch das übrige herauszubringen; und er stand gebückt neben ihm, das Ohr zu seinem Munde geneigt, die Arme straff und die Fäuste halb vor sich gestreckt.

„Don Rodrigo!", sprudelte der Gequälte heraus, diese wenigen Silben überstürzend und die Mitlaute verwischend, zum Teile wegen seiner Verstörtheit, zum Teile wohl auch, weil er das bißchen Besinnung, das ihm geblieben war, darauf verwandte, die eine Angst mit der anderen zu vergleichen, und also das Wort in eben dem Augenblicke, wo er es auszusprechen gezwungen war, zu unterdrücken und verschwinden zu lassen versuchte.

„Der Hund!", heulte Renzo; „und was hat er getan? was hat er Ihnen gesagt, um ..."

„Was? was?", antwortete mit schier unwilliger Stimme Don Abbondio, der sich nach einer so großen Aufopferung gewissermaßen als Gläubiger fühlte. „Was? Ich wünschte, es wäre Euch so geschehen, wie mir geschehen ist, der ich doch damit gar nichts zu tun habe; dann wären Euch wahrlich nicht so viele Grillen im Kopfe geblieben." Und nun machte er sich daran, die garstige Begegnung mit schrecklichen Farben zu schildern; und als er unterm Sprechen immer mehr inne wurde, was für einen Zorn er im Leibe hatte und daß der bisher in der Furcht verborgen und mit ihr vermengt gewesen war, und als er gleichzeitig sah, daß Renzo halb wütend und halb verwirrt mit gesenktem Kopfe und unbeweglich dastand, fuhr er lebhaft fort: „Da habt Ihr etwas schönes angestellt! Habt mir einen prächtigen Dienst geleistet. Auf solche Weise einem anständigen Mann mitzuspielen, Euerm eigenen Pfarrer! in seinem Hause! an einem heiligen Orte! Das war wirklich eine Heldentat! um mir mein Unglück, Euer Unglück abzupressen! was ich aus Klugheit verschweigen wollte, zu Euerm Wohl! Und jetzt, wo Ihr es wißt? Ich möchte sehen, was Ihr mir tun wolltet...! Um Himmels willen! Es ist kein Scherz. Hier handelt es sich nicht um Recht oder Unrecht; hier handelt es sich um Gewalt. Und als ich Euch vorhin einen guten Rat gegeben habe ... ja, sofort in der Hitze. Ich hätte Verstand gehabt für mich und für Euch; aber was hilft's? Macht nun wenigstens auf; gebt mir meinen Schlüssel."

„Ich mag gefehlt haben", antwortete Renzo mit einer wieder gemilderten Stimme, aus der man aber die Wut gegen den entdeckten Feind heraushörte; „ich mag gefehlt haben, aber, Hand aufs Herz, wenn Sie sich in meine Lage denken ..." Bei diesen Worten hatte er den Schlüssel aus der Tasche gezogen und ging nun öffnen.

Don Abbondio ging ihm nach und trat, als er den Schlüssel im Loche umdrehte, an ihn heran; mit ernstem und ängstlichem Gesichte hielt er ihm die drei ersten Finger der Rechten vor die Augen, wie um nachzuhelfen, und sagte: „Schwört wenigstens ..."

„Ich mag gefehlt haben; entschuldigen Sie mich", antwortete Renzo, indem er öffnete und sich anschickte, wegzugehen.

„Schwört ...", erwiderte Don Abbondio, sich mit der zitternden Hand an seinen Arm klammernd.

„Ich mag gefehlt haben", wiederholte Renzo und machte sich los; und er entfernte sich ungestüm, indem er so den Streit abschnitt, der sonst wie ein literarischer oder philosophischer oder ähnlicher Streit Jahrhunderte hätte dauern können, da ja keine Partei etwas anderes tat, als die eigenen Äußerungen wiederholen.

„Perpetua! Perpetua!", schrie Don Abbondio, nachdem er den Flüchtling vergebens zurückzurufen versucht hatte. Perpetua antwortete nicht, und Don Abbondio wußte nicht mehr, was er tun sollte.

Mehr als einmal ist es schon viel bedeutenderen Leuten als Don Abbondio widerfahren, daß sie sich in so argen Nöten und in einer solchen Unschlüssigkeit befanden, daß es ihnen als der beste Ausweg erschien, sich mit einem Fieber ins Bett zu legen; diesen Ausweg brauchte Don Abbondio nicht erst zu suchen, weil er sich ihm von selber darbot: die ihm am Tage vorher eingejagte Furcht, die bange Schlaflosigkeit der Nacht, die zuletzt ausgestandene Furcht und die Angst vor der Zukunft taten ihre Wirkung. Bekümmert und ganz wirr ließ er sich in seinen Lehnstuhl fallen; ein Schauer durchlief seine Knochen, seufzend betrachtete er seine Nägel, und dann und wann rief er mit zitternder und grollender Stimme: „Perpetua!"

Schließlich kam sie, mit einem großen Kohlkopf unterm Arm und so unbefangen, als ob nichts geschehen wäre. Ich erspare dem Leser den Jammer, das Wehgeschrei, die Anklagen, die Verteidigung, das wiederholte: „Nur Ihr könnt gesprochen haben!" und das ständige: „Ich habe nicht gesprochen", kurz das ganze Kunterbunt ihres Gespräches. Es genüge, daß Don Abbondio Perpetua befahl, den Querbaum vor die Tür zu legen, unter keiner Bedingung zu öffnen und, wenn jemand klopfe, vom Fenster aus zu antworten, daß sich der Pfarrer fieberkrank zu Bette gelegt habe. Dann stieg er langsam die Treppe hinauf, indem er bei jeder dritten Stufe sagte: „Ich hab meinen Teil"; er legte sich auch wirklich ins Bett, und dort wollen wir ihn verlassen.

Unterdessen ging Renzo mit heftigen Schritten seinem Hause zu, noch völlig unentschlossen, was er tun solle, aber mit einer rasenden Begierde, etwas Außergewöhnliches und Schreckliches zu tun. Wer immer andere herausfordert oder ihnen Gewalt antut oder andern irgendein Unrecht zufügt, ist nicht nur des Bösen schuldig, das er begeht, sondern auch der Sinnesverwirrung, die er bei dem Gekränkten anrichtet. Renzo war ein friedfertiger und keineswegs heißblütiger junger Mann, harmlos und jeder Hinterlist feind; aber in diesen Augenblicken schlug sein Herz nur für den Mord, und sein Gemüt sann auf nichts sonst als auf Verrat. Am liebsten wäre er zu Don Rodrigo gelaufen, um ihn bei der Gurgel zu packen und ... da fiel ihm ein, daß dessen Haus wie eine Festung war, besetzt mit Bravi im Innern und bewacht von außen, daß nur die wohlbekannten Freunde und Diener frei eintreten durften, ohne vom Kopfe bis zum Fuße gemustert zu werden, daß ein unbekannter Handwerker nicht hätte ohne Verhör hineingelangen können, und daß vor allem er ... vielleicht gerade er dort nur zu gut gekannt sein dürfte. Dann stellte er sich vor, wie er seine Büchse nehme, sich hinter einer Hecke verberge und dann warte, bis der andere endlich, endlich einmal allein vorbeikomme; und indem er sich in diese Einbildung mit wilder Luft vertiefte, stellte er sich vor, wie er einen Schritt höre, seinen Schritt, und wie er leise den Kopf hebe: nun erkennt er auch den Verruchten, legt die Büchse an, nimmt ihn aufs Korn, feuert, sieht ihn fallen und verscheiden und schleudert ihm eine Verwünschung zu und rennt geradewegs auf die Grenze los, um sich in Sicherheit zu bringen. – Und Lucia? – Kaum war dieses Wort zwischen seine trotzigen Phantasien gefahren, so stürmten auch schon die besseren Gedanken, die sonst drinnen waren, in das Gemüt Renzos. Er erinnerte sich der letzten Ermahnungen seiner Eltern, er erinnerte sich Gottes, der Jungfrau und der Heiligen, er dachte an den Trost, der er stets in seinem reinen Gewissen gefunden hatte, an den Abscheu, den er so oft bei der Erzählung eines Mordes empfunden hatte, und er erwachte mit Reue und Scham aus seinem blutigen Traume, zugleich aber auch mit einer Art Freude, daß er sich nichts als Hirngespinste vorzuwerfen hatte. Aber der Gedanke an Lucia, wie viele andere Gedanken zog er nach sich! So viele Hoffnungen, so viele Verheißungen, eine so reizende und so für sicher gehaltene Zukunft und diesen so sehr herbeigesehnten Tag! Und wie, mit was für Worten, ihr eine solche Neuigkeit mitteilen? Und dann, was für einen Entschluß fassen? Wie sie zu der Seinigen machen, aller Gewalt dieses mächtigen Widersachers zum Trotze? Und zu all diesem fuhr ihm noch, zwar nicht gerade ein Verdacht, aber ein quälender Zweifel durch den Sinn. Diese Gewalttat Don Rodrigos konnte doch nichts anderem entspringen als einer rohen Leidenschaft für Lucia. Und Lucia? Daß sie ihm auch nur den geringsten Anlaß, auch nur die leichteste Gunst gewährt hätte, war kein Gedanke, der sich auch nur für einen Augenblick in Renzos Kopf hätte festsetzen können. Aber wußte sie davon? Konnte er diese schändliche Leidenschaft gefaßt haben, ohne daß sie es inne geworden wäre? Würde er die Sachen so auf die Spitze getrieben haben, bevor er sie irgendwie versucht hätte? Und Lucia hatte ihm nie ein Wort davon gesagt! ihm, ihrem Bräutigam!

Von diesen Gedanken übermannt, ging er an seinem Hause vorbei, das in der Mitte des Dörfchens lag, und zu dem Lucias, das am Ende des Dörfchens, ja eher noch ein wenig außerhalb lag. Das Häuschen hatte vorne einen kleinen Hof, der es von der Straße trennte und von einer niedrigen Mauer eingefaßt war. Als Renzo in den Hof trat, hörte er ein anhaltendes Durcheinander von Stimmen, das aus einem Zimmer im Stockwerk herkam. Da er sich dachte, es seien Freundinnen und Gevatterinnen, die gekommen seien, um Lucia das Geleit zu geben, wollte er die Neuigkeit, die ihm in den Gliedern lag und im Gesicht stand, nicht auf diesen Markt bringen. Ein kleines Mädchen, das im Hofe war, lief ihm entgegen mit dem Rufe: „Der Bräutigam! der Bräutigam!"

„Still, Bettina, still!", sagte Renzo. „Komm her; geh hinauf zu Lucia, nimm sie beiseite und sag ihr ins Ohr ... aber daß es ja niemand hört, daß ja niemand etwas mutmaßt ... sag ihr, daß ich mit ihr sprechen muß und sie im Zimmer im Erdgeschoß erwarte und daß sie sofort kommen soll."

Das Mädchen sprang eiligst die Treppe hinauf, froh und stolz, daß es einen geheimen Auftrag durchzuführen hatte. Lucia kam in diesem Augenblicke fertig geschmückt aus den Händen der Mutter. Die Freundinnen bemächtigen sich der Braut und wollten sie zwingen, sich betrachten zu lassen; und sie erwehrte sich ihrer mit der ein wenig streitbaren Verschämtheit der Bäuerinnen, indem sie das auf die Brust gesenkte Antlitz mit dem Ellenbogen deckte; aber den gerunzelten Brauen widersprach der Mund, der sich zu einem Lächeln öffnete. Die jungen schwarzen Haare, über der Stirn durch einen schmalen, weißen Scheitel geschieden, schlangen sich um das Hinterhaupt in vielfachen Flechtenringen, in denen sich die langen silbernen Nadeln schier wie die Strahlen einer Aureole verteilten, wie es bei den Bäuerinnen im Mailändischen noch heute Brauch ist. Um den Hals hatte sie ein Band von Granaten, die mit goldenen Filigranknöpfen abwechselten; sie trug ein schönes Leibchen aus geblümtem Brokat, an dem die losen Armel mit hübschen Bändern befestigt waren, einen kurzen Rock aus Florettseide mit dichten, engen Falten, rote Strümpfe und gestickte Seidenschuhe. Neben diesem besonderen Schmuck des Hochzeitstages hatte Lucia noch den täglichen einer züchtigen Schönheit, der nun erhöht und gesteigert war durch die vielfältigen Gefühle, die sich auf ihrem Gesichte abmalten: Fröhlichkeit, gedämpft von einer inneren Unruhe, und dieses linde Herzweh, das sich dann und wann in den Mienen der Bräute verrät und ihnen, ohne die Schönheit zu beeinträchtigen, einen besonderen Zug verleiht.

Die kleine Bettina drängte sich durch die Schwatzenden zu Lucia, machte ihr vorsichtig ein Zeichen, daß sie ihr etwas mitzuteilen habe, und sagte ihr ihr Sprüchlein ins Ohr. „In einem Augenblick bin ich wieder zurück", sagte Lucia zu den Frauen und ging hastig hinunter. Bei dem Anblicke von Renzos verändertem Aussehen und unruhigem Wesen sagte sie, nicht ohne ein Vorgefühl von Schrekken: „Was ist denn?"

„Lucia", antwortete Renzo, „für heute ist alles zu Wasser geworden, und Gott weiß, wann wir Mann und Frau werden können."

„Was?", sagte Lucia ganz bestürzt. Renzo erzählte ihr kurz die Geschichte dieses Morgens; sie lauschte ihm angstvoll, und als sie den Namen Don Rodrigos hörte, rief sie errötend und zitternd: „Ach, so weit also!"

„Ihr habt also gewußt...?", sagte Renzo.

„Nur zu viel", antwortete Lucia; „aber so weit!"

„Was habt Ihr gewußt?"

„Besteht nicht darauf, daß ich jetzt rede; ich müßte weinen. Ich laufe meine Mutter holen und die Frauen wegschicken; wir müssen allein sein."

Während sie wegging, murmelte Renzo: „Ihr habt mir nie etwas gesagt."

„Ach, Renzo", antwortete Lucia, sich für einen Augenblick umwendend, ohne stehen zu bleiben. Renzo verstand sehr gut, daß sein Name, von Lucia in diesem Augenblicke und mit diesem Tone ausgesprochen, besagen sollte: Könnt Ihr denn zweifeln, daß ich nur aus billigen und lauteren Gründen geschwiegen habe? Unterdessen war die gute Agnese - so nannte sich die Mutter Lucias - in ihrem Argwohn und ihrer Neugier wegen des heimlichen Geflüsters und wegen des Verschwindens ihrer Tochter hinabgegangen, um zu sehen, was es Neues gebe.

Die Tochter ließ sie bei Renzo, kehrte zu den versammelten Frauen zurück und sagte, indem sie Gesicht und Stimme den Worten nach Kräften anpaßte: „Der Herr Pfarrer ist krank geworden; heute ist es nichts."

Dann grüßte sie alle hastig und lief wieder hinunter. Die Frauen gingen auseinander und zerstreuten sich, um das Ereignis zu erzählen. Zwei oder drei gingen zum Pfarrhause, um sich's bestätigen zu lassen, daß der Pfarrer wirklich krank sei. „Ein böses Fieber", antwortete Perpetua vom Fenster aus; und diese traurige Auskunft, die sie den anderen Frauen überbrachten, schlug die Mutmaßungen nieder, die schon begonnen hatten, in ihren Köpfen lebendig zu werden und sich in ihren Reden formlos und geheimnisvoll auszudrücken.

---

3. KAPITEL.

ALS Lucia in das ebenerdige Zimmer trat, war Renzo eben dabei, angstvoll Agnese zu unterrichten, die ihm angstvoll zuhörte. Alle beide wandten sich nun zu der, die mehr als sie wußte und von der sie eine Aufklärung erwarteten, die nicht anders als schmerzlich sein konnte; und alle beide verrieten samt all der Liebe, die jeder von ihnen Lucia entgegenbrachte, einen gewissen, allerdings nicht gleichmäßigen Verdruß, daß sie ihnen etwas, noch dazu so etwas verschwiegen hatte. Agnese konnte sich trotz der Angst, die sie hatte, ihre Tochter reden zu hören, doch nicht zurückhalten, ihr einen Vorwurf zu machen: „Von derlei Dingen deiner Mutter nichts zu sagen!"

„Jetzt werde ich Euch alles sagen", antwortete Lucia, sich die Augen mit der Schürze trocknend.

„Sprich, sprich!... Sprecht, sprecht!", riefen Mutter und Bräutigam wie aus einem Munde.

„Heilige Jungfrau!", rief Lucia aus, „wer hätte denn geglaubt, daß es so weit kommen könnte!" Und sie erzählte mit einer durch Weinen unterbrochenen Stimme, wie ihr ein paar Tage vorher, als sie auf dem Heimweg von der Spinnerei hinter ihrer Gefährtinnen zurückgeblieben sei, Don Rodrigo in Gesellschaft eines anderen Herrn vorgegangen sei; Don Rodrigo habe sie mit einem, wie sie sagte, keineswegs hübschen Geschwätz zu unterhalten versucht, aber sie habe, ohne ihm Gehör zu schenken, ihren Schritt beschleunigt und auch ihre Gefährtinnen eingeholt. Immerhin habe sie den andern Herrn laut lachen und Don Rodrigo sagen hören: Wetten wir. Am Tage darauf waren die zwei wieder auf der Straße gewesen, aber Lucia war mitten unter ihren Gefährtinnen und hielt die Augen zu Boden geschlagen. Der andere Herr schlug ein Gelächter auf, und Don Rodrigo sagte: Wir werden ja sehen, wir werden sehen. - „Dank dem Himmel", fuhr Lucia fort, „war das der letzte Spinntag. Ich erzählte es auf der Stelle ..."

„Wem hast du es erzählt?", fragte Agnese, sich also, nicht ohne ein wenig Ärger, dem Namen des bevorzugten Vertrauten entgegen drängend.

„Dem Padre Cristoforo, Mutter, in der Beichte", antwortete Lucia mit der sanften Betonung einer Entschuldigung. „Und das war, als wir das letztemal miteinander in der Klosterkirche waren: wenn Ihr Euch erinnert, so habe ich mir an diesem Morgen bald dies, bald das zu schaffen gemacht, und das habe ich nur getan, um so lange zu verziehen, bis andere Leute kommen würden, die denselben Weg hätten, so daß wir miteinander gehen könnten; denn seit dieser Begegnung hatte ich auf der Straße eine solche Angst..."

Bei dem verehrten Namen des Paters Cristoforo besänftigte sich der Ärger Agneses, und sie sagte: „Du hast recht getan; aber warum hast du es nicht auch deiner Mutter erzählt?"

Lucia hatte dafür zwei triftige Gründe gehabt: erstens, um nicht die gute Frau wegen einer Sache, für die sie ja doch keine Hilfe hätte finden können, zu betrüben und zu erschrecken, und zweitens, um nicht Gefahr zu laufen, daß eine Geschichte von Mund zu Mund gehe, die sie um so eifersüchtiger begraben wissen wollte, je mehr sie hoffte, daß ihre Hochzeit diese abscheuliche Verfolgung noch in ihren Anfängen ersticken würde. Von diesen zwei Gründen führte sie aber nur den ersten an.

„Und zu Euch", sagte sie dann, sich zu Renzo in einem Tone wendend, der einen Freund überzeugen will, daß er unrecht gehabt hat, „und zu Euch hätte ich davon sprechen sollen? Ihr wißt auch jetzt nur zu viel."

„Und was hat dir der Pater gesagt?", fragte Agnese. „Er hat mir gesagt, ich solle die Hochzeit, was ich nur könne, zu beschleunigen trachten und mich unterdessen eingezogen halten; ich solle recht viel beten, und er hoffe, daß sich der andere, wenn er mich nicht sehe, nicht mehr um mich kümmern werde."

„Und so ist es gekommen, daß ich mich gezwungen habe", fuhr sie fort, von neuem zu Renzo gewandt, freilich ohne ihm ins Gesicht zu sehen und über und über errötend, „so ist es gekommen, daß ich meine Scham verleugnet und Euch gebeten habe, zu trachten, daß wir noch vor der festgesetzten Zeit getraut würden. Wer weiß, was Ihr von mir gedacht habt! Aber ich tat es in guter Meinung, und mir war es geraten worden, und ich hielt für sicher ... und noch heute früh war ich weit entfernt davon, zu denken ..." Hier wurden ihre Worte von einem heftigen Tränenstrom erstickt.

„Der Schurke! der Verdammte! der Mörder!", schrie Renzo, indem er im Zimmer auf und ab lief und alle Augenblicke den Griff eines Dolches preßte.

„Ach, was für eine Verwicklung, um Gottes willen!", rief Agnese aus.

Der junge Mann blieb plötzlich vor der weinenden Lucia stehen; er sah sie mit einer halb traurigen und halb grimmigen Zärtlichkeit an und sagte: „Das ist das letzte Bubenstück dieses Mörders."

„Nein, Renzo, um Himmels willen!", schrie Lucia; „nein, nein, um Himmels willen! Gott ist auch für die Armen da; und wie wollt Ihr, daß er uns hilft, wenn wir Böses tun?"

„Nein, nein, um Himmels willen!", wiederholte Agnese.

„Renzo", sagte Lucia mit einer Miene der Hoffnung und ruhigen Entschlossenheit, „Ihr habt ein Gewerbe, und ich verstehe zu arbeiten: gehen wir so weit weg, daß er nicht mehr von uns sprechen hört."

„Ach Lucia, und dann? Wir sind noch nicht Mann und Frau! Wird uns der Pfarrer bescheinigen, daß wir frei sind? ein Mann wie der? Wenn wir verheiratet wären, ja dann ...!"

Lucia überließ sich wieder ihren Tränen, und alle drei verharrten in Schweigen mit einer Niedergeschlagenheit, die in einem traurigen Gegensatze stand zu dem festlichen Staate ihrer Kleider.

„Hört, Kinder, hört mir zu", sagte nach einer Weile Agnese. „Ich bin länger auf der Welt als ihr, und ich kenne die Welt ein wenig. Es ist nicht nötig, gar so verzagt zu sein; der Teufel ist nicht so schwarz, wie er gemalt wird. Wir Armen halten das Garn für mehr verwirrt, als es ist, weil wir den Faden nicht zu finden wissen; aber mitunter tut ein Rat, ein Wörtchen eines Studierten ... ich weiß schon, was ich sagen will. Folgt mir, Renzo: geht nach Lecco, sucht den Doktor Nothelfer auf und erzählt ihm ... aber nennt ihn ja nicht so, um Himmels willen nicht: das ist nur ein Spitzname. Ihr müßt sagen: Herr Doktor ... Wie heißt er denn nur? Da schau her; jetzt weiß ich seinen richtigen Namen nicht: Sie nennen ihn alle so. Genug, fragt nur nach dem langen, dürren, glatzköpfigen Doktor mit der roten Nase und eine Himbeere auf der Wange."

„Ich kenn ihn vom Sehen", sagte Renzo.

„Gut", fuhr Agnese fort; „das ist eine Perle von einem Mann! Ich habe mehr als einen gesehen, der ärger in der Klemme war als ein Hühnchen beim Schoppen und nicht aus, noch ein wußte, und wenn er dann ein Stündchen mit dem Doktor

Nothelfer – gebt Acht, daß Ihr ihn nicht so nennt – unter vier Augen gewesen ist, hab ich ihn, sag ich, lachen sehen. Nehmt die vier Kapaune, die armen, denen ich für den Sonntagsschmaus habe den Kragen abdrehen wollen, und bringt sie ihm; denn mit leeren Händen darf man zu solchen Herren nicht kommen. Erzählt ihm die ganze Geschichte, und Ihr werdet sehen, daß er Euch auf der Stelle Dinge sagen wird, die uns nicht einfielen, und wenn wir ein Jahr lang nachdächten."

Renzo nahm diesen Rat gar willig an, Lucia billigte ihn, und Agnese holte, stolz, daß er von ihr war, die armen Tierchen eines nach dem andern aus der Steige, nahm ihre acht Beine zusammen, wie man ein Blumensträußchen macht, umwickelte sie mit einer Schnur, band sie zusammen und gab sie Renzo in die Hand; der ging, nachdem er Worte der Hoffnung gegeben und erhalten hatte, von der Gartenseite weg, wo ihn die Jungen nicht sehen konnten, die ihm sonst nachgelaufen wären mit dem Geschrei: „Der Bräutigam! der Bräutigam!" Indem er so mit seinem Grimm auf Fußpfaden quer durch die Felder schritt, überdachte er sein Unglück und legte sich zurecht, was er dem Doktor Nothelfer sagen wollte.
Der Leser mag sich selber ausdenken, wie es unterwegs den armen Hühnern gegangen ist, die bei den also zusammengebundenen Beinen mit dem Kopf nach unten von einem Mann getragen wurden, der, von solchen Leidenschaften auf-

gestachelt, die Gedanken, die ihm durchs Hirn stürmten, mit den Gebärden begleitete. Jetzt reckte er den Arm vor Zorn, dann erhob er ihn in Verzweiflung, dann wieder führte er wie drohend einen Streich in die Luft, und immer erhielten sie dabei arge Stöße, und die vier baumelnden Köpfe schlugen aneinander; und trotzdem trachteten sie eins das andere zu picken, wie es allzu oft unter Unglücksgefährten vorkommt.

Im Burgflecken angelangt, fragte er um die Wohnung des Doktors; man zeigte sie ihm und er ging hin. Beim Eintritte fühlte er sich von jener Schüchternheit gepackt, die den armen Ungebildeten in der Nähe eines Herrn und Gelehrten überkommt, und darob vergaß er alle Reden, die er vorbereitet hatte; aber er warf einen Blick auf die Kapaune und ermutigte sich wieder. Er ging in die Küche und fragte die Magd, ob er mit dem Herrn Doktor sprechen könne. Sie betrachtete die Kapaune und langte, an derlei Geschenke gewöhnt, sofort zu, obwohl sie Renzo zurückzog, dem daran lag, daß der Doktor sehe und zur Kenntnis nehme, daß er ihm etwas gebracht habe. Der kam auch wirklich gerade dazu, als die Magd sagte: „Gib her und geh hinein."

Renzo machte ihm einen tiefen Bückling; der Doktor empfing ihn gütig mit einem: „Kommt, mein Sohn" und ging mit ihm in eine Studierstube. Das war ein Zimmer, wo, auf drei Wände verteilt, die Bilder der zwölf Kaiser hingen, während die vierte von einem großen Gestell mit alten und verstaubten Büchern eingenommen wurde; in der Mitte stand ein Tisch voller Zeugnisse, Bittschriften, Klagen und Kundmachungen mit vier Seseln rundherum und auf der einen Seite einem großen Armstuhle mit einer rechteckigen Lehne, die an den oberen Ecken in zwei hornartig emporstehende Holzschnitzereien auslief und deren kuhlederner Überzug sich, weil einige von den großen Buckeln im Laufe der Zeit ausgefallen waren, am Rande stellenweise eingerollt hatte. Der Doktor war im Hauskleide, das heißt, er trug eine nunmehr zerschlissene Toga, die er vor vielen Jahren an den Tagen, die einen besonderen Staat verlangten, angezogen hatte, wenn er vor dem Gericht in Mailand eine wichtige Sache zu vertreten hatte. Er schloß die Tür und ermunterte den jungen Mann mit den Worten: „Also mein Sohn, berichtet mir Euern Fall."

„Ich möchte Ihnen ein Wort im Vertrauen sagen."

„Ich bin da", antwortete der Doktor; „redet." Und er machte es sich im Lehnstuhle bequem.

Renzo, der, vor dem Tische stehend, den Hut mit der einen Hand um die andere drehte, die er drinnen stecken hatte, antwortete: „Ich möchte von Ihnen, die Sie studiert haben, wissen ..."

„Sagt mir die Sache, wie sie steht", unterbrach ihn der Doktor.

„Sie müssen mich entschuldigen; wir armen Leute verstehen nicht gut zu sprechen. Ich möchte also wissen ..."

„Ein langweiliges Volk! so seid ihr alle: statt den Fall zu erzählen, wollt ihr fragen, weil ihr mit euern Entschlüssen schon fertig seid."

„Entschuldigen Sie mich, Herr Doktor. Ich möchte wissen, ob es strafbar ist, einem Pfarrer zu drohen, damit er eine Trauung nicht vornimmt."

Ich habe verstanden, sagte der Doktor bei sich, obwohl er in Wirklichkeit nichts verstanden hatte. Ich habe verstanden. Und alsbald nahm er eine ernste Miene an, deren Ernst aber mit Teilnahme und Eifer vermischt war, kniff die Lippen zusammen und stieß einen undeutlichen Laut hervor, der eine Empfindung anzeigte, die er dann klar in seinen ersten Worten ausdrückte. „Ein ernster Fall, mein Sohn, ein vorhergesehener Fall. Ihr habt gut daran getan, zu mir zu kommen. Es ist ein klarer Fall, der schon in hundert Kundmachungen vorhergesehen ist und just auch in einer vom vergangenen Jahre von dem derzeitigen Herrn Statthalter. Gleich sollt Ihrs sehen und mit den Händen greifen."

Mit diesen Worten erhob er sich von seinem Stuhle und vergrub seine Hände in dieses Chaos von Papieren, das er von unten nach oben kehrte wie Korn, das man in einer Scheffel schüttet.

„Wo steckt sie denn? heraus mit ihr! heraus! Man muß so viele Sachen bei der Hand haben. Aber sie muß da sein, weil es eine wichtige Kundmachung ist. Aha, da ist sie." Er nahm sie, entfaltete sie, besah das Datum und rief mit einem noch ernsteren Gesicht: „Vom 15. Oktober 1627! Stimmt schon; sie ist vom vergangenen Jahre: eine ganz frische Kundmachung, und vor denen hat man mehr Furcht. Könnt Ihr lesen, mein Sohn?"

„Ein wenig, Herr Doktor."

„Gut; schaut hinter mir hinein, und Ihr werdet sehen." Und indem er die Kundmachung ausgebreitet in die Höhe hielt, begann er zu lesen, bei einigen Stellen hastig murmelnd, bei andern mit stärkerer Betonung ausführlicher verweilend, je nachdem es not tat:

„Obwohl durch die auf Befehl des Herrn Herzogs von Feria am 14. Dezember 1620 verlautbarte und von dem durchlauchtigen und erhabenen Herrn, dem Herrn Grafen Gonsalvo Hernandez de Córdova" usw., *„bestätigte Kundmachung außerordentliche und strenge Maßregeln vorgesehen worden sind gegen Bedrückungen, Verletzungen und Gewalttaten, die sich einige gegen die so treuen Untertanen Sr. Majestät zu begehen erdreisten, sind diese Ausschreitungen immer häufiger, schändlicher"* usw. *„geworden und bis zu einer Grenze gestiegen, die Se. Herrlichkeit in die Notwendigkeit versetzt hat",* usw. *„Weshalb denn Se. Herrlichkeit mit Zuziehung des Senates und eines Ausschusses beschlossen hat, die gegenwärtige Kundmachung zu verlautbaren.*

„Und um mit den Gewalttätigkeiten zu beginnen, so zeigt die Erfahrung, daß viele, sowohl in den Städten, als auch in den Dörfern ...", hört Ihr? *„dieses Landes Gewalttaten üben und die Schwächeren auf mancherlei Weise bedrücken, wie*

daß sie ihnen unbillige Kauf- und Pachtverträge aufdringen ..." usw. Wo seid Ihr? Ach da! Paßt auf: *„daß sie Ehen erzwingen oder vereiteln."* Nun?"

„Das ist mein Fall", sagte Renzo.

„Hört nur, hört nur, es kommt noch mehr; und dann werden wir auch etwas über die Strafe erfahren. *„Ob es nun von Zeugen bewährt wird oder nicht, daß sich einer von seinem Wohnorte entfernt"*, usw., *„daß der eine eine Schuld bezahlt, daß der, damit ihn der andere nicht belästigt, in seine Mühle geht"*: all das geht uns nichts an. Aha, da sind wir: *„ein Priester nicht tut, wozu er durch sein Amt verpflichtet wäre, oder etwas tut, was nicht seine Sache ist."* Nun?"

„Es scheint, daß sie diese Kundmachung ausdrücklich für mich gemacht haben."

„Aha? Nicht wahr? Hört nur, hört: *„und andere solche Gewalttaten, ob nun die Frevler den Lehensträgern, dem Adel, dem Mittelstande, den Bauern oder dem Pöbel zuzuzählen sind."* Da entwischt keiner: alle sind sie darin; es ist wie im Tale Josaphat. Hört jetzt die Strafen. *„Da sich, obwohl alle diese und viele andere ähnliche Übeltaten verboten sind, ergeben hat, daß eine große Strenge zur Anwendung kommen muß, befiehlt und verordnet Seine Herrlichkeit durch die gegenwärtige Kundmachung, ohne damit andere aufzuheben"*, usw., *„daß gegen alle die, die sich wider irgendeinen der oben genannten Punkte oder in ähnlicher Weise vergehen, von allen ordentlichen Richtern dieses Staates vorgegangen werde mit Geldbußen und Leibesstrafen, auch mit Verbannung und Verschickung auf die Galeere, und selbst mit dem Tode ..."* wahrhaftig eine Kleinigkeit! *„nach dem Gutdünken Sr. Herrlichkeit oder des Senates, je nach der Beschaffenheit der Fälle, Personen und Umstände. Und dies un-wi-der-ruflich und mit aller Strenge"* usw. Das sind Sachen, was? Und hier habt Ihr die Unterschriften: *„Gonsalvo Hernandez de Córdova"*, weiter unten: *„Platonus"*, und dann da: *„Vidit Ferrer"*; nichts fehlt."

Solange der Doktor las, folgte ihm Renzo mit den Augen in dem Trachten, sich den klaren Sinn herauszuholen und diese hochheiligen Worte, die, wie er meinte, seine Hilfe sein mußten, auch selber zu sehen. Als der Doktor merkte, daß sein neuer Klient mehr aufmerksam als erschreckt war, verwunderte er sich. Das muß ein abgefeimter Schelm sein, dachte er. „Aha", sagte er dann, „Ihr habt Euch schon den Schopf abschneiden lassen. Das war klug von Euch; da Ihr Euch jedoch in meine Hände geben wolltet, so wäre es nicht nötig gewesen. Der Fall ist ernst; aber Ihr wißt nicht, was ich mir, wenn es darauf ankommt, durchzusetzen getraue."

Um diese Äußerung des Doktors zu verstehen, muß man wissen oder sich erinnern, daß damals die gewerbsmäßigen Bravi und alle Arten von Spitzbuben einen langen Schopf zu tragen pflegten, den sie sich bei Anlässen, wo sie es für angebracht hielten, sich unkenntlich zu machen, und wo außer der Gewalt auch

Vorsicht vonnöten war, wie ein Visier übers Gesicht zogen, bevor sie einen überfielen. Die Kundmachungen schweigen keineswegs von diesem Brauche.

„Seine Herrlichkeit" – der Markgraf von Hynojosa – *„befiehlt, daß, wer die Haare so lang trägt, daß sie die Stirn bis an die Brauen verdecken, oder das Haarbüschel vor oder hinter den Ohren trägt, für das erstemal der Strafe von dreihundert Skudi verfällt und im Fall der Zahlungsunfähigkeit von drei Jahren Galeere, für das zweitemal aber außer dieser noch einer härteren Geld- oder Leibesstrafe nach dem Gutdünken Seiner Herrlichkeit.*

Immerhin gestattet Seine Herrlichkeit, daß, wer etwa kahlköpfig ist oder sonst einen triftigen Grund hat, wie ein Mal oder eine Narbe, um des besseren Aussehens und der Gesundheit willen die Haare so lang tragen darf, wie es nötig ist, um ein solches Gebrechen und nicht mehr zu verhüllen, warnt jedoch, das gebührliche und rein notwendige Maß zu überschreiten, um nicht den Strafen zu verfallen, die für die anderen Zuwider handelnden festgesetzt sind.

„Und ebenso befiehlt Seine Herrlichkeit den Barbieren bei einer Strafe von hundert Skudi oder von einer dreimaligen öffentlichen Wippe oder bei einer dem freien Gutdünken wie oben unterliegenden härteren Leibestrafe, denen, die sie scheren, keinerlei Flechten, Schöpfe und Büschel und keine mehr als üblich langen Haare stehen zu lassen, weder auf der Stirn, noch an den Seiten und über den Ohren; vielmehr sollen die Haare bei allen gleichmäßig geschnitten sein, ausgenommen, wie oben gesagt, bei den Kahlköpfigen oder mit andern Gebrechen Behafteten." Der Schopf war also eine Art Teil der Ausrüstung und ein Unterscheidungszeichen der Raufbolde und Taugenichtse, die davon gemeiniglich *Schöpfe* genannt wurden. Dieser Ausdruck ist dann geblieben und hat sich mit einer gemilderten Bedeutung bis heute im Dialekt erhalten; und es wird vielleicht unter unsern mailändischen Lesern nicht ein einziger sein, der sich nicht erinnerte, in seiner Kindheit entweder die Eltern oder den Schulmeister oder einen Freund des Hauses oder jemanden aus dem Gesinde von ihm sagen hören zu haben: Er ist ein *Schopf,* er ist ein *Schöpfchen.*

„Wahrhaftig", antwortete Renzo, „so wahr ich ein armer Teufel bin, mein Leben lang habe ich nie einen Schopf getragen."

„So kommen wir nicht weiter", antwortete der Doktor, mit einem halb frechen und halb ungeduldigen Lächeln den Kopf schüttelnd; „wenn Ihr kein Vertrauen zu mir habt, kommen wir nicht weiter. Wer dem Doktor Lügen sagt, schaut, der ist ein Dummkopf, der die Wahrheit dem Richter sagen wird. Dem Anwalt muß man die Sachen klar erzählen; an uns ist es dann, die Verwirrung hineinzubringen. Wenn Ihr wollt, daß ich Euch helfe, müßt Ihr mir alles sagen von A bis Z, offenherzig, wie einem Beichtvater. Ihr müßt mir die Person nennen, von der Ihr den Auftrag gehabt habt: natürlich wird es ein ansehnlicher Herr sein, und da werde ich zu ihm gehen und das Nötige veranlassen. Schaut, ich werde nicht vielleicht sagen, daß ich es von Euch weiß, daß er Euer Auftraggeber ist; verlaßt

Euch darauf. Ich werde ihm sagen, daß ich ihn für einen verleumdeten armen jungen Menschen um einen Schutz bitten komme. Und ich werde mit ihm die erforderlichen Maßnahmen treffen, um die Geschichte zu einem anständigen Ende zu führen. Versteht wohl, daß er, wenn er sich herauszieht, auch Euch herauszieht. Fällt aber der Streich Euch allein zur Last, so ziehe ich mich noch immer nicht zurück; ich habe schon Leuten aus schlimmeren Klemmen geholfen ... Wenn Ihr nur nicht eine Person von Ansehen beleidigt habt, verstehen wir uns nur recht, so verpflichte ich mich, Euch aus der Patsche zu helfen; mit ein wenig Kosten, versteht sich. Ihr müßt mir sagen, wer der Beleidigte, wie man sagt, ist: je nach dem Stande, den Eigenschaften und dem Temperament des Freundes wird man sehen, ob man ihm besser mit Protektion beikommen kann oder ob man versuchen soll, ihm irgendwie eine Strafsache hinaufzuhängen und ihm vorderhand einen Floh ins Ohr zu setzen; denn schaut, wenn man die Kundmachungen richtig zu drehen weiß, ist keiner schuldig und keiner unschuldig. Was den Pfarrer betrifft, so wird er, wenn er vernünftig ist, Ruhe geben; sollte er aber ein Starrkopf sein, so sind auch für solche Leute Mittel vorhanden. Aus jeder Not gibt es einen Ausweg, aber dazu braucht es einen Mann; und Euer Fall ist ernst, ernst, sage ich Euch, sehr ernst: die Kundmachung spricht klar, und müßtet Ihr die Sache mit dem Gerichte so unter vier Augen austragen, so wäret Ihr übel daran. Ich spreche mit Euch als Freund: dumme Streiche müssen bezahlt werden; wenn Ihr mit heiler Haut davon kommen wollt, so braucht es Geld und Aufrichtigkeit, Vertrauen zu dem, der Euch wohl will, Gehorsam und die Befolgung jedes Rates."

Die ganze Zeit, die diese Ausschüttungen des Doktors dauerten, betrachtete ihn Renzo mit einer verdutzten Aufmerksamkeit, wie ein Einfaltspinsel auf dem Markte einem Gaukler zusieht, der, nachdem er sich Werg und Werg und wieder Werg in den Mund gestopft hat, Band und Band und Band herauszieht, ohne daß es ein Ende nähme. Als er aber richtig verstand, was der Doktor sagen wollte und wie ihn der mißverstanden hatte, schnitt er ihm das Band am Munde ab, indem er sagte: „Aber Herr Doktor, was meinen Sie denn? die Sache ist ja gerade umgekehrt. Ich habe niemanden bedroht; ich tue dergleichen Dinge nicht, ich nicht: fragen Sie nur meine ganze Gemeinde, so werden Sie hören, daß ich in meinem Leben noch nichts mit dem Gericht zu tun gehabt habe. Die Schurkerei haben sie an mir begangen, und ich komme zu Ihnen, um zu erfahren, wie ich es anstellen soll, um Gerechtigkeit zu finden; ich bin ganz zufrieden, daß ich diese Kundmachung gesehen habe!"

„Teufel!", schrie der Doktor mit weit aufgerissenen Augen. „Was macht Ihr mir für einen Wirrwarr? Aber so ist's; ihr seid alle so: könnt ihr denn die Sachen nicht klar sagen?"

„Aber entschuldigen Sie mich doch: Sie haben mir ja keine Zeit gelassen; jetzt werde ich alles erzählen, wie es ist. Wissen Sie also, daß ich heute hätte heiraten sollen", und hier wurde Renzos Stimme bewegt, „ein Mädchen heiraten, mit dem ich seit diesem Sommer einig war; und heute war, wie gesagt, der Tag, den wir mit dem Herrn Pfarrer festgesetzt haben, und alles war in Ordnung. Da fängt auf einmal der Pfarrer mit Entschuldigungen an ... genug, um Sie nicht zu langweilen, ich habe ihn zum Reden gebracht, wie es mein Recht war, und er hat mir gestanden, daß es ihm bei seinem Leben verboten worden ist, diese Trauung vorzunehmen. Dieser gewalttätige Don Rodrigo ..."

„Ach was!", unterbrach ihn auch schon der Doktor, die Brauen runzelnd, die rote Nase rümpfend und den Mund verzerrend, „ach was! Was kommt Ihr daher, um mir den Kopf mit diesen Dummheiten voll zu machen? Redet solches Zeug unter Leuten Euresgleichen, die die Worte nicht abzuwägen verstehen, aber verschont damit einen anständigen Mann, der weiß, was es wert ist. Geht, geht: Ihr wißt nicht, was Ihr sprecht; mit Knaben gebe ich mich nicht ab. Ich vertrage es nicht, wenn einer so daherredet, so ins Blaue hinein."

„Ich schwöre Ihnen ..."

„Geht sag ich Euch; was soll ich mit Euern Schwüren anfangen? Darauf lasse ich mich nicht ein; ich wasche mir die Hände in Unschuld." Und dabei rieb er sie eine mit der andern, als ob er sie sich wirklich wüsche. „Lernt erst sprechen; so kommt man keinem anständigen Manne über den Hals."

„Aber hören Sie doch, hören Sie doch", widerholte Renzo, aber vergeblich: immerfort schreiend schob ihn der Doktor gegen die Tür; und als er ihn dort hatte, öffnete er sie, rief die Magd und sagte zu ihr:

„Gebt dem Manne da zurück, was er gebracht hat; ich will nichts, gar nichts."

Das Frauenzimmer hatte in der ganzen Zeit, die sie in diesem Hause gewesen war, noch nie einen ähnlichen Befehl ausgeführt; aber dieser war mit einer solchen Entschiedenheit ausgesprochen worden, daß sie nicht zauderte, zu gehorchen. Sie nahm die vier armen Tiere und gab sie Renzo mit einem Blicke geringschätzigen Mitleids, der wohl sagen sollte: Du mußt eine schöne Dummheit angestellt haben. Renzo wollte Umstände machen, aber der Doktor war unerschütterlich; und so mußte er denn, bestürzter und zorniger als je, die verschmähten Opfer zurücknehmen und sich auf den Heimweg machen, um den Frauen den schönen Erfolg seiner Sendung zu erzählen.

Die Frauen hatten in der Zeit seiner Abwesenheit, nachdem sie die Festkleider abgelegt und die Werktagskleider angezogen hatten, von neuem zu beratschlagen begonnen, Lucia unter Schluchzen und Agnese unter Seufzern. Als Agnese die großen Vorteile, die von dem Rate des Doktors erwartet werden durften, herausgestrichen hatte, sagte Lucia, man müsse sich auf jede Weise zu helfen trachten; Padre Cristoforo sei der Mann darnach, nicht nur zu raten, sondern auch selbst Hand anzulegen, wenn es gelte, armen Leuten beizustehen, und es wäre sehr gut, wenn man ihm das Vorgefallene zu wissen machten könnte.

„So ist's auch", sagte Agnese, und nun überlegten sie beide, wie das anzustellen sei: denn selber in das Kloster zu gehen, das etwa zwei Meilen entfernt war, fühlten sie an diesem Tage nicht den Mut; es hätte ihnen auch sicherlich kein verständiger Mensch dazu geraten. Während sie aber noch die verschiedenen Möglichkeiten erwogen, hörten sie ein leises Pochen an der Tür und, in demselben Augenblicke, ein halblautes, aber deutliches *„Deo gratias"*. Lucia, die es schon ahnte, wer es sein konnte, beeilte sich zu öffnen; und alsbald trat mit einer leichten vertraulichen Verneigung ein einsammelnder Kapuzinerbruder ein, den Bettelsack über der linken Schulter und dessen fest zusammengedrehtes Ende in den beiden Händen auf der Brust.

„O, Fra Galdino!", sagten die zwei Frauen.

„Der Herr sei mit euch", sagte der Bruder; „ich bin beim Nüsse einsammeln."

„Hol die Nüsse für die Väter", sagte Agnese.

Lucia stand auf, um ins andere Zimmer zu gehen; bevor sie aber hinausging, blieb sie hinter Fra Galdino stehen, der sich nicht rührte, und warf der Mutter, indem sie den Finger auf den Mund legte, einen zärtlichen, flehenden, aber auch gewissermaßen gebieterischen Blick zu, der Stillschweigen heischte.

Der Einsammler sagte zu Agnese, sie so von weitem anblinzelnd: „Und die Hochzeit? Sie hätte doch heute sein sollen; ich habe im Dorfe eine gewisse Aufregung bemerkt, als ob es eine Neuigkeit gäbe. Was ist denn geschehen?"

„Der Herr Pfarrer ist erkrankt, und sie hat verschoben werden müssen", antwortete die Frau hastig. Hätte ihr Lucia nicht das Zeichen gegeben, so wäre die Antwort wahrscheinlich anders ausgefallen.

„Und wie geht es mit dem Einsammeln?", fuhr sie fort, um den Gesprächsgegenstand zu wechseln.

„Nicht gar gut, meine gute Frau, nicht gar gut; das sind alle." Mit diesen Worten nahm er den Sack von der Schulter und ließ ihn zwischen den beiden Händen springen. „Das sind alle; und um diesen prächtigen Überfluß zusammenzubringen, habe ich an zehn Türen klopfen müssen."

„Die Ernte ist heuer mager, Fra Galdino; und wenn man schon beim Brot achtgeben muß, daß man nicht zu viel abschneidet, so darf man auch beim übrigen nicht tief hinein greifen."

„Und damit die gute Zeit wiederkommt, was gibt es da für ein Mittel, Frau? Das Almosen. Wißt Ihr von dem Nüssewunder, das sich, es sind jetzt viele Jahre her, in unserem Kloster in der Romagna zugetragen hat?"

„Nein, wahrhaftig nicht; erzählt mir's doch."

„Also Ihr müßt wissen, daß in diesem Kloster ein unseriger Mönch war, der ein Heiliger war und Padre Macario hieß. Als der an einem Wintertage auf einem Fußsteige durch das Feld eines unserer Wohltäter, auch eines wackeren Mannes, ging, sah er diesen, bei einem einigen großen Nußbaum stehen und bei ihm noch vier Bauern, die mit geschwungenen Hauen die Erde um den Baum aufzureißen begannen, um die Wurzeln bloßzulegen. „Was macht Ihr mit dem armen Baume?" fragte Padre Macario. „Ach, Padre, es sind Jahre und Jahre, daß er mir keine Nüsse bringen will; jetzt mache ich Brennholz daraus." „Laßt ihn stehn", sagte der Mönch; „wißt, daß er heuer mehr Nüsse tragen wird als Blätter." Der Wohltäter, der wußte, wer der war, der dieses Wort gesagt hatte, befahl den Arbeitern auf der Stelle, die Erde wieder über die Wurzeln zu werfen; und dem Mönche, der seinen Weg fortsetzte, rief er zu: „Padre Macario, die halbe Ernte soll dem Kloster gehören." Das Gerücht von der Voraussagung verbreitete sich, und alles lief herbei, um den Baum zu betrachten. Und in der Tat, im Frühjahr Blüten die Hülle und Fülle, und seiner Zeit Nüsse in Hülle und Fülle. Der gute Wohltäter hatte nicht die Genugtuung, sie zu brechen; denn noch vor der Ernte ging er dahin, um den Lohn seiner Barmherzigkeit zu empfangen. Aber das Wunder wurde um so größer, wie Ihr hören werdet. Der rechtschaffene Mann hatte einen Sohn von ganz anderem Schlage hinterlassen. Zur Erntezeit ging nun der Einsammler die Hälfte einfordern, die dem Kloster gebührte; aber der junge Herr wollte von nichts wissen und hatte die Dreistigkeit, zu antworten, er habe noch nie sagen hören, daß die Kapuziner Nüsse zu machen verstünden. Wißt Ihr, was geschehen ist? Eines Tages, paßt gut auf, hatte der Nimmersatt etliche Freunde von seinem Schrot eingeladen, und beim Schlemmen erzählte er ihnen die Geschichte von den Nüssen und machte sich über die Mönche lustig. Die Bürschchen hatten Lust, diesen außerordentlichen Haufen Nüsse zu sehn, und er führte sie auf den Speicher. Aber hört nur: er öffnet die Tür, geht auf den Winkel zu, wo der große Haufe lag, und indem er sagt: „Schaut", schaut er selber hin und sieht ... nun was? einen großen Haufen trockener Nußblätter. War das ein Exempel? Und anstatt eine Einbuße zu erleiden, hatte das Kloster einen Gewinn; denn nach einem solchen Ereignis brachte das Einsammeln so viel ein, daß ein anderer Wohltäter aus Mitleid mit dem armen Einsammler dem Kloster einen Esel spendete, um ihm das Heimbringen der Nüsse zu erleichtern. Und des Öls wurde so viel, daß sich jeder Arme davon nehmen konnte, wieviel er brauchte; denn wir sind wie das Meer, das das Wasser von allen Seiten aufnimmt und es an alle Flüsse zurückgibt."

Hier erschien Lucia wieder, die Schürze, deren beide Zipfel sie mit den gestreckten Armen in die Höhe hielt, so voller Nüsse, daß sie kaum damit zurecht kam. Während Fra Galdino den Sack von neuem herunternahm, ihn niederstellte und ihn aufdrehte, um ihm die reichliche Gabe zuzuführen, sah die Mutter Lucia ihrer Verschwendung halber mit erstaunter und strenger Miene an; aber Lucia warf ihr einen Blick zu, der besagen sollte „Ich werde mich schon rechtfertigen." Fra Galdino brach in Lobeserhebungen aus, in Glückwünsche, Verheißungen und Danksagungen, und machte sich, nachdem der Sack wieder an seine Stelle gebracht worden war, auf seinen Weg; aber Lucia rief ihn zurück und sagte zu ihm: „Ich möchte einen Dienst von Euch, und zwar sollt Ihr dem Padre Cristoforo sagen, daß ich gar sehr begehre, mit ihm zu sprechen, und daß er mir die Liebe erzeigen möge, recht bald, recht bald zu uns armen Frauen zu kommen; denn wir können nicht in die Kirche gehen."

„Weiter wollt Ihr nichts? Es wird keine Stunde vergehen, so wird der Padre Cristoforo von Euerm Verlangen wissen."

„Ich verlasse mich darauf."

„Zweifelt nicht."

Und damit ging er weg, ein wenig gekrümmter und zufriedener, als er gekommen war. Bei der Bemerkung, daß ein armes Mädchen den Padre Cristoforo mit einer solchen Selbstverständlichkeit hat rufen lassen und daß der Einsammler den Auftrag ohne Verwunderung und ohne Umstände angenommen hat, denke niemand, dieser Cristoforo sei vielleicht ein alltäglicher Mensch gewesen, wie ihrer zwölf auf ein Dutzend gehen; er war vielmehr ein Mann, der sowohl bei den Seinigen, als auch in der Gegend in hohem Ansehen stand. Aber bei den Kapuzinern lagen die Verhältnisse so, daß ihnen nichts zu niedrig und nichts zu erhaben war. Den Geringsten zu dienen und von den Mächtigsten bedient zu werden, in Palästen und in Hütten mit derselben Haltung der Demut und der Sicherheit einzutreten, hin und wieder in demselben Hause ein Gegenstand der Kurzweil zu sein und eine Person, ohne die nichts entschieden wurde, Almosen überall zu heischen und Almosen allen zu geben, die sie im Kloster heischten, all das war der Kapuziner gewöhnt. Unterwegs konnte er ebenso leicht einem Fürsten begegnen, der ihm ehrfurchtsvoll das Strickende küßte, wie einer Rotte von Straßenjungen, die sich handgemein stellten und ihm dabei Dreck in den Bart warfen. Das Wort *Frater* oder Bruder wurde damals mit der größten Ehrerbietung und mit der bittersten Verachtung ausgesprochen, und die Kapuziner waren vielleicht von allen Orden am meisten Gegenstand der zwei entgegengesetzten Gefühle und erfuhren am öftesten die zwei entgegengesetzten Lose; denn da sie nichts besaßen, da ihre Gewänder mehr abstachen von der allgemein üblichen Kleidung und da sie ein offenbareres Bekenntnis der Demut ablegten, boten sie sich aus größerer Nähe der Verehrung und der Geringschätzung dar, die diese Dinge bei Menschen von verschiedenem Temperamente und verschiedener Sinnesart nach sich ziehen können.

„Diese Menge Nüsse!", rief Agnese, als Fra Galdino gegangen war; „und in diesem Jahre!"

„Verzeiht mir, Mütterchen", antwortete Lucia, „aber hätten wir ein Almosen wie die anderen gegeben, so hätte Fra Galdino, weiß Gott, wie lange herumlaufen müssen, bis ein Sack voll gewesen wäre, und Gott weiß, wann er ins Kloster zurückgekommen wäre; und bei dem Geschwätze, das er zusammen geredet und angehört hätte, weiß Gott, ob er sich gemerkt hätte ..."

„Du hast wohl getan; und dann trägt auch schließlich jedes gute Werk Früchte", sagte Agnese, die trotz ihrer Fehler eine sehr gute Frau war und für diese ihre einzige Tochter, auf die sie ihre ganze Zärtlichkeit vereinigt hatte, durchs Feuer gegangen wäre.

In diesem Augenblicke langte Renzo an; er warf beim Eintritt die Kapaune mit einer zugleich verächtlichen und müden Miene auf den Tisch: das war an diesem Tage das letzte traurige Erlebnis der armen Tiere.

„Einen schönen Rat habt Ihr mir gegeben", sagte er zu Agnese; „Ihr habt mich zu einem *prächtigen* Ehrenmanne geschickt, der den armen Leuten wahrhaftig hilft." Und nun erzählte er seine Unterredung mit dem Doktor. Bestürzt über einen so traurigen Ausgang wollte die Frau darzulegen beginnen, daß der Rat trotzdem gut gewesen sei und daß es Renzo nicht verstanden haben müsse, die Sache richtig anzufassen; aber Lucia unterbrach die Auseinandersetzung, indem sie ankündigte, sie hoffe eine bessere Hilfe gefunden zu haben. Auch Renzo griff nach dieser Hoffnung, wie es Leute tun, die in Unglück und Nöten sind. „Aber", sagte er, „wenn der Pater keinen Ausweg findet, so werde ich einen finden, so oder so."

Die Frauen mahnten zu Frieden, Geduld, Klugheit. „Morgen", sagte Lucia, „wird der Pater Cristoforo sicherlich kommen, und Ihr werdet sehen, daß er irgendein Mittel finden wird, wie es wir Armseligen uns nicht einmal träumen lassen können."

„Ich hoffe es", sagte Renzo; „aber auf jeden Fall werde ich mir mein Recht verschaffen oder verschaffen lassen. Schließlich gibt es noch eine Gerechtigkeit auf dieser Welt."

Mit den schmerzlichen Gesprächen und dem berichteten Gehen und Kommen war der Tag vorbeigegangen, und es begann zu dämmern.

„Gute Nacht", sagte Lucia traurig zu Renzo, der sich noch nicht entschließen konnte, zu gehen.

„Gute Nacht", antwortete Renzo noch trauriger.

„Irgendein Heiliger wird schon uns helfen", erwiderte Lucia; „seid klug und schicket Euch drein."

Die Mutter fügte noch andere Ratschläge von derselben Gattung dazu; und der Bräutigam ging weg mit einem Herzen voll Sturm, immerfort die sonderbaren Worte wiederholend: „Schließlich gibt es noch eine Gerechtigkeit auf der Welt." So viel ist wahr: ein vom Schmerze übermannter Mensch weiß nicht mehr, was er spricht.

4. KAPITEL.

DIE Sonne war noch nicht ganz über dem Horizont aufgegangen, als Padre Cristoforo sein Kloster in Pescarenico verließ, um zu dem Häuschen hinaufzusteigen, wo er erwartet wurde. Pescarenico ist ein Dörfchen am linken Ufer der Adda oder, wollen wir sagen, des Sees, nicht weit von der Brücke: ein kleine Gruppe von Häusern, zum größeren Teil von Fischern bewohnt und da und dort mit den zum Trocknen ausgespannten Netzen behangen. Das Kloster – das Gebäude steht noch heute – war außerhalb des Ortes gelegen, dem Eingang gegenüber, auf dem halben Wege von Lecco nach Bergamo. Der Himmel war ganz heiter: je höher die Sonne hinter dem Berge stieg, desto mehr Licht rieselte wie in jäher Zerstreuung von den Gipfeln der gegenüberliegenden Berge die Hänge hinunter ins Tal. Ein Herbstlüftchen streifte das welke Laub von den Zweigen des Maulbeerbaumes und wehte es ein paar Schritte vom Stamme zur Erde. Zur Rechten und zur Linken erglänzten in den Weingärten auf den noch gespannten Reben die Blätter in mancherlei rötlicher Färbung; und die frisch bearbeiteten Acker hoben sich braun und scharf von den weißlichen, im Tau leuchtenden Stoppelfeldern ab. Der Schauplatz war heiter; aber jede menschliche Gestalt, die auftrat, trübte den Blick und den Gedanken. Alle Augenblicke kamen einem zerlumpte und abgezehrte Bettler entgegen, entweder alt geworden in ihrem Gewerbe oder erst jüngst von der Not gestachelt, die Hand auszustrecken. Sie gingen still an Padre Cristoforo vorüber, blickten ihn demütig an und machten ihm, obwohl sie von ihm nichts erhoffen durften, da ja noch nie ein Kapuziner Geld angerührt hat, eine Verneigung der Dankbarkeit für die Almosen, die sie im Kloster erhalten hatten oder erbitten wollten. Das Schauspiel der in den Feldern zerstreuten Bauern hatte noch etwas Schmerzlicheres. Einige schritten, den Samen dünn und spärlich auswerfend, mißmutig dahin, wie Leute, die ein unvermeidliches Wagnis unternehmen; andere führten das Grabscheit mit Verdruß und wandten unwillig die Scholle. Das magere Mädchen, das die dürre, fleischlose Kuh am Strick auf der Weide hielt, sah sich scheu um und bückte sich hastig, um ihr als Speise für Vater und Mutter ein Kräutlein wegzustehlen, das, wie sie der Hunger gelehrt hatte, auch Menschen zur Nahrung dienen konnte. Diese Schauspiele steigerten bei jedem Schritte die Traurigkeit des Mönchs, der sowieso schon einen Weg mit der bangen Ahnung zog, daß er ein Unglück werde zu hören bekommen.

Warum aber nahm er so viel Anteil an Lucia? Und warum war er sofort auf die Nachricht mit einem solchen Eifer aufgebrochen, wie auf einen Ruf des Paters Provinzials? Und wer war dieser Padre Cristoforo? Allen diesen Fragen muß Genüge getan werden.

Pater Cristoforo aus * war näher den Sechzig als den Fünfzig. Sein Haupt, das nach Kapuzinerbrauch mit Ausnahme des Haarkranzes, der es umgab, kahlgeschoren war, hob sich von Zeit zu Zeit mit einer Bewegung, die etwas wie Stolz und Unruhe durchscheinen ließ; und alsbald senkte es sich unter dem Widerscheine der Demut. Der lange weiße Bart, der ihm Wangen und Kinn bedeckte, ließ desto mehr die Kanten der oberen Gesichtshälfte hervortreten, denen eine seit langem zur Gewohnheit gewordene Enthaltsamkeit mehr an Würde gegeben als an Ausdruck genommen hatte. Zwei gehöhlte Augen waren meist zur Erde gesenkt, blitzten aber zuweilen mit plötzlicher Lebhaftigkeit auf, wie etwa zwei eigensinnige Pferde, gelenkt von einem Kutscher, dem sie, wie sie aus Erfahrung wissen, nicht trotzen können, doch dann und wann über die Stränge schlagen, um es sogleich mit einem tüchtigen Ruck ins Gebiß entgelten zu müssen.

Der Padre Cristoforo war nicht immer so gewesen, war auch nicht immer Cristoforo gewesen: ein Taufname war Lodovico. Er war der Sohn eines Kaufmannes in *- die Sternchen rühren alle von der Umsichtigkeit meines Anonymus her - der in seinen letzten Jahren, da er sich wohlhabend genug fand und nur diesen einen Sohn hatte, auf den Handel verzichtet hatte, um fortan als großer Herr zu leben.

In seiner neuen Muße begann ihn eine große Scham zu beschleichen über all die Zeit, die er darauf verwandt hatte, in dieser Welt etwas zu tun. Beherrscht von diesem Wahne, versuchte er jedes Mittel, um vergessen zu machen, daß er Kaufmann gewesen war; am liebsten hätte er es auch selber vergessen. Aber der Laden, die Ballen, das Hauptbuch, die Elle stellten sich immer in seiner Erinnerung ein, wie in der Macbeths der Schatten Banquos, auch unter dem Prunk der Tafel und dem Gelächter der Schmarotzer. Und es ließe sich gar nicht sagen, wie sehr diese armen Teufel von Schmarotzern achthaben mußten, um jedes Wort zu vermeiden, das als eine Anspielung auf den früheren Stand des Gastgebers hätte erscheinen können. Eines Tages, um ein Beispiel zu erzählen, eines Tages also, gegen das Ende der Tafel, mitten in der lebhaftesten und harmlosesten Heiterkeit, wo man nicht imstande gewesen wäre, zu sagen, wer vergnügter war, ob die Gäste, daß sie die Schüsseln geleert, oder der Hausherr, daß er sie gefüllt hatte, neckte er einen von diesen Tischgenossen mit dem Vorrecht der Freundschaft als den wackersten Esser der Welt. Der antwortete, auf den Scherz eingehend, ohne die geringste Spur von Bosheit, sondern so recht mit kindlicher Unbefangenheit: „Ach, in mich geht ebenso viel hinein wie in ein Kaufmannsohr."[2] Er selber war auf der Stelle von dem Klang des Wortes betroffen, das seinem Munde entschlüpft war, und ungewissen Blickes sah er den Hausherrn an, dessen Gesicht sich verfinstert hatte; der eine sowohl, als auch der andere hätte gern die vorige Miene wieder angenommen: doch es war unmöglich. Die anderen Gäste dachten jeder für sich nach, wie sie das kleine Ärgernis stillen und wie davon ablenken könnten; aber beim Denken schwiegen sie, und durch dieses Schweigen wurde das Ärgernis nur noch offenbarer. Jeder vermied es, den Augen der anderen zu begegnen, und jeder fühlte, daß alle mit einem Gedanken beschäftigt waren, den sie alle verheimlichen wollten. Die Fröhlichkeit war für diesen Tag dahin; und der Unkluge oder, um gerechter zu reden, der Unglückliche erhielt nie mehr eine Einladung.

So verbrachte Lodovicos Vater seine letzten Jahre in stetiger Angst, da er immer fürchtete, verspottet zu werden, und nie überlegte, daß das Verkaufen nicht lächerlicher ist als das Einkaufen, und daß er den Beruf, dessen er sich jetzt schämte, so viele Jahre lang ohne Bedenken öffentlich ausgeübt hatte. Er ließ seinen Sohn adelig erziehen, wie es dem Zeitgeist entsprach und soweit es ihm durch Gesetz und Sitte gestattet war, und gab ihm Lehrer in den schönen Wissenschaften und den ritterlichen Übungen; und als er starb, war der Sohn reich und jung. Lodovico hatte ein herrenmäßiges Gehaben angenommen, und die Schmeichler, unter denen er herangewachsen war, hatten ihn gewöhnt, mit vieler Achtung behandelt zu werden. Als er sich aber unter die Vornehmsten der Stadt mischen wollte, fand er ein anderes Benehmen, als er gewohnt war, und merkte, daß er, wenn er, wie er gewünscht hätte, von ihrer Gesellschaft sein wollte, nicht würde umhin können, eine neue Schule der Geduld und Unterwerfung durchzumachen, stets bescheiden zurückzutreten und alle Augenblicke etwas einzustecken.

Ein solches Verhalten stimmte weder zu einer Erziehung, noch zu einer Veranlagung, und er zog sich grollend von ihnen zurück. Abseits aber stand er dann auch nicht gern; denn er meinte, sie hätten wahrhaftig seine Gesellen sein müssen, nur daß er sie ein wenig umgänglicher gewünscht hätte. Bei diesem Gemisch von Zuneigung und Widerwillen, bei der Unmöglichkeit, mit ihnen freundschaftlich verkehren zu können, und bei dem Verlangen, trotzdem in irgendwelche Beziehungen zu ihnen zu treten, hatte er begonnen, mit ihnen in Pracht und Großartigkeit zu wetteifern, ohne sich aber damit etwas anderes als Feindschaft, Neid und Hohn einzuschaffen. Sein zugleich ehrliches und heftiges

---

[2] „Io faccio orrechie da mercante", ein Sprichwort, das in etwa bedeutet: „Ich achte gar nicht auf dich."

Wesen hatte ihn dann mit der Zeit in andere, ernstere Streitigkeiten verwickelt. Er empfand einen unwillkürlichen, aufrichtigen Abscheu vor Bedrückungen und Plackereien; und dieser Abscheu wurde nur lebhafter durch den Stand der Leute, die derlei Dinge täglich heftiger begingen und die ebendieselben waren, die er schon der andern Ursache halber haßte. Um alle diese Leidenschaften auf einmal zu stillen oder zu üben, schlug er sich bereitwillig auf die Seite eines übel mitgespielten Schwachen, fand seine Lust daran, einen Gewalttäter zu stellen, mischte sich in den einen Zwist ein und zog sich einen andern auf den Hals; und das ging langsam so weit, daß er sich schließlich zum Beschützer der Unterdrückten und zum Rächer der Mißhandelten aufwarf. Das Amt war beschwerlich, und man braucht nicht zu fragen, ob der arme Lodovico Feinde, Hader und Kummer hatte. Neben dem äußeren Kriege quälten ihn nun unaufhörlich innere Widersprüche; denn um sich einer Verbindlichkeit zu entledigen – von denen zu geschweigen, wo er nichts ausrichtete – mußte auch er oft den ungeraden Weg gehen und Gewalt anwenden, was dann sein Gewissen nicht billigen konnte. Er mußte um sich eine stattliche Zahl Raufbolde halten und mußte sowohl seiner Sicherheit halber, als auch um einen stärkeren Rückhalt zu haben, die waghalsigsten, das heißt, die verruchtesten auswählen und der Gerechtigkeit zuliebe mit den Schurken leben. So kam es, daß er mehr als einmal, entweder durch einen schlechten Ausgang entmutigt, oder von einer drohenden Gefahr beunruhigt, verärgert von dem immer auf der Hut sein, angeekelt von seiner Gesellschaft, bei dem Gedanken an die Zukunft, da seine Mittel von Tag zu Tag mehr auf gute Werke und auf Eigenmächtigkeiten aufgingen, daß er also mehr als einmal von der Schwärmerei beschlichen wurde, Mönch zu werden, was damals das gewöhnlichste Mittel war, sich Verlegenheiten zu entziehen. Was aber vielleicht sein ganzes Leben lang nur eine Schwärmerei geblieben wäre, wurde durch ein Ereignis, ernster als alle, die ihm vorher zu gestoßen waren, zum Entschluß.

Eines Tages ging er durch eine Straße der Stadt; zwei Bravi folgten ihm, und begleitet wurde er von einem gewissen Cristoforo, der seinerzeit Gehilfe in dem Geschäfte gewesen und nach dessen Auflösung Haushofmeister geworden war. Dieser Cristoforo war ein Mann von etwa fünfzig Jahren, von Jugend auf Lodovico anhänglich, den er hatte zur Welt kommen sehen und der ihm an Lohn und Zubußen nicht nur genug zum Lebensunterhalt, sondern auch die Mittel gab, eine zahlreiche Familie zu erhalten und aufzuziehen. Lodovico sah nun von weitem einen gewissen Herrn herankommen, der sich Anmaßung und Gewalttätigkeit zum Beruf gemacht hatte; obwohl er zeit seines Lebens noch nie mit ihm gesprochen hatte, war ihm dieser Herr doch herzlich feind, und dies erwiderte er ihm von Herzen: ist es doch eine gute Seite dieser Welt, daß man hassen und gehaßt werden kann, ohne daß man sich gegenseitig kennte. Der Herr kam, begleitet von vier Bravi, stolzen Schrittes daher, das Haupt erhoben und den Mund zu Hochmut und Verachtung verzogen. Beide gingen hart an der Mauer; Lodovico aber – das merke man wohl – streifte sie mit der rechten Schulter, und das gab ihm der Sitte gemäß das Recht – wie weit treibt man nur den Keil des Rechtes! – beim Ausweichen vor wem immer an der Mauer zu bleiben, ein Recht, worauf man damals außerordentlich viel hielt. Der andere beanspruchte hier wieder, daß das ihm als einem Adeligen zustehen müsse und daß es Lodovico zukomme, die Mitte des Weges zu nehmen, und dies kraft einer anderen Sitte. So waren denn in dieser wie in vielen anderen Beziehungen zwei gegenteilige Sitten im Schwange, ohne daß entschieden gewesen wäre, welche die rechte sei, und das gab jedesmal, wenn ein harter Kopf auf einen von derselben Gattung stieß, Anlaß zu einem Streite. Die beiden kamen also einander entgegen, beide an die Mauer geschmiegt wie zwei wandelnde Relieffiguren. Als sie sich Auge in Auge gegenüberstanden, sagte der Herr zu Lodovico, ihn mit hochnäsiger und gebieterischer Miene messend, in einem dementsprechenden Tone: „Gebt Raum!"

„Gebt Ihr Raum", antwortete Lodovico; „der Weg ist mein."

„Bei Euersgleichen ist er immer mein."

„Ja, wenn die Anmaßung von Euersgleichen Gesetz wäre für meinesgleichen." – Die Bravi des einen und des andern hatten sich hinter ihre Herren gestellt und blickten sich, die Hand am Dolche und kampfbereit, voller Grimm an. Die Leute, die von da und dort kamen, hielten sich in einiger Entfernung, um den Vorgang zu beobachten; und die Gegenwart dieser Zuschauer reizte die Empfindlichkeit der Widersacher immer mehr.

„Aus dem Weg, gemeiner Krämer; oder ich werde dich lehren, wie man sich gegen Edelleute benimmt."

„Ihr lügt, daß ich gemein sei."

„Du lügst, daß ich gelogen hätte." Diese Antwort schnitt eine weitere dieser Art ab. „Und wenn du ein Ritter wärest wie ich", fügte der Herr hinzu, „so wollte ich dir mit dem Degen beweisen, daß der Lügner du bist."

„Das ist eine gute Ausrede, um Euch zu entbinden, für die Frechheit Eurer Worte mit der Tat einzustehen."

„Werft den Kerl in den Dreck", sagte der Edelmann, sich an seine Leute wendend.

„Das wollen wir sehn", sagte Lodovico, indem er rasch einen Schritt zurücktrat und die Hand an den Degen legte.

„Verwegener", schrie der andere, den seinigen ziehend; „ich werde ihn zerbrechen, wenn er besudelt sein wird mit deinem gemeinen Blute."

Also gingen sie aufeinander los, und die Diener stürzten vor zur Verteidigung ihrer Herrn. Der Kampf war ungleich, sowohl der Zahl wegen, als auch weil Lodovico viel mehr die Hiebe abzuwehren und den Gegner zu entwaffnen suchte, als ihn zu töten; der aber wollte durchaus ihn töten. Schon hatte Lodovico am linken

Arme von einem Bravo einen Dolchstich und an der Wange eine leichte Schramme erhalten, und sein Hauptgegner warf sich auf ihn, um ihm den Rest zu geben, als Cristoforo, der seinen Herrn in Gefahr sah, mit dem Dolche auf den Edelmann eindrang. Der lenkte nun eine ganze Wut auf ihn und durchbohrte ihn mit dem Degen.

Dieser Anblick brachte Lodovico schier von Sinnen, und er rannte den seinigen dem Mörder in den Leib, so daß dieser fast in demselben Augenblicke wie der arme Cristoforo sterbend niedersank. Als die Bravi des Edelmanns sahen, daß es mit ihm zu Ende war, ergriffen sie, übel zugerichtet, wie sie waren, die Flucht; die Lodovicos, ebenso mit Wunden und Beulen bedeckt, machten sich, da niemand mehr da war, dem sie es hätten geben können, und sie nicht von dem Volke, das schon herbeistürmte, aufgehalten werden wollten, nach der anderen Seite aus dem Staube: und Lodovico war mit den beiden toten Gesellen zu Füßen allein inmitten eines Haufens.

„Wie war der Hergang?" „Es ist einer." „Es sind zwei." „Er hat ihm ein Knopfloch in den Bauch gemacht." „Wer ist getötet worden?" „Dieser Störenfried." „Ach heilige Maria, wie entsetzlich!" „Wer sucht, der findet." „Ein Augenblick bezahlt alles." „Jetzt ist's auch mit ihm aus." „Was für ein Stich!" „Das wird eine ernste Geschichte." „Und der andere Unselige!" „Barmherzigkeit! was für ein Anblick!" „Rettet ihn! rettet ihn!" „Mit dem steht's auch übel." „Seht, wie er zugerichtet ist! das Blut rinnt ihm überall." „Flieht! flieht! Laßt Euch nicht greifen!"

Diese letzten Worte, die sich mehr als alle andern in dem wirren Lärme des Haufens vernehmlich machten, drückten die allgemeine Stimmung aus; und mit dem Rate kam auch die Hilfe. Die Ereignisse hatten sich bei einer Kapuzinerkirche zugetragen, einem Zufluchtsort, der, wie man weiß, damals für die Häscher und für diesen ganzen Inbegriff von Personen und Sachen, der sich Gerechtigkeit nannte, unzugänglich war. Dorthin wurde der verwundete Mörder fast bewußtlos von dem Haufen geleitet und getragen; und die Mönche übernahmen ihn aus den Händen des Volkes, das ihn ihnen empfahl: „Er ist ein rechtschaffener Mann, der einen übermütigen Schurken kalt gemacht hat; er hat's in Notwehr getan und ist mit Gewalt dazu getrieben worden."

Lodovico hatte vorher noch nie Blut vergossen; und obwohl der Totschlag damals etwas so Häufiges war, daß jedermanns Ohr gewöhnt war, davon erzählen zu hören, und jedermanns Auge, dabei Zeuge zu sein, war doch der Eindruck, den er empfing, als er einen Mann vor sich sterben und einen andern von seiner Hand getötet sah, seltsam und unaussprechlich, war eine Enthüllung von ihm bisher unbekannten Gefühlen. Der Fall seines Gegners samt der Veränderung dieser Gesichtszüge, die in einem Augenblicke von Drohung und Wut in die Mattigkeit und feierliche Ruhe des Todes übergingen, war ein Anblick, der den Sinn des Mörders mit einem Schlage verwandelte. Ins Kloster geschleppt, wußte er nicht, wo er sei und was mit ihm geschehe; und als er wieder zu sich gekommen war, fand er sich in einem Krankenbett unter den Händen des Bruder Wundarzts – die Kapuziner hatten gemeiniglich in jedem Kloster einen – der ihm die zwei Wunden verband, die er im Kampf erhalten hatte. Ein Mönch, dessen besondere Obliegenheit war, Sterbenden beizustehen, und den es schon oft getroffen hatte, diesen Dienst auf der Straße zu leisten, war alsbald auf den Kampfplatz gerufen worden; und als er wenige Minuten später zurückkam, trat er in die Krankenstube und zu dem Bette, wo Lodovico lag, und sagte zu ihm: „Tröstet Euch; er ist wenigstens gut gestorben und hat mir noch aufgetragen, Euch um Verzeihung zu bitten und Euch seine Verzeihung zu bringen."

Dieses Wort gab dem armen Lodovico auch den letzten Rest seiner Besinnung wieder und weckte ihm lebendiger und bestimmter die Gefühle, die sich in seiner Seele gemischt und gehäuft hatten: Schmerz um den Freund, Entsetzen und Reue über den Stich, der seiner Hand entfahren war, und zugleich ein banges Mitleid mit dem Mann, den er getötet hatte.

„Und der andere?" fragte er ängstlich den Mönch.

„Der andere war verschieden, als ich hingekommen bin."

Unterdessen wimmelten die Zugänge und die Umgebung des Klosters von Neugierigen aber die Scharwache, die bald eintraf, zerstreute die Menge und stellte sich dann auf einige Entfernung von der Pforte auf, immerhin so, daß niemand ungesehen herauskommen konnte. Überdies fanden sich noch ein Bruder des Toten, zwei seiner Vettern und ein alter Oheim ein, vom Kopf bis zu den Füßen bewaffnet und mit einem großen Gefolge von Bravi; und sie begannen die Runde ums Kloster zu machen, indem sie mit Mienen und Gebärden drohender Verachtung die Neugierigen maßen, die nicht zu sagen wagten: Recht ist ihm geschehen, obwohl es auf ihren Gesichtern geschrieben stand.

Kaum war Lodovico mit der Sammlung einer Gedanken zustande gekommen, so ließ er sich einen Bruder Beichtiger rufen und bat ihn, die Witwe Cristoforos aufzusuchen, sie in seinem Namen um Verzeihung zu bitten, daß er, wenn auch unfreiwillig, der Anlaß dieser Trauer geworden sei, und ihr gleichzeitig zu versichern, daß er die Sorge für die Familie auf sich nehme. Als er dann seine Lage überdachte, fühlte er, daß ihm der Wunsch, Mönch zu werden, der ihm zu andern malen durch den Sinn gegangen war, lebhafter und ernster als je aufstieg; ihn däuchte, Gott selber habe ihm den Weg gewiesen und ihm dadurch, daß er ihn unter diesen Umständen in einem Kloster hatte einlangen lassen, ein Zeichen seines Willens gegeben: und der Vorsatz war gefaßt. Er ließ sich den Guardian holen und machte ihm ein Begehren kund, und er bekam zur Antwort, daß er sich vor überstürzten Entschlüssen hüten solle, daß er aber, wenn er darauf beharre, nicht werde zurückgewiesen werden. Nun gab er einem herbeigerufenen Notar eine Schenkung von allem, was ihm verblieben war – es war allwege eine schöne Erbschaft – an die Familie Cristoforos: einen Betrag für die Witwe, wie um ihr eine Morgengabe zu erstatten, und den Rest für die acht hinterbliebenen Kinder Cristoforos.

Lodovicos Entschluß kam seinen Gastfreunden sehr zurecht, die seinetwegen in ziemlicher Verlegenheit waren. Ihn aus dem Kloster wegzuschicken und ihn so der Gerechtigkeit, das heißt, der Rache seiner Feinde auszuliefern, war ein Ausweg, der nicht einmal in Beratung gezogen werden durfte: das wäre ebenso gewesen, wie auf alle eigenen Vorrechte zu verzichten und das Kloster beim Volke um sein Ansehen zu bringen; und nicht nur daß sie sich damit weiter den Tadel sämtlicher Kapuziner der Welt zugezogen hätten, da sie ja das Recht aller hätten verletzen lassen, hätten sie auch die sämtlichen Kirchenbehörden wider sich aufgebracht, die sich als Hüterinnen dieses Rechtes betrachteten. Andererseits war die Familie des Getöteten, mächtig an sich und durch ihren Anhang, fest entschlossen, auf ihrer Rache zu bestehen, und erklärte jeden für ihren Feind, der sich unterfangen würde, ihnen dabei in den Weg zu treten. Die Geschichte sagt nicht, daß sie sich viel um den Getöteten gekränkt hätten, oder daß von der ganzen Verwandtschaft auch nur eine Träne um ihn vergossen worden wäre: sie sagt nur, daß sie alle danach lechzten, den Mörder tot oder lebendig in ihre Klauen zu bekommen. Wenn er nun das Kleid der Kapuziner anzog, so schlichtete er alles. Er tat gewissermaßen Buße, unterzog sich einer Strafe, bekannte sich damit als schuldig und entsagte jedem weitern Streite; er war, kurz und gut, ein Feind, der die Waffen niederlegte. Die Verwandten des Toten durften dann auch, wenn ihnen das behagte, annehmen, daß er aus Verzweiflung und aus Furcht vor ihrem Hasse Mönch geworden sei, und durften sich dessen rühmen. Und einen Menschen so weit gebracht zu haben, daß er sich seines Vermögens entäußert, sich das Haar scheren läßt, barfüßig geht, auf einem Sacke schläft und von Almosen lebt, konnte auf jeden Fall auch dem hochmütigsten Beleidigten als eine genügende Strafe gelten.

Der Pater Guardian erschien mit ungezwungener Ehrerbietung bei dem Bruder des Toten und sprach nach tausend Beteuerungen seiner Achtung vor dem erlauchten Hause und seines Verlangens, diesem in allem, wo es möglich sei, zu dienen, von der Reue Lodovicos und von seinem Entschlusse, indem er dabei höflich zu verstehen gab, daß das Haus damit zufrieden sein könne, und dann artig und mit noch größerer Geschmeidigkeit einfließen ließ, daß es damit, ob nun gebilligt oder nicht, sein Bewenden haben müsse. Der Edelmann begann zu toben, aber der Kapuziner ließ seine Wut verrauchen, von Zeit zu Zeit sagend: „Der Schmerz ist allzu gerecht." Der Edelmann behauptete, seine Familie wäre auf jeden Fall imstande gewesen, sich eine Genugtuung zu verschaffen; und der Kapuziner, was immer er auch darüber dachte, widersprach nicht. Schließlich verlangte der Edelmann und stellte gleichsam als Bedingung auf, daß der Mörder seines Bruders augenblicklich die Stadt zu verlassen habe. Und damit war alles abgemacht. Zufrieden die Familie, die mit Ehren bestand, zufrieden die Mönche, die einen Menschen und ihre Vorrechte retteten, ohne sich irgendeinen Feind zu machen, zufrieden die Liebhaber der Ritterlichkeit, die einen Handel löblich zu Ende geführt sahen, zufrieden das Volk, das einen Mann, dem es wohl wollte, außer Gefahr sah und zugleich seine Bekehrung bewunderte, und zufrieden schließlich mehr als alle andern samt seinem Schmerze unser Lodovico, der nun ein Leben der Sühne und des Gehorsams begann, das die Missetat, wenn nicht gut machen, so doch wenigstens bezahlen und den unerträglichen Stachel des Gewissens abstumpfen konnte. Einen Augenblick lang bedrückte ihn der Argwohn, daß sein Entschluß der Furcht zugeschrieben werden könnte; aber sofort tröstete er sich mit dem Gedanken, daß auch dieses ungerechte Urteil eine Züchtigung und ein Sühnemittel wäre. So schlüpfte er denn mit dreißig Jahren in das härene Kleid; und da er dem Brauche gemäß seinen Namen ablegen und einen anderen annehmen mußte, wählte er einen, der ihn jeden Augenblick erinnern sollte, was er zu sühnen hatte, und nannte sich Cristoforo.

Kaum war die Zeremonie der Einkleidung vollzogen, so ließ ihn der Guardian wissen, daß er ein Noviziat in ***, einem etwa sechzig Meilen entfernten Kloster abzulegen und am nächsten Tage dorthin abzugehen haben werde. Der Novize verneigte sich tief und bat um eine Gunst. „Gestattet mir, Vater", sagte er, „daß ich, bevor ich diese Stadt verlasse, wo ich das Blut eines Menschen vergossen habe, der von mir so grausam gekränkten Familie wenigstens den Schimpf abnehme und daß ich ihr wenigstens meinen Kummer zeige, den Schaden nicht gutmachen zu können; und zwar möchte ich den Bruder des Getöteten um Verzeihung bitten, und ihm, wenn Gott meine Absicht segnet, den Groll aus der Seele nehmen."

Den Guardian däuchte es, daß ein solcher Schritt, abgesehen, daß er schon an sich gut war, auch dazu dienen würde, die Familie immer mehr mit dem Kloster zu versöhnen; er ging also unverzüglich zu dem Edelmann, um ihm Bruder Cristoforos Verlangen vorzutragen.

Bei einem so unerwarteten Vorschlage überkam den Edelmann zugleich mit der Verwunderung auch ein neues Aufbrausen des Unwillens, freilich nicht ohne etwas Mitleid. Nachdem er einen Augenblick nachgedacht hatte, sagte er: „Er mag morgen kommen", und gab die Stunde an. Der Guardian ging heim, um dem Kapuziner die begehrte Zustimmung zu bringen. Der Edelmann bedachte sofort, daß je feierlicher und geräuschvoller diese Genugtuung sein werde, um so mehr sein Ansehen bei der ganzen Familie und bei der Öffentlichkeit wachsen werde, und daß sie, um eine moderne Zierlichkeit zu gebrauchen, ein schönes Blatt in der Geschichte seiner Familie darstellen werde. Eilig ließ er alle Verwandten verständigen, sie möchten es sich am nächsten Tage zu Mittag gefallen lassen, zu ihm zu kommen und eine gemeinsame Genugtuung zu empfangen. Zu Mittag wimmelte der Palast von Herrschaften jeden Alters und beider Geschlechter: es gab ein Drehen und Drängen von weiten Mänteln, hohen Federn, hangenden Durandarten, ein langsames Schwimmen von gestickten und gefältelten Halskrausen, ein verworrenes Geschleife von prangenden Schleppkleidern. Die Vorzimmer, der Hof und die Straße strotzten von Dienern, Pagen, Bravi und Neugierigen.

Als Fra Cristoforo diese Vorbereitungen sah, erriet er den Grund und fühlte eine leichte Unruhe; aber sofort sagte er sich auch schon: Es ist gut so; ich habe ihn öffentlich getötet in Gegenwart so vieler seiner Feinde: wie das Ärgernis, so die Sühne. So trat er denn, die Augen niedergeschlagen, mit dem Pater, der ihn begleitete, durchs Haustor, schritt durch einen Haufen, der ihn mit einer wenig höflichen Neugierde musterte, über den Hof, stieg die Treppe hinauf und kam mitten durch einen andern, herrschaftlichen Haufen, der ihm eine Gasse freigab, von hundert Blicken verfolgt vor den Herrn des Hauses, der, von den nächsten Verwandten umgeben, mitten im Saale stand, den Blick zur Erde gesenkt, aber das Kinn emporgeworfen, die Linke am Schwertgriff und mit der Rechten den Mantelkragen auf der Brust zusammenhaltend. In Miene und Haltung eines Menschen liegt zuweilen ein so unmittelbarer Ausdruck, gleichsam, möchte man sagen, ein Erguß seines innersten Gemütes, daß auch eine Menge von Beschauern über dieses Gemüt nur ein einziges Urteil fällen wird. Miene und Haltung Fra Cristoforos sagten allen klar, daß ihn weder zum Eintritt in den Orden, noch zu dieser Demütigung menschliche Furcht bestimmt hatte; und das begann alle mit ihm zu versöhnen. Als er den Beleidigten sah, beschleunigte er den Schritt, ließ sich ihm zu Füßen auf die Knie nieder, kreuzte die Hände auf der Brust und sprach, das geschorene Haupt neigend, diese Worte: „Ich bin der Mörder Ihres Bruders. Gott weiß, ob ich ein Leben mit meinem Blute zurückkaufen möchte; da ich aber nichts anderes tun kann, als eine wirkungslose und späte Abbitte vorzubringen, so flehe ich Sie an, sie um Gottes willen anzunehmen."

Aller Augen hafteten an dem Novizen und an dem Manne, mit dem er sprach; aller Ohren waren gespannt. Als Fra Cristoforo schwieg, erhob sich durch den ganzen Saal ein Gemurmel des Mitleids und der Achtung.

Der Edelmann, der mit der Gebärde gezwungener Herablassung und unterdrückten Zornes dastand, wurde durch diese Worte verwirrt; und indem er sich zu dem Knienden herabbeugte, sagte er mit ergriffener Stimme: „Erhebt Euch. Die Beleidigung ... freilich die Tat ... aber das Kleid, das Ihr tragt ... nicht das allein, auch Euretwegen ... Erheben Sie sich, Pater ... Mein Bruder ... ich kann es nicht leugnen... war ein Ritter ... war ein wenig stürmisch... ein wenig lebhaft. Aber alles geschieht nach der Fügung Gottes... Reden Sie nicht mehr davon... Aber, Pater, in dieser Stellung dürfen Sie nicht bleiben." Und er nahm ihn beim Arme und hob ihn auf.

Fra Cristoforo antwortete stehend, aber mit gesenktem Haupte: „Ich darf also hoffen, daß Sie mir Ihre Verzeihung gewährt haben? Und wenn ich sie von Ihnen erlange, von wem dürfte ich sie dann nicht erhoffen? Ach, wenn ich aus ihrem Munde dieses Wort hören könnte, Verzeihung!"

„Verzeihung?" sagte der Edelmann; „Sie bedürfen ihrer nicht mehr. Aber da Sie sie durchaus wünschen, so verzeihe ich Ihnen von Herzen, und alle ..."

„Alle! alle!", schrien wie aus einem Munde die Anwesenden.

Das Antlitz des jungen Mönchs öffnet sich in einer dankbaren Freude, die freilich noch immer eine demütige, tiefe Zerknirschung über das Böse durchscheinen ließ, das keine menschliche Erlassung wieder gutmachen konnte. Überwältigt von diesem Anblick und fortgerissen von der allgemeinen Rührung, warf ihm der Edelmann die Arme um den Hals und tauschte mit ihm den Friedenskuß. „Wacker! wohlgetan!", brach es im Saale von allen Seiten los; alle drängten sich zu dem jungen Mönch und um ihn. Unterdessen kamen Diener mit einer reichlichen Menge von Erfrischungen.

Der Edelmann trat wieder zu unserem Cristoforo, der Miene machte, sich beurlauben zu wollen, und sagte zu ihm: „Pater, lassen Sie sich etwas belieben; geben Sie mir diesen Beweis der Freundschaft." Und er schickte sich an, ihn vor allen anderen zu bedienen; Fra Cristoforo aber trat mit einer gewissen herzlichen Weigerung zurück und sagte: „Diese Dinge sind nichts mehr für mich; doch das soll nicht sein, daß ich Ihre Gaben zurückwiese. Ich bin daran, eine Reise anzutreten; geruhen Sie, mir ein Brot bringen zu lassen, damit ich sagen kann, daß ich Ihre Milde genossen, Ihr Brot gegessen und ein Zeichen Ihrer Verzeihung erhalten habe."

Gerührt befahl der Herr, daß dies geschehe, und alsbald kam ein Kämmerling in großem Staate mit einem Brot auf einer silbernen Schüssel und bot es dem Mönche an; der nahm es, dankte dafür und steckte es in den Korb. Dann heischte er Urlaub, und nachdem er den Herrn des Hauses von neuem umarmt hatte, umarmte er auch alle die, die sich, da sie ihm zunächst standen, seiner bemächtigen konnten, und es wurde ihm schwer, sich von ihnen los zu machen; und in den Vorzimmern hatte er Not, sich der Diener und auch der Bravi zu erwehren, die ihm den Saum der Kutte, den Strick und die Kapuze küßten. Auf die Straße wurde er wie im Triumphe getragen, und eine Menge Volkes begleitete ihn bis zu dem Stadttor, wo er hinausging, um zu Fuß dem Orte seines Noviziates zuzuwandern.

Der Bruder und die Verwandtschaft des Getöteten, die erwartet hatten, an diesem Tage die traurige Freude der Hoffart zu verkosten, fanden sich statt dessen voll der heiteren Freude der Verzeihung und des Wohlwollens. Die Gesellschaft blieb noch eine Weile in ungewohnter Herzlichkeit und Behaglichkeit zusammen bei Gesprächen, auf die beim Hingehen niemand vorbereitet gewesen war. Anstatt des befriedigten Rachegefühls, der vergoltenen Unbill und des mühsam beigelegten Haders, waren das Lob des Novizen, die Versöhnung und die Milde die Gegenstände der Unterhaltung. Und einer, der sonst zum fünfzigsten Male erzählt hätte, wie es sein Vater, der Graf Muzio bei jenem berühmten Handel verstanden habe, den Marchese Stanislao, diesen allbekannten Großsprecher, zurechtzuweisen, redete nun von der Buße und der wundersamen Ergebung eines Fra Simone, der vor vielen Jahren gestorben war. Als sich die Gesellschaft entfernt hatte, ging der Hausherr, noch immer bewegt, alles noch einmal voll Erstaunen bei sich durch, was er zu hören bekommen und was er selber gesagt hatte; und er murmelte zwischen den Zähnen: „Teufel von einem Mönche!" - den eigentlichen Wortlaut müssen wir wohl umschreiben - „Teufel von einem Mönche! wäre er auch nur einen Augenblick noch auf den Knien geblieben, so hätte am Ende ich selber ihm Abbitte geleistet, daß er mir den Bruder getötet hat."

Unsere Geschichte bemerkt ausdrücklich, daß dieser Edelmann von diesem Tage an ein bißchen weniger heftig und ein bißchen gutmütiger geworden ist. Der Padre Cristoforo wanderte mit einem Trostgefühl dahin, das er nicht mehr erfahren hatte seit jenem Schreckenstage, den zu sühnen ein ganzes Leben geweiht sein sollte. Das den Novizen auferlegte Schweigen hielt er, ohne es inne zu werden; so versunken war er in die Gedanken der Mühseligkeiten, Entbehrungen und Erniedrigungen, die er hätte erdulden mögen, um sein Vergehen zu büßen. Als er um die Stunde des Mahles bei seinem Wohltäter haltmachte, aß er mit einer Art Lust von dem Brote der Verzeihung; aber ein Stück davon sparte er und legte es in den Korb, um es als ewiges Andenken aufzubewahren.

Es ist nicht unsere Absicht, die Geschichte eines Klosterlebens zu erzählen; sagen wollen wir nur, daß er, indem er die Pflichten, die ihm ordnungsgemäß zugeteilt wurden, nämlich zu predigen und den Sterbenden beizustehen, stets gern und gewissenhaft erfüllte, nie eine Gelegenheit hätte vorübergehen lassen, noch zwei andere zu erfüllen, die er sich selber auferlegt hatte: Zwistigkeiten zu schlichten und Unterdrückte zu beschützen. Bei diesem Hange wirkte, ohne daß er sich dessen bewußt geworden wäre, sowohl seine alte Gewohnheit mit, als auch ein Restchen kriegerischen Sinns, das die Erniedrigungen und Kasteiungen doch nicht gänzlich hatten austilgen können. Im allgemeinen sprach er demütig und gedämpft; wenn es sich aber um Gerechtigkeit oder bestrittene Wahrheit handelte, beseelte sich der Mann auf einen Schlag mit dem alten Ungestüm, der, unterstützt und gemäßigt durch eine feierliche Beredsamkeit, die von dem gewohnten Predigen herrührte, dieser Sprache eine seltsame Eigentümlichkeit gab. Seine ganze Haltung verriet wie ein Gesicht einen langen Kampf zwischen einer hitzigen Anlage, die sich stets wieder geltend machte, und einem entgegengesetzten, gewöhnlich siegreichen Willen, der immer auf der Hut war und von höheren Beweggründen und Eingebungen geleitet wurde. Ein Mitbruder und Freund, der ihn gut kannte, hatte ihn einmal mit jenen in ihrer herkömmlichen Form allzu eindeutigen Wörtern verglichen, die manche, auch gut erzogene Leute, wenn die Leidenschaft durchbricht, verstümmelt und mit Änderung einiger Buchstaben aussprechen, Wörter, die auch in dieser Vermummung an ihre ursprüngliche Kraft erinnern.

Wenn ein armes, ihm unbekanntes Frauenzimmer in der traurigen Lage Lucias von Padre Cristoforo Hilfe geheischt hätte, er wäre unverzüglich gelaufen; da es sich nun um Lucia handelte, lief er mit um so größeren Eifer hin, je mehr er ihre Unschuld kannte und bewunderte, ihrer Gefahr halber besorgt war und wegen der schändlichen Verfolgung, deren Gegenstand sie geworden war, heiligen Unwillen empfand. Da er ihr überdies zu geringerem Unheil geraten hatte, nichts davon zu sprechen und sich ruhig zu verhalten, fürchtete er, daß dieser Rat eine traurige Wirkung gehabt haben könnte, und zu dem Eifer der Nächstenliebe, der ihm wie angeboren war, gesellte sich in diesem Falle die Gewissensangst, die rechtschaffene Menschen oft quält.

In der Zeit aber, die wir damit verbracht haben, die Lebensumstände des Padre Cristoforo zu erzählen, ist er angekommen und im Türrahmen erschienen; und die Frauen haben den Griff des Haspels, den sie kreisen und surren machten, ausgelassen und haben aus einem Munde gerufen: „Ach, Padre Cristoforo! Seien Sie gesegnet!"

5. KAPITEL.

PATER Cristoforo, der auf der Schwelle stehen geblieben war, mußte, kaum daß er einen Blick auf die Frauen geworfen hatte, inne werden; daß seine Ahnung nicht falsch war. Darum fragte er, mit einer leichten Kopfbewegung den Bart hebend, mit dem fragenden Tone, der auf eine traurige Antwort gefaßt ist: „Nun?" Lucia antwortete, indem sie in Tränen ausbrach. Die Mutter begann mit Entschuldigungen, daß sie es gewagt habe ..., aber der Bruder trat näher, setzte sich auf einen dreibeinigen Schemel und schnitt alle Artigkeiten ab, indem er zu Lucia sagte: „Beruhigt Euch, armes Kind." „Und Ihr", sagte er dann zu Agnese, „Ihr erzählt mir, was es gibt." Während die gute Frau ihren schmerzlichen Bericht aufs beste erstattete, wechselte der Bruder tausendmal die Farbe und hob bald die Augen gen Himmel, bald stampfte er mit den Füßen. Und als die Geschichte zu Ende war, bedeckte er sein Gesicht mit den Händen und rief: „Ihr Armen! Gott hat euch heimgesucht. Arme Lucia!"

Die sagte schluchzend: „Sie werden uns nicht verlassen, Vater?"

„Euch verlassen?" antwortete er. „Und mit was für einem Gesichte könnte ich Gott für mich bitten, wenn ich Euch verlassen hätte? Euch in dieser Lage! Euch, die Er mir anvertraut! Verliert nur den Mut nicht: Er wird Euch beistehen. Er sieht alles. Er kann sich auch eines nichtigen Menschen, wie ich bin, bedienen, um einen ... Sehen wir zu, denken wir nach, was sich tun läßt."

Bei diesen Worten stützte er den linken Ellenbogen auf das Knie, legte die Stirn in die Hand und strich mit der Rechten Bart und Kinn, wie um alle Kräfte des Geistes auf einen Punkt gerichtet festzuhalten. Aber die angestrengteste Überlegung fruchtete nichts sonst, als ihn noch deutlicher erkennen zu lassen, wie dringlich und verwickelt der Fall war und wie spärlich, wie unsicher und gefährlich die Auskunftsmittel. In Don Abbondio ein wenig Scham erwecken und ihm zum Bewußtsein bringen, wie weit er sich gegen seine Pflicht vergangen? Um Scham und Pflicht kümmert er sich keinen Deut, wenn er Furcht hat. Und ihm Furcht machen? Welche Mittel habe ich, ihm eine Furcht einzujagen, die die vor einem Büchsenschusse übertrifft? Den Erzbischof von allem unterrichten und seine Autorität anrufen? Das will Zeit; und inzwischen? Und dann? Und wenn auch dieses arme, unschuldige Ding schon verheiratet wäre, wäre das ein Zügel für diesen Mann? Wer weiß, wie weit er gehen kann?... Und ihm Widerstand leisten? Auf welche Weise? Ach, wenn ich es könnte! Wenn ich nur meine hiesigen Ordensbrüder, wenn ich die von Mailand auf meine Seite ziehen könnte! Aber das ist keine Sache, die die Allgemeinheit anginge; sie würden mich im Stiche lassen. Er spielt den Freund des Klosters, er gibt sich für einen Anhänger der Kapuziner; und sind nicht seine Bravi mehr als einmal gekommen, um sich von uns verbergen zu lassen? Ich bliebe allein bei dem Handel; ich würde mir dazu den Namen eines Unruhestifters, eines Streitbolds, eines Störenfrieds erwirtschaften und könnte vielleicht noch, was schlimmer wäre, mit einem unzeitgemäßen Beginnen die Lage des armen Dings verschlimmern. – Als er dergestalt das Für und Wider dieses und jenes Planes gegeneinander abgewogen hatte, schien es ihm das beste, daß er Don Rodrigo selber gegenübertrete und den Versuch mache, ihn womöglich durch Bitten und durch die Schrecken des andern und auch dieses Lebens von seinem schändlichen Vorhaben abzubringen; schlimmstenfalls werde sich wenigstens auf diesem Wege deutlicher erkennen lassen, wie weit er in seinen abscheulichen Vorsätzen verhärtet sei, und so werde es möglich sein, mehr von seinen Absichten zu entdecken und sich danach zu richten.

Während der Bruder also nachsann, war Renzo, der es aus Gründen, die jedermann leicht erraten kann, nicht weit von dem Hause aushielt, in der Tür erschienen; da er aber den Pater in Gedanken versunken sah und da ihm die Frauen ein Zeichen gaben, ihn nicht zu stören, so blieb er schweigend auf der Schwelle stehen. Als dann der Mönch das Gesicht hob, um den Frauen seinen Plan mitzuteilen, bemerkte er ihn, und er grüßte ihn auf eine Weise, die eine gewohnte Zuneigung, gesteigert durch das Mitleid, ausdrückt.

„Haben sie Ihnen gesagt, Pater ...?", fragte ihn Renzo mi bewegter Stimme.

„Nur zu viel; und darum bin ich da."

„Was sagen Sie zu diesem Schuft ...?"

„Was soll ich zu ihm sagen? Er ist nicht da; was würden meine Worte nützen? Aber dir sage ich, Renzo, vertrau auf Gott, und er wird dich nicht verlassen."

„Gebenedeit seien Ihre Worte!", rief der Jüngling. „Sie sind keiner von denen, die immer den Armen unrecht geben. Aber der Herr Pfarrer und dieser Herr Doktor der verlorenen Fälle ..."

„Komm nicht auf Dinge zurück, die zu nichts sonst taugen können, als dich unnütz zu erbosen. Ich bin ein armer Mönch; aber ich wiederhole dir das, was ich den Frauen da gesagt habe: wie wenig ich auch vermag, ich werde euch nicht verlassen."

„Oh, Sie sind nicht so wie die weltlichen Freunde! Diese Fasler! Wenn man so den Beteuerungen geglaubt hätte, die sie mir zur guten Zeit machten! Ja, ja! Ihr Blut wollten sie für mich hingeben; gegen den Teufel hätten sie mir beigestanden. Wenn ich einen Feind gehabt hätte? ... ich hätte es mir nur merken zu lassen brauchen; er hätte bald sein letztes Stück Brot gegessen gehabt. Und jetzt, wenn Sie sähen, wie sie sich zurückziehen ..." Als er an diesem Ende die Augen zu dem Gesichte des Mönchs hob, sah er, daß es ganz umwölkt war, und ward inne, daß er etwas gesagt hatte, worüber er hätte schweigen sollen. Indem er das aber wieder gutmachen wollte, verwickelte und verrannte er sich immer mehr: „Ich habe sagen wollen... ich meine ja nicht... ich habe nämlich sagen wollen ..."

„Was hast du sagen wollen? Du hast also mein Werk zu zerstören begonnen, bevor es noch unternommen war? Gut für dich, daß du noch beizeiten enttäuscht worden bist! Was? Freunde hast du dich zu finden bemüht ... was für Freunde? ... die dir nicht hätten helfen können, auch beim besten Willen nicht! Und du hast dich bemüht, jenen einzigen zu verlieren, der es kann und es will! Weißt du denn nicht, daß Gott der Freund der Bedrückten ist, die auf ihn vertrauen? Weißt du nicht, daß der Schwache nichts gewinnt, wenn er die Krallen herausstreckt? Und wenn immerhin ..." Bei diesem Worte umklammerte er den Arm Renzos; sein Antlitz nahm, ohne an Würde zu verlieren, den Ausdruck einer tiefen Erschütterung an, die Augen senkten sich, die Stimme wurde leise und gleichsam unterirdisch: „Und wenn immerhin ... das wäre ein furchtbarer Gewinn! Renzo! willst du mir vertrauen? was sage ich mir, mir armseligem Wichte, mir armseligem Mönchlein! Willst du Gott vertrauen?"

„Ach ja!", antwortete Renzo; „er ist der wahrhaftige Herr."

„Gut also; versprich mir, daß du niemanden kränken, niemanden herausfordern wirst, daß du dich von mir wirst leiten lassen."

„Ich verspreche es."

Lucia tat einen mächtigen Seufzer, als wäre eine schwere Last von ihr genommen worden; und Agnese sagte: „Wackerer Junge!"

„Hört, Kinder", begann Fra Cristoforo wieder, „ich werde heute zu diesem Manne gehen. Wenn Gott sein Herz rührt und meinen Worten Kraft gibt, so ist es gut; wenn nicht, so wird uns Gott ein anderes Mittel finden lassen. Unterdessen verhaltet euch ruhig und zurückgezogen, meidet alles Geschwätz und laßt euch nicht sehen. Heute abend oder spätestens morgen früh seht ihr mich wieder." Dies gesagt, schnitt er alle Danksagungen und Segenswünsche ab und ging. Er machte sich auf den Weg ins Kloster, und dort kam er zur Zeit des Chorganges und des Mittagsgesanges an; er aß und brach sofort zu der Höhle des Raubtieres auf, das er zu zähmen versuchen wollte.

Die Burg Don Rodrigos ragte einsam, einer Feste ähnlich, auf dem Gipfel eines von den Hügeln, zu denen sich jenes Ufer teilt und erhebt. Dieser Angabe fügt der Anonymus bei, daß die Örtlichkeit – er hätte besser getan, den Namen richtig hinzuschreiben – höher lag als das Dörfchen der Verlobten und von diesem drei und vom Kloster vier Meilen entfernt war. Am Fuße des Hügels und auf der Seite, die nach Mittag sieht, lag gegen den See hin ein Häufchen Hütten, bewohnt von Don Rodrigos Bauern, und das war gewissermaßen die kleine Hauptstadt eines kleinen Reiches. Man brauchte es nur durchschritten zu haben, um über Beschaffenheit und Sitte des Dorfes aufgeklärt zu sein. Warf man, wo etwa eine Tür offen fand, einen Blick in die Räume zu ebener Erde, so sah man an den Wänden Flinten, Donnerbüchsen, Karste, Rechen, Netze, Strohhüte und Pulverbeutel hängen, alles durcheinander. Die Leute, denen man begegnete, waren grobschlächtige und finstere Kerle mit einem zurückgelegten und in ein Netz gefaßten Haarschopfe, Greise, die, schon zahnlos, bereit schienen, bei der geringsten Erregung das Zahnfleisch zu zeigen, und Frauen mit männlichen Zügen, die sehnigen Arme wie geschaffen, um der Zunge, wenn die nicht ausreichen sollte, zu helfen; und in den Gesichtern und Gebärden der Kinder sogar, die auf der Straße spielten, lag etwas Ungestümes und Herausforderndes.

Fra Cristoforo durchschritt den Ort und stieg ein gewundenes Gäßchen hinan; er kam auf einen kleinen flachen Platz vor der Burg. Das Tor war geschlossen, ein Zeichen, daß der Herr beim Speisen war und nicht gestört sein wollte. Die wenigen kleinen Fenster, die auf die Straße gingen, waren mit lockeren und abgenützten Läden verschlossen und trotzdem noch durch starke Gitter geschützt und die des Erdgeschosses so hoch, daß sie ein Mann auf den Schultern eines anderen kaum erreicht hätte. Es herrschte ein tiefes Stillschweigen, und ein fremder Wanderer hätte das Gebäude für verlassen halten können, wenn nicht vier Geschöpfe, zwei lebende und zwei tote, die sich an der Außenseite zu einem symmetrischen Bilde vereinigten, auf Bewohner gedeutet hätten.

Zwei mächtige Geier waren mit ausgespreizten Schwingen und hängenden Köpfen, der eine federnlos und von der Zeit halb verzehrt, der andere noch heil und gefiedert, jeder an einen Torflügel genagelt, und zwei Bravi hielten, auf je eine der rechts und links angebrachten Bänke hingestreckt, die Wache in der Erwartung, gerufen zu werden, um sich an den Überbleibseln der Tafel ihres Herrn zu weiden.

Der Mönch blieb stehen wie einer, der sich anschickt zu warten; aber einer von den Bravi erhob sich und sagte zu ihm: „Kommen Sie nur näher, Pater: hier läßt man die Kapuziner nicht warten; wir sind Freunde des Klosters, und ich bin dort schon mehrmals zu Zeiten gewesen, wo mir die Luft heraußen nicht besonders zuträglich gewesen wäre: hätten sie mir da die Tür verschlossen gehalten, so hätte es übel um mich gestanden." Mit diesen Worten tat er zwei Schläge mit dem Klöppel. Diesem Schalle antwortete auf der Stelle von innen das Geheul und Gewinsel von großen und kleinen Hunden, und wenige Augenblicke später kam brummend ein alter Diener herbei; als er aber den Mönch sah, machte er ihm eine tiefe Verbeugung, beschwichtigte die Tiere mit den Händen und der Stimme, führte den Gast in einen engen Hof und verschloß das Tor.

Nachdem er ihn dann in einen Saal geführt hatte, sagte er, indem er ihn mit einem gewissen Ausdrucke der Verwunderung und der Ehrerbietung ansah: „Sind Sie nicht... der Pater Cristofore von Pescarenico?"

„Jawohl."

„Sie hier?"

„Wie Ihr seht, guter Mann."

„Es wird um eines guten Zweckes willen sein." Und er fuhr zwischen den Zähnen murmelnd fort, indem er sich wieder in Bewegung setzte: „Gutes kann man überall tun." Nachdem sie zwei oder drei dunkle Zimmer durchschritten hatten, kamen sie zu der Tür des Speisesaales. Dort war ein verworrener Lärm von Gabeln, Messern, Gläsern, Schüsseln und vor allem von mißklingenden Stimmen, die sich wechselweise zu überschreien suchten. Der Mönch, der sich zurückziehen wollte, stritt eben vor der Tür mit dem Diener, damit ihn der in einem Winkel des Hauses lasse, bis das Mahl vorüber sei, als sich die Tür öffnete. Ein gewisser Graf Attilio, der ihr gegenüber saß – er war ein Vetter des Hausherrn, und wir haben ihn, ohne ihn zu nennen, schon erwähnt – schrie, als er einen geschorenen Kopf und eine Kutte sah und die bescheidene Absicht des guten Mönches merkte: „He, he! laufen Sie uns nicht davon, ehrwürdiger Pater; nur herein, herein!" Don Rodrigo, den, ohne daß er den Zweck dieses Besuches völlig erraten hätte, doch eine unbestimmte Ahnung verwirrte, hätte gern darauf verzichtet; da aber der voreilige Attilio diese laute Aufforderung hatte ergehen lassen, mußte er wohl oder übel desgleichen tun, und so sagte er: „Kommen Sie nur, Pater, kommen Sie." Der Mönch trat vor, indem er sich vor dem Hausherrn verbeugte und mit beiden Händen die Begrüßungen der Tischgenossen erwiderte.

Den ehrlichen Mann gegenüber dem Bösewicht stellt man sich – ich sage nicht: allgemein – gern mit freier Stirn vor, mit sicherem Blicke, mit erhobener Brust, mit wohlgelöster Zunge. In der Tat aber braucht es, um diese Haltung einnehmen zu können, vieler Umstände, die sich selten zusammen finden. Darum verwundere sich niemand, daß Fra Cristoforo samt dem guten Zeugnisse eines Gewissens, samt der festen Überzeugung von der Gerechtigkeit der Sache, die er verteidigen kam, samt der aus Abscheu und Mitleid gemischten Empfindung, die er Don Rodrigo entgegenbrachte, mit einer gewissen Unterwürfigkeit vor diesem Don Rodrigo stand, der dort obenan an der Tafel saß, in seinem Hause, umgeben von Freunden, von Huldigungen, von so vielen Zeichen der Gewalt, und mit einer Miene, die wem immer eine Bitte im Munde ertöten konnte, geschweige denn einen Rat, einen Tadel, einen Verweis. Zu seiner Rechten saß dieser Graf Attilio, ein Vetter und, wenn es denn gesagt sein soll, ein Genosse in Unzüchtigkeit und Übermut, der aus Mailand gekommen war, um ein paar Tage bei ihm auf dem Lande zu verbringen. Zur Linken und an der andern Tischseite saß in großer Ehrfurcht, die freilich durch eine gewisse Sicherheit und Dreistigkeit gemildert war, der Herr Vogt, derselbige, dem es theoretisch zugekommen wäre, Renzo Tramaglino Gerechtigkeit zu verschaffen und Don Rodrigo zu einer Schuldigkeit zu verhalten, wie es oben gezeigt worden ist. Dem Vogt gegenüber saß mit dem Ausdruck der reinsten, der innigsten Ehrfurcht unser Doktor Nothelfer in einem schwarzen Talar und mit einer mehr als sonst geröteten Nase; das Gegenüber der beiden Vettern waren zwei unbedeutende Gäste, von denen unsere Geschichte nur sagt, daß sie nichts anders taten als essen, den Kopf neigen und alles, was sein Tischgenosse sagte und was unwidersprochen blieb, bestätigen.

„Gib dem Pater einen Sitz", sagte Don Rodrigo.

Ein Diener brachte einen Stuhl, und Pater Cristoforo ließ sich nieder, indem er sich bei dem Herrn entschuldigte, zu einer ungelegenen Stunde gekommen zu sein. Und mit leiserer Stimme fuhr er zum Ohre Don Rodrigos fort: „Ich möchte mit Ihnen unter vier Augen, wenn es Ihnen gefällig wäre, über eine wichtige Sache sprechen."

„Gut, gut", antwortete dieser, „wir werden miteinander reden; einstweilen aber bringe man dem Pater zu trinken."

Der Mönch wollte ablehnen, aber Don Rodrigo erhob seine Stimme und schrie mitten in dem Lärme, der wieder losgegangen war: „Nein, potzblitz, das werden Sie mir nicht antun; nie soll es zutreffen, daß ein Kapuziner dieses Haus verließe, ohne meinen Wein versucht, oder ein frecher Gläubiger, ohne das Holz meiner Wälder verkostet zu haben."

Diese Worte riefen ein allgemeines Gelächter hervor und unterbrachen für einen Augenblick die Auseinandersetzung, die unter den Tisch genossen hitzig im Gange war. Ein Diener brachte auf einem Untersatze einen Krug Wein und ein langes Kelchglas und stellte sich damit vor den Pater; da dieser einer so dringlichen Einladung eines Mannes, den günstig zu stimmen ihm so sehr am Herzen lag, nicht widerstehen wollte, zögerte er nicht sich einzuschenken und begann den Wein langsam zu schlürfen.

„Tasso stützt Ihre Behauptung nicht, verehrter Herr Vogt", begann Graf Attilio von neuem zu brüllen; „vielmehr steht er gegen sie, weil dieser Gelehrte, dieser große Mann, der alle Gesetze der Ritterschaft kannte, den Boten Argantes, bevor er den fürstlichen Rittern die Herausforderung mitteilt, von dem frommen Buglione die Erlaubnis dazu verlangen läßt..."

„Aber das ist ja", versetzte nicht minder brüllend der Vogt, „aber das ist ja ein Zusatz, ein reiner Zusatz, eine dichterische Ausschmückung, weil der Abgesandte von Haus aus, durchs Völkerrecht, *jure gentium*, unverletzlich ist; und ohne so weit ausholen zu wollen, sagt auch schon unser italienisches Sprichwort: „Der Gesandte büßt nicht." Und die Sprichwörter, Herr Graf, sind die Weisheit des Menschengeschlechtes. Und da der Bote nichts in seinem eigenen Namen gesagt, sondern nur die schriftliche Aufforderung überreicht hat ..."

„Aber wann werden sie es denn verstehen, daß dieser Bote ein frecher Esel war, der nicht einmal die Anfangsgründe ...?"

„Mit Ihrer Erlaubnis, meine Herrn", fiel Don Rodrigo ein, der den Streit nicht zu weit fortgesetzt wünschte, „legen wir die Frage dem Pater Cristoforo vor, und bei seinem Spruche mag es ein Bewenden haben."

„Gut, sehr gut", sagte Graf Attilio, der es sehr lustig fand, daß eine ritterliche Angelegenheit durch einen Kapuziner entschieden werden sollte; der Vogt hingegen, der es bei diesem Streit hitziger hatte, schwieg still mit einem Gesichte, als ob er hätte sagen wollen: Kindereien.

„Aber", sagte der Mönch, „nach dem, was ich davon begriffen zu haben meine, sind das keine Dinge, die ich verstehen könnte."

„Das sind so", sagte Don Rodrigo, „die gewöhnlichen Entschuldigungen der Bescheidenheit der Herren Patres; aber Sie werden mir nicht entschlüpfen. Ei doch, wir wissen sehr wohl, daß Sie nicht mit der Kapuze zur Welt gekommen sind und daß die Welt sie gekannt hat. Also, der Gegenstand ist der:"

„Es handelt sich um folgendes", begann Graf Attilio zu schreien.

„Überlaßt es mir zu reden, Vetter, dem Unbeteiligten", erwiderte Don Rodrigo. „Die Geschichte ist also die: Ein spanischer Ritter schickt einem mailändischen Ritter eine Herausforderung. Der Überbringer trifft den Geforderten nicht zu Hause an und übergibt die Ansage einem Bruder des Ritters; dieser Bruder liest die Herausforderung und gibt zur Antwort dem Überbringer etliche Stockhiebe. Nun gilt es ..."

„Gut gegeben waren die Prügel, gut angebracht", schrie Graf Attilio; „es war geradezu eine Eingebung."

„Des Teufels", fügte der Vogt hinzu. „Einen Gesandten zu schlagen! eine geheiligte Person! Auch Sie, Pater, werden mir sagen, ob das ritterlich gehandelt ist."

„Ja, Herr, ritterlich", schrie der Graf, „und lassen Sie das mich sagen, der ich mich darauf verstehen muß, was einem Ritter ziemt. Ja, wenn es Faustschläge gewesen wären, da wäre es etwas anderes; aber der Stock beschmutzt niemandem die Hände. Ich kann nur nicht begreifen, warum Sie mit den Schultern eines Taugenichts so viel Mitleid haben."

„Wer hat Ihnen denn von den Schultern gesprochen, mein Herr Graf? Sie legen mir Ungereimtheiten in den Mund, die mir nie in den Sinn gekommen sind. Ich habe von der Eigenschaft gesprochen und nicht von den Schultern; jawohl. Ich spreche vor allem von dem Völkerrecht. Sagen Sie mir, bitte, gefälligst, ob die Feciale der alten Römer, die den andern Völkern den Krieg zu erklären hatten, um die Erlaubnis baten, ihre Botschaft ausrichten zu dürfen; und zeigen Sie mir einen einzigen Schriftsteller, der erwähnen würde, daß jemals ein Fecial geschlagen worden sei."

„Was haben wir mit den Offizialen der alten Römer zu schaffen? Eines Volkes, das in den Tag hineinlebte und in diesen Dingen zurück war, weit zurück. Nach den Gesetzen der heutigen Ritterschaft, die die wahre Ritterschaft ist, sage und bewähre ich hingegen, daß ein Bote, der es wagt, einem Ritter eine Herausforderung einzuhändigen, ohne die Erlaubnis dazu geheischt zu haben, ein frecher Bursche ist, verletzlich und aber verletzlich, der gar nicht genug Prügel bekommen kann."

„Antworten Sie einmal auf diese Darlegung."

„Nein, nein, nein."

„Aber hören Sie doch, hören Sie, hören Sie. Einen Wehrlosen schlagen ist eine verräterische Handlung; atqui der Bote de quo war ohne Wehr, ergo ..."

„Sachte, Herr Vogt, sachte."

„Warum sachte?"

„Sachte, sag ich; was reden Sie mir da? Eine verräterische Handlung ist, einen von hinten mit dem Degen anzufallen oder ihm eine Kugel in den Rücken zu schießen; und auch da kann es Fälle geben... Aber bleiben wir bei der Sache. Ich gebe zu, so etwas kann im allgemeinen eine verräterische Handlung genannt werden; aber einem Taugenichts ein paar Stockstreiche versetzen? Das wäre noch schöner, wenn man ihm erst sagen müßte: „Gib acht, jetzt schlage ich dich, wie man zu einem Edelmann sagen würde: „Hand an den Degen!" - Und Sie, verehrter Herr Doktor, statt mir zuzublinzeln, um mir zu verstehen zu geben, daß Sie meiner Meinung sind, warum unterstützen Sie nicht meine Beweisgründe mit Ihrer Wissenschaft, um mir diesen Herrn überzeugen zu helfen?"

„Ich ...", antwortete verwirrt der Doktor, „ich habe meine Freude an diesem gelehrten Streit und danke dem hübschen Zufall, der die Gelegenheit zu einem so anmutigen Kampf der Geister gegeben hat. Und dann steht es mir nicht zu, den Spruch abzugeben: Seine erlauchte Herrlichkeit haben schon einen Richter bestellt... hier den Pater ..."

„Das stimmt", sagte Don Rodrigo; „aber wie soll denn der Richter sprechen, wenn die Streitenden nicht ruhig sein wollen?"

„Ich bin schon still", sagte Graf Attilio.

Der Vogt preßte die Lippen zusammen und hob die Hand wie zum Zeichen der Ergebung.

„Dem Himmel sei gedankt! Also, Pater", sagte Don Rodrigo mit halb neckender Ernsthaftigkeit.

Fra Cristoforo antwortete, indem er einem Diener das Glas zurückgab: „Ich habe mich schon entschuldigt und habe gesagt, daß ich nichts davon verstehe."

„Magere Entschuldigungen", schrien die beiden Vettern; „wir wollen den Spruch."

„Wenn dem so ist", erwiderte der Bruder, „so würde meine unmaßgebliche Meinung dahin gehen, daß es weder Herausforderungen, noch Überbringer, noch Stockprügel geben sollte."

Die Tischgenossen sahen einander betroffen an.

„Ah, das ist stark", sagte Graf Attilio. „Verzeihen Sie mir, Pater, aber es ist stark. Man sieht, daß Sie die Welt nicht kennen."

„Er?", sagte Don Rodrigo; „ich soll es Euch wohl noch einmal erzählen? er kennt sie, Vetter, so gut wie Ihr: ist es nicht wahr, Pater? sagt selber, ob Sie nicht tüchtig Lehrgeld gezahlt haben."

Anstatt dieser liebenswürdigen Aufforderung nachzukommen, sagte der Pater insgeheim ein Wörtlein zu sich selber: Die da kommen über dich; aber erinnere dich, Mönch, daß du nicht deinethalben hier bist und daß alles, was dich allein berührt, nichts zur Sache hat.

„Mag sein", sagte der Vetter; „aber der Pater ... wie heißt der Pater?"

„Pater Cristoforo", antwortete mehr als einer. „Aber, Pater Cristoforo, mein hochzuschätzender Herr, mit diesen Ihren Ansichten würden Sie die Welt auf den Kopf stellen. Keine Herausforderungen! keine Stockprügel! Dann ade, Ehrgefühl! Straflosigkeit für alle Schurken. Ein Glück nur, daß die Annahme unmöglich ist."

„Vorwärts, Doktor", brach Don Rodrigo los, der die Auseinandersetzung immer mehr von den zwei ersten Streitenden abziehen wollte, „vorwärts, Doktor, redet Ihr; Ihr seid ja der Mann, um allen rechtzugeben. Wir wollen sehen, wie Ihr es anstellen werdet, um in dieser Sache dem Pater Cristoforo rechtzugeben."

„Wahrhaftig", antwortete der Doktor, mit der Gabel in der Luft und zu dem Pater gewandt, „wahrhaftig, ich kann nicht begreifen, wie der Pater Cristoforo, der der vollkommene Ordensbruder und der vollkommene Weltmann zugleich ist, nicht daran gedacht hat, daß ein Spruch, der auf der Kanzel gut, ausgezeichnet und vollwichtig wäre, in einem ritterlichen Streite, mit der schuldigen Achtung gesagt, nichts wert ist. Der Pater weiß doch besser als ich, daß jedes Ding gut ist an seinem Orte; und ich glaube, daß er sich diesmal mit einem Scherze hat aus der Verlegenheit ziehen wollen, einen klaren Spruch abzugeben."

Was hätte man auf eine Einwendung antworten können, die aus einer so alten und immer neuen Weisheit abgeleitet war? Nichts; und so tat unser Mönch. Aber Don Rodrigo wollte diese ganze Erörterung abschneiden und trachtete daher eine neue auf die Bahn zu bringen.

„Übrigens", sagte er, „ich habe gehört, daß man in Mailand von einem Vergleich spricht."

Der Leser weiß, daß in diesem Jahre um die Nachfolge in dem Herzogtum Mantua gestritten wurde, das beim Tode Vincenzo Gonzagas, der keinen echten Sproß hinterlassen hatte, in den Besitz des Herzogs von Nevers, seines nächsten Anverwandten übergegangen war. Ludwig XIII. oder Kardinal Richelieu unterstützte diesen Prinzen, der der Krone Frankreich ergeben und Franzose geworden war; Philipp IV. oder Graf Olivarez, gemeiniglich der Conte Duca genannt, wollte ihn aus eben diesem Grunde nicht dort haben und hatte ihm einen Krieg erregt. Weil dieses Herzogtum weiter ein kaiserliches Lehen war, bemühten sich beide Teile mit Ränken, mit dringlichen Ansuchen, mit Drohungen bei Kaiser Ferdinand II., der eine, damit er dem neuen Herzoge die Belehnung bewillige, der andere, damit er sie ihm verweigere und überdies Hilfe leiste, ihn aus dem Land zu jagen.

„Ich möchte beinahe glauben", sagte Graf Attilio, „daß ein Ausgleich möglich ist. Ich habe gewisse Anzeichen ..."

„Glauben Sie es nicht, Herr Graf", unterbrach ihn der Vogt, „glauben Sie es nicht. Ich, in diesem Winkel, ich kann es wissen; denn der spanische Herr Kastellan, der mir in seiner Güte ein wenig wohl will und als Sohn eines Geschöpfes des Conte Duca von allem unterrichtet ist..."

„Ich sage Ihnen, daß ich tagtäglich in Mailand in der Lage bin, mit ganz anderen Persönlichkeiten zu sprechen; und ich weiß aus guter Quelle, daß der Papst, dem an einem Frieden sehr viel liegen muß, Vorschläge gemacht hat..."

„So soll es sein; die Sache ist nur in Ordnung. Seine Heiligkeit tut ihre Pflicht: ein Papst soll stets Gutes stiften unter den christlichen Fürsten; aber der Conte Duca hat eine Politik, und…"

„Und, und, und, wissen Sie, mein Herr, wie der Kaiser in diesem Augenblicke darüber denkt? Glauben Sie, es gibt für ihn nichts anderes auf der Welt als Mantua? Es ist vielerlei, mein Herr, woran er denken muß. Wissen Sie, zum Beispiel, bis wieweit er heute diesem seinem Fürsten von Waldistan oder Wallistei, oder wie sie ihn nennen, trauen darf, und ob…"

„Der Name", fiel wieder der Vogt ein, „lautet in der deutschen Sprache richtig Wallenstein, wie ich ihn zu mehreren Malen von unserem spanischen Herrn Kastellan habe aussprechen hören. Und seien Sie immer getrost, daß …"

„Sie wollen mich belehren …?", versetzte der Graf; aber Don Rodrigo warf ihm einen Blick zu, um ihm zu verstehen zu geben, daß er ihm zuliebe vom Widerspruche ablassen solle.

Der Graf schwieg, und der Vogt fuhr wie ein von einer Sandbank losgekommenes Schiff mit geblähten Segeln in dem Laufe seiner Beredsamkeit fort. „Wallenstein macht mir wenig Kummer: der Conte Duca hat sein Auge auf allem und in allem, und sollte Wallenstein den Eigensinnigen spielen, so würde er ihn bald entweder im guten oder im bösen auf den richtigen Weg bringen. Er hat seine Augen überall, sage ich, und sein Arm ist lang; und wenn er sich in den Kopf gesetzt hat, wie er es gerechterweise und als der große Politiker, der er ist, getan hat, daß der Herzog von Nivers in Mantua keinen Boden fassen darf, so wird ihn der Herzog von Nivers nicht fassen, und der Kardinal von Riciliü wird einen Schlag ins Wasser getan haben. Ich muß nur über diesen lieben Herrn Kardinal lachen, der mit einem Conte Duca, mit einem Olivarez anbinden will. Wahrhaftig, ich möchte in zweihundert Jahren wieder auf die Welt kommen, um zu sehen, was die Nachkommen zu dieser hübschen Anmaßung sagen werden. Da braucht es mehr als Neid: einen Kopf braucht es, und Köpfe wie den des Conte Duca gibt's nur einen auf der Welt. Der Conte Duca, meine Herrn", fuhr der Vogt fort, immer bei günstigem Winde und selber ein wenig verwundert, daß er nie auf eine Klippe stieß, „der Conte Duca ist ein alter Fuchs, mit der schuldigen Ehrerbietung gesagt, der niemanden auf seiner Spur läßt: wenn er rechts zückt, so kann man sicher sein, daß er nach links schlagen wird, und so kann sich kein Mensch rühmen, seine Absichten zu kennen, und sogar die, die sie ausführen sollen, ja sogar die, die seine Verfügungen niederschreiben, begreifen nichts davon. Ich kann von der Sache mit einiger Erfahrung sprechen, weil sich der brave Kerl von einem Herrn Kastellan dann und wann herabläßt, sich mit mir vertraulich zu unterhalten. Umgekehrt weiß der Conte Duca genau, was in den Suppentöpfen aller anderen Höfe gekocht wird; und alle diese großen Politiker – es gibt ja, das läßt sich nicht leugnen, auch einige listige unter ihnen – haben sich kaum einen Plan ausgedacht, so hat ihn der Conte Duca schon erraten, mit diesem seinen Kopfe, mit diesen seinen verdeckten Wegen, mit diesen seinen überall gespannten Fäden. Dieser arme Mann von einem Kardinal Richelieu tappt *da*, schnuppert *dort*, schwitzt, plagt sich: und dann? Wenn es ihm geglückt ist, eine Mine zu graben, stößt er auf die Gegenmine, die der Conte Duca schon fertig hat..."

Weiß der Himmel, wann der Vogt Land gewonnen hätte; aber Don Rodrigo, den auch die Grimassen, die sein Vetter schnitt, bewogen, wandte sich unvermittelt, als ob ihm eine Eingebung gekommen wäre, zu einem Diener und winkte ihm, eine gewisse Flasche zu bringen.

„Herr Vogt und meine Herren", sagte er dann, „eine Gesundheit für den Conte Duca; und dann werden Sie mir zu sagen wissen, ob der Wein des hohen Herrn würdig ist."

Der Vogt antwortete mit einer Verneigung, aus der ein Gefühl sonderlicher Erkenntlichkeit leuchtete; denn von allem, was dem Conte Duca zu Ehren geschah oder gesagt wurde, nahm er einen Teil für sich, als ob es auch ihm gegolten hätte. Und er rief, indem er das Glas hob: „Es lebe Don Gasparo Guzman, Graf von Olivarez, Herzog von San Lucar, der große Günstling König Philipps des Großen, unsers Herrn!"

„Er lebe hoch!", antworteten alle.

„Schenkt dem Pater ein", sagte Don Rodrigo.

„Verzeihen Sie mir", antwortete der Pater, „aber ich habe schon über die Schnur geschlagen, und ich möchte nicht..."

„Was?", sagte Don Rodrigo; „es handelt sich um eine Gesundheit für den Conte Duca. Wollen Sie denn, daß es aussieht, als ob Sie es mit den Navarresern hielten?"

So nannte man damals spottweise die Franzosen, und das von den Fürsten von Navarra, die mit Heinrich IV. begonnen hatten, über sie zu herrschen. Auf eine solche Beschwörung mußte man trinken. Alle Tischgenossen brachen in Ausrufungen aus und in Lobsprüche für den Wein, nur der Doktor nicht, der mit dem erhobenen Kopfe, den starren Augen und den zusammengepreßten Lippen mehr ausdrückte, als er mit Worten hätte tun können. „Was sagt Ihr zu dem da, he, Doktor?" fragte Don Rodrigo.

Nachdem der Doktor seine Nase aus dem Glase geholt hatte, das sie an Röte und Schimmer übertraf, antwortete er, jede Silbe mit Nachdruck betonend: „Ich sage, verkünde und entscheide, daß dieser der Olivarez unter den Weinen ist; *censui et in eam ivi sententiam*, daß ein ähnlicher Saft in allen zweiundzwanzig Reichen unsers Herrn, den Gott schütze, nicht zu finden ist. Ich erkläre und stelle fest, daß die Frühstücke des erlauchtigsten Herrn Don Rodrigo die Nachtmähler Heliogabals übertreffen, und daß die Teuerung auf ewig verbannt und ausgestoßen ist aus diesem Schlosse, wo die Pracht ihren Sitz hat und herrscht."

„Gut gesprochen! gut erklärt!", riefen die Tischgenossen einstimmig; aber dieses Wort *Teuerung*, das der Doktor zufällig hingeworfen hatte, lenkte mit einem Schlage den Sinn aller auf diesen traurigen Gegenstand, und alle redeten von der Teuerung. Hier wurden sie allesamt einig, wenigstens in der Hauptsache; aber der Lärm war vielleicht noch größer, als wenn sie verschiedener Meinung gewesen wären. Alle sprachen sie zugleich.

„Es gibt keine Teuerung", sagte einer; „die Aufkäufer sind es..."

„Und die Bäcker", sagte ein anderer, „die das Korn zurückhalten. Henken sollte man sie."

„Sehr richtig, henken, ohne Gnade und Barmherzigkeit."

„Ein prächtiger Rechtsgang", schrie der Vogt.

„Was Rechtsgang?", schrie noch lauter der Graf Attilio; „summarische Rechtsprechung. Man greife nur drei oder vier oder fünf oder sechs, die nach der öffentlichen Meinung als die reichsten und hündischsten bekannt sind, und henke sie."

„Zur Warnung! zur Warnung! ohne warnendes Beispiel geht es nicht!"

„Henkt sie! henkt sie! von allen Seiten wird dann Korn zum Vorschein kommen."

Wer, einen Jahrmarkt durchschreitend, Gelegenheit gehabt hat, die Harmonie einer Musikantengesellschaft zu genießen, wenn zwischen zwei Stücken jeder sein Instrument stimmt, in dem er es, soviel er nur kann, kreischen läßt, um es aus dem Lärm der andern deutlich heraushören zu können, der mag sich vorstellen, daß der Zusammenklang dieser Gespräche, wenn man sie so nennen darf, ähnlicher Art war. Dabei wurde immer wieder von diesem Wein eingeschenkt, und die ihm erteilten Lobsprüche mischten sich billigerweise in die Urteile wirtschaftlicher Rechtspflege, so daß die Worte, die am vollsten und am häufigsten gehört wurden, *Ambrosia* und *Henken* waren.

Don Rodrigo warf unterdessen oft einen Blick auf den einzigen, der still blieb; und immer sah er ihn in ruhiger Haltung ohne ein Zeichen der Ungeduld oder der Eile, ohne die geringste Bewegung, die daran hätte erinnern sollen, daß er warte, vielmehr mit einer Miene, die ausdrückte, er wolle nicht eher gehen, als bis er angehört worden sei. Gern hätte er ihn beurlaubt und sich diese Unterredung erspart; aber einen Kapuziner zu verabschieden, ohne ihm Gehör erteilt zu haben, entsprach nicht einen Grundsätzen. Da er der Unannehmlichkeit nicht ausweichen konnte, entschloß er sich, ihr rasch entgegenzutreten und sich ihrer zu entledigen; er erhob sich vom Tische, und das gleiche tat die gesamte gerötete Gesellschaft, ohne ihren Lärm zu unterbrechen. Er entschuldigte sich bei seinen Gästen, trat in würdevoller Haltung auf den Mönch zu, der sich zugleich mit den anderen erhoben hatte, und sagte zu ihm: „Also, ich stehe Ihnen zur Verfügung"; und er führte ihn in ein anderes Zimmer.

6. KAPITEL.

„WIE kann ich Ihnen dienen?", sagte Don Rodrigo, sich mitten ins Zimmer pflanzend. So war der Laut einer Worte; aber die Art, wie sie herausgebracht wurden, sollte klärlich sagen: Sieh zu, vor wem du stehst, wäge deine Worte und spute dich.

Um unserem Fra Cristoforo Mut zu machen, war kein Mittel sicherer und rascher, als ihn von oben herab zu behandeln. Hatte er auch unschlüssig dagestanden und hatte er auch, nach Worten suchend, die Ave Maria des Rosenkranzes, der ihm am Gürtel hing, zwischen den Fingern abrollen lassen, als ob er in einem davon den Eingang seiner Rede zu finden gehofft hätte, bei diesem Benehmen Don Rodrigos fühlte er, wie sich ihm mehr Worte, als nötig gewesen wären, auf die Lippen drängten. Bei dem Gedanken jedoch, wie wichtig es war, seine Sache oder, was noch erheblicher war, die fremden Angelegenheiten nicht zu verderben, milderte und mäßigte er die Ausdrücke, die sich seinem Geiste dargeboten hatten, und sagte mit behutsamer Demut:

„Ich komme, um Ihnen eine Handlung der Gerechtigkeit vorzuschlagen und Sie um eine Gnade zu bitten. Einige schlechte Menschen haben den Namen Eurer erlauchten Herrlichkeit vorgeschoben, um einen armen Pfarrer zu ängstigen und ihn von der Erfüllung seiner Pflicht abzuhalten und um zwei Unschuldigen Gewalt anzutun. Sie können mit einem einzigen Worte diese Leute beschirmen, dem Rechte seine Kraft wiedergeben und die wieder aufrichten, denen eine solche Grausamkeit zugefügt worden ist. Das können Sie; und da Sie es können … so verlangen Gewissen, Ehre…"

„Von meinem Gewissen mögen Sie mir sprechen, wenn ich zu Ihnen beichten komme. Was meine Ehre betrifft, so nehmen Sie zur Kenntnis, daß ihr Hüter ich bin, ich ganz allein, daß ich jeden, der sich untersteht, diese Sorge mit mir teilen zu wollen, als einen frechen Beleidiger betrachte."

Aus diesen Worten entnahm Fra Cristoforo, daß der Herr seine Worte ins Schlechte zu verdrehen trachtete, um die Unterredung in einen Streit zu verkehren und ihm keine Gelegenheit zu geben, zur Sache zu kommen; darum legte er sich um so mehr Duldsamkeit auf, entschloß sich, alles hinzunehmen, was dem anderen zu sagen belieben werde, und antwortete alsbald in unterwürfigem Tone: „Wenn ich etwas gesagt habe, was Ihnen mißfällt, so ist das sicherlich gegen meine Absicht geschehen. Weisen Sie mich zurecht, tadeln Sie mich, wenn ich nicht zu sprechen weiß, wie es sich geziemen würde, aber geruhen Sie, mich anzuhören. Um des Himmels willen, diesem Gott zuliebe, vor dessen Angesicht wir alle erscheinen müssen..."- und indem er so sprach, hatte er den kleinen hölzernen Totenkopf, der an seinem Rosenkranze befestigt war, gefaßt und hielt ihn seinem finstern Zuhörer vor die Augen – „beharren Sie nicht darauf, eine so leichte, den Schwachen so schuldige Gerechtigkeit zu verweigern. Bedenken Sie, daß Gottes Augen stets auf diese gerichtet sind, und daß ihre Schreie, ihre Seufzer dort oben gehört werden. Die Unschuld ist mächtig vor einem ..."

„Oho, Pater", unterbrach ihn Don Rodrigo rauh, „die Achtung, die ich vor Ihrem Kleide habe, ist groß; wenn mich aber etwas sie vergessen machen könnte, so wäre es, wenn ich jemanden damit angetan sähe, der es wagte, in meinem Hause den Spion zu machen."

Diese Worte trieben dem Mönch die Flammen ins Gesicht; trotzdem erwiderte er mit der Miene eines, der eine bittere Arznei hinunterschluckt: „Sie glauben selbst nicht, daß eine solche Bezeichnung für mich paßt. Sie fühlen in Ihrem Herzen, daß der Schritt, den ich hier tue, weder niedrig, noch verächtlich ist. Aber hören Sie mich, Herr Don Rodrigo; und gebe der Himmel, daß nicht einmal der Tag kommt, wo es Sie reuen wird, mich nicht gehört zu haben. Setzen Sie nicht Ihre Seligkeit dran... welche Seligkeit, Don Rodrigo! welche Seligkeit vor den Menschen! Und vor Gott! Sie vermögen viel hiernieden; aber ..."

„Wissen Sie", sagte Don Rodrigo, indem er ihn zornig, aber nicht ganz ohne Schauder unterbrach, „wissen Sie, daß ich, wenn mich die Laune, eine Predigt zu hören, ankommt, sehr wohl in die Kirche zu gehen weiß, gerade so wie alle anderen? Aber in meinem Hause? Oh!" Und mit einem gezwungen spöttischen Lächeln fuhr er fort: „Sie machen mehr aus mir als ich bin. Den Prediger im Hause! Das haben nur die Fürsten."

„Und der Gott, der von den Fürsten Rechenschaft fordert über das Wort, das er sie hören läßt in ihren Burgen, der Gott, der Ihnen jetzt eine Barmherzigkeit betätigt, indem er Ihnen einen seiner Diener schickt, einen unwürdigen und erbärmlichen, aber einen *seiner* Diener, um Sie für eine Unschuldige zu bitten ..."

„Mit einem Worte, Pater", sagte Don Rodrigo, indem er Miene machte, zu gehen, „ich weiß nicht, was Sie sagen wollen; ich verstehe nichts sonst, als daß da irgendein Mädchen sein muß, an dem Ihnen viel liegt. Machen Sie Ihre Geständnisse, wem Sie wollen, aber nehmen Sie sich nicht heraus, einem Edelmann noch länger lästig zu fallen."

Als sich Don Rodrigo zum Gehen angeschickt hatte, war ihm unser Bruder in den Weg getreten, aber mit großer Ehrerbietung; und nun antwortete er, die Hände, wie um ihn anzuflehen und ihn zurückzuhalten, erhoben: „Es liegt mir etwas an ihr, das ist wahr, aber nicht mehr als an Ihnen; es sind zwei Seelen, an denen mir, an der einen wie an der anderen, mehr liegt als an meinem Blute. Don Rodrigo! ich kann für Sie nichts anderes tun, als Gott bitten, und das werde ich von Herzen gern tun. Sagen Sie mir nicht Nein; wollen Sie nicht eine arme Unschuldige in Angst und Pein halten. Ein Wort von Ihnen kann alles tun."

„Also gut", sagte Don Rodrigo; „da Sie meinen, daß ich für diese Person viel tun kann, da diese Person Ihrem Herzen so nahe steht ..."

„Also?", erwiderte Pater Cristoforo ängstlich, dem Haltung und Gebärde Don Rodrigos nicht erlaubten, sich der Hoffnung hinzugeben, die diese Worte zu verkündigen schienen.

„Also rate ich ihr, hierherzukommen, und sich unter meinen Schutz zu stellen. Dann wird ihr nichts mehr mangeln, und niemand wird es wagen, sie zu beunruhigen, oder ich will kein Ritter sein."

Bei diesem also beschaffenen Vorschlage brach der bis dahin mühsam zurückgehaltene Unwille des Bruders los. Alle guten Vorsätze der Klugheit und der Geduld verflüchtigten sich: der, der er früher gewesen war, traf sich im Einklang mit dem, der er jetzt war, und in solchen Fällen war Fra Cristoforo wahrhaftig so viel wert wie zwei. „Euer Schutz!", rief er aus, indem er zwei Schritte zurücktrat, den rechten Fuß trotzig vorsetzte, die rechte Hand in die Hüfte stemmte, die linke mit dem ausgestreckten Zeigefinger gegen Don Rodrigo erhob und diesem seine entflammten Augen ins Antlitz bohrte, „Euer Schutz! Es ist besser, daß Ihr so gesprochen, daß Ihr mir einen solchen Vorschlag getan habt. Ihr habt das Maß voll gemacht; ich fürchte Euch nicht mehr."

„Wie sprichst du, Mönch?"

„Ich spreche, wie man mit einem spricht, den Gott verlassen hat und der niemanden mehr ängstigen kann. Euer Schutz! Ich habe es ja gewußt, daß diese Unschuldige unter Gottes Schutz steht; aber Ihr, Ihr bringt es mir jetzt mit einer solchen Sicherheit zum Bewußtsein, daß ich keine Scheu mehr zu tragen brauche, mit Euch von ihr zu sprechen. Lucia, sage ich: seht, wie ich diesen Namen mit erhobener Stirne ausspreche, mit unbeweglichem Auge."

„Was? in diesem Hause ...?"

„Ich habe Mitleid mit diesem Hause: der Fluch schwebt darüber. Ihr werdet sehen, ob die göttliche Gerechtigkeit vor ein paar Mauern, vor ein paar Mordbuben haltmacht. Ihr habt geglaubt, Gott habe ein Geschöpf nach einem Bilde gemacht, damit Ihr die Freude hättet, es zu quälen! Ihr habt geglaubt, Gott wüßte es nicht zu verteidigen! Ihr habt seine Mahnung mißachtet! Ihr seid gerichtet. Das Herz Pharaos war verhärtet wie das Eurige; und Gott hat es zerbrochen. Lucia ist sicher vor Euch: das sage ich Euch, ein armer Mönch; und was Euch angeht, so höret wohl, was ich Euch verheiße: Es wird ein Tag kommen …"

Bis nun hatte Don Rodrigo halb wütend und halb verwundert dagestanden, zu verdutzt, um Worte zu finden; als er ihn aber eine Vorhersagung anheben hörte, gesellte sich seiner Wut ein ferner und geheimnisvoller Schrecken. Mit raschem Griffe fuhr er nach der drohenden Hand; und die Stimme erhebend, um die des Unglücksproblem abzuschneiden, schrie er: „Aus meinen Augen, frecher Bauer, verkappter Bube!"

Diese so deutlichen Worte beruhigten den Pater Cristoforo augenblicklich. Mit den Begriffen Verachtung und Beschimpfung waren in seinem Geiste die Begriffe Duldung und Schweigen sowohl und seit so langer Zeit verbunden, daß ihm bei dieser Artigkeit jede Spur von Zorn und Erregung verging und ihm nur der Entschluß verblieb, ruhig anzuhören, was Don Rodrigo noch zu sagen belieben werde. Indem er daher seine Hand achte aus den Klauen des Edelmanns zog, neigte er das Haupt; und er stand regungslos da, wie ein durchgerüttelter Baum, der, wenn sich mitten im Unwetter der Wind legt, seine Äste wieder ausbreitet und den Hagel aufnimmt, wie ihn der Himmel schickt.

„Du windiger Bauer!", fuhr Don Rodrigo fort, „du tust, als wäre ich deinesgleichen. Bedanke dich bei dem Rocke, der dir diese Schurkenschultern deckt, daß er dich vor den Liebkosungen bewahrt, die man deinesgleichen erweist, um sie reden zu lehren. Packe dich für diesmal; das andere wird sich finden." Mit diesen Worten wies er mit verächtlichem Befehle auf eine Tür gegenüber von der, durch die sie eingetreten waren; Padre Cristoforo neigte das Haupt und ging, indem er Don Rodrigo das Schlachtfeld überließ, das dieser mit wütenden Schritten durchmaß.

Als er die Tür hinter sich geschlossen hatte, sah er in dem Zimmer, in das er trat, einen Mann sachte, sachte an der Mauer dahinschleichen, wie um nicht von dem Zimmer aus, wo die Unterredung stattgefunden hatte, gesehen zu werden; und er erkannte den alten Diener, der ihn beim Tor empfangen gekommen war. Dieser war vielleicht schon seit vierzig Jahren im Hause, nämlich schon vor der Geburt Don Rodrigos; er war in den Dienst bei dem Vater getreten, der ein ganz anderer Mensch gewesen war. Nach dessen Tode hatte der neue Herr, obwohl er sonst dem ganzen Gesinde den Abschied gab und neue Leute einstellte, doch diesen Diener behalten, einerseits seines Alters wegen, andererseits auch, weil er, wiewohl er in Ansichten und Gewohnheiten gänzlich von ihm abwich, diesen Fehler durch zwei Eigenschaften gutmachte: eine hohe Meinung von der Würde des Hauses und eine große Erfahrenheit in den Förmlichkeiten, wovon er mehr als jeder andere die ältesten Überlieferungen und die kleinsten Einzelheiten kannte. Angesichts seines Herrn würde es der arme Alte nie gewagt haben, die Mißbilligung dessen, was er den ganzen Tag sah, anzudeuten, geschweige denn auszudrücken; kaum, daß ihm dann und wann eine Äußerung, ein leiser Tadel vor seinen Kameraden im Dienste entschlüpfte, die darüber lachten, ja sich manchmal das Vergnügen machten, diese Seite anzuschlagen, damit er mehr rede, als er gewollt hätte, und um ihn wieder das Lob der alten Lebensweise in diesem Hause singen zu hören. Zu den Ohren des Herrn gelangten seine Ausstellungen nur begleitet von der Erzählung des Gelächters, das sie verursacht hatten; so wurden sie auch für diesen zum Gegenstande des Spottes, ohne daß es dieserhalb einen Verdruß gegeben hätte. An den Tagen, wo Gäste eingeladen oder empfangen wurden, wurde dann der Alte eine ernsthafte und gewichtige Persönlichkeit.

Pater Cristoforo sah ihn an, als er an ihm vorüberschritt, grüßte ihn und wollte weitergehen; der Alte aber näherte sich ihm geheimnisvoll, legte den Finger an den Mund und machte ihm mit dem Zeigefinger ein Zeichen der Einladung, mit ihm in einen dunklen Gang zu treten. Als sie dort waren, sagte er leise zu ihm: „Pater, ich habe alles gehört und muß mit Ihnen reden."

„Sprecht rasch, guter Mann."

„Hier nicht; wehe, wenn es der Herr merkte ... Aber ich weiß viel; und ich werde sehen, daß ich morgen ins Kloster kommen kann."

„Besteht etwa ein Plan?"

„Daß etwas in der Luft liegt, ist sicher; so viel habe ich schon wahrnehmen können. Ich werde aber genau aufpassen und hoffe, alles zu entdecken. Lassen

Sie mich nur machen. Ich muß Dinge sehen und hören ...! höllische Dinge! Ich bin in einem Hause ...! Aber ich möchte meine Seele retten."

„Der Herr segne Euch!" Und indem er diese Worte flüsterte, legte der Mönch seine Hand dem Diener aufs Haupt, der, obwohl älter als er, gebeugt vor ihm stand wie der Sohn vor dem Vater. „Der Herr wird Euch belohnen", fuhr der Mönch fort; „ermangelt nicht, morgen zu kommen."

„Ich komme", antwortete der Diener; „aber gehen Sie rasch, und ... um Himmels willen ... verraten Sie mich nicht." Also sprechend und sich umsehend, trat er am andern Ende des Ganges in ein Gemach, das auf den Hof hinausging; und als er das Feld frei sah, rief er den guten Mönch hinaus, dessen Gesicht auf dieses letzte Wort deutlicher antwortete, als irgend eine Beteuerung hätte tun können. Der Diener zeigte ihm den Ausgang, und der Mönch schied, ohne noch etwas zu sagen.

Der Mann hatte an der Tür seines Herrn gestanden, um zu horchen; hatte er recht getan? Und tat Fra Cristoforo recht, ihn deshalb zu loben? Nach den allgemeinsten und am wenigsten bestrittenen Regeln ist es eine gar häßliche Sache; aber durfte nicht dieser Fall als eine Ausnahme gelten? Und gibt es Ausnahmen bei den allgemeinsten und am wenigsten bestrittenen Regeln? Wichtige Fragen; aber der Leser löse sie sich selber, wenn er Lust dazu hat. Wir gedenken keine Urteile abzugeben; uns genügt es, daß wir über die Tatsachen zu berichten haben.

Als Fra Cristoforo draußen war und dem Bau den Rücken gekehrt hatte, atmete er freier auf und machte sich eilig an den Abstieg, ganz erhitzt im Gesicht, bewegt und verwirrt, wie sich jedermann vorstellen kann, über das, was er vernommen und was er gesagt hatte. Aber das so unerwartete Anerbieten des Greises war ihm ein großer Trost; ihn däuchte, der Himmel habe ihm ein sicheres Zeichen seines Schutzes gegeben. Das ist ein Faden, dachte er, ein Faden, den mir die Vorsehung in die Hände legt. Und just in diesem Hause! Und ohne daß es mir im Traume eingefallen wäre, nach so etwas zu suchen!

Als er unter derlei Gedanken die Augen hob, sah er die sinkende Sonne, die schon den Gipfel des Berges berührte, und er besann sich, daß der Tag nur noch kurz war. Obwohl er nun fühlte, daß seine Beine schwer waren und ermattet von den mannigfaltigen Anstrengungen dieses Tages, beschleunigte er doch seinen Schritt, um seinen Schützlingen eine Nachricht, wie immer sie auch war, zu bringen und dann auch, weil er vor Anbruch der Nacht im Kloster sein wollte, wie es eine der genauesten und am strengsten gehandhabten Regeln des Kapuzinerordens verlangt.

Unterdessen waren in Lucias Hütte Pläne aufgeworfen und erörtert worden, worüber wir den Leser unterrichten müssen. Nach dem Weggange des Mönchs waren die drei Zurückgebliebenen eine lange Zeit schweigend verharrt: Lucia, indem sie traurig das Mittagsmahl bereitete, Renzo stets auf dem Sprung, davonzulaufen, um die so Bekümmerte nicht länger sehen zu müssen, und doch nicht imstande, sich loszureißen, Agnese scheinbar mit nichts anderem beschäftigt, als den Haspel zu drehen, in Wirklichkeit aber über einem Plane brütend; und als er ihr reif schien, brach Agnese das Schweigen folgendermaßen:

„Hört, Kinder! Wenn ihr herzhaft und klug sein wollt, so weit es nottut, wenn ihr eurer Mutter vertraut"- bei diesem *eurer* Mutter zuckte Lucia zusammen - „so mache ich mich anheischig, euch aus dieser Mißhelligkeit zu befreien, besser vielleicht und rascher als Padre Cristoforo, mag er immerhin der Mann sein, der er ist."

Lucia hielt inne und sah sie mit einem Blicke an, der eher Verwunderung als Vertrauen zu einem so glänzenden Versprechen ausdrückte; und Renzo sagte sofort: „Herzhaft? klug? Sagt, sagt doch, was sich tun läßt."

„Ist es nicht wahr", fuhr Agnese fort, „daß ihr, wenn ihr verheiratet wäret, ein gutes Stück gewonnen hättet? Und daß sich dann für alles übrige leichter eine Abhilfe fände?"

„Wer zweifelt daran?", sagte Renzo; „wenn wir verheiratet wären ... die Welt ist groß; ein paar Schritte von hier, im Bergamaskischen, wird jeder Seidenarbeiter mit offenen Armen aufgenommen. Ihr wißt, wie oft mich mein Vetter Bortolo aufgefordert hat, zu ihm zu kommen, ich würde mein Glück machen, wie er es gemacht hat, und wenn ich noch nicht darauf gehört habe, so ist es... nun was denn weiter? Weil mein Herz hier ist. Verheiratet, da zieht man insgesamt hin, gründet sich einen Hausstand, lebt in Frieden, fern von den Krallen dieses

Schurken, ohne jede Versuchung, eine Dummheit zu begehen. Ist's nicht wahr, Lucia?"

„Ja", sagte Lucia, „aber wie ..."

„Wie ich gesagt habe", antwortete die Mutter: „herzhaft und klug; und die Sache ist leicht." -

„Leicht?", sagten gleichzeitig die beiden, die die Schwierigkeit so außerordentlich und so schmerzlich empfanden.

„Leicht, wenn man sie anzupacken weiß", antwortete wieder Agnese. „Paßt gut auf, ich will sehen, ob ich es euch begreiflich machen kann. Ich habe Leute, die es wissen, sagen hören und in einem Falle selber gesehen, daß der Pfarrer, wenn er auch bei der Trauung anwesend sein muß, doch damit nicht einverstanden zu sein braucht; es genügt, daß er da ist."

„Wie ist das?" fragte Renzo.

„Paßt auf, und ihr werdet es hören. Man muß zwei anstellige Zeugen haben, mit denen man einig ist, und geht mit ihnen zum Pfarrer; da handelt es sich nun darum, ihn unversehens zu erwischen, damit er nicht entweichen kann. Der Mann sagt: Herr Pfarrer, das ist mein Weib; die Frau sagt: Herr Pfarrer, das ist mein Mann. Es ist notwendig, daß es der Pfarrer hört, daß es die Zeugen hören, und die Ehe ist fertig, so unverbrüchlich, als ob sie der Papst eingesegnet hätte. Sind diese Worte gesprochen, so kann der Pfarrer schreien, toben, den Teufel tun, es nützt ihm nichts; ihr seid Mann und Frau."

„Ist das möglich?", rief Lucia.

„Was?", sagte Agnese; „ihr glaubt wohl, ich hätte in den dreißig Jahren, die ich länger auf der Welt bin als ihr, rein nichts gelernt? Es ist so, wie ich sage, und der Beweis ist, daß eine Freundin von mir, die einen gegen den Willen ihrer Verwandten nehmen wollte, ihre Absicht auf diese Weise durchgesetzt hat. Der Pfarrer, der einen Verdacht hatte, war auf der Hut; aber die zwei Teufel legten es so gut an, daß sie ihn im richtigen Augenblicke überraschten, die paar Worte sagten und Mann und Frau waren. Freilich hat es dann die Ärmste, kaum daß drei Tage um waren, bitter bereut."

Agnese sprach die Wahrheit, sowohl in Anbetracht der Möglichkeit des Gelingens, als auch der Gefahr des Mißlingens: denn da auf dieses Auskunftsmittel nur Leute zurückgriffen, die auf dem rechtmäßigen Wege ein Hindernis oder eine Weigerung erfahren hätten, so gaben sich die Pfarrer alle Mühe, dieser erzwungenen Mitwirkung auszuweichen; und wurde doch einmal einer von einem solchen Paare, begleitet von den Zeugen, überrumpelt, so tat er alles, um sich von ihnen ebenso loszumachen, wie Proteus aus den Händen derer, die ihn durchaus zwingen wollten, wahrzusagen.

„Wenn das wahr wäre, Lucia!", sagte Renzo, indem er sie mit flehender Erwartung ansah.

„Was? wenn das wahr wäre?", sagte Agnese; „ihr glaubt wohl, ich fable. Ich sorge mich für euch und finde keinen Glauben: gut so, gut so; windet euch heraus, wie ihr könnt; ich wasche meine Hände."

„Ach nein, verlaßt uns nicht", sagte Renzo. „Ich sage nur so, weil es mir gar zu schön scheint. Ich bin in Euern Händen, ich betrachte Euch wie meine rechte Mutter." Diese Worte ließen den kleinen Ärger Agneses schwinden und sie den Vorsatz vergessen, der in Wirklichkeit gar nicht ernst gewesen war.

„Aber warum, Mutter", sagte Lucia in ihrer gewohnten bescheidenen Haltung, „warum ist denn das dem Padre Cristoforo nicht eingefallen?"

„Nicht eingefallen?", antwortete Agnese; „glaubst du, es wird ihm nicht eingefallen sein? Er hat einfach nicht davon reden wollen."

„Warum denn?", fragten die beiden jungen Leute einstimmig.

„Warum?... weil, wenn ihr es wissen wollt, die Geistlichen sagen, so etwas sei nicht recht."

„Wie könnte es nicht recht sein", sagte Renzo, „wenn es doch, einmal geschehen, recht ist?"

„Was soll ich euch sagen?", antwortete Agnese. „Das Gesetz haben sie gemacht, wie es ihnen beliebt hat, und wir Armen können nicht alles begreifen. Und dann, wie viele Dinge ... Also: es ist so, wie wenn man einem Christenmenschen einen Schlag versetzt: das ist nicht recht; aber wenn er ihn hat, kann ihn ihm nicht der Papst mehr wegnehmen."

„Wenn es nicht recht ist", sagte Lucia, „dann darf man es nicht tun."

„Was?", sagte Agnese; „ich will dir vielleicht etwas raten, was wider die Gottesfurcht ist? Ja, wenn es gegen den Willen deiner Angehörigen ginge, um einen schlechten Kerl zu nehmen ... aber, wo ich es zufrieden bin, und um diesen wackeren Jungen zu nehmen, und wo der, der alle Schwierigkeiten herbeiführt, ein Schurke ist, und wo der Herr Pfarrer ..."

„Die Sache ist klar", sagte Renzo; „jedermann würde sie verstehen."

„Mit Pater Cristoforo", fuhr Agnese fort, „braucht nicht gesprochen zu werden, bevor alles fertig ist; dann aber, wenn alles gelungen ist, was glaubst du, was wird dir der Pater sagen? – Ach, Tochter, das ist ein leichtsinniger Streich; mir habt Ihr ihn gespielt. – Die Geistlichen müssen so reden. Aber glaub mir, in seinem Herzen wird auch er damit einverstanden sein."

Wußte auch Lucia auf diese Behauptung nichts zu erwidern, so schien sie doch nicht überzeugt zu sein; aber Renzo sagte, wieder völlig ermutigt: „Wenn es so ist, so ist die Sache gemacht."

„Sachte", sagte Agnese.

„Und die Zeugen? Woher zwei Zeugen nehmen, die wollen und die soweit stillhalten? Und wie den Pfarrer überraschen, der sich seit vorgestern zu Hause verkriecht? Und wie ihn zum Bleiben veranlassen? denn so schwerfällig er auch von Natur aus ist, wenn er euch dergestalt wird anrücken sehen, so sage ich euch, wird er flink wie eine Katze werden und ausreißen wie der Teufel vor dem Weihwasser."

„Ich hab's schon, ich hab's", sagte Renzo, indem er mit der Faust auf den Tisch schlug, daß das für das Mittagmahl vorbereitete Geschirr hüpfte. Und nun setzte er seinen Gedanken auseinander, und Agnese billigte ihn durchaus und allgemein.

„Das heißt nur die Sache verwirren", sagte Lucia; „lauter ist das nicht. Bisher haben wir aufrichtig gehandelt; gehen wir auch weiter ehrlich vor, und Gott wird uns helfen: der Pater Cristoforo hat's gesagt. Hören wir seine Wohlmeinung."

„Überlaß dich der Leitung dessen", sagte Agnese ernsten Antlitzes, „der davon mehr versteht als du. Was braucht es da erst Wohlmeinungen einzuholen? Gott sagt: Hilf dir selber, dann werde ich dir helfen. Dem Pater erzählen wir alles, bis es geschehen ist."

„Lucia", sagte Renzo, „wollt Ihr mich jetzt verlassen? Haben wir nicht in allem als gute Christen getan? Sollten wir nicht schon Mann und Frau sein? Hat uns nicht der Pfarrer Tag und Stunde bestimmt gehabt? Und wer ist schuld, wenn wir uns jetzt mit einem bißchen List helfen müssen? Nein, Ihr werdet mich nicht im Stich lassen. Ich gehe und bringe die Antwort."

Und indem er Lucia bittend und Agnese mit der Miene des Einverständnisses grüßte, ging er eilig. Widerwärtigkeiten schärfen den Verstand, und Renzo, der sich, da er bis dahin auf geradem und ebenem Lebenspfad dahingeschritten war, noch nicht in der Lage befunden hatte, den seinigen besonders anzustrengen, hatte sich in diesem Falle etwas ausgedacht, was einem Advokaten Ehre gemacht hätte.

Er ging, wie er sich vorgenommen hatte, schnurstracks zu einem gewissen Tonio, dessen Hütte nicht weit entfernt war; und er traf Tonio, als der eben in der Küche, mit einem Bein auf der Herdstufe kniend und mit einer Hand den Rand eines in die heiße Asche gestellten Kessels haltend, mit einem krummen Holzlöffel eine armselige schwarze Polenta aus Türkenkorn abtrieb. Die Mutter, ein Bruder und das Weib Tonios saßen am Tische, und drei oder vier Kinder standen neben dem Vater, die Augen auf den Kessel geheftet, und warteten auf den Augenblick des Anrichtens. Aber von jener Lust, die der Anblick des Mahles denen zu gewähren pflegt, die es sich mit der Arbeit verdient haben, war nichts zu merken. Die Menge der Polenta stand im Verhältnis zur diesjährigen Ernte und nicht zu der Zahl und dem guten Willen der Tischgenossen; und von diesen schien jeder, indem sie alle scheele Blicke wilden Verlangens auf das gemeinsame Gericht hefteten, an das Teil Hunger zu denken, das es überleben sollte. Während Renzo mit der Familie die Grüße wechselte, schüttete Tonio die Polenta in eine buchene Mulde, die bereitstand, sie aufzunehmen, und sie glich einem kleinen Mond, umgeben von einem mächtigen Dunstring. Nichtsdestoweniger sagten die Frauen höflich zu Renzo: „Wollt Ihr vorlieb nehmen?", eine

Artigkeit, die der Bauer der Lombardei und, wer weiß, wie vieler anderer Gegenden nie unterläßt, jedem zu erweisen, der ihn beim Essen trifft, und wäre der auch ein reicher Prasser, der eben von der Tafel aufgestanden ist, und zehrte er selber am letzten Bissen.

„Ich danke Euch", antwortete Renzo, „ich bin nur gekommen, um Tonio ein Wörtchen zu sagen; und wenn du willst, Tonio, so können wir, um deine Frauen nicht zu stören, ins Wirtshaus esen gehen und dort reden."

Der Vorschlag war Tonio um so angenehmer, je weniger er ihn erwartet hatte; und die Frauen, und ebenso die Kleinen – die fangen ja bald an, solche Dinge zu erfassen – sahen es keineswegs ungern, daß sich ein Wettbewerber um die Polenta, und zwar der furchtbarste, zurückzog.

Der Eingeladene fragte nicht erst weiter und ging mit Renzo. In dem Wirtshause des Dörfchens angelangt, konnten sie sich, weil das Elend alle Besucher von diesem Orte der Freuden entwöhnt hatte, in völliger Einsamkeit setzen; sie ließen sich das wenige bringen, was es gab, und nachdem sie einen Becher Wein geleert hatten, sagte Renzo mit geheimnisvoller Miene zu Tonio:

„Wenn du mir einen kleinen Dienst leisten willst, will ich dir einen großen leisten."

„Sprich, sprich", antwortete Tonio, indem er einschenkte; „verfüge nur über mich. Heute ginge ich für dich durchs Feuer."

„Du hast beim Herrn Pfarrer eine Schuld von fünfundzwanzig Lire an Pacht für sein Feld, das du im vergangenen Jahre bebaut hat."

„Renzo, Renzo, du verdirbst mir die Wohltat. Wovon fängst du mir an? Du hast mir die gute Laune vertrieben."

„Wenn ich von deiner Schuld spreche", sagte Renzo, „so geschieht das, weil ich dir, wenn du willst, ein Mittel, sie zu zahlen, zu geben gedenke."

„Sprichst du im Ernst?"

„Im Ernst. Na, und wärest du das zufrieden?"

„Zufrieden? Donnerlittchen, ob ich's zufrieden wäre! Wenn schon nichts andern wegen, als um nicht mehr zu sehen, wie der Herr Pfarrer das Gesicht verzieht und mit dem Kopfe wackelt, sooft wir uns begegnen. Und da heißt es dann immer: Tonio, erinnert Euch! Tonio, wann treffen wir uns wegen dieser Sache? Und das geht so weit, daß ich, wenn er mich unter der Predigt immerfort starr anblickt, schier Furcht habe, daß er mir noch öffentlich sagen wird: Was ist's mit den fünfundzwanzig Lire? Vermaledeit seien die fünfundzwanzig Lire! Und dann müßte er mir die goldene Halskette meiner Frau zurückgeben, und dafür könnte ich so viel Polenta einhandeln. Aber ..."

„Aber, aber, wenn du mir ein Dienstlein tun willst, so sind die fünfundzwanzig Lire bereit." –

„Sag."

„Aber ...!", sagte Renzo, indem er den Finger an den Mund legte.

„Braucht es denn derlei? Du kennst mich."

„Der Herr Pfarrer kommt da mit Gründen ohne Saft und Kraft hervor, um meine Trauung hinauszuziehen; ich wieder möchte rasch an ein Ende kommen. Nun sagt man mir für gewiß, daß, wenn sich die zwei Brautleute mit zwei Zeugen vor ihm einfinden, und ich sage: Das ist meine Frau, und Lucia: Das ist mein Mann, daß dann die Ehe fertig ist. Hast du mich verstanden?"

„Du willst, daß ich als Zeuge gehe?"

„Erraten."

„Und wirst für mich die fünfundzwanzig Lire bezahlen?"

„Das ist meine Absicht."

„Ein Schelm, der nicht mittut."

„Aber wir müssen noch einen zweiten Zeugen finden."

„Ich hab ihn. Dieser Tölpel, mein Bruder Gervaso wird tun, was ich ihm sage. Du wirst ihm zu trinken bezahlen?"

„Und zu essen", antwortete Renzo. „Wir führen ihn hierher, damit er mit uns guter Dinge ist. Wird er sich aber benehmen können?"

„Ich werde es ihn lehren; du weißt recht wohl, daß ich auch seinen Teil Gehirn habe."

„Morgen ...?"

„Gut."

„Gegen Abend...?"

„Sehr gut."

„Aber ...!", sagte Renzo, indem er neuerdings den Finger an den Mund legte.

„Bah", antwortete Tonio, den Kopf zur rechten Schulter senkend und die linke Hand hebend, mit einer Miene, die besagte: Du tust mir unrecht.

„Aber, wenn dich dein Weib fragt, was sie zweifellos tun wird ...?"

„Was die Lügen betrifft, so bin ich der Schuldner meines Weibs, und das so, daß ich nicht weiß, ob es mir je gelingen wird, die Rechnung reinzumachen. Mir wird schon irgendeine Dummheit einfallen, um ihr das Herz zu beruhigen."

„Morgen früh", sagte Renzo, „wollen wir die Sache mit mehr Gemächlichkeit ausreden, damit wir uns völlig verstehen."

Damit verließen sie das Wirtshaus, Tonio, um nach Hause zu gehen und ein Märchen zu ersinnen, das er den Frauen erzählen wollte, und Renzo, um über die getroffenen Abmachungen Bericht zu erstatten. Unterdessen hatte sich Agnese vergebens bemüht, die Tochter zu überreden. Diese setzte allen Gründen bald den einen, bald den andern Teil ihres Dilemmas entgegen: entweder es ist schlecht, dann darf es nicht geschehen, oder es ist gut, warum es dann nicht dem Pater Cristoforo sagen?

Renzo kam frohlockend zurück; er erstattete eine Meldung und schloß mit einem „Han?", einem Empfindungsworte, das bedeutet: Bin ich ein Kerl oder bin ich's nicht? ließe sich etwas Besseres finden? Wäre Euch das eingefallen? und tausenderlei solcher Dinge. Lucia schüttelte sanft den Kopf; aber die zwei Erhitzten kümmerten sich wenig darum, so wie man es mit einem Kinde tut, wenn man die Hoffnung aufgibt, ihm die ganze Vernünftigkeit einer Sache klarzumachen, und sich vornimmt, es mit Bitten und mit seinem Ansehen dorthinzubringen, wo man es haben will.

„Gut", sagte Agnese, „gut; aber ... Ihr habt nicht alles bedacht."

„Was fehlt denn?", antwortete Renzo.

„Und Perpetua? An Perpetua habt Ihr nicht gedacht. Tonio und seinen Bruder wird sie eintreten lassen; aber euch? euch zwei? Sie wird den Befehl haben, euch ferner zu halten als einen Jungen von einem Birnbaum mit reifen Früchten."

„Was tun wir da?", sagte Renzo, ein wenig verwirrt.

„Ich hab's; ich hab daran gedacht. Ich werde mit euch gehen; und ich habe ein Geheimnis, wie ich sie locke und auf eine Weise betöre, daß sie euch nicht bemerkt, und daß ihr eintreten könnt. Ich werde sie rufen und eine Saite anschlagen ... ihr werdet sehen."

„Gesegnet seid Ihr!", rief Renzo aus; „ich habe es immer gesagt, daß Ihr in allem unsere Hilfe seid."

„Aber alles das nützt nichts", sagte Agnese, „wenn sich nicht die da überreden läßt, die hartnäckig sagt, es sei eine Sünde."

Renzo schickte nun auch seine Beredsamkeit ins Feld; aber Lucia ließ sich nicht abreden.

„Ich weiß auf Eure Gründe nichts zu antworten", sagte sie, „aber ich sehe, daß man sich, um das zu tun, was Ihr sagt, mit Ausflüchten, mit Lügen, mit Erdichtungen helfen müßte. Ach, Renzo! So haben wir nicht begonnen. Ich will Euer Weib sein" – und es war ihr unmöglich, dieses Wort herauszubringen und diese Absicht kundzutun, ohne zu erröten – „ich will Euer Weib werden, aber auf dem geraden Wege, in der Furcht Gottes, am Altar. Lassen wir den da oben machen. Glaubt Ihr nicht, daß er den Weg, uns zu helfen, zu finden weiß, besser als wir es könnten samt all diesen Schlichen? Und warum vor Pater Cristoforo Geheimnisse haben?"

Die Auseinandersetzung dauerte allwege weiter und schien noch sehr entfernt von einem Ende zu sein, als ein hastiger Sandalentritt und das Geräusch eines flatternden Gewandes, ähnlich dem, das in einem schlaffen Segel wiederholte Windstöße erregen, den Padre Cristoforo ankündigten. Alle wurden still, und Agnese fand kaum die Zeit, Lucia zuzurufen: „Hüte dich wohl, ihm etwas zu sagen!"

---

7. KAPITEL.

PADRE Cristoforo kam in der Haltung eines wackeren Feldherrn, der sich, nachdem eine wichtige Schlacht ohne seine Schuld verloren worden ist, bekümmert, aber nicht mutlos, und gedankenvoll, aber nicht bestürzt, im Laufe, aber nicht auf der Flucht dorthin begibt, wohin ihn die Pflicht ruft, um bedrohte Stellungen zu befestigen, die Truppen zu sammeln und neue Befehle zu erteilen.

„Der Friede sei mit euch", sagte er beim Eintritt. „Vom Menschen ist nichts mehr zu hoffen; desto mehr heißt es auf Gott vertrauen: ich habe auch schon ein Unterpfand seines Schutzes."

Obwohl niemand von den dreien von dem Versuche des Padre Cristoforo viel erhofft hatte, weil es eher etwas Unerhörtes als etwas Seltenes gewesen wäre, einen Mächtigen von einer Betätigung des Übermuts Abstand nehmen zu sehen, ohne daß er dazu gezwungen wäre und aus lauterer Willfährigkeit für entwaffnete Bitten, so war doch die traurige Gewißheit ein Schlag für alle. Die Frauen senkten das Haupt, doch in Renzos Herzen überwog der Zorn die Niedergeschlagenheit. Die Botschaft traf ihn schon verbittert von so vielen schmerzlichen Enttäuschungen, von so vielen erfolglosen Versuchen, von so vielen gescheiterten Hoffnungen und zu allem Überflusse noch in diesem Augenblicke erbost über die Weigerung Lucias.

„Ich möchte wissen", schrie er zähneknirschend und die Stimme erhebend, wie er vordem noch nie in Gegenwart Pater Cristoforos getan hatte, „ich möchte wissen, was für Gründe dieser Hund angegeben hat, um zu bewähren ... um zu bewähren, daß meine Braut nicht meine Frau sein darf."

„Armer Renzo!", antwortete der Mönch mit ernster und gütiger Stimme und mit einem Blick, der liebreich zur Gelassenheit mahnte; „wenn der Mächtige, der die Unbill begehen will, immer verhalten wäre, seine Gründe anzugeben, ginge es nicht so auf der Welt, wie es geht."

„Hat der Hund also gesagt, daß er nicht will, weil er nicht will?"

„Nicht einmal das hat er gesagt, armer Renzo! Das wäre noch ein Vorteil, wenn man die Unbill, um sie zu begehen, öffentlich eingestehen müßte."

„Etwas hat er aber sagen müssen: was hat er denn nun gesagt, dieser Höllenbraten?"

„Seine Worte, ich habe sie vernommen, und ich könnte sie dir nicht wiederholen. Die Worte des Ungerechten, der stark ist, dringen ein und verwehen. Er ist imstande, sich zu erbosen, daß du einen Argwohn gegen ihn zeigst, und dich in demselben Augenblicke merken zu lassen, daß das, was du argwöhnst, wirklich da ist; er ist imstande, aufzubrausen und sich beleidigt zu nennen, zu höhnen und Rechenschaft zu fordern, Schrecken einzujagen und sich zu beklagen, unverschämt und gegen den Tadel gefeit zu sein. Verlange darüber nicht mehr. Er hat weder den Namen dieser Unschuldigen, noch den deinigen ausgesprochen, er hat nicht einmal angedeutet, daß er euch kennt, und er hat nicht gesagt, daß er nach etwas trachtet; aber ... aber ich habe nur allzu gut verstehen müssen, daß er unerschütterlich ist. Nichtsdestoweniger, Gottvertrauen! Ihr, ihr ärmsten Frauen, verliert nur den Mut nicht; und du, Renzo,... ach, glaube mir doch, daß ich mich in deine Lage versetzen kann, daß ich fühle, was durch dein Herz geht. Aber, Geduld! Es ist ein mageres Wort, ein bitteres Wort für den, der nicht glaubt; aber du ...! wolltest du nicht Gott einen Tag, zwei Tage, so viel Zeit zugestehen, wie er wird brauchen wollen, um die Gerechtigkeit triumphieren zu lassen? Die Zeit ist sein; und er hat uns so viel verheißen! Laß ihn machen, Renzo, und wisse ... wisset alle, daß ich schon einen Faden in der Hand habe, um euch zu helfen. Zur Stunde kann ich euch nicht mehr sagen. Morgen werde ich nicht heraufkommen; ich muß um euretwillen den ganzen Tag im Kloster bleiben. Du, Renzo, trachte, daß du hinkommst; oder wenn du aus einem unvorhergesehenen Grunde nicht kannst, so schickt einen Vertrauten, einen klugen Burschen, durch den ich euch wissen lassen kann, was vorgeht. Es dunkelt; ich muß schleunigst ins Kloster. Vertrauen, Mut und Gott befohlen!"

Dies gesagt, entfernte er sich hastig und eilte, laufend und schier springend, das gewundene steinige Gäßchen hinab, um nicht zu spät im Kloster einzutreffen und um so den Vorwürfen, oder, was ihn mehr bedrückt hätte, einer Buße auszuweichen, die ihn für die nächsten Tage außerstande gesetzt hätte, fertig und bereit zu sein zu allem, was die Notdurft seiner Schützlinge erheischen konnte.

„Habt Ihr gehört", sagte Lucia, „was er von einem, ich weiß nicht recht,... von einem Faden gesagt hat, den er hat, um uns zu helfen? Wir müssen auf ihn vertrauen; er ist ein Mann, der, wenn er zehn verspricht..."

„Wenn es sonst nichts ist ...!", fiel Agnese ein. „Er hätte deutlicher reden müssen oder mich beiseite nehmen und mir sagen, was das ist..."

„Faseleien! Ich werde ein Ende machen; ich werde ein Ende machen!", fiel diesmal Renzo, der im Zimmer auf und ab lief, mit einer Stimme und einer Miene ein, die keinen Zweifel über den Sinn dieser Worte ließen.

„Ach, Renzo!", rief Lucia.

„Was wollt Ihr damit sagen?", rief Agnese.

„Was braucht es da zu sagen? Zu Ende bring ich's. Soll er hundert, soll er tausend Teufel in seiner Seele haben, schließlich ist er auch nur aus Fleisch und Knochen wie ich ..."

„Nein, nein, um Himmels willen ...!", begann Lucia; aber die Tränen erstickten ihr die Stimme.

„Derlei Reden führt man nicht", sagte Agnese, „nicht einmal im Scherze."

„Im Scherze?", schrie Renzo, indem er sich vor die sitzende Agnese aufrecht hinstellte und ihr seine flammenden Augen ins Gesicht bohrte. „Im Scherze? Ihr werdet sehen, ob es ein Scherz sein wird."

„Ach, Renzo!", sagte Lucia mühsam unter dem Schluchzen, „so habe ich Euch noch nie gesehen."

„Sagt so etwas nicht, um Himmels willen", fing Agnese hastig wieder an, indem sie die Stimme dämpfte. „Bedenkt Ihr nicht, wieviel Arme er zu seiner Verfügung hat? Und wenn auch ... Gott behüte! ... gegen die Schwachen gibt es immer Gerechtigkeit."

„Die werde ich vollstrecken, die Gerechtigkeit, ich! Zeit ist es endlich. Leicht ist die Sache nicht; das weiß ich selber. Er ist auf seiner Hut, der sündige Meuchelmörder: er weiß, woran er ist; aber das tut nichts. Entschlossenheit und Geduld... der Augenblick kommt. Ja, ich vollstrecke die Gerechtigkeit, ich befreie das Land; wieviel Menschen werden mich segnen ...! Und dann, mit drei Sprüngen ...!"

Der Schrecken, den Lucia bei diesen deutlicheren Worten empfand, hemmte ihr die Tränen und gab ihr Kraft zu sprechen. Indem sie ihr verweintes Gesicht aus den Händen hob, sagte sie mit bekümmerter, aber entschlossener Stimme zu Renzo: „Es liegt Euch also nichts mehr daran, mich zum Weibe zu erhalten? Ich habe mich einem Jüngling versprochen gehabt, der Gott fürchtete; aber ein Mann, der ... Und wäre er auch sicher vor jeglichem Gericht und jeglicher Rache, ja wäre er selbst der Sohn des Königs..."

„Gut denn!", schrie Renzo mit einem mehr als je verzerrten Gesichte, „ich werde Euch also nicht haben; aber auch er wird Euch nicht haben. Ich hier ohne Euch, und er in der ..."

„Ach nein, Barmherzigkeit, sprecht nicht so, macht nicht solche Augen; nein, nein, ich kann Euch so nicht sehen", rief Lucia weinend, flehend, mit gefalteten Händen, während Agnese den Jüngling beim Namen rief und wieder rief und ihm auf die Schultern, die Arme und die Hände klopfte, um ihn zu beruhigen.

Er blieb eine Weile regungslos und nachdenklich in der Betrachtung von Lucias flehendem Antlitz; dann trat er, indem er sie finster anstarrte, einen Schritt zurück, streckte Arm und Finger gegen sie und schrie: „Die da! Ja, die da will er. Er muß sterben!"

„Und ich", sagte Lucia, indem sie sich vor ihm auf die Knie warf, „was habe ich Euch Schlimmes getan, daß ich sterben soll?"

„Ihr?", antwortete er mit einer Stimme, die einen ganz anders gearteten Zorn ausdrückte, immerhin aber einen Zorn, „Ihr? Seid Ihr denn gut? Was für einen Beweis habt Ihr mir gegeben? Habe ich Euch nicht gebeten und gebeten und gebeten? Und Ihr sagt: Nein! Nein!"

„Ja, ja!", antwortete sich überstürzend Lucia: „ich gehe zum Pfarrer, morgen, jetzt, wenn Ihr wollt; ich gehe. Werdet nur wieder der Alte; ich gehe."

„Ihr versprecht es mir?", sagte Renzo, dessen Gesicht und Blick auf einmal wieder menschlich wurden.

„Ich verspreche es Euch."

„Ihr habt es mir versprochen."

„Herr, ich danke dir!", rief Agnese aus, doppelt befriedigt.

Hatte Renzo mitten in dieser einer großen Wut daran gedacht, was für einen Nutzen ihm Lucias Schrecken bringen konnte? Und hatte er nicht ein bißchen List angewandt, ihn wachsen zu lassen, um daraus Gewinn zu ziehen? Unser Autor verwahrt sich, davon etwas zu wissen, und ich glaube, daß es kaum Renzo selber recht gewußt hat. Tatsache ist, daß er gegen Don Rodrigo wirklich ergrimmt war, und daß er die Einwilligung Lucias heiß begehrte; und wenn in einem Menschenherzen zwei starke Leidenschaften gleichzeitig toben, so kann niemand, nicht einmal der Leidende, stets die eine Stimme von der andern unterscheiden und mit Sicherheit sagen, welche die Oberhand hat.

„Ich habe es Euch versprochen", antwortete Lucia in dem Tone eines zaghaften und zärtlichen Vorwurfs; „aber auch Ihr habt mir versprochen, keine Gewalttat zu begehen, Euch dem Pater ..."

„Ach was! Wem zuliebe gerate ich denn in Wut? Wollt Ihr Euch jetzt zurückziehen, und mich zu einer Dummheit treiben?"

„Nein, nein", sagte Lucia, die von neuem zu erschrecken begann. „Ich habe es versprochen und ziehe mich nicht zurück. Aber bedenkt, wie Ihr mich zu dem Versprechen gebracht habt. Gott wolle nicht..."

„Warum wollt Ihr Böses heraufbeschwören, Lucia? Gott weiß, daß wir niemandem unrecht tun."

„Versprecht mir wenigstens, daß dies das letztemal sein wird."

„Ich verspreche es Euch, so wahr ich ein armer Junge bin."

„Aber dieses Mal haltet es auch", sagte Agnese.

Hier bekennt der Autor, er wisse nicht, ob Lucia in allem und durchaus mißvergnügt war, daß sie zur Einwilligung gezwungen worden war. Wir lassen gleich ihm die Sache dahin gestellt. Renzo hätte gern das Gespräch noch weiter ausgedehnt und gern eins nach dem andern festgemacht, was am nächsten Tage getan werden solle; aber es war schon Nacht, und die Frauen wünschten ihm eine gute Nacht, weil es ihnen nicht geziemend schien, daß er um diese Stunde noch länger verweile. Die Nacht verging immerhin allen dreien so gut, wie nur eine vergehen kann, die auf einen Tag voll Aufregungen und Unglück folgt und einem Tage vorausgeht, der für ein wichtiges und unsicheres Unternehmen bestimmt ist. Renzo stellte sich zeitlich früh ein und erörterte mit den Frauen oder vielmehr mit Agnese das große Werk des Abends, indem sie abwechselnd Schwierigkeiten vorbrachten und lösten, Hindernisse voraussahen und, bald er, bald sie, von neuem den Hergang zu schildern begannen, so wie man etwas Geschehenes erzählen würde. Lucia hörte zu; und ohne daß sie ausdrücklich gebilligt hätte, was sie in ihrem Herzen nicht billigen konnte, versprach sie dabei nach ihrem besten Wissen zu handeln.

„Werdet Ihr ins Kloster gehen", fragte Agnese Renzo, „um mit dem Padre Cristoforo zu sprechen, wie er Euch gestern abend gesagt hat?"

„Warum nicht gar!", antwortete Renzo; „Ihr wißt doch, was für verteufelte Augen der Pater hat: er würde in meinem Gesichte lesen wie in einem Buche, daß etwas in der Luft liegt, und wenn er mich auszufragen anfinge, würde ich mich übel herausfinden. Und dann muß ich dableiben, um die Sache zu betreiben. Es wird besser sein, Ihr schickt einen andern.

„Ich werde Menico schicken."

„Gut", antwortete Renzo; und er ging weg, um die Sache zu betreiben, wie er gesagt hatte.

Agnese ging in ein Nachbarhaus, um Menico zu suchen, der ein Knabe von etwa zwölf Jahren war, ein außerordentlich aufgeweckter Junge, der durch verschiedene Vetter und Schwäger ein halber Neffe von ihr war. Sie verlangte ihn von seinen Eltern gleichsam leihweise für den ganzen Tag, „zu einem Dienste", wie sie sagte. Als sie ihn bekommen hatte, führte sie ihn in ihre Küche, setzte ihm einen Imbiß vor und sagte ihm, er müsse nach Pescarenico gehen und sich bei dem Padre Cristoforo sehen lassen, der ihn dann, wenn es an der Zeit sein werde, mit einer Antwort zurückschicken werde. „Der Padre Cristoforo, der hübsche alte Mann, weißt du, mit dem weißen Bart, den sie den Heiligen nennen …"

„Ich versteh schon", sagte Menico, „den, der mit uns immer so gut ist, mit uns Jungen, und der uns dann und wann Heiligenbilder schenkt."

„Der ist's, Menico. Und wenn er dir sagt, du sollst ein bißchen in der Nähe des Klosters warten, so verlauf dich nicht; geh nicht am Ende mit Kameraden zum See, den Fischern zusehen oder dir mit den Netzen, die zum Trocknen aufgehangen sind, die Zeit vertreiben oder mit etwas anderem spielen ..."

Nun muß der Leser wissen, daß es Menico trefflich verstand, flache Steine über das Wasser zu schnellen; und man weiß, daß wir alle, ob groß oder klein, gar zu gern das tun, wozu wir Geschick haben: nur das, sage ich freilich nicht.

„Bah, Muhme, ich bin doch kein Kind mehr."

„Schon recht, sei nur gescheit; und wenn du mit der Antwort zurückkommst... schau: dann sollst du die zwei schönen Groschen haben."

„Gebt sie mir gleich; es ist doch dasselbe."

„Nein, nein, du würdest sie nur verspielen. Geh und führ dich ordentlich auf; dann bekommst du wohl noch einen dazu."

Während des Restes dieses langen Morgens geschahen seltsame Dinge, die die sowieso schon beunruhigten Gemüter der Frauen nicht wenig ängstigten. Ein Bettler, weder so heruntergekommen, noch so zerlumpt wie sonst seinesgleichen und mit einem finsteren und widerwärtigen Ausdruck im Gesichte trat ein, um ein Almosen zu heischen, wobei er hierhin und dorthin spähende Blicke warf. Das Stück Brot, das er bekam, nahm er mit schlecht verhohlener Gleichgültigkeit und steckte es ein. Aber auch dann ging er noch nicht, sondern stellte mit einer gewissen Unverschämtheit und zugleich Blödigkeit eine Menge Fragen, auf die sich Agnese stets das Gegenteil der Wahrheit zu antworten beeilte. Als er sich schließlich in Bewegung setzte, um zu gehen, trat er, als ob er die Tür verfehlt hätte, bei der ein, die zur Stiege führte, und sah sich auch hier hastig um, so gut er konnte. Auf den Anruf: „Oho, wohin geht Ihr? Hierher, hierher!", kehrte er um und ging an der ihm angegebenen Seite hinaus, indem er sich mit einer Unterwürfigkeit, einer erheuchelten Demut entschuldigte, der es schwer ankam, sich in die harten Züge dieses Gesichtes zu fügen. Nach ihm erschienen in Abständen andere absonderliche Gestalten. Von was für einer Gattung sie waren, wäre nicht leichtlich zu sagen gewesen; aber daß sie schlichte Wanderer, was sie scheinen wollten, gewesen wären, das war immerhin unglaublich. Einer trat ein unter dem Vorgeben, sich den Weg zeigen lassen zu wollen; andere verlangsamten den Schritt, wenn sie an der Tür vorbeikamen, und blinzelten über den Hof ins Zimmer wie Leute, die etwas sehen wollen, ohne Argwohn zu erregen. Gegen Mittag nahm schließlich diese lästige Prozession ein Ende.

Alle Augenblicke stand Agnese auf, durchschritt den Hof, lehnte sich an die Straßentür, blickte nach rechts und nach links aus und sagte, zurückkehrend: „Niemand", ein Wort, das sie mit Vergnügen aussprach und das Lucia mit Vergnügen hörte, ohne daß die eine oder die andere so recht gewußt hätte, warum. Aber beiden verblieb eine gewisse Unruhe, die ihnen, und hauptsächlich der Tochter, einen guten Teil des Mutes nahm, den sie sich hätten für den Abend sparen wollen. Es geziemt sich jedoch, daß der Leser über diese geheimnisvollen Landstreicher etwas Genaueres erfahre; und um ihn von allem zu unterrichten, müssen wir einen Schritt zurücktun und wieder Don Rodrigo aufsuchen, den wir gestern nach dem Weggehen des Padre Cristoforo allein in einem Zimmer seiner Burg verlassen haben.

Don Rodrigo durchmaß, wie wir gesagt haben, mit langen Schritten dieses Zimmer, an dessen Wänden Familienbilder verschiedener Geschlechter hingen. Hatte er das Gesicht der einen Wand zugekehrt gehabt und drehte er sich um, so sah er an der gegenüber einen kriegerischen Vorfahren, einen Schrecken der Feinde und seiner Soldaten, grimmig im Blick, mit kurzen, struppigen Haaren, den Schnurrbart spitzig und gedreht, so daß er über die Wangen hinausragte, und das Kinn schief; aufrecht stand der Held da mit den Beinschienen, mit dem Schenkelharnisch, mit dem Küraß, mit den Armstücken, mit den Handschuhen, alles aus Eisen, die Rechte in die Hüfte gestemmt und die Linke am Schwertgriff, und so betrachtete ihn Don Rodrigo. Und wenn er sich, unter diesem Bilde angekommen, umwandte, so hatte er einen andern Vorfahren vor sich, eine Amtsperson, einen Schrecken der Streitenden und der Sachwalter, auf einem mit rotem Samte bedeckten Hochsitze und gehüllt in einen weiten schwarzen Mantel; ganz schwarz auch sonst bis auf einen weißen Kragen mit zwei breiten Blättchen und einer Zobelschaube mit dem Rauhen nach innen – diese war das Abzeichen der Senatoren, das sie aber nur im Winter trugen, was der Grund ist, daß man kaum ein Bild eines Senators in Sommerkleidung finden wird – hager und die Stirn gerunzelt, hielt er in der Hand eine Bittschrift, und er schien zu sagen: Wir wollen sehen. Hier eine alte Dame, der Schrecken ihrer Kammerfrauen; dort ein Abt, der Schrecken seiner Mönche: kurz allesamt Leute, die Schrecken eingeflößt hatten, und den hauchten sie auch noch aus der Leinwand.

Angesichts solcher Erinnerungen erboste und schämte sich Don Rodrigo noch mehr und konnte sich nicht beruhigen, daß sich ein Mönch unterstanden hatte, ihm als personifizierter Nathan an den Leib zu rücken. Er schmiedete einen Racheplan, ließ ihn wieder, dachte nach, wie er zugleich seiner Leidenschaft und dem, was er Ehre nannte, Befriedigung verschaffen könnte; und wenn ihm manchmal – ei, seht doch – der Anfang jener Prophezeiung wieder in den Ohren klang, so fühlte er, daß sich ihm, wie man sagt, die Haare sträubten, und er war schier daran, den Gedanken an beide Befriedigungen fallenzulassen. Schließlich rief er, um etwas zu tun, einen Diener und befahl ihm, ihn bei seinen Gästen zu entschuldigen, da ihn dringende Geschäfte abhielten. Als dieser mit der Meldung zurückkam, daß sich die Herren entfernt und ihm ihre Empfehlungen hinterlassen hätte, fragte er, noch immer auf und ab schreitend: „Und Graf Attilio?"

„Er ist mit den Herren weggegangen, erlauchter Herr."

„Es ist gut. Sechs Mann Gefolge zum Spaziergange; rasch. Degen, Mantel, Hut; rasch."

Der Diener ging mit einer Verneigung; und er kam sogleich wieder mit dem prächtigen Degen, den sich der Herr umgürtete, mit dem Mantel, den er sich über die Schultern warf, und mit dem Hute mit den großen Federn, den er aufsetzte und mit einem heftigen Ruck ins Gesicht zog, ein Zeichen schlimmen Wetters. Er ging, und am Tore schlossen sich die sechs Spitzbuben, alle bewaffnet, an, nachdem sie ihm eine Gasse gebildet und sich vor ihm verneigt hatten. Mürrischer, hochmütiger und finsterer als sonst begann er langsam gegen Lecco zu gehen. Die Bauern und die Handwerker drückten sich, kaum daß sie ihn kommen sahen, dicht an die Mauer und zogen dort die Mützen mit tiefen Bücklingen, ohne daß er ihre Grüße erwidert hätte. Als Geringere verbeugten sich vor ihm auch die, die diesen als Herren galten; denn in dieser Gegend war weit und breit niemand, der es mit ihm hätte aufnehmen können, was Reichtum und Anhang betraf und vor allem den Willen, sich alles dessen zu bedienen, um über den andern zu stehen. Solchen Leuten dankte er mit vornehmer Herablassung. Diesen Tag geschah es ja nicht, aber wenn es geschah, daß er dem spanischen Herrn Kastellan begegnete, dann waren die Verbeugungen auf beiden Seiten gleich tief; die Sache ging vor sich wie zwischen zwei Machthabern, die nichts miteinander zu schaffen haben, die aber der Form halber einer der Würde des andern Ehre erweisen.

Um seine üble Laune ein wenig zu vertreiben und um dem Bilde des Mönchs, das ihn nicht losließ, gänzlich verschiedene Bilder gegenüberzustellen, trat Don Rodrigo an diesem Tage in ein Haus, wo sich gewöhnlich viele Leute einfanden, und dort wurde er mit jener geschäftigen Liebenswürdigkeit empfangen, die Männern vorbehalten wird, die sich sehr beliebt und sehr gefürchtet machen; und als es dann Nacht wurde, kehrte er in seine Burg zurück. Auch der Graf Attilio war eben zurückgekommen, und es wurde das Abendessen aufgetragen; solange dieses dauerte, war Don Rodrigo gedankenvoll und wortkarg.

„Vetter, wann zahlt Ihr die Wette?", sagte mit boshafter und spöttischer Miene Graf Attilio, kaum daß abgetragen war und sich die Diener entfernt hatten.

„St. Martin ist noch nicht vorüber."

„Ihr tätet am besten, Ihr bezahltet sie sofort; denn es werden alle Heiligen des Kalenders vorübergehen, und ..."

„Das wird sich zeigen."

„Vetter, Ihr wollt den Schlaukopf spielen; aber ich habe alles begriffen und bin so sicher, die Wette gewonnen zu haben, daß ich bereit bin, noch eine andere einzugehen."

„Laßt hören." „Daß Euch der Pater ... der Pater ... was weiß ich? kurz, daß Euch der Mönch bekehrt hat."

„Das sieht Euch ähnlich."

„Bekehrt, Vetter; bekehrt, sage ich Euch. Mich freut es übrigens. Wißt Ihr, daß das ein herrliches Schauspiel sein wird, Euch so ganz zerknirscht zu sehen und mit niedergeschlagenen Augen? Und was für ein Ruhm für diesen Pater! Wie gebläht und in die Brust geworfen wird er nicht nach Hause gekommen sein! Das sind keine Fische, die sich alle Tage fangen lassen und mit jedem Netze. Ihr könnt sicher sein, daß er Euch als Exempel anführen wird; und auf der nächsten Missionsreise wird er über Euern Fall sprechen. Mir ist's, als höre ich ihn schon."

Und indem er durch die Nase zu sprechen begann und seine Worte mit lächerlichen Gebärden begleitete, fuhr er im Predigttone fort: „In einem Teile dieser Welt, den ich aus gebührenden Rücksichten nicht nenne, lebte, meine teuren Zuhörer, ein zügelloser Ritter, der mehr den Frauenzimmern nachlief, als sich zu wackeren Männern gehalten hätte, und der hatte, gewohnt, Kraut und Rüben durcheinanderzuwerfen, seine Augen auf eine ..."

„Genug, genug", unterbrach ihn Don Rodrigo, halb lächelnd und halb ärgerlich. „Wollt Ihr die Wette verdoppeln, so bin ich bereit."

„Teufel! So habt wohl Ihr den Pater bekehrt?"

„Sprechen wir nicht mehr von ihm; und was die Wette betrifft, so wird St. Martin die Entscheidung bringen."

Die Neugier des Grafen war angestachelt; er sparte nicht mit Fragen, aber Don Rodrigo wußte allen auszuweichen, indem er sich immer auf den Martinstag berief, weil er der Gegenseite keineswegs Pläne mitteilen wollte, die weder in die Wege geleitet, noch überhaupt festgesetzt waren. Am nächsten Morgen erwachte Don Rodrigo als Don Rodrigo. Die Unruhe, die ihm dieses „Es wird ein Tag kommen" eingejagt hatte, war mit den Träumen der Nacht verflogen, und geblieben war nur die Wut, verbittert durch die Scham über diese flüchtige Schwäche. Die frischeren Bilder seines triumphierenden Spaziergangs, der Verbeugungen und der Bewillkommnungen und die Spöttleien des Vetters hatten nicht wenig dazu beigetragen, ihm den alten Mut wiederzugeben. Kaum aufgestanden, ließ er den Grauen rufen. Große Dinge, sagte der Diener für sich, dem der Befehl erteilt worden war; denn der Mann, der diesen Namen hatte, war niemand geringerer als der Häuptling der Bravi, der, dem nur die gefährlichsten und ruchlosesten Unternehmungen aufgetragen wurden, der innigste Vertraute des Herrn, ein ihm aus Dankbarkeit und aus Eigennutz völlig ergebener Mann. Nachdem er eines Tages auf der Straße einen niedergestochen hatte, war er Don Rodrigos Schutz anrufen gekommen; der hatte ihn in seine Farben gekleidet und ihn vor allen Nachforschungen der Gerechtigkeit gedeckt. Auf diese Weise hatte er sich, indem er sich zu jedem Verbrechen verpflichtete, das ihm befohlen werden sollte, die Straflosigkeit für das erste gesichert. Für Don Rodrigo war diese Erwerbung von nicht geringer Wichtigkeit gewesen; denn der Graue stellte, abgesehen davon, daß er ohne allen Vergleich der tapferste von den gesamten Dienstleuten war, auch einen lebendigen Beweis dar, was sich sein Herr hatte gegen die Gesetze herausnehmen dürfen, so daß seine Macht dadurch stieg, tatsächlich sowohl, als auch ihrem Rufe nach.

„Grauer", sagte Don Rodrigo, „bei dieser Sachlage wird sich zeigen, was du wert bist. Noch vor morgen muß sich diese Lucia in der Burg befinden."

„Nie soll gesagt werden, daß sich der Graue einem Befehle seines erlauchten Herrn entzogen hätte."

„Nimm so viel Mann, wie du brauchst, ordne an und verfüge, wie es dich am besten dünkt, nur daß die Sache zu einem guten Ende gedeiht. Vor allem aber sei auf der Hut, daß ihr kein Leid geschieht."

„Gnädiger Herr, ein bißchen Angst, damit sie nicht zu viel Lärm macht ... mit weniger wird es nicht abgehen."

„Angst ... ich begreife ... ist unvermeidlich. Aber nicht ein Haar darf ihr gekrümmt werden; und vor allem muß ihr in jeder Weise mit Achtung begegnet werden. Hast du verstanden?"

„Herr, es ist unmöglich, eine Blume vom Stocke zu brechen und die Eurer Herrlichkeit zu bringen, ohne sie zu berühren. Aber es wird nichts geschehen als das allermindeste."

„Du bürgst mir dafür. Und ... wie wirst du es anstellen?"

„Darüber habe ich eben nachgedacht, gnädiger Herr. Glücklicherweise steht das Haus am Ende des Dorfes. Wir brauchen einen Ort, wo wir Aufstellung nehmen können, und da ist gerade nicht weit davon dieses unbewohnte und einsame verfallene Haus mitten im Felde, jenes Haus ... Eure Gnaden werden von dieser Sache nichts wissen ... ein Haus, das vor ein paar Jahren abgebrannt ist und das sie wegen Geldmangels nicht wieder aufgebaut, sondern verlassen haben, und jetzt kommen dort die Hexen zusammen; aber heute ist nicht Samstag, und ich lache darüber. Diese Bauern, voll von Aberglauben, wie sie sind, würden nicht um alles Gold der Welt an einem Wochentage in der Nacht hingehen; so können wir uns dort festsetzen mit aller Sicherheit, daß niemand kommen wird, um uns Ungelegenheiten zu machen."

„Gut so! und dann?"

Nun begann der Graue vorzuschlagen und Don Rodrigo zu erörtern, bis sie einverständlich verabredet hatten, wie der Anschlag zu Ende zu führen sei, ohne daß Spuren von den Urhebern zurückblieben, wie vielmehr der Verdacht durch falsche Anzeichen anderwärts zu lenken sei, wie der armen Agnese Stillschweigen aufzuerlegen und Renzo eine solche Angst einzujagen sei, daß ihm darüber nicht nur der Schmerz, sondern auch der Gedanke, sich an die Gerechtigkeit zu wenden, samt der Luft, Lärm zu schlagen, vergehe und wie alle andern zum Gelingen der Hauptschurkerei nötigen Schurkereien anzulegen seien.

Wir übergehen diese Abreden, weil sie, wie der Leser sehen wird, zum Verständnis der Geschichte nicht nötig sind, und sind selber froh, daß wir uns nicht länger aufhalten müssen, um die Verhandlungen der zwei widerwärtigen Schufte anzuhören.

Es genüge, daß der Graf den Grauen, als dieser weggehen wollte, um sich an die Ausführung zu machen, noch einmal zurückrief und zu ihm sagte: „Höre: wenn euch dieser freche Bauernlümmel heute abend zufällig in die Klauen fällt, so wird es nicht übel sein, wenn er im vorhinein einen gehörigen Denkzettel bekommt; das Geheiß, ruhig zu sein, das ihm morgen mitgeteilt werden soll, wird dann um so sicherer wirken. Aber verlegt euch nicht darauf, ihn zu suchen, damit nicht das Wichtigere gefährdet werde; du hast mich verstanden."

„Lassen Sie mich machen", antwortete der Graue, indem er sich mit einer Gebärde des Gehorsams und der Prahlerei verneigte; und er ging.

Der Morgen wurde auf Streifungen verwandt, um das Dorf auszukundschaften. Dieser falsche Bettler, der sich in jener Weise in das ärmliche Häuschen eingedrängt hatte, war niemand anders als der Graue gewesen, der gekommen war, um nach dem Augenschein einen Lageplan aufzunehmen; die falschen Wanderer waren seine Spitzbuben, für die, um unter seinen Befehlen zu arbeiten, eine oberflächlichere Ortskenntnis genügte. Und nachdem sie über alles im reinen waren, hatten sie sich, um nicht zu viel Argwohn zu erregen, nicht mehr blicken lassen. Als sie alle in die Burg zurückgekehrt waren, legte der Graue Rechenschaft ab und stellte endgültig den Plan für den Anschlag fest; er verteilte die Rollen und gab Unterweisungen. Das alles konnte nicht geschehen, ohne daß jener alte Diener, der Augen und Ohren offen hielt, gemerkt hätte, daß etwas Großes im Werke war. Durch gespannte Aufmerksamkeit und durch Fragen, indem er sich eine halbe Kenntnis hier nahm, eine halbe dort, ein dunkles Wort bei sich erklärend und sich das geheimnisvolle Kommen und Gehen auslegend, brachte er es so weit, daß er sich klar wurde, was in dieser Nacht ausgeführt werden sollte. Als ihm das aber gelungen war, war die Nacht nicht mehr fern, und hatte sich schon eine kleine Vorhut von Bravi auf den Weg gemacht, um sich in dem verfallenen Gemäuer zu verbergen. Obwohl der Alte sehr wohl fühlte, was für ein gefährliches Spiel er spielte, und obwohl er überdies zu spät zu kommen fürchtete, wollte er es doch nicht an sich fehlen lassen; mit der Entschuldigung, ein wenig Luft schöpfen zu wollen, ging er weg und eilte in vollem Laufe ins Kloster, um dem Pater Cristoforo die versprochene Nachricht zu bringen. Bald darauf brach auch der Rest der Bravi auf, und sie stiegen zu Tale, aber einzeln, um nicht als eine Abteilung zu erscheinen; der Graue kam hinterdrein, und nichts blieb zurück, als eine Sänfte, die erst bei vorgerücktem Abend zu dem Gemäuer gebracht werden sollte, wie es denn auch geschah. Als sie dort alle versammelt waren, schickte der Graue drei Mann in das Wirtshaus des Dörfchens; einer sollte sich unter der Tür aufstellen, um zu beobachten, was auf der Straße vorgehe, und zu sehen, wann sich alle Bewohner zurückgezogen hätten, während sich die andern zwei hinein setzen sollten, um wie harmlose Leute zu spielen und zu trinken, nicht ohne dabei alles auszuspähen, was auszuspähen sein werde. Er selber verblieb mit dem Hauptteil des Trupps im Hinterhalt auf der Lauer.

Der arme Alte trabte noch immerzu, die drei Kundschafter bezogen ihre Plätze, und die Sonne sank, als Renzo bei den Frauen eintrat und sagte: „Tonio und Gervaso erwarten mich draußen; ich gehe mit ihnen ins Wirtshaus eine Kleinigkeit essen, und wenn es zum Ave läutet, so kommen wir euch holen. Mut, Lucia! alles hängt von einem Augenblick ab."

Lucia seufzte und wiederholte das Wort „Mut" mit einer Stimme, die es Lügen strafte.

Als Renzo mit den zwei Gesellen ins Wirtshaus kam, fanden sie schon den einen Posten aufgepflanzt, der den halben Raum der Tür einnahm, mit dem Rücken an den einen Pfosten gelehnt und die Arme über der Brust verschränkt; er schaute und schaute wieder zur Rechten und zur Linken, indem er bald das Weiße, bald das Schwarze zweier Raubvogelaugen blitzen ließ. Eine flache Mütze aus karmesinfarbigem Samt bedeckte ihm, schräg sitzend, den halben Schopf, der sich auf der finstern Stirn teilte, nach jeder Seite unter den Ohren durchlief und in Büschel endigte, die ober dem Nacken mit einem Kamm festgesteckt waren. In der einen Hand hielt er lässig einen derben Knüppel; eigentliche Waffen trug er scheinbar nicht, aber ein Blick in sein Gesicht hätte auch einem Kinde gesagt, daß er deren unter den Kleidern so viel hatte, wie nur unterzubringen gewesen waren.

Als Renzo, der den andern vorausschritt, daran war, einzutreten, sah ihn der Mann, ohne sich stören zu lassen, starr an; da aber Renzo entschlossen war, jedem Streite auszuweichen, wie es jeder zu tun pflegt, der eine heikle Sache betreibt, so tat er, als bemerkte er es nicht, sagte nicht einmal „Gebt Platz", sondern drückte sich an den andern Pfosten und schob sich quer, mit der Schulter voran durch den freien Raum, den diese Karyatide gelassen hatte. Seine beiden Gesellen mußten denselben Vorgang einhalten, wenn sie eintreten wollten. Eingetreten, sahen sie die anderen zwei Bravi, deren Stimmen sie schon gehört hatten, nämlich jene widerwärtigen Kerle, die, an einer Ecke des Tisches sitzend, Mora spielten[3], indem sie beide gleichzeitig schrien – das Spiel verlangt dies – und einer dem andern aus einer großen Flasche, die sie in der Mitte hatten, einschenkten. Auch diese faßten die neue Gesellschaft ins Auge, und besonders der eine, der die Hand mit den drei vorgestreckten und auseinandergespreizten dicken Fingern in die Höhe hielt und den Mund noch von einer mächtigen „Sechs" offen hatte, womit er eben herausgeplatzt war, maß Renzo vom Kopf bis zu den Füßen; dann warf er einen Blick seinem Gesellen zu, dann einen dem an der Tür, und dieser antwortete mit einem Kopfnicken. Renzo sah

---

[3] Ein damals beliebtes Spiel der einfachen Leute, bei dem es darum ging, eine ausgerufene Zahl möglichst schnell mit den Fingern darzustellen.

seine beiden Gäste argwöhnisch und unsicher an, als hätte er in ihren Mienen eine Erklärung für all diese Zeichen suchen wollen; aber ihre Mienen verrieten sonst nichts als einen tüchtigen Appetit. Der Wirt blickte ihn an, seiner Aufträge gewärtig; er nahm ihn in ein Nebenzimmer mit und bestellte das Mahl.

„Wer sind diese Fremden?", fragte er dann den Wirt mit leiser Stimme, als der mit einem groben Tischtuche unterm Arm und einer Flasche in der Hand zurückkam.

„Ich kenne sie nicht", antwortete der Wirt, das Tischtuch ausbreitend.

„Was, nicht einmal einen?"

„Ihr wißt recht gut", antwortete der Wirt wieder, indem er das Tuch auf dem Tische mit beiden Händen glatt strich, „daß es bei unserm Geschäfte die erste Regel ist, nicht um die Angelegenheiten anderer zu fragen, und die gilt so sehr, daß selbst unsere Frauen nicht neugierig sind. Da kämen wir auch schön an, wo so viele Leute aus und ein gehen: hier ist immer ein Seehafen, das heißt, wenn das Jahr halbwegs gut ist; aber guter Dinge sind wir auch sonst, die gute Zeit wird schon wiederkommen. Uns genügt es, daß unsere Gäste anständige Leute sind; wer sie sonst sind oder nicht sind, das tut nichts. Und jetzt werde ich Euch eine Schüssel Klöße bringen, wie Ihr sie noch nie gegessen habt."

„Wie könnt Ihr wissen ...?", fing Renzo wieder an; aber der Wirt, der schon auf dem Wege in die Küche war, hörte nicht mehr auf ihn.

Während er dort nach dem Topf mit den erwähnten Klößen langte, fügte sich sachte der Bravo zu ihm, der unsern Jüngling gemessen hatte, und fragte halb laut: „Wer sind die drei?"

„Anständige Leute aus dem Dorfe", antwortete der Wirt, indem er die Klöße in die Schüssel schüttete.

„Sehr wohl; aber wie heißen sie? Wer sind sie?", drängte der andere in etwas unhöflichem Tone.

„Einer heißt Renzo", antwortete der Wirt, auch halblaut, „ein guter ordentlicher Jüngling, ein Seidenspinner, der sein Handwerk versteht. Der andere ist ein Bauer, Tonio mit Namen, ein guter, lustiger Bruder; schade nur, daß er nicht viel hat: er brächte alles hier durch. Der dritte ist ein Tölpel, der immerhin ganz gern ißt, wenn man ihm etwas gibt. Mit Verlaub."

Und mit einem Satze sprang er zwischen dem Herde und dem Fragenden durch und ging die Schüssel denen hintragen, für die sie bestimmt war.

„Wie könnt Ihr wissen", begann Renzo von neuem, als er ihn zurückkommen sah, „daß es anständige Leute sind, wenn Ihr sie nicht kennt?"

„Das Benehmen macht's, mein Freund, den Menschen erkennt man an seinem Benehmen. Die, die den Wein trinken, ohne daran Ausstellungen zu machen, die ihre Zeche bezahlen, ohne etwas abzuziehen, die keinen Streit anfangen mit den andern Gästen und dem, dem sie einen Messerstich zu versetzen haben, draußen aufpassen und recht weit vom Wirtshause, so daß der arme Wirt nicht hineingezogen wird, das sind die braven Männer. Wenn man freilich die Leute gut kennt, so wie wir uns kennen, so ist das besser. Aber was zum Teufel kommt Euch die Lust an, solche Dinge wissen zu wollen, wo Ihr doch Bräutigam seid und ganz andere Sachen im Kopfe haben solltet? und mit diesen Klößen vor Euch, die einen Toten erwecken könnten?" Und mit diesen Worten ging er zurück in die Küche. Indem unser Autor auf die Verschiedenheit hinweist, womit der Wirt den Fragen Genüge getan hat, sagt er, daß er ein also beschaffener Mann war, daß er sich in allen seinen Reden als besonderer Freund der anständigen Leute im allgemeinen aufspielte, daß er aber in der Tat denen viel willfähriger war, die als Schurken galten oder Schurken gleich sahen. Was für ein seltsamer Charakter! oder nicht? Das Mahl war nicht sehr lustig. Die Gäste hätten es sich gern in aller Behaglichkeit schmecken lassen wollen, der Gastgeber aber, mit dem beschäftigt, was der Leser weiß, und über das sonderbare Gehaben dieser Unbekannten ein wenig verdrossen, ja sogar etwas beunruhigt, konnte kaum die Stunde des Aufbruchs erwarten. Der Fremden halber sprach man halblaut, und die Worte kamen nur abgerissen und widerwillig heraus.

„Wie schön das ist", platzte auf einmal Gervaso heraus, „daß Renzo heiraten will und uns ..."

Renzo machte ein böses Gesicht, und Tonio sagte: „Willst du ruhig sein, du Vieh?", indem er den Ehrennamen mit einem Ellbogenstoß begleitete. Die Unterhaltung wurde immer frostiger, bis sie gänzlich zu Ende ging. Renzo, der sich beim Essen sowohl, als auch beim Trinken zurückhielt, hatte darauf acht, den beiden Zeugen wohlbedacht einzuschenken, auf eine Weise, die ihnen ein wenig Lebhaftigkeit gab, ohne ihnen den Verstand durchgehen zu lassen. Als abgegessen war und der, der am wenigsten verzehrt, die Zeche bezahlt hatte, mußten sie alle drei wieder an diesen Fratzen vorbei; die kehrten sich sämtlich wieder ebenso Renzo zu, wie als er eingetreten war. Nachdem er ein paar Schritte außerhalb des Wirtshauses getan hatte, wandte er sich um, und da sah er, daß ihm die zwei, die bei seinem Weggehen in der Küche gesessen hatten, folgten; daraufhin blieb er mit seinen Gesellen stehen, als ob er hätte sagen wollen: Laß sehen, was die da von mir wünschen.

Als jedoch die zwei merkten, daß sie seine Aufmerksamkeit erregt hatten, blieben auch sie stehen, sprachen halblaut miteinander und kehrten um. Wäre Renzo so nahe gewesen, daß er ihre Worte hätte hören können, so würden sie ihm gar seltsam geschienen haben.

„Das wäre wahrhaftig herrlich, vom Trinkgeld ganz zu geschweigen", sagte der eine von den beiden Bösewichtern, „wenn wir bei der Heimkehr in die Burg erzählen könnten, daß wir ihm in der Geschwindigkeit das Fell gegerbt hätten, und das auf eigene Faust, ohne daß der Herr Graue dabei gewesen wäre, um es anzuordnen."

„Und dabei die Hauptsache verderben!", antwortete der andere. „Schau: Sie haben etwas gemerkt, sie bleiben stehen und betrachten uns. Oje, wenn es nur später wäre! Gehen wir zurück, um keinen Argwohn zu erregen. Sieh nur, von allen Seiten kommen Leute; lassen wir sie alle ins Nest kriechen."

Es war in der Tat jenes Gewimmel, jenes Gesumme, das man in einem Dorfe gegen Abend wahrnimmt und das nach wenigen Augenblicken der feierlichen Stille der Nacht weicht. Die Frauen kamen vom Felde, die Säuglinge am Halse tragend und an der Hand die größeren Kinder führend, die sie das Abendgebet sprechen ließen; es kamen die Männer mit den Schaufeln und Karsten auf den Schultern. Wenn die Türen aufgingen, sah man hier und da die Feuer leuchten, die für das ärmliche Mahl angezündet waren, und auf der Straße hörte man, wie Grüße getauscht wurden und etwa auch ein paar Worte über die magere Ernte und das schlechte Jahr; und die Worte wurden übertönt von den gemessenen, vollen Glockenschlägen, die das Ende des Tages verkündigten. Als Renzo sah, daß sich die zwei dreisten Kerle zurückgezogen hatten, verfolgte er seinen Weg weiter in der wachsenden Dunkelheit, indem er bald dem einen, bald dem andern Bruder halblaut ein Mahnwort zurief. Es war schon Nacht, als sie bei dem Häuschen Lucias anlangten.

Die Zeit zwischen dem ersten Gedanken an ein schreckliches Unternehmen und dessen Ausführung ist – gesagt hat das ein nicht ganz geistloser Barbar – ein Traum voll von Phantomen und Angst.

Lucia war seit vielen Stunden in den Beklemmungen eines solchen Traumes, und Agnese, Agnese selber, die Urheberin des Ratschlages, war in Gedanken versunken und fand kaum ein Wort, um die Tochter zu ermutigen. In dem Augenblick des Erwachens aber, in dem Augenblicke nämlich, wo Hand ans Werk gelegt werden soll, ergibt sich eine völlige Umwandlung des Gemüts. Auf den

Schrecken und den Mut, die einander widerstrebt haben, folgen ein anderer Schrecken und ein anderer Mut; das Unternehmen tritt an den Geist wie eine neue Erscheinung heran: das, was zuerst am meisten geängstigt hat, scheint manchmal mit einem Schlage ein Spiel geworden zu sein, und dafür nimmt sich manchmal ein Hindernis groß aus, das bisher kaum beachtet worden ist; die Einbildungskraft weicht entsetzt zurück, die Glieder scheinen den Gehorsam zu verweigern, und das Herz hält nicht die Versprechungen, die es in größerer Sicherheit gegeben hat.

Bei dem leisen Klopfen Renzos wurde Lucia von einem solchen Schrecken befallen, daß sie sich in diesem Augenblick entschloß, lieber alles zu erdulden, sogar die immerwährende Trennung von ihm, als jenen Entschluß auszuführen; als er aber vor sie getreten war und gesagt hatte: „Da bin ich, gehen wir", als sich alle bereit zeigten, ohne Zaudern aufzubrechen wie zu einer festgesetzten, unabänderlichen Sache, da hatte Lucia weder die Zeit noch den Mut, Schwierigkeiten zu machen, und nahm, wie fortgerissen, zitternd den Arm der Mutter und den des Bräutigams und setzte sich mit der abenteuerlichen Gesellschaft in Bewegung. Still, still, mit abgemessenen Schritten verließen sie in der Finsternis das Häuschen und nahmen den Weg um das Dorf. Der kürzeste wäre gewesen, durch das Dorf zu gehen, weil man so schnurstracks zu dem Hause Don Abbondios kam; sie wählten aber den anderen, um nicht gesehen zu werden. Auf Fußpfaden zwischen Gärten und Feldern gelangten sie zu dem Hause, und dort teilten sie sich. Die Brautleute blieben hinter einer Ecke des Hauses verborgen, Agnese bei ihnen, aber ein bißchen voran, um zu gegebener Zeit hinzulaufen, Perpetua aufzuhalten und sich ihrer zu bemeistern; Tonio trat mit dem Tölpel Gervaso, der von sich selber nichts zu tun wußte und ohne den man nichts tun konnte, keck an die Tür und pochte an.

„Wer ist da, um diese Stunde?", schrie eine Stimme aus dem Fenster, das sich in diesem Augenblick öffnete; es war die Stimme Perpetuas. „Kranke gibt es keine, daß ich es wüßte. Ist vielleicht ein Unglück geschehen?"

„Ich bin's, mit meinem Bruder", antwortete Tonio; „wir müssen mit dem Herrn Pfarrer sprechen."

„Ist das eine christliche Stunde?", sagte Perpetua barsch. „Das soll wohl artig sein? Kommt morgen wieder."

„Hört: entweder komme ich wieder, oder ich komme nicht. Ich habe Geld eingenommen und bin da, um die kleine Schuld, Ihr wißt schon, zu bezahlen. Hier habe ich fünfundzwanzig schöne neue Mailänder; wenn es aber nicht geht, nur Geduld: ich weiß schon, wo ich sie loswerde, und wiederkommen werde ich, bis ich wieder einmal fünfundzwanzig zusammengebracht habe."

„Wartet, wartet; ich gehe und bin sofort wieder da. Aber warum kommt Ihr so spät?"

„Ich habe sie selber erst vor einer kleinen Weile erhalten. Und da habe ich mir, um es Euch zu sagen, gedacht, wenn ich sie über die Nacht behalte, so weiß ich nicht, wie es morgen damit aussehen wird. Freilich, wenn es Euch jetzt ungelegen ist, so weiß ich nicht, was sagen: ich für meinen Teil, ich bin da; und wollt Ihr mich nicht haben, so gehe ich."

„Nein, nein, wartet einen Augenblick; ich komme sofort mit der Antwort."

Mit diesen Worten schloß sie das Fenster. Nun trennte sich Agnese von dem Brautpaar, nicht ohne noch halblaut zu Lucia gesagt zu haben: „Mut! Es ist nur ein Augenblick, so wie beim Zahnziehen", und gesellte sich zu den zwei Brüdern vor der Tür; und sie begann mit Tonio zu schwatzen, dergestalt, daß Perpetua, wenn sie öffnen kam, glauben mußte, sie sei zufällig hier vorübergekommen und Tonio habe sie einen Augenblick aufgehalten.

8. KAPITEL.

Ei, wer war das? grübelte Don Abbondio, in einem Zimmer des Obergeschosses auf einem Lehnstuhl sitzend, ein aufgeschlagenes Büchlein vor sich, als Perpetua eintrat, um die Botschaft zu bestellen. Carneades! den Namen glaube ich schon einmal gelesen oder gehört zu haben; es muß ein Mann der Wissenschaft, ein großer Gelehrter des Altertums gewesen sein: es ist so einer von diesen Namen; aber wer zum Teufel war er? – So weit davon entfernt war der arme Mann, das Ungewitter zu ahnen, das sich über seinem Haupte zusammenzog.

Man muß wissen, daß es Don Abbondio Freude machte, tagtäglich ein bißchen zu lesen; und ein Pfarrer in der Nachbarschaft, der eine kleine Büchersammlung hatte, lieh ihm ein Buch nach dem andern, wie sie ihm unter die Hand kamen. Das, über dem Don Abbondio in diesem Augenblicke brütete, nachdem er sich von dem Fieber des Schreckens erholt hatte oder besser, wenigstens was das Fieber anbetraf, mehr genesen war, als er gelten lassen wollte, war eine Lobrede auf den heiligen Karl, die zwei Jahre zuvor im Dome zu Mailand mit vieler Begeisterung gehalten und mit vieler Bewunderung angehört worden war. Der Heilige wurde seiner Gelehrsamkeit halber mit Archimedes verglichen, und bis hierher fand Don Abbondio kein Haar darin; denn Archimedes hat so Außerordentliches geleistet, hat so viel von sich reden gemacht, daß man, um davon etwas zu wissen, keiner sehr ausgebreiteten gelehrten Bildung bedarf. Nach Archimedes hatte aber der Redner auch Carneades zum Vergleiche herangezogen, und hier war der Leser auf dem Trockenen. In diesem Augenblicke trat Perpetua ein und meldete den Besuch Tonios. „Jetzt?", sagte auch Don Abbondio, wie es nur natürlich war. „Was wollen Sie? Die Leute haben kein Benehmen; aber wenn Sie ihn nicht flugs fassen ..."

„Jawohl; wenn ich ihn nicht fasse, wer weiß, wann ich ihn werde fassen können. Laßt ihn hereinkommen ... Haha! Seid Ihr auch ganz sicher, daß er es selber ist?"

„Den Teufel auch!", antwortete Perpetua und begann hinunterzusteigen; sie öffnete die Tür und sagte: „Wo seid Ihr?"

Tonio trat hin, und zugleich kam auch Agnese hervor und grüßte Perpetua bei Namen.

„Guten Abend, Agnese", sagte Perpetua; „woher kommt Ihr so spät?"

„Ich komme von ...." - und sie nannte ein Dörfchen in der Nähe; dann fuhr sie fort: „Und wenn Ihr wüßtet ... daß ich mich länger verhalten habe, ist nur Euretwegen geschehen."

„Ach, warum denn?", fragte Perpetua; und zu den zwei Brüdern gewandt, sagte sie: „Tretet ein; ich komme gleich nach."

„Weil", sagte Agnese, „eine Frau, auch eine von denen, die nichts wissen und von allem reden wollen ... würdet Ihr es glauben? Weil sich so eine erdreistet hat zu sagen, Eure Hochzeit mit Beppe Suolavecchia sei geradeso wie die mit Anselmo Lunghigna nur deshalb nicht zustande gekommen, weil sie Euch nicht gemocht hätten. Ich habe behauptet, Ihr seiet es gewesen, die sie abgewiesen habe, den einen wie den andern."

„Selbstverständlich. Ach dieses Lügenmaul! Dieses Lügenmaul! Wer ist sie?"

„Fragt mich nicht darum; ich will kein Unheil anrichten."

„Ihr werdet es mir sagen, Ihr müßt es mir sagen; ach diese Lügnerin!"

„Laßt es gut sein ... aber Ihr könnt es gar nicht glauben, wie unlieb es mir war, daß ich nicht die ganze Geschichte gewußt habe, um sie zu beschämen."

„Seht nur, ob man auf diese Weise erfinden darf", rief Perpetua neuerdings; und sofort begann sie wieder: „Was Beppe betrifft, so wissen alle, und haben alle sehen können ... Eh, Tonio, lehnt die Tür an und geht hinauf; ich komme schon."

Tonio antwortete von innen mit Ja, und Perpetua fuhr in ihrer leidenschaftlichen Erzählung fort.

Gegenüber von Don Abbondios Haustür öffnete sich zwischen zwei Häusern eine Gasse, die an deren Ende mit einer Biegung in ein Feld auslief. Dorthin wandte sich Agnese, als hätte sie, um freier sprechen zu können, etwas abseits gehen wollen, und Perpetua folgte ihr. Als sie um die Ecke gebogen waren und eine Stelle erreicht hatten, wo man nicht mehr sehen konnte, was bei dem Hause Don Abbondios vorging, hustete Agnese laut. Das war das Zeichen: als es Renzo hörte, ermutigte er Lucia mit einem Druck des Armes, und beide begannen auf den Fußspitzen dicht an der Mauer vorwärtszuschleichen; sie kamen zu der Tür, schoben sie leise auf und traten leise und gebückt in den Flur, wo die zwei Brüder auf sie warteten. Renzo lehnte die Tür still wieder zu, und alle vier stiegen die Treppe hinauf, ohne auch nur Lärm für einen einzigen zu machen. Oben angelangt, schritten die zwei Brüder zu der Zimmertür, die neben der Treppe war; die Brautleute drückten sich an die Wand.

„*Deo gratias*", sagte Tonio mit lauter Stimme.

„Tonio, was? Tretet ein", antwortete die Stimme drinnen. Der also Gerufene öffnete die Tür kaum so weit, daß er und sein Bruder hintereinander durchschlüpfen konnten. Der Lichtstreifen, der unversehens aus dieser Öffnung kam und sich auf dem dunklen Boden des Vorraums abzeichnete, ließ Lucia erzittern, als ob sie entdeckt gewesen wären. Als er mit seinem Bruder drinnen war, zog Tonio die Tür zu; die Brautleute blieben unbeweglich in der Finsternis mit gespitzten Ohren und angehaltenem Atem: das stärkste Geräusch war das Klopfen von Lucias armem Herzen.

Don Abbondio saß in einem alten Lehnstuhle, wie wir gesagt hatten, in einen alten Talar gewickelt und auf dem Kopfe ein altes Käppchen, das ihm das Gesicht wie mit einem Kranze umrahmte, bei dem schwachen Schein einer kleinen Lampe. Zwei dicke Haarbüschel, die sich unter dem Käppchen hervordrängten, zwei dicke Augenbrauen, ein dicker Schnurr- und Kinnbart, alles weiß und über das braune runzelige Gesicht verstreut, konnten beschneitem Strauchwerk verglichen werden, das sich beim Mondenlicht von einem Felsen abhebt.

„Aha, aha", war sein Gruß, während er die Brille abnahm und sie in das Büchlein legte.

„Herr Pfarrer werden sagen, ich sei spät gekommen", sagte Tonio, indem er sich verbeugte, was auch, nur noch etwas plumper, Gervaso tat.

„Natürlich ist es spät; spät in jeder Hinsicht. Ihr wißt, daß ich krank bin?"

„Oh! das tut mir leid."

„Ihr werdet es haben sagen hören; ich bin krank und weiß nicht, wann ich wieder unter die Leute gehen kann ... Aber warum habt Ihr diesen ... diesen Jungen da mitgebracht?"

„Nur der Gesellschaft halber, Herr Pfarrer."

„Gut also, jetzt wollen wir sehen."

„Da sind fünfundzwanzig neue Mailänder mit dem heiligen Ambrosius zu Pferde", sagte Tonio, indem er ein Päckchen aus der Tasche zog.

„Wir werden sehen", antwortete Don Abbondio; er nahm das Päckchen, öffnete es, nachdem er die Brille wieder aufgesetzt hatte, zählte sie und drehte sie um und wieder um und fand sie ohne Fehler.

„Jetzt, Herr Pfarrer, werden Sie mir auch die Kette meiner Tecla wiedergeben."

„Das ist billig", antwortete Don Abbondio; dann ging er zu einem Schranke, zog den Schlüssel aus der Tasche und öffnete, sich umsehend, wie um die Zuschauer fernzuhalten, die halbe Tür, füllte die Öffnung mit seinem Körper aus, steckte den Kopf hinein, um nach der Kette zu sehen, und einen Arm, um sie zu nehmen, nahm sie und gab sie Tonio, nachdem er den Schrank wieder verschlossen hatte, mit den Worten: „Recht so?"

„Jetzt", sagte Tonio, „seien Sie so gut, es mir ein bißchen schwarz auf weiß zu geben."

„Das auch noch!", sagte Don Abbondio; „sie wissen alles. Ach, wie argwöhnisch ist die Welt geworden! Traut Ihr mir nicht?"

„Aber Herr Pfarrer! Ob ich Ihnen traue? Sie tun mir unrecht. Aber da ich ja doch in Ihrem Buch als Schuldner eingetragen bin ... da Sie sich also einmal die Mühe gemacht haben zu schreiben, so ... von Lebens und Sterbens wegen."

„Schon gut, schon gut", unterbrach ihn Don Abbondio; brummend zog er den Tischkasten auf, nahm Papier, Feder und Tintenfaß heraus und begann zu schreiben, indem er die Worte, wie sie ihm aus der Feder flossen, mit lauter Stimme nachsprach. Unterdessen stellte sich Tonio und auf seinen Wink auch Gervaso vor den Tisch, so daß sie dem Schreibenden den Blick auf die Tür verwehrten; und wie aus Langerweile begannen sie mit den Füßen zu scharren, um denen draußen das Zeichen zum Eintritt zu geben und gleichzeitig das Geräusch ihrer Schritte zu dämpfen.

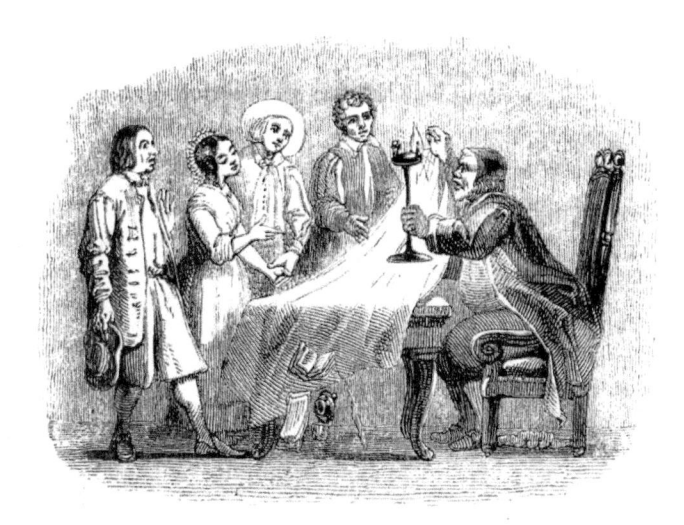

In sein Schreiben vertieft, hatte Don Abbondio auf sonst nichts acht. Bei dem Scharren der vier Füße nahm Renzo Lucias Arm, preßte ihn, um ihr Mut zu machen, und ging vor, indem er, die am ganzen Leibe Zitternde nachzog, die allein keinen Schritt hätte tun können. Ganz leise traten sie auf den Fußspitzen ein, den Atem anhaltend, und verbargen sich hinter den zwei Brüdern. Inzwischen war Don Abbondio mit der Schrift fertig geworden und überlas sie aufmerksam, ohne die Augen vom Papier zu heben; dann faltete er sie und reichte sie mit den Worten: „Nun, seid Ihr jetzt zufrieden?" mit der einen Hand Tonio hin, während er mit der anderen die Augengläser von der Nase nahm, den Blick erhebend. Tonio trat, indem er die Hand danach ausstreckte, nach der einen Seite zurück und Gervaso auf einen Wink von ihm nach der andern; und in der Mitte erschienen, wie wenn sich eine Bühne auseinanderschiebt, Renzo und Lucia.

Zuerst sah Don Abbondio nur dunkel, dann sah er klar, erschrak, erstaunte, erboste sich, dachte nach und faßte einen Entschluß, das alles in der Zeit, die Renzo dazu brauchte, um die Worte herauszubringen: „Herr Pfarrer, vor diesen Zeugen, diese da ist mein Weib." Seine Lippen waren noch nicht auf ihren Platz zurückgekehrt, als schon Don Abbondio mit der Linken, die das Blatt fallen ließ, die Lampe gepackt, erhoben, mit der Rechten die Tischdecke an sich gerissen hatte, so daß Buch, Papier, Federstiel und Streusandbüchse herabfielen, und zwischen Lehnstuhl und Tisch hindurch auf Lucia lossprang. Die Arme hatte kaum noch mit ihrer süßen und jetzt völlig zitternden Stimme hervorbringen können: „Und dieser ...", so hatte ihr schon Don Abbondio rücksichtslos die Decke über Kopf und Gesicht geworfen, um sie zu verhindern, daß sie die Formel ganz ausspreche. Und alsbald ließ er die Lampe fallen, die er in der andern Hand gehalten hatte, und bediente sich auch dieser, um Lucia in die Decke zu wickeln, daß sie fast erstickte; und bei alledem schrie er aus Leibeskräften: „Perpetua! Perpetua! Verrat! Hilfe!" Der Docht, der auf dem Boden verging, warf ein mattes und hüpfendes Licht auf Lucia, die, ganz und gar fassungslos, nicht einmal versuchte, sich herauszuwickeln, und einer in Ton geformten Figur glich, über die der Künstler ein nasses Tuch geschlagen hat. Als das Licht erloschen war, ließ Don Abbondio das arme Mädchen und tastete sich zu der Tür, die in ein mehr innen gelegenes Zimmer führte; dort trat er ein und schloß hinter sich ab, indem er immerfort schrie: „Perpetua! Verrat! Hilfe! Hinaus aus dem Haus! Hinaus aus dem Haus!" In dem andern Zimmer war alles in heller Verwirrung: Renzo, der den Pfarrer aufzuhalten suchte und mit den Händen ruderte, als hätte er Blinde Kuh spielen sollen, war bei der Tür angelangt und pochte, indem er schrie: „Öffnen Sie! Öffnen Sie! Machen Sie keinen Lärm!" Lucia rief mit schwacher Stimme Renzos Namen und sagte bittend: „Gehen wir, gehen wir, um Gotteswillen!" Tonio fegte auf allen vieren den Boden mit den Händen, um seine Bescheinigung wiederzufinden. Gervaso schrie, toll vor Furcht, und suchte herumspringend die Treppentür, um sich in Sicherheit zu bringen.

Mitten in diesem Aufruhr können wir es nicht unterlassen, uns einen Augenblick bei einer Betrachtung aufzuhalten. Renzo, der in der Nacht in einem fremden Hause Lärm schlug, der sich dort eingeschlichen hatte und der den Hausherrn selber in einem Zimmer belagert hielt, hat durchaus den Anschein eines Gewalttäters; und doch war schließlich er derjenige, dem Gewalt angetan wurde. Don Abbondio, überfallen, in die Flucht gejagt und erschreckt, während er ruhig seiner Beschäftigung nachging, könnte das Opfer scheinen; und doch war in

Wirklichkeit er es, der unrecht tat. So geht es öfter auf der Welt ... wollte sagen, so ging es im siebzehnten Jahrhundert.

Als der Belagerte sah, daß der Feind keine Miene machte, abzuziehen, öffnete er ein Fenster, das auf den Kirchhof hinaus ging, und begann zu schreien: „Hilfe! Hilfe!" Es war der hellste Mondschein: der Schatten der Kirche und weiter hinaus noch der lange und spitze Schatten des Turmes lagen dunkel und scharf umrissen auf dem schimmernden Rasenplatz; jeder Gegenstand war zu unterscheiden, schien wie bei Tage. Aber soweit der Blick reichte, nirgends war die Spur eines lebenden Wesens zu sehen. An der Längswand der Kirche freilich und zwar gerade dem Pfarrhause gegenüber war eine kleine Behausung, eher ein Loch zu nennen, wo der Sakristan schlief, und der sprang, durch das wüste Geschrei emporgeschreckt, mit einem Satze aus dem Bette, öffnete das Guckloch eines Fensters, steckte den Kopf heraus mit den noch nicht richtig offenen Augen und rief: „Was ist denn los?"

„Schnell, Ambrogio! Hilfe! Leute sind da!", schrie ihm Don Abbondio zu. „Ich komme schon", antwortete der Sakristan, zog den Kopf zurück und schloß das Guckloch; und wiewohl er noch halb im Traume und mehr als halb entsetzt war, fand er doch auf der Stelle ein Auskunftsmittel, um dem anderen mehr Hilfe, als dieser heischte, zu bringen, ohne sich dabei in den Handel zu mischen, wie immer der auch sei. Ein hastiger Griff um die Hosen, die auf dem Bette lagen, unter den Arm damit wie mit einem Staatshut, und in Sprüngen die Holztreppe hinunter; im Laufschritt eilt er zum Turme, faßt den Strang der größten Glocke und läutet Sturm. Bum bum bum: die Bauern fahren aus dem Schlafe und setzen sich im Bette auf; die jungen Burschen spitzen das Ohr und erheben sich von ihrem Lager auf dem Heuboden. „Was ist? Was ist? Die Sturmglocke! Feuer? Diebe? Räuber?" Die Frauen bitten und beraten ihre Männer, sich nicht zu rühren, die andern laufen zu lassen; von den Männern stehen einige auf und treten ans Fenster: die Feiglinge kriechen wieder zurück, als ob sie den Bitten nachgäben, die Neugierigeren und Beherzteren eilen hinunter und nehmen Gabeln und Büchsen zur Hand, um an den Ort des Lärms zu laufen; andere warten. Bevor aber diese mit ihren Entschlüssen fertig waren, ja bevor sie sich noch recht ermuntert hatten, war der Lärm nicht weit entfernt an die Ohren anderer Leute gedrungen, die munter und auf den Beinen und in den Kleidern waren: die Bravi hier, Agnese und Perpetua dort.

Vorerst wollen wir kurz erzählen, was die Bravi, seitdem wir sie verlassen haben, die einen in dem Gemäuer, die andern beim Wirtshause, getan hatten. Als diese drei alle Türen geschlossen und die Straße leer sahen, empfahlen sie sich, als wenn sie inne geworden wären, daß sie sich zu lange verhalten hätten, unter dem Vorgeben, sie wollten nun rasch nach Hause, machten aber einen Rundgang durchs Dorf, um sich zu überzeugen, ob sich schon alle Bewohner zurückgezogen hätten; tatsächlich begegneten sie auch keiner lebenden Seele und hörten nicht das geringste Geräusch. Leise schritten sie auch an unserem ärmlichen Häuschen vorbei, dem stillsten von allen, weil niemand mehr darinnen war. Dann gingen sie schnurstracks zu dem Gemäuer und erstatteten dem Herrn Grauen ihre Meldung. Der setzte sich alsbald einen schlichten Hut auf den Kopf, warf sich um die Schultern einen Pilgermantel aus Wachstuch, besetzt mit Muscheln, nahm einen Pilgerstab in die Hand und sagte: „Gehen wir als brave Burschen; still, und Achtung auf jeden Befehl"; er ging voran, die andern hinterdrein, und in einem Augenblicke waren sie auf einem Wege, entgegengesetzt dem, den unsere kleine Gesellschaft bei dem Aufbruch zu ihrem Unternehmen eingeschlagen hatte, bei dem Häuschen angelangt.

Der Graue ließ den Trupp etliche Schritte davon halten, ging allein vor, um zu kundschaften, ließ, als er alles leer und ruhig fand, zwei von diesen Schuften herankommen und gab ihnen den Befehl, sachte über die Mauer, die den Hof umschloß, zu klettern und sich, drinnen angekommen, in einem Winkel hinter einem dichtbelaubten Feigenbaum zu verbergen, den er am Morgen ins Auge gefaßt hatte. Dies geschehen, klopfte er ganz leise an, in der Absicht, sich für einen verirrten Pilger auszugeben, der bis zum Morgen um Obdach bitte. Niemand antwortet; er klopft ein wenig stärker: kein Laut. Nun geht er einen dritten Schurken rufen und läßt ihn so wie die andern zwei in den Hof hinabsteigen mit dem Auftrage, den Riegel sacht loszumachen, damit sie so Eintritt und Rückzug frei hätten. Alles wird mit großer Vorsicht und mit günstigem Erfolge ausgeführt. Er geht auch die übrigen rufen, tritt mit ihnen in den Hof und befiehlt ihnen, sich bei den andern zu verbergen; er lehnt die Straßentür langsam an, stellt zwei Posten davor und geht geradewegs auf die Haustür zu. Auch hier pocht er an und wartet; und er hat gut warten. Ganz leise zieht er auch hier den Riegel heraus: niemand sagt innen: „Wer ist da?", niemand läßt sich hören; besser kann es gar nicht gehen. Vorwärts also: „Pst!" Er ruft die beim Feigenbaum und tritt mit ihnen in das Zimmer zu ebener Erde, wo er sich am Morgen in ruchloser Weise das Stück Brot ergattert hat. Er zieht Zunder, Stein, Stahl und Schwefelfäden hervor, zündet ein Laternchen an und tritt in das andere, mehr innen gelegene Zimmer, um sich zu überzeugen, daß niemand dort ist; es ist niemand dort. Er kommt zurück, geht zur Treppe, schaut, horcht; Einsamkeit und Stille. Er läßt auch im Erdgeschoß zwei Posten und nimmt sich den den Grunzer mit, einen Bravo aus Bergamo, der allein drohen, beruhigen, befehlen, kurz allein den Sprecher machen soll, damit seine ungeschlachte Sprache Agnese zu dem Glauben bringe, der Anschlag gehe von dort aus. Diesen neben, die andern hinter sich, steigt der Graue langsam hinauf, in seinem Herzen jede Stufe, die knarrt, jeden Tritt der Bösewichter, der Lärm macht, verfluchend. Endlich ist er oben. Hier liegt der Hase im Pfeffer. Leise tritt er an die Tür, die ins erste Zimmer führt; sie gibt nach, es entsteht ein Spalt: er blickt hinein; es ist finster:

er legt das Ohr an, um zu hören, ob drinnen jemand schnarcht, atmet, sich regt; nichts.

Also vorwärts: er hält die Laterne vors Gesicht, um zu sehen, ohne gesehen zu werden, macht die Tür weit auf, sieht ein Bett; drauf zu: das Bett ist gemacht und gebreitet, die Decke verkehrt und über das Kissen gelegt. Er zuckt die Achseln, wendet sich zu der Bande und deutet ihnen, daß er ins Nebenzimmer gehen wird und daß sie ihm folgen sollen; er tritt ein, beobachtet dieselben Heimlichkeiten und findet dasselbe. „Was zum Teufel ist das?", sagt er nun; „hat etwa so ein verräterischer Hund den Spion gemacht?" Mit wenig Vorsicht gehen alle daran, jeden Winkel zu durchsuchen, und kehren das ganze Haus um.

Während sie also beschäftigt sind, hören die zwei, die an der Straßentür Wache halten, ein Getrappel von hastigen Schrittchen, die sich hastig nähern; in der Meinung, der Ankömmling werde, wer immer er auch sei, geradewegs vorbeigehen, verhalten sie sich still, sind aber für alle Fälle auf der Hut. Doch sieh da, das Getrappel hält just vor der Tür inne. Es ist Menico, der im Laufe daherkommt, geschickt von Padre Cristoforo, um die zwei Frauen zu benachrichtigen, daß sie sich um Himmels willen sofort davon machen und ins Kloster fliehen sollen, weil … das Weil wißt ihr. Er faßt das Heft des Riegels, um zu klopfen, und fühlt wie es ihm lose und ohne Nagel in der Hand wackelt. Was ist das? denkt er; er drückt furchtsam an die Tür: sie öffnet sich. Er setzt in großer Angst den Fuß hinein und fühlt sich auch schon bei den Armen gepackt und hört zwei halblaute Stimmen, zur Rechten und zur Linken, die in drohendem Tone sagen: „Still, oder du bist des Todes."

Statt dessen stößt er ein Geheul aus: einer von den Schurken fährt ihm mit der Hand zum Munde. Der andere zieht, um ihn zu schrecken, ein Messer. Der Knabe zittert wie Espenlaub und wagt nicht einmal mehr zu schreien; aber auf einmal läßt sich an einer Statt und mit ganz anderem Ton jener erste Glockenschlag hören und darauf ein Sturm von Glockengeläute. Den schuldigen Mann kommt das Grausen an, sagt ein Mailändisches Sprichwort: der eine Spitzbube wie der andere glaubt in diesem Geläute seinen Namen, Zunamen und Beinamen zu hören; sie lassen Menicos Arme fahren, ziehen die ihrigen hastig zurück, reißen Hand und Mund auf, sehen einander an und laufen zu dem Haus, wo der Haupttrupp ist. Menico nimmt die Beine in die Hände und läuft auf der Straße dem Glockenturm zu, wo auf jeden Fall jemand sein muß.

Auf die anderen Schufte, die das Haus von oben bis unten durchstöbert haben, macht das schreckliche Läuten denselben Eindruck; sie werden bestürzt, verlieren die Fassung und rennen aneinander an; jeder sucht auf dem raschesten Wege die Tür zu gewinnen. Sie waren ja alle erprobte Leute, gewohnt, andern die Zähne zu zeigen; aber sie waren unfähig, gegen eine unbestimmte Gefahr auszuharren, die sich ihnen nicht, bevor sie ihnen an den Leib rückte, ein wenig aus der Ferne gezeigt hatte. Es brauchte der ganzen Autorität des Grauen, um sie beisammen zu halten, so daß es ein Rückzug und keine Flucht war. Wie ein Hund, der eine Herde Schweine hütet, bald hier, bald dort denen nachläuft, die sich zerstreuen, wie er das eine beim Ohre packt und es zum Haufen zurückholt, wie er ein anderes mit der Schnauze stößt, wie er ein drittes verbellt, das die Reihe verläßt, so packt der Pilger den einen, der schon die Schwelle erreicht hat, beim Schopfe und schleudert ihn zurück, jagt mit Gebrüll einige nach rückwärts, die sich von jener Seite davon machen wollen, schreit andere an, die hier und dort laufen, ohne zu wissen, wohin, bis er sie endlich wieder alle mitten im Hofe beisammen hat. „Rasch, rasch! Die Pistolen fertig, die Messer in die Hand, alle beieinander; und nun vorwärts, so geht's. Wer soll uns da etwas zuleide tun, wenn wir beisammen bleiben, ihr Tölpel? Aber wenn wir uns einer nach dem andern erwischen lassen, so werden sogar die Bauern mit uns fertig. Schämt euch! Mir nach und alle beisammen!" Nach dieser kurzen Ansprache stellte er sich an ihre Spitze und verließ als erster den Hof. Das Haus war, wie gesagt, am Ende des Dorfes; der Graue nahm den Weg, der hinausführte, und die andern folgten ihm in guter Ordnung.

Lassen wir sie ziehen, und gehen wir ein paar Schritte zurück zu Agnese und Perpetua, die wir in jenem Gäßchen verlassen haben. Agnese hatte getrachtet, die andere möglichst weit von dem Hause Don Abbondios zu entfernen, und bis zu einem gewissen Punkt war auch die Sache ganz gut gegangen. Aber auf einmal hatte sich die Dienerin der offen gebliebenen Tür erinnert und wollte zurückgehen. Da gab es keinen Widerspruch, und Agnese mußte, um keinen Verdacht aufkommen zu lassen, mit ihr umkehren, wobei sie freilich darauf acht hatte, sie jedesmal aufzuhalten, wenn sie sah, daß sie sich in der Erzählung von diesen zurückgegangenen Heiraten richtig in die Hitze geredet hatte. Sie tat, als höre sie gespannt zu, und sagte alle Augenblicke, um ihre Aufmerksamkeit zu beweisen und das Geschwatze wieder in Gang zu bringen: „Sicherlich." - „Jetzt versteh ich's."- Sehr gut." - „Das ist klar." - „Und dann?" - „Und er?" Aber dabei hielt sie mit sich selber ein anderes Gespräch: „Werden sie jetzt schon wieder weg sein? Oder sind sie noch dort? Wie dumm wir alle drei gewesen sind, daß wir kein Zeichen verabredet haben, um mich zu verständigen, wenn die Sache gelungen ist. Das ist eine wahrhaftige Dummheit. Aber geschehen ist geschehen; jetzt gibt's nichts anderes, als die da, so lange ich nur kann, aufzuhalten: schlimmstenfalls ist ein wenig Zeit verloren."

So waren sie, bald ein wenig laufend, bald ein wenig stehen bleibend, dem Hause Don Abbondios ziemlich nahe gekommen, ohne es freilich noch, jener Ecke halber, zu sehen, und Perpetua, die sich an einem wichtigen Punkte ihrer Erzählung befand, hatte sich wieder einmal aufhalten lassen, ohne Widerstand zu leisten, ja ohne es zu merken, als plötzlich von oben her in der leeren Regungslosigkeit der Luft durch das weite Schweigen der Nacht jener erste schrille Ruf Don Abbondios: „Hilfe! Hilfe!" widerhallte.

„Barmherzigkeit! Was ist geschehen?", schrie Perpetua und wollte laufen.

„Was ist denn? Was ist denn?", sagte Agnese, indem sie sie beim Rocke festhielt.

„Barmherzigkeit! Habt Ihr's nicht gehört?", erwiderte Perpetua, indem sie sich loszumachen suchte.

„Was ist denn? Was ist denn?", wiederholte Agnese, sie am Arm packend.

„Teufel von einem Frauenzimmer!", schrie Perpetua und stieß sie zurück, um ihre Freiheit zu gewinnen; schon hatte sie einen Anlauf genommen, als sich entfernter, dünner und abgerissener Menicos Geheul vernehmen ließ.

„Barmherzigkeit!", schrie nun auch Agnese, und sie setzte der anderen in vollem Laufe nach.

Sie hatten beide sozusagen kaum die Fersen gehoben, als die Glocke erdröhnte: ein Schlag, zwei, drei und so weiter; das wären Sporen für die zwei Frauen gewesen, wenn sie deren bedurft hätten. Perpetua langt einen Augenblick vor der andern an; während sie die Tür aufstoßen will, wird die von innen aufgerissen und auf der Schwelle erscheinen Tonio, Gervaso, Renzo und Lucia, die endlich die Treppe gefunden hatten und mit ein paar Sätzen herabgesprungen waren: als sie dann das schreckliche Geläute hörten, liefen sie, was sie nur konnten, um sich in Sicherheit zu bringen.

„Was ist denn? Was ist denn?", fragte Perpetua keuchend die Brüder, aber die antworteten mit einem Stoße und nahmen Reißaus. „Und ihr? Was macht ihr da?", fragte sie dann das andere Paar, nachdem sie es erkannt hatte. Aber auch die verschwanden ohne Antwort. Um rasch dort zu sein, wo es am meisten nottat, fragte sie nicht weiter, sondern trat eiligst in den Flur und lief, so schnell sie in der Finsternis konnte, zur Stiege.

Die zwei jungen Leute, die ein Brautpaar geblieben waren, fanden sich Agnese gegenüber, die voll Bangen daherkam.

„Ach, hier seid ihr", sagte sie, die Worte mit Mühe hervor holend. „Wie ist es gegangen? Was ist das mit dem Läuten? Ich glaube gehört zu haben ..."–

„Nach Hause, nach Hause", sagte Renzo, „bevor Leute kommen." Und sie machen sich auf den Weg; aber da kommt Menico gelaufen: er erkennt sie, hält sie auf und sagt, noch immer zitternd, mit heiserer Stimme: „Wohin? zurück, zurück! Dorthin, ins Kloster!"

„Bist es du, der ... ", begann Agnese.

„Was gibt's denn noch?", fragte Renzo.

Lucia, halb ohnmächtig, schwieg und zitterte.

„Der Teufel ist los im Hause", erwiderte Menico keuchend. „Ich habe sie gesehen, sie haben mich töten wollen. Pater Cristoforo hat es gesagt, und auch Ihr, Renzo, sollt sofort kommen, hat er gesagt. Und dann habe ich sie gesehen! Gottlob, daß ich euch hier alle treffe. Ich werde es euch sagen, bis wir draußen sind."

Renzo, der am meisten von allen bei sich war, sah ein, daß es, ob dorthin oder dahin, auf der Stelle gehen hieß, bevor die Leute gelaufen kämen, und daß es das sicherste war, das zu tun, was Menico riet, ja mit dem Ungestüm eines Entsetzten befahl. Einmal auf der Straße und außer Gefahr, werde man dann von dem Knaben eine deutlichere Erklärung erlangen können. Und so sagte er zu ihm: „Geh voraus!", und zu den Frauen: „Gehen wir mit ihm."

Sie kehrten um, eilten der Kirche zu, überquerten den Platz, wo durch die Gnade des Himmels noch keine lebende Seele war, und folgten einem Gäßchen, das zwischen der Kirche und Don Abbondios Hause durchlief; und hinein ins erste Loch in der Hecke und nun vorwärts über die Felder.

Sie waren vielleicht noch keine fünfzig Schritt entfernt, als die Volksmenge auf dem Platz zusammenzuströmen begann und jeden Augenblick anwuchs. Die Leute sahen einander an; jeder von ihnen hatte eine Frage zu stellen, keiner eine Antwort zu geben. Die ersten Ankömmlinge liefen zur Kirchentür; sie war versperrt. Sie liefen zum Turm, und einer brachte seinen Mund an eine Luke, eine Art Schießscharte, und brüllte hinein: „Wer zum Teufel ist da?"

Als Ambrogio eine bekannte Stimme hörte, ließ er den Strang los; und da ihn das Gesumme überzeugte, daß viel Volk zusammengelaufen war, antwortete er: „Ich mache schon auf."

Er legte hastig das Kleidungsstück an, das er unterm Arm hergebracht hatte, ging innen herum zu der Kirchentür und öffnete sie.

„Was ist das für ein Aufruhr?" – „Was gibt's denn?" – „Wo ist's?" – „Wer ist's?"

„Was? Wer es ist?", sagte Ambrogio, indem er in der einen Hand einen Flügel der Tür und mit der andern den Saum jenes Kleidungsstückes hielt, das er in der Hast angelegt hatte. „Was? das wißt ihr nicht? Im Pfarrhause sind Leute. Mut, Kinder; beizustehen gilt's."

Alle wenden sich nun diesem Hause zu, nähern sich ihm, schauen hinauf und horchen; alles ruhig. Einige laufen zur Tür; sie ist verschlossen, und es hat nicht den Anschein, als hätte sich jemand daran zu schaffen gemacht. Auch dort schauen sie hinauf; nicht ein einziges Fenster ist offen, und man hört keinen Laut. „Wer ist denn drinnen?" – „He, he!" – „Herr Pfarrer!" – „Herr Pfarrer!"

Don Abbondio, der sich, kaum daß er sich von der Flucht der Eindringlinge überzeugt hatte, von dem Fenster zurückgezogen und es geschlossen hatte und in diesem Augenblick dabei war, Perpetua mit leiser Stimme zu schelten, daß sie ihn in dieser Verlegenheit allein gelassen hatte, mußte, als er sich vom Volke rufen hörte, von neuem ans Fenster kommen; und als er diesen großen Beistand sah, reute es ihn, ihn gerufen zu haben.

„Was ist geschehen?" – „Was haben sie Ihnen getan?" – „Wer sind sie?" – „Wo sind sie?" wurde ihm von fünfzig Stimmen auf einmal zugerufen.

„Es ist niemand mehr da, ich danke euch. Geht nur jetzt wieder heim."

„Aber was war denn los?" – „Wohin sind sie?" – „Was ist vorgefallen?"

„Schlechte Leute, Leute, die des Nachts herumstreichen; aber sie sind entflohen: geht wieder heim. Es ist nichts mehr; auf ein andermal, Kinder: ich danke euch für euern guten Willen." Und dies gesagt, trat er zurück und schloß das Fenster.

Nun begannen einige zu murren, andere zu spotten, wieder andere zu fluchen, und manche zuckten nur die Achseln und wollten weggehen, als ganz erschöpft einer daherkam, der große Mühe hatte, ein Wort herauszubringen; dieser, der unseren Frauen fast gegenüber wohnte, hatte, als er bei dem Lärme zum Fenster gegangen war, im Hofe dieses Durcheinander der Bravi gesehen, die sich der Graue zu sammeln bemühte.

Als er wieder zu Atem gekommen war, schrie er: „Was macht ihr hier, Kinder? Hier ist der Teufel nicht; der ist unten am Straßenende in Agnese Mondellas Haus. Bewaffnetes Volk ist dort drinnen; sie wollen, scheint es, einen Pilger umbringen. Wer weiß, was zum Teufel dort los ist!"

„Was?" – „Was?" – „Was?" Und es beginnt eine lärmende Unterhaltung. „Man muß hingehen."– „Man muß nachsehen." – „Wie viele sind es?" – „Wie viele sind wir?" – „Wer sind sie?" – „Der Schulze! der Schulze!"

„Da bin ich", antwortete der Schulze mitten im Haufen. „Da bin ich; aber ihr müßt mir helfen, müßt mir gehorchen. Rasch; wo ist der Sakristan? An die Glocke, an die Glocke! Rasch; einer läuft nach Lecco und holt Hilfe. Kommt alle her ..."

Mancher läuft hin, mancher entwischt ins Gedränge und drückt sich; der Aufruhr ist groß, als ein anderer anlangt, der ihren eiligen Abzug gesehen hat und nun schreit: „Lauft, Kinder! Diebe oder Räuber, die mit einem Pilger entweichen! Sie sind schon aus dem Dorfe; ihnen nach, ihnen nach!"

Bei dieser Aufforderung setzen sie sich, ohne die Befehle des Hauptmanns abzuwarten, in geschlossenem Haufen, wirr durcheinander, der Straße nach in Bewegung: und bei jedem Schritt, den das Heer vorrückt, verlangsamt in der Vorhut einer den Schritt, läßt sich überholen und verbirgt sich im Haupttreffen; die hinteren drängen vor, und schließlich kommt der verworrene Schwarm an dem angegebenen Orte an.

Die Spuren des Einbruchs sind frisch und offenkundig: die Tür geöffnet, das Schloß abgelöst; aber die Einbrecher sind verschwunden. Man betritt den Hof, man geht zur Haustür: auch diese offen und ohne Schloß. Man ruft: „Agnese! Lucia! Pilger! Wo ist der Pilger! Den wird Stefano geträumt haben, den Pilger." – „Nein, nein, auch Carlandrea hat ihn gesehen. He, Pilger!" – „Agnese! Lucia!"

Niemand antwortet.

„Sie haben sie entführt! Sie haben sie entführt!"

Nun waren einige dabei, die mit erhobener Stimme vorschlugen, die Räuber zu verfolgen; es sei eine Niederträchtigkeit gewesen, und es wäre eine Schande für das Dorf, wenn da ein jeder schlechte Kerl ungestraft die Frauen rauben dürfte, wie der Geier die Küchlein von einer verlassenen Tenne. Darauf eine neue und stürmischere Beratung, bis einer – wer es gewesen ist, hat man nie recht erfahren – in die Versammlung das Wort warf, Agnese und Lucia hätten sich in einem Hause in Sicherheit gebracht.

Das Wort lief schnell herum und fand Glauben; von der Jagd auf die Flüchtlinge war keine Rede mehr, und die Versammlung zerstreute sich, und jeder ging nach Hause. Da gab's denn ein Geraune, ein Lärm, ein Pochen und Türöffnen, ein Erscheinen und Verschwinden von Lichtern, ein Fragen der Frauen an den Fenstern, ein Antworten von der Straße.

Als diese wieder einsam und still geworden war, wurden die Gespräche in den Häusern fortgesetzt und sie endeten in einem Gähnen, um am Morgen von neuem zu beginnen. Ereignisse gab es allerdings keine weiter, außer daß am Morgen der Schulze, in einem Feld stehend, das Kinn in die Hand und den Ellbogen auf den Griff des halb im Erdreich steckenden Grabscheits gestützt und einen Fuß auf dessen Tritt gesetzt, stehend, sage ich, in Gedanken vertieft war über die Geheimnisse der verwichenen Nacht und sich Rechenschaft gab über die mannigfachen Dinge, die ihm zu tun zugekommen wären, und über die, die er zu tun bereit war, als er zwei Männer auf sich zukommen sah mit einer langen Mähne wie zwei Frankenkönige aus dem ersten Geschlecht und im übrigen auf ein Haar ähnlich den beiden, wenn nicht gar dieselben, die fünf Tage vorher Don Abbondio angegangen hatten.

Mit noch weniger Förmlichkeit setzten sie den Schulzen in Kenntnis, daß er sich wohl hüten möge, dem Vogt von dem Vorgefallenen Mitteilung zu machen, auf Befragung die Wahrheit zu antworten, zu schwatzen und das Geschwatze der Bauern zu nähren, so lieb ihm die Hoffnung sei, an einer Krankheit zu sterben.

Die Flüchtlinge legten raschen Schrittes ein gutes Stück Weges schweigend zurück; manchmal wandten sie sich um, bald der eine, bald der andere, um zu sehen, ob ihnen jemand folge, alle in Kümmernis wegen der beschwerlichen Flucht, wegen des Herzklopfens und des Bangens, das sie ausgestanden hatten, wegen des Schmerzes über den schlechten Erfolg und wegen der unbestimmten Furcht vor der neuen, dunklen Gefahr; und ihre Kümmernis wurde noch gesteigert durch das stetige Dröhnen der Glockenschläge, die in dem Verhältnisse, wie sie durch die wachsende Entfernung schwächer und dumpfer klangen, etwas Klagendes und Unheilverkündendes anzunehmen schienen. Schließlich hörten sie auf. Da sich nun die Flüchtlinge auf einem öden Felde befanden, wo sie ringsherum keinen Laut hörten, hemmten sie ihren Schritt; und Agnese war, als sie Atem gewonnen hatte, die erste, die das Stillschweigen brach, indem sie Renzo fragte, wie der Hergang gewesen sei, und Menico, was denn eigentlich im Hause losgewesen sei. Renzo erzählte kurz die traurige Geschichte, und alle drei wandten sich dem Knaben zu, der nun die Weisung des Paters ausführlicher berichtete und alles erzählte, was er selbst gesehen und mitgemacht hatte und was nur allzusehr die Weisung bestätigte. Die Zuhörer begriffen mehr davon, als Menico hätte sagen können, und diese Entdeckung ließ sie von neuem schaudern; alle drei blieben sie plötzlich stehen und sahen einander entsetzt an: und plötzlich legten sie alle drei in einmütiger Bewegung dem Knaben die Hände auf den Kopf oder die Schultern, wie um ihn zu liebkosen, um ihm still zu danken, daß er ihr Schutzengel gewesen war, um ihm das Mitleid zu zeigen, das sie der von ihm ausgestandenen Angst halber fühlten und wegen der Gefahr, die er um ihrer Rettung willen gelaufen hatte, und um ihm das gewissermaßen abzubitten.

„Jetzt geh aber nach Hause", sagte Agnese zu ihm, „damit deine Leute nicht länger um dich besorgt zu sein brauchen"; und in der Erinnerung an die versprochenen zwei Groschen zog sie deren vier aus der Tasche und gab sie ihm, indem sie beifügte: „Da hast du: bitte den Herrn, daß wir uns bald wiedersehen; und nun ...." Renzo gab ihm einen neuen Mailänder und schärfte ihm ein, ja niemandem etwas von dem Auftrage zu erzählen, den ihm der Pater erteilt hatte. Lucia liebkoste ihn nochmals und verabschiedete sich von ihm mit gerührter Stimme. Der Knabe grüßte alle wehmütig und kehrte um.

Sie nahmen ihre Wanderung wieder auf, alle in Gedanken versunken, die Frauen voran und Renzo wie zum Schutze hinterdrein. Lucia schmiegte sich eng an den Arm der Mutter und vermied es sanft und geschickt, die Dienste anzunehmen, die ihr der Jüngling an beschwerlichen Stellen dieses ungebahnten Weges anbot; selbst in diesem Ungemach verließ sie nicht die Beschämung, daß sie so lange und in solcher Vertraulichkeit mit ihm allein gewesen war, als sie erwartet hatte, in wenigen Augenblicken seine Frau zu sein. Aus diesem Traume also schmerzlich gerissen, empfand sie Reue, zu weit gegangen zu sein, und unter den vielen Anlässen, zu zittern, war auch jene Scham, die keineswegs der unwürdigen Kenntnis des Bösen entstammt, jene Scham, die von sich selbst nichts weiß und der Angst des Kindes ähnelt, das in der Finsternis zittert, ohne zu wissen wovor. „Und das Haus?", fragte auf einmal Agnese. Aber so bedeutungsvoll auch diese Frage war, beantwortet wurde sie nicht, weil keiner imstande war, eine befriedigende Antwort zu geben. Sie setzten ihren Weg schweigend fort und trafen kurz darauf endlich auf dem Platze vor der Klosterkirche ein.

Renzo trat an die Tür und drückte sie leise nach innen. Wirklich öffnete sie sich, und das durch den Spalt dringende Mondlicht fiel auf das bleiche Antlitz und den silbernen Bart des Paters Cristoforo, der sie hier erwartete. Als er sah, daß keines fehlte, sagte er: „Gott sei Dank!" und winkte ihnen hereinzukommen. Neben ihm stand ein anderer Kapuziner, ein Laienbruder: es war der Sakristan, den er mit Bitten und Vernunftgründen überredet hatte, mit ihm aufzubleiben, die Tür unverschlossen zu lassen und dort auf dem Posten zu sein, um die armen Bedrohten aufzunehmen; und um ein weniges hätte weder die Autorität des Paters, noch sein Ruf als Heiliger genügt, den Bruder zu einer so unbequemen, gefährlichen und der Regel widerstreitenden Willfährigkeit zu vermögen.

Als sie eingetreten waren, schloß Pater Cristoforo leise die Tür.

Nun konnte der Sakristan nicht mehr länger an sich halten; er rief den Pater beiseite und raunte ihm ins Ohr: „Aber Vater, Vater! in der Nacht ... in der Kirche ... mit Frauen ... zuschließen ... die Regel ... aber Vater!" Und er schüttelte den Kopf. Während er diese Worte mühselig herausbrachte, dachte Pater Cristoforo: Da sieh einmal! wenn es ein verfolgter Missetäter wäre, würde Fra Fazio nicht die geringste Schwierigkeit machen; aber ein armes, unschuldiges Mädchen, das den Klauen eines Wolfes entfliehen will ...

„*Omnia munda mundis*", sagte er dann, sich plötzlich zu Fra Fazio wendend, ohne daran zu denken, daß der kein Latein verstand. Aber gerade diese Vergeßlichkeit war es, die den Erfolg erzielte. Hätte es der Pater unternommen, mit Vernunftgründen zu streiten, so hätte es dem Bruder Fazio nicht an Gründen dagegen gefehlt, und weiß der Himmel, wann es zu einem Ende gekommen wäre; als er aber diese gewichtigen Worte eines geheimnisvollen Sinnes hörte, die so entschieden ausgesprochen wurden, bedäuchte es ihn, sie müßten die Lösung aller seiner Bedenken enthalten.

Er beruhigte sich und sagte: „Genug denn, Sie wissen mehr als ich."

„Verlaßt Euch darauf", antwortete Pater Cristoforo; und bei dem ungewissen Scheine der Lampe, die vor dem Altar brannte, trat er zu den Geretteten, die in zweifelnder Erwartung dastanden, und sagte zu ihnen: „Danket dem Herrgott, Kinder, daß er euch aus einer großen Gefahr befreit hat. In diesem Augenblicke vielleicht ..." Und nun begann er das, was er dem kleinen Boten nur angedeutet hatte, auszuführen; denn er vermutete nicht, daß sie mehr wüßten, als er, und nahm an, daß sie Menico ruhig zu Hause getroffen habe, bevor noch die Schurken gekommen seien. Niemand belehrte ihn eines besseren, nicht einmal Lucia, wenn die auch heimliche Gewissensbisse fühlte, sich vor einem solchen Mann auf solche Weise zu verstellen; aber es war die Nacht der Verwirrungen und Unaufrichtigkeiten. „Nach alledem", fuhr er fort, „seht ihr leicht, daß euer Dorf nicht mehr sicher für euch ist. Es ist das eure, ihr seid dort geboren, ihr habt niemandem etwas zu leide getan; aber Gott will es so. Es ist eine Prüfung, Kinder; tragt sie mit Geduld, mit Vertrauen und ohne Haß und seid sicher, daß eine Zeit kommen wird, wo ihr mit dem, was jetzt geschieht, zufrieden sein werdet. Ich habe es mir angelegen sein lassen, euch für diese ersten Augenblicke eine Zuflucht zu finden. Bald, hoffe ich, werdet ihr in Sicherheit heimkehren können, und auf jeden Fall wird Gott zu euerm Besten für euch sorgen; und ich werde mich wahrlich befleißigen, mich der Gnade nicht unwert zu zeigen, daß er mich zu seinem Helfer erwählt hat, um euch Bedrängten, die ihr ihm teuer seid, zu dienen. Ihr", fuhr er fort, sich zu den Frauen wendend, „ihr könnt in *** Aufenthalt nehmen; da werdet ihr weit genug von jeder Gefahr und doch nicht zu sehr von euerm Hause entfernt sein. Sucht dort unser Kloster auf, laßt euch den Pater Guardian rufen und gebt ihm diesen Brief; er wird euch ein zweiter Fra Cristoforo sein. Und du, mein lieber Renzo, auch du mußt dich jetzt vor dem Grimm der andern und auch vor dem deinigen in Sicherheit bringen. Bring diesen Brief dem Pater Bonaventura aus Lodi in unserem Kloster an der *Porta Orientale* in Mailand. Er wird dir ein Vater sein, wird dich leiten und wird dir Arbeit verschaffen, bis du wieder zurückkehren kannst, um hier in Frieden zu leben. Geht alle an den See zur Bionemündung."– Der Bione ist ein Bach ein paar Schritte von Poxarenico. – „Dort werdet ihr einen Kahn angelegt sehen. Ihr werdet sagen: „Ein Boot" und werdet gefragt werden, für wen; ihr werdet antworten: „Für den heiligen Franziskus". Das Boot wird euch aufnehmen und ans andere Ufer bringen; dort werdet ihr ein Wägelchen finden, das euch auf dem nächsten Wege nach * bringen wird."

Wer da fragen wollte, wieso Pater Cristoforo diese Beförderungsmittel zu Wasser und zu Lande so rasch bei der Hand hatte, würde nur zeigen, daß er nicht weiß, was ein Kapuziner vermochte, der im Rufe der Heiligkeit stand. Es blieb nur noch übrig an die Verwahrung der Häuser zu denken. Der Pater nahm die Schlüssel entgegen und verpflichtete sich, sie den Leuten einzuhändigen, die ihm Renzo und Agnese angaben. Als Agnese den ihrigen aus der Tasche hervorholte, stieß sie einen tiefen Seufzer aus bei dem Gedanken, daß das Haus in diesem Augenblicke offen stand, daß dort der Teufel losgewesen war und daß es mehr als ungewiß war, ob noch etwas zu verwahren geblieben sei!

„Bevor ihr aufbrecht", sagte der Pater, „wollen wir alle miteinander den Herrn bitten, daß er mit euch sei, auf dieser Reise und immerdar, und daß er euch Kraft und Liebe gebe, das zu wollen, was er gewollt hat." Mit diesen Worten kniete er mitten in der Kirche nieder, und die anderen taten desgleichen. Nachdem sie eine kleine Weile still gebetet hatten, sprach der Pater mit halblauter, aber deutlich betonender Stimme folgende Worte: „Wir bitten dich auch noch für diesen Ärmsten, der uns zu diesem Schritte gebracht hat. Wir wären unwürdig deiner Barmherzigkeit, wenn wir sie nicht von Herzen auch für ihn erbäten; er braucht sie so sehr! Wir haben in unserer Not den Trost, daß wir auf dem Wege sind, auf den du uns geleitet hast; wir können dir unsere Leiden weihen, und sie werden uns zum Gewinne. Aber er! ... er ist dein Feind. Ach, der Unselige! Er hadert mit dir! Hab Erbarmen mit ihm, o, Herr, rühre ihm das Herz, mach ihn wieder zu deinem Freunde und gewähre ihm all das Gute, was wir für uns selbst ersehnen können." Nachdem er sich hastig erhoben hatte, sagte er noch: „Vorwärts, Kinder! Ihr habt keine Zeit zu verlieren! Gott behüte euch, sein Engel begleite euch; geht." Und während sie mit jener Rührung gingen, die keine Worte findet und sich ohne diese offenbart, fügte er mit ermüdeter Stimme hinzu: „Mein Herz sagt mir, daß wir uns bald wiedersehen werden." Gewiß, das Herz hat dem, der ihm Gehör schenkt, immer etwas über das zu sagen, was sein wird. Aber weiß es das Herz? Es weiß kaum ein weniges von dem, was schon geschehen ist. Ohne eine Antwort abzuwarten, ging Fra Cristoforo in die Sakristei; die Reisenden verließen die Kirche, und Fra Fazio schloß die Tür, indem er ihnen, auch mit veränderter Stimme, ein Lebewohl sagte.

Still schlugen sie den Weg zum See ein; sie sahen den Kahn bereit und gaben und empfingen die Losung und stiegen ein. Der Fährmann stemmte ein Ruder gegen das Ufer und stieß ab; nachdem er dann noch das andere zur Hand genommen, fuhr er, mit beiden Armen rudernd, hinaus und auf die gegenüberliegende Seite zu. Kein Lüftchen regte sich; der See lag glatt und eben da und hätte unbeweglich geschienen, wenn nicht das leise Zittern und Flimmern des Mondes gewesen wäre, der sich mitten vom Himmel herab darin spiegelte. Man hörte nichts sonst als die matte, träge Flut, die sich am Ufer brach, das entferntere Gurgeln des durch die Brückenpfeiler gehemmten Wassers und den abgemessenen Schlag dieser zwei Ruder, die die azurne Oberfläche des Sees durchschnitten, triefend herauskamen und ebenso wieder eintauchten. Die von dem Kahn gespaltene Welle, deren Hälften sich hinter dem Steuer wieder vereinigten, hinterließ einen gekräuselten Streifen, der sich vom Ufer entfernte. Die schweigenden Fahrgäste blickten mit zurückgewandten Gesichtern auf die Berge und auf die vom Monde beleuchtete und hie und da von mächtigen Schatten unterbrochene Landschaft. Sie unterschieden die Dörfer, die Häuser, die Hütten und auch Don Rodrigos Burg mit ihrem platten Turme, die, die an den Hang des Vorgebirges geschmiegten armseligen Häuschen überragend, einem Unhold zu vergleichen war, der mitten in einer Gesellschaft von Schläfern in der Finsternis aufrecht stehend wacht und über eine Missetat nachsinnt.

Lucia sah die Burg und schauerte zusammen; sie ließ das Auge immer tiefer über die Bergkante sinken bis zu ihrem Dörfchen und blickte starr nach dessen äußerstem Ende und entdeckte ihr Häuschen, entdeckte die dichte Laubkrone des Feigenbaums, die sich über die Hofmauer erhob, und entdeckte das Fenster ihres Stübchens; und wie sie so auf dem Boden des Kahnes saß, legte sie den Arm auf den Bord, legte auf den Arm die Stirn wie zum Schlafe und weinte still in sich hinein. Lebt wohl, ihr Berge, aus dem Wasser aufsteigend und zum Himmel ragend, ihr wechselnden Zinnen, wohlbekannt dem, der zwischen euch aufgewachsen ist, und in sein Herz nicht minder eingedrückt als die Züge der ihm liebsten Menschen, ihr Gießbäche, deren Plätschern er unterscheidet wie den Klang vertrauter Stimmen, ihr auf dem Hange zerstreuten und weiß blinkenden Häuser, wie Herden weidender Schafe; lebt wohl! Wie traurig ist der Schritt dessen, der sich, unter euch aufgewachsen, von euch entfernt!

Auch in dem schwärmenden Sinne dessen, der freiwillig von euch geht, getrieben von der Hoffnung, anderswo ein Glück zu finden, welken in diesem Augenblicke die Träume von künftigem Reichtum; er verwundert sich, daß er sich hat entschließen können, und würde alsbald umkehren, wenn er nicht dächte, daß er eines Tages als gemachter Mann heimkehren werde. Je weiter er in der Ebene vorwärts schreitet, desto mehr zieht sich ein Auge müde und angewidert zurück von dieser weiten Einförmigkeit, und die Luft dünkt ihn schwer und tot; traurig und zerstreut blickt er in die lärmenden Städte: die Häuser, die an Häusern kleben, die Straßen, die in Straßen münden, benehmen ihm den Atem, und vor den von den Fremden angestaunten Bauwerken denkt er mit unruhiger Sehnsucht an ein unscheinbares Dörfchen und an das Häuschen, auf das er seit langem ein Auge geworfen hat und das er kaufen wird, wenn er reich zu seinen Bergen heimkehrt. Wenn einen aber nie auch nur ein flüchtiges Verlangen aus diesen Bergen getrieben hat, wenn man auf sie alle Pläne der Zukunft gebaut hat, und man wird aus ihnen durch eine widrige Macht weit weg geschleudert? Wenn man, zu gleicher Zeit aus seinen liebsten Gewohnheiten gerissen und in seinen teuersten Hoffnungen gekränkt, diese Berge verläßt, um zu unbekannten zu ziehen, die man nie kennen zu lernen begehrt hat, und man kann seine Einbildungskraft nicht bis zu einem Augenblick treiben, der für eine Rückkehr festgesetzt wäre? Lebewohl, Vaterhaus, wo man, in stillen Gedanken sitzend, lernte, aus den Schritten einer Menge den mit geheimnisvollem Bangen erwarteten Schritt zu unterscheiden! Lebewohl, annoch fremdes Haus, du Haus, nach dem man so oft beim Vorbeigehen verstohlen und nicht ohne Erröten hingeblickt hat, worin sich das Herz ein ruhiges und immerwährendes Eheglück malte! Lebe wohl, du Kirche, wo die Seele so oft Heiterkeit gewann bei dem Gesange zum Preise des Herrn, wo eine heilige Handlung versprochen und vorbereitet war, wo der heimliche Seufzer des Herzens feierlich gesegnet und die Liebe befohlen und geheiligt werden sollte! Lebt wohl! Der, der euch solche Wonne gab, ist überall und trübt die Freude seiner Kinder nur, um ihnen eine sicherere und größere zu bereiten. Von solcher Art, wenn auch nicht genau so, waren die Gedanken Lucias, und wenig verschieden waren die Gedanken der zwei anderen Pilger, während sich der Kahn mit ihnen dem rechten Ufer der Adda näherte.

9. KAPITEL.

DER Stoß, mit dem der Kahn am Ufer auflief, schreckte Lucia auf; nachdem sie sich heimlich die Tränen getrocknet hatte, erhob sie das Haupt wie vom Schlafe. Renzo stieg als erster aus und bot Agnese die Hand, und die tat, nachdem auch sie ausgestiegen war, dasselbe mit Lucia; nun dankten die drei traurig dem Schiffer. „Wofür?" antwortete dieser; „wir sind auf dieser Welt, um einander beizustehen"; und wie mit Abscheu, als ob man ihm vorgeschlagen hätte, zu rauben, zog er die Hand zurück, als Renzo versuchte, einige von den Groschen hineingleiten zu lassen, die er an diesem Abende in der Absicht eingesteckt hatte, Don Abbondio freiwillig zu belohnen, wenn ihm der gegen seinen Willen gedient haben würde. Der kleine Wagen stand bereit; der Fuhrmann begrüßte die drei Erwarteten, ließ sie einsteigen, rief dem Tiere ein Wort zu, gab ihm einen Peitschenschlag und fort ging es.

Unser Autor beschreibt diese nächtliche Reise nicht; er verschweigt auch den Namen des Ortes, den Fra Cristoforo den zwei Frauen als Ziel bestimmt hatte, ja er erklärt ausdrücklich, ihn nicht nennen zu wollen. Aus dem Verlaufe der Geschichte ergibt sich dann die Ursache der Verschweigungen. Die Abenteuer, die Lucia an diesem Orte erlebte, finden sich in einen dunklen Handel einer Person verwickelt, die einem Geschlechte angehört, das, wie es scheint, zu der Zeit, wo der Autor schrieb, überaus mächtig war. Um von dem in dem besonderen Falle höchst eigentümlichen Betragen dieser Person Bericht zu erstatten, hat er auch in Kürze ihr vorheriges Leben erzählen müssen, und das betreffende

Geschlecht tritt da in einer Weise auf, wie es jeder sehen wird, der es wird lesen wollen. Aber was uns die Umsichtigkeit des armen Mannes verhehlen wollte, das hat uns unser fleißiger Eifer anderswo finden lassen. Ein mailändischer Geschichtsschreiber, der derselben Person hat Erwähnung tun müssen, nennt zwar weder sie, noch den Ort, aber von dem Orte sagt er, daß es ein alter edler Burgflecken war, dem zur Stadt nichts sonst fehlte, als der Name; anderswo sagte er, daß der Lambro vorbeifließt, und anderswo wieder, daß ein Erzpriester dort ist. Aus diesen Angaben schließen wir, daß es nur Monza gewesen sein kann. Daß es in dem weitläufigen Schatz gelehrter Schlüsse geistreichere gibt, ist möglich; daß es aber mehr sichere gebe, würde ich nicht glauben. Wohlbegründete Erwägungen würden uns auch instand setzen, das Geschlecht zu nennen; aber wenn dieses auch seit einiger Zeit erloschen ist, so scheint es uns doch besser, den Namen in der Feder zu lassen, um nicht Gefahr zu laufen, daß wir auch nur den Toten unrecht tun könnten, und um den Gelehrten einen Gegenstand zur Erforschung zu lassen.

Unsere Reisenden kamen also kurz nach Sonnenaufgang in Monza an; der Fuhrmann brachte sie in ein Wirtshaus, ließ ihnen als ortskundiger Mann und Bekannter des Wirtes ein Zimmer anweisen und geleitete sie dorthin. Unter den Danksagungen versuchte Renzo auch ihn zur Annahme eines Geldgeschenkes zu bewegen; aber ebenso wie der Schiffer hatte auch er einen anderen, weiter entfernten und reichlicheren Lohn im Auge: auch er zog die Hand zurück und lief wie fliehend weg, um sein Tier zu versorgen. Nach einem Abend, wie wir ihn beschrieben haben, und einer Nacht, wie sie sich jeder leicht vorstellen kann, verbracht in Gesellschaft solcher Gedanken, in der unablässigen Furcht vor einer unliebsamen Begegnung, bei dem Blasen eines mehr als herbstlichen Windes und bei den stetigen Erschütterungen des unbequemen Fuhrwerks, die rauh jeden aufweckten, kaum daß er eingeschlummert war, mißfiel es den dreien wahrhaftig nicht, in diesem Zimmer, wie immer es auch beschaffen sein mochte, und auf einer Bank, wenn sie nur feststand, zu sitzen. Sie nahmen ein Frühstück ein, wie es die Kargheit der Zeit, die in dem Verhältnis zu den dringenden Bedürfnissen einer ungewissen Zukunft spärlichen Mittel und der geringe Appetit gestatteten. Allen dreien fiel der Festschmaus ein, den sie vor zwei Tagen zu begehen gehofft hatten, und jeder stieß einen leisen Seufzer aus. Renzo wäre am liebsten dort geblieben, wenigstens diesen Tag, um die Frauen untergebracht zu sehen und ihnen die ersten Dienste zu leisten; aber der Pater hatte ihnen befohlen, ihn alsbald seines Weges zu schicken. Sie führten also diese Anordnung an und noch hundert andere Gründe: daß die Leute schwatzen würden, daß die Trennung, je weiter man sie hinausschiebe, desto schmerzlicher werden müßte, daß er bald kommen könne, um Neuigkeiten zu bringen und zu hören, und derlei noch mehr, bis sich der Jüngling endlich entschloß, zu gehen. Sie verabredeten sich, soweit sie konnten, über ein Wiedersehen, das so bald wie möglich erfolgen sollte. Lucia verbarg ihre Tränen nicht; Renzo hielt die einigen mühsam zurück und sagte, indem er Agnese heftig die Hand drückte: „Auf Wiedersehen!" und ging. Die Frauen wären in einer rechten Verlegenheit gewesen, wenn nicht der gute Fuhrmann gewesen wäre, der den Auftrag hatte, sie zum Kapuzinerkloster zu führen und ihnen jeden Beistand zu leisten, dessen sie bedürfen könnten. Sie machten sich also mit ihm auf den Weg zu dem Kloster, das, wie jedermann weiß, ein paar Schritte außerhalb Monzas liegt.

An der Pforte angelangt, zog der Fuhrmann das Glöckchen und ließ den Pater Guardian rufen; der kam alsbald und nahm den Brief auf der Schwelle entgegen. „Aha, Fra Cristoforo", sagte er, die Schriftzüge erkennend. Der Ton einer Stimme und seine Mienen zeigten deutlich an, daß er den Namen eines guten Freundes aussprach. Wir müssen noch sagen, daß unser guter Cristoforo in diesem Brief die Frauen mit vieler Wärme empfohlen und ihre Lage mit vielem Gefühl geschildert hatte; der Guardian machte denn auch einmal übers andere Gebärden der Verwunderung und der Entrüstung und heftete seine Augen, wenn er sie von dem Blatt erhob, mit einem gewissen Ausdrucke der Güte und der Teilnahme auf die Frauen. Als er mit dem Lesen fertig war, dachte er ein wenig nach; dann sagte er: „Da ist niemand als die Signora; wenn sich die Signora der Sache annehmen will ..."

Er ging mit Agnese abseits auf den Platz vor dem Kloster und stellte ihr einige Fragen, und sie tat ihnen genüge; dann kehrte er mit ihr zu Lucia zurück und sagte zu allen zweien: „Ich werde es versuchen, liebe Frauen, und ich hoffe euch auch ein mehr als sicheres, mehr als ehrbares Versteck ausfindig zu machen, bis Gott für euch auf eine bessere Weise gesorgt haben wird. Wollt ihr mit mir kommen?" Die Frauen bejahten mit ehrerbietiger Gebärde, und der Mönch begann wieder: „Gut; ich führe euch sofort in das Kloster der Signora. Bleibt jedoch einige Schritte hinter mir, weil es den Leuten eine Freude macht, zu lästern; und weiß Gott, was für Klatschereien es gäbe, wenn man den Pater Guardian auf der Straße mit einem schönen Mädchen sähe ... mit Frauen, wollte ich sagen." Mit diesen Worten ging er voran. Lucia errötete. Der Fuhrmann lächelte, indem er Agnese ansah, die sich nicht zurückhalten konnte, ebenso zu tun, und alle drei setzten sich, als der Pater etwas voraus war, in Bewegung und gingen etwa zehn Schritte hinter ihm.

Nun fragten die Frauen den Fuhrmann, was sie sich den Pater Guardian nicht zu fragen getraut hatten, wer nämlich die Signora sei. „Die Signora", antwortete er, „ist eine Nonne; aber sie ist keine Nonne wie die anderen. Nicht daß sie die Äbtissin wäre oder die Priorin, sie ist vielmehr nach dem, was man sagt, eine der jüngsten: aber sie ist von der Rippe Adams, und die Ihrigen waren in der alten Zeit große Leute und sind von Spanien gekommen, wo die sind, die befehlen, und deswegen nennen sie sie die Signora, was besagen will, daß sie eine große Signora ist, und der ganze Ort nennt sie bei diesem Namen, weil sie sagen, daß es eine ihresgleichen in diesem Kloster noch nie gegeben habe, und ihre Verwandten da unten in Mailand gelten sehr viel und gehören zu denen, die immer recht haben und in Monza noch mehr, weil ihr Vater, wenn er auch nicht hier ist, der erste im Orte ist; drum kann sie im Kloster schalten, wie sie will, und auch die Leute draußen bezeigen ihr große Ehrfurcht, und wenn sie etwas in die Hand nimmt, so setzt sie es auch durch, und wenn es darum dem guten Bruder da gelingt, euch in ihre Hände zu geben und daß sie sich euer annimmt, so kann ich euch sagen, daß ihr sicher sein werdet wie auf dem Altar."

Als der Guardian nahe dem Tore des Burgfleckens war, damals eingefaßt von einem alten halbverfallenen Turm und von einem Stück eines ebenfalls zerstörten Kastells, an das sich vielleicht zehn von meinen Lesern noch erinnern werden, blieb er stehen und wandte sich um, ob die andern nachkämen; dann trat er ein und nahm den Weg zum Kloster, und dort wartete er unter der Tür auf die kleine Gesellschaft. Er bat den Fuhrmann, binnen ein paar Stunden wieder zu ihm zu kommen und die Antwort zu holen; der versprach es und beurlaubte sich bei den Frauen, die ihn mit Bestellungen für den Pater Cristoforo und mit Danksagungen überhäuften.

Der Guardian ließ Mutter und Tochter in den ersten Hof des Klosters treten und führte sie in die Wohnung der Schaffnerin; dann ging er allein eine Sache vortragen. Nach einer Weile kam er fröhlich zurück, um ihnen zu sagen, sie sollten mit ihm weiterkommen; und dies war an der Zeit, weil sich Mutter und Tochter keinen Rat mehr wußten, wie sie den zudringlichen Fragen der Schaffnerin entgehen könnten. Während sie einen zweiten Hof durchschritten, gab er ihnen einige Weisungen, wie sie sich bei der Signora zu betragen hätten. „Sie ist euch gut gesinnt", sagte er, „und kann euch so viel Gutes tun, wie sie will. Seid demütig und ehrerbietig; beantwortet aufrichtig die Fragen, die ihr zu stellen belieben wird, und wenn ihr nicht gefragt werdet, so laßt mich machen."

Sie traten in ein Zimmer zu ebener Erde, durch das man ins Sprechzimmer kam; bevor er in dieses den Fuß setzte, sagte der Guardian, indem er auf die Tür deutete, halblaut zu den Frauen: „Hier ist sie", wie um ihnen alle Weisungen noch einmal ins Gedächtnis zu rufen. Lucia, die noch kein Kloster gesehen hatte, schaute, als sie im Sprechzimmer war, ringsherum, wo die Signora sei, vor der sie sich verbeugen wollte, und stand, da sie niemanden erblickte, wie behext da, bis sie, da sie den Pater und Agnese auf eine Ecke zugehen sah, dorthin blickte und nun ein Fenster von einer eigentümlichen Form mit zwei dicken und engen, eine Hand breit voneinander abstehenden Gittern und dahinter eine Nonne gewahrte.

Ihr Äußeres, das ein Alter von fünfundzwanzig Jahren anzeigen mochte, machte auf den ersten Anblick den Eindruck einer Schönheit, aber einer gebrochenen, entblätterten und, fast möchte ich sagen, entstellten Schönheit. Ein schwarzer Schleier über den Kopf gelegt und flach auseinandergezogen, fiel, dem Gesicht nicht völlig anliegend, nach beiden Seiten hinunter; unter dem Schleier schlang sich eine glänzend weiße Leinenbinde um die obere Hälfte einer Stirne von einer anderen, aber nicht minderen Weiße, und eine zweite, gefältete Binde umgab das Gesicht und endete unter dem Kinn in einem Kragen, der sich über der Brust etwas verbreiterte, um den Rand eines schwarzen Oberkleides zu bedecken. Aber diese Stirn faltete sich oft wie krampfhaft, und dann zogen sich zwei schwarze Augenbrauen mit jäher Bewegung zusammen. Zwei ebenfalls tiefschwarze Augen hefteten sich bald mit forschender Hoffart auf das Gegenüber, bald senkten sie sich hastig, wie um ein Versteck zu suchen: in gewissen Momenten würde ein aufmerksamer Beobachter geschlossen haben, daß sie Zuneigung, Verständnis, Güte heischten, und ein andermal hätte er geglaubt, die plötzliche Entschleierung eines verhärteten und unterdrückten Hasses, etwas, ich weiß nicht, Drohendes und Wildes wahrzunehmen; wenn sie unbeweglich und ohne Aufmerksamkeit geradeaus blickten, hätte der eine auf hoffärtige Verdrossenheit geraten, ein anderer hätte die Mühsal eines geheimgehaltenen Gedankens, eines der Seele vertrauten Vorurteils geargwöhnt, das mehr Gewalt über sie habe als die sie umgebende Wirklichkeit. Die ganz bleichen Wangen verschmälerten sich in einem zarten und anmutigen Zuge, der aber durch eine langsame Abmagerung entstellt und beeinträchtigt wurde. Die Lippen stachen, obwohl sie kaum einen Anflug von Röte zeigten, von dieser Blässe ab; ihre Bewegungen waren wie die der Augen rasch, lebhaft, ausdrucks- und geheimnisvoll. Die wohlgebildete Größe der Gestalt verlor durch eine gewisse Schlaffheit der Haltung oder wurde durch gewisse jähe, unregelmäßige und für eine Frau, geschweige denn für eine Nonne, zu gebieterische Bewegungen verunstaltet. Sogar in der Kleidung war hier und dort etwas Gesuchtes und Nachlässiges, das eine außergewöhnliche Nonne ankündigt; nicht nur war auf die Taille eine gewisse Sorgfalt verwandt, sondern es fiel auch unter der Binde eine schwarze Locke auf eine Schläfe herab, was eine Vergessenheit oder Mißachtung der Regel verriet, die vorschrieb, daß das Haar, nachdem es bei der Feierlichkeit der Einkleidung abgeschnitten worden war, immer kurz zu tragen sei.

Diese Dinge fielen den zwei Frauen nicht auf, die nicht geübt waren, eine Nonne von einer Nonne zu unterscheiden, und der Guardian, der die Signora nicht zum ersten Male sah, war wie so viele andere schon an diese Seltsamkeiten gewöhnt, die sich an ihrer Person und in ihrem Gehaben dartaten. In diesem Augenblick stand sie, wie wir gesagt haben, an dem Gitter; an dieses stützte sie sich lässig mit der einen Hand, und die weißen Finger klammerten sich in die Löcher. Sie heftete ihren Blick auf Lucia, die zögernd vortrat.

„Ehrwürdige Mutter und erlauchteste Signora", sagte der Guardian, den Kopf geneigt und die Hand auf der Brust, „das ist das arme Mädchen, für die Sie mich auf Ihren mächtigen Schutz haben hoffen lassen; und das ist die Mutter."

Die zwei Vorgestellten verneigten sich tief; die Signora winkte ihnen, daß es schon gut sei, und sagte, zu dem Pater gewandt: „Es ist mir eine Freude, wenn ich unseren guten Freunden, den Vätern Kapuzinern einen Gefallen erweisen kann; aber erzählen Sie mir doch die Angelegenheit dieses Mädchens mehr im einzelnen, damit ich besser sehen kann, was sich für sie tun läßt." Lucia errötete und senkte das Haupt.

„Sie müssen wissen, ehrwürdige Mutter ..." begann Agnese; aber der Guardian schnitt ihr mit einem Blick das Wort im Munde ab und antwortete:

„Dieses Mädchen, erlauchteste Signora, wird mir, wie ich Ihnen gesagt habe, von einem Mitbruder empfohlen. Sie hat ihr Dorf verlassen müssen, um sich schweren Gefahren zu entziehen, und sie braucht für einige Zeit eine Zufluchtsstätte, wo sie, ohne gekannt zu sein, leben kann und wohin niemand zu kommen wagt, um sie zu beunruhigen, auch wenn ..."

„Was für Gefahren?", fiel die Signora ein. „Bitte, Pater Guardian, sprechen Sie mir nicht so in Rätseln. Sie wissen, daß wir Nonnen alles gern recht ausführlich hören.

„Es sind Gefahren", antwortete der Guardian, „die den reinen Ohren der ehrwürdigen Mutter kaum leichthin angedeutet werden dürfen ..."

„Ach ja", sagte die Signora hastig, indem sie ein wenig errötete. War es Scham? Wer da den jähen Ausdruck von Geringschätzung, der dieses Erröten begleitete, beobachtet hätte, der hätte daran zweifeln können, um so mehr, wenn er es mit dem verglichen hätte, das sich einmal übers andere über die Wangen Lucias ergoß.

„Es wird genügen, zu sagen", begann der Guardian wieder, „daß ein übermütiger Edelmann ... nicht alle Großen der Welt bedienen sich der Geschenke Gottes zu seiner Ehre und zur Förderung des Nächsten, wie es Eure erlauchte Herrlichkeit tut – daß also ein übermütiger Edelmann, als er sah, daß die unwürdigen Schmeicheleien, womit er dieses Geschöpf eine Zeitlang verfolgt hatte, unnütz waren, keine Scheu trug, ihr mit offener Gewalt nachzustellen, so daß die Ärmste gezwungen war, aus ihrem Hause zu fliehen."

„Kommt näher, Mädchen", sagte die Signora zu Lucia, in dem sie ihr mit dem Finger winkte. „Ich weiß, daß der Pater Guardian der Mund der Wahrheit ist, aber über diese Sache kann niemand besser unterrichtet sein als Ihr. Euch kommt es zu, zu sagen, ob dieser Edelmann ein verhaßter Verfolger war."

Was das Näherkommen betraf, so gehorchte Lucia auf der Stelle; aber mit der Antwort war es ein anderes Ding. Eine Frage über diesen Gegenstand hätte sie, auch wenn sie von jemand ihresgleichen gestellt worden wäre, nicht wenig verwirrt; von dieser Signora und mit einer Art boshaften Zweifels ausgesprochen, benahm sie ihr jeden Mut zu antworten. „Signora ... ehrwürdige ... Mutter ...", stotterte sie und ließ nicht merken, daß sie mehr zu sagen habe.

Hier glaubte sich Agnese, die sicherlich nach ihr die am besten unterrichtet war, ermächtigt, ihr zu Hilfe zu kommen. „Erlauchteste Signora", sagte sie, „ich kann es bezeugen, daß dieser Edelmann meiner Tochter da verhaßt war wie dem Teufel das Weihwaser, wollte sagen, der Teufel war er; aber Sie werden mir verzeihen, wenn ich nicht recht rede, denn wir sind schlichte Leute. Die Sache steht so, daß das arme Kind mit einem jungen Mann unsersgleichen versprochen war, einem gottesfürchtigen Menschen eines guten Wandels; und wäre der Herr Pfarrer ein bißchen mehr denen ähnlich gewesen, die ich meine ... ich weiß, daß ich von einem Geistlichen spreche, aber der Pater Cristoforo, der Freund des Pater Guardians hier, ist auch ein Geistlicher und ist dabei ein Mann voller Güte, und wenn er hier wäre, so könnte er Zeugnis ablegen ..."

„Ihr seid ein wenig rasch, zu reden, ohne gefragt zu sein", unterbrach sie die Signora mit einer hochfahrenden und zornigen Miene, die sie schier häßlich erscheinen ließ. „Seid nur Ihr ruhig; das weiß ich längst, daß die Eltern immer eine Antwort im Namen ihrer Kinder bei der Hand haben."

Gekränkt warf Agnese Lucia einen Blick zu, der besagen sollte: Schau, was mir widerfährt, weil du so schwerfällig bist. Auch der Guardian bedeutete dem Mädchen, indem er sie ansah und den Kopf schüttelte, daß es an ihr sei, sich aufzuraffen und die arme Mutter nicht im Stich zu lassen.

„Ehrwürdige Signora", sagte Lucia, „was Ihnen meine Mutter gesagt hat, ist die lautere Wahrheit. Den jungen Mann, der um mich geworben hat" - und dabei wurde sie über und über rot - „ich habe ihn gern und freiwillig genommen. Entschuldigen Sie mich, wenn ich so rückhaltlos spreche, aber es geschieht nur, um von meiner Mutter nichts Schlimmes denken zu lassen. Und was diesen Herrn betrifft - Gott verzeihe ihm - so möchte ich viel lieber sterben, als ihm in die Hände fallen. Und wenn Sie uns diese Gnade erweisen, uns in ihren Schutz zu nehmen, weil es denn so weit mit uns gekommen ist, daß wir so dreist sein müssen, um eine Zuflucht zu bitten und guten Menschen zur Last zu fallen - aber Gottes Wille geschehe - so seien Sie sicher, Signora, daß niemand mehr von Herzen für Sie wird beten können als wir armen Frauen."

„Euch glaube ich", sagte die Signora mit sanfterer Stimme. „Aber es wird mir lieb sein, Euch unter vier Augen anzuhören. Nicht als ob es noch anderer Erklärungen und anderer Beweggründe brauchte, um dem Anliegen des Pater Guardians nachzugeben", fügte sie sofort hinzu, indem sie sich mit bemühter Artigkeit zu ihm wandte. „Ich habe vielmehr schon alles überlegt", fuhr sie fort, „und vorderhand scheint mir dieses das beste. Die Klosterschaffnerin hat vor ein paar Tagen ihre letzte Tochter verheiratet. Die zwei Frauen können die Kammer beziehen, die auf diese Weise frei geworden ist, und können die kleinen Dienstleistungen übernehmen, die das Mädchen besorgt hat. Freilich ..." und hier winkte sie dem Guardian, er möge ans Gitter kommen, und fuhr halblaut fort: „Freilich hat man in Anbetracht des schlechten Jahres nicht beabsichtigt, einen Ersatz für sie zu bestellen; aber ich werde mit der Mutter Äbtissin reden, und auf ein Wort von mir ... und mit der Nachhilfe des Pater Guardians ... Kurz, ich glaube, die Sache ist gemacht." Der Guardian wollte sich bedanken, aber die Signora unterbrach ihn: „Förmlichkeiten braucht es nicht; auch ich würde vorkommenden Falles den Beistand der Väter Kapuziner in Anspruch zu nehmen wissen. Schließlich", fuhr sie mit einem Lächeln fort, worin ein wenig Ironie und Bitterkeit durchschienen, „schließlich, sind wir nicht alle Brüder und Schwestern?"

Dies gesagt, rief sie eine Laienschwester, deren ihr zwei durch eine besondere Auszeichnung zu dem Dienste um ihre Person zugewiesen waren, und befahl ihr, die Äbtissin von allem zu verständigen und dann mit der Schaffnerin und mit Agnese die geeigneten Abmachungen zu treffen. Sie entließ Agnese, beurlaubte den Guardian und behielt Lucia bei sich. Der Guardian begleitete Agnese zur Tür, wobei er ihr neue Verhaltensmaßregeln gab, und ging, um dem Freunde Cristoforo den Brief mit dem Berichte zu schreiben.

Eine wunderliche Heilige ist diese Signora, dachte er bei sich, als er auf der Straße dahinschritt, wahrhaftig eine sonderbare Dame! Aber wer sie richtig zu nehmen weiß, der bringt sie zu allem, was er will. Mein Cristoforo wird sicherlich nicht erwartet haben, daß ich ihm so rasch und trefflich würde dienen können. Was für ein wackerer Mann das ist! Da nützt nichts: immer muß er sich etwas aufladen; aber er tut es um des Guten willen. Gut für ihn diesmal, daß er einen Freund gefunden hat, der die Sache ohne besonderen Lärm, ohne besondere Umstände, ohne besondere Geschichten in einem Augenblicke zu einem guten Ende gebracht hat. Er wird zufrieden sein, der gute Cristoforo, und wird einsehen, daß auch wir hier zu etwas gut sind.

Die Signora, die in der Gegenwart eines bejahrten Kapuziners ihre Gebärden und Worte berechnet hatte, dachte, als sie dann mit dem unerfahrenen Landmädchen allein geblieben war, nicht mehr daran, sich so viel zusammenzunehmen, und ihre Reden wurden nach und nach so sonderbar, daß wir es, anstatt sie mitzuteilen, für besser erachten, die bisherige Geschichte dieser Unglücklichen zu erzählen, so viel davon nämlich, daß es genügt, das Ungewöhnliche und Geheimnisvolle, das wir an ihr gesehen haben, zu begründen und ihr späteres Betragen verständlich zu machen.–

Sie war die letzte Tochter des Fürsten *, eines mailändischen Edelmanns, der sich zu den Reichsten der Stadt zählen durfte. Aber die hohe Meinung, die er von seinem Rang hatte, ließ ihm seine Einkünfte als kaum hinreichend, ja als zu gering erscheinen, um sein Standesansehen zu wahren; und sein ganzes Trachten ging dahin, sie wenigstens, soweit es von ihm abhänge, für immer beisammen zu erhalten. Wie viele Kinder er gehabt hat, das sagt die Geschichte nicht ausdrücklich, sie gibt vielmehr nur an, daß er die jüngeren beider Geschlechter fürs Kloster bestimmt hatte, um das Vermögen ungeschmälert dem Erstgeborenen zu hinterlassen, der bestimmt war, das Geschlecht zu erhalten, nämlich Kinder zu zeugen und sich auf dieselbe Weise mit ihrer Qual zu quälen. Unsere Unglückliche war noch im Mutterleibe, als ihr Stand schon unwiderruflich festgestellt war; es verblieb nur noch zu entscheiden, ob das Kind ein Mönch oder eine Nonne sein werde, eine Entscheidung, für die es wohl seine Gegenwart, aber nicht seine Zustimmung brauchte. Als sie das Licht der Welt erblickte, wollte ihr der Fürst, ihr Vater, einen Namen geben, der unmittelbar den Gedanken ans Kloster erwecken und zugleich einer hochgeborenen Heiligen gehört haben sollte, und demgemäß nannte er sie Gertrude.

Als Nonnen gekleidete Puppen waren die ersten Spielsachen, die sie in die Hand bekam, und ihnen folgten Heiligenbilder, die Nonnen darstellten, und diese Geschenke waren stets begleitet von großen Ermahnungen, sie als Kostbarkeiten ja recht in Ehren zu halten, und von der schon im voraus bejahenden Frage: „Schön, was?" Wenn der Fürst oder die Fürstin oder der kleine Prinz, der allein von den Knaben im Hause aufgezogen wurde, ihre Zufriedenheit mit dem günstigen Aussehen der Kleinen bezeigen wollten, so schienen sie für ihre Gedanken keinen besseren Ausdruck finden zu können als die Worte: „Was für eine Äbtissin!" Immerhin sagte es ihr niemand geradeheraus: „Du mußt eine Nonne werden." Das war ein Gedanke, über den man sich einig war und der beiläufig in jedem Gespräche berührt wurde, das auf ihre Zukunft bezug hatte. Ließ sich die kleine Gertrude dann und wann zu einem ein wenig anmaßenden und gebieterischen Benehmen verleiten, wozu sie durch ihre Anlage leicht neigte, so sagte man zu ihr: „Du bist noch ein kleines Mädchen, und so etwas ziemt dir nicht; wenn du einmal Äbtissin sein wirst, dann wirst du nach Herzenslust befehlen und alles tun, was dir beliebt." Wenn sie der Fürst sonst wegen gewisser anderer allzu freier und vertraulicher Gewohnheiten tadeln wollte, zu denen sie sich mit der gleichen Leichtigkeit hinreißen ließ, sagte er wohl zu ihr: „Oho! so ist nicht das Betragen einer deinesgleichen; wenn du willst, daß man dir eines Tages die Achtung zollt, die man dir schulden wird, dann lerne einstweilen dich selber beherrschen: erinnere dich, daß du in jeder Beziehung die erste im Kloster sein mußt; das Blut nimmt man überall hin mit, wohin man geht."

Alle diese derartigen Reden gruben in das Hirn des kleinen Mädchens den Gedanken ein, daß sie eine Nonne werden müsse; aber die, die aus dem Munde des Vaters kamen, taten mehr Wirkung als sonst alle miteinander. Die Haltung des Fürsten war gewöhnlich die eines strengen Herrn; wenn aber die Sprache auf die Zukunft seiner Kinder kam, verrieten seine Miene und jedes seiner Worte eine Unabänderlichkeit des Entschlusses, eine dunkle Eifersucht auf die Herrschaft, die das Gefühl eine vorbestimmte Notwendigkeit einprägten.

Mit sechs Jahren wurde Gertrude zur Erziehung, und noch mehr, um sie auf den Weg der ihr auferlegten Berufung zu leiten, in dem Kloster untergebracht, wo wir sie gesehen haben; und die Wahl des Ortes geschah keineswegs absichtslos. Der wackere Fuhrmann der zwei Frauen hat gesagt, der Vater der Signora sei der erste in Monza gewesen; und indem wir dieses Zeugnis, wie immer es sei, mit einigen Andeutungen zusammenstellen, die sich der Anonymus hier und da unversehens entschlüpfen läßt, können wir auch versichern, daß er der Lehnsträger dieses Ortes gewesen ist. Wie immer aber dem sei, jedenfalls genoß er dort ein außerordentliches Ansehen und dachte, seine Tochter werde dort mehr als anderswo mit jener Auszeichnung und jenen Rücksichten behandelt werden, die sie um so eher einzuladen vermöchten, dieses Kloster zu ihrem beständigen Aufenthalte zu wählen. Darin täuschte er sich auch nicht: die Äbtissin und die anderen Würdenträgerinnen, die, wie man zu sagen pflegt, das Heft in der Hand hatten, jubelten, als sie sahen, daß ihnen das Unterpfand eines bei jeder Gelegenheit so nützlichen, in jedem Augenblicke so rühmlichen Schutzes angeboten wurde, und sie nahmen den Vorschlag mit Dankesbezeugungen an, die, wie stark sie auch waren, noch nicht überschwenglich genannt werden durften; und die Nonnen entsprachen völlig den Absichten, die der Fürst bei der endgültigen Übergabe seiner Tochter hatte durchblicken lassen, Absichten, die sich so sehr in Übereinstimmung mit den ihrigen bewegten.

Kaum ins Kloster getreten, wurde Gertrude antonomastisch[4] die Signorina genannt: ein besonderer Platz bei Tische und im Schlafsaal, ihr Betragen den anderen als musterhaft vorgehalten, Zuckerwerk und Schmeicheleien ohne Ende und gewürzt mit jener ein wenig ehrerbietigen Vertraulichkeit, die die Kinder stets ködert, wenn sie sie bei Leuten finden, die die anderen mit einer gewohnt überlegenen Haltung behandeln. Nicht daß sich vielleicht alle Nonnen verschworen hätten, die Ärmste ins Garn zu locken: es waren ihrer vielmehr genug einfältige, weit entfernt von jeder List, denen der Gedanke, ein Kind eigennützigen Zwecken zu opfern, Abscheu erregt hätte; aber diese, die allesamt ihren Sonderobliegenheiten nachgingen, merkten teilweise alle diese Kniffe gar nicht, teilweise unterschieden sie nicht, wie viel Bosheit da war, teils enthielten sie sich, darüber eine Betrachtung anzustellen, und teils blieben sie stumm, um nicht Ursache eines unnützen Ärgernisses zu werden. Eine oder die andere, die sich wohl erinnerte, mit ähnlichen Künsten zu dem gebracht worden zu sein, was sie später bereut hatte, fühlte Mitleid mit der armen Unschuldigen und entledigte sich dessen durch zarte und schwermütige Liebkosungen; aber Ger-

---

[4] D. i. durch Ersetzung des Eigennamens.

trude war weit entfernt, zu argwöhnen, daß sich dahinter ein Geheimnis verberge, und die Sache ging ihren Weg weiter.

Es wäre wohl noch bis zum Ende so gegangen, wenn sie das einzige Mädchen in dem Kloster gewesen wäre; aber unter ihren Gesellinnen waren einige, die wußten, daß sie zur Ehe bestimmt waren. Auferzogen in den Vorstellungen ihrer Überlegenheit, sprach Gertrude in hohen Worten von ihrer Zukunft als Äbtissin, als Fürstin des Klosters, und wollte durchaus für die anderen ein Gegenstand des Neides sein; und sie sah mit Verwunderung und Ärger, daß einige von den anderen nichts dergleichen empfanden. Den erhabenen, aber umschriebenen und kalten Bildern, die die Herrschaft über ein Kloster gewähren kann, setzten diese die wechselnden, glänzenden Bilder der Hochzeit, der Festmähler, der Unterhaltungen, der Landhäuser, der Kleider, der Karossen entgegen. Diese Bilder erzeugten in Gertrudes Hirn jene Bewegung, jenes Durcheinander, das ein Korb frischgepflückter Blumen erregen würde, wenn man ihn vor einen Bienenstock stellte. Die Eltern und die Erzieherinnen hatten in ihr die natürliche Eitelkeit gepflegt und gesteigert, um ihr das Kloster lieb zu machen; als aber diese Leidenschaft von Bildern aufgestachelt wurde, die ihrem Wesen viel mehr entsprachen, warf sie sich auf diese mit einer viel lebhafteren und unwillkürlicheren Glut. Um nicht hinter ihren Gesellinnen zurückzustehen und um gleichzeitig ihrem neuen Triebe zu willfahren, antwortete sie, daß ihr schließlich ohne ihre Zustimmung niemand den Schleier über den Kopf werfen könne und daß auch sie heiraten, in einem Palast wohnen und die Freuden der Welt genießen, und das besser als alle andern könnte, daß sie es könnte, wenn sie nur wollte, daß sie es wollen würde, wenn sie es wollte, und sie wollte es wirklich.

Der Gedanke an die Notwendigkeit ihrer Einwilligung, ein Gedanke, der sich, bis dahin unbeachtet, gleichsam in einem Winkel ihres Geistes geduckt hatte, trat nunmehr hervor und offenbarte sich in seiner großen Bedeutung; ihn rief sie alle Augenblicke zu Hilfe, um sich ruhiger der Bilder einer angenehmen Zukunft zu erfreuen. Hinter diesem Gedanken erschien aber unfehlbar immer ein anderer, daß es nämlich gelte, diese Einwilligung ihrem fürstlichen Vater zu verweigern, der sie schon hatte oder sie als gegeben betrachtete; und bei diesem Gedanken war das Herz der Tochter weit entfernt von der Sicherheit, die ihre Worte zeigten. Dann verglich sie sich mit den Gesellinnen, die in einer ganz anderen Weise sicher waren, und empfand an sich, wie weh der Neid tat, den sie anfänglich den anderen hatte einflößen wollen. Indem sie sie beneidete, haßte sie sie: manchmal machte sich dieser Haß in Geringschätzigkeiten, in Unhöflichkeiten, in spitzen Worten Luft; manchmal beschwichtigte ihn die Gleichartigkeit der Neigungen und der Hoffnungen und ließ eine vorübergehende Vertraulichkeit entstehen. Wenn sie sich unterdessen manchmal an etwas Wirklichem und Gegenwärtigem erfreuen wollte, fand sie ihre Befriedigung in den Vorzügen, die ihr eingeräumt waren, und ließ die anderen ihre Überlegenheit fühlen; und wenn sie manchmal die Einsamkeit ihrer Befürchtungen und Wünsche nicht mehr ertragen konnte, suchte sie, ganz Güte, die anderen auf, wie um Wohlwollen, Ratschläge und Ermutigung zu erbitten.

Unter diesen beklagenswerten kleinen Kämpfen mit sich und den anderen hatte sie die Kindheit überschritten und gelangte in dieses so kritische Alter, wo in die Seele eine geheimnisvolle Macht zu treten scheint, die alle Triebe hebt, schmückt und stärkt und sie manchmal verändert oder in eine nie geahnte Richtung wendet. Das, was Gertrude bis dahin in ihren Träumen von der Zukunft sonderlich gereizt hatte, war äußerer Glanz und Pracht; nun aber begann sich etwas Weiches und Hingebendes, das früher leicht und wie nebelhaft darüber ausgegossen war, in ihren Phantasien auszubreiten und vorzuherrschen. Sie hatte sich in der abgelegensten Gegend ihres Geistes eine Art schimmernder Zuflucht errichtet: dorthin entfloh sie aus ihrer Umgebung, dort versammelte sie gewisse Gestalten, von ihr selber seltsam zusammengefügt aus verworrenen Erinnerungen ihrer Kindheit, aus dem wenigen, was sie von der Außenwelt hatte sehen können, und aus dem, was sie aus den Gesprächen ihrer Gesellinnen gelernt hatte; mit diesen Gestalten unterhielt sie sich, redete mit ihnen und antwortete sich in ihrem Namen, und dort gab sie Befehle und empfing Huldigungen aller Arten. Von Zeit zu Zeit wollten ihr die religiösen Gedanken diese leuchtenden und mühseligen Feste stören; aber die Religion, wie man sie die Arme gelehrt und wie sie sie in sich aufgenommen hatte, verbannte den Stolz keineswegs, sondern heiligte ihn und stellte ihn als ein Mittel dar, eine irdische Glückseligkeit zu erlangen. Also des Wesentlichen beraubt, war dies nicht die Religion mehr, sondern eine Larve wie alle anderen. In den Zwischenzeiten, wo diese Larve in der Phantasie Gertrudes den ersten Platz einnahm und dort prangte, verfiel diese Unglückliche, überwältigt von verworrenen Schrecken und bezwungen von einer verworrenen Idee der Pflicht, in die Einbildung, ihr Widerwillen vor dem Kloster und ihr Widerstand gegen das Ansinnen ihrer Oberen über die Wahl des Standes seien sündhaft; und sie gelobte sich im Herzen, dies zu sühnen, indem sie sich freiwillig ins Kloster einschließe.

Es war Gesetz, daß ein Mädchen nicht als Nonne angenommen werden durfte, bevor sie von einem Geistlichen, der der Nonnenvikar hieß, oder von einem anderen dazu Abgeordneten geprüft worden war, damit es sicher sei, daß sie ihrem freien Willen folge; und diese Prüfung konnte erst ein Jahr nach dem Tage stattfinden, wo sie dem Vikar ihr Begehren in einer Bittschrift dargelegt hatte. Die Nonnen, die die traurige Aufgabe übernommen hatten, Gertrude dahinzubringen, daß sie sich mit der geringstmöglichen Kenntnis dessen, was sie tat, für immer binde, nahmen einen von den eben beschriebenen Augenblicken wahr, um sie eine derartige Bitte abschreiben und unterschreiben zu lassen. Und um sie leichter dazu zu verleiten, ermangelten sie nicht, ihr zu sagen und mehrmals zu wiederholen, daß dies am Ende eine reine Förmlichkeit sei, die – und das wirklich so – keine Wirksamkeit haben könne außer durch spätere Handlungen, die von ihrem Belieben abhingen. Samt alledem war vielleicht die Bittschrift noch nicht an ihrem Bestimmungsorte angelangt, als es schon Gertrude bereute, sie unterschrieben zu haben. Dann bereute sie, bereut zu haben, und solcherweise verbrachte sie die Tage und die Monate bei einem ununterbrochenen Wechsel widerstreitender Gefühle.

Lange Zeit hielt sie diesen Schritt ihren Gesellinnen verborgen, einmal aus Furcht, einen guten Entschluß Widersprüchen auszusetzen, und dann wieder aus Scham, eine Ungereimtheit kundzutun. Schließlich siegte das Verlangen, sich die Seele zu erleichtern und Rat und Mut zu gewinnen. Es war ein anderes Gesetz, daß ein Mädchen zu dieser Prüfung ihrer Berufung nicht zuzulassen sei, bevor sie wenigstens einen Monat außerhalb des Klosters, wo sie erzogen worden war, zugebracht habe. Seit der Absendung der Bittschrift war schon das Jahr verstrichen, und Gertrude war verständigt worden, sie werde binnen kurzem aus dem Kloster genommen und in das väterliche Haus gebracht werden, um dort diesen Monat zu verbleiben und alle Schritte zu tun, die zur Erfüllung des von ihr tatsächlich begonnenen Werkes notwendig waren. Der Fürst und die ganze übrige Familie hielten dies alles für so gewiß, als ob es schon geschehen wäre; aber das junge Mädchen hatte etwas ganz anderes im Kopfe: statt die sonstigen Schritte zu tun, sann sie nach, wie sie den ersten rückgängig machen könnte.

In dieser Herzensnot entschloß sie sich, sich einer Gesellin zu eröffnen, der freimütigsten von allen, die stets entschlossene Ratschläge bei der Hand hatte. Diese gab Gertrude ein, ihren neuen Entschluß dem Vater brieflich mitzuteilen, um so mehr als es ihr an Mut gebrach, ihm ein rundes. „Ich will nicht" ins Gesicht zu sagen. Und weil unentgeltliche Gutachten in dieser Welt selten sind, so machte sich die Ratgeberin für dieses bezahlt, indem sie Gertrude tüchtig wegen ihrer Feigheit verspottete. Der Brief wurde unter Mitwirkung von vier oder fünf Vertrauten verfaßt, heimlich abgeschrieben und mit Hilfe klug ersonnener Schliche zugestellt. In großer Angst wartete Gertrude auf die Antwort: aber die kam nie; nur daß die Äbtissin einige Tage später Gertrude in ihre Zelle kommen ließ und ihr mit einem geheimnisvollen Gehaben von Kränkung und Mitleid dunkle Andeutungen machte von einem heftigen Zorn des Fürsten und von einem Fehler, den sie begangen habe, wobei sie ihr gleichwohl zu verstehen gab, sie dürfe bei gutem Betragen hoffen, daß alles werde vergessen werden.

Schließlich kam der mit so viel Bangen und so viel Sehnsucht erwartete Tag. Obwohl Gertrude wußte, daß sie zu einem Kampfe ging, waren ihr doch das Weggehen aus dem Kloster, das Zurücklassen jener Mauern, in denen sie acht Jahre eingeschlossen gewesen war, die Wagenfahrt durch die weite Ebene, das Wiedersehen der Stadt und des Hauses Erregungen voll stürmischer Freude. Für den Kampf hatte sie schon mit der Anleitung dieser Vertrauten ihrer Maßregeln genommen, und hatte, wie man jetzt sagen würde, mit sich reinen Tisch gemacht. Entweder, dachte sie, werden sie mich zwingen wollen, dann werde ich hart sein, demütig, ehrerbietig sein, aber nie zustimmen: es handelt sich ja nur darum, nicht noch einmal Ja zu sagen, und das werde ich nicht sagen; oder sie werden mir im Guten kommen, und dann werde ich weinen, bitten, sie zum Mitleid rühren: ich verlange ja schließlich nichts anderes, als nicht geopfert zu werden.

Aber wie es bei derlei Vorhersehungen des öfteren geht, es geschah weder das eine, noch das andere. Die Tage verstrichen, ohne daß ihr der Vater oder sonst jemand von der Bittschrift oder von der Weigerung gesprochen hätte, ohne daß man ihr mit einem Vorschlag gekommen wäre, weder mit Liebkosungen, noch mit Drohungen. Die Eltern waren mit ihr ernst, traurig und unwirsch, ohne auch nur einmal zu sagen, warum; sie sah nur, daß sie sie wie eine Schuldige, wie eine Unwürdige betrachteten: ein geheimnisvolles Anathema schien ihr auf ihr zu lasten und sie von der Familie zu scheiden, mit der es sie nur so weit verbunden ließ, wie es nötig war, um ihr ihre Untertänigkeit fühlbar zu machen. Selten und nur zu gewissen festgesetzten Stunden war ihr ein Zusammensein mit den Eltern und dem Erstgeborenen verstattet. Unter diesen dreien schien ein großes gegenseitiges Vertrauen zu herrschen, und das machte ihr die Vereinsamung, in der man sie ließ, noch fühlbarer und schmerzlicher. Niemand zog sie ins Gespräch, und wenn sie schüchtern ein Wort wagte, das nichts Notwendiges betraf, so blieb es entweder unbeachtet oder wurde mit einem zerstreuten oder geringschätzigen oder strengen Blick beantwortet. Wenn sie, außerstande, eine so bittere und erniedrigende Absonderung länger zu ertragen, nach Vertrauen drängte und trachtete, wenn sie um ein bißchen Liebe flehte, so mußte sie wahrnehmen, wie alsbald, nicht geradezu, aber dennoch deutlich die Saite von der Berufswahl angeschlagen wurde, und man ließ sie verdeckt merken, daß das ein Mittel sei, die Zuneigung der Familie wieder zu gewinnen. Dann war Gertrude, die das unter dieser Bedingung nicht gewollt hätte, gezwungen, sich zurückzuziehen, die ersten Zeichen von Wohlwollen, die sie so sehr ersehnt hatte, zurückzuweisen und auf ihren Platz als Ausgestoßene zurückzukehren; und dort verblieb sie überdies noch mit einem gewissen Anschein des Unrechts. Diese Erregungen durch ihre Umgebung bildeten einen schmerzlichen Gegensatz zu den lachenden Traumbildern, mit denen sich Gertrude schon so sehr beschäftigt hatte und in der Heimlichkeit ihrer Seele allwege beschäftigte. Sie hatte gehofft, die eingebildeten Genüsse in dem glänzenden und lebhaften Vaterhause wenigstens zu einem kleinen Teile versuchen zu können; aber sie fand sich durchaus enttäuscht. Die Klausur war strenger und vollständiger als im Kloster; von einem Spaziergang war nicht einmal die Rede, und ein kleines Chor, das vom Hause in eine anstoßende Kirche führte, nahm auch die einzige Notwendigkeit, die für einen Ausgang vorhanden gewesen wäre. Die Geselligkeit war trauriger, spärlicher und weniger abwechselnd als im Kloster; sooft ein Besuch gemeldet wurde, mußte Gertrude in das oberste Stockwerk hinaufsteigen, um sich dort mit einigen alten Dienerinnen einzuschließen, und hier aß sie auch, wenn Gäste da waren. Die Dienerschaft hielt sich in Betragen und Gespräch genau an das Beispiel und die Absichten der Herrschaft; und Gertrude, die sie ihrer Neigung gemäß gern mit einer gebieterischen Vertraulichkeit behandelt hätte und die es in der Lage, in der sie sich befand, als eine Gunst aufgefaßt hätte, wenn sie ihr wie einer ihresgleichen ein Zeichen von Zuneigung gegeben hätten, ja die sich sogar herabließ, darum zu betteln, blieb nur das Gefühl der Erniedrigung, und ihr Kummer wuchs, wenn sie sah, daß sie offenkundige Geringschätzung, wenn auch von der Förmlichkeit eines lauen Gehorsams begleitet, dawider empfing.

Immerhin konnte es ihr nicht entgehen, daß ihr ein Page, ganz verschieden von den anderen, eine sonderliche Ehrerbietung entgegenbrachte und ein sonderliches Mitleid mit ihr fühlte. Das Betragen dieses jungen Mannes war derart, daß es Gertrude schien, als entspreche es am meisten jener Ordnung der Dinge, die sie in ihren Träumen so oft betrachtet hatte, als nähere es sich dem Betragen ihrer idealen Gestalten. Nach und nach gab sich in dem Gehaben des jungen Mädchens etwas Neues kund: eine andere Ruhe als sonst und eine andere Erregtheit, ein Benehmen wie das eines Menschen, der etwas gefunden hat, was ihn bedrückt, was er jeden Augenblick zeigen und doch niemanden sehen lassen möchte. Man beobachtete sie aufmerksamer als vorher, und schließlich wurde sie eines Morgens von einer dieser Kammerfrauen überrascht, als sie verstohlen ein Blatt Papier faltete, das sie besser nicht beschrieben hätte; nach einem kurzen Hin und Her blieb das Blatt in den Händen der Kammerfrau, und aus diesen gelangte es in die des Fürsten.

Der Schrecken Gertrudes bei dem Geräusch seiner Schritte läßt sich nicht beschreiben und läßt sich nicht vorstellen; er war der Vater, er war erbost, und sie fühlte sich schuldig. Als sie ihn aber eintreten sah, die Stirn gerunzelt und dieses Blatt in der Hand, wäre sie am liebsten hundert Ellen unter der Erde gewesen, geschweige denn in einem Kloster. Der Worte gab es nicht viele, aber schreckliche; die Strafe, die alsbald verkündigt wurde, bestand in nichts sonst, als daß sie in diesem Zimmer und unter der Aufsicht der Frau, die die Entdeckung gemacht hatte, eingeschlossen bleiben sollte: aber das war nur ein Anfang, eine augenblickliche Vorkehrung, man versprach ihr, man ließ sie ahnen, daß ihrer noch eine andere, dunkle, unbestimmte und daher um so fürchterlichere Züchtigung harre. Der Page wurde, wie es sich von selbst verstand, auf der Stelle davongejagt, und auch ihm wurde etwas Schreckliches angedroht, wenn er irgendwann einmal etwas von dem Vorgefallenen verlauten lassen sollte; und indem ihm der Fürst dies verkündigte, verabreichte er ihm zwei stattliche Ohrfeigen, um diesem Abenteuer eine Erinnerung zu gesellen, die dem Bürschlein alle Lust, damit zu prahlen, benehmen sollte. Ein Vorwand, die Entlassung eines Pagen zu beschönigen, war nicht schwer zu finden; was die Tochter betraf, so sagte man, sie sei nicht wohl.

Ihr verblieb also nichts als das Klopfen des Herzens, die Scham, die Gewissensbisse, die Angst vor der Zukunft und die alleinige Gesellschaft der Frau, die sie als Zeugin ihrer Schuld und als Ursache ihres Mißgeschickes haßte. Die haßte wiederum Gertrude, der sie es verdankte, daß sie, ohne zu wissen, auf wie lange, zu dem verdrießlichen Leben einer Kerkermeisterin verdammt und für immer die Hüterin eines gefährlichen Geheimnisses geworden war. Der erste verworrene Aufruhr dieser Empfindungen beruhigte sich nach und nach; da sie aber dann jede einzeln in ihr Gemüt zurückkehrten, vergrößerten sie sich dort und setzten sich fest, um sie fühlbarer und gemächlicher zu peinigen. Worin konnte nur diese ihr in Rätseln angedeutete Bestrafung bestehen? Viele und mannigfaltige und seltsame Strafen stellten sich der glühenden und unerfahrenen Phantasie Gertrudes dar. Die, die sie für die wahrscheinlichste hielt, war ins Kloster von Monza zurückgebracht zu werden, dort nicht mehr als die Signora, sondern als eine Schuldige zu erscheinen und auf, wer weiß, wie lange und bei was für einer Behandlung eingeschlossen zu bleiben. Das, was ihr diese an sich schon schmerzvolle Vorstellung vielleicht noch schmerzlicher machte, war die Furcht vor der Schande. Die Sätze, die Worte, die Beistriche jenes unseligen Briefes gingen ihr immer wieder durchs Gedächtnis: in ihrer Einbildung sah sie, wie sie auch der Mutter oder dem Bruder oder, Gott weiß, wem sonst noch unter die Augen gekommen seien, und im Vergleich mit dem erschien ihr alles übrige wie nichts.

Das Bild dessen, der der erste Ursprung des ganzen Ärgernisses gewesen war, unterließ es ebenso wenig, die arme Eingeschlossene tief zu beunruhigen, und man kann sich denken, welch seltsame Rolle dieses Phantom unter den anderen, von ihm so verschiedenen spielte, die ernst, kalt und drohend waren. Weil sie sich nichtsdestoweniger von diesen nicht loszumachen vermochte, weil sie nicht für einen Augenblick zu jenen flüchtigen Freuden zurückkehren konnte, ohne daß sich ihr alsbald der gegenwärtige Schmerz, der davon die Folge war, dargestellt hätte, begann sie nach und nach seltener zu ihnen zurückzukehren, die Erinnerung an sie zurückzustoßen und sich ihrer zu entwöhnen.

Auch bei den wonnigen und glänzenden Phantasien von einst verweilte sie keineswegs länger oder lieber; sie standen in einem allzu argen Widerstreit mit den wirklichen Umständen, mit jeder Wahrscheinlichkeit der Zukunft. Die einzige Stätte, wo sich Gertrude eine ruhige und ehrenvolle Zuflucht vorstellen konnte und die kein Luftschloß war, war das Kloster, wenn sie sich entschlösse, dort einzutreten. Ein solcher Entschluß hätte – daran konnte sie nicht zweifeln – alles geebnet, jede Schuld gelöscht und ihre Lage im Nu verändert. Gegen dieses Auskunftsmittel erhoben sich freilich die Gedanken ihres ganzen Lebens; aber die Zeiten hatten sich geändert, und in dem Abgrund, worein sie gefallen war, und im Vergleich zu dem, was sie in jedem Augenblicke fürchten konnte, schien ihr der Stand einer gefeierten, von Huldigungen und Gehorsam umgebenen Nonne ein süßes Los.

Zwei Gefühle von ganz verschiedener Art trugen noch, bald das eine, bald das andere, bei, ihre alte Abneigung zu verringern: einmal die Gewissensbisse über ihren Fehler und eine phantastische Liebe zur Andacht, und dann der Stolz, den die Kerkermeisterin bis zur Erbitterung reizte, indem sie sich – um die Wahrheit zu sagen – von ihr herausgefordert, dadurch rächte, daß sie sie bald mit der angedrohten Züchtigung ängstigte, bald ihres Fehlers halber beschämte; dazu nahm sie noch, wenn sie sich dann wieder gütig zeigen wollte, einen Ton der Beschützerin an, der noch widerwärtiger war als der der Beleidigerin.

Bei verschiedenen derartigen Gelegenheiten wurde Gertrudes Sehnsucht, aus ihren Klauen zu entkommen und vor ihr so dazustehen, daß sie über ihren Zorn und über ihr Mitleid erhaben wäre, wurde diese gewohnheitsmäßige Sehnsucht lebhaft und brennend genug, ihr alles, was dazu führen konnte, sie zu stillen, als lieblich erscheinen zu lassen. Nach vier oder fünf Tagen der Gefangenschaft verkroch sich Gertrude, durch einen dieser Beweise der Mißachtung ihrer Hüterin bis aufs äußerste gereizt und empört, in einem Winkel des Zimmers und blieb dort, das Gesicht in den Händen verborgen, eine Zeitlang, um ihre Wut zu verbeißen. Da fühlte sie ein übermächtiges Bedürfnis, andere Gesichter zu sehen, andere Worte zu hören und anders behandelt zu werden. Sie dachte an den Vater, an die Familie; der Gedanke wich erschrocken zurück. Aber sie besann sich, daß es nur von ihr abhinge, in ihnen Freunde zu finden; und sie fühlte eine jähe Freude. Dann eine Zerknirschung und eine außerordentliche Reue über ihren Fehler und eine gleichmäßige Sehnsucht, ihn zu sühnen. Nicht daß ihr Wille schon jenen Vorsatz fest gefaßt hätte; aber niemals war sie noch mit einer solchen Wärme an ihn herangetreten. Sie stand auf, ging zu einem Tische, nahm die Unglücksfeder und schrieb dem Vater einen Brief voll Schwärmerei und Niedergeschlagenheit, voll Kummer und Hoffnung, worin sie eine Verzeihung erflehte und sich grenzenlos bereit zu allem zeigte, was dem, der die Verzeihung gewähren sollte, wohlgefällig sein konnte.

---

10. KAPITEL.

ES gibt Augenblicke, wo das Gemüt, sonderlich bei jungen Leuten, in einer Stimmung ist, daß jedes bißchen Drängen hinreicht, alles zu erlangen, was einen Anschein des Guten und der Aufopferung hat, so wie eine kaum erblühte Knospe auf ihrem gebrechlichen Stengel leise schwankt, bereit ihre Düfte dem ersten Lüftchen hinzugeben, das sie umweht. Diese Augenblicke, die von den anderen mit scheuer Ehrfurcht bewundert werden sollten, sind gerade die, die die eigennützige Listigkeit aufmerksam ausspäht und im Fluge erhascht, um einen Willen zu binden, der nicht auf der Hut ist.

Beim Lesen dieses Briefes sah der Fürst sofort den Weg zu seinen alten und beständigen Absichten eröffnet. Er ließ Gertrude sagen, sie solle zu ihm kommen, und indem er sie erwartete, nahm er sich vor, das Eisen zu schmieden, solange es heiß sei. Gertrude erschien und warf sich, ohne die Augen zum Gesichte des Vaters zu erheben, vor ihm auf die Knie und vermochte kaum das Wort „Verzeihung" herauszubringen. Er winkte ihr aufzustehen, antwortete aber mit einer Stimme, die wenig geeignet war, Mut einzuflößen, die Verzeihung dürfe nicht nur begehrt oder geheischt werden, was bei jedem, der für schuldig gefunden sei und die Strafe fürchte, gar zu leicht und zu natürlich sei, sondern sie müsse verdient werden. Gertrude fragte unterwürfig und zitternd, was sie tun solle.

Der Fürst – wir haben nicht das Herz, ihm in diesem Augenblicke den Namen Vater zu geben – antwortete nicht gerade heraus, sondern begann des längeren von Gertrudes Fehler zu sprechen, und diese Worte brannten der Armen auf der Seele wie das Tasten einer rauhen Hand auf einer Wunde. Fortfahrend sagte er, daß wenn er auch ... gesetzt, daß er je ... die Absicht gehabt hätte, sie für den weltlichen Stand zu bestimmen, sie selber dem ein unüberwindliches Hindernis in den Weg gestellt habe; denn ein ehrenhafter Kavalier, wie er sei, würde nie den Mut aufbringen, einen Edelmann mit einem Fräulein zu bedienen, das eine solche Probe von sich abgelegt habe. Die unglückliche Hörerin war vernichtet. Nun milderte der Fürst nach und nach Ton und Worte und führte weiter aus, daß es freilich für jeden Fehler Abhilfe und Erbarmen gebe, daß der ihrige zu denen gehöre, für die die Abhilfe deutlicher als für die andern gezeigt sei und daß sie in diesem traurigen Ereignisse gleichsam eine Mahnung zu sehen habe, daß das Leben in der Welt allzu voll von Gefahren für sie sei...

„Ach ja!", rief Gertrude aus, von der Furcht geschüttelt, von der Scham zermürbt und, in diesem Augenblicke, von einer plötzlichen Zärtlichkeit bewegt.

„Aha, so siehst du es denn auch selber ein", antwortete unverzüglich der Fürst. „Gut also, sprechen wir nicht mehr von dem Vergangenen; alles ist ausgelöscht. Du hast den einzigen ehrenvollen und schicklichen Entschluß gefaßt, der dir verblieben ist; da du ihn aber freiwillig und mit Anstand gefaßt hat, so kommt mir zu, alles zu tun, damit er in jeder Beziehung und durchaus gut für dich ausschlägt, und es kommt mir zu, dafür zu sorgen, daß sowohl der ganze Gewinn, als auch das ganze Verdienst dir zufalle. Das übernehme ich."

Bei diesen Worten schellte er mit einem Glöckchen, das auf dem Tische stand, und er sagte zu dem eintretenden Diener: „Die Fürstin und den Prinzen, rasch." Dann weiter zu Gertrude: „Ich will sie rasch an meinem Trost teilnehmen lassen, ich will, daß dich alle sofort so behandeln, wie es sich gebührt. Die Strenge des

Vaters hast du nun ein wenig kennen gelernt; aber von nun an sollst du die ganze Liebe des Vaters genießen."

Gertrude war wie betäubt. Bald überdachte sie, wie denn dieses Ja, das ihr entschlüpft war, so viel hatte bedeuten können, bald suchte sie, ob es eine Möglichkeit gebe, es zurückzunehmen, seinen Sinn einzuschränken; aber die Überzeugtheit des Fürsten schien so vollständig, seine Freude so empfindsam, seine Güte so bedingt, daß Gertrude nicht ein Wort zu sprechen wagte, das all das zumindest hätte stören können.

Nach wenigen Augenblicken kamen die zwei Gerufenen, und als sie Gertrude dort sahen, blickten sie sie ungewiß und erstaunt an. Aber der Fürst sagte mit einem freudigen und liebreichen Gehaben, das ihnen ein ähnliches vorschrieb: „Da ist das verirrte Lamm; und das soll das letzte Wort sein, das traurige Erinnerungen zurückruft. Da ist der Trost der Familie. Gertrude bedarf keines Rates mehr; das, was wir zu ihrem Besten ersehnten, das hat sie aus freien Stücken gewählt. Sie ist entschlossen, sie hat mir zu wissen gemacht..." Bei dieser Stelle hob sie einen verzweifelten Blick zum Vater, wie um von ihm zu heischen, daß er einhalte, aber er fuhr unbeirrt fort: „daß sie entschlossen ist, den Schleier zu nehmen."

„Die Gute! Recht so!", riefen Mutter und Sohn und umarmten Gertrude nacheinander; diese empfing diese Zärtlichkeiten mit Tränen, und die wurden als Tränen des Trostes ausgelegt. Nun ließ sich der Fürst weitläufig darüber aus, was er alles tun werde, um das Los der Tochter heiter und glänzend zu gestalten. Er sprach von den Auszeichnungen, deren sie sich im Kloster und im Orte erfreuen werde, daß sie dort wie eine Fürstin, als eine Vertreterin der Familie leben werde, daß sie, sobald das nur ihr Alter erlauben werde, zur ersten Würde erhoben werden solle und daß sie bis dahin nur dem Namen nach eine Untergebene sein werde. Die Fürstin und der Prinz erneuerten alle Augenblicke ihre Glückwünsche und ihre Beifallsbezeugungen. Gertrude war wie im Banne eines Traumes.

„Jetzt wird man auch einen Tag bestimmen müssen", sagte der Fürst, „um nach Monza zu fahren und der Äbtissin das Gesuch vorzutragen. Wie glücklich wird sie sein! Ich kann euch nur sagen, das ganze Kloster wird die Ehre zu schätzen wissen, die ihm Gertrude erzeigt. Übrigens ... warum fahren wir nicht heute? Gertrude wird gern ein bißchen frische Luft schöpfen."

„Fahren wir denn", sagte die Fürstin.

„Ich will sofort die Befehle erteilen", sagte der Fürst.

„Aber ..." sagte Gertrude unterwürfig. „Sachte, sachte", begann wieder der Fürst, „lassen wir sie entscheiden; vielleicht fühlt sie sich heute noch nicht recht in der Verfassung und würde lieber bis morgen warten. Sag: wollen wir heute fahren oder morgen?"

Gertrude, die schon etwas zu tun glaubte, wenn sie ein wenig Zeit gewann, sagte mit matter Stimme: „Morgen."

„Morgen also", sagte feierlich der Fürst; „sie hat festgesetzt, daß morgen gefahren wird. Inzwischen gehe ich zum Nonnenvikar, damit er einen Tag für die Prüfung bestimmt." Gesagt getan. Der Fürst entfernte sich und ging wirklich – das war keine geringe Herablassung – zu dem besagten Vikar, und sie machten miteinander ab, daß er in zwei Tagen kommen werde. Diesen ganzen übrigen Tag hatte Gertrude nicht eine gute Minute. Ihr Wunsch wäre es gewesen, ihrem Gemüte nach so viel Aufregungen Ruhe gönnen zu dürfen, ihre Gedanken sozusagen sich klären zu lassen, sich selber Rechenschaft abzulegen über das, was sie getan hatte und was ihr noch zu tun verblieb, sich zu erforschen, was sie eigentlich wollte, und auf einen Augenblick dieses Räderwerk aufzuhalten, das sich, kaum in Gang gesetzt, so ungestüm drehte; aber dazu war keine Möglichkeit. Die Abhaltungen folgten einander ununterbrochen und griffen ineinander über. Sofort nach dem Weggang des Fürsten wurde sie in das Gemach der Fürstin geführt, um dort unter deren Leitung und von deren eigener Kammerfrau frisiert und umgekleidet zu werden. Noch war daran nicht die letzte Hand gelegt, so wurde ihnen schon gemeldet, daß es zu Tische gehen heiße. Gertrude schritt mitten durch die Verneigungen der Dienerschaft, die sich Glückwünsche wegen ihrer Genesung zuwinkten, und bei der Tafel fand sie einige der nächsten Verwandten, die in der Eile eingeladen worden waren, um ihr eine Aufmerksamkeit zu erweisen und sich mit ihr der zwei glücklichen Ereignisse zu erfreuen, der wiedergewonnenen Gesundheit nämlich und der erklärten Berufung.

Die Braut – so nannte man die angehenden Nonnen, und mit diesem Namen wurde Gertrude bei ihrem Erscheinen von allen begrüßt – die Braut hatte genug zu sagen und zu tun, um die Liebenswürdigkeiten zu beantworten, die es von allen Seiten auf sie regnete. Wohl fühlte sie, daß jede ihrer Antworten einer Genehmigung, einer Bestätigung gleichkam; aber wie anders antworten? Kurz nachdem sie von Tische aufgestanden waren, kam die Stunde des Ausfahrens. Gertrude stieg mit der Mutter in den Wagen und mit zwei Oheimen, die beim Mahle zugegen gewesen waren. Nach einer Rundfahrt gelangte man auf die Strada Marina, die damals den jetzt von dem öffentlichen Garten eingenommenen Platz durchschnitt und der Ort war, wo die vornehmen Leute zu Wagen hinkamen, um sich von den Beschwerden des Tages zu erholen. Die Oheime unterhielten sich auch mit Gertrude, wie es die Sitte an diesem Tage mit sich brachte, und der eine, der jede Person, jeden Wagen, jede Livree kannte und alle Augenblicke etwas von dem Herrn Soundso und der Dame Soundso zu sagen wußte, wandte sich auf einmal zu ihr und sagte: „Ach, du Schelmin! Allen diesen Tand stößt du mit dem Fuße von dir, du verschmitztes Ding, du! Uns arme Weltleute läßt du im Trubel sitzen und ziehst dich zurück, um ein gottseliges Leben zu führen, und fährst zu Wagen ins Paradies."

Mit der Dunkelheit kehrte man heim, und die Diener, die hastig mit den Fackeln herabgelaufen kamen, meldeten, daß viele Besuche warteten. Das Gerücht war umgelaufen, und die Verwandten und die Freunde kamen, um ihrer Schuldigkeit Genüge zu tun. Man trat in den Empfangssaal. Die Braut war ihnen der Abgott, das Spielzeug, das Opfer. Alle wollten sie für sich: einer ließ sich Zuckerwerk versprechen, ein anderer versprach Besuche, wer eine Verwandte in einem Kloster hatte, sprach von dieser, man pries das Klima von Monza, man erörterte die große Rolle, die sie dort spielen werde. Andere, die an die also belagerte Gertrude noch nicht hatten herankommen können, lauerten auf die Gelegenheit, sich vorzudrängen, und fühlten eine Art Gewissensbisse, bis sie ihrer Schuldigkeit ledig geworden waren. Nach und nach zerstreute sich dann die Gesellschaft; niemand ging mit Gewissensbissen, und Gertrude blieb mit den Eltern und dem Bruder allein.

„Endlich", sagte der Fürst, „habe ich die Genugtuung gehabt, meine Tochter wie eine ihresgleichen behandelt zu sehen; zugestehen muß man aber, daß auch sie sich vortrefflich betragen und daß sie gezeigt hat, daß es ihr nicht schwer fallen wird, die erste Rolle zu spielen und die Würde der Familie zu behaupten."

Man speiste hastig, um sich sofort zurückzuziehen und am Morgen bei guter Zeit fertig zu sein. War auch Gertrude betrübt und verärgert genug, so empfand sie doch ein wenig eitles Behagen über alle diese Huldigungen, und da erinnerte sie sich, was sie von ihrer Kerkermeisterin gelitten hatte; da sie den Vater also geneigt sah, in allem mit einer einzigen Ausnahme nach ihren Wünschen zu tun, wollte sie die Höhe, auf der sie jetzt stand, ausnützen, um wenigstens eine von den Leidenschaften, die sie quälten, zu stillen. Darum äußerte sie einen großen

Widerwillen, mit dieser Kammerfrau beisammen zu sein, indem sie sich heftig über ihr Benehmen beschwerte.

„Was?", sagte der Fürst; „sie hat es an Ehrerbietung für dich fehlen lassen? Morgen will ich ihr gehörig den Kopf waschen. Laß mich nur machen, ich werde es ihr schon zeigen, wer sie ist und wer du bist. Und auf keinen Fall soll eine Tochter, mit der ich zufrieden bin, eine Person um sich sehen, die ihr mißfällt."

Dies gesagt, ließ er eine andere rufen und befahl ihr Gertrude zu bedienen, die jetzt, wo sie sich an der erhaltenen Genugtuung weiden wollte, ganz verwundert war, daß sie im Vergleich zu dem Verlangen, das sie danach gehabt hatte, so wenig Freude darin fand. Was sich, auch gegen ihren Willen, ihres ganzen Sinnes bemächtigt hatte, war das Bewußtsein, daß sie an diesem Tage auf dem ins Kloster führenden Wege große Fortschritte gemacht hatte, und der Gedanke, daß es, um sich jetzt noch zurückzuziehen, viel mehr Kraft und Entschlossenheit erfordern würde, als noch vor wenigen Tagen genügt hätte und sie dennoch nicht in sich gefühlt hatte.

Die Frau, die sie auf ihr Zimmer begleitete, war eine alte Angehörige des Hauses, die ehemalige Pflegerin des Prinzen, den sie, kaum den Windeln entwachsen, übernommen und bis zum Jünglingsalter auferzogen und auf den sie all ihr Wohlgefallen, all ihre Hoffnung und all ihren Stolz gesetzt hatte. Der Entscheidung dieses Tages freute sie sich so wie eines eigenen Glückes, und Gertrude mußte als letztes Vergnügen noch die Glückwünsche, Lobsprüche und Ratschläge der Alten hinunterschlucken und Erzählungen von ihrigen Tanten und Großtanten anhören, die sich als Nonnen zufrieden und glücklich gefühlt hätten, weil sie sich wegen ihrer Zugehörigkeit zu diesem Hause immer der höchsten Ehren erfreut, immer eine Hand nach außen im Spiele zu behalten verstanden und von ihrem Sprechzimmer aus Erfolge erzielt hätten, die den größten Damen in ihren Zimmerfluchten nicht hatten gelingen können. Sie sprach ihr von den Besuchen, die sie empfangen werde; und eines Tages werde der Herr Prinz mit seiner Braut kommen, die sicherlich eine vornehme Dame sein werde, und da werde nicht nur das Kloster, sondern der ganze Ort auf den Beinen sein.

Die Alte sprach, während sie Gertrude auskleidete und als Gertrude im Bette lag; sie sprach noch fort, als Gertrude schon schlief. Die Jugend und die Ermüdung waren stärker als die Gedanken gewesen. Der Schlaf war ängstlich, unruhig und voll quälender Träume, aber er wurde erst von der kreischenden Stimme der Alten gebrochen, die sie wecken kam, damit sie sich zur Fahrt nach Monza fertig mache.

„Auf, auf, Fräulein Braut; es ist hellichter Tag, und bis Sie angekleidet und frisiert sind, wird auch noch mindestens eine Stunde vergehen. Die Frau Fürstin kleidet sich schon an; man hat sie vier Stunden früher als sonst geweckt. Der Prinz ist schon unten im Marstall gewesen, und jetzt ist er wieder heroben und ganz fertig, jeden Augenblick aufzubrechen. Lebendig wie ein Wiesel, der kleine

Schalk; aber so war er schon von kleinauf, und ich kann das sagen, ich habe ihn ja auf dem Arme getragen. Ist er aber fertig, so darf man ihn nicht warten lassen; denn so gutherzig er auch ist, da wird er ungeduldig und schlägt Lärm. Der Arme! Man muß Mitleid mit ihm haben; es ist einmal seine Natur, und heute hat er wohl auch Grund dazu, weil er sich Ihretwegen Ungelegenheit macht. Weh dem, der ihm in einem solchen Augenblicke zu nahe kommt; er kennt vor niemandem eine Rücksicht, außer vor dem Herrn Fürsten. Aber eines Tages wird er der Herr Fürst sein, so spät freilich, wie nur möglich. Rasch, rasch, Signora! Warum sehen Sie mich so verhext an? Jetzt sollten Sie schon aus dem Neste sein."

Vor der Vorstellung des ungeduldigen Prinzen waren alle Gedanken, die sich in dem erwachten Geiste Gertrudes zu Hauf drängten, verflogen wie ein Schwarm Spatzen vor einem Habicht. Sie gehorchte, kleidete sich hastig an, ließ sich frisieren und erschien im Saale, wo die Eltern und der Prinz beisammen waren. Man ließ sie in einem Armstuhl sitzen, und es wurde ihr eine Schale Schokolade gebracht, was damals ebenso viel war, wie bei den Römern die Überreichung des männlichen Gewandes.

Als man melden kam, daß angespannt sei, nahm der Fürst die Tochter beiseite und sagte zu ihr: „Also Gertrude, gestern hast du dir Ehre gemacht; heute mußt du dich selber übertreffen. Es gilt ein feierliches Erscheinen in dem Kloster und in dem Orte, wo du die erste Rolle zu spielen berufen bist. Sie erwarten dich ..." Es ist unnötig zu sagen, daß der Fürst der Äbtissin tags zuvor Nachricht geschickt hatte. „Sie erwarten dich, und aller Augen werden auf dich gerichtet sein. Würde und Ungezwungenheit. Die Äbtissin wird dich um dein Begehren fragen; es ist eine Förmlichkeit. Du kannst antworten, du bätet um die Erlaubnis, in diesem Kloster, wo du so liebreich erzogen worden seist und wo du so viel Aufmerksamkeit empfangen habest – und das ist die lautere Wahrheit – den Schleier nehmen zu dürfen. Sprich diese paar Worte frei heraus, damit man nicht sagt, man habe sie dir in den Mund gelegt und du wissest allein nicht zu reden. Die guten Mütter wissen nichts von dem Vorgefallenen: das ist ein Geheimnis, das in der Familie begraben bleiben soll; und darum mache kein zerknirschtes und unschlüssiges Gesicht, das einen Argwohn aufkommen lassen könnte. Zeige, was für einem Blute du entstammst: aber erinnere dich, daß an diesem Orte niemand außer der Familie über dir stehen wird."

Ohne eine Antwort abzuwarten, brach der Fürst auf; Gertrude, die Fürstin und der Prinz folgten ihm. Sie gingen gemeinsam die Treppe hinunter und stiegen in die Karosse. Die Widerwärtigkeiten und Beschwerden der Welt und das gottselige Leben im Kloster, sonderlich für junge Mädchen aus adeligem Blute, waren der Gegenstand der Unterhaltung während der Fahrt. Gegen Ende des Weges erneuerte der Fürst seine Unterweisungen und wiederholte der Tochter mehrmals die Formel der Antwort.

Bei der Einfahrt in Monza fühlte Gertrude, wie sich ihr das Herz zusammenkrampfte; aber ihre Aufmerksamkeit wurde für den Augenblick angezogen durch, ich weiß nicht, was für Herren, die, nachdem sie den Wagen aufgehalten hatten, ich weiß nicht, was für eine Begrüßung hersagten. Man setzte sich wieder in Bewegung und fuhr schier im Schritte zwischen den Blicken der Neugierigen, die von allen Seiten auf der Straße zusammenliefen, zum Kloster. Als der Wagen vor diesen Mauern, vor dieser Pforte hielt, krampfte sich das Herz Gertrudes noch mehr zusammen. Sie stieg zwischen zwei Volkshaufen aus, die von den Dienern zurückgewiesen wurden.

Alle diese auf sie gerichteten Augen verpflichteten die Ärmste, ihr Benehmen fortwährend zu berechnen; und mehr als die aller dieser hielten sie die des Vaters im Banne, denen sie die ihrigen trotz ihrer großen Angst keinen Augenblick zuzuwenden unterlassen konnte. Und diese Augen lenkten ihre Bewegungen und ihr Gesicht wie mit unsichtbaren Zügeln. Nachdem der erste Hof durchschritten war, gelangte man in einen anderen, und dort war die Pforte des inneren Klosters, die man von Nonnen eingefaßt und gänzlich besetzt sah. In der ersten Reihe stand die Äbtissin, umgeben von älteren Nonnen, hinter diesen andere durcheinander, einige auf den Fußspitzen, und in der letzten Reihe die Laienschwestern auf Fußbänkchen. Hier und da sah man auch mitten durch ein paar helle Äuglein leuchten, ein paar frische Gesichtchen zwischen den Kutten zum Vorschein kommen; das waren die flinkesten und kecksten Zöglinge, denen es, sich zwischen Nonne und Nonne schiebend und drängend, gelungen war, sich einen kleinen Ausblick zu verschaffen. Aus diesem Haufen erschallten Zurufe, und viele Arme winkten zum Zeichen der Bewillkommnung und der Freude. Sie kamen zur Pforte, und Gertrude stand der Mutter Äbtissin gegenüber. Nach den ersten Begrüßungen fragte diese in einer halb frohen, halb feierlichen Weise, was sie an diesem Orte begehre, wo ihr niemand etwas abschlagen könnte.

„Ich bin hier ...", begann Gertrude; aber im Begriffe, die Worte auszusprechen, die ihr Geschick schier unwiderruflich entscheiden sollten, zauderte sie einen Augenblick und starrte in die Menge vor ihr. In diesem Augenblick sah sie eine ihrer Gesellinnen, die sie mit einem Ausdruck des Mitleids zugleich und der Bosheit ansah und zu sagen schien: „Aha, sie hat sich gebeugt, die Tapfere!" Dieser Anblick, der in ihrer Seele all die alten Gefühle lebendiger wiedererwachen ließ, gab ihr auch ein wenig von dem geringen alten Mut zurück; und schon suchte sie nach einer von der ihr gesagten verschiedenen Antwort, als sie, indem sie ihren Blick, wie um ihre Kraft zu prüfen, zu dem Antlitze des Vaters erhob, in diesem eine so finstere Unruhe, eine so drohende Ungeduld gewahrte, daß sie, vor Angst entschlossen, mit derselben Schnelligkeit, womit sie vor etwas Schrecklichem die Flucht ergriffen hätte, fortfuhr: „Ich bin hier, um die Erlaubnis zu erbitten, in diesem Kloster, wo ich so liebreich aufgezogen worden bin, den Schleier nehmen zu dürfen."

Die Äbtissin antwortete unverzüglich, ihr sei es bei einem derartigen Anlasse sehr unlieb, daß die Regel nicht gestatte, unmittelbar eine Antwort zu erteilen; doch diese hänge von der allgemeinen Abstimmung der Schwestern ab, und ihr müsse die Erlaubnis der Oberen vorausgehen. Aber Gertrude, die ja die Gefühle kenne, die man für sie an diesem Orte hege, könne mit Sicherheit voraussehen, wie diese Antwort beschaffen sein werde, und inzwischen verbiete der Äbtissin und den Schwestern keine Regel, die Befriedigung kundzugeben, die sie über diese Bitte empfänden.

Nun erhob sich ein verworrener Lärm von Glückwünschen und Beifallsbezeigungen. Alsbald kamen große Silberschüsseln, gehäuft mit Süßigkeiten, und die wurden zuerst der Braut und dann den Eltern dargereicht.

Während einige Nonnen Gertrude mit stürmischen Zärtlichkeiten umgaben und andere die Mutter und andere den Prinzen begrüßten, ließ die Äbtissin den Fürsten bitten, er möge an das Gitter des Sprechzimmers kommen, wo sie ihn erwarte. Sie war von zwei Nonnen begleitet, und als sie ihn erscheinen sah, sagte sie: „Herr Fürst, um der Regel zu gehorchen ... um eine auch in diesem Falle unerläßliche Förmlichkeit zu erfüllen ... muß ich Ihnen sagen ... daß ich jedesmal, wenn ein Mädchen um die Einkleidung bittet ... verpflichtet bin, die Eltern aufmerksam zu machen ... daß sie, wenn sie etwa ... dem Willen ihrer Tochter Gewalt antäten, der Exkommunikation verfallen würden. Sie werden mich entschuldigen ..."

„Sehr wohl, sehr wohl, ehrwürdige Mutter. Ich billige ihre Genauigkeit höchlich; es ist nur recht... Aber Sie können nicht zweifeln ..."

„Ach, bedenken Sie, Herr Fürst... ich habe nur gemäß einer streng umschriebenen Pflicht gesprochen ... im übrigen ..."

„Gewiß, gewiß, Mutter Äbtissin."

Nachdem sie diese wenigen Worte gewechselt hatten, verbeugten sie sich gegenseitig und gingen auseinander, als fiele es beiden schwer, unter vier Augen zu bleiben; sie kehrten jeder zu ihrer Gesellschaft zurück, er von außen an die Klosterschwelle, sie von innen. „Wohlan denn", sagte der Fürst, „bald wird sich Gertrude nach Herzenslust der Gesellschaft dieser Mütter erfreuen dürfen; für jetzt sind wir ihnen lange genug lästig gefallen."

Dies gesagt, verneigte er sich, und die Familie setzte sich mit ihm in Bewegung; die Höflichkeitsbezeigungen wurden erneuert, und man ging. Gertrude hatte auf dem Rückweg nicht allzuviel Lust zu sprechen. Entsetzt über den Schritt, den sie getan hatte, beschämt über ihren Kleinmut, gereizt gegen die anderen und gegen sich selber, überschlug sie traurig alle Möglichkeiten, die ihr noch blieben, Nein zu sagen, und sie versprach sich schwach und unklar, bei dieser oder bei jener oder bei einer anderen geschickter und stärker zu sein. Samt all diesen Gedanken war aber der Schrecken vor jenem Stirnrunzeln des Vaters noch nicht völlig von ihr gewichen, so daß sie, wenn sie sich bei einem flüchtigen Blicke auf ihn überzeugen konnte, daß in seinem Gesichte keine Spur von Zorn mehr war, wenn sie vielmehr sah, daß er sich hoch befriedigt über sie zeigte, dies sehr hübsch fand und für einen Augenblick ganz glücklich war. Kaum angekommen, hieß es sich umziehen und sich neu putzen; dann das Essen, dann einige Besuche, dann die Spazierfahrt, dann der Empfang, dann die Abendtafel.

Als diese ihrem Ende zuging, brachte der Fürst das Gespräch auf eine andere Sache, auf die Wahl der Patin. So nannte man die Dame, die auf die Bitte der Eltern die Hut und die Begleitung der angehenden Nonne für die Zeit zwischen dem Gesuch und dem Eintritt ins Kloster übernahm, eine Zeit, die man mit dem Besuch der Kirchen, der öffentlichen Gebäude, der Unterhaltungen, der Landhäuser, der Heiligtümer, kurz aller Sehenswürdigkeiten der Stadt und der Umgebung verbrachte, damit die jungen Mädchen, bevor sie ein unwiderrufliches Gelübde aussprächen, genau sähen, was sie von sich stießen. „Es wird nötig sein an eine Patin zu denken", sagte der Fürst; „denn morgen kommt der Nonnenvikar wegen der Förmlichkeit der Prüfung, und gleich darauf wird Gertrude im Kapitel zur Aufnahme vorgeschlagen werden."

Bei diesen Worten hatte er sich zu der Fürstin gewandt, und diese, die darin eine Einladung zu einem Vorschlag sah, begann: „Es wäre das beste..."

Aber der Fürst fiel ein: „Nein, nein, Frau Fürstin, die Patin muß vor allem der Braut gefallen, und wiewohl der allgemeine Brauch die Wahl den Eltern überläßt, so hat doch Gertrude so viel Urteil, so viel Klugheit, daß sie es wohl verdient, daß für sie eine Ausnahme gemacht wird." Und indem er sich mit einer Gebärde, die eine sonderliche Gnade anzeigte, zu Gertrude wandte, fuhr er fort: „Jede von den Damen, die heute beim Empfang waren, hat alles, was die Patenschaft einer Tochter unseres Hauses erheischt; und ich meine, es wird keine sein, die sich den Vorzug nicht zur Ehre anrechnen würde. Wähle du."

Gertrude sah wohl, daß diese Wahl treffen eine neue Zustimmung war; aber der Vorschlag wurde mit einer solchen Umständlichkeit vorgebracht, daß eine Weigerung, wie bescheiden auch immer, als eine Mißachtung oder wenigstens als eine launenhafte Ziererei aufgefaßt werden konnte. Sie tat also auch diesen Schritt und nannte die Dame, die an diesem Abend am meisten nach ihrem Geschmack gewesen war, die nämlich, die ihr am meisten Liebkosungen gespendet und ihr am meisten Beifall gezollt und die sie auf jene vertrauliche, zärtliche und zuvorkommende Weise behandelt hatte, die in den ersten Augenblicken einer Bekanntschaft eine alte Freundschaft nachahmt.

„Eine ausgezeichnete Wahl", sagte der Fürst, der just diese gewünscht und erwartet hatte. Ob nun List oder Zufall, jedenfalls war es so gekommen, wie wenn euch ein Taschenspieler, der vor euren Augen die Karten eines ganzen Spiels abzieht, sagt, ihr sollet euch eine merken, und er werde sie erraten; aber er hat sie so abgezogen, daß ihr nur eine einzige gesehen habt. Diese Dame war den ganzen Abend um Gertrude herum gewesen und hatte sich so mit ihr beschäftigt, daß es bei Gertrude einer Anstrengung der Gedächtniskraft bedurft hätte, um an eine andere zu denken. Eine solche Liebenswürdigkeit war nicht ohne Ursache gewesen: die Dame hatte seit langer Zeit ihr Auge auf den Prinzen geworfen, den sie gern zum Schwiegersohn gehabt hätte; darum lagen ihr die Angelegenheiten dieses Hauses ebenso am Herzen wie ihre eigenen, und es war nur natürlich, daß sie an dieser lieben Gertrude nicht weniger Anteil nahm als an ihren eigenen nächsten Verwandten.

Tags darauf erwachte Gertrude mit dem Gedanken an den Prüfer, der kommen sollte; und während sie bei sich überlegte, ob sie diese so einschneidende Gelegenheit ergreifen sollte, um zurückzutreten, und auf welche Weise, ließ sie der Fürst rufen.

„Also Tochter", sagte er zu ihr, „bis jetzt hast du dich ausgezeichnet betragen; heute gilt es das Werk zu krönen. Alles, was bis jetzt geschehen ist, ist mit deiner Zustimmung geschehen. Wäre dir in dieser Zeit irgendein Zweifel oder ein Anflug von Reue gekommen, so hättest du dich über diese jugendlichen Grillen aussprechen müssen; wie aber die Sachen jetzt stehen, ist keine Zeit mehr für Kindereien. Der gute Mann, der heute erscheinen soll, wird dir hundert Fragen über deine Berufung stellen: ob du wirklich Nonne werden willst und warum und wieso und, was weiß ich. Wenn du mit den Antworten zauderst, so wird er dich, wer weiß wie lange, auf der Folter halten. Es wäre dir widerwärtig und peinlich; aber es könnte noch ein ernsterer Schaden daraus entstehen. Nach all den öffentlichen Kundgebungen, die erfolgt sind, würde das kleinste Schwanken, das man an dir sähe, meine Ehre gefährden, könnte den Glauben hervorrufen, ich hätte eine Anwandlung von dir für eine feste Entschließung genommen, ich hätte die Sache überstürzt, ich hätte ... was weiß ich? In diesem Falle würde ich mich gezwungen sehen, zwischen zwei schmerzlichen Auswegen zu wählen: entweder zuzugeben, daß sich die Welt eine traurige Meinung von meinem Betragen bilde, ein Ausweg, der durchaus nicht mit dem bestehen kann, was ich mir selber schulde, oder den wahren Beweggrund deines Entschlusses zu enthüllen ..." Als er aber hier sah, daß sich Gertrudes Wangen mit Scharlach gefärbt hatten, daß ihre Augen heraustraten und daß sich ihr Gesicht zusammenzog wie die Blätter einer Blume in der Schwüle, die einem Unwetter vorangeht, brach er dieses Gespräch jäh ab und sagte mit heiterer Miene: „Nun, nun, alles hängt von dir, von deiner Klugheit ab. Deren hast du, das weiß ich, genug, und du bist kein Kind, das eine Sache, die sich so gut angelassen hat, am Ende verderben wollte; aber ich habe alle Fälle vorbedenken müssen. Reden wir nicht mehr davon und bleiben wir dabei, daß du frei heraus antworten wirst, auf eine Weise, daß nicht in dem Kopfe dieses guten Mannes Bedenken entstehen. So wirst du auch am raschesten fertig sein."

Nachdem er ihr noch einige Antworten auf die wahrscheinlichsten Fragen eingegeben hatte, begann er das gewöhnliche Gespräch über die süßen Freuden, die für Gertrude im Kloster bereitet seien, und unterhielt sie damit, bis ein Diener den Vikar melden kam. Der Fürst erneuerte hastig die wichtigsten Weisungen und ließ die Tochter, wie es vorgeschrieben war, mit ihm allein. Der gute Mann kam ein wenig mit der Meinung, Gertrude fühle eine große Berufung zum Kloster; denn so hatte ihm der Fürst gesagt, als er bei ihm gewesen war, um ihn einzuladen.

Freilich hatte der wackere Priester, der wußte, daß Mißtrauen eine der für sein Amt nötigsten Tugenden war, den Grundsatz, derlei Beteuerungen nur langsam Glauben zu schenken und sich vor einer Voreingenommenheit zu hüten; aber es geschieht selten, daß die Behauptungen und Versicherungen einer, gleichgültig wie immer, höheren Person nicht dem Geiste des Hörers von ihrer Färbung mitteilen. Nach den ersten Höflichkeiten sagte er zu ihr: „Fräulein, ich komme, um die Rolle des Teufels zu spielen: ich komme, um als zweifelhaft hinzustellen, was Sie in Ihrer Bittschrift als gewiß angegeben haben, und ich komme, um Ihnen die Schwierigkeiten vor Augen zu stellen und mich zu vergewissern, ob Sie sie wohl erwogen haben. Gestatten Sie, daß ich einige Fragen an Sie richte."

„Sprechen Sie", antwortete Gertrude.

Nun begann sie der gute Priester in der von der Regel vorgeschriebenen Weise zu befragen: „Fühlen Sie in Ihrem Herzen einen freiwilligen Entschluß, Nonne zu werden? Sind keine Drohungen oder Schmeicheleien gebraucht worden? Hat man nicht etwa von einer Autorität Gebrauch gemacht, um sie dazu anzuleiten? Sprechen Sie rückhaltlos und aufrichtig mit einem Manne, dessen Pflicht es ist, Ihren wahren Willen kennenzulernen, um zu verhindern, daß irgendwie Gewalt gegen sie gebraucht werde."

Die wahre Antwort auf eine solche Frage stellte sich Gertrudes Geist sofort mit schrecklicher Deutlichkeit dar. Um diese Antwort zu geben, hätte es einer weitläufigen Erklärung bedurft, der Aussage, daß ihr gedroht worden sei, der Erzählung einer Geschichte … Entsetzt floh die Unglückliche vor diesem Gedanken zurück und suchte hastig nach einer anderen Antwort; und sie fand nur eine, die sie rasch und sicher von dieser Pein befreien konnte, und das war die, die der Wahrheit am meisten widersprach. „Ich werde", sagte sie, indem sie ihre Verwirrung zu verbergen trachtete, „ich werde nach meiner Neigung und freiwillig Nonne."

„Wann ist dieser Gedanke in Ihnen entstanden?", fragte der gute Priester wieder.

„Ich habe ihn schon immer gehabt", antwortete Gertrude, die nach diesem ersten Schritte dreister geworden war, gegen sich selber zu lügen.

„Aber was ist der Hauptbeweggrund, der Sie treibt, Nonne zu werden?" Der gute Priester wußte nicht, welche Saite er damit anschlug; und Gertrude macht eine große Anstrengung, um nicht in ihrem Gesichte die Wirkung zu verraten, die diese Worte in ihrer Seele hervorriefen.

„Mein Beweggrund ist der Wunsch", sagte sie, „Gott zu dienen und die Gefahren der Welt zu fliehen."

„Sollte es nicht etwa ein Verdruß sein? Etwa ... Sie entschuldigen mich ... eine Laune? Manchmal kann ein augenblicklicher Anlaß einen Eindruck machen, der immer andauern zu müssen scheint; und wenn dann der Anlaß aufhört und der Sinn sich ändert, dann ..."

„Nein, nein", antwortete Gertrude ungestüm, „der Grund ist der, den ich Ihnen gesagt habe."

Mehr um seiner Pflicht völlig nachzukommen, als weil es noch einer Überredung bedurft hätte, fuhr der Vikar beharrlich zu fragen fort; aber Gertrude war entschlossen, ihn zu täuschen. Außer dem Abscheu, den ihr der Gedanke erregte, diesen würdigen Priester, der weit entfernt schien, so etwas von ihr zu argwöhnen, zum Mitwisser ihrer Schwachheit zu machen, bedachte die Ärmste auch, daß er es zwar verhindern könnte, daß sie Nonne würde, daß aber damit auch seine Machtvollkommenheit über sie ebenso wie sein Schutz aufhörte. Nach seinem Weggang würde sie mit dem Fürsten allein bleiben, und was sie dann in diesem Hause zu leiden haben würde, davon erführe der gute Priester nie etwas, oder sollte er schon etwas erfahren, so würde er samt all seiner guten Absicht nichts sonst für sie tun können, als Mitleid mit ihr zu haben, ein ruhiges und gemessenes Mitleid, wie es gleichsam aus Höflichkeit allgemein jedem zugestanden wird, der zu dem Bösen, was ihm widerfährt, Anlaß oder Vorwand gegeben hat.

Der Prüfer war eher müde zu fragen, als die Unselige zu lügen, und da er immer diese gleichartigen Antworten hörte und keinen Grund hatte, an ihrer Offenheit zu zweifeln, so änderte er schließlich die Sprache: er beglückwünschte sie, er entschuldigte sich gewissermaßen, daß er mit der Erfüllung dieser seiner Schuldigkeit so lange gezaudert habe, und fügte noch hinzu, was er am dienlichsten hielt, sie in ihrem Vorsatz zu bestärken; und damit beurlaubte er sich. — Als er im Weggehen durch die Zimmer schritt, stieß er auf den Fürsten, der zufällig vorbeizukommen schien; und er beglückwünschte auch ihn zu der guten Verfassung, in der er seine Tochter gefunden hatte.

Der Fürst war bis dahin in einer gar peinlichen Ungewißheit gewesen; nun atmete er wieder auf. Seiner gewohnten Würde vergessend, eilte er schier laufend zu Gertrude, überschüttete sie mit Lobsprüchen, Liebkosungen und Versprechen, das alles in einem herzlichen Jubel, in einer zum großen Teile aufrichtigen Zärtlichkeit; also wetterwendisch ist das menschliche Herz.

Wir werden Gertrude in diesem fortgesetzten Kreislaufe von Festlichkeiten und Unterhaltungen nicht folgen; ebensowenig werden wir einzeln und der Reihe nach ihre Gefühle in dieser ganzen Zeit schildern: das wäre eine Geschichte von

Schmerzen und Widerwärtigkeiten, die zu einförmig und dem Gesagten zu ähnlich wäre.

Die Annehmlichkeit der Gegend, die Mannigfaltigkeit der sie umgebenden Dinge, der Reiz, den sie daran fand, im Freien herumzuschweifen, machten ihr den Gedanken an den Ort, wo sie schließlich zum letzten Male und für immer eintreffen sollte, nur um so mehr verhaßt. Noch schmerzlicher waren ihr die Eindrücke, die sie bei den Empfängen und Unterhaltungen erhielt. Der Anblick der Bräute, denen man diesen Namen in dem alltäglicheren und gebräuchlicheren Sinne gab, verursachte ihr einen unerträglichen Neid und Gram; und manchmal glaubte sie aus dem Gesicht der Leute entnehmen zu dürfen, daß der Gipfel aller Glückseligkeit darin liegen müsse, sich diesen Namen geben zu hören. Von der Pracht der Paläste, dem Glanz ihrer Einrichtung und dem rauschenden Lärm der Feste wurde ihr manchmal eine solche Trunkenheit, ein so inbrünstiges Begehren nach einem frohen Leben mitgeteilt, daß sie sich selber versprach, zu widerrufen und lieber alles zu leiden, als in den kalten und toten Schatten des Klosters zurückzukehren. Aber all diese Entschlüsse verrauchten bei der ruhigen Überlegung der Schwierigkeit, bei einem einzigen Blick, den sie auf ihren Vater heftete. Manchmal auch machte ihr der Gedanke, diese Freuden für immer verlassen zu müssen, schon die kleine Verkostung bitter und schrecklich, so wie der verdurstende Kranke den Löffel Wasser, den ihm der Arzt nur ungern gewährt, voll Wut ansieht und schier mit Verachtung zurückstößt. Unterdessen hatte der Nonnenvikar das notwendige Zeugnis ausgestellt, und es kam die Erlaubnis, das Kapitel wegen Gertrudes Aufnahme abzuhalten. Das Kapitel wurde abgehalten: wie zu erwarten gewesen war, kamen die von der Regel geforderten zwei Drittel der geheim abgegebenen Stimmen zusammen, und Gertrude war aufgenommen.

Müde der langen Qual, verlangte sie nun selber, so bald wie möglich ins Kloster zu treten, und selbstverständlich war niemand da, der eine solche Ungeduld hätte zügeln wollen. So geschah denn ihr Wille; sie wurde prunkvoll ins Kloster geleitet und wurde eingekleidet.

Nach zwölf Monaten des Noviziates voller Reue und abervoller Reue kam der Augenblick der Profeßablegung, ein Augenblick, wo sie entweder ein sonderbareres, weniger erwartetes und mehr Ärgernis erregendes Nein als je sagen oder ein so oft schon gesagtes Ja wiederholen mußte; sie wiederholte das Ja und war Nonne für immer.

Es ist eine der eigentümlichen und unmitteilbaren Eigenschaften der christlichen Religion, daß sie jeden, der in was immer für einer Lage oder an was immer für einem Ende seine Zuflucht zu ihr nimmt, aufzurichten und zu trösten vermag. Gibt es ein Mittel gegen das Vergangene, so schreibt sie es vor, gibt es an die Hand, verleiht Einsicht und Kraft, es um jeglichen Preis ins Werk zu setzen; wenn nicht, so gibt sie den Weg an, um wirklich und in der Tat, wie es im

Sprichworte heißt, aus der Not eine Tugend zu machen. Sie lehrt, mit Klugheit in dem fortzufahren, was aus Leichtsinn unternommen worden ist, sie bestimmt die Seele, mit Zuneigung zu umfassen, was ihr mit Gewalt auferlegt worden ist, und erteilt einer Wahl, die vermessen gewesen ist, aber nicht widerrufen werden kann, alle Heiligkeit, alle Weisheit und, sagen wir es nur gerade heraus, alle Freuden der Berufung. Sie ist eine derart beschaffene Straße, daß der Mensch, wie immer auch das Labyrinth oder der Abgrund war, woher er auf sie gelangt, nach den ersten Schritten, die er darauf tut, mit Sicherheit und Lust weiterschreiten und froh an einem frohen Ziele ankommen kann.

Durch dieses Mittel hätte Gertrude eine fromme und zufriedene Nonne sein können, wie immer sie es auch geworden war; aber die Unglückliche bäumte sich anstatt dessen unter ihrem Joch und fühlte so die Last und die Erschütterungen um so stärker. Ein unablässiges Klagen um die verlorene Freiheit, das Entsetzen vor dem gegenwärtigen Stande, ein mühseliges Jagen hinter Wünschen, die nie würden erfüllt werden, das waren die Hauptbeschäftigungen ihrer Seele. Sie überdachte immer wieder diese vergangene Bitternis, fügte im Gedächtnis all die Umstände zusammen, derenthalben sie sich hier befand, und zerstörte tausendmal unnützerweise mit dem Gedanken, was sie mit dem Werke getan hatte; sich klagte sie des Kleinmuts an, andere der Tyrannei und der Treulosigkeit, und sie rieb sich auf. Sie vergötterte und beweinte zugleich ihre Schönheit, jammerte über eine Jugend, die bestimmt war, sich in einem langsamen Märtyrertum zu verzehren, und beneidete in gewissen Augenblicken jede Frau, die sich, wie immer auch ihre Lage und wie immer auch ihr Gewissen beschaffen war, frei in der Welt dieser Güter freuen durfte. Der Anblick der Nonnen, die ihre Hand im Spiele gehabt hatten, sie hereinzubekommen, war ihr verhaßt. Sie erinnerte sich der Künste und Schliche, die sie ins Werk gesetzt hatten, und vergalt sie ihnen mit Unhöflichkeit und Mißachtung und auch mit offenen Vorwürfen. Das mußten Sie meistens schweigend hinunterschlucken; denn der Fürst war wohl mit der Tyrannisierung seiner Tochter einverstanden gewesen, soweit sie nötig war, um sie ins Kloster zu stoßen, aber nachdem seine Absicht erreicht war, hätte er es nicht so leichthin geduldet, daß sich andere herausgenommen hätten, ein Recht gegen sein Blut zu haben, und jedes bißchen Lärm, das sie geschlagen hätte, hätte der Anlaß sein können, sie dieses mächtigen Schutzes verlustig zu machen oder den Beschützer am Ende in einen Feind zu verwandeln. Nun hätte Gertrude, scheint es, eine gewisse Neigung zu den anderen Schwestern empfinden müssen, die an diesen Ränken nicht teilgenommen hatten, die sie, ohne sie zur Gesellin gewünscht zu haben, als eine solche liebten und die ihr fromm, tätig und heiter durch ihr Beispiel zeigten, wie man auch hier drinnen nicht nur leben, sondern sich sogar wohlbefinden konnte; aber diese waren ihr wieder aus einem anderen Grunde verhaßt. Ihr frommes und zufriedenes Aussehen empfand sie als einen Tadel ihrer Unruhe und ihres launenhaften Betragens, und sie ließ sich keine Gelegenheit entgehen, sie hinter ihrem Rücken als Betschwestern zu verspotten oder auf sie als Scheinheilige zu sticheln. Vielleicht wäre sie ihnen nicht so abgeneigt gewesen, wenn sie gewußt oder erraten hätte, daß die wenigen schwarzen Kugeln in der Urne, als man über ihre Aufnahme entschieden hatte, von eben diesen abgegeben worden waren. Etwas Trost schien sie manchmal im Befehlen zu finden, in den Huldigungen, deren Gegenstand sie im Kloster war, in den Aufwartungen, die ihr Außenstehende machten, in der Durchführung mancher schwieriger Sachen, deren sie sich annahm, in der Verleihung ihres Schutzes und in ihrer Bezeichnung als Signora; aber was für einen Trost!

Ihr Herz, das also wenig Genügen fand, hätte ihm gern dann und wann den Trost der Religion zu gemeinsamer Labung gesellt; aber dieser Trost kommt nur dem, der keines andern achtet, so wie der Schiffbrüchige, der sich an ein Bett klammern will, das ihn heil ans Ufer tragen kann, die Faust öffnen und die Algen fahren lassen muß, die er mit einer instinktiven Wut gefaßt gehabt hat. Kurz nach dem Profeß war Gertrude zur Oberin der Zöglinge gemacht worden; man kann sich denken, wie sich diese Mädchen unter ihrer Zucht befinden mußten. Ihre alten Gesellinnen waren alle gegangen, aber sie bewahrte alle Leidenschaften jener Zeit lebendig in sich, und auf die eine oder die andere Weise sollten die Zöglinge deren Last tragen. Wenn ihr einfiel, daß viele von ihnen zu einem Leben in jener Welt bestimmt waren, aus der sie für immer ausgeschlossen war, empfand sie einen Neid auf die armen Dinger, ja schier eine Gier, sich an ihnen zu rächen; sie hielt sie nieder, sie mißhandelte sie, sie ließ sie im vorhinein die Freuden entgelten, die sie eines Tages genießen sollten. Wer in diesen Augenblicken gehört hätte, mit welch herrischem Zorn sie wegen jeder kleinen Unachtsamkeit schrie, der hätte sie für eine Frau von einer rauhen und unverständigen Religiosität gehalten. Ein andermal brach derselbe Abscheu vor dem Kloster, vor der Regel, vor dem Gehorsam in Anfällen einer ganz entgegengesetzten Laune durch; dann ertrug sie nicht nur die geräuschvollen Zerstreuungen ihrer Zöglinge, sondern regte sie selber an: sie mischte sich in ihre Spiele und machte sie außergewöhnlicher, sie nahm teil an ihren Gesprächen und führte sie einem Ziele zu, woran diese beim Beginn nie gedacht hatten. Sagte eine ein Wort über das Geplapper der Äbtissin, so ahmte die Oberin diese des längeren nach und machte eine Komödienszene daraus; sie zeigte, was für ein Gesicht diese Nonne machte und wie jene ging: und dann lachte sie unmäßig, aber es war ein Gelächter, das sie nicht froher machte als zuvor.

So hatte sie einige Jahre gelebt, ohne die Fähigkeit oder die Gelegenheit zu haben, mehr zu tun, als es ihr Unglück wollte, daß sich ihr eine Gelegenheit dazu bot. Unter den Auszeichnungen und Vorrechten, die ihr gewährt worden waren, um sie dafür zu entschädigen, daß sie noch nicht Äbtissin sein konnte, war auch, daß sie eine abgesonderte Wohnung hatte. An dieser Seite stieß das Kloster an ein Haus, das ein Jüngling bewohnte, ein Bösewicht von Beruf, einer von den vielen, die damals sowohl durch die Raufbolde, die sie unterhielten, als auch durch Bündnisse mit andern Bösewichtern bis zu einer gewissen Grenze die öffentliche Gewalt und die Gesetze verlachen durften. Unsere Handschrift nennt ihn Egidio, ohne etwas über seine Familie zu sagen. Da er von einem Fenster, das den kleinen Hof ihrer Wohnung beherrschte, Gertrude mehrmals gesehen hatte, wie sie ihn durchschritt oder sich müßig erging, wagte er es eines Tages, von den Gefahren und der Gottlosigkeit des Unternehmens eher angelockt als abgeschreckt, sie anzureden. Die Unselige antwortete. In diesen ersten Augenblicken erfuhr sie eine zwar sicherlich nicht reine, aber lebhafte Freude.

In die dunkle Leere ihres Herzens hatte sich eine starke und dauernde Beschäftigung ergossen, sozusagen ein mächtiges Leben; aber diese Freude ähnelte dem Erquickungstrank, den die erfinderische Grausamkeit der Alten dem Verurteilten einschenkte, um ihm Kraft zur Ertragung der Qualen zu geben. Zu derselben Zeit sah man eine große Veränderung in ihrem ganzen Betragen; auf einmal hielt sie sich mehr an die Regel, wurde ruhiger, ließ ab von den Spöttereien und dem Murren und zeigte sich eher liebenswürdig und artig, so daß sich die Schwestern gegenseitig zu dieser günstigen Verwandlung beglückwünschten, weit entfernt, wie sie davon waren, den wahren Grund zu ahnen und den Umstand zu begreifen, daß diese neue Tugend nichts war als eine Heuchelei, die zu den alten Fehlern hinzugekommen war.

Dieser Anschein oder, um es so zu sagen, dieses oberflächliche Weißwaschen hielt freilich, wenigstens in dieser Beharrlichkeit und Gleichmäßigkeit, nicht lang an: bald stellten sich die gewohnten Beleidigungen und gewohnten Launen wieder ein, wurden wieder die Verwünschungen und Verspottungen des klösterlichen Gefängnisses laut, und diese drückten sich nun manchmal in einer an diesem Orte und sogar in diesem Munde ungewöhnlichen Sprache aus; immerhin kam bei jeder solchen Verfehlung die Reue hinterdrein, verbunden mit einer großen Sorge, die durch schmeichelnde und gute Worte vergessen zu machen.

Die Schwestern ertrugen dieses Hin und Her aufs beste und schrieben es der launenhaften und leichtfertigen Anlage der Signora zu. Eine Zeitlang hatte es nicht den Anschein, als ob eine dabei etwas anderes dächte; als sich aber die Signora eines Tages bei einem Wortwechsel, in den sie mit einer Laienschwester irgendeiner Klatscherei halber geraten war, so weit gehen ließ, sie über die Maßen herunterzumachen, und gar nicht aufhören wollte, riß der Schwester, nachdem sie eine Weile alles ertragen und sich nur ein wenig die Lippen gebissen hatte, endlich die Geduld, und sie warf ein Wort hin, daß sie etwas wisse und daß sie zur richtigen Zeit und am rechten Orte reden werde. Von diesem Augenblicke an hatte die Signora keine Ruhe mehr.

Aber es dauerte nicht lange, so wurde die Schwester eines Morgens umsonst zu ihren gewöhnlichen Dienstleistungen erwartet: man geht in ihre Zelle nachsehen und sie ist nicht dort, man ruft sie mit lauter Stimme und sie antwortet nicht, man sucht sie hier, man sucht sie dort, man dreht von unten bis oben alles um, sie ist nirgends. Und wer weiß, was für Vermutungen aufgestellt worden wären, wenn man nicht eben bei dem Suchen ein Loch in der Gartenmauer entdeckt hätte; dies brachte alle auf den Gedanken, daß sie dort entwichen sei. Man stellte in Monza und der Umgebung große Nachforschungen an und besonders in Meda, wo sie daheim war, und schrieb nach allen Richtungen; aber nie bekam man die geringste Kunde von ihr. Vielleicht hätte man mehr erfahren können, wenn man sich, anstatt in der Ferne zu suchen, auf die Nähe beschränkt hätte. Nach vielem Verwundern, weil sie niemanden dessen für fähig gehalten hätte, und nach vielem Gerede kam man zu dem Schlusse, daß sie weit weg, weit weg gegangen sein müsse. Und weil einer Schwester einmal entfuhr: „Sie ist sicherlich nach Holland entflohen" - der Lombarde braucht aber das Wort Holland auch für das Jenseits - so sagte man alsbald im Kloster wie außerhalb und hielt eine geraume Zeit dafür, daß sie nach Holland geflohen sei. Immerhin scheint die Signora nicht dieser Ansicht gewesen zu sein. Nicht daß sie ihre Ungläubigkeit gezeigt oder die allgemeine Meinung mit ihren Sondergründen bekämpft hätte: wenn sie deren hatte, so wurden wahrhaftig nie noch Gründe so gut verhehlt; auch gab es nichts, dessen sie sich lieber enthalten hätte, als diese Geschichte zu berühren, nichts, worum sie sich weniger gekümmert hätte, als diesem Geheimnisse auf den Grund zu kommen. Aber je weniger sie davon sprach, desto mehr dachte sie daran. Wie oft des Tages drängte sich das Bild dieser Frau unversehens in ihren Geist ein und setzte sich dort fest, ohne weichen zu wollen! Wie oft hätte sie ersehnt, sie lebendig und leibhaftig vor sich zu sehen, statt daß sie sie immer im Gedanken vor sich hatte, statt daß sie sich Tag und Nacht in Gesellschaft dieser leeren, schrecklichen und unerträglichen Gestalt befinden mußte! Wie oft hätte sie ihre Stimme, was immer sie auch hätte drohen können, in Wirklichkeit hören wollen, statt immer im Innersten des geistigen Ohrs das phantastische Geflüster dieser selbigen Stimme zu haben und Worte zu vernehmen, die mit einer Hartnäckigkeit, einer unermüdlichen Eindringlichkeit wiederholt wurden, wie sie einem lebendigen Wesen nimmer eigen war!

Seit diesem Ereignisse war etwa ein Jahr verstrichen, als Lucia der Signora vorgestellt wurde und jenes Gespräch mit ihr hatte, bei dem wir in unserer Erzählung stehen geblieben sind. Die Signora vervielfältigte ihre Fragen über die Nachstellungen des Edelmanns und ging auf gewisse Einzelheiten mit einer Unbefangenheit ein, die Lucia mehr als sonderbar vorkam und vorkommen mußte, weil diese nie gedacht hätte, daß sich die Neugier der Nonnen beiderlei Gegenständen betätigen könnte. Die Urteile, die sie unter die Fragen mischte oder die sie durchscheinen ließ, waren nicht minder seltsam. Es schien fast, als verlache sie den großen Abscheu, den Lucia immer vor diesem Herrn gehabt hatte, und sie fragte, ob er denn ein Ungeheuer sei, daß er so viel Furcht einflöße; es schien fast, als hätte sie die Sprödigkeit des Mädchens unvernünftig und dumm gefunden, wenn sie nicht in dem Renzo erteilten Vorzug begründet gewesen wäre. Und auch über diesen ging sie in ihren Fragen so weit, daß die Befragte erstaunte und errötete.

Als sie dann sah, daß sie ihre Zunge allzusehr hinter den Seitensprüngen ihres Hirns hatte herlaufen lassen, trachtete sie ihr Geschwätz zu verbessern und besser auszulegen; aber sie konnte nicht so tun, daß nicht in Lucia neben einer unliebsamen Verwunderung eine Art verworrenen Schreckens zurückgeblieben wäre. Und kaum war diese allein mit der Mutter, so eröffnete sie sich ihr; aber Agnese löste ihr als die mehr Erfahrene mit wenigen Worten alle diese Zweifel und erklärte ihr das ganze Geheimnis.

„Staune darüber nicht", sagte sie; „wenn du die Welt so gut kennen gelernt haben wirst wie ich, so wirst du sehen, daß das keine Dinge sind, über die man zu staunen brauchte. Alle Herrenleute haben, der eine mehr, der andere weniger, dieser so und jener anders, ein wenig vom Narren. Man muß sie reden lassen, besonders wenn man sie braucht, muß tun, als ob man ihnen ernsthaft zuhörte, als ob sie etwas Rechtes sagten. Hast du gehört, wie sie mir ins Wort gefallen ist, als hätte ich etwas ganz Ungereimtes gesagt? Ich habe mir nichts daraus gemacht. Sie sind alle so. Und samt alldem sei der Himmel gelobt, daß dich diese Signora, wie es scheint, willig aufgenommen hat und uns wirklich in Schutz nehmen will. Wenn du übrigens durchkommst, mein Kind, und es trifft sich dir wieder, daß du mit Herrenleuten zu tun hast, dann wirst du es schon merken, wirst es schon merken."

Das Verlangen, sich den Pater Guardian zu verpflichten, das Vergnügen an der Rolle der Beschützerin, der Gedanke an den guten Eindruck, den ein so fromm übernommener Schutz zur Frucht haben konnte, ein gewisses Wohlgefallen an Lucia und auch eine gewisse Befriedigung, einem unschuldigen Geschöpfe Gutes zu tun und Unterdrückten beizustehen und sie aufzurichten, das waren die Gründe, die die Signora bewogen hatten, sich der zwei armen Flüchtlinge anzunehmen. Auf ihr Verlangen und mit Rücksicht auf sie wurden sie in der ans Kloster stoßenden Wohnung der Schaffnerin untergebracht und so behandelt, als ob sie zur Dienerschaft des Klosters gehört hätten. Mutter und Tochter beglückwünschten einander, so rasch eine sichere und ehrenvolle Zuflucht gefunden zu haben. Es wäre ihnen sehr lieb gewesen, wenn sie dort von jedermann unbeachtet hätten bleiben können, aber das war in einem Kloster nicht leicht, um so mehr als es einen Menschen gab, der nur allzu beflissen war, Kunde von ihnen zu erhalten, und in dessen Seele sich zu der Leidenschaft und dem Stachel von ehedem noch die Wut gesellte, daß man ihm zuvorgekommen war und ihn getäuscht hatte. Und wir wollen, indem wir die Frauen in ihrem Verstecke verlassen, in die Burg dieses Mannes und zu der Stunde zurückkehren, wo er noch auf den Ausgang eines verbrecherischen Anschlages wartete.

11. KAPITEL.

WIE eine Koppel Schweißhunde, nachdem sie einen Hasen umsonst verfolgt hat, beschämt zu dem Herrn zurückkehrt mit gesenkten Schnauzen und hangenden Schwänzen, so kehrten in dieser Nacht des Wirrwarrs die Bravi in die Burg Don Rodrigos zurück.

Dieser schritt im Dunkeln in einer unbewohnten Kammer des obersten Stockwerkes auf und ab, die gegen den Vorplatz zu gelegen war. Alle Augenblicke blieb er stehen, spitzte das Ohr und blickte durch die Spalten der wurmstichigen Fensterladen, voller Ungeduld und nicht ohne Unruhe nicht nur wegen der Unsicherheit des Ausgangs, sondern auch wegen der möglichen Folgen; denn es war das größte und gewagteste Unternehmen, woran der wackere Mann bisher eine Hand gelegt hatte. Freilich beruhigte er sich mit dem Gedanken an die Vorsichtsmaßregeln, die getroffen waren, um die Beschuldigungen, wenn schon nicht die Verdachtsgründe zu verwischen. Über die Verdachtsgründe, meinte er, lache ich nur. Ich möchte doch wissen, wer so begierig wäre, daß er da heraufkäme, um nachzusehen, ob ein Mädchen da ist oder nicht. Er soll nur kommen, er soll nur kommen, dieser Bauernlümmel, und er wird gut empfangen werden. Er soll nur kommen, der Mönch, er soll nur kommen. Die Alte? Die soll sich zum Teufel scheren. Das Gericht? Bah, das Gericht! Der Vogt ist kein Kind und ist kein Narr. Und in Mailand? Wer wird sich denn in Mailand um die da kümmern? Wer wird ihnen recht geben? Wer weiß denn überhaupt, daß sie da sind? Sie sind ja auf der Erde wie verlorene Leute; nicht einmal einen Herrn haben sie: ein Niemandsvolk. Weg, weg, keine Furcht. Wie wird Attilio morgen dastehen! Dann wird er sehen, ob ich schwatze oder ob ich handle. Und dann ... wenn wirklich ein ärgerlicher Handel daraus entstünde ... was weiß ich? wenn etwa ein Feind die Gelegenheit ergreifen wollte ... auch Attilio würde mir zu raten wissen; die Ehre der ganzen Verwandtschaft hängt ja daran. – Aber der Gedanke, bei dem er am meisten verweilte, weil er in ihm zugleich eine Beschwichtigung der Bedenken und eine Weide für seine Hauptleidenschaft fand, war der Gedanke an die Schmeicheleien, an die Versprechungen, die er anwenden würde, um Lucia zu begütigen. Sie wird so viel Angst haben, allein unter diesen Leuten zu sein, unter diesen Fratzen ... das menschlichste Gesicht bin noch ich hier, potzblitz ... daß sie ihre Zuflucht zu mir wird nehmen müssen, daß es an ihr sein wird, zu bitten; und wenn sie bittet ... Mitten unter diesen hübschen Berechnungen hört er ein Getrappel; er läuft zum Fenster, öffnet es ein wenig, guckt hinaus: sie sind's.

Und die Sänfte? Wo ist die Sänfte? Drei, fünf, acht: sie sind es alle; da ist auch der Graue. Die Sänfte ist nicht da: Teufel! Teufel! Der Graue wird mir Rechenschaft ablegen.

Als sie eingetreten waren, stellte der Graue in einem Zimmer des Erdgeschosses seinen Stock in einen Winkel, legte dort auch den Filz und den Pilgermantel ab und stieg, wie es sein Amt erheischte, das ihm in diesem Augenblicke niemand neidete, hinauf, um Don Rodrigo diese Rechenschaft abzulegen.

Der erwartete ihn am oberen Ende der Treppe; und als er ihn mit dem albernen und täppischen Gesicht des geprellten Schurken daherkommen sah, sagte er zu ihm oder schrie ihn an: „Na also, Herr Eisenfresser, Herr Hauptmann, Herr Lassensiemichnurmachen!"

„Es ist hart", antwortete der Graue, indem er mit einem Fuß auf der letzten Stufe stehen blieb, „es ist hart, Tadel zu empfangen, wenn man treulich gearbeitet und seine Pflicht zu tun getrachtet und schließlich noch seine Haut gewagt hat."

„Wie ist es denn gegangen?", sagte Don Rodrigo; „hören wir einmal."

Und damit schritt er voran auf sein Zimmer.

Der Graue folgte ihm und erstattete sofort Bericht, was er angeordnet, getan, gesehen und nicht gesehen, gehört, gefürchtet und verhütet hatte; und das tat er in jener Ordnung und in jener Verworrenheit, mit jener Ungewißheit und mit jener Verstörtheit, die seine Gedanken notwendigerweise miteinander beherrschen mußten.

„Du kannst nichts dafür und hast dich wacker aufgeführt", sagte Don Rodrigo; „du hast getan, was du konntest. Aber ... aber wenn unter diesem Dache ein Spion wäre? Ist einer da und ich entdecke ihn – und wenn einer da ist, so werde ich ihn entdecken – den zahle ich dir aus; ich kann dir nur sagen, Grauer, ich richte ihn auf den Glanz her."

„Auch mir, Herr", sagt der Graue, „ist ein solcher Verdacht durch den Sinn gegangen; und wenn es wahr wäre, wenn es gelänge, einen Schurken von dieser Gattung zu entdecken, den müssen der gnädige Herr mir in die Hände geben. Wenn sich so einer ein Vergnügen daraus gemacht hätte, mir eine solche Nacht zu verschaffen wie die heutige! Den auszuzahlen käme mir zu. Aber aus verschiedenen Anzeichen glaube ich entnehmen zu können, daß da noch ein anderer Anschlag im Gange war, den man einstweilen noch nicht verstehen kann. Morgen, Herr, morgen wird man klar sehen."

„Seid ihr wenigstens nicht erkannt worden?"

Der Graue antwortete, er hoffe, nein; und der Beschluß der Unterredung war, daß ihm Don Rodrigo für den nächsten Tag drei Dinge befahl, auf die der Graue wohl auch von selber verfallen wäre: zeitlich früh zwei Mann abzufertigen und dem Schulzen die und die Weisung zu erteilen, was denn auch, wie wir gesehen haben, geschehen ist, zwei andere zu dem Gemäuer zu senden, um dort die

Runde zu machen, jeden Müßiggänger, der etwa hinkäme, fernzuhalten und die Sänfte bis zur Nacht jedem Blicke zu entziehen, worum sie geschickt werden sollte, da man sich vorderhand, um nicht Argwohn zu erregen, nicht rühren durfte, endlich selber auf Kundschaft zu gehen und noch zwei andere zu schikken, die Zuverlässigsten und Gescheitesten, die sich unter die Leute mischen und so etwas über den Wirrwarr der Nacht ausspüren sollten. Nachdem er diese Befehle erteilt hatte, ging Don Rodrigo schlafen und ließ dies auch den Grauen tun, den er mit vielen Lobsprüchen beurlaubte, die deutlich die Absicht verrieten, die übereilten Vorwürfe, womit er ihn empfangen hatte, wieder gutzumachen. Geh schlafen, armer Grauer, du mußt es nötig haben. Armer Grauer! Auf den Beinen den ganzen Tag, auf den Beinen die halbe Nacht, von der Gefahr gar nicht zu reden, den Bauern in die Hände zu fallen oder daß zu den andern Preisen, die schon auf deinem Kopfe stehen, noch einer für die Entführung eines ehrbaren Frauenzimmers ausgesetzt werde; und dann ein solcher Empfang! Aber so vergelten die Menschen öfter. Immerhin hast du bei dieser Gelegenheit sehen können, daß dann und wann die Gerechtigkeit, wenn sie schon nicht sofort kommt, doch auch in dieser Welt früher oder später kommt. Geh jetzt schlafen; eines Tages wirst du uns vielleicht einen anderen und merkwürdigeren Beweis dafür liefern müssen.

Am nächsten Morgen war der Graue schon von neuem draußen in Tätigkeit, als sich Don Rodrigo erhob. Dieser suchte alsbald den Grafen Attilio auf, und der legte, als er ihn kommen sah, Spott in Gesicht und Gebärde und rief ihm zu: „St. Martin!"

„Ich weiß nicht, was ich Euch sagen soll", antwortete Don Rodrigo, indem er sich zu ihm setzte. „Die Wette bezahle ich; aber das ist nicht das, was mich am meisten wurmt. Ich habe Euch nichts gesagt, weil ich Euch, ich gestehe es, heute zu überraschen gedachte. Aber ... genug; ich will Euch jetzt alles erzählen."

„Da hat dieser Mönch sein Pfötchen drinnen gehabt", sagte der Vetter, nachdem er das Ganze mit mehr Ernst angehört hatte, als von einem so leichtfertigen Menschen zu erwarten gewesen wäre. „Diesen Mönch", fuhr er fort, „ich halte ihn für einen boshaften Schelm samt seinem kein Wässerlein Trüben und seinen albernen Reden. Und Ihr habt Euch mir nicht anvertraut, habt mir nicht offen gesagt, was er Euch neulich hat weismachen wollen."

Don Rodrigo erzählte auch diese Unterredung.

„Und Ihr habt so viel Geduld gehabt?", rief Graf Attilio; „und habt ihn so, wie er gekommen ist, wieder ziehen lassen?"

„Wenn es nach Euch ginge, so hätte ich mir wohl sämtliche Kapuziner Italiens auf den Leib hetzen sollen?"

„Ich weiß nicht", sagte Graf Attilio, „ob ich mich in diesem Augenblicke erinnert hätte, daß es außer diesem frechen Schurken noch andere Kapuziner auf der Welt gibt; aber weiter, gibt's denn nicht auch innerhalb der Regeln der Klugheit ein Mittel, um auch an einem Kapuziner Genugtuung zu nehmen? Man muß es zur Zeit verstehen, die Liebenswürdigkeiten für den ganzen Körper zu verdoppeln, und dann kann man getrost einem einzelnen Gliede eine Tracht Prügel versetzen. Genug; er ist der Bestrafung entgangen, die ihm so wohl getan hätte: aber ich nehme ihn unter meine Obsorge und will die Befriedigung haben, ihn zu lehren, wie man mit unsersgleichen spricht."

„Macht mir die Sache nicht schlimmer."

„Vertraut mir doch einmal; ich werde Euch als Verwandter und als Freund bedienen."

„Was gedenkt Ihr zu tun?"

„Ich weiß es noch nicht; aber den Mönch, den bediene ich sicherlich. Ich werde darüber nachdenken, und ... der Oheim, der Herr Graf vom Geheimen Rate ist es, der mir den Dienst leisten muß. Der teure Herr Oheim! Wie belustige ich mich jedesmal, wenn ich ihn für mich arbeiten lassen kann, einen Politiker von diesem Kaliber! Übermorgen bin ich in Mailand, und so oder so, der Mönch wird bedient werden."

Unterdessen kam das Frühstück, ohne daß aber deshalb das Gespräch über eine Sache von solcher Wichtigkeit unterbrochen worden wäre. Graf Attilio sprach mit aller Unbefangenheit; und wenn er auch die Partei nahm, die seine Freundschaft für den Vetter und die Ehre des gemeinsamen Namens nach den Anschauungen verlangten, die er von Freundschaft und Ehre hatte, so konnte er doch nicht umhin, ab und zu über diesen hübschen Erfolg zu lächeln.

Don Rodrigo aber, dessen eigene Sache es war und der in seinem Glauben, in aller Stille einen mächtigen Schlag zu tun, so geräuschvoll getäuscht worden war, wurde von ernsteren Leidenschaften bewegt und von ärgerlicheren Gedanken beschäftigt. „Ein schönes Geschwätz", sagte er, „wird das Gesindel in der ganzen Gegend anrichten. Aber was tut's? Die Gerechtigkeit, die verlache ich: Beweise sind keine da, und wenn deren da wären, würde ich darüber ebenso lachen; für alle Fälle habe ich überdies heute früh dem Schulzen bedeuten lassen, daß er sich hüten soll, von dem Vorgefallenen eine Anzeige zu machen. Es würde ja dabei nichts heraus kommen; aber das Geschwätz ist mir, wenn es zu weit geht, widerwärtig. Es ist schon genug, daß ich so jämmerlich hereingelegt worden bin."

„Das habt Ihr wirklich großartig gemacht", antwortete Graf Attilio. „Dieser Euer Vogt ... dieser rechthaberische Mensch, dieser Hohlkopf, dieser Ekel von einem Vogte ... das ist natürlich ein Ehrenmann, ein Mann, der genau weiß, was seine Schuldigkeit ist, und wenn man mit solchen Persönlichkeiten zu tun hat, so muß man die größten Rücksichten nehmen, um sie nicht in Ungelegenheiten zu bringen. Wenn so ein Schuft von einem Schulzen eine Anzeige macht, so hat der Vogt, wenn er von einer anständigen Gesinnung ist, nichts sonst zu tun, als ..."

„Aber Ihr", fiel Don Rodrigo ein wenig ärgerlich ein, „Ihr verderbt mir alles, weil Ihr ihm immer widersprecht, ihm alle Augenblicke dazwischenredet und ihn gelegentlich noch aufzieht. Was zum Teufel, darf denn ein Vogt kein Vieh und kein Hartschädel ein, wenn er im übrigen ein Ehrenmann ist?"

„Wißt Ihr, Vetter", sagte Graf Attilio, indem er ihn verwundert anblickte, „daß ich zu glauben anfange, daß Ihr ein bißchen Angst habt? Jetzt nehmt Ihr mir sogar den Vogt schon ernst ..."

„Geht, geht, habt Ihr nicht selbst gesagt, daß man ihn mit Achtung behandeln soll?"

„Das habe ich gesagt, und wenn es eine ernste Sache gilt, so werde ich Euch zeigen, daß ich kein Kind bin. Wißt Ihr, was ich imstande bin, für Euch zu tun? Ich bin der Mann danach, dem Herrn Vogt in Person einen Besuch zu machen. Ach, wie wird er sich über die Ehre freuen! Ich bin der Mann danach, ihn eine halbe Stunde von dem Conte Duca und unserem spanischen Herrn Kastellan reden zu lassen und ihm in allem recht zu geben, auch wenn er wieder dieses läppische Zeug zusammenredet. Dann werde ich ein Wörtlein über den Oheim vom Geheimen Rate fallen lassen, und Ihr wißt, welche Wirkung solche Wörtlein in dem Ohre des Herrn Vogts tun. Zu guter Letzt braucht er unsere Gönnerschaft nötiger als Ihr eine Willfährigkeit. Das werde ich wahrhaftig tun, und wenn ich von ihm weggehen werde, wird er Euch mehr zur Verfügung stehen als je."

Nach diesen und anderen ähnlichen Reden stand Graf Attilio auf, um auf die Jagd zu gehen; Don Rodrigo blieb daheim und erwartete ängstlich die Rückkehr des Grauen. Gegen die Mittagsstunde kam dieser endlich, um seinen Bericht zu erstatten. Der Wirrwarr der Nacht war so geräuschvoll gewesen, das Verschwinden von drei Personen aus einem Dörfchen war ein so besonderes Ereignis, daß die Nachforschungen, ob sie nun aus Geschäftigkeit oder aus Neugier angestellt wurden, natürlicherweise vielfach und eifrig und anhaltend sein mußten; und andererseits waren deren, die etwas wußten, allzu viele, als daß sie sich hätten alle einigen können, alles zu verschweigen.

Perpetua konnte sich nicht auf der Schwelle zeigen, ohne daß sie von dem oder jenem mit Fragen bestürmt worden wäre, wer es denn gewesen sei, der ihrem Herrn diese große Furcht eingejagt habe; und Perpetua, die, indem sie alle Umstände überdachte, schließlich begriff, daß sie von Agnese angeführt worden war, fühlte eine solche Wut über diese Falschheit, daß sie selber das Bedürfnis empfand, sich ein bißchen Luft zu machen. Nicht daß sie sich bei dem nächsten Besten über die Art, wie sie angeführt worden war, beklagt hätte: darüber ließ sie kein Wörtlein verlauten; aber der Streich, der ihrem armen Herrn gespielt worden war, durfte nicht völlig mit Stillschweigen übergangen werden, zumal ja dieser Streich von diesem braven Burschen, von dieser guten Witwe und von dieser kleinen Heiligen ausgeheckt und ins Werk gesetzt worden war. Don Abbondio mochte ihr noch so streng befehlen und sie noch so herzlich bitten, ruhig zu sein, und sie mochte ihm noch so oft wiederholen, es sei nicht nötig, ihr so etwas Klares und so Selbstverständliches noch besonders einzuschärfen, jedenfalls war es mit einem so großen Geheimnis in der Brust der armen Frau nicht anders bestellt, als in einem alten und schlecht bereiften Fasse mit einem ganz jungen Weine, der braust und brodelt und gärt und, wenn er den Spund nicht heraus treibt, rund herum durchschwitzt und als Schaum heraus kommt und zwischen Daube und Daube durchsickert und hier und da heraustropft, so daß man ihn verkosten und annähernd sagen kann, was es für ein Wein ist.

Gervaso, der es nicht fassen konnte, daß er einmal mehr wußte als die anderen, dem es keine geringe Glorie schien, eine große Angst ausgestanden zu haben, und der, weil er seine Hand in einer Sache gehabt, die nach etwas Verbotenem roch, ein Mann wie die andern geworden zu sein meinte, platzte vor Verlangen, damit zu prahlen; und obwohl ihm Tonio, der ernstlich an die möglichen Verhöre und Gerichtsverhandlungen und an seine Rechtfertigung dachte, unter Verabreichung einiger Ohrfeigen verbot, irgend jemand auch nur das mindeste zu sagen, brachte er es doch nicht dahin, ihm jedes Wort im Munde zu ersticken.

Übrigens hatte sich auch Tonio selber, als er nach einer außer dem Hause verbrachten Nacht zu einer ungewohnten Stunde mit einem ungewohnten Schritte und einem ungewohnten Gesichte heimgekommen war, in einer Aufregung befunden, die ihn zur Offenherzigkeit stimmte, und war nicht imstande gewesen, das Geschehene seiner Frau zu verhehlen, und die war keineswegs stumm. Wer am wenigsten sprach, war Menico; denn kaum hatte er seinen Eltern die Geschichte und den Anlaß seiner Sendung erzählt, so schien es diesen eine so schreckliche Sache, daß ein ihriger Sohn mitgewirkt hatte, einen Anschlag Don Rodrigos zu vereiteln, daß sie den Jungen seine Erzählung schier nicht zu Ende bringen ließen: Sie gaben ihm sofort die stärksten und drohendsten Befehle, er solle sich wohl in acht nehmen, etwas davon anzudeuten; und am Morgen faßten sie, da sie sich noch nicht genug gesichert fühlten, den Entschluß, ihn diesen Tag und noch einige weitere im Hause eingesperrt zu halten. Aber wozu? Indem sie dann selber mit den Dorfleuten schwatzten, ließen sie, als man auf den dunklen Punkt der Flucht unserer drei armen Menschen und auf das Wie und das Warum und das Wohin zu sprechen kam, ohne zeigen zu wollen, daß sie mehr als die andern wußten, wie etwas Bekanntes die Bemerkung fallen, sie hätten sich nach Pescarenico geflüchtet. So kam auch dies zur allgemeinen Erörterung.

Aus all diesen Fetzen von Nachrichten, wie gebräuchlich zusammengefügt und vereinigt, samt der Franse, die natürlich beim Flicken darangeheftet wird, hätte sich wohl eine derart wahrscheinliche Geschichte herstellen lassen, daß sich auch der kritischste Geist hätte damit genügen lassen können; aber dieser Einbruch der Bravi, ein zu schwerwiegendes und zu geräuschvolles Ereignis, um außer acht gelassen zu werden, dieses Ereignis, von dem niemand die geringste tatsächliche Kenntnis hatte, war es, das die ganze Geschichte verworren machte. Man murmelte zwar den Namen Don Rodrigos, und darin waren alle einig; aber im übrigen gab es nur Dunkelheit und verschiedene Vermutungen. Viel sprach man von den zwei Kerlen, die gegen Abend auf der Straße gesehen worden waren, und von dem andern, der auf der Schwelle des Wirtshauses gestanden hatte; aber was konnte aus diesen so trockenen Tatsachen erhellen? Wohl fragte man den Wirt, wer am Abend bei ihm gewesen sei; aber der Wirt erinnerte sich nicht einmal, ob er jemanden gesehen habe, und seine Rede lief immer darauf hinaus, ein Wirtshaus sei ein Seehafen. Was aber vor allem die Köpfe verwirrte und die Vermutungen störte, war dieser Pilger, den Stefano und Carlandrea gesehen hatten, dieser Pilger, den die Bösewichter hatten umbringen wollen und der mit ihnen gegangen oder von ihnen weggeschleppt worden war. Was hatte er vorgehabt? Er war eine arme Seele des Fegefeuers, die zum Beistande den Frauen erschienen war, er war die verdammte Seele eines schurkischen und betrügerischen Pilgers, der stets des Nachts kam, um sich zu Leuten zu gesellen, die das trieben, was er im Leben getrieben hatte, er war ein lebendiger und wirklicher Pilger, den diese hatten töten wollen aus Furcht, daß er schreie und den Ort wecke, er war – seht nur, auf was man alles kommt – einer von den Bösewichtern selber, der sich als Pilger verkleidet hatte, er war der, er war jener, er war so mancherlei, daß die ganze Schlauheit und Erfahrung des Grauen nicht hingereicht hätte, zu entdecken, wer er war, wenn der Graue diesen Teil der Geschichte hätte aus den Reden anderer entnehmen müssen. Aber wie der Leser weiß, war das, was sie für die anderen verwirrte, gerade für ihn das klarste; und indem er sich dessen als Schlüssel bediente, um die anderen Nachrichten auszulegen, die er unmittelbar selber und mit Hilfe der ihm untergebenen Kundschafter gesammelt hatte, konnte er aus dem Ganzen einen hinlänglich deutlichen Bericht für Don Rodrigo zusammenstellen.

Er verfügte sich alsbald zu ihm und unterrichtete ihn von dem Anschlag, den das arme Brautpaar versucht hatte und der das leere Haus und das Sturmläuten auf natürliche Weise erklärte, ohne daß man hätte anzunehmen brauchen, daß, wie die zwei Ehrenmänner sagten, ein Verräter im Hause sei. Er unterrichtete ihn von der Flucht, und auch für die waren die Gründe leicht zu finden: die Furcht des Brautpaars, das auf der Tat ertappt worden war, oder irgendeine Mitteilung von dem Einbruch, die sie nach einer Entdeckung erhalten haben konnten, als schon das Dorf in Aufruhr war. Schließlich sagte er, daß sie in Pescarenico Zuflucht gesucht hätten; und weiter ging seine Wissenschaft nicht. Don Rodrigo war froh, gewiß sein zu können, daß ihn niemand verraten hatte, und zu sehen, daß keine Spuren seiner Tat zurückgeblieben waren; aber das war eine schwache und flüchtige Freude.

„Gemeinsam geflohen!", schrie er; „gemeinsam! Dieser Schuft von einem Mönch! Dieser Mönch!" Das Wort kam ihm röchelnd aus der Kehle und verstümmelt zwischen den Zähnen heraus, die den Finger bissen; sein Gesicht war garstig wie seine Leidenschaften. „Dieser Mönch soll es mir bezahlen! Grauer! Ich bin nicht, der ich bin ... ich will wissen, will erfahren ... noch diesen Abend will ich wissen, wo sie sind. Ich habe keine Ruhe. Vorwärts, nach Pescarenico, sofort, um zu erfahren, zu sehen, zu ermitteln ... Vier Skudi sofort und meinen Schutz für immer. Diesen Abend noch will ich es wissen. Dieser Schuft ...! dieser Mönch ...!"

Und der Graue machte sich von neuem auf die Beine; und noch am Abende desselben Tages konnte er seinem würdigen Herrn die ersehnten Nachrichten bringen, und zwar auf folgende Weise: Eine der größten Tröstungen dieses Lebens ist die Freundschaft, und eine der Tröstungen der Freundschaft ist es, daß man jemanden hat, dem man ein Geheimnis anvertrauen kann. Nun sind die Freunde nicht nur Paare wie die Gatten: allgemein gesprochen, hat jeder mehr als einen, und dies gibt eine Kette, deren Ende niemand finden könnte. Verschafft sich also ein Freund diese Tröstung, ein Geheimnis in den Busen eines andern abzuladen, so erzeugt er in diesem den Wunsch, sich auch selber diese Tröstung zu verschaffen. Freilich bittet er ihn, niemandem etwas davon zu sagen, und eine solche Bedingung würde, wenn man sie in dem strengen Sinne der Worte nähme, den Lauf der Tröstungen unmittelbar abschneiden; aber die allgemeine Handhabung will, daß sie nur verpflichtet, das Geheimnis niemandem sonst anzuvertrauen als einem gleichermaßen vertrauten Freunde, dem man dieselbe Bedingung auferlegt. So kreist das Geheimnis von Freund zu Freund durch diese unermeßliche Kette, bis es auch dem oder denen zu Ohren kommt, die es nach der Absicht des ersten, der gesprochen hat, niemals hätte erreichen sollen. Immerhin würde es noch eine hübsche Zeit auf dem Wege sein müssen, wenn jeder nur zwei Freunde hätte, den, der ihm das zu Verschweigende sagt, und den, dem er es wiedersagt; aber es gibt bevorzugte Menschen, die ihre Freunde nach Hunderten zählen, und wenn das Geheimnis zu einem von diesen gekommen ist, so wird der Lauf rascher und vervielfältigt sich, so daß es nicht mehr möglich ist, der Fährte zu folgen. Unser Autor hat sich nicht vergewissern können, durch wie viele Münder das Geheimnis, das der Graue entdecken sollte, gegangen ist; Tatsache ist aber, daß der gute Mann, der die Frauen nach Monza geleitet hatte, als er gegen die Abendstunde mit seinem Wagen nach Pescarenico zurückkam und auf sein Haus zufuhr, einen Freund traf und diesem im größten Vertrauen das gute Werk, das er getan hatte, samt allem übrigen erzählt hatte, und Tatsache ist es, daß der Graue zwei Stunden später auf die Burg laufen und Don Rodrigo melden konnte, daß sich Lucia und ihre Mutter in ein Kloster zu Monza geflüchtet hätten und daß Renzo seine Straße nach Mailand verfolgt habe. Don Rodrigo empfand eine ruchlose Freude über diese Trennung und fühlte ein wenig von dieser ruchlosen Hoffnung wiederkehren, seine Absicht zu erreichen. Über die Art und Weise dachte er einen großen Teil der Nacht nach, und zeitlich früh stand er mit zwei Plänen auf, einem fest beschlossenen und einem noch undeutlich umrissenen. Der eine war, den Grauen unverzüglich nach Monza zu schicken, um so klarere Nachrichten von Lucia zu erhalten und um zu erfahren, ob sich in der Sache etwas unternehmen lasse. Er ließ also sofort diesen einen Getreuen rufen, händigte ihm die vier Skudi ein, belobte ihn von neuem wegen der Geschicklichkeit, womit er sie verdient hatte, und gab ihm den Auftrag, den er vorbedacht hatte.

Der Graue zögerte: „Herr ..."

„Was? habe ich nicht klar gesprochen?"

„Wenn Sie einen andern schicken wollten ..."

„Wie?"

„Erlauchtigster Herr, ich bin für meinen Herrn bereit, meine Haut zu Markte zu tragen, und das ist meine Pflicht; aber ich weiß auch, daß Sie das Leben Ihrer Untergebenen nicht gern zu leicht aufs Spiel setzen wollen."

„Nun, und?"

„Eure erlauchte Herrlichkeit weiß von den paar Preisen, die auf mich gesetzt sind ... Hier bin ich unter Ihrem Schutze: wir sind unser eine ganze Bande, und der Herr Vogt ist ein Freund des Hauses; die Häscher haben Respekt vor mir, und auch ich ... das ist etwas, was mir wenig Ehre macht, aber um ruhig zu leben ... behandle sie als Freunde. In Mailand ist die Livree von Eurer Herrlichkeit bekannt; aber in Monza ... da bin wieder ich bekannt. Und weiß Eure Herrlichkeit – es ist ja nicht der Rede wert – daß der, der mich dem Gerichte angeben oder ihm meinen Kopf vorweisen könnte, einen hübschen Zug machen würde? Hundert Skudi, blank aufgezählt, und die Berechtigung, zwei Banditen freizumachen."

„Teufel auch!", sagte Don Rodrigo; „du kommst mir vor wie ein Bauernhund, der kaum das Herz hat, einem, der beim Tor vorbeigeht, an die Beine zu springen, wobei er schon hinter sich sieht, ob ihm wohl die vom Hause helfen, und der sich nicht weg getraut."

„Ich glaube, gnädiger Herr, schon Beweise gegeben zu haben ..."

„Also!"

„Also", fuhr der Graue, derart gereizt, kühnlich fort, „also nehmen Eure Herrlichkeit an, ich hätte nichts gesagt; das Herz vom Löwen, die Beine vom Hasen, und ich bin bereit, aufzubrechen."

„Und ich habe nicht gesagt, daß du allein gehen sollst. Nimm dir ein paar von den Besten mit ... den Zerhauenen und den Scharftreffer, und geh guten Mutes und sei der Graue. Was zum Teufel, drei Kerle wie ihr, die ihren Geschäften nachgehen, wer, meinst du, sollte nicht zufrieden sein, sie passieren zu lassen? Den Häschern in Monza müßte rein das Leben zu einer Last geworden sein, um es in einem so gewagten Spiele gegen hundert Skudi zu setzen. Und dann, ich glaube dort doch wohl nicht so unbekannt zu sein, daß die Eigenschaft, mein Diener zu sein, für nichts gälte."

Nachdem er den Grauen dergestalt ein wenig beschämt hatte, gab er ihm weitläufigere und mehr ins einzelne gehende Weisungen. Der Graue nahm die zwei Gesellen und brach auf, das Gesicht heiter und dreist, aber in seinem Herzen Monza und die Preise und die Frauen und seines Herrn Launen verfluchend; und er zog dahin wie der Wolf, der, vom Hunger getrieben, mit dem eingeschrumpften Bauche und mit den Rippen, die man zählen könnte, von seinen Bergen herabsteigt, wo nichts als Schnee ist, sich argwöhnisch der Ebene nähert, alle Augenblicke mit aufgehobener Pfote stehen bleibt, den haarlosen Schwanz rührend, die Schnauze hebt, *im verräterischen Winde schnuppert*, ob er ihm nicht die Witterung von Mensch oder Eisen zu trägt, die Ohren spitzt und die zwei blutunterlaufenen Augen rollt, aus denen zugleich mit der Blutgier auch die Angst vor der Hetzjagd blitzt. Wenn übrigens jemand wissen wollte, woher der schöne Vers ist, so stammt er aus einem noch nicht veröffentlichten Teufelszeug von Dummheiten und Lombardismen, das bald nicht mehr ungedruckt sein und dann ein hübsches Aufsehen machen wird; und genommen habe ich ihn, weil er mir zupaß kam, und ich sage, woher, um mich nicht mit fremden Federn zu schmücken, weswegen aber niemand denken darf, das seien Schliche von mir, um wissen zu lassen, daß der Verfasser des Teufelszeugs und ich wie zwei Brüder seien und daß ich in seinen Manuskripten nach Belieben herumstöbern dürfe.

Die andere Sache, die Don Rodrigo am Herzen lag, war Mittel und Wege zu finden, daß Renzo weder zu Lucia zurückkehren, noch einen Fuß ins Dorf setzen könne; und zu diesem Zwecke erwog er, ob es nicht angezeigt wäre, Gerüchte von Drohungen und Nachstellungen ausstreuen zu lassen, die ihm, wenn sie ihm, etwa durch einen Freund, zu Ohren kämen, die Lust vergehen lassen sollten, an diese Orte zurückzukehren. Indessen fiel ihm ein, daß es am sichersten wäre, wenn man ihn aus dem Lande treiben könnte; und um damit zurechtzukommen, sah er, daß ihm mehr als die Gewalt die Gerechtigkeit dienen konnte. Man konnte zum Beispiele dem im Pfarrhause versuchten Anschlag eine Färbung geben, ihn als einen Überfall, als eine aufrührerische Handlung hinstellen und mit Hilfe des Doktors dem Vogte eingeben, daß das ein Anlaß sei, um gegen Renzo einen Verhaftsbefehl zu erlassen. Dann aber bedachte er, daß es von ihm nicht klug wäre, diesen häßlichen Handel noch einmal aufzurühren; und ohne sich weiter den Kopf zu zerbrechen, entschloß er sich, sich, soweit es nötig sein werde, um ihm ein Begehren verständlich zu machen, dem Doktor Nothelfer zu eröffnen. Kundmachungen gibt es so viele, dachte er, und der Doktor ist kein Rindvieh: er wird schon etwas finden, was für meinen Fall paßt, und wird schon Renzo zu irgendeiner Not helfen; sonst soll er seinen Namen ändern. Aber wie es denn auf die Welt manchmal geht, während er an den Doktor als den geeignetsten Mann dachte, der ihm darin dienen könne, arbeitete ein anderer Mann, Renzo selber, um es zu sagen, mit aller Kraft daran, ihm in einer viel sichereren und rascheren Weise zu dienen, als der Doktor je hätte ausfindig machen können.

Ich habe öfters einen lieben kleinen Jungen beobachtet, der freilich, um die Wahrheit zu sagen, lebhafter war, als nötig gewesen wäre, der aber nach allen Anzeichen ein wackerer Mann werden wird, ich habe ihn beobachtet, sage ich, wie er sich gegen Abend bemühte, eine Herde Meerschweinchen, die er untertags in einem Gärtchen hatte frei herumlaufen lassen, unter Dach zu bringen. Gern hätte er sie alle auf einmal in ihr Quartier gebracht; aber das war vergebene Mühe: eines riß nach rechts aus, und während der kleine Hirt hinlief, um es zum Rudel zurückzutreiben, entwichen zwei, drei nach links, nach allen Seiten, so daß er sich schließlich, nachdem er ein wenig ungeduldig geworden war, nach ihnen richtete und zuerst die hineintrieb, die der Tür am nächsten waren, und dann die andern einzeln, zu zweit, zu dritt, wie es ihm eben glückte, einfing. Ein ähnliches Spiel müssen wir mit unseren Personen aufführen: als Lucia untergebracht gewesen ist, sind wir zu Don Rodrigo gelaufen, und jetzt müssen wir diesen verlassen, um zu Renzo zurückzukehren, den wir aus dem Gesicht verloren haben.

Nach der schmerzlichen Trennung, von der wir erzählt haben, wanderte Renzo von Monza auf Mailand zu in einer Gemütsverfassung, die sich jedermann leicht vorstellen kann. Das Haus zu verlassen, das Gewerbe aufzugeben und, was mehr als alles war, sich von Lucia zu entfernen, auf einer Straße zu laufen, ohne zu wissen, wo er endlich Ruhe finden sollte, und das alles wegen dieses Schurken! Wenn er sich mit dem einen oder dem andern dieser Gedanken beschäftigte, so versank er in Wut und Rachedurst; aber dann kam ihm wieder jenes Gebet in den Sinn, das auch er mit dem guten Mönche in der Kirche von Pescarenico gesprochen hatte, und er sah seinen Fehler ein. Wieder erwachte in ihm der Zorn; aber wenn er ein Heiligenbild an der Mauer sah, nahm er den Hut ab und stand einen Augenblick still, um von neuem zu beten, und auf diese Weise hatte er auf dieser Wanderschaft Don Rodrigo in seinem Herzen wenigstens zwanzigmal getötet und ebenso oft wieder zum Leben erweckt. Die Straße war zu einem engen Hohlweg geworden, schmutzig, steinig und von tiefen Radspuren gefurcht, die nach einem Regen zu Bächlein wurden; an manchen tieferen Stellen war sie völlig überschwemmt, so daß man sie hätte mit einem Kahne befahren können. An solchen Stellen zeigte ein treppenartig den Hang hinaufführender steiler Fußpfad an, daß sich andere Wanderer einen Weg durch die Felder gebahnt hatten. Nachdem Renzo auf einem dieser Steige in die Höhe geklettert war, sah er vor sich dieses mächtige Bauwerk des Domes allein in der Ebene, wie wenn es sich nicht mitten in einer Stadt, sondern in einer Wüste erhöbe, und er blieb, all sein Leid vergessend, still stehen, um, wenn auch von weitem, dieses achte Weltwunder zu betrachten, von dem er schon von klein auf hatte reden hören.

Als er sich aber nach einigen Augenblicken umwandte, sah er am Horizont jenen zackigen Kamm von Bergen, sah unter ihnen scharf umrissen und hoch seinen Resegone, fühlte, wie sein ganzes Blut in Wallung geriet, und verweilte ein wenig in traurigem Beschauen; dann drehte er sich traurig um und verfolgte seinen Weg. Nach und nach begann er die Türme, die Kuppeln und die Dächer zu unterscheiden; dann stieg er wieder auf die Straße herunter und wanderte wieder eine Weile, und als er merkte, daß er der Stadt ganz nahe war, trat er auf einen Fußgänger zu, verneigte sich, so höflich er nur konnte, und sagte: „Mit Verlaub, Herr."

„Was wollt Ihr, junger Freund?"

„Könnten Sie mir den kürzesten Weg zu dem Kapuzinerkloster weisen, wo der Pater Bonaventura ist?"

Der, an den sich Renzo gewandt hatte, war ein wohlhabender Mann aus der Umgebung, der an diesem Morgen in Geschäften in Mailand gewesen war und nun, ohne etwas ausgerichtet zu haben, in großer Eile heimkehrte, da er die Stunde, wo er wieder zu Hause sein werde, nicht erwarten konnte, und er hätte darum gern auf diesen Aufenthalt verzichtet; trotz alledem aber antwortete er, ohne ein Zeichen von Ungeduld zu geben, mit großer Artigkeit: „Lieber Freund, Klöster gibt es hier mehr als eines; Ihr müßt mir genauer angeben, welches Ihr sucht."

Nun nahm Renzo den Brief des Padre Cristoforo aus dem Busen und ließ ihn den Mann sehen; als der las: *Porta Orientale*, gab er ihn ihm zurück und sagte:

„Ihr seid gut daran, junger Freund; das Kloster, das Ihr sucht, ist nicht weit von hier. Nehmt dieses Gäßchen zur Linken, damit schneidet Ihr ab, und Ihr werdet in ein paar Minuten zu der Ecke eines langen, niedrigen Gebäudes kommen: das ist das Lazarett; wenn Ihr dann den Bach, der es umgibt, entlang geht, so kommt Ihr zur *Porta Orientale*. Eingetreten, werdet Ihr nach drei- oder vierhundert Schritten einen kleinen Platz mit schönen Ulmen sehen: dort ist das Kloster; Ihr könnt nicht fehlgehen. Gott behüte Euch, junger Mann."

Und indem er die letzten Worte mit einer gefälligen Handbewegung begleitete, ging er. Renzo war verdutzt und erbaut über das artige Benehmen der Städter gegen die Landleute; denn er ahnte nicht, daß es ein außergewöhnlicher Tag war, ein Tag, wo sich die Mäntel vor den Wämsern verneigten. Er ging den Weg, der ihm angegeben worden war, und war bald an der *Porta Orientale*. Der Leser darf nun bei diesem Namen in seiner Phantasie nicht die Bilder vorüberziehen lassen, die heute damit verbunden sind. Zu der Zeit, wo Renzo durch dieses Tor eintrat, lief die Straße davor nur das Stück neben dem Lazarett gerade; dann bog sie ab und zwängte sich in Windungen zwischen zwei Zäune. Das Tor bestand aus zwei Pfeilern mit einem Wetterdache darüber, um die zwei

Türflügel zu schützen, und an der einen Seite war ein schlichtes Häuschen für die Zöllner. Die Basteien endigten in einem ungleichmäßigen Abhange, und der Boden war rauh und uneben von hingeworfenen Scherben und Schutt. Die Straße, die sich vor dem, der durch das Tor eintrat, öffnete, ließe sich nicht schlecht mit der vergleichen, die sich heute dem durch die *Porta Tosa* Eintretenden bietet. In der Mitte lief bis auf eine geringe Entfernung vom Tor ein Graben und teilte sie so in zwei gewundene Sträßlein, die je nach der Jahreszeit mit Staub oder Schlamm bedeckt waren. An der Stelle, wo damals schon, so wie noch heute, dieses Gäßchen war, das di Borghetto heißt, verlor sich der Graben in eine Kloake. Dort stand eine Säule mit einem Kreuze darauf, nach dem heiligen Dionys genannt, und zur Rechten und zur Linken waren eingezäunte Gärten und dazwischen verstreut einige Häuschen, die zumeist von Wäschern bewohnt wurden. Renzo trat ein und ging weiter: niemand von den Zöllnern kümmerte sich um ihn, und das schien ihm gar seltsam, weil er von den wenigen Leuten in seinem Dorfe, die sich rühmen konnten, in Mailand gewesen zu sein, arge Dinge hatte von den Untersuchungen und Verhören erzählen hören, denen die, die vom Lande kamen, unterworfen würden. Die Straße war leer, so leer, daß er, wenn er nicht von ferne ein Summen gehört hätte, das eine große Bewegung anzeigte, geglaubt hätte, in eine verlassene Stadt zu kommen. Indem er weiterschritt, ohne zu wissen, was er davon denken sollte, sah er auf dem Boden zahlreiche weiße und weiche Streifen wie Schnee; aber Schnee konnte es nicht sein, weil der weder in Streifen, noch für gewöhnlich in dieser Jahreszeit fällt. Er bückte sich über einen von ihnen, sah ihn an, berührte ihn und fand, daß es Mehl war. Ein großer Überfluß, sagte er bei sich, muß da in Mailand sein, wenn sie die Gottesgabe auf diese Weise verwüsten. Uns hat man doch gesagt, die Teuerung sei überall. Da hat man's, wie sie es machen, um das arme Landvolk bei Ruhe zu erhalten. – Aber als er nach ein paar Schritten zu der Säule gelangt war, sah er an ihrem Fuße etwas noch viel Seltsameres: er sah auf den Stufen Dinge verstreut, die ganz gewiß keine Kieselsteine waren und die er, wenn sie auf dem Verkaufstisch eines Bäckers gelegen hätten, unbedenklich als Wecken bezeichnet hätte. Aber so schnell wagte Renzo seinen Augen nicht zu trauen; denn, Herrjemine, das war doch kein Ort für Wecken! Sehen wir einmal nach, sagte er wieder bei sich, was es ist; er ging zur Säule, bückte sich und hob einen auf: es war wahrhaftig ein Wecken, und so weiß, wie deren Renzo nicht einmal an Festtagen zu essen gewohnt war. „Es sind wirklich Wecken", sagte er ganz laut, so groß war eine Verwunderung: „so verstreut man sie hier? In diesem Jahre? Und sie machen sich nicht einmal die Mühe, sie aufzuheben, wenn sie hinunterfallen? Ist denn hier das Schlaraffenland?"

Nach zehn Meilen Wanderung in der frischen Morgenluft erregten diese Wekken zugleich mit der Verwunderung auch den Appetit: Nehme ich ihn?, überlegte er bei sich. Bah! Sie haben sie hier den Hunden gelassen; dann wird doch wohl ein Christenmensch auch davon essen dürfen! Schließlich, wenn der Eigentümer kommt, so zahle ich sie ihm. Also erwägend, steckte er den, den er in der Hand hatte, in eine Tasche, nahm einen zweiten und steckte ihn in die andere, und den dritten begann er zu essen; und so machte er sich wieder auf den Weg, ungewisser als je und voll Begierde, dahinterzukommen, was das für eine Geschichte war. Kaum hatte er sich in Bewegung gesetzt, als er aus der Richtung von der inneren Stadt her Leute herankommen sah, und die, die sich zuerst zeigten, betrachtete er aufmerksam. Es waren ein Mann, eine Frau und einige Schritte hinter ihnen ein kleiner Knabe; alle drei hatten Lasten auf den Rücken, die ihre Kräfte zu übersteigen schienen, und alle drei sahen außerordentlich sonderbar aus. Die Kleider oder die Lumpen voller Mehl, die Gesichter voller Mehl und überdies verzerrt und erhitzt; und sie gingen nicht nur gebückt, der Last wegen, sondern auch schmerzhaft, als ob ihnen die Knochen zerstoßen gewesen wären. Der Mann schleppte mühselig einen großen Sack auf den Schultern, der, hier und da durchlöchert, bei jedem Anstoß, bei jeder das Gleichgewicht störenden Bewegung etwas von dem Mehle, das drinnen war, verstreute. Noch ungestalter war das Aussehen der Frau: ein unförmlicher Wanst, den die zwei zusammengelegten Arme mit Mühe zu halten schienen, ähnlich einem dickbauchigen Topfe mit zwei Henkeln, und unter dem Wanste kamen zwei Beine hervor, nackt bis zu den Knien, die sich wankend vorwärtsschoben. Renzo blickte noch aufmerksamer hin, und da sah er, daß dieser große Leib der Unterrock war, den die Frau beim Saume gefaßt hatte, und daß darin so viel Mehl war, wie Platz hatte, und noch ein wenig mehr, so daß bei jedem Schritte ein wenig davon wegflog. Der Knabe hielt mit beiden Händen einen mit Wecken gehäuften Korb, den er auf dem Kopfe trug; da er aber kürzere Beine hatte als seine Eltern, blieb er immerfort zurück, und indem er dann jedesmal seinen Schritt beschleunigte, um sie einzuholen, verlor der Korb das Gleichgewicht, und einige Wecken fielen heraus.

„Wirf noch einen weg, du Nichtsnutz, der du bist", sagte die Mutter, indem sie die Zähne gegen den Knaben fletschte.

„Ich werfe sie nicht weg", antwortete er; „sie fallen von selber: wie soll ich es denn machen?"

„Ih! Dein Glück, daß ich die Hände voll habe", fing die Mutter wieder an, indem sie die Fäuste rührte, als versetzte sie dem armen Knaben eine ordentliche Tracht Prügel; und mit dieser Bewegung ließ sie mehr Mehl davonfliegen, als für zwei solche Wecken nötig gewesen wäre, wie sie der Junge verloren hatte.

„Halt, halt", sagte der Mann, „wir kehren um und holen sie, sonst liest sie jemand anderer auf. Es ist schon lange genug, daß wir darben; jetzt, wo wir ein wenig Überfluß haben, wollen wir ihn in guter Ruhe genießen."

Unterdessen kamen vom Tore her andere Leute, und einer von diesen trat zu der Frau und fragte sie: „Wohin geht man um die Wecken?"

„Weiter noch", antwortete sie; und als die andern zehn Schritte entfernt waren, fuhr sie murrend fort: „Dieses Bauerngesindel wird noch alle Backöfen und alle Speicher ausleeren, und für uns wird nichts übrig bleiben."

„Jedem ein wenig, du mißgünstiges Ding du", sagte der Mann; „es ist genug da."

Aus diesen und andern Dingen, die er sah und hörte, begann Renzo zu schließen, daß er in eine im Aufruhr befindliche Stadt komme und daß das der Tag der Eroberung sei, wo nämlich jeder nach Maßgabe seines Willens und seiner Kraft nehme, indem er Streiche als Bezahlung gebe. Wie sehr wir nun auch wünschen würden, unseren armen Gebirgler eine gute Rolle spielen zu lassen, verpflichtet uns doch die geschichtliche Treue zu sagen, das sein erstes Gefühl ein Wohlgefallen war. An dem gewöhnlichen Laufe der Dinge hatte er so wenig zu loben, daß er sich geneigt fand, alles zu billigen, was ihn irgendwie veränderte. Da er im übrigen seinem Jahrhundert in keiner Weise voraus war, lebte auch er in der allgemeinen Meinung oder Empfindung, daß die Kargheit des Brotes von den Aufkäufern und den Bäckern verschuldet sei; und er war geneigt, jeden Weg für billig zu halten, der es ermöglichte, ihnen die Nahrungsmittel zu entreißen, die sie nach dieser Meinung dem Hunger eines ganzen Volkes grausam verweigerten. Immerhin nahm er sich vor, außerhalb des Getümmels zu bleiben, und freute sich, an einen Kapuziner gewiesen zu sein, der ihm eine Unterkunft ausfindig machen und ihm wie ein Vater sein werde. Unter diesen Gedanken und indem er dazwischen die neuen Eroberer betrachtete, die mit Beute beladen daherkamen, legte er das kleine Stück Weges zurück, das ihm noch bis zum Kloster verblieben war.

Dort, wo sich heute jener schöne Palast mit dem hohen Säulengang erhebt, war damals und noch bis vor wenigen Jahren ein kleiner Platz und im Hintergrund die Kirche und das Kloster der Kapuziner mit vier großen Ulmen davor. Nicht ohne Neid beglückwünschen wir jene Leser, die den damaligen Zustand nicht mehr gesehen haben, das will sagen, weil sie noch sehr jung sind und noch nicht die Zeit gehabt haben, besonders viel dumme Streiche zu begehen. Renzo ging geradewegs auf die Pforte zu, steckte den halben Wecken, der ihm noch blieb, in den Busen, nahm den Brief heraus und zog das Glöckchen. Es öffnete sich ein vergittertes Guckloch und erschien das Gesicht des Bruder Pförtners, um ihn zu fragen, wer er sei.

„Einer vom Lande, der dem Pater Bonaventura einen dringenden Brief vom Pater Cristoforo bringt."

„Gebt ihn her", sagte der Pförtner, indem er die Hand ans Gitter hielt.

„Nein, nein", sagte Renzo; „ich muß ihn in seine eigenen Hände übergeben."

„Er ist nicht im Kloster."

„So lassen Sie mich ein; ich werde auf ihn warten."

„Wenn Ihr mir folgen wollt", antwortete der Bruder, „so wartet Ihr auf ihn in der Kirche, da könnt Ihr inzwischen ein wenig fromm sein; ins Kloster darf für jetzt niemand." Und dies gesagt, schloß er das Guckloch; Renzo blieb draußen, seinen Brief in der Hand. Er tat zehn Schritte gegen die Kirchentür, um den Rat des Pförtners zu befolgen; aber dann dachte er zuerst noch einen Blick auf den Aufruhr zu werfen. Er schritt über den Platz zu der Straßenecke und blieb dort mit über der Brust verschränkten Armen stehen, um zur Linken in der Richtung der inneren Stadt zu schauen, wo das Getümmel dichter und geräuschvoller war. Der Strudel zog den Betrachter an. Gehen wir schauen, sagte er bei sich; er nahm einen halben Wecken heraus und macht sich kauend dorthin auf den Weg.

Während er dahin schreitet, werden wir so kurz wie möglich die Ursachen und den Anfang dieser Umwälzung erzählen.

---

12. KAPITEL.

ES war das zweite Jahr der Mißernte. Im ersten hatten die übriggebliebenen Vorräte der früheren Jahre dem Mangel bis zu einer gewissen Grenze abgeholfen, und die Bevölkerung war, weder satt, noch hungrig, jedenfalls aber ohne sich irgendwie vorzusehen, zur Ernte von 1628 gelangt, wo wir mit unserer Geschichte halten. Nun fiel diese so ersehnte Ernte noch schlechter aus als die vorhergegangenen, teils wegen der ungünstigen Witterung, und dies nicht nur im Mailändischen, sondern auch in einem großen Striche der Umgebung, teils durch die Schuld der Menschen. Die Verwüstung und Verheerung des Krieges, jenes Krieges, dessen wir oben Erwähnung getan haben, war derart, daß in dem ihm am nächsten ausgesetzten Teile des Staates viele Wirtschaften weniger als sonst bebaut oder von den Landleuten verlassen wurden, die, statt durch ihre Arbeit Brot für sich und die andern zu schaffen, gezwungen waren, betteln zu gehen. Weniger als sonst, habe ich gesagt; denn die unerträglichen Steuern, auferlegt von einer wahnwitzigen Gier, die keine Grenze kannte, das sich auch im tiefen Frieden nicht ändernde Betragen der in den Dörfern einquartierten Truppen, ein Betragen, das die schmerzlichen Zeugnisse jener Zeiten dem eines einfallenden Feindes vergleichen, und andere Ursachen, die zu erwähnen hier nicht der Ort ist, wirkten schon seit langem im ganzen mailändischen Gebiete auf diesen traurigen Erfolg hin, und die einzelnen Umstände, wovon wir jetzt sprechen, erzeugten nur eine jähe Verschlimmerung eines chronischen Übels. Wie immer auch diese Ernte beschaffen war, sie war noch nicht völlig eingebracht, als schon die Versorgung des Heeres und die stets damit verbundene Vergeudung ein solches Loch hineinrissen, daß sich der Mangel sofort fühlbar machte und mit ihm zugleich eine schmerzliche, aber ebenso heilsame, wie unvermeidliche Wirkung, die Teuerung.

Wenn diese aber einen gewissen Stand erreicht, so entsteht oder entstand bisher immer bei vielen die Meinung, daß ihre Ursache nicht der Mangel sei. Man vergißt, daß man sie gefürchtet und sie vorhergesagt hat, und man unterstellt auf einmal, daß Korn zur Genüge vorhanden sei und daß das Übel daher komme, daß für den Verbrauch nicht genügend verkauft werde: Annahmen, die weder im Himmel, noch in der Erde fußen, die aber zugleich dem Zorne und der Hoffnung schmeicheln. Den wirklichen oder vermeintlichen Aufspeicherern, den Grundbesitzern, die nicht alles an einem Tage verkauft hatten, den Bäckern, die gekauft hatten, kurz allen, die ein wenig oder viel hatten oder von denen wenigstens die Rede ging, sie hätten etwas, gab man die Schuld an dem Mangel und der Teuerung, sie waren das Ziel der allgemeinen Klage, der Abscheu der schlecht oder gut gekleideten großen Menge. Man sagte genau, wo die gehäuften, überlaufenden, strotzenden Speicher und Kammern waren, man gab die Zahl der Säcke übermäßig hoch an, man sprach mit Bestimmtheit von der ungeheuren Menge Korn, die heimlich in die Fremde geschafft worden war, wo man wahrscheinlich mit derselben Bestimmtheit und mit gleichmäßigem Toben schrie, daß das dortige Korn nach Mailand gekommen sei. Man bat die Obrigkeit flehentlich, jene Maßnahmen zu treffen, die der Menge stets so gerecht, so einfach, so geeignet scheinen oder bisher wenigstens stets schienen, das versteckte, vermauerte oder, wie sie sagten, begrabene Korn zum Vorschein zu bringen und den Überfluß wiederkehren zu lassen. Die Obrigkeit tat das eine oder das andere, wie den Höchstpreis einiger Lebensmittel feststellen, Strafen aussetzen für die, die sich weigern sollten zu verkaufen, und ähnliche Erlässe herausgeben. Da jedoch keine Maßnahme dieser Welt, wie scharf sie auch sei, die Kraft hat, das Bedürfnis nach Speise zu verringern oder Feldfrüchte außer der Zeit hervorzubringen, und da in dem besonderen Falle sicherlich keine die Kraft hatte, solche aus Gegenden herbeizuschaffen, wo sie im Überflusse vorhanden sein mochten, so dauerte das Übel weiter und wuchs. Die Menge schrieb diese Wirkung der Dürftigkeit und Schwäche der angewandten Mittel zu und verlangte mit lautem Geschrei großartigere und entscheidendere. Und zu ihrem Unglück fand sie einen Mann nach ihrem Herzen. In der Abwesenheit des Statthalters Don Gonsalvo Hernandez de Córdova, der die Belagerung von Casale-Monserrato befehligte, vertrat seine Stelle in Mailand der Großkanzler Antonio Ferrer, ebenfalls ein Spanier. Dieser sah – und wer hätte das nicht gesehen? – daß ein billiger Brotpreis an und für sich eine sehr wünschenswerte Sache ist; und er dachte – und hier war der Fehler – ein Erlaß von ihm dürfte genügen, ihn herbeizuführen. Er setzte den Höchstpreis so fest, wie er billig gewesen wäre, wenn das Korn allgemein zu dreiunddreißig Lire der Scheffel verkauft worden wäre, und es wurde bis zu achtzig verkauft. Er machte es so wie eine junggewesene Frau, die sich zu verjüngen glaubt, wenn sie ihren Taufschein ändert. Weniger unsinnige und weniger ungerechte Erlässe sind wegen des Widerstandes der Dinge selbst mehr als einmal unbefolgt geblieben; aber über die Befolgung dieses wachte die Menge, die, da sie endlich ihren Wunsch in ein Gesetz umgewandelt sah, nicht geduldet hätte, daß dies zum Spaße geschehen sei. Man lief zu den Bäckern, um Brot zu dem angesetzten Preise zu fordern, und forderte es mit jenem Gehaben drohender Entschlossenheit, das die Leidenschaft, die Kraft und das Gesetz, miteinander vereinigt, verleihen. Ob die Bäcker greinten, das braucht keiner Frage. Teig mengen, kneten, einschieben und herausnehmen ohne Ruhe – denn das Volk, das dunkel fühlte, daß es eine Gewalttat war, belagerte die Backstuben ununterbrochen, um das Schlaraffenleben zu genießen, solange es dauerte – sich abarbeiten, sage ich, und sich öfter als sonst ein Seitenstechen zu holen, um dabei zuzusetzen, was das für ein Vergnügen sein muß, das sieht jeder.

Aber auf der einen Seite die Obrigkeit, die mit Strafen drohte, auf der andern das Volk, das bedient sein wollte und bei den geringsten Umständen, die ein Bäcker machte, drängte und mit einer angenehmen Stimme murrte und mit einem seiner Gerichtsverfahren drohte, die zu den schlechtesten gehören, die es auf dieser Welt gibt: da war keine Rettung, da hieß es kneten, einschieben, herausnehmen und verkaufen. Um sie aber dabei zu einer Ausdauer zu verhalten, genügte es nicht, daß man Befehle erteilte, und nicht, daß sie große Angst hatten: sie mußten es auch können; und wenn die Sache noch ein bißchen länger gedauert hätte, so hätten sie es nicht mehr gekonnt. Sie wiesen bei der Obrigkeit auf die Unbilligkeit und Unerträglichkeit der ihnen auferlegten Lasten hin und beteuerten, daß sie die Schaufel in den Ofen werfen und auf und davongehen wollten; und inzwischen fretteten sie sich fort, wie sie konnten, in der beständigen Hoffnung, der Großkanzler werde heute oder morgen doch Vernunft annehmen. Antonio Ferrer jedoch, der das war, was man heute einen Mann von Charakter nennen würde, antwortete, die Bäcker hätten vordem vielen Nutzen gehabt und würden mit der Wiederkehr des Überflusses wieder vielen Nutzen haben; man werde ja sehen, werde vielleicht trachten, ihnen eine Entschädigung zukommen zu lassen, aber bis dahin sollten sie weiter so fortfahren. Ob er die Gründe wirklich für triftig hielt, die er den anderen anführte, oder ob er, weil er aus den Folgen die Unmöglichkeit, seinen Erlaß aufrechtzuerhalten, einsah, die peinliche Aufgabe, ihn zu widerrufen, den anderen überlassen wollte, bleibe dahingestellt; wer könnte denn heute in Antonio Ferrers Gedankengang eindringen? Tatsache ist, daß er fest bei dem blieb, was er angeordnet hatte. Schließlich meldeten die Dekurionen – eine aus Adeligen zusammengesetzte städtische Behörde, die bis 1796 bestanden hat – dem Statthalter brieflich, wie die Dinge lagen; er solle ein Mittel ausfindig machen, sie in Gang zu bringen.

Don Gonsalvo, der bis über die Ohren in den Kriegsangelegenheiten steckte, tat, was sich der Leser sicherlich denkt: er ernannte eine Kammer und übertrug ihr die Vollmacht, einen angängigen Brotpreis festzustellen; das hätte sowohl die eine, als auch die andere Partei befriedigen können. Die Abgeordneten traten zu dieser Kammer zusammen; und als sie sich nach tausend Verneigungen, Ehrerbietigkeitsbezeugungen, Umschweifen, Seufzern, Aufschüben, Vorschlägen zur Güte und Ausflüchten endlich durch die von allen gefühlte Notwendigkeit zu einem Beschluß getrieben sahen, kamen sie, obwohl sie wußten, daß sie eine hohe Karte ausspielten, doch in der Überzeugung, daß nichts anderes zu tun sei, überein, den Brotpreis zu erhöhen. Die Bäcker atmeten auf, aber das Volk ergrimmte.

An dem Abende, bevor Renzo in Mailand ankam, wimmelten Straßen und Plätze von Menschen, die sich, ob einander bekannt oder fremd, von einer gemeinsamen Wut fortgerissen, von einem gemeinsamen Gedanken beherrscht, ohne jede Verabredung haufenweise zusammenfanden wie Wassertropfen, die über eine abschüssige Fläche gespritzt worden sind. Jede Rede steigerte die Überzeugung und die Erregung der Hörer sowie des Redners. Unter so vielen Aufgeregten waren immerhin auch Leute mit kälterem Blute, und die beobachteten mit großem Vergnügen, wie das Wasser stets trüber wurde, und sie trachteten es mit Gesprächen und Geschichten, wie sie Schurken zu erfinden verstehen und wie sie erboste Gemüter willig glauben, noch mehr zu trüben; und sie nahmen sich vor, dieses Wasser nicht zur Ruhe kommen zu lassen, ohne einen kleinen Fischzug getan zu haben. Tausende von Menschen gingen mit dem unbestimmten Gefühle zu Bette, daß etwas geschehen müsse, daß etwas geschehen werde. Noch vortags waren die Straßen von neuem mit Menschenhaufen bedeckt: Kinder, Frauen, Männer, Greise, Arbeiter, Bettler rotteten sich wie zufällig zusammen: hier gab es ein wirres Gemurmel zahlreicher Stimmen, dort predigte einer, und die anderen klatschten ihm Beifall, der stellte seinem Nachbar dieselbe Frage, die eben ihm gestellt worden war, und jener wiederholte den Ausruf, den er in seinen Ohren hatte wiederklingen hören; und überall Klagen, Drohungen, weit aufgerissene Mäuler: eine ganz kleine Zahl von Wörtern deckte den Bedarf so vielen Geredes. Es fehlte nichts sonst als ein Anlaß, ein Anstoß, ein Antrieb, um die Worte in die Tat umzusetzen; und der ließ nicht lang auf sich warten. Bei Tagesanbruch kamen aus den Bäckerladen die Burschen mit ihren Körben, um das Brot in die gewohnten Häuser zu bringen.

Als der erste dieser Unglücksboten einem Volkshaufen zu Gesichte kam, war es, wie wenn ein brennender Schwärmer in eine Pulverkammer fällt.

„Da ist Brot!", schreien hundert Stimmen auf einmal.

„Ja wohl, für die Tyrannen", sagt einer, „die im Überflusse schwimmen und uns Hungers sterben lassen"; und er springt auf den Knaben los, greift um den Tragkorb, tut einen Ruck daran und sagt: „Laß sehn!"

Der Knabe wird rot und bleich, zittert, möchte gern sagen: „Laßt mich gehen", aber das Wort erstirbt ihm im Munde; er läßt die Arme sinken und versucht sie hastig aus den Gurten zu lösen.

„Herunter den Korb!", schreit man inzwischen. Viele Hände fassen ihn auf einmal an, er liegt auf der Erde; das Tuch, das ihn bedeckt, wird weggerissen, und ein warmer Wohlgeruch verbreitet sich in der Runde.

„Auch wir sind Christen", sagt der erste, „auch wir müssen Brot essen"; und damit nimmt er eine Semmel, hebt sie, zeigt sie der Menge und beißt hinein: und schon sind die Hände in der Luft, die Hände im Korbe, und schneller, als man es sagt, war er geleert.

Gereizt durch den Anblick des fremden Gewinnes und aufgemuntert durch die Leichtigkeit des Unternehmens, machten sich die, auf die nichts gekommen war, in Schwärmen auf die Suche nach anderen Knaben, und so vielen man begegnete, so viele wurden geplündert. Und es brauchte nicht einmal eines Überfalles auf sie; die, die sich zu ihrem Unheil auf dem Wege befanden, legten, wenn sie die Gefahr merkten, gern ihre Bürde nieder, und nahmen dann die Beine in die Hände! Bei alledem waren derer, die mit trockenen Zähnen verblieben, unverhältnismäßig mehr, und auch die Eroberer waren von einer so kleinen Beute nicht befriedigt; und unter die einen und unter die andern mischten sich die, die ihre Absicht auf eine schönere Unordnung gerichtet hatten.

„Zum Backofen!", schrie man; „zum Backofen!" In der Straße, *La Corsia de' Servi* genannt, war damals und ist noch heute ein Backofen, der noch den alten Namen bewahrt, einen Namen, der in der Schriftsprache Krückenofen bedeutet und in der mailändischen aus so absonderlichen, vertrackten und rohen Wörtern gebildet ist, daß das Abc keine Zeichen hat, um den Klang wiederzugeben. Dorthin brauste die Menge.

Die von dem Laden waren eben dabei, den leer zurückgekommenen Burschen auszufragen, der bestürzt und zerrauft sein trauriges Abenteuer herstammelte, als sich ein Getrampel hören ließ und zugleich ein Geheul: es wächst und kommt näher; es erscheinen die Vorläufer des Haufens. Die Türen zu! Die Türen zu! Rasch! Rasch! Einer läuft zum Stadthauptmann, um Hilfe zu verlangen, die anderen schließen hastig den Laden und verspreizen die Tür. Außen beginnt sich die Menge zu stauen, und sie schreit: „Brot! Brot! Öffnet! Öffnet!"

In einigen Augenblicken erscheint der Hauptmann mit einem Geleit von Hellebardieren. „Platz, Platz, Kinder", ruft er mit seinen Hellebardieren, „macht Platz dem Hauptmann der Scharwache." Das Volk, das noch nicht allzu gedrängt stand, gab ein wenig Raum, so daß sie sich, wenn schon nicht in Reih und Glied, aber doch alle zusammen vor der Ladentür aufstellen konnten.

„Aber Kinder", predigte der Hauptmann von hier aus, „was tut ihr da? Geht nach Hause, geht. Wo bleibt die Gottesfurcht? Was wird unser König sagen? Wir wollen euch nichts zuleide tun; aber geht nach Hause. Als brave Leute. Was zum Teufel wollt ihr hier, so zusammengerottet? Nichts Gutes, weder für die Seele, noch für den Leib. Geht nach Hause, geht."

Aber hätten auch die, die das Gesicht des Sprechers sahen und seine Worte hörten, wirklich gehorchen wollen, so sage nur einer, wie sie es hätten tun sollen, geschoben und gestoßen von den hinteren, die wieder selber wie Wogen von Wogen gestoßen wurden bis zum Ende des Haufens, der immer mehr wuchs. Dem Hauptmann begann die Luft zu mangeln. „Treibt sie zurück, damit ich wieder Atem gewinne", sagte er zu den Hellebardieren, „aber tut niemandem etwas zu leide. sehen wir, daß wir in den Laden kommen: pocht an; treibt sie zurück."

„Zurück, zurück", schreien die Hellebardiere, indem sie sich auf die vordersten werfen und sie mit den Schäften zurücktreiben.

Heulend ziehen sich die zurück, so gut sie können; sie stoßen die, die hinter ihnen sind, mit den Ellenbogen in den Leib, treten ihnen mit den Absätzen auf die Fußspitzen: es entsteht ein Drücken, ein Pressen, so daß die in der Mitte etwas drum gäben, anderswo zu sein. Unterdessen ist ein wenig Raum vor der Tür geworden: der Hauptmann pocht, pocht wieder, brüllt, man möge ihm öffnen; die drinnen schauen aus den Fenstern, laufen herunter und öffnen, der Hauptmann tritt ein und ruft die Hellebardiere, und die zwängen sich einer nach dem andern hinein, indem die letzten die Menge mit der Hellebarde abhalten. Als sie alle drinnen sind, verriegelt und verrammelt man sich; der Hauptmann eilt hinauf und tritt an ein Fenster. Hu, was für ein Gewimmel!

„Kinder!", schreit er; viele schauen hinauf. „Kinder, geht nach Hause. Generalpardon für jedermann, der augenblicklich heimgeht."

„Brot! Brot! Macht auf! macht auf!", waren die Worte, die sich am deutlichsten unterscheiden ließen in dem entsetzlichen Gebrülle, das der Haufe als Antwort ausstieß.

„Nehmt Vernunft an, Kinder! Gebt wohl acht! Noch ist es Zeit. Vorwärts, geht nach Hause, geht heim. Brot werdet ihr bekommen, aber so nicht. Oho... Oho! Was treibt ihr da? Oho! an der Tür? Nein, nein, ich seh, ich seh es: nehmt Vernunft an! Gebt wohl acht! Das ist ein schweres Verbrechen. Gleich komm ich. Aber, aber! Weg mit den Eisen! Weg die Hände! Schande über euch! Ihr seid doch Mailänder, die in der ganzen Welt als gutmütig gelten! Hört! hört! Ihr seid immer gute Kin ... Ha, das Gesindel!"

Dieser jähe Wechsel der Redeweise wurde verursacht durch einen Stein, der, den Händen eines dieser guten Kinder entflogen, den Hauptmann an der Stirn traf, auf den linksseitigen Buckel des metaphysischen Tiefsinns. „Gesindel! Gesindel!", fuhr er fort zu schreien, indem er das Fenster zuwarf und sich zurückzog. Aber obwohl er aus vollem Halse geschrien hatte, so waren doch alle seine Worte, die guten sowohl, als auch die bösen, bei dem Sturme von Geschrei, das von unten kam, auf dem halben Wege in der Luft zerflossen und zerschmolzen. Und das, was er, wie er sagte, gesehen hatte, war ein mächtiges Werken mit Steinen, mit Eisenstangen, den ersten besten, die sie sich in der Straße hatten verschaffen können, und dieses Werken galt der Tür, um sie einzubrechen, und den Fenstern, um die Gitter loszureißen, und die Arbeit war schon weit gediehen.

Unterdessen verübten Herrenleute und Gesinde des Ladens, nachdem sie sich mit einem Vorrat von Steinen versehen hatten - sie hatten wohl das Pflaster im Hofe aufgerissen - an den Fenstern des Obergeschosses ein mächtiges Geheul und schnitten denen unten grimmige Gesichter, damit sie abließen; sie zeigten ihre Steine und deuteten ihre Absicht an, sie auf sie zu schleudern. Als sie aber sahen, daß das verlorene Mühe war, begannen sie sie wirklich zu schleudern. Es ging auch nicht einer daneben; denn das Gedränge war so dicht, daß, wie man zu sagen pflegt, nicht ein Hirsekorn hätte zur Erde fallen können.

„Ha, die Schufte! Ha, die Schurken! Das ist das Brot, das ihr den armen Leuten gebt? Wehe! Weh mir! Au! Aber jetzt! aber jetzt!" So heulte es unten. Mehr als einer wurde übel zugerichtet; zwei Burschen blieben tot auf dem Platze. Die Wut verdoppelte die Kräfte der Menge: die Tür wurde eingebrochen, die Gitter losgerissen; und der Sturzbach drang durch alle Öffnungen ein. Die drinnen entwichen, als sie das Unheil sahen, auf den Dachboden: dort verkrochen sich der Hauptmann, die Hellebardiere und einige vom Hause in die Winkel; andere rissen durch die Dachluken aus und schlichen wie die Katzen über die Dächer.

Der Anblick der Beute ließ die Sieger den Plan blutiger Rache vergessen. Sie werfen sich auf die Kasten; das Brot ist ihnen preisgegeben. Einer oder der andere läuft zum Geldschrank, reißt das Schloß ab, packt die Schalen, nimmt ganze Handvoll, steckt ein und eilt, mit Quattrini beladen, weg, um auch Brot zu erraffen, wenn noch welches dasein sollte. Der Haufe ergießt sich in die Speicher. Sie legen Hand an die Säcke, schleifen sie heraus, stürzen sie um; der eine nimmt einen zwischen die Beine, knüpft ihn auf und verschüttet, um die Last tragbar zu machen, einen Teil des Mehls, ein anderer schreit: „Warte, warte", kniet nieder und faßt die Gottesgabe in den Schoß, ins Sacktuch, in den Hut. Dieser läuft zu einem Troge und nimmt einen Klumpen Teig, und der Teig dehnt sich und entrinnt ihm nach allen Seiten; jener, der ein Sieb erwischt hat, hält es hoch und trägt es davon: man kommt, man geht; Männer, Frauen und Kinder stoßen einander mit Geheul hin und wider, und ein weißer Staub legt sich überallhin, hebt sich überall und verschleiert und umnebelt alles. Draußen ein Gedränge von zwei entgegenstrebenden Zügen, die einander brechen und verwirren, weil der eine mit der Beute heraus und der andere der Beute halber hinein will.

Während in diesem Backhause also das unterste zuoberst gekehrt wurde, war kein anderes in der Stadt ruhig und ungefährdet; vor keinem aber lief das Volk in solcher Menge zusammen, daß es hätte alles unternehmen können: in einigen hatten die Besitzer Hilfe geholt und waren bereit zur Verteidigung; in anderen, wo sie an Zahl gering waren, gingen sie gewissermaßen einen Vergleich ein, indem sie an die, die sich vor dem Laden zusammenzurotten anfingen, Brot verteilten unter der Bedingung, daß sie sich entfernten. Und sie entfernten sich auch, nicht so sehr, weil sie befriedigt gewesen wären, sondern vielmehr, weil sich die Hellebardiere und die Häscher, die sich von jenem schrecklichen Krükkenofen fernhielten, doch anderswo in genügender Macht sehen ließen, um die armen Teufel, die noch keine förmliche Rotte bildeten, in Respekt zu halten. Auf diese Weise wuchs der Aufruhr bei diesem ersten Unglücksofen immer mehr; denn alle, denen die Hände juckten, einen hübschen Streich zu verüben, eilten dorthin, wo die Freunde die Stärkeren waren und die Straflosigkeit sicher. So standen die Dinge, als Renzo, der nunmehr seinen Wecken verzehrt hatte, durch die Torvorstadt, ohne es zu wissen, dem richtigen Mittelpunkte des Aufruhrs zuging. Bald wurde er von der Menge geschoben, bald gehemmt, und unterm Gehen sperrte er Augen und Ohren auf, um aus diesem wirren Stimmengesumme eine tatsächliche Kenntnis von der Sachlage zu entnehmen.

Und das waren ungefähr die Worte, die ihm auf seinem Wege zu vernehmen glückte: „Jetzt ist sie entdeckt", schrie einer, „die schändliche Betrügerei dieser Schufte, die gesagt haben, es gebe kein Brot, kein Mehl, kein Korn. Jetzt sieht man es klar und deutlich, und man wird uns nichts mehr weismachen können. Heil dem Überflusse!" „Ich sag euch", sagte ein anderer, „das ganze hilft nichts;

es ist ein Schlag ins Wasser, und es wird noch ärger werden, wenn nicht einmal gründlich Ordnung gemacht wird. Das Brot wird ja billiger werden, aber sie werden Gift hineintun, um das Volk hinsterben zu lassen wie Fliegen. Schon sagen sie, wir seien unser zuviel: in der Kammer haben sie es gesagt, und das weiß ich genau, weil ich es mit eigenen Ohren von einer meinigen Gevatterin gehört habe, die die Freundin eines Verwandten eines Küchenjungen eines von diesen Herrn ist." Nicht wiederzugebende Reden führte, Schaum vor dem Munde, ein anderer, der sich einen Sacktuchfetzen auf das zerraufte und blutige Haar drückte; und wie um ihn zu trösten, machte ihm ein Nachbar das Echo. „Platz, Platz, meine Herren, wenn es beliebt; lassen Sie einen armen Familienvater durch, der seinen fünf Kindern Essen bringt." So sagte einer, der unter einem großen Sack Mehl daherwankte; jeder beeilt sich zurückzutreten, um ihn durchzulassen. „Ich?", sagte ein anderer halblaut zu seinem Gesellen, „ich, ich drücke mich. Ich bin nicht von heute und weiß, wie es bei so etwas geht. Diese Schafsköpfe, die heute so einen Lärm verführen, sitzen morgen oder übermorgen voller Angst zuhause. Ich habe schon einige Gesichter gesehen, etliche Ehrenmänner, die mit der unschuldigsten Miene herumschleichen und genau aufmerken, wer dabei ist und wer nicht; wenn dann alles zu Ende ist, dann machen sie ihren Überschlag, und wen's trifft, den trifft's." „Wer die Bäcker beschützt", schrie eine tiefe Stimme, die Renzos Aufmerksamkeit auf sich zog, „ist der Proviantverweser." „Sie sind allesamt Schufte", sagt ein Nachbar. „Ja", erwiderte der erste, „aber er ist der größte." Der Proviantverweser, der alljährlich vom Statthalter aus sechs von den Rate der Dekurionen vorgeschlagenen Edelleuten gewählt wurde, war der Vorsitzende dieses Rates und zugleich des Proviantshofes, dem, aus zwölf ebenfalls adeligen Männern bestehend, hauptsächlich die Verwaltung des Kornvorrats zugewiesen war. Wer eine solche Stelle bekleidete, mußte in diesen Zeiten des Hungers und der Unwissenheit als Urheber des Übels bezeichnet werden, außer er hätte getan, was Ferrer getan hatte: etwas, was nicht in seiner Macht war, wenn es auch in seinem Sinne gewesen wäre. „Die Verruchten!", rief ein anderer; „kann jemand schlechter handeln? Jetzt sind sie so weit, daß sie sagen, der Großkanzler sei ein kindisch gewordener Greis, um ihn ums Ansehen zu bringen und allein befehlen zu können. Man müßte einen großen Käfig machen und sie hineintun, damit sie von Wicken und Unkraut leben, wie sie uns abfüttern möchten." „Brot, was?", sagte einer, der es eilig hatte; „ja, pfundschwere Steine! Steine von dem Kaliber sind herunter geprasselt wie Hagel. Die Rippen knackten nur so. Ich kann es nicht erwarten, bis ich zuhause bin."

Bei diesen Reden, von denen er nicht zu sagen gewußt hätte, ob sie ihn klüger oder dümmer machten, und bei kräftigen Stößen kam endlich Renzo vor diesem Backofen an. Das Volk war schon ziemlich zerstreut, so daß er die noch frische Verwüstung betrachten konnte: die Mauern durch Steine und Ziegel des Verputzes beraubt und beschädigt, die ausgehobenen Fenster, die eingebrochene Tür. Das ist denn doch nicht schön, sagte Renzo bei sich; wenn sie alle Backhäuser so herrichten, wo wollen sie dann das Brot herstellen? In den Brunnen? Ab und zu kam einer aus dem Laden, der ein Stück eines Kastens oder eines Troges oder einer Mehltrommel wegtrug oder ein Knetholz, eine Bank, einen Korb, ein Geschäftsbuch, kurz, irgend etwas aus dem Backhause; und indem er „Platz! Platz!", schrie, durchschritt er das Volk. Alle diese Leute gingen in derselben Richtung davon und an einen, wie man sah, verabredeten Ort. Was ist denn das wieder?, dachte Renzo; und er folgte einem, der sich aus Holzspänen und gespaltenen Brettern ein Bündel gemacht und es sich auf die Schulter geworfen hatte und wie die andern die Straße zog, die an der nördlichen Seite des Domes vorüberführt und ihren Namen von den Stufen hat, die seit kurzem nicht mehr vorhanden sind. Der Wunsch, die Ereignisse zu beobachten, konnte den Gebirgler, als sich vor ihm das ungeheure Bauwerk erhob, nicht abhalten, stehen zu bleiben und offenen Mundes hinaufzuschauen. Dann beschleunigte er seinen Schritt, um den einzuholen, den er sich gleichsam zum Führer genommen hatte; er bog um die Ecke, warf einen Blick auch auf die Vorderseite des Doms, die damals noch zum größeren Teile roh und der Vollendung fern war, und trabte dann wieder dem andern nach, der auf die Mitte des Platzes zuhielt. Die Menge wurde immer dichter, je weiter er kam, aber man machte dem Beladenen Platz; der spaltete die Woge des Volkes, und Renzo, der ihm an den Fersen blieb, gelangte mit ihm zu dem Mittelpunkte der Ansammlung. Dort war ein freier Raum und in der Mitte ein Häufchen Kohlen, die Reste des oben erwähnten Geräts. Rund herum gab's ein Klatschen und Stampfen, ein Getöse von tausend Schreien des Jubels und der Verwünschung. Der Mann schleudert ein Bündel in die Kohlen, ein anderer schürt das Feuer mit dem halbverbrannten Stumpfe einer Schaufel: der Rauch wächst und verdickt sich, die Flamme lodert von neuem, und mit ihr erhebt sich das Geschrei stärker: „Heil dem Überflusse! Nieder mit den Aushungerern! Nieder mit der Teuerung! Zum Teufel mit dem Proviranthofe! Zum Teufel mit der Kammer! Heil dem Brote!" Die Zerstörung der Siebe und der Tröge, die Verwüstung der Öfen und die Mißhandlung der Bäcker sind zwar nicht die raschesten Mittel, das Brot gedeihen zu lassen; aber das ist eine von diesen metaphysischen Spitzfindigkeiten, worauf die Menge nicht verfällt. Trotzdem braucht man kein großer Metaphysiker zu sein, um von selbst darauf zu verfallen, wie neu einem die Sache auch ist, und wenn dies nicht zutrifft, so ist daran nur das Reden und das Reden hören schuld. Unserm Renzo war denn auch dieser Gedanke von Anfang an gekommen, und er kehrte ihm, wie wir gesehen haben, alle Augenblicke wieder. Im übrigen behielt er ihn für sich; denn unter so viel Gesichtern sah er auch nicht eines, das ihm zu sagen geschienen hätte: Bruder, wenn ich fehle, so weise mich zurecht; ich werde dir's Dank wissen. Schon war die Flamme wieder erloschen, man sah niemanden mehr mit einer Nahrung für sie kommen, und die Menge begann sich zu langweilen, als sich das Gerücht verbreitete, auf dem Cordulio – einem kleinen Platz oder Kreuzweg in der Nähe – werde ein Backhaus gestürmt. Bei derlei Umständen bewirkt es oft die Meldung von etwas, daß dies wirklich geschieht. Zugleich mit diesem Gerüchte ergoß sich in die Menge auch der Wunsch, dorthin zu laufen: „Ich gehe; und du, gehst du?" „Ich komme; gehen wir!", so hört man überall. Das Gedränge löst sich und wird zu einem langen Zuge. Renzo blieb hinten und rührte sich schier nicht vom Flecke, außer wenn er von dem Sturzbache mitgerissen wurde, und hielt unterdessen mit seinem Herzen Rat, ob er sich von der Rotte losmachen und ins Kloster zurückkehren solle, um den Pater Bonaventura aufzusuchen, oder mitgehen und auch diesmal zusehen. Von neuem überwog die Neugier. Immerhin beschloß er sich nicht ins dichteste Getümmel zu stürzen, wo er sich hätte etwa die Knochen zerbrechen lassen oder noch eine schlimmere Gefahr laufen können, sondern sich in einiger Entfernung zu halten, um zu beobachten, Da er schon ein wenig Luft hatte, nahm er den zweiten Wecken aus der Tasche und biß hinein, und also schloß er sich dem Nachtrab des stürmischen Heeres an. – Dieses war schon von dem Platze in die kurze und enge Gasse der *Pescheria vecchia*[5] und von dort durch diesen schrägen Bogen auf die *Piazza de' Mercanti*[6] gelangt. Und hier waren nur sehr wenige, die nicht, als sie bei der Nische in der Mitte des Gebäudes, das damals das *Collegio de' dottori* hieß, einen Seitenblick auf die große darin hausende Statue Philipps II. mit ihrem ernsten, mürrischen, finster blickenden Gesicht geworfen hätten, die, wenn auch aus Marmor, doch eine gewisse Ehrfurcht einflößte und mit dem ausgestreckten Arme sagen zu wollen schien: Jetzt komme ich, Gesindel! Jetzt ist diese Statue nicht mehr, und zwar wegen eines sonderbaren Zufalles. Etwa hundertundsiebzig Jahre nach den Ereignissen, die wir erzählen, wurde ihr eines Tages der Kopf vertauscht und das Zepter aus der Hand genommen und durch einen Dolch ersetzt; und ihr wurde der Name Marcus Brutus gegeben. Also hergerichtet, blieb sie wieder ein paar Jahre; eines Tages aber warfen ihr etliche Leute, die für Marcus Brutus kein Wohlwollen empfanden, vielmehr einen heimlichen Groll auf ihn haben mochten, einen Strick um den Hals, rissen sie herunter, taten ihr tausenderlei Unglimpf an, schleiften sie, verstümmelt und in einen unförmlichen Torso verwandelt, durch die Straßen, indem sie die Zungen herausreckten und Grimassen schnitten, und rollten sie, als sie richtig müde waren, in irgendeinen Winkel. Wenn das einer Andrea Biffi gesagt hätte, als er an ihr meißelte! Von der *Piazza de' Mercanti* sackte sich das Gesindel durch diesen andern Bogen in das Gäßchen der *Fustagnai*, und von dort strömte es auf den *Cordusio* auseinander. Beim ersten Herausbrechen schaute jeder sofort auf das Backhaus, das genannt

---

[5] Der alte Fischmarkt.
[6] Der Marktplatz der Kaufleute.

worden war. Aber statt der Menge von Freunden, die sie hier schon bei der Arbeit zu treffen erwartet hatten, sahen sie nur ein paar Leute wie zaudernd in einiger Entfernung von dem Laden herumstehen, der geschlossen war und an dessen Fenstern sich Bewaffnete in einer Haltung zeigten, die ihre Absicht, sich zu verteidigen, bewies. Der eine wunderte sich bei diesem Anblicke, der andere fluchte, der dritte lachte; dieser wandte sich um, um die Neuankommenden davon zu unterrichten, jener blieb stehen, hier wollte man umkehren, dort hieß es: „Vorwärts, vorwärts!" Es war ein Drängen und ein Zurückschieben, eine Art Stauung, ein Zaudern, ein wirres Durcheinander von Widerspruch und Beratung. Da platzte mitten im Haufen eine vermaledeite Stimme los: „Hier in der Nähe ist das Haus des Proviantverwesers; dort wollen wir Gericht halten und plündern." Es war viel mehr, als ob man sich einer getroffenen Abmachung erinnert hätte, als einen Vorschlag annähme. „Zum Verweser! Zum Verweser!", war der einzige Schrei, der sich vernehmen ließ. Die Schar schlug einmütig den Weg zu der Straße ein, wo das in einem so unseligen Augenblicke genannte Haus lag.

13. KAPITEL.

DER unglückliche Verweser war in diesem Augenblick damit beschäftigt, aus einem ohne Eßlust und ohne frisches Brot gekauten Frühstück einen sauren und kümmerlichen Milchsaft zu erzeugen, und wartete mit ziemlichem Bangen, wie dieser Sturm enden werde, gleichwohl weit entfernt, zu argwöhnen, daß er so erschrecklich auf ihn hereinbrausen sollte. Ein paar gutmütige Leute liefen dem Haufen im Galopp voraus, um ihn zu benachrichtigen, was ihm bevorstehe. Die Diener, die der Lärm schon auf die Schwelle gezogen hatte, blickten bestürzt die Straße entlang, woher sich der Lärm näherte. Während sie die Nachricht anhören, sehen sie auch schon den Vortrab erscheinen; hastig und eilig wird die Nachricht dem Herrn überbracht: während der an die Flucht denkt und wie sie zu bewerkstelligen sei, kommt ein anderer, um ihm zu sagen, daß es dazu nicht mehr Zeit ist. Die Diener haben knapp noch so viel, um das Tor zu schließen. Sie legen die Stange vor, verriegeln es und laufen die Fenster schließen, wie wenn man ein schwarzes Unwetter heraufziehen sieht und von einem Augenblicke zum andern den Hagel erwartet. Das wachsende Geheul, das von oben wie ein Donner herabdringt, hallt in dem leeren Hofe wieder, und jeder Winkel des Hauses erdröhnt davon; und mitten in dem wüsten und wirren Lärme hört man stark und dicht Steinschläge ans Tor krachen. „Der Verweser! Der Tyrann! Der Aushungerer! Ihn wollen wir! Tot oder lebendig!" Der Ärmste lief von einem Zimmer ins andere, bleich, atemlos, die Hände zusammen schlagend, sich Gott befehlend und seine Diener beschwörend, sie sollten ja aushalten und einen

Ausweg finden, ihn entwischen zu lassen. Aber wie und wohin? Er sprang auf den Dachboden: aus einer Luke blickte er ängstlich auf die Straße, und er sah sie gesteckt voll wütender Menschen, und er hörte die Stimmen, die seinen Tod verlangten; und verzagter als früher zog er sich wieder zurück und ging den sichersten und abgelegensten Schlupfwinkel aufsuchen. Dort horchte und horchte er zusammengekauert, ob nicht der unheimliche Lärm schwächer werde, ob sich nicht der Aufruhr ein wenig beruhige; da er aber anstatt dessen das Gebrüll immer wilder und lauter werden und die Schläge sich verdoppeln hörte, verstopfte er sich, im Herzen von einem neuen Angstgefühl gepackt, hastig die Ohren. Wie außer sich, streckte er dann mit knirschenden Zähnen und verzerrtem Gesichte die Arme von sich und stemmte die Fäuste ins Leere, wie als ob er das Tor hätte zuhalten wollen ... Im übrigen kann man nicht genau wissen, was er alles getan hat; denn er war allein, und die Geschichte ist auf Vermutungen angewiesen. Ein Glück, daß sie daran gewöhnt ist. Renzo war diesmal im stärksten Gewühl; nicht daß er vom Strome fortgerissen worden wäre, sondern er hatte sich vorbedachterweise hineingedrängt. Bei jenem ersten Rufe nach Blut hatte er gefühlt, daß sein Blut gänzlich in Wallung geriet; was die Plünderung betraf, so hätte er nicht zu sagen gewußt, ob sie in diesem Falle gut oder schlecht war, aber der Gedanke des Mordes verursachte ihm einen echten und unmittelbaren Abscheu. Und obwohl er durch diese unheimliche Gelehrigkeit, die leidenschaftlichen Gemütern bei der leidenschaftlichen Behauptung einer Menge eigen ist, völlig überzeugt war, daß der Verweser die Hauptursache des Hungers und der Feind der Armen war, so hatte er sich doch, kaum daß er beim Aufbruche der Schar zufällig ein Wort vernommen hatte, das den Wunsch anzeigte, es möge alles zu seiner Rettung aufgeboten werden, vorgenommen, ein solches Werk zu fördern, und hatte sich in dieser Absicht bis zum Tore durchgedrängt, das auf hunderterlei Weisen bearbeitet wurde. Die einen schlugen mit Kieseln auf die Nägel des Schlosses, um sie zu lockern, andere trachteten mit Meißeln, Brecheisen und Hämmern regelrecht zu werken, noch andere bemühten sich die Mauer mit Steinen, mit spitzen Messern, mit Nägeln, mit Knütteln, ja, wenn sie sonst nichts hatten, mit den Fingernägeln zu entkalken und zu zerbröckeln, die Ziegel herauszureißen und eine Bresche zu legen. Die, die nicht tätig helfen konnten, feuerten die andern mit Geheul an; und indem sie drängend dort standen, beeinträchtigten sie nur die Arbeit noch mehr, die schon durch den ungeregelten Wetteifer der Arbeitenden beeinträchtigt war: denn durch die Gnade des Himmels geschieht manchmal auch beim Bösen das, was beim Guten nur allzu häufig ist, daß nämlich die hitzigsten Förderer ein Hindernis werden.

Die ersten Behörden, die von dem, was vorging, verständigt worden waren, fertigten alsbald Boten ab zu dem Befehlshaber des Kastells, das damals das von der *Porta Giovia* hieß, und forderten Hilfe; er schickte etliche Soldaten hin. Aber mit der Benachrichtigung und dem Befehle und dem Sammeln und dem Aufbrechen und dem Wege verging so viel Zeit, daß sie bei dem Hause erst ankamen, als es schon überall wüst bestürmt wurde; und sie machten in ziemlicher Entfernung davon, wo schon kein Gedränge mehr war, halt. Der Offizier, der sie befehligte, wußte nicht, wozu sich entschließen. Das, was er vor sich hatte, war, um es herauszusagen, nichts als eine zusammengewürfelte Menge verschiedenen Alters und Geschlechtes, die zusah. Auf die Aufforderung, auseinanderzugehen und Raum zu geben, antworteten sie mit einem langen, dumpfen Gemurmel; niemand rührte sich. Feuer geben zu lassen auf diese Herde, schien dem Offizier nicht nur grausam, sondern auch gewagt, weil er durch einen Angriff auf die weniger Gefährlichen die arg Gewalttätigen gereizt hätte; überdies hatte er keinen Auftrag dazu. Diese erste Menge zu durchbrechen, sie rechts und links zum Weichen zu bringen und, also vorgehend, den Kampf zu denen zu tragen, die sich im Kampfe befanden, wäre das beste gewesen; aber das Gelingen, darum handelte es sich. Wer konnte wissen, ob die Soldaten hätten in geschlossener Ordnung vordringen können? Und wenn sie, anstatt die Menge zu durchbrechen, mitten drinnen vereinzelt worden wären, so wären sie, nachdem sie sie gereizt hätten, ganz in ihrer Gewalt gewesen. Die Unentschlossenheit des Befehlshabers und die Unbeweglichkeit der Truppe wurden, ob mit Recht oder Unrecht, als Furcht gedeutet. Die Leute in ihrer Nähe begnügten sich damit, ihnen mit einer geringschätzigen Miene ins Gesicht zu sehen; die, die ein wenig weiter standen, enthielten sich nicht, sie mit Grimassen und spöttischen Zurufen herauszufordern. Noch weiter weg wußte niemand oder kümmerte sich niemand, daß sie da waren: die Verwüster betrieben das Einreißen der Mauern ohne ein anderes Trachten, als bald damit fertig zu sein, und die Zuseher hörten nicht auf, sie dazu mit Geheul zu ermuntern. Unter diesen stach ein elender Greis hervor, der selber ein Schaustück war: seine hohlen und entflammten Augen weit aufreißend und seine Runzeln zu einem Grinsen teuflischen Wohlgefallens verziehend, schwang er in den über das in Schande ergraute Haar erhobenen Händen einen Hammer, einen Strick und vier Nägel, womit er, wie er sagte, den Verweser, wenn er ermordet sein werde, an einen Flügel seines Tors nageln wollte. „Pfui! Schämt euch!", brach Renzo los, der sich über diese Worte bei dem Anblicke so vieler Gesichter, die ihre Billigung kundgaben, entsetzte und aus dem Anblicke einiger von seinesgleichen an Mut gewann, aus denen, wenn auch stumm, der selbe Schrecken durchschien, von dem er erfaßt war. „Schämt euch! Wollen wir dem Henker ins Handwerk pfuschen? Einen Christenmenschen morden? Wie soll uns Gott Brot geben, wenn wir eine solche Abscheulichkeit begehen? Blitze wird er schicken und kein Brot!" „Ha, der Hund! der Volksverräter!", schrie, Renzo zugekehrt, mit dem Gesichte eines Besessenen einer von denen, die diese frommen Worte in dem Wirbel hatten hören können. „Warte warte! Es ist ein Diener des Verwesers, als Bauer verkleidet; es ist ein Spion! Gebt ihm's! gebt ihm's!" Hundert Stimmen werden rund herum auf einmal laut: „Was ist's? Wo ist er? Wer ist's denn? Ein Diener des Verwesers. Ein Spion. Der Verweser will, als Bauer verkleidet, entwichen. Wo ist er? Wo ist er? Gebt ihm's! Gebt ihm's!"

Renzo verstummt, macht sich klein und möchte verschwinden; einige seiner Nachbarn nehmen ihn in die Mitte und trachten diese feindlichen und mörderischen Stimmen mit verschiedenen lauten Schreien zu übertäuben. Aber was ihnen mehr als alles nützte, war ein „Platz! Platz!", das in der Nähe geschrien wurde: „Platz! Da ist Hilfe! Platz! Hoho!" Was war es? Es war eine lange Leiter, die einige herbei brachten, um sie an das Haus zu lehnen und durch ein Fenster einzusteigen. Zum guten Glücke war aber dieses Mittel, das die Sache leicht gemacht hätte, selber nicht leicht ins Werk zu setzen. Die Träger, sowohl die an den beiden Enden, als auch die an den Längsseiten, schwankten hin und her, von dem Haufen gedrängt, gestoßen und abgetrennt: einer, dessen Kopf zwischen zwei Sprossen stak, während er die Stangen auf den Schultern hatte, brüllte unter der Last, die ihn wie ein Joch niederdrückte, ein anderer wurde seiner Bürde durch einen Stoß entledigt; die sich überlassene Leiter schlug nieder auf Schultern, Arme, Rippen: man kann sich denken, was die Getroffenen sagten. Andere hoben die ungefüge Last, schoben sich darunter, legten sie sich auf, und schrien: „Holla, gehen wir!" Das Unglücksgerät schob sich ruckweise und in Windungen vorwärts. Sie kam zur rechten Zeit, um Renzos Feinde auseinanderzutreiben und von ihm abzulenken, der die in der Verwirrung entstandene Verwirrung nutzte; anfänglich gebückt, dann seine Ellbogen nach Leibeskräften brauchend, entfernte er sich von diesem Orte, wo keine gute Luft für ihn wehte, mit der Absicht, sich sobald wie möglich dem Getümmel zu entreißen und nun wirklich den Pater Bonaventura aufsuchen oder erwarten zu gehen. Auf einmal verbreitet sich durch den Haufen eine außergewöhnliche Bewegung, die an einem Ende begonnen hat, eine Stimme wird laut und wird von Mund zu Mund weitergegeben: „Ferrer! Ferrer!" Verschieden sind die Gefühle, die sich äußern, wohin dieser Name gelangt: Verwunderung, Freude, Wut, Wohlwollen und Widerstreben; der eine schreit den Namen, der andere will ihn unterdrücken, der behauptet etwas, jener leugnet es, hier preist man den Himmel, dort gibt es Flüche. „Ferrer ist da." „Es ist nicht wahr, es ist nicht wahr." „Ja, ja! Heil Ferrer! er hat das Brot billig gemacht!" „Nein, nein!" „Er ist da, zu Wagen." „Was tut das? was geht's ihn an? Wir brauchen niemanden!" „Ferrer! Heil Ferrer, dem Freunde der Armen! Er will den Verweser ins Gefängnis stecken." „Nein, nein, wir wollen selber Gericht halten; zurück, zurück!" „Ja, ja; Ferrer! Ferrer soll kommen! Ins Gefängnis mit dem Verweser!"

Und alle schauen, auf den Fußspitzen stehend, in der Richtung aus, woher die unverhoffte Ankunft angekündigt wird. Da sich aber alle auf die Fußspitzen gestellt hatten, sahen sie nicht mehr und nicht weniger, als wenn sie alle mit den Sohlen auf der Erde geblieben wären; aber gleichviel, sie stellten sich alle.

Tatsächlich war an dem Ende des Haufens, der Seite gegenüber, wo die Soldaten standen, Antonio Ferrer, der Großkanzler, angefahren gekommen, der, wahrscheinlich von seinem Gewissen gedrückt, daß er mit seinem ungereimten und hartnäckigen Vorgehen den Anlaß oder wenigstens die Gelegenheit zu dem Aufruhr gegeben hatte, diesen nunmehr stillen oder wenigstens die schrecklichsten und nicht wieder gut zu machende Wirkungen abwenden wollte; er kam, um sich einer auf schlechte Weise erworbenen Volksgunst mit Ehren zu begeben. Bei Volksaufständen gibt es stets eine Anzahl von Menschen, die entweder in der Hitze der Leidenschaft oder aus fanatischer Überzeugung oder in verbrecherischer Absicht oder aus vermaledeiter Lust am Umsturz ihr möglichstes tun, um die Dinge auf die Spitze zu treiben, die grausamsten Ratschläge erteilen und vertreten und das Feuer jedesmal schüren, wenn es nachzulassen beginnt; nichts ist ihnen zu arg, und sie möchten, daß der Aufruhr weder Maß, noch Ziel habe. Als Gegengewicht ist aber stets auch eine Anzahl von Menschen da, die sich mit der gleichen Glut und der gleichen Beharrlichkeit bemühen, die entgegengesetzte Wirkung zu erzeugen, wozu sie teils durch die Freundschaft oder die Teilnahme für die Bedrohten bewogen, teils aber durch nichts sonst als durch einen frommen und unwillkürlichen Abscheu vor Blut und Greueltaten angetrieben werden. Der Himmel segne sie. Innerhalb jeder von diesen zwei entgegengesetzten Parteien bringt die Gleichartigkeit des Wollens, auch wenn keine Verabredung vorhergegangen ist, eine augenblickliche Übereinstimmung in den Handlungen hervor. Was dann die Masse und gleichsam den Werkstoff des Aufruhrs bildet, das ist ein zufälliges Gemenge von Leuten, die sich in unbestimmten Abstufungen zwischen den zwei Extremen halten: ein wenig erhitzt, ein wenig schurkisch, ein wenig für eine gewisse Gerechtigkeit eingenommen, was nämlich sie darunter verstehen, ein wenig lüstern, garstige Dinge zu sehen, bereit zur Roheit und zur Barmherzigkeit, zu verfluchen und anzubeten, je nachdem sich die Gelegenheit bietet, das eine Gefühl oder das andere erschöpfend zu betätigen, begierig, alle Augenblicke von einer Schändlichkeit zu hören und sie zu glauben, und mit dem Bedürfnisse, zu schreien, jemand Beifall zu spenden oder hinter ihm zu heulen. „Heil" und „Tod" sind ihre liebsten Worte, und ist es einem gelungen, sie zu überreden, daß es der und der nicht verdient, geviertteilt zu werden, so braucht es nicht mehr vieler Worte, um sie zu überzeugen, daß er würdig sei, im Triumphe herumgetragen zu werden: sie sind handelnde Personen, Zuseher, Werkzeug, Hindernis je nach dem Winde, bereit auch, ruhig zu sein, wenn sie keinen Schrei mehr hören, der zu wiederholen wäre, Schluß zu machen, wenn es an Aufwieglern gebricht, sich zu zerstreuen, wenn viele einmütige und unwidersprochene Stimmen gesagt haben: „Gehen wir", und heimzukehren mit der gegenseitigen Frage: „Was hat es denn eigentlich gegeben?" Da aber diese Masse, der die größte Kraft innewohnt, diese Kraft geben kann, wem sie will, so bietet jede von den beiden Parteien alle Kunst auf, um sie auf ihre

Seite zu ziehen und sie sich untertan zu machen: sie sind gleichsam zwei feindliche Seelen, die miteinander kämpfen, um in diesen plumpen Körper einzutreten und ihn in Bewegung zu setzen. Durch Leute, die das verstehen, lassen sie die Gerüchte aussprengen, die am meisten geeignet sind, die Leidenschaften zu erregen und die Bewegung zu Gunsten der einen oder der andern Absicht zu lenken, durch Leute, die das zur rechten Zeit verstehen, lassen sie Neuigkeiten erfinden, die den Zorn neu entfachen oder abschwächen und die Hoffnung oder die Furcht neu beleben, und durch Leute, die es verstehen, lassen sie das Geschrei erheben, das, immer stärker wiederholt, die Stimmung der Mehrheit für die eine oder die andere Partei zu gleicher Zeit ausdrückt, bestätigt und erzeugt.

Dieses ganze Geschwätz ist nur angestellt worden, um schließlich zu sagen, daß in dem Ringen der zwei Parteien, die sich die Gunst des vor dem Hause des Verwesers zusammengerotteten Volkes bestritten, das Erscheinen Antonio Ferrers schier augenblicklich einen großen Vorteil der Partei der Menschlichen verlieh, die offenbar die schwächere gewesen war und bei einiger Verzögerung dieses Beistandes weder die Kraft, noch einen Anlaß zu kämpfen gehabt haben würde. Der Mann war wegen jener Preisbestimmung seiner Erfindung, die für die Käufer so günstig war, und wegen seiner heroischen Hartnäckigkeit, die er jedem gegenteiligen Vernunftgrunde gegenüber bewiesen hatte, bei der Menge beliebt. Die ihm schon geneigten Gemüter wurden nun durch sein mutiges Vertrauen noch mehr für den Greis eingenommen, der ohne Bedeckung und ohne besondere Umstände zu einer erregten und stürmischen Menge kam, um ihr entgegenzutreten. Von wundersamer Wirkung war auch, daß man vernahm, er komme, um den Verweser ins Gefängnis zu führen, so daß sich die Wut auf diesen, die sich nur noch schlimmer entfesselt hätte, wenn er ihnen mit Trotz gekommen wäre oder ihnen nichts hätte zugestehen wollen, nunmehr mit diesem Versprechen der Genugtuung, mit diesem Knochen im Maule, ein wenig beruhigte und entgegengesetzten Gefühlen Raum gab, die sich in einem großen Teile der Herzen rührten.

Die Parteigänger des Friedens unterstützten Ferrer, als sie wieder zu Atem gekommen waren, auf hunderterlei Weisen: die, die in seiner Nähe waren, indem sie mit ihrem Beifalle den der Menge weckten und wieder weckten und sich gemeinsam bemühten, das Volk zum Zurückgehen zu bewegen, damit also Platz für den Wagen geschaffen werde, die andern, indem sie beifallklatschend seine Worte und die, die ihnen am liebsten gewesen wären, wenn er sie gesagt hätte, wiederholten und in Umlauf brachten, den in Wut verhärteten Leuten in die Rede fielen und die neue Leidenschaft der beweglichen Menge gegen sie kehrten. „Wer hat etwas gegen den Ruf „Heil Ferrer!" Dir ist es also nicht lieb, daß das Brot billig ist? Das sind Schurken, die keine christliche Gerechtigkeit wollen; es sind ihrer da, die mehr Lärm als die andern schlagen, um so den Verweser entwischen zu lassen. Ins Gefängnis mit dem Verweser! Heil Ferrer! Platz für Ferrer!"

Und in dem Maße, wie die Zahl derer, die so sprachen, wuchs, nahm die Kühnheit der Gegenpartei ab, so daß sie von der Predigt dazu übergehen konnten, denen, die noch immer zerstörten, das Handwerk zu legen, sie zurückzujagen und ihnen das Werkzeug aus den Klauen zu nehmen. Diese tobten, drohten auch und versuchten, wieder die Oberhand zu bekommen; aber die Sache des Blutes war verloren: das Geschrei, das vorherrschte, war: Gefängnis, Gerechtigkeit, Ferrer! Nach kurzem Streite wurden sie zurückgedrängt, die andern bemeisterten sich des Tors, sowohl um es vor neuen Anstürmen zu verteidigen, als auch um Ferrer den Zugang vorzubereiten, und einer von ihnen benachrichtigte durch Zuruf die im Hause – an Spalten mangelte es nicht – daß sie den Verweser fertig halten sollten, um sofort ins Gefängnis zu wandern; han, habt ihr verstanden?"

„Ist das der Ferrer, der bei den Kundmachungen mitwirkt?", fragte Renzo einen neuen Nachbarn; denn er erinnerte sich des *Vidit Ferrer*, das ihm der Doktor in die Ohren gebrüllt und als Unterschrift gezeigt hatte. „Jawohl, der Großkanzler", antwortete der Gefragte. „Er ist ein anständiger Kerl, nicht wahr?" „Und ob er ein anständiger Kerl ist! Er ist doch der, der das Brot billig gemacht hat, und die andern haben es nicht wollen; und jetzt kommt er, um den Verweser ins Gefängnis zu führen, der nicht ehrlich gehandelt hat." Es braucht nicht gesagt zu werden, daß Renzo auf der Stelle für Ferrer war. Er wollte ihm stracks entgegengehen, das war jedoch nicht leicht; aber mit gewissen älplerischen Ellbogenstößen gelang es ihm, sich Raum zu schaffen und in die erste Reihe dicht an den Schlag des Wagens zu kommen. Dieser war schon ein wenig in dem Haufen vorgedrungen; und in diesem Augenblicke stand er wegen eines dieser bei einer solchen Fahrt unvermeidlichen und häufigen Hemmnisse still. Der alte Ferrer zeigte bald bei dem einen, bald bei dem andern Fenster ein durchaus demütiges, durchaus lächelndes, durchaus liebenswürdiges Gesicht, das er sich immer für den Fall aufgespart hatte, wenn er einmal vor Philipp IV. stehen werde; nun aber war er gezwungen, es auch bei dieser Gelegenheit zu verwenden. Er sprach auch; aber der Lärm und das Summen so vieler Stimmen, ja auch die Heilrufe, die auf ihn ausgebracht wurden, ließen seine Worte nur recht wenig und nur recht wenigen verständlich werden. Er half sich also mit Gebärden: jetzt legte er die Fingerspitzen auf die Lippen, um einen Kuß daraufzudrücken, den die Hände, alsbald wieder voneinander geschieden, nach rechts und nach links zum Danke für das Wohlwollen des Volkes verteilten, dann streckte er sie zum Fenster hinaus, um, sie langsam bewegend, um etwas Raum zu bitten, dann wieder senkte er sie artig, um ein wenig Stillschweigen zu heischen. Wurde ihm das gewährt, so hörten die Nächsten, um es sofort zu wiederholen:

„Brot im Überflusse; ich komme, um Gerechtigkeit zu üben: ein wenig Platz, bitte." Sodann zog er sich, von dem Lärme so vieler Stimmen, von dem Anblicke so vieler dicht gedrängter Gesichter und so vieler auf ihn gerichteter Augen überwältigt und schier betäubt, für einen Augenblick zurück, blies die Wangen auf, stieß einen tiefen Seufzer aus und sagte bei sich: *„Por mi vida, qué de gente!"*[7]

„Heil Ferrer! Haben Sie keine Angst! Sie sind ein Ehrenmann. Brot, Brot!"

„Jawohl; Brot, Brot", antwortete Ferrer; „im Überflusse: ich verspreche es." Und dabei legte er die Hände auf die Brust. „Ein wenig Platz", fuhr er fort; „ich komme, um ihn ins Gefängnis zu führen, damit er die gerechte Züchtigung erhalte, die er verdient." Und halblaut fügte er bei: *„si es culpable."*[8] Indem er sich dann vorbeugte, sagte er hastig zum Kutscher: *„Adelante, Pedro, si puedes."*[9]

Auch der Kutscher lächelte der Menge zu, mit einer leutseligen Gnade, als ob er ein hoher Herr gewesen wäre; und er führte langsam die Peitsche nach rechts und nach links mit einer unsagbaren Artigkeit und bat die, die die Fahrt behinderten, etwas zurückzutreten und auszuweichen. „Bitte, meine Herren", sagte auch er, „ein wenig Platz, ein ganz wenig; nur daß wir knapp durchkommen." Unterdessen bemühten sich die tätigen Gönner, den also höflich erbetenen Platz zu schaffen: die einen besorgten das vor den Pferden, indem sie die Leute mit

---

[7] „Meiner Treu, was für eine Menge!"
[8] „so er schuldig ist."
[9] „Voran, Pedro, wenn es dir möglich ist."

guten Worten, mit den ihnen flach auf die Brust gelegten Händen und mit sanfter Gewalt entfernten: „Hier, ein wenig Platz, meine Herren"; andere taten dasselbe an den beiden Seiten des Wagens, damit er durchkomme, ohne Füße zu rädern oder Gesichter zu streifen: denn abgesehen von dem Leibsschaden der Betroffenen hätte das auch dem Nimbus Antonio Ferrers Abbruch getan.

Nachdem Renzo einige Augenblicke dieses würdevolle Greisentum, das ein wenig von Angst verwirrt, von der Beschwerlichkeit angegriffen, aber von dem Eifer beseelt und von der Hoffnung, einen Menschen der Todesangst entreißen zu können, sozusagen verschönt war, verehrungsvoll betrachtet hatte, ließ er jeden Gedanken, wegzugehen, fahren und entschloß sich, Ferrer zu helfen und ihn nicht zu verlassen, bis er seine Absicht erreicht habe. Gedacht, getan: er mischte sich unter die anderen, um Platz zu machen, und war sicherlich keiner von denen, die am wenigsten taten. Es wurde Platz; „Fahrt nur weiter", sagte mehr als einer zum Kutscher, indem er zurücktrat oder, um den Weg zu bahnen, voranschritt. *Adelante, presto, con juicio*[10], sagte auch der Herr zum Kutscher; und der Wagen bewegte sich weiter. Mitten unter den Grüßen, die er an die Masse des Volkes verschwendete, teilte Ferrer auch mit einem Lächeln des Einverständnisses gewisse Einzelgrüße des Dankes an die aus, die er sich für ihn bemühen sah; und von diesen lächelnden Blicken traf mehr als einer Renzo, der sie sich wahrhaftig verdient hatte und an diesem Tage dem Großkanzler besser diente, als es der tüchtigste seiner Geheimschreiber hätte tun können. Dem jungen Gebirgler, der von dieser Gnade begeistert war, war es fast, als hätte er mit Antonio Ferrer Freundschaft geschlossen.

Einmal in Gange, setzte der Wagen mehr oder minder gemächlich und nicht ohne Aufenthalt seinen Weg fort. Der war im ganzen nicht weiter als etwa ein Büchsenschuß; aber in Anbetracht der auf ihn verwandten Zeit hätte er auch einem, der nicht den heiligen Eifer Ferrers gehabt hätte, als eine kleine Reise erscheinen dürfen. Die Leute bewegten sich vor dem Wagen und rechts und links wie die Wellen um ein Schiff, das im heftigsten Sturme vordringt. Das Tosen war schärfer, mißtönender und betäubender als das des Sturmes. Ferrer ließ es sich, indem er bald hierhin, bald dorthin ausschaute und die Gebärden des Gesichtes mit denen der Hände in Einklang brachte, angelegen sein, etwas zu hören, um die Antworten nach dem Bedarfe einzurichten; er wäre zufrieden gewesen, wenn er sich mit dieser Gesellschaft von Freunden hätte ein wenig besprechen können, aber die Sache war schwierig, die schwierigste vielleicht, die ihm in den langen Jahren seiner Kanzlerschaft untergekommen war. Immerhin konnte er alle Augenblicke irgendein Wort, oft auch einen ganzen Satz, den eine Gruppe auf einem Wege wiederholte, vernehmen, so wie man den Knall einer Rakete unter dem maßlosen Geknatter eines Feuerwerks heraushört; und indem er bald

---

[10] „Vorwärts, rasch, aber sachte."

trachtete, auf solche Rufe in befriedigender Weise zu antworten, bald aufs Geratewohl so sprach, wie es ihn am schicklichsten däuchte oder wie es ihm die augenblickliche Notwendigkeit zu erheischen schien, sprach auch er den ganzen Weg lang: „Jawohl meine Herrn; Brot im Überflusse. Ich werde ihn ins Gefängnis bringen; er wird bestraft werden ... *si es culpable*. Ja, ja, ich werde Befehl geben; das Brot soll billig sein. *Asi es...* so ist es, will ich sagen; unser Herr, der König, will nicht, daß seine allergetreuesten Untertanen Hunger litten. Ox! ox! *Guardaos*: tun Sie sich keinen Schaden, meine Herrn. Pedro, *adelante con juicio*. Im Überflusse, im Überflusse. Ein wenig Platz, bitte. Brot, Brot. Ins Gefängnis, ins Gefängnis." „Wie?", fragte er dann einen, der sich halb ins Fenster hineingedrückt hatte, um ihm einen Rat oder eine Bitte oder einen Beifall oder was es sonst war, zuzuheulen; aber bevor der das „Wie?" hätte erfassen können, war er schon von einem andern zurückgerissen worden, der die Gefahr sah, daß ihm das Rad über die Füße gegangen wäre. Unter solchem Hinunhergerede, unter ununterbrochenen freudigen Zurufen, manchmal auch unter dem Toben des Widerspruchs, der sich hier und da vernehmen ließ, aber alsbald erstickt wurde, kam Ferrer schließlich, hauptsächlich durch die werktätigen Bemühungen seiner wackeren Helfer, bei dem Hause an.

Die, die sich schon, wie wir gesagt haben, mit ähnlichen Absichten hier befanden, hatten unterdessen ihre Kräfte aufgeboten, um ein wenig Platz zu machen und zu erhalten. Bitten, Ermahnungen, Drohungen, dazu ein Schieben und Zurückschieben, ein Hin- und Herstoßen, alles durchgeführt mit dem verdoppelten Eifer und der erneuten Kraft, die man fühlt, wenn man das ersehnte Ziel nahe vor sich sieht, hatten es ihnen endlich ermöglicht, den Haufen in zweie zu teilen und diese zwei Haufen so weit zurückzudrängen, daß zwischen dem Tor und dem davor haltenden Wagen ein kleiner freier Raum war. Renzo, der, indem er jetzt einen Vorläufer, dann wieder einen Geleitsmann gemacht hatte, mit dem Wagen angelangt war, konnte nun in eine von diesen zwei Fronten eintreten, die ein Spalier für den Wagen und zugleich einen Damm für die zwei herandrängenden Volkswellen bildeten. Und indem er mit seinen mächtigen Schultern die eine zurückhalten half, fand er auch einen guten Platz zum Zusehen.

Ferrer tat einen tiefen Atemzug, als er diesen kleinen freien Platz und das noch geschlossene Tor sah. Geschlossen will besagen, daß es nicht offen war; im übrigen waren die Angeln schier aus den Pfeilern gerissen, und die zerbrochenen, zersplitterten und mitten voneinander gerissenen Flügel ließen durch ein breites Loch ein Stück einer verbogenen, auseinandergezogenen und schier schon abgelösten Querstange sehen, die sie, wenn man so sagen will, zusammenhielt. Ein anständiger Mann hatte sich an diesen Spalt gestellt, um hineinzurufen, daß sie aufmachen sollten; ein anderer öffnete eiligst den Wagenschlag. Der Greis steckte den Kopf heraus, erhob sich und stieg, mit der Rechten den Arm dieses Anständigen fassend, auf das Trittbrett.

Auf beiden Seiten stellte sich die die Menge auf die Fußspitzen; tausend Gesichter, tausend Bärte hoben sich: die neugierige Erwartung erzeugte für einen Augenblick allgemeines Schweigen. Ferrer, der diesen Augenblick auf dem Trittbrette stehen blieb, ließ seinen Blick kreisen, grüßte die Menge mit einer Verneigung wie von einer Kanzel und rief, die Linke auf die Brust gelegt: „Brot und Gerechtigkeit!" Und hehr und aufrecht stieg er in seiner Amtstracht herab unter einem Freudengeschrei, das bis zu den Sternen klang.

Unterdessen hatten die Diener das Tor geöffnet oder waren vielmehr mit dem Öffnen fertig geworden, indem sie die Stange zugleich mit den schon halb abgelösten Ringen abrissen und den Spalt knapp um so viel verbreiterten, daß der von Herzen ersehnte Gastfreund eintreten konnte. „Rasch, rasch", sagte der; „macht ordentlich auf, damit ich hinein kann. Und ihr haltet als wackere Männer das Volk ab; laßt sie mir nicht an den Leib kommen ... um Himmels willen! Sorgt immer für ein wenig Raum, daß man sich ein wenig rühren kann." „Holla, holla, meine Herren, einen Augenblick", sagte er dann wieder zu denen drinnen, „langsam mit der Tür, laßt mich durch. Ach, meine Rippen! Gebt acht auf meine Rippen. Jetzt macht zu; nein, nein! eh, eh, mein Mantel! mein Mantel!"

Der wäre tatsächlich zwischen den Flügeln eingeklemmt geblieben, wenn nicht Ferrer mit großer Gewandtheit die Schleppe an sich gezogen hätte, so daß sie wie der Schwanz einer Schlange verschwand, die verfolgt in ihr Loch zurück schlüpft. Nachdem die Torflügel wieder angelehnt worden waren, wurden sie auch wieder nach Kräften verspreizt. Draußen arbeiteten die, die sich zu einer Leibwache für Ferrer zusammengetan hatten, mit den Schultern und den Armen und mit Schreien, um den Platz frei zu halten, nicht ohne in ihrem Herzen den Herrgott zu bitten, er möge Ferrer bald mit einem Geschäfte zu einem Ende kommen lassen.

„Rasch, rasch", sagte auch Ferrer drinnen in der Halle zu den Dienern, die sich keuchend um ihn gestellt hatten und schrien: „Gesegnet seien Sie! Ach, Exzellenz! Oh, Exzellenz! Uh, Exzellenz!"

„Rasch, rasch", wiederholte Ferrer; „wo ist der Arme?"

Der Verweser kam die Treppe herunter, von seinen Dienern halb geschleppt und halb getragen, weiß wie eine frischgewaschene Leinwand. Als er seinen Helfer sah, stieß er einen tiefen Seufzer aus: der Puls kehrte ihm wieder, ein wenig Leben strömte ihm in die Beine und ein wenig Farbe in die Wangen; er lief auf Ferrer zu und sagte: „Ich bin in Gottes Hand und in Eurer, Exzellenz. Aber wie hier hinauskommen? Alles ist voll von Leuten, die meinen Tod wollen."

„*Venga usted conmigo*[11], und fassen Sie Mut: draußen steht mein Wagen; rasch, rasch." Er nahm ihn bei der Hand und führte ihn zum Tor, ihm immerfort Mut zusprechend; aber bei sich sagte er: „*Aqui está el busilis; Dios nos valga!*"[12] Das Tor öffnet sich: Ferrer tritt als erster heraus, der andere folgt ihm, ganz klein und an den rettenden Mantel geschmiegt und geklammert, wie ein Kind an den Rock der Mutter. Die, die den Platz freigehalten haben, bilden nun mit den erhobenen Händen und Hüten eine Art Wolke, die den Verweser den gefährlichen Blicken der Menge entzieht; er steigt als erster in den Wagen und drückt sich in einen Winkel. Ferrer steigt nach ihm hinein, und der Schlag wird geschlossen. Die Menge sieht verdutzt nach und errät, was geschehen ist; und sie stößt ein Geheul des Beifalls und der Verwünschung aus. Der Teil des Weges, der noch zurückzulegen war, hätte als der schwierigste und gefährlichste erscheinen können. Aber die Stimmung des Volkes hatte sich zur Genüge dahin ausgedrückt, daß man den Verweser ins Gefängnis gehen lassen wolle, und während des Aufenthaltes hatten viele, die Ferrers Fahrt erleichtert hatten, so viel Mühe aufgewandt, eine Gasse inmitten der Menge zu bilden und frei zu halten, daß der Wagen diesmal viel leichter und weniger oft angehalten durchfuhr. In dem Maße, wie er sich vorwärts bewegte, schlossen und mengten sich hinter ihm die zwei an den Seiten zurückgehaltenen Massen wieder zusammen. Kaum war Ferrer gesessen, so hatte er sich zu dem Verweser geneigt, um ihn zu ermahnen, sich ja recht in den Hintergrund zu drücken und sich um Himmels willen nicht sehen zu lassen; aber die Mahnung war überflüssig. Er hingegen mußte sich zeigen, um die ganze Aufmerksamkeit des Volkes zu beschäftigen und auf sich zu ziehen. Und auf dieser ganzen Fahrt hielt er, wie auf der ersten, der wechselnden Zuhörerschaft eine Rede, die längste und zugleich am wenigsten zusammenhängende, die es je gegeben hat, indem er sie gleichwohl alle Augenblicke mit einem spanischen Wörtchen unterbrach, das er hastig einem geduckten Gesellen zuraunte. „Ja, meine Herren; Brot und Gerechtigkeit: ins Kastell, ins Gefängnis, unter meiner Hut. Dank, Dank, tausend Dank! Nein, nein, er wird nicht entwischen. *Por ablandarlos.*[13] Es ist nur zu gerecht; er wird verhört werden, man wird sehen. Auch ich will Ihnen wohl, meine Herren. Eine strenge Strafe. *Esto lo digo por su bien.*[14] Ein gerechter Preis, ein ehrlicher Preis und Strafe für die Aushungerer. Bitte zur Seite, wenn's gefällig ist. Jawohl, jawohl; ich bin ein rechtschaffener Mann, ein Freund des Volkes. Er wird bestraft werden; er ist ja wirklich ein Schurke, ein Verbrecher. *Perdone, usted.* Es wird ihm übel bekommen, sehr übel... *si es culpable.* Ja, ja, wir werden es den Bäckern schon zeigen, wie man Ehrlichkeit hält. Heil dem Könige und seinen guten Mailändern, seiner

---

[11] „Kommen Sie mit mir."
[12] „Hier ist es schwierig. Gott helfe uns!"
[13] „Um sie abzulenken."
[14] „Ich sage dies zu Ihrem Besten."

allergetreuesten Untertanen! Er wird dran glauben müssen, er wird dran glauben müssen. *Animo; estamos ya quasi fuera.*[15]" Tatsächlich hatten sie schon das ärgste Gedränge durchfahren und waren schon nahe daran, ins Freie zu kommen. Während nun Ferrer seinen Lungen etwas Ruhe zu gönnen begann, sah er diese schlagfertige Hilfstruppe, die spanischen Soldaten, die freilich zum Schlusse nicht ganz unnütz gewesen waren, weil sie mit Unterstützung und Anleitung etlicher Bürger mitgewirkt hatten, einige wenige Leute zu beruhigen und das letzte Stück des Weges frei zu halten. Als der Wagen herankam, bildeten sie Spalier und präsentierten das Gewehr vor dem Großkanzler; der spendete auch hier einen Gruß nach rechts und einen nach links, und zu dem Offizier, der näher trat, um auch einen Gruß anzubringen, sagte er, die Worte mit einer entsprechenden Gebärde der rechten Hand begleitend: *„Beso a usted las manos"*[16], Worte, die der Offizier als das verstand, was sie besagen sollten: „Ihr habt mir eine prächtige Hilfe geleistet." Als Antwort grüßte er neuerlich und zuckte die Achseln. Hier wäre richtig ein Fall gewesen, um zu sagen:

„Cedant arma togae"; aber Ferrer war in diesem Augenblicke nicht zu Zitaten aufgelegt, und dann wären auch die Worte verschwendet gewesen, weil der Offizier nicht Latein verstand.

Bei dieser Fahrt zwischen den zwei Reihen spanischer Soldaten, zwischen den so ehrerbietig erhobenen Musketen kehrte in Pedros Herz der alte Mut zurück. Er kam von seiner Bestürzung völlig wieder zu sich und erinnerte sich, wer er war und wen er fuhr; und indem er ohne weitere Umstände sein Ho und He den Leuten zurief, die nun für eine solche Behandlung spärlich genug waren, hieb er auf die Pferde ein und ließ sie die Straße zum Kastell einschlagen.

„Levantese, levantese; estámos afuera"[17], sagte Ferrer zum Verweser; ermutigt durch das Nachlassen des Geschreis und durch den raschen Lauf des Wagens und durch diese Worte, reckte, dehnte und erhob sich der Verweser, und er begann, nachdem er sich ein wenig erholt hatte, seinem Befreier Dank und wieder Dank und noch einmal Dank zu sagen. Ferrer sprach ihm sein Beileid aus wegen der ausgestandenen Gefahr und beglückwünschte ihn zu einer Rettung; dann aber rief er, indem er sich mit der Hand über seinen Glatzkopf fuhr: „Ach, *que dirá de esto su excelencia*[18], die so schon Sorgen genug hat wegen dieses vermaledeiten Casale, das sich nicht ergeben will? *Que dirá el conde duque*, der schon unwirsch wird, wenn einmal ein Blatt geräuschvoller als sonst fällt? *Que dirá el rey nuestro señor*, der doch von einem solchen Lärme irgend etwas wird erfahren müssen? Und wird es damit ein Ende haben? *Dios lo sabe.*"[19]

---

[15] „Mut! Wir sind beinahe außer Gefahr."
[16] „Ich bin Ihnen sehr verpflichtet.", wörtlich: „Ich küsse Ihre Hand."
[17] „Auf, auf, wir sind außer Gefahr."
[18] „Was wird Seine Exzellenz nur dazu sagen?"
[19] „Gott wird es wissen."

„Ach, ich wenigstens will mich nicht mehr hineinmengen", sagte der Verweser; „ich bleibe vom Schuß: ich lege mein Amt in die Hände Eurer Exzellenz und ziehe mich in eine Höhle auf einem Berge zurück, um weit, weit weg von diesem viehischen Volke als Einsiedler zu leben." „*Usted* werden tun, was am ziemlichsten sein wird *por el servicio de su magestad*",[20] antwortete mit ernster Würde der Großkanzler.

„Seine Majestät wird nicht meinen Tod wollen", versetzte der Verweser; „in eine Höhle auf einem Berge, weit weg von ihnen."

Was in der Folge aus diesem seinem Vorsatze geworden ist, sagt unser Autor nicht, der des armen Menschen, nachdem er ihn bis ins Kastell begleitet hat, nicht mehr Erwähnung tut.

---

14. KAPITEL.

DIE zurückgebliebene Menge begann sich zu zerstreuen und sich rechts und links in die Straßen zu verteilen. Der eine ging nach Hause, um auch seinen Geschäften zu obliegen, ein anderer schlenderte dahin, froh, nach so viel Stunden des Drängens wieder einmal frei atmen zu können, ein Dritter suchte seine Freunde, um mit ihnen über die großen Ereignisse des Tages zu schwatzen. Ebenso ging der Abzug am andern Ende der Straße vor sich, und dort war das Volk bald so schütter, daß das Fähnlein Spanier, ohne auf einen Widerstand zu stoßen, bis zum Hause des Verwesers vorrücken konnte. Dort befand sich noch immer in verdichteter Form der Bodensatz, sozusagen, des Aufruhrs: ein Haufen Gesindel, der unzufrieden mit einem so lauen und unfertigen Abschluß einer mit einem derartigen Kräfteaufgebot betriebenen Sache, zum Teile murrte, zum Teile fluchte, teils aber auch Rat hielt, ob man nicht noch etwas unternehmen könnte; und wie um das zu versuchen, rannten und stürzten sie wieder gegen das arme Tor los, das von neuem nach Möglichkeit verrammelt worden war. Als das Fähnlein herankam, machten sie sich allesamt in der entgegengesetzten Richtung davon, der eine schnurstracks, der andere lässig und wie widerwillig, und überließen das Feld den Soldaten, die nun hier zur Hut des Hauses und der Straße Aufstellung nahmen. In der Umgebung aber gab es in allen Straßen kleinere Volksansammlungen: wo zwei oder drei Leute standen, blieben drei, vier, zwanzig andere stehen; hier fiel der eine oder der andere ab, dort brach eine ganze Gruppe auf einmal auf: es war wie das Gewölk, das manchmal nach einem Gewitter auf dem Azur des Himmels verstreut zurückbleibt und den, der hinaufschaut, zu der Bemerkung veranlaßt: Das Wetter hat sich noch

---

[20] „Ihr werdet tun, was Seiner Majestät am dienlichsten ist."

nicht ganz verzogen. Das Babel des Geredes kann man sich vorstellen. Der eine erzählte mit Begeisterung von den Einzelheiten, die er gesehen hatte, der andere erzählte von seinen eigenen Taten, dieser freute sich, daß die Sache so gut ausgegangen war und pries Ferrer und prophezeite dem Verweser eine strenge Strafe, jener sagte spöttisch: „Habt keine Angst, sie werden ihn nicht umbringen; eine Krähe hackt der andern die Augen nicht aus", manche murrten ärgerlich, es sei nicht ehrlich zugegangen, es sei ein Betrug geschehen und man habe eine Dummheit begangen, so viel Lärm zu machen und sich dann auf diese Weise foppen zu lassen. Unterdessen war die Sonne untergegangen, und die Gegenstände nahmen alle dieselbe Farbe an; und viele Leute gingen heim, müde von dem Tagwerk und unlustig, in der Dunkelheit zu schwatzen. Unser Jüngling, der dem Wagen durchgeholfen hatte, solange ihm Hilfe nötig gewesen war, und der dann gleicherweise hinter ihm zwischen dem Spalier der Soldaten wie im Triumph durchgezogen war, freute sich, als er ihn frei und der Gefahr entledigt davonrollen sah; ein wenig ging er noch mit der Menge, aber bei der ersten Straßenecke löste er sich ab, um nun auch selber ein bißchen frei aufzuatmen. Als er, völlig im Banne so vieler neuer, verworrener Gefühle und Bilder, ein paar Schritte in dieser Seitenstraße getan hatte, empfand er ein großes Bedürfnis zu essen und zu ruhen; und er begann, weil es, ins Kapuzinerkloster zu gehen, schon zu spät war, auf beiden Seiten hinaufzusehen und ein Wirtshausschild zu suchen. Indem er so mit erhobenem Kopfe einher ging, lief er in einen Volkshaufen hinein; stehen bleibend, hörte er, daß die Vorschläge und Pläne für den nächsten Tag besprachen. Eine Weile hörte er zu, dann aber konnte er sich nicht enthalten, auch seine Meinung zu sagen; denn es bedäuchte ihn, wer so viel getan habe, dürfe wohl auch ohne Überhebung etwas dreinreden. Und da er nach allen Eindrücken dieses Tages überzeugt war, daß man, um etwas durchzusetzen, nur die Gunst der Straße brauche, rief er, mit einem Tone, wie wenn man eine Rede einleitet: „Meine Herren, darf auch ich meine bescheidene Meinung sagen?" Und alsbald fuhr er fort: „Meine bescheidene Meinung ist die: nicht nur in Hinsicht des Brotes werden Schurkereien begangen; und da man heute klärlich gesehen hat, daß man, wenn man sich nur bemerkbar zu machen versteht, erlangt, was recht ist, heißt es weiter so vorgehen, bis auch für alle anderen Ruchlosigkeiten Abhilfe geschaffen ist und es auf der Welt etwas christlicher zugeht. Ist's nicht wahr, meine Herren, daß eine Hand voll Tyrannen da ist, die just das Gegenteil der zehn Gebote tun und hinter ruhigen Leuten, die sich ihrer nicht versehen, her sind, um ihnen alles Böse zuzufügen, und behalten sie zum Schlusse nicht immer recht? Und haben sie einmal eine ganz außergewöhnliche Schurkerei begangen, tragen sie da den Kopf nicht desto höher, als ob wir ihnen noch dankbar dafür sein müßten? Auch in Mailand wird's ihrer genug geben."

„Nur allzu viele", sagte eine Stimme.

„Ich habe es ja gesagt", begann Renzo wieder; „auch unsereins könnte Geschichten erzählen. Und dann spricht die Sache für sich selbst. Setzen wir nur den Fall, daß einer von denen, die ich meine, einen Fuß auf dem Lande hat und einen in Mailand; ist er dort ein Teufel, so wird er auch hier kein Engel sein, glaube ich. Und nun frage ich Sie, meine Herren, ob Sie schon so einen hinter Eisengittern gesehen haben. Und was noch schlimmer ist – und das kann ich wahrhaftig behaupten – es sind Kundmachungen da, gedruckte, um sie zu bestrafen, und nicht vielleicht solche ohne Hand und Fuß, nein, ganz vortreffliche, so daß wir keine bessern finden könnten, und sie zählen die Schurkereien klar und deutlich auf, wie sie wirklich geschehen, und zu jeder ihre richtige Strafe; und dann heißt es: wer immer es sei, hoch oder niedrig, und was weiß ich. Aber sagt einmal diesen Doktoren, Schriftgelehrten und Pharisäern, sie sollen euch Gerechtigkeit verschaffen nach dem Wortlaute der Kundmachungen: da geben sie euch Gehör wie der Papst den Spitzbuben, so daß ein anständiger Mensch am liebsten aus der Haut fahren möchte. Daraus sieht man denn klärlich, daß der König und die Gebietenden wünschen würden, daß die Schurken gestraft würden; aber es geschieht nicht, weil da ein Bund besteht. Der muß also gebrochen werden; man muß morgen zu Ferrer gehen, das ist ein Ehrenmann und ein leutseliger Herr, und heute hat man sehen können, wie wohl es ihm unter den armen Leuten war und wie viel Mühe er sich gegeben hat, um zu verstehen, was gesagt wurde, und wie artig er ist. Man muß zu Ferrer gehen und ihm sagen, wie die Dinge stehen; und ich, ich könnte ihm Wunderdinge erzählen: denn mit eigenen Augen habe ich eine Kundmachung gesehen mit so viel Wappen, und die war von drei hochmögenden Herren gemacht, die ihre Namen hübsch gedruckt darunter hatten, und einer dieser Namen war der Ferrers, und ich habe ihn mit meinen eigenen Augen gesehen; und diese Kundmachung sagte gerade das, was für mich gerecht war, und ein Doktor, dem ich sagte, er solle mir also Gerechtigkeit verschaffen, wie es die Absicht dieser drei Herren sei, unter denen auch Ferrer war, dieser Doktor, der mir die Kundmachung selber gezeigt hatte, der meinte, und das ist das schönste, daß ich Dummheiten redete. Ich bin sicher, wenn der liebe alte Herr diese hübschen Sachen hört, die er ja nicht wissen kann, wird er keineswegs einverstanden sein, daß es weiter so zugeht, und wird Abhilfe schaffen. Und es muß ihnen doch auch, wenn sie Kundmachungen erlassen, etwas daran liegen, daß gehorcht wird; es ist eine Schmach für ihre Namen, daß sie so für gar nichts gelten. Und wenn die Gewalttätigen nicht klein beigeben wollen und sich nichts wissen machen, so sind wir da, um ihm zu helfen wie heute. Ich sage nicht etwa, daß er im Wagen herumfahren soll, um alle diese Schurken und übermütigen Tyrannen zu greifen; dazu brauchte es eine Arche Noah. Wohl muß er aber denen, die es angeht, befehlen, und nicht nur in Mailand, sondern überall, daß sie sich an die Kundmachungen halten und einen tüchtigen Prozeß allen anhängen sollen, die solche Schelmenstreiche verübt haben; und wo es Gefängnis heißt, Gefängnis, und wo es Galeere heißt, Galeere, und er muß den Vögten sagen, daß sie ihre Pflicht zu tun haben, und wenn nicht, so muß er sie zum Teufel jagen und bessere an ihre Stelle setzen, und dann werden, sage ich, auch wir da sein, um Hand anzulegen. Und den Doktoren auftragen, daß sie die Armen anhören und das Recht vertreten. Ist's recht so, meine Herren?"

Renzo hatte so aus seinem Herzen gesprochen, daß, von den einleitenden Worten angefangen, ein großer Teil der Versammelten jedes Gespräch gelassen und die Aufmerksamkeit ihm zugewandt hatte; und auf einmal waren alle seine Zuhörer geworden, und ihre Antwort war ein verworrenes Beifallsgeschrei: „Wacker; jawohl. Er hat recht. Es ist wirklich zu arg."

Allerdings fehlte es auch nicht an Kritikern.

„Nun ja", sagte einer, „schenkt nur den Gebirglern Gehör; die sind alle Advokaten."

„Jetzt möchte schon", murrte ein anderer, „jeder Lumpenkerl seine Weisheit auskramen, und wenn sie noch mehr Fleischtöpfe ans Feuer stellen, so wird das Brot erst recht nicht billiger; und deswegen sind wir doch auf die Straße gegangen."

Renzo hörte freilich nur die Lobsprüche; der eine schüttelte ihm die eine Hand, der andere die andere: „Auf Wiedersehen morgen!"

„Wo?"

„Auf dem Domplatz."

„Sehr wohl."

„Sehr wohl."

„Es muß etwas geschehen."

„Es muß etwas geschehen."

„Möchte mir nicht einer von den wackeren Herren ein Wirtshaus zeigen", sagte Renzo, „wo man einen Bissen essen und nicht zu teuer schlafen kann?"

„Ich stehe Euch zur Verfügung, lieber junger Mann", sagte einer, der die Predigt aufmerksam angehört und bisher noch nichts gesagt hatte. „Ich kenne ein Wirtshaus, das für Euch paßt, und werde Euch dem Wirte, der ein Freund von mir und ein anständiger Kerl ist, empfehlen."

„In der Nähe?", fragte Renzo.

„Nicht weit von hier", antwortete der andere.

Die Versammlung löste sich auf, und Renzo machte sich, nachdem er viele unbekannte Händedrücke empfangen hatte, mit dem Unbekannten auf, indem er ihm für seine Höflichkeit Dank sagte.

„Wofür?", sagte dieser; „eine Hand wäscht die andere und alle beide das Gesicht. Sind wir nicht verpflichtet, dem Nächsten zu dienen?"

Und unterm Gehen richtete er an Renzo im Gespräche bald die eine, bald die andere Frage. „Nicht daß ich auf Eure Verhältnisse neugierig wäre, aber Ihr scheint mir ziemlich müde; woher kommt Ihr?"

„Von Lecco", antwortete Renzo.

„Von Lecco? Ihr seid von Lecco?"

„Von Lecco ... das heißt aus der Gegend."

„Armer Mensch! Nach dem, was ich aus Euern Reden entnommen habe, haben sie Euch übel mitgespielt."

„Ach, mein lieber Herr! ich habe ein wenig politisch sein müssen, um nicht alles öffentlich zu erzählen; aber ... genug, eines Tages wird man es erfahren, und dann ... Aber hier sehe ich ein Wirtshausschild; meiner Treu, ich will nicht mehr weiter gehen."

„Nein, nein, kommt nur, wohin ich Euch gesagt habe", sagte der Führer, „es ist nicht mehr weit; hier wäret Ihr schlecht aufgehoben."

„Ach nein", antwortete der junge Mann, „ich bin kein verwöhntes Herrchen; ein paar Bissen zu essen und ein Strohsack, das genügt mir; mir liegt nur daran, beides bald zu haben. Gott befohlen."

Und damit trat er in eine Tür, über der ein Schild mit einem Vollmonde hing.

„Auch recht", sagte der Unbekannte; „ich werde Euch hier hereinführen, da es Euch so beliebt."

Und er ging hinterdrein.

„Es ist nicht notwendig, daß Ihr Euch weiter bemüht", antwortete Renzo; „Ihr werdet mich aber verbinden, wenn Ihr ein Glas mit mir trinkt."

„Ich nehme Eure Einladung an", antwortete der andere und schritt als Ortskundiger vor Renzo über einen kleinen Hof auf die Tür zu, die in die Küche führte, klinkte auf, öffnete und trat mit seinem Gesellen ein. Zwei Handlaternen, die an zwei an den Deckbalken befestigten Stangen hingen, spendeten ein halbes Licht. Auf zwei Bänken zu beiden Seiten eines langen, schmalen Tisches, der schier die Hälfte des Raumes einnahm, saßen viele Leute, aber nicht müßig; hier war gedeckt und standen Schüsseln, dort wurde Karten gespielt, und anderswo wurde gewürfelt, und überall waren Flaschen und Gläser. *Berlinghe, Reali* und *Parpagliole* [21] rollten, die, wenn sie hätten reden können, wahrscheinlich gesagt hätten: Heute früh waren wir in dem Kasten eines Bäckers oder in der Tasche eines Zusehers beim Aufruhr, der voller Aufmerksamkeit auf das, was in der Öffentlichkeit vorging, auf seine Privatangelegenheiten zu achten vergaß. – Der Lärm war groß. Ein Bursche lief eilfertig hin und her, um die Essenden und zugleich die Spielenden zu bedienen; der Wirt saß auf einer kleinen Bank am Herde, beschäftigt, wie es schien, mit den Figuren, die er mit der Zange in die Asche zeichnete und verwischte, in Wirklichkeit aber aufmerksam auf alles, was um ihn geschah. Bei dem Geräusche der Klinke erhob er sich und ging den Neuankömmlingen entgegen. Als er den Führer sah, sagte er bei sich: Verflucht! Mußt du mir denn immer zwischen die Füße laufen, wenn ich dich am wenigsten brauche! – Und indem er rasch einen Blick auf Renzo warf, sagte er, wieder bei sich: Dich kenne ich nicht; aber wenn du mit einem solchen Jäger kommt, mußt du entweder Hund oder Hase sein. Wenn du zwei Worte gesagt haben wirst, werde ich dich kennen. – Von diesem Gedankengange ließ aber das Gesicht des Wirtes nichts merken; es war unbeweglich wie ein Bild: ein volles, glänzendes Gesicht mit einem buschigen roten Bärtchen und zwei hellen durchdringenden Augen. „Was befehlen die Herren?", sagte er mit lauter Stimme.

„Vor allem eine Flasche lauteren Wein", sagte Renzo, „und dann einen Bissen zu essen." Und damit ließ er sich am oberen Ende des Tisches auf eine Bank fallen, indem er ein lautes „Ah!", ausstieß, als ob er hätte sagen wollen: Das tut wohl, ein bißchen sitzen, wenn man so lange gestanden und gewartet hat. Aber schon kam ihm auch Bank und Tisch in den Sinn, wo er zuletzt mit Lucia und Agnese gesessen hatte, und er seufzte.

Dann schüttelte er den Kopf, wie um diesen Gedanken zu verjagen; und er sah den Wirt mit dem Weine kommen. Sein Gesell hatte sich ihm gegenüber gesetzt. Er schenkte ihm alsbald ein mit den Worten: „Um die Lippen zu befeuchten."

---

[21] Verschiedene spanische und mailändische Münzen.

Und er füllte auch das andere Glas und goß es auf einmal hinunter. „Was gebt Ihr mir zu essen?", sagte er dann zu dem Wirte.

„Ein wenig Schmorbraten ist da; ist Euch das recht?"

„Jawohl, sehr gut; also Schmorbraten."

„Sofort werdet Ihr bedient sein", sagte der Wirt zu Renzo, und zu dem Burschen: „Bedient den Gast." Und er wollte zum Herde gehen. „Aber ..." begann er von neuem, indem er nochmals zurückkam, „aber Brot, Brot habe ich heute nicht."

„Für das Brot", sagte Renzo laut und lachend, „hat die Vorsehung gesorgt."

Und er zog den dritten und letzten der Wecken hervor, die er bei dem Kreuze von St. Dionys aufgelesen hatte, hielt ihn hoch und rief: „Das ist das Brot der Vorsehung."

Bei diesem Rufe wandten sich mehrere um; und als sie die Trophäe sahen, rief einer: „Heil dem billigen Brote!"

„Billig?", sagte Renzo: *„Gratis et amore.*"

„Um so besser! Um so besser!"

„Aber", fuhr Renzo augenblicklich fort, „die Herren dürfen deswegen nichts Schlimmes denken. Ich habe es nicht vielleicht, was man so sagt, gestibitzt; ich habe es auf der Erde gefunden, und wenn ich auch den Eigentümer finden könnte, so wäre ich bereit, es ihm zu bezahlen."

„Bravo, bravo!", schrie, noch stärker lachend, die ganze Gesellschaft; und niemand wäre in den Sinn gekommen, daß diese Worte im Ernst gesagt gewesen seien.

„Sie glauben, daß ich scherze", sagte Renzo zu seinem Führer, „aber es ist wirklich so"; und indem er den Wecken in der Hand drehte, fuhr er fort: „Seht nur, wie sie ihn zugerichtet haben; er sieht aus wie ein Fladen. Aber wer kümmerte sich um den Nebenmann? Wenn welche mit zarten Knochen dabei waren, denen mag es gut gegangen sein."

Und nachdem er drei oder vier Bissen von dem Wecken verschlungen hatte, schickte er ein zweites Glas Wein nach: „Von selber will das nicht hinunter. So trocken war meine Kehle noch nie. Das war ein Geschrei heute!"

„Richtet ein ordentliches Bett her für den wackeren jungen Mann da", sagte der Führer; „er will hier schlafen."

„Ihr wollt hier schlafen?", fragte der Wirt Renzo, indem er an den Tisch trat.

„Jawohl", antwortete Renzo, „im ersten besten Bett; wenn nur die Leintücher frisch gewaschen sind. Ich bin zwar ein armer Junge, aber an Reinlichkeit bin ich gewöhnt."

„Ach, was das betrifft!", sagte der Wirt; und er ging zu dem Schenktisch, der in einem Winkel der Küche stand, und kam mit einem Tintenfaß, einem Blatt Papier in der einen Hand und mit einer Feder in der andern zurück.

„Was soll das?", fragte Renzo, indem er einen Bissen von dem Schmorbraten, den ihm der Bursche gebracht hatte, verschluckte; und mit einem verwunderten Lachen fuhr er fort: „Ist das das frischgewaschene Leintuch?"

Ohne zu antworten stellte der Wirt das Tintenfaß auf den Tisch und legte das Papier hin; dann legte er den linken Arm auf den Tisch, stützte sich auf den rechten Ellbogen und sagte zu Renzo, das Gesicht zu ihm hebend: „Seid so gut und sagt mir Vor- und Zunamen und woher Ihr seid."

„Was?", sagte Renzo; „was hat das mit dem Bett zu tun?"

„Ich tue nur meine Pflicht", sagte der Wirt, indem er den Führer ansah; „wir sind verhalten, über jeden, der zu uns herbergen kommt, Rechenschaft abzulegen: *Vor- und Zuname, woher gebürtig, in was für Geschäften er kommt, ob er Waffen bei sich hat... wie lange er in der Stadt bleiben will...* So lautet die Kundmachung."

Bevor Renzo antwortete, leerte er noch ein Glas; das war das dritte, und von jetzt an, fürchte ich, werden wir sie nicht mehr zählen können. Dann sagte er: „Aha! Ihr habt die Kundmachung! Und ich, ich will jetzt einen Doktor machen, und da weiß ich sofort, was die Kundmachungen gelten."

„Ich sage die Wahrheit", sagte der Wirt, indem er stets den stummen Gesellen Renzos ansah; und er ging zum Schenktisch zurück, nahm dort aus einem Kästchen ein großes Blatt heraus, ein Exemplar der Kundmachung, kam damit wieder und schlug sie vor Renzo auseinander.

„Aha, da haben wir sie!", rief dieser aus, indem er mit der einen Hand das frisch gefüllte Glas hob, um es alsbald hinunterzugießen, und die andern ausstreckte und mit dem Zeigefinger auf die Kundmachung wies; „das ist aber ein hübsches Meßbuchblatt. Ich habe wirklich meine helle Freude "daran. Die Wappen kenne ich; ich weiß, was dieses Ketzergesicht besagen will mit dem Stricke um den Hals." - An der Spitze der Kundmachungen brachte man damals das

Wappen des Statthalters an, und das des Don Gonsalvo Hernandez de Córdova zeigte einen Maurenkönig, der um den Hals angekettet war. – „Dieses Gesicht will sagen: Es befiehlt, wer kann, und gehorcht, wer will. Wenn dieses Gesicht einmal den Herrn Don ... ich weiß schon, wen ich meine ... auf die Galeere geschickt haben wird, wie es ein anderes solches Meßbuchblatt besagt, wenn es das Gesicht so weit gebracht haben wird, daß ein anständiger junger Mann ein anständiges junges Mädchen, die ihn nehmen will, heiraten darf, dann werde ich dem Gesichte da meinen Namen sagen, und dann soll es auch noch einen Kuß drein haben. Ich kann ja gute Gründe haben, meinen Namen nicht zu sagen. Das wäre noch schöner. Und wenn so ein großer Schurke, dem noch eine Handvoll anderer Schurken zu Gebote steht – denn wenn er allein wäre, so...", und hier endete er den Satz mit einer Gebärde, „wenn so ein großer Schurke wissen wollte, wo ich bin, um mir einen häßlichen Streich zu spielen, so frage ich, ob sich das Gesicht da rühren würde, um mir zu helfen. Ich soll über mich Auskunft geben. Das ist wieder so etwas Neues. Ich bin nach Mailand gekommen, sagen wir, um zu beichten; aber ich will, nehmen wir an, einem Kapuziner beichten und keinem Wirte."

Der Wirt stand still da und sah nur immer den Führer an, der sich in keiner Weise rührte.

Renzo, wir sagen es nicht gern, schüttete wieder ein Glas hinunter und fuhr fort: „Ich will dir einen Grund angeben, lieber Wirt, der dir einleuchten wird. Wenn die Kundmachungen, deren Inhalt zu Gunsten der guten Christen ist, nichts gelten, so dürfen die, deren Inhalt zu ihren Ungunsten ist, erst recht nichts gelten. Drum nimm das ganze Zeug weg und bring dafür eine andere Flasche; denn die da hat einen Sprung."

Und damit klopfte er leise mit dem Knöchel daran und sagte: „Hör nur, hör nur, wie garstig sie klingt." Auch diesmal hatte Renzo nach und nach die Aufmerksamkeit seiner Umgebung auf sich gelenkt; und auch diesmal kargten seine Zuhörer nicht mit dem Beifall.

„Was soll ich tun?", sagte der Wirt zu dem Unbekannten, der für ihn nicht unbekannt war.

„Weg, weg", riefen mehrere aus der Gesellschaft, „der junge Mann hat recht; das sind lauter Belästigungen, Plackereien und Scherereien: wieder eine neue Einführung."

Mitten in diesem Geschrei sagte der Unbekannte zu dem Wirte, indem er ihm wegen dieses allzu auffallenden Ausfragens einen tadelnden Blick zuwarf: „Laßt ihn nur gewähren; macht kein Aufsehen."

„Ich habe meine Pflicht getan", sagte der Wirt, und dann zu sich: Jetzt habe ich den Rücken gedeckt. – Und er nahm Papier, Feder, Tintenfaß und Kundmachung und auch die leere Flasche.

„Bring von demselben", sagte Renzo; „er ist ein anständiger Kerl von einem Wein, und wir werden ihn mit dem andern zu Bette schicken, ohne ihn nach Vor- und Zunamen zu fragen und woher er ist und was er hier zu tun hat und ob er eine Weile in der Stadt bleiben will."

„Von demselben", sagte der Wirt zu dem Burschen, indem er ihm die Flasche gab; und er setzte sich wieder auf seinen Platz am Herde. Haha also! dachte er, von neuem in der Asche kritzelnd; und in was für Hände bist du gefallen! Du Esel! wenn du erlaufen willst, so ersaufe; aber der Wirt vom Vollmond soll deiner Narrheit halber keine Ungelegenheiten haben.

Renzo dankte seinem Führer und allen andern, die für ihn Partei genommen hatten. „Wackere Freunde", sagte er, „nun sehe ich, daß sich anständigen Männer die Hände reichen und einander unterstützen." Indem er dann die Hand hoch über den Tisch streckte und von neuem die Haltung eines Predigers annahm, rief er: „Es ist doch eine große Sache, daß alle die, die den Weltlauf regeln, durchaus Papier, Feder und Tintenfaß brauchen! Immer die Feder bei der Hand! Rein versessen sind diese Herren darauf, die Feder zu handhaben!"

„He, mein trefflicher Landmann", sagte lachend einer von den Spielern, der gewann, „wollt Ihr den Grund davon wissen?"

„Laßt hören", antwortete Renzo.

„Der Grund ist", sagte der andere, „daß es die Herren sind, die die Gänse essen, und da bleiben ihnen so viel Federn, so viel Federn, daß sie sie irgendwie verwenden müssen."

Alle begannen zu lachen, nur der Verlierende nicht.

„Da schau her", sagte Renzo, „das ist ein Poet. Auch hier gibt's also Poeten; die wachsen doch überall. Ich habe auch eine Ader davon, und manchmal mache ich ganz hübsche ... aber dann muß es mir gut gehen."

Um dieses Gefasel des armen Renzo zu verstehen, muß man wissen, daß in Mailand und noch mehr in der Umgebung das Wort Poet beim Volke nicht so wie bei den gebildeten Leuten einen begnadeten Geist, einen Bewohner des Pindus, einen Schützling der Musen bedeutet; sondern es bezeichnet einen wunderlichen und ein bißchen verschrobenen Kauz, der in seinem Tun und Reden mehr Witz und Absonderlichkeit als Vernunft zeigt. So nimmt sich der gemeine Mann in seiner Pfuscherei heraus, den Wörtern Gewalt anzutun und sie Dinge sagen zu lassen, die weit entfernt sind von ihrer ehrlichen Bedeutung! Denn, frage ich, was hat Poet mit verschrobenem Kauz zu schaffen?

„Aber den richtigen Grund werde ich Euch sagen", fügte Renzo hinzu; „der ist, daß sie die Federn haben: und so fliegen die Worte, die sie reden, weg und verlieren sich; auf die Worte aber, die ein armer Junge sagt, auf die passen sie auf und fangen sie mit diesen Federn in der Luft und nageln sie auf dem Papier fest, um sich ihrer zur Zeit zu bedienen. Sie haben aber noch eine Schlechtigkeit: wenn sie einen in einen Handel verwickeln wollen, einen armen Jungen, der nicht studiert hat, der aber ein wenig... ich weiß schon, was ich sagen will..." - und um sich verständlich zu machen, stieß er den Zeigefinger wie einen Mauerbrecher ein paarmal an die Stirn - „und sie merken, daß er den Handel zu begreifen beginnt, klatsch, mengen sie ein paar Worte Lateinisch in die Rede, damit er den Faden verliert und verdutzt wird. Genug davon; mit diesen Sachen muß einmal aufgehört werden. Heute, zum Beispiel, ist alles volksmäßig vor sich gegangen, ohne Feder und Tintenfaß, und morgen wird es, wenn sich die Leute zu benehmen wissen werden, noch besser gehen; ohne jemandem ein Haar zu krümmen, selbstverständlich, und alles nach Recht und Gerechtigkeit."

Unterdessen hatten einige von der Gesellschaft wieder zu spielen angefangen, andere zu essen, mehrere zu schreien, einige gingen auch, und neue kamen, und der Wirt bediente die einen wie die andern: lauter Dinge, die mit unserer Geschichte nichts zu tun haben. Auch der unbekannte Führer konnte die Stunde seines Weggehens kaum erwarten: wie es schien, hatte er dort nichts zu tun, und trotzdem wollte er nicht eher aufbrechen, als bis er noch einmal mit Renzo geschwatzt habe. Er kehrte sich ihm zu und nahm das Gespräch über das Brot wieder auf; und nach ein paar Sätzen, wie sie seit einiger Zeit in aller Munde waren, rückte er mit einem Vorschlag heraus: „O je, wenn ich befehlen dürfte, ich fände bald ein Mittel, die Sachen ordentlich in Gang zu bringen."

„Wie wolltet Ihr das machen?", fragte Renzo, indem er ihn mit seinen mehr als billig funkelnden Augen ansah und, wie um aufmerksamer zuzuhören, den Mund ein wenig verzog.

„Wie ich das machen wollte?", sagte der andere; „ich wollte es dahin bringen, daß Brot für alle da wäre, für die Armen ebenso wohl wie für die Reichen."

„Ja, das wäre recht", sagte Renzo. „Und machen würde ich es so: Einen ehrlichen Preis, den alle vertragen könnten. Dann das Brot nach der Anzahl der Münder verteilen; denn es gibt unverschämte Fresser, die alles für sich wollen und alles einhamstern, und dann ist für die armen Leute nichts mehr da. Also das Brot verteilen. Aber wie? Jeder Familie eine hübsche Anweisung geben, je nach der Zahl der Münder, und mit dieser Anweisung wird das Brot beim Bäcker behoben. Mir müßten sie zum Beispiel eine Anweisung ausstellen folgender Art: Ambrogio Fusella, Schwertfeger seines Zeichens, verheiratet und mit vier Kindern, alle in dem Alter, wo sie Brot essen - merkt wohl auf - erhält soundso viel Brot und bezahlt soundso viel Kreuzer. Aber um es gerecht zu machen, immer nach der Zahl der Münder. Für Euch zum Beispiele, müßten sie eine Anweisung ausstellen auf... Euer Name?"

„Lorenzo Tramaglino", sagte der Jüngling, der ganz begeistert von dem Plane, nicht daran dachte, daß alles auf Papier, Feder und Tintenfaß fußte und daß, um es ins Werk zu setzen, vor allem nötig gewesen wäre, die Namen der Leute zu verzeichnen.

„Sehr wohl", sagte der Unbekannte; „aber habt Ihr Frau und Kinder?"

„Sollte ich haben ... das heißt, Kinder, nein ... wäre allzufrüh ... aber eine Frau ... wenn es auf der Welt zuginge, wie es sollte ..."

„Ach, Ihr seid also ledig! habt denn Geduld, aber Euer Teil wird kleiner sein."

„Ist nur gerecht; aber wenn ich in kurzem ... und mit Gottes Hilfe ... genug; wenn ich dann auch eine Frau nehme?"

„Dann wird die Anweisung umgetauscht, und der Anteil wird größer. Wie ich Euch gesagt habe: immer nach der Zahl der Münder."

Und damit erhob sich der Unbekannte.

„So wäre es recht", schrie Renzo; und indem er mit der Faust auf den Tisch schlug, fuhr er schreiend fort: „Und warum machen sie keine solchen Gesetze?"

„Was soll ich Euch da darauf sagen? Einstweilen sage ich Euch gute Nacht und gehe; meine Frau und meine Kinder werden mich schon eine hübsche Weile erwarten."

„Noch ein Tröpfchen, noch ein Tröpfchen", schrie Renzo, in dem er ihm eilig das Glas füllte; und aufspringend und ihn beim Wamse packend, wollte er ihn wieder auf den Sitz niederziehen. „Noch ein Tröpfchen; tut mir nicht diese Beleidigung an."

Aber der Freund machte sich mit einem Ruck los; und während ihn Renzo mit einer Flut von Bitten und Vorwürfen überschüttete, sagte er noch einmal: „Gute Nacht" und ging.

Renzo predigte ihm noch immer, als er schon längst auf der Straße war; dann fiel er schwer auf die Bank zurück. Mit stierem Blicke sah er das Glas an, das er gefüllt hatte, und da der Bursche am Tische vorbeikam, winkte er ihn heran, als hätte er ihm etwas mitzuteilen gehabt; dann deutete er auf das Glas und sagte mit langsamer und feierlicher Aussprache, die Wörter in absonderlicher Weise betonend: „Das habe ich da für diesen anständigen Kerl eingeschenkt: seht nur, gestrichen voll, recht als ein Freund; aber er hat es verschmäht. Manchmal haben die Leute wunderliche Einfälle. Ich bin nicht schuld daran; ich habe ihn in mein ganzes Herz blicken lassen. Na, weil es denn einmal so ist, so darf man nichts verderben lassen." Und dies gesagt, nahm er das Glas und leerte es auf einen Zug.

„Versteh schon", sagte der Bursche und ging.

„Nun wenn auch Ihr es versteht", begann Renzo wieder, „dann ist es schon recht. Wenn die Gründe triftig sind ..."

Hier braucht es unserer ganzen Wahrheitsliebe, um uns zur ehrlichen Fortsetzung einer Erzählung zu bewegen, die einer solchen Hauptperson unserer Geschichte, ja ihrem Helden, wie man sagen könnte, so wenig Ehre macht. Aus demselben Grunde der Unparteilichkeit müssen wir aber auch darauf hinweisen, daß es das erste Mal war, daß Renzo so etwas zustieß; und eben der Umstand, daß er an Unmäßigkeit nicht gewöhnt war, trug zum großen Teile die Schuld, daß ihm dieses erste Mal so übel ausging. Die paar Gläser, die er gleich im Anfange wider seine Gewohnheit, teils des brennenden Durstes halber, teils wegen einer gewissen Gemütserregung, die ihn nichts mit Maß tun ließ, eins nach dem andern hinunter gestürzt hatte, waren ihm alsbald zu Kopf gestiegen; einem etwas geübteren Trinker hätten sie nichts sonst getan, als den Durst gelöscht.

Darüber stellt unser Anonymus eine Betrachtung an, und die wollen wir wiedergeben; und sie möge so viel gelten, wie sie gelten kann. Die mäßige und ehrbare Lebensweise bringt, sagt er, auch den Vorteil mit sich, daß sich der Mensch, je mehr sie in ihm Boden gefaßt und Wurzeln geschlagen hat, um so leichter, kaum daß er sich ein wenig von ihr entfernt hat, ihrer erinnert, so daß er dann eine Weile darüber nachdenkt und ihm der Fehltritt zur Lehre gereicht.

Wie immer dem nun sei, Renzo ließ, als ihm die ersten Dünste zu Kopfe gestiegen waren, Wein und Worte weiter fließen, den Wein hinein, die Worte heraus, beides ohne Maß und Ziel; und in dem Augenblicke, wo wir ihn verlassen haben, stand es schon sehr bedenklich um ihn. Er fühlte eine mächtige Lust zu reden: an Zuhörern oder wenigstens an Anwesenden, die er für Zuhörer nehmen durfte, mangelte es ihm nicht, und eine Zeitlang kamen ihm auch die Worte, ohne sich bitten zu lassen, und fügten sich ungezwungen in einen gewissen Zusammenhang. Nach und nach aber begann es ihm recht hart zu werden, seine Sätze zu beendigen. Der Gedanke, der sich eben erst lebendig und deutlich seinem Geiste dargeboten hatte, umwölkte und verflüchtigte sich auf einmal, und das Wort war, nachdem es eine Weile hatte auf sich warten lassen, nicht das richtige. In dieser Mißlichkeit griff er durch einen jener falschen Triebe, die so oft die Menschen verderben, zu der gebenedeiten Flasche zurück; aber was ihm unter solchen Umständen die Flasche helfen konnte, kann sich jeder sagen, der bei guter Vernunft ist. Wir wollen nur einige wenige von der Menge Reden vermelden, die er an diesem Abende führte; die weit zahlreicheren, die wir verschweigen, würden sich gar zu schlecht ausnehmen, weil sie nicht nur keinen Sinn, sondern nicht einmal den Anschein eines Sinnes hatten, und das ist doch in einem gedruckten Buch eine unumgängliche Bedingung.

„Wirt! Holla, Wirt!", begann er wieder, indem er ihm mit dem Auge um den Tisch oder bis in den Herdwinkel folgte, ihn meistens dort ins Auge fassend, wo er nicht war, und immer mitten in den Lärm der Gesellschaft redete; „du bist doch der Wirt! Das kann ich nicht verwinden ... diesen Streich mit dem Namen und Zunamen und der Beschäftigung. Einem Jungen, wie ich einer bin...! Das war nicht schön von dir. Was für ein Vergnügen ist das, was für eine Freude, was für ein Genuß ... einen armen Jungen aufzuschreiben? Rede ich recht, meine Herrn? Die Wirte müssen zu den guten Jungen halten ... Höre, Wirt, höre doch; ich will dir's an einem Beispiel zeigen ... aus dem Grunde ... Sie lachen, was? Ich habe ein bißchen zu viel, aber ... die Gründe, sag ich, sind gut. Sag einmal: wer bringt dir denn dein Wirtshaus vorwärts? Die armen Jungen, nicht wahr? Schau nur, ob die die Herren von den Kundmachungen einmal auf ein Gläschen herkommen."

„Lauter Wassertrinker", sagte ein Nachbar Renzos.

„Sie wollen bei sich bleiben", fügte ein anderer hinzu, „damit sie lügen können, wenn sie es brauchen."

„Aha!", schrie Renzo, „jetzt hat der Poet gesprochen. Also auch Euch leuchten meine Gründe ein. Antworte also, Wirt: ist Ferrer, der der Beste von allen ist, ist er je hierhergekommen, um einem Bescheid zu tun und einen Heller aufgehen zu lassen? Und dieser niederträchtige Hund von einem Don ... ? Ich bin still; dazu hab ich zu viel Verstand. Ferrer und der Pater Crrr... das weiß ich, das sind zwei anständige Männer; aber deren gibt's nur wenige. Die Alten sind schlechter als die Jungen, und die Jungen ... noch schlechter als die Alten. Immerhin bin ich froh, daß kein Blut vergossen worden ist; pfui, das sind Scheußlichkeiten, die man den Henker besorgen lassen muß. Brot; oh, das ja. Ich habe ein paar ordentliche Püffe eingesteckt; aber ... ich habe ihrer auch ausgeteilt. Platz! Überfluß! Heil!... Trotzdem, auch Ferrer... manchmal ein Wörtchen lateinisch ... *siés baraôs trapolorum* ... Vermaledeites Laster! Heil! Gerechtigkeit! Brot! Ja, das sind die richtigen Worte!... Da wollten diese anständigen Kerle eben ... als dieses vermaledeite Bum, bum, bum losbrach, und dann wieder Bum, bum, bum. Jetzt käme er mir nicht aus, jetzt nicht. Hätte ich ihn nur hier, den Herrn Pfarrer ... Ich weiß schon, wen ich meine!"

Bei diesem Worte ließ er den Kopf sinken, und so verharrte er eine Weile, wie in einen Gedanken vertieft; dann stieß er einen mächtigen Seufzer aus und hob das Gesicht mit den zwei schwimmenden, gläsernen Augen mit einer so plumpen und widerwärtigen Betrübnis, daß es nicht gut gewesen wäre, wenn ihn ihr Gegenstand einen Augenblick hätte sehen können. Aber diese Kerle, die vorher schon an Renzos leidenschaftlicher und verworrener Beredsamkeit ihren Spaß gehabt hatten, hatten ihn jetzt desto mehr an einer zerknirschten Miene: die ihm zunächst Sitzenden sagten zu den anderen: „Da seht her", und alle wandten sich ihm zu, so daß er die Zielscheibe der ganzen Gesellschaft wurde. Nicht daß sie alle noch bei Vernunft oder bei ihrer sogenannten gewöhnlichen Vernunft gewesen wären; aber diese war, um die Wahrheit zu sagen, niemandem so abhanden gekommen, wie dem armen Renzo, und der war obendrein ein Bauer. Sie begannen ihn einer nach dem andern mit albernen und grobschlächtigen Fragen und mit spöttischen Höflichkeitsbezeigungen zu hänseln. Einmal zeigte sich Renzo darüber aufgebracht, ein andermal nahm er es scherzweise, dann redete er wieder, ohne sich um all diese Stimmen zu kümmern, von etwas ganz anderem, bald antwortete er, bald fragte er, und alles sprungweise und ungereimt. Zu seinem Glück war ihm bei diesem Geschwätze doch eine Art instinktmäßiger Achtsamkeit verblieben, keine Namen zu nennen, so daß denn auch der, der ihm am meisten ins Gedächtnis geprägt sein mußte, nicht ausgesprochen wurde; es hätte uns auch gar zu sehr mißfallen, wenn dieser Name, für den auch wir eine gewisse Zuneigung und Verehrung empfinden, von diesen garstigen Mäulern herumgezogen worden wäre und diesen heillosen Zungen als Kurzweil gedient hätte.

15. KAPITEL.

ALS der Wirt sah, daß sich das Spiel in die Länge zog, trat er zu Renzo, schüttelte ihn, indem er die andern bat, ihn nun in Ruhe zu lassen, beim Arme und bemühte sich, ihm zu verstehen zu geben und ihn zu überreden, daß er schlafen gehe. Aber Renzo kam stets wieder mit dem Namen und dem Zunamen und den Kundmachungen und den guten Jungen. Immerhin gingen ihm die an einem Ohre wiederholten Worte Bett und Schlafen endlich in den Kopf ein; sie ließen ihn das Bedürfnis nach dem, was sie ausdrückten, ein wenig deutlicher fühlen und brachten bei ihm einen lichten Augenblick zustande. Das bißchen Vernunft, das ihm wiederkehrte, ließ ihn gewissermaßen begreifen, daß ihm der größere Teil davon verschwunden war, so wie man bei dem letzten brennenden Stümpfchen einer Beleuchtung die schon erloschenen Lichter sieht. Er nahm sich zusammen, streckte die Hände von sich und stemmte sie auf den Tisch; ein-, zweimal versuchte er aufzustehen, seufzte, taumelte: beim dritten Male erhob er sich wirklich, unterstützt von dem Wirte. Dieser, der ihn immerfort hielt, brachte ihn zwischen dem Tisch und der Bank hervor; nachdem er dann ein Licht in die eine Hand genommen hatte, führte und zog er ihn abwechselnd mit der andern, so gut es ging, zur Treppentür. Hier wandte sich

Renzo auf die lärmenden Grüße, die ihm die andern nachheulten, hastig um; und wäre sein Helfer nicht gewandt genug gewesen, ihn beim Arme festzuhalten, so wäre dieses Umwenden zu einem bösen Sturze geworden: er wandte sich also um und zackte und zeichnete mit dem Arme, den er frei hatte, gewisse Grüße, ähnlich dem Siegel Salomos, in die Luft.

„Gehen wir schlafen", sagte der Wirt, ihn schleppend; und nachdem er ihn glücklich durch die Tür gebracht hatte, zog er ihn mit noch größerer Mühe die schmale Treppe hinauf und dann in die Kammer, die er ihm bestimmt hatte. Als Renzo das Bett sah, das ihn erwartete, wurde er lustig: er sah den Wirt mit den zwei Äuglein an, die bald mehr als je erglänzten, bald wie zwei Glühwürmchen erloschen, trachtete sich auf den Beinen im Gleichgewicht zu erhalten und wollte dem Wirt ins Gesicht greifen, um ihn zum Zeichen der Freundschaft und Erkenntlichkeit in die Wange zu kneipen, aber das gelang ihm nicht.

Immerhin gelang ihm diese Rede: „Wackerer Wirt, jetzt sehe ich, daß du ein anständiger Kerl bist: das ist ein gutes Werk, einem armen Jungen ein Bett zu geben; aber der Streich, den du mir mit dem Namen und dem Zunamen gespielt hat, der war nicht anständig. Zum Glück bin ich auch ein Schalk..."

Der Wirt, der nicht gedacht hätte, daß er noch so zusammenhängend werde reden können, der Wirt, der aus langer Erfahrung wußte, um wieviel mehr als sonst die Menschen in diesem Zustande einem Wechsel ihrer Meinung unterliegen, wollte diesen lichten Augenblick benutzen, um einen andern Versuch zu machen.

„Lieber junger Freund", sagte er, durchaus sanft in Stimme und Gehaben, „ich habe es nicht getan, um Euch zu belästigen, und nicht aus Neugier. Was wollt Ihr? Es ist Gesetz, und wir müssen gehorchen; sonst sind wir die ersten, die Strafe erleiden. Es ist besser, man gibt ihnen nach und... Und um was handelt es sich denn schließlich? Um eine große Sache! Zwei Worte zu sagen. Nicht ihretwegen, aber mir zuliebe; wohlan, hier wollen wir ganz unter uns, unter vier Augen, unsere Sachen abmachen: sagt mir Euern Namen und ... und dann geht zu Bett mit ruhigem Herzen."

„Ha, du Schurke!", schrie Renzo, „du Spitzbube! jetzt kommst du mir noch einmal mit dieser Niederträchtigkeit von dem Namen, dem Zunamen und der Beschäftigung."

„Sei still, du Narr", sagte der Wirt; „geh zu Bett."

Aber Renzo fuhr noch lauter fort: „Ich habe dich schon verstanden; du gehört auch zu der Bande. Aber warte, warte, dich werde ich herrichten."

Und indem er sich gegen die Treppe kehrte, begann er noch lauter zu brüllen: „Freunde! der Wirt gehört auch ..."

„Ich habe es ja nur im Spaße gesagt", schrie der Wirt Renzo ins Gesicht und stieß ihn zum Bett hin; „nur im Spaße: hast du denn nicht verstanden, daß ich es im Spaße gesagt habe?"

„Aha, im Spaße; jetzt sprichst du ordentlich. Wenn du es im Spaße gesagt hast... es ist ja auch spaßig." Und damit fiel er mit dem Gesichte voran auf das Bett.

„Vorwärts, zieht Euch aus; rasch!", sagte der Wirt, und er fügte zu dem Rate die Hilfe, was denn auch nötig war.

Als Renzo das Wams ausgezogen hatte, griff der Wirt alsbald drum und fuhr mit den Händen in die Taschen, um zu sehen, ob dort das Geld sei. Er fand es; und da er dachte, am nächsten Tage werde sich sein Gast mit ganz anderen Leuten auseinanderzusetzen haben und das Geld werde wahrscheinlich in Hände fallen, aus denen es ein Wirt nicht wieder herausbekommen könnte, wollte er versuchen, ob es ihm nicht gelingen werde, wenigstens in diesem Geschäfte zu einem Abschlusse zu kommen.

„Ihr seid ein guter Junge", sagte er, „ein anständiger Kerl, nicht wahr?"

„Ein guter Junge, ein anständiger Kerl", antwortete Renzo, ohne daß er den Kampf unterbrochen hätte, den seine Finger mit den Knöpfen der Kleidungsstücke führten, die er noch nicht hatte ausziehen können.

„Sehr wohl", erwiderte der Wirt; „dann bezahlt mir also jetzt die kleine Rechnung: morgen muß ich in Geschäften weggehen..."

„Das ist nur billig", sagte Renzo. „Ich bin ein Schelm, aber ein anständiger Kerl ... Aber das Geld? Da heißt's jetzt das Geld suchen."

„Da ist es", sagte der Wirt; und indem er seine ganze Erfahrung, seine ganze Geduld und seine ganze Gewandtheit aufbot, gelang es ihm, mit Renzo abzurechnen und sich bezahlt zu machen.

„Hilf mir ein wenig, Wirt", sagte Renzo, „damit ich einmal fertig werde mit dem Auskleiden; jetzt sehe ich es selber, daß ich ordentlich schläfrig bin."

Der Wirt leistete ihm den geforderten Beistand; dann breitete er noch die Decke über ihn und sagte ihm rauh: „Gute Nacht", derweil er schon schnarchte. Bewogen durch jene Anziehungskraft, die uns manchmal antreibt, einen Gegenstand des Unmuts ebenso wie einen der Liebe zu betrachten, und die vielleicht nichts anderes ist als das Verlangen, zu erkennen, was in unserm Gemüt gewaltig arbeitet, blieb er dann einen Augenblick stehen, um den ihm so unangenehmen Gast zu betrachten, indem er ihm das Licht übers Gesicht hielt und den Schein mit der flachen Hand dorthin zurücklenkte, in der Stellung etwa, wie Psyche gemalt wird, wie sie verstohlener weise ihren unbekannten Gatten betrachtet.

„Esel!", sagte er bei sich zu dem armen Schläfer; „das hast du dir mit Fleiß eingebrockt. Morgen wirst du mir dann sagen können, wie es schmeckt. Solche Tölpel! Da wollt ihr um die Welt reisen und wißt nicht, wo die Sonne aufgeht; und das Ende ist, daß ihr dabei euch und euern Nächsten in die Patsche bringt."

Dies gesagt oder gedacht, zog er das Licht zurück, verließ die Kammer und sperrte die Tür ab. Auf dem Flur rief er die Wirtin und sagte zu ihr, sie solle die

Kinder in der Hut der Magd lassen und in die Küche hinuntergehen, um seine Stelle zu vertreten.

„Ich muß eines Fremden halber weggehen, der mir, ich weiß nicht, was zum Teufel zu meinem Unglück hergekommen ist"; und er erzählte ihr in Kürze den ärgerlichen Vorfall. Dann fügte er noch bei: „Hab ein Auge auf alles; und vor allem sei klug an diesem vermaledeiten Tage. Wir haben da unter eine Handvoll verwegener Kerle, die, des Trinkens halber und von Natur aus schwatzhaft, alles mögliche zusammenreden. Genug, wenn so ein Hitzkopf..."

„Aber ich bin doch kein Kind und weiß schon, was ich zu tun habe. Bis jetzt, scheint mir, könnte man noch nicht sagen..."

„Gut, gut, und gib acht, daß sie bezahlen; und alles, was sie reden über den Proviantverweser und den Statthalter und Ferrer und die Dekurionen und die spanischen und die französischen Ritter, und andres solches Zeug, das, tust du, als ob du es nicht hörtest: denn widerspricht man, so kann es auf der Stelle schlimm gehen, und stimmt man zu, so später, und du weißt auch selber, daß die, die am ärgsten loslegen, manchmal... Genug; wenn gewisse Dinge zur Sprache kommen, dann drehst du den Kopf und sagst: Ich komme schon, als ob dich anderswo jemand gerufen hätte. Ich werde trachten, so schnell wie möglich zurückzukommen."

Dies gesagt, ging er mit ihr in die Küche hinunter, warf einen Blick umher, um zu sehen, ob inzwischen nichts von Belang vorgefallen sei, nahm von einem Holznagel Hut und Mantel und aus einem Winkel einen Knüttel, rief seiner Frau die Unterweisungen, die er ihr erteilt hatte, mit einem Blicke noch einmal ins Gedächtnis und ging. Aber schon während dieser Anstalten hatte er bei sich den Faden der Anrede, die er an dem Bette des armen Renzo begonnen hatte, wieder aufgenommen, und spann ihn, als er auf der Straße dahinschritt, weiter. So ein Eisenschädel von einen Gebirgler! – Denn hätte auch Renzo verhehlen wollen, was er war, so hätte sich doch diese Eigenschaft von selber geoffenbart, in den Worten, in der Aussprache, im Aussehen und im Gehaben. – Einen solchen Tag, wie den heutigen, habe ich mit Politischsein und Klugsein überstanden; und zum Schluß kommst du mir daher und zerdrückst mir die Eier im Korbe. Fehlt's denn in Mailand an Wirtshäusern, daß du just in das meinige hast kommen müssen? Wärest du noch wenigstens allein gekommen, so hätte ich ein Auge zugedrückt für heute abend, und morgen früh hätte ich dir dann die Wahrheit gesagt; aber nein, Herr, in Gesellschaft kommst du daher, und um es noch besser zu machen, in Gesellschaft eines Häschers! Bei jedem Schritte begegnete der Wirt entweder einzelnen Wanderern oder Leuten, die sich zu zweit oder in Gruppen flüsternd herumtrieben. An dieser Stelle seiner stummen Ansprache angelangt, sah er eine Streifwache herankommen; indem er sich zur Seite drückte, um sie vorbeizulassen, fuhr er mit einem Blicke auf sie fort: Das sind die Fellgerber. Und du, du Esel, weil du ein paar Leute hast herumlaufen und Lärm schlagen sehen, da hast du dir in den Kopf gesetzt, die Welt müsse sich ändern. Und auf dieser Unterlage hast du dich zugrunde gerichtet und hast auch mich zugrunde richten wollen; und das war nicht recht. Ich tat alles, um dich zu retten; und dafür hättest du Vieh mir bald das ganze Wirtshaus umgedreht. Jetzt ist's deine Sache, wie du dich aus der Klemme ziehst; ich, für meinen Teil, ich denke an mich selber. Als ob ich deinen Namen hätte aus Neugier wissen wollen! Was liegt mir daran, ob du Hinz oder Kunz heißt? Wahrscheinlich macht es mir eine große Freude, die Feder in die Hand zu nehmen! Aber ihr seid nicht die einzigen, die wollen, daß alles nach ihrem Sinne geht. Das weiß ich selber auch, daß es Kundmachungen gibt, die nichts gelten: eine große Neuigkeit, daß sie uns ein Gebirgler zu sagen braucht! Aber das weißt du, nicht, daß für die Wirte die Kundmachungen gelten. Und du unterfängst dich, auf Reisen zu gehen und zu reden, und dabei weißt du nicht, daß es, wenn man nach seiner Weise leben und auf die Kundmachungen husten will, das erste ist, mit großer Vorsicht zu reden. Und weißt du, was einem armen Wirte, der nach deinem Sinne wäre und seine Gäste, um es ihnen recht zu machen, nicht nach dem Namen fragte, blühen würde? *„Für jeden der besagten Herbergshalter und Schenkwirte usw., wie oben benannt, bei Strafe von dreihundert Skudi*": ja, die haben wir so schnell bei der Hand, die dreihundert Skudi, um sie auf eine so treffliche Weise auszugeben; *„die zu zwei Dritteln der königlichen Kammer und zu einem Drittel dem Ankläger oder Angeber zufallen sollen*": ein hübsches Spiel! *„Und bei Uneinbringlichkeit fünf Jahre Galeere, und noch größere Strafen an Geld oder am Leibe, nach dem Gutdünken Seiner Exzellenz.*" Sehr verbunden für die Gnade!

Bei diesen Worten trat der Wirt auf die Schwelle des Gerichtsgebäudes. Dort gab es, wie in allen Ämtern, eine große Geschäftigkeit: überall befleißigte man sich, die Befehle auszufertigen, die am geeignetsten schienen, Vorkehrungen für den nächsten Tag zu treffen, den nach einer Erneuerung des Aufruhrs Lüsternen die Vorwände und den Mut zu nehmen und die Gewalt in den Händen, die sie bisher ausgeübt hatten, zu sichern. Die Mannschaft bei dem Hause des Verwesers wurde verstärkt, und die Eingänge der Straße wurden mit Balken verrammelt und mit Karren verschanzt. Allen Bäckern wurde befohlen, ohne Unterlaß Brot zu backen, und an die Dörfer in der Umgebung wurde durch Boten der Befehl geschickt, Korn in die Stadt zu senden. Für jeden Backofen wurden einige Adelige bestimmt, die sich am frühen Morgen dorthin begeben, die Verteilung beaufsichtigen und die Unruhigen durch die Autorität ihrer Anwesenheit und mit guten Worten im Zaume halten sollten. Um aber nichts zu verabsäumen und das Entgegenkommen mit ein bißchen Schrecken wirksamer zu machen, dachte man auch an Mittel und Wege, den einen oder den andern Aufrührer zu greifen, und das war vornehmlich die Sache des Hauptmanns der Scharwache, von dem sich jeder vorstellen kann, wie er mit einem Wundwasserumschlage auf einem Organ des metaphysischen Tiefsinns dem Aufstande und den Aufständischen gesinnt war. Seine Spürhunde waren seit dem Beginne der Ausschreitungen auf dem Platz gewesen, und dieser sich so nennende Ambrogio Fusella war, wie der Wirt gesagt hatte, ein verkleideter Häscher, der ausgeschickt worden war, um irgendeinen leicht festzustellenden Menschen auf frischer Tat zu betreten, ihn zwar anscheinend laufen zu lassen, ihn jedoch im Auge zu behalten, damit man ihn in stiller Nacht oder am nächsten Tage ausheben könne. Kaum hatte der ein paar Worte von Renzos Predigt gehört, so war schon eine Absicht auf ihn gesetzt gewesen, da er ihm der richtige Sündenbock schien, wie er ihn brauchte. Da er dann gefunden hatte, daß er in der Stadt durchaus fremd war, hatte er den Meisterstreich versucht, in ohne Umweg in das Gefängnis als die sichere Herberge der Stadt zu führen; aber das war ihm, wie man gesehen hat, mißglückt. Immerhin konnte er bestimmte Nachrichten über Namen, Zunamen und Heimat und überdies hundert andere mutmaßliche Nachrichten heimbringen, so daß, als der Wirt erschien, um zu sagen, was er von Renzo wußte, alle schon mehr wußten als er.

Er trat in das gewohnte Zimmer und erstattete eine Meldung, wie ein Fremder zu ihm gekommen sei, um bei ihm zu herbergen, und seinen Namen durchaus nicht habe nennen wollen.

„Ihr habt Eure Pflicht getan, das Gericht davon in Kenntnis zu setzen", sagte ein Beamter der Strafkammer, indem er die Feder niederlegte; „aber wir wußten es schon."

Ein hübsches Geheimnis, dachte der Wirt; dazu braucht's eine gute Begabung.

„Wir wissen auch", fuhr der Beamte fort, „seinen verehrlichen Namen."

Teufel! dachte der Wirt diesmal; den Namen auch! Wie haben sie das angestellt?

„Ihr aber", begann der andere wieder mit ernster Miene, „Ihr sagt nicht alles aufrichtig."

„Was soll ich noch mehr sagen?"

„Ah! Wir wissen genau, daß er in Euer Wirtshaus gestohlenes Brot mitgebracht hat, geraubt durch Plünderung und Aufruhr."

„Kommt mir einer mit einem Wecken in der Tasche, da weiß ich viel, woher er ihn hat. Und wenn ich sprechen soll wie auf dem Totenbett, so kann ich nichts sonst sagen, als daß ich nur einen einzigen Wecken bei ihm gesehen habe."

„Ja, ja, immer entschuldigen, immer entschuldigen; wenn man Euch hört, so sind sie alle, die anständigen Bürger. Wie könnt Ihr beweisen, daß der Wecken ehrlich erworben war?"

„Was habe ich zu beweisen? Mich geht das gar nichts an; ich bin nur der Wirt."

„Aber das könnt Ihr doch nicht leugnen, daß Euer Kunde die Verwegenheit gehabt hat, schmähliche Reden gegen die Kundmachungen zu führen und sich gegen das Wappen Seiner Exzellenz garstig und unschicklich zu betragen?"

„Halten zu Gnaden, Ehrwürdige Herrlichkeit: wie kann er mein Kunde sein, wenn ich ihn zum ersten Mal gesehen habe? Der Teufel, mit Respekt zu sagen, hat ihn mir ins Haus geschickt, und hätte ich ihn gekannt, so sieht Eure Exzellenz wohl ein, daß ich ihn nicht hätte um einen Namen zu fragen brauchen."

„Immerhin sind in Euerm Wirtshause und in Eurer Gegenwart bedenkliche Reden gefallen, verwegene Worte, aufrührerische Vorschläge, dazu noch Murren und arges Geschrei."

„Wie sollte ich denn, Euer Herrlichkeit, auf das ungereimte Zeug acht geben, das so viel Schreihälse zusammenreden, wenn sie durcheinander brüllen? Ich muß an mein Geschäft denken, ein armer Mensch, der ich bin. Und Euer Herrlichkeit weiß sehr wohl, daß, wer eine lose Zunge hat, auch mit der Hand flink ist, um so mehr, wenn er nicht allein ist, und..."

„Ja, ja, laßt sie nur tun und reden; morgen, morgen wird man sehen, ob ihnen der Mutwille vergangen ist. Was meint Ihr?"

„Ich meine gar nichts."

„Daß das Gesindel Herr von Mailand geworden ist?"

„Je, Gott bewahre!"

„Man wird ja sehen, man wird ja sehen."

„Ich versteh es sehr wohl: der König wird immer der König sein, und wer etwas eingebüßt hat, hat es eingebüßt, und natürlich hat ein armer Familienvater keine Lust, etwas einzubüßen. Die Herren haben die Macht; es ist Sache der Herren."

„Habt Ihr noch viel Leute im Hause?"

„Die schwere Menge."

„Und was macht Euer Kunde? Hat er schon aufgehört zu lärmen und die Leute aufzuwiegeln und für morgen Aufruhr anzuzetteln?"

„Der Fremde, wollen Euer Herrlichkeit sagen; er ist zu Bett gegangen."

„Also Ihr habt noch viel Leute ... Genug; gebt acht, ihn nicht entwischen zu lassen."

Soll ich denn den Schergen machen?, dachte der Wirt; aber er sagte weder ja noch nein.

„Geht nun heim jetzt", begann der Beamte wieder; „und habt Vernunft."

„Ich habe noch immer Vernunft gehabt. Euer Herrlichkeit kann sagen, ob ich je dem Gerichte zu schaffen gemacht habe."

„Und glaubt nicht, daß die Behörden ihre Macht verloren hätten."

„Ich? Um Gotteswillen! ich glaube gar nichts; ich habe genug mit der Wirtschaft zu tun."

„Immer dasselbe Lied; könnt Ihr denn nie etwas anderes sagen?"

„Was soll ich denn andres sagen? Es gibt nur eine Wahrheit."

„Genug: vorderhand wollen wir festhalten, was Ihr ausgesagt habt; wenn dann der Fall vorkommt, werdet Ihr dem Gericht eine genauere Auskunft geben."

„Was für eine Auskunft soll ich geben? Ich weiß von nichts; mein Kopf reicht kaum, um mit meinen Angelegenheiten zurechtzukommen."

„Habt acht, ihn nicht entwischen zu lassen."

„Ich hoffe, daß der erlauchte Herr Hauptmann erfahren wird, daß ich auf der Stelle hergekommen bin, um meine Pflicht zu tun. Ich küsse Euer Herrlichkeit die Hände."

Bei Anbruch des Tages schnarchte Renzo etwa seit sieben Stunden; der Ärmste war mitten im schönsten Schlafe, als ihn ein starkes Rütteln an beiden Armen und eine Stimme, die ihm vom Bettfuß aus zurief: „Lorenzo Tramaglino!", weckten. Er erwachte, zog die Arme wieder an sich und öffnete mühsam die Augen und sah nun am Fußende des Bettes einen schwarzgekleideten Mann und rechts und links vom Kopfkissen zwei Bewaffnete stehen. Bei der Überraschung und der noch nicht richtigen Ermunterung und der Eingenommenheit von dem bewußten Wein war er einen Augenblick wie behext; und da er zu träumen meinte und ihm dieser Traum nicht behagte, so warf er sich herum, um sich völlig zu ermuntern.

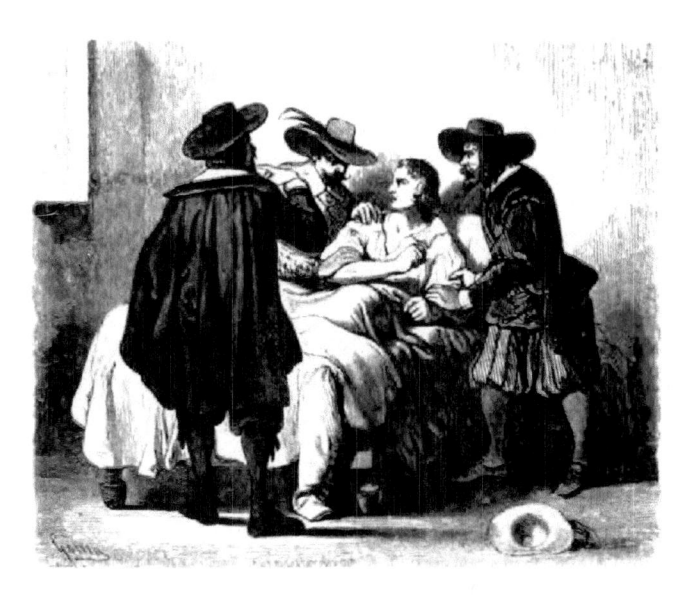

„Na, Lorenzo Tramaglino, habt Ihr endlich einmal gehört?", sagte der Mann mit dem schwarzen Mantel, eben der Beamte vom Abend vorher. „Vorwärts also, steht auf und kommt mit uns!"

„Lorenzo Tramaglino?", sagte Renzo Tramaglino; „was soll das heißen? Was wollt Ihr von mir? Wer hat Euch meinen Namen gesagt?"

„Schwatzt weniger und macht schnell", sagte einer von den Häschern, die an den Seiten standen, und nahm ihn von neuem beim Arm.

„Oho! Was für eine Gewalttätigkeit ist das?", schrie Renzo, indem er den Arm zurückzog. „Wirt! Wirt!"

„Sollen wir ihn im Hemde wegtragen?", sagte wieder der Häscher, indem er sich an den Beamten wandte.

„Habt Ihr verstanden?", sagte dieser zu Renzo; „es geschieht so, wenn Ihr nicht sofort aufsteht, um mit uns zu kommen."

„Und warum?", fragte Renzo.

„Das *Warum* werdet Ihr von dem Herrn Gerichtshauptmann hören."

„Ich? Ich bin ein anständiger Mensch; ich habe nichts getan und begreife nicht..."

„Um so besser für Euch, um so besser für Euch; dann werdet Ihr mit zwei Worten abgefertigt sein und könnt Euern Geschäften nachgehen."

„Lassen Sie mich ihnen jetzt nachgehen", sagte Renzo; „ich habe mit dem Gericht nichts zu schaffen."

„Vorwärts, machen wir ein Ende", sagte der eine Häscher.

„Sollen wir ihn wirklich wegtragen?", sagte der andere.

„Lorenzo Tramaglino!", sagte der Beamte.

„Woher wissen Eure Herrlichkeit meinen Namen?"

„Tut eure Pflicht", sagte der Beamte zu den Häschern; die legten alsbald Hand an Renzo, um ihn aus dem Bett zu ziehen.

„Oho! bleibt einem anständigen Menschen vom Leibe ...! Ich kann mich allein anziehen."

„Dann zieht Euch also schnell an", sagte der Beamte.

„Ich ziehe mich an", sagte Renzo und ging wirklich daran, seine Kleidungsstücke zu sammeln, die auf dem Bette verstreut waren, wie die Trümmer eines Schiffbruchs auf dem Ufer. Und indem er sie anzulegen begann, redete er alleweil weiter: „Ich will nicht zum Gerichtshauptmann gehen; ich habe nichts mit ihm zu schaffen. Wenn mir schon dieser Schimpf unbilligerweise zugefügt werden soll, so will ich zu Ferrer gebracht werden. Den Mann kenne ich, und ich weiß, daß er ein Ehrenmann ist; und er hat Verpflichtungen gegen mich."

„Jawohl, jawohl, mein Sohn", antwortete der Beamte, „Ihr sollt zu Ferrer gebracht werden." Unter andern Umständen hätte er über ein solches Verlangen von Herzen gelacht; aber jetzt war die Zeit nicht, zu lachen. Schon beim Kommen hatte er in den Straßen eine gewisse Bewegung gesehen, von der er nicht recht wußte, ob er sie für die Überbleibsel eines nicht völlig gestillten Aufruhrs oder für den Beginn eines neuen nehmen sollte: aus allen Türen kamen Leute heraus, schlossen sich einander an, gingen in Haufen weiter und bildeten Ansammlungen. Und ohne es sich merken zu lassen, oder wenigstens mit dem Bestreben, dies zu tun, horchte er jetzt, und ihm wollte scheinen, als sei der Lärm im Wachsen. So gern er sich daher gesputet hätte, so wollte er doch auch, daß sich Renzo gutwillig abführen lasse; denn wären sie mit ihm in offenen Kampf gekommen, so hätte er nicht sicher sein können, ob sie sich auch noch auf der Straße drei gegen einen befinden würden. Darum winkte er den Häschern mit den Augen, sie sollten Geduld haben und den jungen Mann nicht reizen; und für seine Person trachtete er ihm mit guten Worten zuzureden.

Indem sich Renzo, während er sich langsam ankleidete, die Ereignisse des Tages vorher, soweit ihm dies möglich war, ins Gedächtnis zurückrief, erriet er so ziemlich, daß die Kundmachungen und die Sache mit dem Namen und Zunamen die Ursachen des Ganzen sein dürften; aber woher, zum Teufel, wußte der Fremde seinen Namen? Und was zum Teufel war in der Nacht vorgefallen, daß die Gerechtigkeit den Mut aufgebracht hatte, so unvermittelt Hand an einen der wackeren Jungen anzulegen, die tags zuvor so viel dreinzureden gehabt hatten? Und die doch nicht alle schlafen konnten, weil auch er einen wachsenden Lärm auf der Straße vernahm. Indem er nun dem Beamten ins Gesicht sah, bemerkte er dort die Anzeichen der Unschlüssigkeit, die sich der vergebens zu verbergen bemühte.

Um daher über eine Vermutungen ins reine zu kommen und Kundschaft zu erhalten, wie auch um die Sache hinzuziehen und einen Versuch zu machen, sagte er: „Ich sehe sehr wohl, was die Ursache von dem Ganzen ist: das ist die Geschichte mit dem Namen und Zunamen. Gestern abend war ich ein bißchen lustig: diese Wirte haben dann und wann einen recht tückischen Wein; und manchmal, sage ich, weiß man, daß der Wein, wenn er einmal unten ist, dreinredet. Aber wenn es sich um sonst nichts handelt, so bin ich jetzt bereit, mich allem zu fügen. Und dann wissen Sie ja auch schon meinen Namen. Wer zum Teufel hat ihn Ihnen denn gesagt?"

„Wacker, mein Sohn, wacker", antwortete der Beamte voller Höflichkeit; „ich sehe, daß Ihr vernünftig seid, und mir, der ich vom Geschäfte bin, könnt Ihr glauben, daß Ihr viel gescheiter seid als so viele andere. Es ist die beste Weise, um rasch und ordentlich loszukommen; mit solch guten Vorsätzen werdet Ihr mit zwei Worten abgefertigt und freigelassen sein. Aber ich, seht Ihr, mein Sohn, ich habe die Hände gebunden und darf Euch nicht auslassen, wie ich wollte. Vorwärts, macht rasch und kommt nur ohne Furcht mit; denn wenn sie sehen werden, wer Ihr seid, und wenn ich dann sage ... Laßt mich nur machen. Genug; eilt Euch, mein Sohn."

„Ah, Sie dürfen nicht; ich verstehe", sagte Renzo und fuhr fort, sich anzukleiden, indem er mit Winken die Winkel der Häscher ablehnte, daß sie mit Hand anlegen wollten, um ihn rascher fertig zu machen.

„Gehen wir über den Domplatz?", fragte er dann den Beamten.

„Wo Ihr wollt; auf dem kürzesten Wege, damit Ihr rascher wieder in Freiheit seid", sagte der Beamte mit innerlichem Arger, daß er diese geheimnisvolle Frage Renzos, die zu hundert Fragen hätte Stoff bieten können, nicht weiter aufnehmen konnte. – Wenn man zum Unglück geboren ist! dachte er; da fällt mir einer in die Hände, der, wie man sieht, nach nichts sonst verlangt, als zu singen, und hätte man nur ein bißchen Luft, so könnte man ihn so *extra formam*, ganz akademisch in freundschaftlicher Unterhaltung, dazu bringen, daß er ohne Folter beichtete, was man nur wollte: ein Mensch, den man schon, völlig fertig und verhört, ohne daß er es gemerkt hätte, ins Gefängnis abliefern könnte; und ein solcher Mensch muß mir an einem so unbequemen Augenblicke aufstoßen! Ach, es gibt keinen Ausweg – und dabei spitzte er die Ohren und bog den Kopf zurück – es gibt kein Mittel; der heutige Tag scheint schlimmer zu werden als der gestrige. – Was ihn zu diesem Gedanken brachte, war ein außergewöhnlicher Lärm, den man von der Straße her vernahm; und er konnte sich nicht zurückhalten, das Papierfenster zu öffnen und einen Blick hinunterzutun. Er sah eine Rotte von Bürgern, die auf die ihnen von einer Rundwache gewordene Aufforderung, auseinanderzugehen, im Anfang mit garstigen Worten geantwortet hatten und sich schließlich murrend zerstreuten; und was der Beamte für ein unheimliches Vorzeichen hielt, die Soldaten benahmen sich sehr gutmütig. Er schloß das Fenster und schwankte einen Augenblick, ob er die Sache zu Ende führen oder Renzo in der Hut der zwei Häscher lassen und sich eiligst zu dem Gerichtshauptmann verfügen solle, um ihm von dem, was geschah, Meldung zu erstatten. – Aber, dachte er auch schon, man wird sagen, daß ich nichts tauge und daß ich eine Memme bin und daß ich die Befehle hätte vollziehen sollen. Wir sind beim Tanze; folglich heißt's tanzen. Verfluchter Auflauf! Vermaledeites Handwerk! – Renzo hatte sich erhoben; die zwei Trabanten standen zu seinen Seiten. Der Beamte winkte ihnen zu, sie sollten ihn nicht zu sehr drängen, und sagte zu ihm: „Wacker, junger Mann; kommt, sputet Euch!"

Auch Renzo hörte, sah und dachte. Er war nunmehr völlig angekleidet bis auf das Wams, das er in der einen Hand hielt, während er mit der anderen die Taschen durchsuchte. „Oho!", sagte er, indem er den Beamten bedeutungsvoll ansah; „hier war Geld und ein Brief, Herr!"

„Es wird Euch alles pünktlich zurückgegeben werden", sagte der Beamte, „nachdem Ihr die kleinen Förmlichkeiten erfüllt habt. Gehen wir, gehen wir."

„Nein, nein", sagte Renzo, den Kopf schüttelnd, „so geht das nicht: ich will meine Sachen wieder haben, Herr. Ich will über meine Handlungen Rechenschaft geben, aber ich will meine Sachen."

„Ich will Euch zeigen, daß ich Euch vertraue", sagte der Beamte, indem er die mit Beschlag belegten Dinge aus dem Busen zog und sie Renzo mit einem Seufzer übergab; „nehmt und macht schnell."

Renzo murmelte, während er sie wieder an ihren Platz brachte, zwischen den Zähnen: „Gott behüte! Ihr geht so viel mit Dieben um, daß ihr das Handwerk schon ein wenig erlernt habt."

Die Häscher konnten schier nicht mehr an sich halten, aber der Beamte hielt sie mit den Augen im Zaume und sagte einstweilen bei sich: Wenn du den Fuß über jene Schwelle gesetzt haben wirst, sollst du es mit Zinseszins bezahlen, mit Zinseszins! Während Renzo das Wams anlegte und den Hut nahm, winkte der Beamte dem einen der Häscher, er solle die Treppe voran hinabgehen; hinter ihm ließ er den Gefangenen gehen, dann den andern Freund, und dann setzte er auch sich in Bewegung. In der Küche angelangt, gab der Beamte, eben als Renzo sagte: „Wohin hat sich denn dieser vermaledeite Wirt verkrochen?", den Häschern neuerdings einen Wink, und die packten, der eine den linken, der andere den rechten Arm des Jünglings und fesselten ihm die Gelenke hastig mit einem gewissen Werkzeug, das mit heuchlerischem Euphemismus Pulswärmer genannt wurde. Diese Pulswärmer bestanden – es ist uns ja nicht lieb, uns auf Einzelheiten einlassen zu müssen, die in ihrer Kleinlichkeit der Würde der Geschichte Abbruch tun; aber die Klarheit erheischt es – sie bestanden also aus Strickchen, die, ein wenig länger als der Umfang eines gewöhnlichen Handgelenks, an den Enden zwei Holzstückchen hatten. Die Strickchen wurden dem Sünder um die Handgelenke gelegt, und die Holzstückchen, die sich der Häscher zwischen dem Mittelfinger und dem Ringfinger durchgesteckt hatte, verblieben ihm geschlossen in der Faust, so daß er, indem er sie drehte, die Fessel nach Belieben verengen konnte und also über ein Mittel verfügte, des Gefangenen nicht nur versichert zu bleiben, sondern ihn noch bei Widerspenstigkeit zu martern; und zu diesem Ende waren in die Strickchen Knoten geknüpft.

Renzo wand sich und schrie: „Was für eine Tücke ist das? Einen anständigen Bürger …!"

Aber der Beamte, der für jede schlimme Handlung seine guten Worte hatte, sagte: „Habt Geduld; sie tun nur ihre Pflicht. Was wollt Ihr? Das sind alles Förmlichkeiten; wir dürfen die Leute nicht so nach unserm Herzen behandeln. Wenn wir nicht täten, was uns befohlen ist, wären wir schlimm daran, schlimmer als Ihr. Habt Geduld." Während er sprach, drehten die andern zwei die Hölzchen.

Renzo beruhigte sich wie ein hitziges Roß, das die Lippe im Gebiß geklemmt fühlt, und rief aus: „Geduld!"

„Wacker, mein Sohn", sagte der Beamte; „das ist die richtige Weise, um gut davonzukommen. Was wollt Ihr? es ist eine Beschwerlichkeit: das sehe ich selber; aber wenn Ihr Euch ordentlich betragt, so werdet Ihr in einem Augenblicke ledig sein. Und weil ich sehe, daß Ihr vernünftig seid, und ich mich geneigt fühle, Euch zu helfen, so will ich Euch noch zu Euerm Besten einen Rat geben. Glaubt mir, der ich darin erfahren bin: Geht nur immerzu geradewegs fort, ohne rechts oder links zu sehen, ohne Euch bemerkbar zu machen; so kümmert sich dann niemand um Euch, und niemand wird gewahr, was vorgeht, und Ihr bewahrt Eure Ehre. In einer Stunde seid Ihr in Freiheit; es ist so viel zu tun, daß sie sich selber sputen werden, Euch abzufertigen, und dann werde auch ich reden … Dann geht

Ihr Euern Geschäften nach, und niemand wird wissen, daß Ihr mit der Gerechtigkeit zu tun gehabt habt."

„Und ihr", fuhr er fort, indem er sich strengen Gesichts zu den zwei Häschern wandte, „ihr gebt wohl acht, ihm nicht weh zu tun; denn er steht unter meinem Schutze. Was ihr tut, ist ja nur eure Pflicht, aber denkt daran, daß er ein guter Kerl ist, ein anständiger Mensch, der binnen kurzem wieder frei sein wird, und daß ihm an seiner Ehre gelegen sein muß. Geht unauffällig mit ihm, daß niemand etwas merkt, als ob ihr drei anständige Kerle wäret, die spazieren gehen." Und er schloß in befehlendem Tone und mit einem drohenden Stirn runzeln: „Ihr habt mich verstanden!"

Dann zu Renzo gewandt, mit geglätteter Stirn und mit einem auf einmal lächelnden Gesicht, das sagen zu wollen schien: Oh wir zwei sind gute Freunde!, flüsterte er ihm noch einmal zu: „Vernunft! Tut, was ich Euch sage! Geht still und ruhig einher und vertraut dem, der Euch wohl will. Gehen wir."

Und der Zug setzte sich in Bewegung. Von allen diesen schönen Worten glaubte Renzo auch nicht eines: weder daß ihm der Beamte mehr wohl wolle als die Häscher, noch daß er sich seinen Ruf so zu Herzen nehme, noch daß er die Absicht habe, ihm zu helfen; er begriff sehr gut, daß ihm der gute Mann nur aus Furcht, auf der Straße könnte sich ihm die Gelegenheit zu entwischen bieten, so hübsch zuredete, um ihn abzuhalten, darauf zu achten und davon. Nutzen zu ziehen. Auf diese Weise erzielten alle diese Ermahnungen nichts sonst, als ihn in der Absicht zu befestigen, die er schon im Kopfe hatte, nämlich just das Gegenteil zu tun. – Wenn aber daraus jemand schließen wollte, daß der Beamte ein unerfahrener Neuling in der Schurkerei gewesen sei, so würde er sich täuschen. Er war ein eingeschriebener Schurke, sagt unser Geschichtsschreiber, der zu der Zahl seiner Freunde gehört zu haben scheint; aber in diesem Augenblick war er ziemlich aufgeregt. Bei kaltem Blute, kann ich euch sagen, würde er sich über jeden lustig gemacht haben, der einem andern, um ihn zu etwas an sich Verdächtigem zu verleiten, mit diesem erbärmlichen Kniffe eines uneigennützigen, freundschaftlichen Rates ein entsprechendes Benehmen zu stecken oder einzutrichtern versucht hätte. Aber es ist allgemein der Hang der Menschen, daß sie, wenn sie erregt und geängstigt sind und sie sehen, was einer tun könnte, um sie der Sorge zu entledigen, diesen mit Nachdruck und wiederholt und unter allen möglichen Vorwänden dazu auffordern; und auch die Schurken sind, wenn sie geängstigt und erregt sind, diesem gemeinen Gesetze unterworfen. Daher kommt es, daß sie unter derlei Umständen eine sehr traurige Figur spielen. Diese erprobten Meisterstückchen, diese triftigen Bosheiten, mit denen sie zu siegen gewohnt sind, die ihnen gleichsam zu einer zweiten Natur geworden sind und die, wenn sie zur richtigen Zeit ins Werk gesetzt und mit ruhigem Sinne und heiterem Gemüte, wie es erforderlich ist, durchgeführt werden, so gut und so heimlich ausschlagen und auch, wenn sie nach dem Gelingen bekannt werden, allgemein Beifall finden, diese Stückchen werden von den armen Teufeln, wenn sie in der Klemme sind, überhastet und ohne Verstand und Geschmack angewandt, so daß sie bei dem, der dieses Trachten und Abarbeiten sieht, Mitleid und Gelächter erregen, wogegen der, der damit hätte hineingelegt werden sollen, trotz seiner geringeren List ihr ganzes Spiel durchschaut und daraus Nutzen gegen sie zieht. Darum kann berufsmäßigen Schurken nicht genug empfohlen werden, stets ihr kaltes Blut zu bewahren oder, was noch sicherer ist, immer die Stärkeren zu sein. Kaum war also Renzo auf der Straße, so begann er seine Augen hin und her wandern zu lassen, sich recht hervorzuheben und die Ohren nach rechts und links zu spitzen. Immerhin war das Gedränge nicht außergewöhnlich; und obwohl man in mehr als einem Gesichte ein gewisses aufrührerisches Wesen lesen konnte, ging doch jedermann ruhig seines Weges, und von einem richtigen Aufruhr konnte keine Rede sein.

„Nur vernünftig, vernünftig", flüsterte ihm der Beamte von rückwärts zu; „Eure Ehre, die Ehre, mein Sohn."

Als aber Renzo auf drei Männer achtete, die mit erhitzten Gesichtern daherkamen, hörte er, daß sie von einem Backofen, von verstecktem Mehl und von Gerechtigkeit sprachen; da begann er ihnen mit den Augen zu deuten und auf eine Weise zu husten die etwas ganz anderes als eine Erkältung anzeigte. Die sahen sich den Zug aufmerksamer an und blieben stehen, und mit ihnen taten dies andere, die dazukamen; andere, die schon vorüber gegangen waren, kehrten bei dem Gemurmel um und gingen ihnen nach.

„Seid vorsichtig und vernünftig, mein Sohn", fuhr der Beamte zu flüstern fort; „es wird nur schlimmer für Euch. Verderbt Euch nicht selber; die Ehre, der Ruf!"

Renzo machte es noch schlimmer. Die Häscher, die sich mit einem Blicke beraten hatten, gaben ihm, in der Meinung, gut daran zu tun – jedem kann ja ein Irrtum unterlaufen – einen Ruck mit den Pulswärmern. „Au! au! au!", schreit der Gemarterte. Und auf das Geschrei sammelt sich das Volk rundherum an, von allen Seiten der Straße läuft man hinzu, und der Zug ist eingekeilt.

„Es ist ein Taugenichts", raunt der Beamte dem Nächsten zu, „es ist ein Dieb, der auf frischer Tat ergriffen worden ist. Ziehen Sie sich zurück; lassen Sie die Gerechtigkeit durch."

Aber Renzo, der den günstigen Augenblick sah und die Häscher weiß oder wenigstens blaß werden sah, dachte: Wenn ich mir jetzt nicht helfe, dann bin ich verloren. Und schon schrie er auch: „Kinder, sie führen mich ins Gefängnis, weil ich gerufen habe: Brot und Gerechtigkeit! Ich habe nichts getan, ich bin ein anständiger Bürger; helft mir, verlaßt mich nicht, Kinder!"

Als Antwort folgt ein Beifallsgemurmel, dann Stimmen, die ihn deutlich in Schutz nehmen; zuerst versuchen es die Häscher bei den Nächsten mit dem Befehle, dann mit der Forderung, dann mit der Bitte, auseinanderzugehen und Platz zu machen: aber die Menge treibt und drängt nur immer stärker. In der Erkenntnis der schlimmen Lage lassen sie die Pulswärmer fahren und trachten nur noch, sich im Haufen zu verlieren und unbeachtet zu verschwinden. Auch der Beamte verlangte nichts sehnlicher, als dasselbe zu tun, aber er war schlimmer dran, dank seinem schwarzen Mantel. Bleich und bestürzt bemühte sich der arme Mann, sich recht dünn zu machen, und drehte und wand sich, um zu entschlüpfen; aber er konnte seine Augen nicht erheben, ohne zwanzig andere auf ihn gerichtet zu sehen. Er befleißigte sich jeglicher Art, als ein Fremder zu erscheinen, der bei zufälligem Vorbeigehen in das Gedränge geklemmt worden sei wie ein Strohhalm ins Eis; und da er sich Aug in Aug mit einem befand, der den Blick scheeler auf ihn heftete als die anderen, verzog er seinen Mund zu einem Lächeln und fragte mit einfältiger Miene: „Was gibt's denn?"

„Pfui, so ein Rabe!", antwortete dieser.

„Ein Rabe! ein Rabe!", klang es in der Runde wieder.

Zu dem Geschrei gesellten sich die Stöße, und so wurde ihm denn binnen kurzem, sowohl durch die eigenen Beine, als auch durch die fremden Ellbogen das zuteil, woran ihm in diesem Augenblick am meisten lag, sich nämlich außerhalb des Gedränges zu befinden.

16. KAPITEL.

„LAUF, lauf, guter Mann: da ist ein Kloster, hier ist eine Kirche; dahin, dorthin!" So schrie man Renzo von allen Seiten zu. Was das Laufen betrifft, so denke man sich, ob es dieses Rates bedurft hätte. Von dem ersten Augenblick an, wo ihm eine Hoffnung, diesen Klauen zu entkommen, aufgeblitzt war, hatte er zu überlegen begonnen und hatte sich endlich entschlossen, wenn es ihm gelinge, ohne Aufenthalt zu gehen, bis er nicht nur die Stadt, sondern auch das Herzogtum hinter sich habe. Denn, hatte er gedacht, meinen Namen haben sie einmal in ihren Büchern, woher immer sie ihn auch haben; und mit dem Vornamen und dem Zunamen können sie mich greifen, wann sie wollen. Und was eine Freistatt betrifft, so würde er sich nie dorthin verkrochen haben, außer die Häscher wären ihm auf den Fersen gewesen. Denn wenn ich Vogel im Walde sein kann, hatte er weiter gedacht, will ich nicht Vogel im Käfig sein. Als Zuflucht hatte er sich jenes Dorf im Gebiete Bergamo ausersehen, wo, wenn man sich erinnert, sein Vetter Bortolo hauste, der ihn zu mehreren Malen eingeladen hatte, hinzukommen. Aber den Weg finden, das war der Haken. In einer unbekannten Gegend einer, wie man sagen darf, unbekannten Stadt, wußte Renzo nicht einmal, durch welches Tor die Straße nach Bergamo führte; und hätte er das auch gewußt, so wußte er doch den Weg zu diesem Tore nicht. Einen Augenblick schwankte er, ob er sich nicht die Straße von einem seiner Befreier zeigen lassen solle; da ihm aber in der kurzen Zeit, die ihm um über seine Lage nachzudenken geblieben war, gewisse Gedanken über diesen so verbindlichen Schwertfeger, Vater von vier Kindern, durch den Kopf gegangen waren, so wollte er seine Absichten keineswegs einer großen Menge Leute, unter denen manch einer von diesem Schlage ein mochte, aufs Geratewohl kundtun, sondern beschloß, sich eiligst davonzumachen; die Straße werde sich später anderswo erfragen lassen, wo niemand wisse, wer er sei und warum er frage. Er sagte also zu seinen Befreiern: „Tausend Dank, Kinder; seid gesegnet!" und entwich, da man ihm unverzüglich Platz machte, was ihn die Beine trugen: hinein in ein Gäßchen, dann eine Straße hinab, und so lief er ein Stück, ohne zu wissen, wohin. Als er genug weit entfernt zu sein glaubte, verlangsamte er einen Schritt, um keinen Verdacht zu erregen, und begann herumzublicken, um sich über die Person schlüssig zu werden, an die er seine Frage richten wollte, wenn ihm ihr Gesicht Vertrauen einflöße. Aber auch das war nicht so einfach. Die Frage war an sich verdächtig, die Zeit drängte, die Häscher hatten ohne Zweifel, kaum dieses kleinen Hindernisses ledig, die Spur ihres Flüchtlings aufgenommen, und das Geschrei von dieser Flucht konnte schon bis hierher gelangt sein; und in einer solchen Bedrängnis hatte Renzo vielleicht zehn physiognomische Urteile abzugeben, bevor er ein ihm passendes Gesicht fand. Der dicke Kerl da, der mit gespreizten Beinen auf der Schwelle seines Ladens stand, die Hände auf dem

Rücken, den Bauch nach vorn gereckt und das Doppelkinn in der Luft, und der, weil er nichts anderes zu tun hatte, eine zitternde Masse abwechselnd auf den Fußspitzen hob und auf die Absätze zurückfallen ließ, hatte ein so neugieriges Schwätzergesicht, daß er ihm wohl, anstatt Antwort zu geben, Fragen gestellt hätte. Der andere, der ihm mit starrem Blick und vorgestreckter Lippe entgegenkam, sah eher danach aus, daß er seinen eigenen Weg nicht wisse, als daß er rasch und gut einen anderen hätte zurechtweisen können. Der Bursche da, der, um die Wahrheit zu sagen, ziemlich aufgeweckt schien, schien mehr noch mutwillig zu sein und hätte wahrscheinlich eine närrische Freude daran gehabt, einen armen Bauern in die entgegengesetzte Richtung, als er begehrte, zu schikken. So viel steht jedenfalls fest, daß einem bedrängten Menschen alles zu neuer Bedrängnis wird. Als er denn schließlich einen sah, der eiligst daherkam, dachte er, daß dieser sicherlich ein dringliches Geschäft habe und ihm daher auf der Stelle und ohne Rederei Antwort geben werde; und da er ihn mit sich selber sprechen hörte, schloß er, daß er ein aufrichtiger Mensch sein müsse. Er trat auf ihn zu und sagte: „Seien Sie so gut, Herr, wo geht man nach Bergamo?"

„Nach Bergamo? Durch die *Porta Orientale.*"
„Tausend Dank; und zur *Porta Orientale?*"
„Nehmt die Straße zur Linken, da kommt Ihr auf den Domplatz; und dann ..."

„Schon gut, Herr; das übrige weiß ich. Gott vergelt es Ihnen." Und er schlug unverzüglich den ihm angegebenen Weg ein. Der andere sah ihm einen Augenblick nach und sagte bei sich, indem er diese Art des Gehens mit der Frage zusammenreimte: Entweder hat er einem eins versetzt, oder ihm soll eins versetzt werden. Renzo gelangt auf den Domplatz, übersetzt ihn, kommt an einem Häufchen Asche und erloschenen Kohlen vorüber und erkennt die Reste des Freudenfeuers, wo er tags zuvor Zuseher gewesen ist; er geht an den Domstufen hin, sieht den halbzerstörten und von Soldaten bewachten Krückenofen und verfolgt die Straße zurück, die er mit dem Haufen gekommen ist. Er gelangt zu dem Kapuzinerkloster, wirft einen Blick auf den Platz davor und auf die Kirchentür und sagt seufzend bei sich: Der Bruder von gestern hat mir doch einen guten Rat gegeben, daß ich in der Kirche warten und ein bißchen beten solle.

Als er sich dort einen Augenblick aufhielt, um aufmerksam zu dem Tore hinzusehen, durch das er gehen sollte, empfand er, da er dort von weitem die zahlreiche Wache sah, in seiner erhitzten Einbildungskraft – man muß Mitleid mit ihm haben; er hatte seine Gründe – einen gewissen Widerwillen, diesen Ausgang zu nehmen. Er hatte eine Freistatt bei der Hand und wäre dort mit seinem Briefe wohlempfohlen gewesen; er fühlte sich stark versucht, einzutreten. Aber sofort faßte er wieder Mut und dachte: Vogel im Walde, solange es möglich ist. Wer kennt mich denn? Die Häscher können sich doch füglich nicht in Stücke gerissen haben, um mir an allen Toren aufzulauern. – Er wandte sich um, um zu schauen, ob sie nicht in dieser Richtung daherkämen; er sah weder sie noch jemand anderen, der sich um ihn zu kümmern geschienen hätte. Er ging weiter, hemmte diese vermaledeiten Beine, die immerzu laufen wollten, während ihm nur ein langsamer Gang ziemte, und gelangte gemächlich und halblaut pfeifend zum Tore. Richtig unter dem Tore stand ein ganzer Schwarm von Zöllnern, überdies noch durch spanische Soldaten verstärkt; aber alle hatten sie acht auf die äußere Seite, um nicht die hereinzulassen, die auf die Kunde von einem Aufstand herbei eilen wie die Raben aufs Schlachtfeld, und so schritt Renzo mit unschuldiger Miene und gesenkten Augen und mit einem Gange, halb wie ein Wanderer, halb wie ein Spaziergänger, hinaus, ohne daß ihm jemand ein Wörtchen gesagt hätte: aber das Herz klopfte ihm mächtig. Da er zur Rechten einen Fußsteig sah, schlug er ihn ein, um der Hauptstraße auszuweichen, und ging ein hübsches Stück, bevor er sich zum ersten Male umsah. Er wandert und wandert, er kommt zu Maierhöfen, kommt in Dörfer und geht weiter, ohne um den Namen zu fragen; er weiß, daß er sich von Mailand entfernt und sich Bergamo nähert, und das genügt ihm einstweilen. Alle Augenblicke sah er sich um; alle Augenblicke betrachtete und rieb er auch jetzt das eine, dann das andere Handgelenk, die beide noch ein wenig gefühllos und rundherum mit einem rötlichen Streifen, der Spur der Strickchen, gezeichnet waren. Seine Gedanken waren, wie sich jedermann vorstellen kann, ein Wirrsal von Reue, Unruhe, Wut und Zärtlichkeit; und es war ein mühsames Streben, alles, was er am Abende gesagt und getan hatte, ausfindig zu machen, den geheimen Teil seiner traurigen Geschichte aufzuklären und vor allem dahinterzukommen, wie sie hatten seinen Namen erfahren können. Sein Verdacht fiel natürlich auf den Schwertfeger, dem er ihn, wie er sich wohl erinnerte, frei herausgesagt hatte. Und indem er die Art, wie ihm ihn der entlockt hatte, und sein ganzes Gehaben und alle die Anerbietungen, die stets nur darauf hinausliefen, daß er etwas wissen wollte, überdachte, wurde ihm der Verdacht schier zur Gewißheit. Hätte er sich nur nicht auch verworren erinnert, daß er nach dem Weggehen des Schwertfegers weitergeschwatzt hatte: mit wem, das errate der Doktor Allwissend; wovon, darüber wußte das Gedächtnis, so sehr er es auch erforschte, nichts zu sagen, sondern konnte nur sagen, daß es damals nicht zu Hause gewesen war. Der Ärmste verlor sich in diesem Sinnen: er war ein Mann, der viele weiße Blätter unterschrieben und sie einem anvertraut hat, den er für den besten der Menschen hielt, und nun, wo er ihn als Schurken erkennt, den Stand seiner Angelegenheiten kennen möchte; was erkennen? Es ist ein Chaos. Eine andere peinliche Sorge war, für die Zukunft einen ihm zusagenden Plan zu machen; die, die nicht windig waren, waren eitel Trübsal. Die peinlichste Sorge war aber bald die, den Weg zu finden. Nachdem er eine Weile aufs Geratewohl gegangen war, sah er, daß er sich von selber nicht zurechtfinden konnte. Er fühlte zwar ein gewisses Widerstreben, dieses Wort Bergamo auszusprechen, als wäre, Gott weiß, was Verdächtiges und Herausforderndes drinnen gelegen gewesen; aber er konnte es nicht vermeiden, es zu tun. So entschloß er sich denn, sich, wie er's in Mailand getan hatte, an den ersten Wanderer zu wenden, dessen Gesicht ihm gefalle; und das tat er. „Ihr seid von der Straße abgekommen", antwortete dieser; und nach ein wenig Nachdenken wies er ihm teils mit Worten, teils mit Gebärden den Weg, den er nehmen mußte, um wieder auf die Hauptstraße zu gelangen. Renzo bedankte sich, tat, als ob er sich an das Gesagte hielte, und schlug auch wirklich diese Richtung ein, in der Absicht freilich, sich dieser gebenedeiten Straße zu nähern, sie nicht aus dem Auge zu verlieren und, so weit es möglich sei, ihr entlang zu wandern, aber keinen Fuß darauf zu setzen. Diese Absicht war leichter zu fassen, als auszuführen. Indem er einmal rechts und einmal links und, wie man sagt, im Zickzack ging, bald den Anweisungen folgte, die er sich hier und dort fischte, bald sie nach seiner Einsicht verbesserte und sie seinem Plane anpaßte, sich auch wohl von dem Wege führen ließ, wo er eben schritt, hatte schließlich unser Flüchtling etwa zwölf Meilen zurückgelegt, ohne sich von Mailand mehr als sechs entfernt zu haben; und was Bergamo betrifft, so war es viel, wenn er sich von dort nicht entfernt hatte. So kam er langsam zu der Überzeugung, daß auch dieses Verfahren nicht recht tauge, und dachte über eine andere Abhilfe nach. Das, was ihm da in den Sinn kam, war, mit einiger List den Namen eines nahe der Grenze gelegenen Dorfes herauszubekommen, wohin man auf Gemeindewegen gelangen könnte; und so wollte er sich eine Straße durch Fragen um dieses Dorf weisen lassen, ohne überall die Frage nach Bergamo zu säen, die ihm so sehr nach Flucht, Verbannung und Verbrechen zu riechen schien. Indem er nachdachte, wie er alle diese Erkenntnisse fischen könnte, ohne Verdacht zu erregen, sah er an einer einsamen, außerhalb eines Dörfchens gelegenen Hütte einen grünen Zweig hängen. Da er auch seit einiger Zeit das wachsende Bedürfnis fühlte, seine Kräfte zu stärken, so dachte er, hier könnte der Ort sein, um beides auf einmal zu verrichten, und trat ein. Es war niemand da als ein altes Weib, den Rocken neben sich und die Spindel in der Hand. Er verlangte einen Imbiß, und ihm wurde ein wenig Käse und guter Wein angeboten; den Käse bestellte er, für den Wein dankte er – durch den Streich, den er ihm am Abend zuvor gespielt hatte, war er ihm verhaßt geworden – setzte sich nieder und bat die Frau rasch zu machen. Die hatte ihm im Augenblicke aufgetischt und begann ihn dann alsbald mit Fragen zu bestürmen, wer er sei und was das für große Ereignisse in Mailand gewesen seien, von denen das Gerücht schon eingetroffen war. Mit viel Geschicklichkeit verstand es Renzo nicht nur den Fragen auszuweichen, sondern sogar aus der Schwierigkeit Nutzen zu ziehen und die neugierige Frage der Alten, wohin er unterwegs sei, seiner Absicht dienstbar zu machen.

„Ich muß in viele Orte gehen", antwortete er, „und wenn ich etwas Zeit erübrigen könnte, möchte ich auch auf einen Sprung in dieses große Dorf da, an der Straße nach Bergamo, nahe der Grenze, aber noch im Mailändischen ... Wie heißt es nur schnell?" Irgendeins wird es doch geben, dachte er bei sich.

„Gorgonzola, wollt Ihr sagen", antwortete die Alte.

„Gorgonzola", wiederholte Renzo, wie um sich das Wort besser ins Gedächtnis zu prägen.

„Ist es sehr weit von hier?", begann er dann wieder.

„Genau weiß ich das nicht", antwortete sie; „es mögen zehn, es mögen zwölf Meilen ein. Wäre einer von meinen Söhnen da, so könnte er es Euch sagen."

„Und meint Ihr, daß man da auf diesen hübschen Fußsteigen gehen kann, ohne die Hauptstraße zu nehmen? Dort ist ein Staub, ein Staub! es hat schon allzulang nicht geregnet." „Ich glaube wohl; Ihr könnt in dem nächsten Dorfe fragen, wohin Ihr, wenn Ihr rechts geht, kommt." Und sie nannte es ihm.

„Sehr gut", sagte Renzo; er stand auf, nahm ein Stück Brot, das ihm von dem mageren Frühstück geblieben war, ein Brot, sehr verschieden von dem, das er tags zuvor bei dem Kreuze von St. Dionys gefunden hatte, bezahlte seine Zeche und schlug den Weg zur Rechten ein. Und um die Erzählung nicht länger als nötig auszudehnen, so kam er von Dorf zu Dorf, mit dem Namen Gorgonzola im Munde, eine Stunde vor Sonnenuntergang dort an. Schon unterwegs hatte er beschlossen, dort wieder Halt zu machen und ein gediegeneres Mahl zu sich zu nehmen. Dem Körper wäre auch ein wenig Bettruhe willkommen gewesen; aber bevor ihn Renzo darin befriedigt hätte, hätte er ihn lieber auf dem Wege zusammenbrechen lassen. Sein Vorhaben war, sich im Wirtshause zu unterrichten, wie weit es zur Adda sei, sich geschickt Kundschaft zu erholen, ob dorthin ein Richtweg führe, und sofort, nachdem er sich erfrischt habe, in dieser Richtung aufzubrechen. Geboren und aufgewachsen an der sogenannten zweiten Quelle dieses Flusses, hatte er oftmals sagen hören, daß die Adda an einer gewissen Stelle und eine gewisse Strecke lang die Grenze zwischen dem mailändischen und venezianischen Staat bilde; von der Stelle und der Strecke hatte er zwar keinen richtigen Begriff, aber unter den momentanen Umständen war es das dringendste, das andere Ufer zu erreichen, wo immer es sei. Sollte es ihm an diesem Tage nicht mehr gelingen, war er entschlossen, so lange weiter zu wandern, wie es ihm Licht und Atem gestatten würden, und dann, wo immer es Gott gefallen werde, in einem Felde oder in einer Einöde, auf keinen Fall aber in einem Wirtshause die Morgendämmerung zu erwarten. Nach ein paar in Gorgonzola getanen Schritten sah er ein Schild und trat ein; bei dem Wirte, der ihm entgegenkam, bestellte er einen Imbiß und einen Schoppen Wein: die paar seither zurückgelegten Meilen und die Zeit hatten ihm diesen so übertriebenen und fanatischen Haß vergessen lassen. „Ich bitte Euch, macht schnell", fügte er hinzu; „denn ich muß sofort wieder aufbrechen." Und dies sagte er nicht nur, weil es wahr war, sondern auch aus Furcht, daß der Wirtin der Einbildung, er wolle dort nächtigen, mit der Frage um Namen und Zunamen, woher er komme und in welchem Geschäfte, herausrücken könnte ... Gott behüte! Der Wirt antwortete Renzo, er werde bedient werden; und Renzo setzte sich unten an den Tisch, nahe zur Tür, auf den Platz der Scheuen. In der Stube waren etliche Müßiggänger aus dem Dorfe, die, nachdem sie die großen Mailänder Neuigkeiten erörtert und besprochen hatte, nichts sehnlicher wünschten, als etwas zu erfahren, wie es dort auch heute zugegangen sei, und dies um so mehr, als diese ersten Nachrichten eher geeignet waren, die Neugier zu reizen, als sie zu stillen: ein weder unterdrückter, noch siegreicher Aufstand, durch die Nacht mehr unterbrochen als beendigt, eine abgeschnittene Sache, das Ende mehr eines Aktes als eines Dramas. Einer von ihnen trennte sich von der Gesellschaft, setzte sich zu dem Ankömmling und fragte ihn, ob er von Mailand komme.

„Ich?", sagte der überraschte Renzo, um Zeit zur Antwort zu gewinnen.

„Ihr, wenn die Frage erlaubt ist."

Den Kopf schüttelnd, sagte Renzo, indem er durch die zusammengebissenen Lippen einen unverständlichen Laut von sich gab: „Mailand soll nach dem, was ich gehört habe ... kein Ort sein, wohin man derzeit geht, außer bei dringender Notwendigkeit."

„Dann dauert also der Lärm auch heute noch an?", fragte der Neugierige mit größerer Zudringlichkeit.

„Um das zu wissen, müßte man dort sein", sagte Renzo.

„Ja kommt Ihr denn nicht von Mailand?"

„Ich komme von Liscate", antwortete der Jüngling rasch, der inzwischen eine Antwort bedacht hatte. Dem Wortlaut nach kam er auch wirklich von dort, weil er durchgekommen war, und den Namen hatte er irgendwo von einem Wanderer er fahren, der ihm dieses Dorf als das erste auf dem Wege nach Gorzonzola angegeben hatte.

„Ach", sagte der Freund, als ob er hätte sagen wollen: Du tätet besser daran, von Mailand zu kommen; aber Geduld! „Und in Liscate", fuhr er fort, „wußte man nichts von Mailand?"

„Es ist ja möglich, daß einer oder der andere etwas gewußt hat", antwortete der Gebirgler; „aber ich habe nichts reden hören." Und diese Worte brachte er auf jene eigentümliche Weise heraus, die besagen will: Jetzt aber Schluß.

Der Neugierige kehrte auf seinen Platz zurück, und einen Augenblick später kam der Wirt, um den Tisch zu bestellen. „Wie weit ist's von hier bis zur Adda?", fragte Renzo halb zwischen den Zähnen zu ihm mit dem Gehaben eines Schläfrigen, das wir ihn schon einmal haben annehmen sehen.

„Zur Adda? Um überzusetzen?"

„Das heißt ... jawohl... zur Adda."

„Wollt Ihr zur Brücke von Cassano oder zur Fähre von Canonico?"

„Wo es ist... ich frage nur so aus Neugier."

„Nun, ich habe nur gemeint, weil das die Orte sind, die ehrliche Leute wählen, die von sich Rechenschaft geben können."

„Sehr wohl; und wie weit ist es?"

„Ihr könnt dorthin wie dahin etwa sechs Meilen rechnen, vielleicht ein bißchen mehr oder weniger."

„Sechs Meilen!", sagte Renzo; „so weit dachte ich nicht."

„Und wenn", begann er wieder mit einer bis zur Ziererei gesteigerten Harmlosigkeit des Gesichts, „und wenn man den kürzesten Weg nehmen müßte, gäbe es da noch andere Orte, wo man hinüber könnte?"

„Natürlich", antwortete der Wirt, indem er ihm zwei Augen voller boshafter Neugier ins Gesicht bohrte. Das genügte, um dem Jüngling die anderen Fragen, die er vorbereitet hatte, zwischen den Zähnen ersterben zu lassen. Er zog die Schüssel heran und sagte, indem er den Schoppen betrachtete, den der Wirt zugleich mit dieser auf den Tisch gestellt hatte: „Ist der Wein lauter?"

„Wie Gold", sagte der Wirt. „Fragt nur alle die Leute im Dorfe und in der Umgebung, die etwas davon verstehen; und dann werdet Ihr's ja schmecken." Und mit diesen Worten ging er zu der Gesellschaft hin.

Vermaledeite Wirte! rief Renzo innerlich; je mehr ich ihrer kennen lerne, desto schlechter finde ich sie.–Nichtsdestoweniger begann er mit gutem Appetit zu essen, indem er gleichzeitig, ohne es merken zu lassen, die Ohren spitzte, um die Ortsverhältnisse zu erkunden, um zu erfahren, wie man hier über das große Ereignis denke, woran er einen kleinen Teil gehabt hatte, und besonders um zu prüfen, ob etwa ein anständiger Mann da sei, an den sich ein armer Junge vertrauensvoll mit einer Frage um den Weg wenden könnte, ohne Furcht vor einem förmlichen Verhör und vor dem Zwange, über seine Angelegenheiten schwatzen zu müssen.

„Aber!", sagte einer; „diesmal scheint es wirklich, als hätten die Mailänder Ernst machen wollen. Genug; spätestens morgen wird man etwas erfahren."

„Mich reut es", sagte ein anderer, „daß ich nicht heute früh nach Mailand gegangen bin."

„Wenn du morgen gehst", sagte ein dritter, „so gehe ich mit."

Und so noch einer und wieder einer.

„Was ich wissen möchte", sagte der erste wieder, „ist, ob diese Herren Mailänder auch an die armen Leute vom Lande denken oder ob sie das Gesetz nur für sich machen werden. Wißt ihr, was sie sind? Übermütige Städter, alle miteinander; als ob sie allein auf der Welt wären." „Den Mund haben auch wir, zum Essen so gut, wie um unsere Meinung zu sagen", sagte ein anderer mit einer um so bescheideneren Stimme, je kecker der Vorschlag war. „Und wenn die Sache einmal im Gange ist..." Aber er hielt es für besser, den Satz nicht zu vollenden.

„Verstecktes Korn gibt's nicht nur in Mailand", begann ein anderer mit finsterer und boshafter Miene, als man ein Pferd herankommen hörte.

Alle liefen zur Tür; und als sie den Ankömmling erkannten, gingen sie ihm entgegen. Es war ein Kaufmann aus Mailand, der, da er mehrmals jährlich in Geschäften nach Bergamo reiste, gewohnt war, in diesem Wirtshaus zu nächtigen; und da dort schier immer dieselbe Gesellschaft war, kannte er sie alle. Sie umringen ihn; einer hält den Zügel, der andere den Steigbügel. „Willkommen! Willkommen!" „Gott zum Gruße!" „Habt Ihr eine gute Reise gehabt?"

„Sehr gut; und wie geht's euch?"

„Gut, gut; was bringt Ihr Neues von Mailand?"

„Aha, da kommen sie schon um die Neuigkeiten", sagte der Kaufmann, indem er abstieg und das Pferd einem Burschen überließ. „Und dabei", fuhr er fort, indem er mit der Gesellschaft eintrat, „wißt ihr die Sachen ja schon besser als ich."

„Gar nichts wissen wir, wahrhaftig", sagte mehr als einer, die Hand auf die Brust gelegt.

„Ist's möglich?", sagte der Kaufmann; „ihr werdet also hübsche ... oder häßliche Dinge zu hören bekommen. He, Wirt, ist mein gewöhnliches Bett frei? Gut; ein Glas Wein und meinen gewohnten Imbiß, aber rasch: ich will bald zu Bette gehen, um morgen beizeiten aufzubrechen und zur Frühstücksstunde in Bergamo zu sein."

„Und ihr", fuhr er fort, indem er sich Renzo gegenüber, der an seinem Tischende still und aufmerksam saß, niedersetzte, „ihr wißt also nichts von dem ganzen Teufelszeug von gestern?"

„Von gestern ja."

„Da seht ihr also", begann wieder der Kaufmann, „daß ihr die Neuigkeiten schon wißt. Das sage ich ja; wenn ihr hier immer auf der Lauer liegt, um die Vorüberkommenden auszuhorchen ..."

„Aber heute, wie ist es heute zugegangen?"

„Also heute. Von heute wißt ihr nichts?"

„Gar nichts; es ist niemand vorbeigekommen."

„So laßt mich die Lippen anfeuchten, und dann werde ich euch die Sachen von heute erzählen." Er füllte sein Glas, nahm es mit der einen Hand, hob mit den ersten zwei Fingern der andern den Schnurrbart, strich sich den Kinnbart, trank und begann wieder: „Heute, liebe Freunde, hätte wenig gefehlt, so wäre es ein ebenso schlimmer Tag wie gestern oder ein noch schlimmerer geworden. Und es will mir noch immer nicht recht eingehen, daß ich hier mit euch schwatze; denn ich habe schon jeden Gedanken an die Reise aufgegeben gehabt, um daheim zu bleiben und meinen bescheidenen Laden zu bewachen."

„Was zum Teufel war denn los?", sagte einer der Zuhörer.

„Der leibhaftige Teufel; hört nur." Und indem er das ihm vorgesetzte Gericht zerschnitt und dann aß, fuhr er in seiner Erzählung fort. Die Gesellen standen rechts und links vom Tische mit offenem Munde; und Renzo war vielleicht, ohne es sich merken zu lassen, aufmerksamer als alle andern, indem er langsam die letzten Bissen seines Essens kaute.

„Heute früh fanden sich die Schurken, die gestern diesen schrecklichen Rummel angerichtet hatten, auf den verabredeten Plätzen zusammen – denn es war ein Einverständnis da; alles vorbereitet – vereinigten sich und begannen wieder das hübsche Spiel, von Straße zu Straße zu laufen und durch Geschrei anderes Volk herbeizuziehen. Ihr wißt, daß das, mit Verlaub zu sagen, so ist, wie wenn man das Haus kehrt: der Schmutzhaufen wird immer größer, je weiter er sich wälzt. Als sie glaubten, sie seien genug, machten sie sich auf den Weg zu dem Hause des Herrn Proviantverwesers, als hätten sie an den Gewalttaten, die sie gestern an ihm begangen hatten, nicht genug gehabt: an einem solchen Herrn! Diese Schurken! Und was sie alles gegen ihn redeten! Lauter erlogenes Zeug: ein so wackerer, genauer Herr; und ich kann das sagen, denn ich gehe bei ihm aus und ein und bediene ihn mit dem Tuch für die Livree einer Dienerschaft. Sie zogen also zu diesem Hause: das muß man gesehen haben, was für ein Gesindel, was für Gesichter; stellt euch vor, an meinem Laden sind sie vorbeigezogen: Gesichter wie ... die Juden am Kreuzweg sind nichts dagegen. Und was ihnen alles aus den Mäulern kam! Die Ohren hätte man sich verstopfen mögen, wenn es nicht ratsam gewesen wäre, sich nicht bemerklich zu machen. Sie hatten dabei die schöne Absicht, zu plündern; aber ..." Und hier hob er die gespreizte Linke und führte die Spitze des Daumens an die Nasenspitze.

„Aber?", fragten schier alle Zuhörer.

„Aber", fuhr der Kaufmann fort, „sie fanden die Straße mit Balken und Karren versperrt und hinter dieser Barrikade eine hübsche Reihe Soldaten mit Arkebusen, um sie nach Gebühr zu empfangen. Als sie diese prächtigen Anstalten sahen ... Na, was hättet ihr getan?"

„Umgekehrt wären wir."

„Natürlich; und sie taten es auch. Aber seht einmal, ob es nicht der Teufel war, der sie führte. Da sehen sie auf dem Cordulio das Backhaus, das sie gestern gern geplündert hätten; und was geschah eben in dem Laden? Man verteilte Brot an die Kunden, und Adelige waren da, die feinsten Herren, die achteten darauf, daß alles richtig zugehe; und die da - sie wurden vom Teufel geritten und gehetzt - die stürmten hinein wie Besessene: nimm dir was, so hast du was, und in einem Augenblicke alles drunter und drüber, Adelige, Bäcker, Kunden, Brot, Tische, Bänke, Tröge, Kasten, Säcke, Trommeln, Kleie, Mehl, Teig."

„Und die Soldaten?"

„Die hatten das Haus des Verwesers zu bewachen; man kann nicht zwei Herren zugleich dienen. Es war nur ein Augenblick, sage ich euch: nimm, nimm; alles, was zu irgend etwas gut war, wurde genommen. Und dann kam die schöne Erfindung von gestern wieder auf den Plan, das übrige auf den Platz zu tragen und ein Feuer zu entzünden. Und schon begannen diese Schufte die Sachen herauszutragen, als einer, der noch ärger als die anderen war, mit einem Vorschlag heraus kam; ratet einmal!"

„Nun?"

„Einen Haufen von dem allen im Laden zu machen und den Haufen samt dem Hause zu verbrennen. Gesagt, getan..."

„Sie haben es verbrannt?"

„Wartet. Ein guter Bürger in der Nachbarschaft hatte eine Eingebung des Himmels. Er lief in die Stuben hinauf, holte ein Kruzifix, hängte es an einen Fensterbogen, nahm von dem Kopfende eines Bettes zwei Kerzen, zündete sie an und stellte sie rechts und links von dem Kruzifix auf die Brüstung. Die Leute schauen hinauf. In Mailand, das muß man sagen, gibt es noch Gottesfurcht; alle kommen zu sich. Der größere Teil, will ich sagen: freilich waren auch etliche Teufel da, die, um etwas zu stehlen, auch ans Paradies Feuer gelegt hätten; aber in Anbetracht, daß das Volk nicht ihrer Meinung war, mußten sie ablassen und still bleiben. Nun ratet, wer auf einmal dahergekommen ist. Alle die hochwürdigen Domherren im feierlichen Zuge, das Kreuz voran und in Chorhemden; und auf der einen Seite begann der hochwürdige Herr Erzpriester Mazenta, auf der andern der hochwürdige Herr Bußpriester Settala zu predigen: „Aber gute Leute! Was wollt ihr tun? Das ist das Beispiel, das ihr euern Kindern gebt? Geht doch heim; wißt ihr denn nicht, daß das Brot schon billig ist, noch billiger als früher? Geht nur und seht euch die Anschläge an den Straßenecken an!"

„War das wahr?"

„Teufel! Glaubt ihr, die Domherren wären im großen Ornate gekommen, um die Leute anzuplauschen?"

„Und was tat das Volk?"

„Nach und nach gingen sie auseinander und liefen zu den Straßenecken, und wer lesen konnte, da stand der Preis wirklich. Ratet einmal: ein Laib Brot zu acht Unzen um einen Groschen!"

„Das ist einmal ein Fall!"

„Ja, die Sache ist schön; wenn sie nur auch von Dauer ist. Wißt ihr, wieviel Mehl sie von gestern bis heute früh verdorben haben? Zwei Monate lang hätte man damit das Herzogtum füttern können."

„Und für uns außerhalb Mailands ist keinerlei gutes Gesetz gemacht worden?"

„Was für Mailand gemacht worden ist, geht alles auf Kosten der Stadt. Ich weiß nicht, was ich euch sagen soll; ihr werdet es so haben, wie Gott will. Einstweilen ist jedenfalls der Aufruhr zu Ende. Aber alles habe ich euch noch nicht gesagt; das Beste kommt erst."

„Was war denn noch weiter?"

„Das war, daß gestern abend oder heute früh, wann immer es gewesen sein mag, eine Menge Leute ergriffen worden sind; und alsbald hat man auch erfahren, daß die Rädelsführer gehenkt werden. Kaum begann sich dieses Gerücht zu verbreiten, so machte jeder, daß er nach Hause kam, um nicht Gefahr zu laufen, auch dran glauben zu müssen. Als ich Mailand verlassen habe, sah es aus wie ein Mönchskloster."

„Werden sie sie denn auch wirklich henken?"

„Natürlich! und auf der Stelle", antwortete der Kaufmann.

„Und was wird das Volk tun?", fragte der, der auch früher gefragt hatte.

„Das Volk?", sagte der Kaufmann; „hingehen und zuschauen. Sie hatten ja eine solche Lust, einen Christenmenschen baumeln zu sehen, diese Schurken, daß sie den Tanz mit dem Herrn Verweser hätten aufführen wollen. An seiner Statt werden sie jetzt etliche arme Sünder haben, die mit aller Förmlichkeit hinüber befördert werden sollen, begleitet von den Kapuzinern und den Mönchen von *Buona Morte*[22]; und Leute, die es verdient haben. Es ist eine Schickung Gottes, seht ihr; es war notwendig. Sie hatten schon mit dem Laster angefangen, in die Laden zu kommen und sich zu bedienen, ohne in den Beutel zu greifen; hätte man sie gewähren lassen, so wäre nach dem Brot der Wein an die Reihe gekommen, und so nach und nach ... Bedenkt, ob sie einen so bequemen Brauch je hätten aus freien Stücken aufgeben wollen! Ich kann euch sagen, daß es für einen anständigen Mann, der einen Laden hat, ein wenig erfreulicher Gedanke war."

---

[22] Ein Beiname, der üblicherweise den Mönchen des St. Paulus-Ordens gegeben wurde. Sie wurden „Totenbrüder" genannt, nach einem kleinen Totenschädel, den sie stets bei sich tragen mußten, um niemals ihr unabwendbares Ende zu vergessen.

„Freilich", sagte einer von den Zuhörern.

„Freilich", wiederholten einstimmig die andern.

„Und", fuhr der Kaufmann fort, indem er sich den Bart mit dem Tischtuch abwischte, „es war seit langem angezettelt; es war eine Verschwörung, versteht ihr?"

„Eine Verschwörung?"

„Eine Verschwörung. Lauter Tücke, angestiftet von den Franzosen, von diesem Kardinal von Frankreich, ihr wißt ja, wen ich meine, der so einen halb türkischen Namen hat und sich täglich etwas Neues ausdenkt, um der Krone Spanien einen Schimpf anzutun. Aber vor allem läßt er sich's angelegen sein, Mailand eins zu versetzen; denn er weiß ganz gut, der Schurke, daß hier die Kraft des Königs ist."

„Jawohl."

„Wollt ihr einen Beweis? Die den größten Lärm gemacht haben, waren Fremde; überall sah man Gesichter, die man in Mailand noch nie gesehen hatte. Aber da hätte ich bald vergessen, euch etwas zu erzählen, was mir für gewiß erzählt worden ist. Die Gerechtigkeit hatte einen in einem Wirtshause erwischt..." Renzo, der keinen Laut von dieser Unterhaltung verlor, fühlte, als er diese Saite anschlagen hörte, wie es ihn kalt überlief, und zuckte zusammen, bevor er sich noch hätte vornehmen können, gefaßt zu bleiben. Aber niemand merkte etwas, und der Sprecher fuhr, ohne den Faden der Erzählung zu unterbrechen, fort: „einen, von dem man noch nicht weiß, woher er gekommen ist, wer ihn geschickt hat und was für ein Kerl er eigentlich war; jedenfalls aber war er einer von den Rädelsführern. Schon gestern hatte er im dicksten Getümmel den Hetzer gemacht; und damit noch nicht zufrieden, hatte er dann zu predigen begonnen und eine recht neckische Sache vorgeschlagen, nämlich alle Herren zu erschlagen. Der Schuft! Wer sollte denn den armen Leuten zu leben geben, wenn die Herren erschlagen wären? Die Gerechtigkeit, die ihn abgepaßt hatte, faßte ihn beim Kragen: Sie fanden einen Pack Briefe bei ihm und wollten ihn ins Loch stecken; aber was? Seine Gesellen, die um das Wirtshaus die Wache hielten, kamen in großer Zahl heran und befreiten ihn, den Erzlumpen."

„Und was ist mit ihm geschehen?"

„Das weiß man nicht: entweder ist er davongelaufen, oder er hat sich in Mailand versteckt; das sind ja Leute ohne Dach und Fach, die überall unterschlüpfen, solange ihnen nämlich der Teufel helfen kann und will: herein fallen sie, wenn sie sich's am wenigstens versehen, denn wenn die Birne reif ist, so muß sie fallen. Sicher weiß man einstweilen nur, daß die Briefe in der Hand der Gerechtigkeit sind und daß darin der ganze Anschlag beschrieben ist; und es heißt, es würden noch eine Menge Leute hineingezogen werden. Schlimm genug für sie; warum haben sie aber halb Mailand auf den Kopf gestellt und noch schlimmere Dinge verüben wollen? Sie sagen, daß die Bäcker Schurken sind. Das weiß ich auch; aber durchs Gericht müssen sie gehenkt werden. Es wird Korn verhehlt. Wer weiß das nicht? Aber wer die Herrschaft hat, dem kommt es zu, gute Kundschafter zu halten und es ausgraben zu lassen und die Hehler in Gesellschaft der Bäcker zu dem Tanz in der Luft zu schicken. Und wenn die, die die Herrschaft haben, nichts tun, so kommt es der Stadt zu, einzuschreiten, und wenn sie aufs erste Mal nicht Recht erhält, wieder einzuschreiten, denn kraft des Einschreitens dringt man durch, und nicht einen so verbrecherischen Gebrauch aufkommen zu lassen, daß sie einfach in die Laden und Gewölbe gehen und alles mit heiler Haut davontragen."

Das bißchen Essen war Renzo zu Gift geworden. Es schien ihm tausend Jahre zu währen, bis er aus dem Wirtshaus draußen sein werde und aus dem Dorfe; und mehr als zehnmal hatte er zu sich gesagt: Gehen wir, gehen wir. Aber die Angst, Verdacht zu erregen, war ihm so über die Maßen gewachsen und hatte alle seine Gedanken so unterjocht, daß sie ihn immer auf der Bank angenagelt festgehalten hatte. In dieser Ratlosigkeit kam ihm der Gedanke, einmal müsse doch der Schwätzer aufhören, von ihm zu reden; und er beschloß, zu gehen, kaum daß er ihn ein anderes Gespräch anfangen höre.

„Und darum", sagte einer von der Gesellschaft, „habe ich mich, da ich weiß, wie solche Dinge ausgehen und daß es bei einem solchen Aufruhr für anständige Leute nicht recht geheuer ist, von der Neugier nicht besiegen lassen und bin daheim geblieben."

„Und ich, habe ich mich gerührt?", sagte ein anderer.

„Ich vielleicht?", setzte ein dritter hinzu; „wäre ich zufällig in Mailand gewesen, so hätte ich meine Geschäfte Geschäfte sein lassen und wäre alsbald heimgekehrt. Ich habe Weib und Kinder; und dann, um die Wahrheit zu sagen, so ein Rummel gefällt mir nicht."

In diesem Augenblick ging der Wirt, der auch zugehört hatte, zu dem andern Ende des Tisches, um nachzusehen, was der Fremde mache. Renzo benutzte die Gelegenheit, winkte ihn herbei, verlangte die Rechnung, bezahlte sie, ohne etwas abzuziehen, obwohl das Wasser bei ihm leicht stand, ging, ohne etwas zu reden, auf die Tür zu, überschritt die Schwelle und machte sich, von der Vorsehung geleitet, in der entgegen gesetzten Richtung, als er gekommen war, auf den Weg.

17. KAPITEL.

OFT genügt schon ein einziger Wunsch, um einen Menschen nicht zur Ruhe kommen zu lassen; nun denke, wie es sein mag, wenn ihrer zwei da sind, die einander widerstreiten. Der arme Renzo hatte, wie man weiß, seit vielen Stunden zwei: den Wunsch, zu eilen, und den, sich verborgen zu halten; und die unheimlichen Worte des Kaufmanns hatten ihm auf einen Schlag alle beide über die Maßen gesteigert. Sein Abenteuer hatte also Lärm gemacht, sie wollten ihn also durchaus greifen; wer weiß, wieviel Häscher hinter ihm her waren, was für Befehle schon abgefertigt waren, ihn in den Dörfern, in den Wirtshäusern, auf der Straße auszuforschen. Freilich bedachte er, daß es schließlich nur zwei Häscher waren, die ihn kannten, und daß ihm sein Name nicht auf der Stirn geschrieben stand; aber da fielen ihm wieder allerlei Geschichten ein, die er hatte erzählen hören, wie Flüchtlinge durch sonderbare Zufälle gefaßt und entdeckt worden waren, wie man sie am Gange, an der verdächtigen Miene und an anderen unversehenen Zeichen erkannt hatte: und das alles machte ihn verzagt. Obwohl die Glocken in dem Augenblicke, wo er Gorgonzola verließ, die letzte Tagesstunde schlugen und die fortschreitende Dämmerung diese Gefahren immer mehr verminderte, so nahm er doch die Hauptstraße nur ungern und nahm sich vor, den ersten Fußsteig zu betreten, der ihm in der Richtung, wohin es ihn drängte, zu führen scheine. Im Anfange begegnete er noch ab und zu einem Wanderer; aber mit seiner von diesen garstigen Besorgnissen erfüllten Phantasie hatte er nicht das Herz, einen anzureden, um sich über den Weg zu unterrichten. Sechs Meilen hat er gesagt, dachte er; wenn es auch dadurch, daß ich mich nicht auf der Straße halte, acht oder zehn werden sollten, so werden meine Beine, die so viel ausgehalten haben, auch das noch aushalten. Auf Mailand zu gehe ich nicht; folglich gehe ich auf die Adda zu. Gehe ich nur immer weiter, so werde ich früher oder später hinkommen. Die Adda hat eine vernehmliche Stimme; und bin ich einmal in ihrer Nähe, brauche ich keinen Wegweiser mehr. Ist ein Kahn da, so fahre ich alsbald über; sonst bleibe ich bis zum Morgen in einem Felde, auf einem Baume wie ein Spatz: besser auf einem Baume als im Kerker. Ziemlich bald sah er einen Weg zur Linken abzweigen; er schlug ihn ein. Hätte er um diese Stunde jemanden getroffen, so hätte er nicht mehr so viele Umstände gemacht, sich eine Straße zeigen zu lassen; aber er sah keine lebende Seele. Er ging also dem Wege nach und dachte: Ich ein Rädelsführer sein! Ich alle Herren erschlagen! Einen Pack Briefe, ich! Meine Gesellen, die meinetwegen Wache gehalten haben! Ich gäbe was drum, um mich jenseits der Adda – ach, wann werde ich am andern Ufer dieser gebenedeiten Adda sein! – unter vier Augen mit diesem Kaufmann zu sehen, ihn stellen und ihn mit Muße fragen zu können, wo er alle diese hübschen Nachrichten aufgefischt hat. Nehmt jetzt zur Kenntnis, mein lieber Herr, daß die Sache so und so zugegangen ist, daß ich der Rädelsführer darin war, Ferrer Beistand zu leisten, als ob er mein Bruder gewesen wäre, nehmt zur Kenntnis, daß mir diese Schurken, die, wenn man euch hört, meine Freunde gewesen wären, in einem gewissen Augenblick einen häßlichen Possen haben spielen wollen, weil ich ein Wort als guter Christ gesagt habe, nehmt zur Kenntnis, daß ich mir, während Ihr Euern Laden bewachtet, die Rippen eindrücken ließ, um Euern Herrn Proviantverweser zu retten, den ich nie gesehen habe und den ich gar nicht kenne. Wartet nur ein andermal, ob ich mich rühre, den Herren zu helfen ... Freilich soll man es des Seelenheils halber tun; auch sie gehören ja zu unsern Nächsten. Und der große Pack Briefe, mit dem ganzen Anschlag, der, wie Ihr genau wißt, in den Händen der Gerechtigkeit ist, wetten wir, daß ich ihn Euch auf der Stelle erscheinen lasse ohne Hilfe des Teufels! Wäret Ihr neugierig, den Pack zu sehen?... Da ist er ... Ein einziger Brief?... jawohl Herr, ein einziger Brief; und diesen Brief, wenn Ihr es wissen wollt, hat ein Mann geschrieben, der Euch eine Christenlehre halten kann, wann immer es sei, ein Mönch, von dem, ohne Euch unrecht zu tun, ein Haar mehr wert ist als Euer ganzer Bart, und der Brief ist, wie Ihr seht, an einen andern Mönch gerichtet, der auch ein Mann ist, der ... Jetzt seht Ihr, was für Schelme meine Freunde sind. Und lernt daraus, ein andermal anders zu reden, sonderlich wenn es sich um Euern Nächsten handelt. Aber nach einiger Zeit wichen diese und andere ähnliche Gedanken völlig; die Umstände der Gegenwart nahmen alle Kräfte des armen Pilgers in Anspruch. Die Furcht vor einer Verfolgung und Entdeckung, die ihm die Wanderung an dem ganzen Tage so bitter gemacht hatte, beunruhigte ihn nicht mehr; aber wie viel Dinge machten sie ihm jetzt noch viel beschwerlicher! Die Finsternis, die Einsamkeit, die gesteigerte und nun schon schmerzende Ermüdung: dazu blies ein leises, stetiges dünnes Lüftchen, das einem Menschen wenig dienlich sein konnte, der noch immer in den Kleidern war, die er angelegt hatte, um die paar Schritte zur Trauung zu gehen und alsbald frohlockend in sein Haus zurückzukehren; und was ihm alles noch schwieriger machte, war dieses Gehen aufs Geratewohl, ins Blaue sozusagen hinein, auf der Suche nach einem Orte der Ruhe und Sicherheit. Wenn es sich traf, daß er durch ein Dorf kam, ging er ganz still, immerhin umherblickend, ob nicht etwa eine Tür offen sei; aber nie sah er ein anderes Zeichen, daß noch Leute wach waren, als den Lichtschein, der etwa durch ein Fenster blinkte. Außerhalb der menschlichen Siedelungen blieb er öfters stehen und spitzte die Ohren, ob er noch nicht die gebenedeite Stimme der Adda höre; vergebens. Er hörte sonst keinen Laut als ein Hundegekläff, das, zugleich jammernd und drohend, von einem einsamen Meierhof her durch die Luft drang. Kam er dann näher, so verwandelte sich das Gekläff in ein widerwärtiges und wütendes Bellen, und wenn er bei der Tür vorbei kam, hörte er, ja sah er fast, wie das garstige Tier, die Schnauze an den Tierluken, sein Geheul verdoppelte, worauf ihm dann stets die Lust verging, anzuklopfen und Obdach zu heischen. Und auch ohne die Hunde hätte er sich wahrscheinlich nicht dazu entschlossen. Wer ist da? Was wollt Ihr um diese Stunde? Wie kommt Ihr hierher? Weist Euch aus! Gibt's keine Wirtshäuser zum Übernachten? So werden sie, dachte er, wenn es gut geht, zu mir sagen, wenn ich anklopfe; und was habe ich zu antworten? Wer in der Nacht einen Lärm hört, dem kommt weiter nichts in den Sinn als Diebe, Gesindel, Schurkereien; man denkt gar nicht, daß ein anständiger Mensch in der Nacht unterwegs sein könnte, außer ein vornehmer Herr in einem Wagen. – Darum hob er sich dieses Auskunftsmittel für den äußersten

Notfall auf und wanderte weiter in der Hoffnung, in dieser Nacht die Adda wenigstens noch zu sehen, wenn schon nicht zu übersetzen und am nächsten Tage nicht mehr suchen zu müssen. Er wanderte und wanderte und kam endlich dahin, wo sich das bebaute Land in eine Heide verlor, spärlich bewachsen mit Farn- und Besenkräutern. Daraus glaubte er, wenn schon nicht mit Sicherheit, so doch mit Wahrscheinlichkeit abnehmen zu dürfen, daß der Fluß nahe sei, und drang in der Heide auf einem Fußsteig, der sie durchschnitt, vorwärts. Nach einigen Schritten blieb er stehen, um zu horchen; noch umsonst. Die Unannehmlichkeit der Wanderung wurde gesteigert durch die Unwirtlichkeit der Gegend, durch das völlige Fehlen von Maulbeerbäumen, von Weinreben und von andern Zeichen menschlichen Anbaus, wie sie ihm früher halb und halb Gesellschaft geleistet hatten. Nichtsdestoweniger ging er immerzu, und da sich in einem Gemüt gewisse Bilder und Vorstellungen zu regen begannen, die ihm von den Geschichten seiner Kindheit zurückgeblieben waren, so sagte er unterm Gehen Gebete für die Toten her, um sie zu verscheuchen oder zu beschwichtigen. Mit der Zeit gelangte er in ein hohes Gestrüpp von Schlehen, Zwergeichen und Dörnern. Mehr mit Ungeduld als mit Lust den Schritt beschleunigend, sah er nun ab und zu im Gestrüpp einen Baum, und indem er, immer auf demselben Pfade, noch weiter ging, merkte er, daß er in einen Buch kam. Er fühlte einen gewissen Widerwillen, einzutreten, überwand ihn aber und ging, wenn auch ungern weiter; aber je weiter er kam, desto mehr wuchs sein Widerwille, desto mehr machte ihm alles Verdruß. Die Bäume, die er in einiger Entfernung sah, zeigten ihm seltsame, mißgebildete und ungeheuerliche Gestalten, ein Unbehagen verursachte ihm der Schatten der leicht bewegten Wipfel, der auf dem hier und da vom Monde beschienenen Steige zitterte, und sogar das Rascheln der trockenen Blätter, die er niedertrat oder wegschob, hatte für sein Ohr etwas Widerwärtiges. Seine Beine fühlten eine Art Sucht, eine Art Drang, zu laufen, und zu derselben Zeit schien es ihm, sie trügen einen Leib nur schwer. Er fühlte, wie ihn der Nachtwind scharf und bösartig an Stirn und Wangen traf, er fühlte, wie er ihm zwischen Kleidern und Fleisch durchblies, ihm die Haut zusammenschrumpfte, schneidender auf die vor Müdigkeit gebrochenen Knochen eindrang und dort den letzten Rest von Kraft vernichtete. Es kam ein Augenblick, wo es ihm war, als erliege plötzlich ein Mut diesem Abscheu, diesem unbestimmten Entsetzen, mit dem er seit einer Weile kämpfte. Er war daran, zusammenzubrechen; aber mehr als über alles über einen Schrecken erschrocken, rief er die alten Lebensgeister wieder in sein Herz zurück und befahl diesem, sich zu beherrschen. Also für einen Augenblick wieder gestärkt, stand er still, um zu überlegen, und kam zu dem Schlusse, unverzüglich denselben Weg zurückzuwandern, schnurstracks in das letzte Dorf, wo er durchgekommen war, zu gehen, sich wieder zu den Menschen zu gesellen und eine Unterkunft zu suchen, wenn auch im Wirtshause. Während er so stand und rings um ihn alles schwieg, da auch die Blätter unter seinen Füßen verstummt waren, begann er ein Rauschen und Murmeln, ein Murmeln eines fließenden Wassers zu vernehmen. Er spitzt die Ohren: es ist wahrhaftig so; er ruft: „Die Adda!" Es war, als hätte er einen Freund, einen Bruder, einen Retter gefunden. Die Ermüdung wich schier völlig, der Pulsschlag kehrte ihm wieder, er fühlte, wie ihm das Blut frei und warm durch alle Adern strömte, und er fühlte, daß ihm die Zuversicht wuchs und die drückende Unsicherheit seiner Umgebung zum großen Teile schwand; und er zauderte nicht, immer mehr in den Busch einzudringen, in der Richtung des freundlichen Rauschens. In wenigen Augenblicken gelangte er an das Ende des ebenen Bodens, an den Rand einer tiefen Uferböschung; und als er zwischen den Dörnern, die sie allenthalben bekleideten, hinunterschaute, sah er das Wasser flimmern und fließen. Dann den Blick hebend, sah er die weite Fläche des andern Ufers, hier und da ein Dorf und dahinter die Hügel und auf einem von diesen einen großen weißlichen Fleck, der eine Stadt sein mußte, Bergamo natürlich. Er stieg den Hang ein Stück hinab, indem er das Gedörn mit den Händen und den Armen zerteilte und zerzweigte, und schaute hinunter, ob etwa ein Kahn auf dem Flusse gefahren komme, ob er Ruderschläge höre; aber er sah nichts und hörte nichts. Wäre es ein kleinerer Fluß gewesen als die Adda, so wäre Renzo sofort hineingestiegen, um eine Furt zu suchen; aber er wußte wohl, daß die Adda kein Wasser war, dem man hätte vertrauen dürfen. Darum ging er in aller Ruhe mit sich zu Rate, was zu tun sei. Auf einen Baum zu klettern und dort die Morgenröte zu erwarten, die vielleicht noch sechs Stunden ausbleiben konnte, bei diesem Lüftchen und also gekleidet, das wäre mehr gewesen, als es zum richtigen Erfrieren gebraucht hätte. Die ganze Zeit auf und abzulaufen, hätte, davon zu geschweigen, daß es gegen den Frost wenig wirksam gewesen wäre, den armen Beinen zu viel zumuten heißen, die schon mehr als ihre Pflicht getan hatten. Da fiel ihm ein, daß er in einem Felde in der Nähe der Heide eine von jenen aus Stämmen und Zweigen aufgebauten, mit Lehm beworfenen und mit Stroh gedeckten Hütten gesehen hatte, in denen die Bauern des mailändischen Gebietes im Sommer ihre Ernte aufbewahren und, um diese zu bewachen, die Nacht verbringen, während sie in den andern Jahreszeiten leer stehen. Die bestimmte er sofort zu einer Herberge; er schlug den Fußsteig wieder ein, ging wieder durch Busch, Gestrüpp und Heide und kam zu der Hütte. Die lose wurmstichige Tür war nur angelehnt, ohne Schlüssel oder Kette; Renzo öffnete sie und trat ein. Drinnen sah er an Bastseilen ein Netz wie eine Hängematte hängen; aber er verspürte keine Lust hinaufzusteigen. Da er auf dem Boden ein wenig Stroh sah, dachte er, daß er auch dort einen erquickenden Schlaf finden werde. Bevor er sich jedoch auf dieses Bett streckte, das ihm die Vorsehung bereitet hatte, kniete er nieder, um ihr für diese Wohltat zu danken wie auch für alle Hilfe, die sie ihm an diesem schrecklichen Tage gewährt hatte. Dann sprach er sein gewohntes Gebet und bat überdies noch den Herrgott um Verzeihung, daß er es nicht auch am vergangenen Abend gesprochen hatte, sondern, um seine Worte zu gebrauchen, wie ein Hund oder noch ärger schlafen gegangen sei. Und darum, setzte er bei sich hinzu, indem er die Arme auf das Stroh stützte und aus dem Knien ins Liegen überging, und darum war mir heute früh dieses hübsche Erwachen beschieden.

Dann nahm er alles Stroh zusammen, das um ihn herum verblieb, und legte es auf seinen Leib, indem er so auf die bestmögliche Weise eine Art Decke herstellte, um die Kälte zu mildern, die sich auch dort drinnen rechtschaffen fühlbar machte; und er schmiegte sich darunter zusammen mit der Absicht, den guten Schlaf zu tun, den er sich nur allzu teuer erkauft zu haben glaubte. Kaum aber hatte er die Augen geschlossen, so begann in seinem Gedächtnis oder in einer Phantasie – wo es eigentlich war, kann ich nicht genau sagen – begann also, sage ich, ein Kommen und Gehen von Leuten, so gedrängt und so ununterbrochen, daß es dem Schlaf Lebewohl sagen hieß. Der Kaufmann, der Beamte, die Häscher, der Schwertfeger, der Wirt, Ferrer, der Verweser, die Gesellschaft aus dem Wirtshaus, der Schwarm von der Straße, dann Don Abbondio und endlich Don Rodrigo, lauter Leute, mit denen Renzo etwas zu reden hatte.

Nur drei Bilder waren, die ihm ohne Begleitung einer bitteren Erinnerung, rein von allem Verdacht und durchaus liebenswürdig erschienen, und zwei davon waren trotz ihrer Verschiedenheit in dem Herzen des Jünglings eng miteinander verbunden: schwarze Locken und ein weißer Bart. Aber auch der Trost, den er empfand, wenn er mit seinen Gedanken bei ihnen verweilte, war eher alles andere als rein und still. Wenn er an den guten Mönch dachte, fühlte er nur lebhafter die Schmach der eigenen Verfehlungen, die schmähliche Unmäßigkeit und die Schande, die er dessen väterlichen Ratschlägen gemacht hatte; und betrachtete er das Bild Lucias! da wären wir nicht imstande, zu sagen, was er fühlte: der Leser kennt die Umstände, er möge es sich ausmalen. Und die arme

Agnese, wie hätte er sie vergessen können? Diese Agnese, die ihn gewählt, die ihn schon eins mit ihrer einzigen Tochter gesehen und die, bevor sie noch von ihm den Namen Mutter hätte empfangen dürfen, schon die Sprache und das Herz der Mutter angenommen und ihm ihre Hingebung durch die Tat bewiesen hatte. Aber ein Schmerz mehr, und nicht der am wenigsten stechende, war der Gedanke, daß die arme Frau zum Dank für so liebevollen Absichten, für so viel Wohlwollen jetzt aus ihrer Heimat vertrieben und schier zu einer Landfahrerin geworden war und Weh und Trübsal just von dem erntete, wovon sie einen ruhigen und heiteren Lebensabend erhofft hätte. Was für eine Nacht, armer Renzo! Die die fünfte eines Ehestandes hätte sein sollen! Was für eine Kammer! Was für ein Hochzeitsbett! Und nach was für einem Tage! Und was für Tage sollten nun für ihn anheben! Wie Gott will, antwortete er den Gedanken, die ihn am meisten kränkten; wie Gott will. Er weiß, was er tut; er ist auch für uns. Alles geschehe zur Buße meiner Sünden. Lucia ist so gut! Er wird sie nicht lange leiden lassen.

Bei diesen Gedanken, wozu noch außer der Verzweiflung, jemals Schlaf finden zu können, auch der sich immer mehr fühlbar machende Frost kam, der ihn alle Augenblicke schüttelte und seine Zähne klappern ließ, seufzte er den Anbruch des Tages herbei und maß mit Ungeduld den trägen Lauf der Stunden. Maß, sage ich, weil er in diesem weiten Stillschweigen alle halben Stunden die Schläge einer Uhr widerhallen hörte; es mag wohl die von Trezzo gewesen sein. Und das erste Mal, wo dieser so unerwartete Schlag sein Ohr traf, ohne daß er hätte ahnen können, woher er komme, machte auf ihn einen geheimnisvollen und feierlichen Eindruck, etwa wie eine Mahnung, die von einer ungesehenen Person, von einer unbekannten Person herrührt.

Als die Uhr schließlich elf Schläge tat, was die von Renzo für den Aufbruch bestimmte Stunde anzeigte[23], erhob er sich halb erfroren, kniete nieder, sprach mit mehr Inbrunst als sonst ein gewohntes Morgengebet, stand auf, reckte Arme und Beine, schüttelte Hüften und Leib, wie um sich alle Glieder einzurichten, hauchte in die eine Hand, dann in die andere, rieb sie und öffnete die Tür der Hütte und warf vor allem einen Blick nach allen Seiten hinaus, um zu sehen, ob jemand da sei. Da er niemanden sah, suchte er mit den Augen den Fußsteig vom Abend zuvor; er fand ihn alsbald und ging davon.

Der Himmel versprach einen schönen Tag: der Mond, bleich und strahlenlos in einer Ecke, stach doch von dem unermeßlichen Felde gräulicher Bläue ab, die gegen Osten hinunter langsam in ein rötliches Gelb überging. Tiefer unten, am

---

[23] Man muß dazu sagen, daß die Uhren in Italien damals noch „anders schlugen" als heute.
Die erste Stunde des Tages begann - anstatt um ein Uhr nachts - um sieben Uhr in der früh, die erste Stunde der Nacht um sieben Uhr abends. Elf Uhr morgens gemäß der damaligen Zeit entspräche also dem heutigen fünf Uhr in der Früh.

Horizont, breiteten sich in ungleichen langen Flocken etliche bläulichbraune Wolken hin, deren tiefste unten mit einem schier purpurnen Streifen gesäumt waren, der immer lebendiger und greller wurde; gegen Mittag verstreuten ineinander verflossene Wölkchen, leicht und weich, tausend namenlose Farben: der lombardische Himmel, so schön, wenn er schön ist, so glänzend, so friedlich. Wäre Renzo hier zu seiner Lust gegangen, so hätte er sicher hinaufgeblickt und diese Morgendämmerung, so verschieden von der, die er in seinen Bergen zu sehen gewohnt war, bewundert; aber er achtete auf seine Straße und ging mit langen Schritten, um sich zu erwärmen und bald anzukommen. So geht's durch die Felder, durch die Heide, durch das Gestrüpp, durch den Busch, indem er hierhin und dorthin blickt und sich des Widerstrebens halber, das er ein paar Stunden vorher empfunden hat, zu gleicher Zeit verlacht und schämt; am Uferrande blickt er hinunter und sieht zwischen den Zweigen einen Fischerkahn, der an dieser Seite stromaufwärts fährt. Auf dem kürzesten Wege, mitten durch die Dörner, steigt er hinunter und ist am Wasser; er stößt einen leisen Ruf aus und begleitet ihn mit einem Winke, anzulegen, der aussehen soll, als wolle er nur einen geringfügigen Dienst heischen, aber, ohne daß er sich dessen versähe, fast einer flehenden Gebärde gleichkommt. Der Fischer schickt einen Blick das Ufer entlang, einen dem Wasser entgegen, das kommt, und einen dem Wasser nach, das geht, und lenkt den Kiel auf Renzo zu und legt an. Renzo, der schier schon mit den Füßen im Wasser steht, faßt die Bordspitze, springt in den Kahn und sagt: „Wollt Ihr mich gegen Bezahlung ans andere Ufer bringen?" Der Fischer hat ihn erraten und dreht schon dorthin. Renzo, der im Kahn ein zweites Ruder liegen sieht, bückt sich und nimmt es zur Hand.

„Gemach, gemach", sagte der Schiffer; als er aber sah, wie geschickt der Jüngling das Werkzeug angriff und es sich handzuhaben anschickte, sagte er: „Aha, Ihr seid vom Handwerk."

„Ein wenig", antwortete Renzo und legte sich mit einer verständigen Wucht ins Zeug, die mehr als einen Liebhaber verriet. Und ohne deswegen nachzulassen, warf er ab und zu einen finsteren Blick auf das Ufer, von dem sie sich entfernten, und dann einen ungeduldigen auf das, dem sie zugewandt waren, und er empfand es peinlich, daß sie nicht den kürzesten Weg nehmen konnten; denn der Strom war an dieser Stelle zu reißend, um ihn geradeaus zu durchschneiden, und der Kahn mußte, teils die Strömung brechend, teils ihr folgend, eine schräge Linie einhalten. Wie es nun bei allen ein wenig schwierigen Geschäften geht, daß sich die Schwierigkeiten anfänglich in einer Masse darstellen und erst bei der Ausführung im einzelnen zum Vorschein kommen, so war Renzo, als er die Adda, wie man sagen kann, hinter sich hatte, unruhig, da er nicht sicher wußte, ob sie auch hier die Grenze war, oder ob ihm nach Überwindung dieses Hindernisses noch ein anderes zu überwinden blieb. Indem er darum den Fischer anrief und mit einer Bewegung des Kopfes auf diesen weißlichen Fleck wies, den er schon in der Nacht gesehen hatte und den er nun deutlicher ausnahm, sagte er: „Ist der Ort da Bergamo?"

„Die Stadt Bergamo", antwortete der Fischer.

„Und das Ufer da, ist das bergamaskisch?"

„Gebiet von San Marco."

„Heil San Marco!", rief Renzo.

Der Fischer sagte kein Wort.

Endlich stießen sie ans Ufer; Renzo sprang heraus, bedankte bei sich dem Herrgott und mit dem Munde dem Schiffer, griff in die Tasche, zog eine Berlinghe heraus, was in Anbetracht der Umstände keine kleine Entäußerung war, und reichte sie dem guten Mann; nachdem der einen Blick auf das mailändische Ufer und flußaufwärts und -abwärts geworfen hatte, streckte er die Hand aus, nahm das Trinkgeld, steckte es ein, preßte die Lippen aufeinander, legte überdies den Finger darüber, indem er diese Gebärde mit einem ausdrucksvollen Blicke begleitete, sagte: „Glückliche Reise!" und kehrte um. Damit die so bereitwillige und vorsichtige Gefälligkeit des Fischers für den Unbekannten den Leser nicht allzusehr wundernehme, müssen wir ihn unterrichten, daß dieser Mann öfter von Schmugglern und Banditen um einen solchen Dienst gebeten wurde und gewohnt war, ihn zu leisten, nicht so sehr dem geringen und unsicheren Gewinn zuliebe, den er ihm bringen konnte, sondern um sich diese Leute nicht zu Feinden zu machen. Er tat es, sage ich, jedesmal, wenn er sicher sein konnte, daß ihn weder Zöllner, noch Häscher, noch Kundschafter sahen. So trachtete er, ohne daß er denen von der ersten Gattung mehr wohlgewollt hätte als denen von der zweiten, alle mit jener Unparteilichkeit zufriedenzustellen, die die gewöhnliche Gabe jener Menschen darstellt, die sich mit manchen zu verhalten und manchen Rechenschaft zu geben haben. Renzo blieb einen Augenblick am Ufer stehen, um das gegenüberliegende Ufer zu betrachten, jenes Land, das ihm vor kurzem so sehr unter den Füßen gebrannt hatte. Ha! jetzt bin ich endlich draußen! war sein erster Gedanke. Bleib nur, vermaledeites Land, war der zweite, das Lebewohl an die Heimat. Und der dritte gehörte denen, die er dort zurückließ. Nun verschränkte er die Arme auf der Brust, stieß einen Seufzer aus, senkte die Augen auf das Wasser, das zu seinen Füßen lief, und dachte: Es ist unter der Brücke durchgeflossen! – So nannte er gemäß dem Gebrauche seines Dorfes durch Antonomalie die von Lecco. – Ach, die schurkische Welt! Aber schon gut; wie Gott will. Er kehrte diesen traurigen Dingen den Rücken und machte sich auf den Weg, indem er als Richtpunkt den weißlichen Fleck auf dem Bergeshange nahm, bis er einen Menschen finden werde, um sich die richtige Straße angeben zu lassen. Und das muß man gesehen haben, wie unbefangen er jetzt auf die Wanderer zutrat und ohne Umschweife den Ort nannte, wo sein Vetter hauste. Von dem ersten, an den er sich wandte, erfuhr er, daß ihm noch neun Meilen zurückzulegen blieben. Diese Wanderung war keineswegs heiter. Ohne von dem Weh zu sprechen, das Renzo in sich trug, wurde sein Auge nur allzu oft von schmerzlichen Gegenständen verdüstert, aus denen er entnehmen konnte, daß er in dem Lande, das er betreten hatte, denselben Mangel finden werde, den er in dem seinigen verlassen hatte. Die ganze Straße lang und mehr noch in den Dörfern und Burgflecken begegnete er bei jedem Schritte Bettlern, die es nicht vielleicht von Beruf waren und die ihr Elend mehr im Gesichte als in der Kleidung zeigten: Bauern, Gebirgler, Handwerker, ganze Familien; ein lärmendes Gemisch von Bitten, Klagen und Gewimmer. Abgesehen von dem Mitleid und dem Mißmut brachte ihm aber dieser Anblick auch Gedanken über seine eigene Lage. Wer weiß, überdachte er, ob ich dort mein Fortkommen finde? Ob es dort noch Arbeit gibt wie in den vergangenen Jahren? Genug; Bortolo war mir immer wohlgesinnt, er ist ein guter Junge, er hat sich Geld gemacht, er hat mich so oft eingeladen: er wird mich nicht verlassen. Und dann, die Vorsehung hat mir bis hierher geholfen; sie wird mir auch in der Zukunft helfen. Inzwischen wuchs sein seit einiger Zeit erwachter Hunger von Meile zu Meile; und obwohl Renzo, als er ihm Beachtung zu schenken begann, fühlte, daß er die zwei oder drei Meilen, die er noch vor sich haben mochte, leicht würde aushalten können, dachte er doch, es wäre nicht gerade hübsch, vor den Vetter wie ein Bettler zu treten und ihm als erste Begrüßung zu sagen: Gib mir zu essen. Er nahm seine ganzen Reichtümer aus der Tasche, ließ sie auf die Hand rollen und zog die Summe. Das war keine Rechnung, die eine große Fertigkeit erfordert hätte; immerhin reichte es, um ein kleines Mahl einzunehmen. Er trat also in ein Wirtshaus, um seinen Magen in Ordnung zu bringen; und wirklich verblieben ihm, als er bezahlt hatte, noch ein paar Kreuzer. Indem er heraustrat, sah er neben der Tür, so daß er fast über sie gestolpert wäre, mehr auf die Erde hingestreckt als sitzend, zwei Frauen, eine bejahrt, die andere jünger, mit einem kleinen Kinde, das, nachdem es umsonst an beiden Brüsten gesogen hatte, jämmerlich weinte, und alle waren totenbleich; und bei ihnen stand ein Mann, dessen Gesicht und Glieder noch die Spuren seiner alten kernigen Kraft verrieten, die durch die lange Trübsal gebändigt und schier vertilgt war. Alle drei streckten die Hände dem entgegen, der mit leichtem Schritte und ermutigtem Aussehen herauskam; niemand sprach: was hätte auch eine Bitte noch mehr sagen können?

„Es gibt eine Vorsehung!", sagte Renzo; er fuhr in die Tasche, nahm die paar Kreuzer und legte sie in die Hand, die ihm am nächsten war, und zog seine Straße.

Die Erquickung und das gute Werk hatten - wir bestehen ja doch aus Seele und Leib - seinen ganzen Sinn getröstet und erheitert. Dadurch, daß er sich also des letzten Geldes entäußert hatte, war ihm sicherlich mehr Zuversicht gekommen, als wenn er zehnmal soviel gefunden hätte. Denn wenn die Vorsehung die letzten Kreuzer eines Fremden, eines Flüchtlings, der selber nicht wußte, wovon er leben sollte, ausdrücklich für diese Ärmsten, die an der Straße niederbrachen, vorbehalten hatte, wie hätte er glauben können, daß sie den, dessen sie sich hierzu bedient und dem sie eine so lebendige, so wirksame, so entschiedene Empfindung von ihr selber gegeben hatte, im Stiche lassen würde? Das war so ungefähr der Gedankengang des Jünglings, freilich nicht so klar, wie ich ihn auszudrücken verstanden habe. Indem er auf dem Rest des Weges seine Lage überdachte, schlichtete sich ihm alles. Die Teuerung mußte bald aufhören: man erntet doch alle Jahre; und einstweilen hatte er seinen Vetter Bortolo und seine eigene Geschicklichkeit, und überdies hatte er noch zu Hause ein wenig Geld, das er sich sofort würde schicken lassen. Damit werde er sich schlimmstenfalls bis zur Wiederkehr des Wohllebens durchfretten können. Ist dann schließlich das Wohlleben wieder da, spann er den Faden weiter, so gibt es wieder Arbeit zuhauf: die Herren trachten um die Wette, mailändische Arbeiter zu bekommen, die ja das Handwerk am besten verstehen: die mailändischen Arbeiter tragen den Kamm hoch: wer tüchtige Leute haben will, muß sie bezahlen: man verdient, daß mehr als einer leben und daß man etwas auf die Seite legen kann, und man läßt den Frauen schreiben, daß sie kommen sollen ... Und dann, warum so lang warten? Hätten wir nicht wahrhaftig mit dem wenigen, das wir zusetzen können, diesen ganzen Winter dort das Auslangen gefunden? So werden wir es auch hier finden. Pfarrer gibt es allerorten. Die zwei lieben Frauen kommen; man errichtet einen Hausstand. Was für eine Freude, wenn wir alle zusammen auf dieser Straße spazieren gehen! Bis zur Adda in einem Wäglein fahren, dann am Ufer, richtig am Ufer einen Imbiß einnehmen und dann den Frauen die Stelle zeigen, wo ich in den Kahn gestiegen bin, die Dörner, wo ich heruntergekommen bin, und den Platz, wo ich ausgeschaut habe, ob ein Boot da sei. Er kommt in dem Dorf des Vetters an; gleich beim Eintritt, ja bevor er noch einen Fuß hineingesetzt hat, fällt ihm ein hohes, hohes Haus auf mit mehreren Reihen langer, langer Fenster; er erkennt, daß es eine Spinnerei ist, tritt ein und fragt bei dem Getöse des niederstürzenden Wassers und des Räderwerkes mit lauter Stimme, ob hier ein gewisser Bortoli Castagneri sei. „Der Herr Bortolo? Da ist er." Herr? ein gutes Zeichen, denkt Renzo; er sieht den Vetter und läuft auf ihn zu. Der dreht sich um und erkennt den Jüngling, der zu ihm sagt: „Da bin ich." Ein Oho der Überraschung, ein Heben der Arme, eine gegenseitiges Umhalten. Nach diesen ersten Bewillkommnungen zieht Bortolo unsern Jüngling aus dem Bereiche der surrenden Getriebe und der neugierigen Augen in einen Nebenraum und sagt zu ihm: „Ich bin froh, daß du da bist; aber du bist ein merkwürdiger Junge. So oft habe ich dich eingeladen, und nie hast du kommen wollen; und jetzt kommst du in einem ein bißchen bedenklichen Augenblick." „Wenn ich es dir sagen soll", sagte Renzo, „so bin ich nicht freiwillig gekommen"; und er erzählte ihm in möglichster Kürze, immerhin nicht ohne große Erregung die traurige Geschichte.

„Das ist freilich etwas anderes", sagte Bortolo. „Armer Renzo! Aber du hast auf mich gerechnet, und ich werde dich nicht im Stich lassen. Es ist wahrhaftig jetzt keine Nachfrage nach Arbeitern; mit Mühe hält jeder die seinigen, um sie nicht zu verlieren und den Betrieb nicht stillstehen zu lassen. Aber mein Herr ist mir gut und ist ein reicher Mann. Und um es dir zu sagen, zum großen Teile dankt er's mir, ohne daß ich mich dessen rühmte; er hat das Geld hergegeben, ich mein bißchen Fertigkeit. Ich bin der erste Werkführer, verstehst du? und dann, um es dir zu sagen, bin ich das Faktotum. Arme Lucia Mondella! Ich erinnere mich an sie, als ob es gestern gewesen wäre: ein braves Mädchen! Immer die netteste in der Kirche, und wenn man bei ihrem Häuschen vorüberkam ... Ich glaube, ich sehe es vor mir, ein klein wenig außerhalb des Dorfes, mit einem Feigenbaum, der über die Mauer ragte ..."

„Nein, nein; sprechen wir nicht davon."

„Ich wollte nur sagen, daß man, wenn man bei diesem Häuschen vorbeikam, immer den Haspel hörte, der sich drehte und drehte und drehte. Und dieser Don Rodrigo! Schon zu meiner Zeit war er auf diesem Wege; aber jetzt treibt er's nach dem, was ich sehe, wie der Leibhaftige – solange ihm Gott die Zügel schießen läßt. Also, wie gesagt, auch hier leidet man ein wenig Hunger ... Richtig, wie steht's mit dem Appetit?"

„Ich habe vor kurzem auf dem Wege gegessen."

„Und mit dem Gelde, wie stehen wir da?"

Renzo breitete die Hand flach, legte sie an den Mund und blies leicht darüber.

„Tut nichts", sagte Bortolo; „ich habe schon etwas, und mach dir nichts daraus: bald wird sich, so Gott will, alles ändern, und du wirst es mir wiedergeben, und du wirst auch für dich etwas erübrigen."

„Zu Hause habe ich eine Kleinigkeit; ich werde sie mir schicken lassen."

„Gut, gut; einstweilen zähle auf mich. Gott hat mir mein Gut gegeben, damit ich Gutes tue; und wenn ich es nicht den Verwandten und den Freunden tue, wem sollte ich's denn tun?"

„Die Vorsehung! Ich habe es ja gesagt!", rief Renzo, indem er dem Vetter herzlich die Hand drückte.

„Also", begann der wieder, „in Mailand haben sie so einen Lärm gemacht. Mir kommt das ein bißchen närrisch vor. Das Gerücht davon ist auch hierher gedrungen, und du mußt mir die Geschichte ausführlicher erzählen. Oh, wir werden genug zu reden haben! Hier, siehst du, geht es ruhiger ab, und man handelt mit mehr Vernunft. Die Stadt hat zweitausend Lasten Korn von einem Kaufmann in Venedig gekauft, Korn, das aus der Türkei kommt; aber wenn einen hungert, so nimmt man es nicht so genau. Jetzt hör nur, was geschieht: die Herren von Verona und Brescia sperren den Durchzug und sagen: Hier darf kein Korn durch. Was machen die da, die von Bergamo? Sie schicken Lorenzo Torre nach Venedig, einen Doktor, aber was für einen! Er ist in aller Eile abgereist, ist vor den Dogen getreten und hat ihn gefragt, was da den Herrn eingefallen ist. Aber eine Rede! eine Rede, heißt es, daß man sie drucken lassen könnte. Es will etwas heißen, wenn man einen Mann hat, der zu reden versteht! Sofort kommt der Befehl, daß das Korn durchzulassen ist; und die Herren müssen es nicht nur durchlassen, sondern noch ein Geleit stellen, und jetzt ist es unterwegs. Giovanbatista Biava, der Gesandte Bergamos in Venedig – auch so ein Mann! – hat dem Senat zu wissen gemacht, daß auch die auf dem Lande Hunger leiden; und der Senat hat viertausend Scheffel Hirse bewilligt. Das hilft Brot machen. Und dann, wenn du's wissen willst, wenn wir kein Brot mehr haben, so essen wir andere Sachen. Gott hat mir ja ein kleines Vermögen gegeben. Aber jetzt werde ich dich zu meinem Herrn führen; ich habe ihm oft von dir gesprochen, und er wird dich freundlich aufnehmen. Ein Bergamaske vom guten alten Schlag, ein Mann mit einem wackern Herzen. Freilich, erwartet hat er dich jetzt nicht; aber wenn er die Geschichte hören wird ... Und dann weiß er die Arbeiter zu schätzen; denn die Teuerung vergeht, aber das Geschäft besteht. Vor allem aber muß ich dich auf etwas aufmerksam machen. Weißt du, wie sie uns aus Mailand hier nennen?"

„Wie denn?"

„Tröpfe."

„Das ist kein schöner Name."

„Einerlei; wer im Mailändischen geboren ist und im Bergamaskischen leben will, muß ihn ruhig hinnehmen. Wenn sie hier einem Mailänder Tropf sagen, so tun sie das so, wie sie einem Ritter erlauchter Herr sagen."

„Sie werden es, denke ich, nur dem sagen, der es sich gefallen läßt."

„Mein Sohn, wenn du dich nicht entschließen kannst, den Tropf bei jeder Gelegenheit hinunterzuschlucken, so rechne nicht darauf, hierbleiben zu können. Da hieße es immer, das Messer bei der Hand haben; und hättest du schon, sagen wir, zwei, drei oder vier niedergestochen, so kommt doch schließlich einer, der dich niedersticht, und das wäre eine angenehme Sache, so mit drei oder vier Mordtaten auf dem Gewissen vor dem Richterstuhl Gottes zu erscheinen."

„Aber ein Mailänder, der ein bißchen ..." Und hier stieß er den Finger gegen die Stirn, wie er es in dem Gasthaus Zum Vollmond getan hatte. „Ich will sagen, einer, der sein Handwerk versteht?"

„Alles eins; hier ist auch er ein Tropf. Weißt du, wie mein Herr sagt, wenn er mit seinen Freunden von mir spricht? – Dieser Tropf war für mein Geschäft die Hand Gottes; hätte ich den Tropf nicht, wäre ich in einer schönen Verlegenheit. – Es ist einmal so Brauch."

„Das ist ein alberner Brauch. Und wenn sie sehen, was wir leisten – denn wer die Spinnerei hierher gebracht hat und wer sie im Gange erhält, das sind doch wir – ist's da nicht möglich, daß sie damit aufhören?"

„Bis jetzt haben sie es nicht getan: mit der Zeit könnte es vielleicht bei den Jungen zutreffen, die heranwachsen; aber bei den fertigen Männern gibt es nichts dawider: sie haben das Laster einmal angenommen und lassen nicht davon. Und was ist denn schließlich dabei? Das waren doch ganz andere Artigkeiten, die dir unsere teuern Landsleute erwiesen haben, und gar die, die sie dir noch zugedacht hatten."

„Jawohl, das ist wahr; wenn sonst nichts Schlimmes ..."

„Jetzt, wo du dich darin hast überzeugen lassen, wird alles gut gehen. Komm zum Herrn und sei guten Muts."

Und wirklich ging alles gut und so sehr der Verheißung Bortolos gemäß, daß wir es für überflüssig halten, über die Einzelheiten zu berichten. Und es war in Wahrheit die Vorsehung; denn inwieweit Renzo auf die Sachen und die Groschen, die er daheim gelassen hatte, hätte rechnen können, werden wir jetzt sehen.

18. KAPITEL.

AN demselben Tage, am 13. November kam ein Eilbote zu dem Herrn Vogt von Lecco und brachte ihm eine Depesche von dem Herrn Gerichtshauptmann, die den Befehl enthielt, alle möglichen und zweckdienlichen Nachforschungen anzustellen, um zu ermitteln, ob ein gewisser junger Mann, Lorenzo Tramaglino, Seidenspinner, der den Händen *praedicti egregi domini capitanei* entwischt sei, *palam velclam* in ein Dorf, *ignotum* welches, *verum in territorio* Leuci heimgekehrt sei; *quod si compertum fuerit sic esse*, solle der besagte Herr Vogt trachten, ihn, *quanta maxima diligentia fieri poterit*, zu greifen, und solle ihn, gehörig gefesselt, *videlicet* mit guten Handschellen, sintemal sich die Pulswärmer bei dem genannten Subjekte als unzulänglich erwiesen hätten, ins Gefängnis stecken lassen und ihn unter guter Bewachung festhalten, um ihn dann dem zu übergeben, den man abfertigen werde, um ihn in Empfang zu nehmen; „ob das nun durchführbar ist oder nicht, *accedatis ad domum praedicti Laurentii Tramalini, et facta debita diligentia, quidquid ad rem repertum fuerit, auferatis, et informationes de illius prava qualitate, vita et complicibus sumatis*, worauf Ihr dann über das Gesagte und Getane, das Gefundene und nicht Gefundene, das Genommene und Gelassene *diligenter referatis*." Nachdem sich der Vogt nach menschlichen Begriffen vergewissert hatte, daß das Subjekt nicht ins Dorf heimgekehrt war, ließ er sich den Schulzen rufen und sich von ihm samt einem großen Stabe von Beamten und Häschern zu dem bezeichneten Hause führen. Das Haus ist verschlossen; wer die Schlüssel hat, ist nicht da oder nicht zu finden. Die Tür wird zerbrochen; man verfährt mit pflichtmäßiger Sorgfalt, das heißt, man verfährt wie in einer im Sturm genommenen Stadt. Das Geschrei von diesem Einschreiten verbreitet sich alsbald in der ganzen Umgebung und kommt so auch dem Pater Cristoforo zu Ohren; nicht minder betroffen als bekümmert fragt der alle möglichen Leute, um über den Anlaß zu einem so außergewöhnlichen Vorgehen einiges Licht zu erhalten, aber er sammelt nichts anderes ein, als leere Vermutungen, weshalb er unverzüglich dem Pater Bonaventura schreibt, von dem er genauere Nachrichten zu erfahren hofft. Unterdessen werden Renzos Verwandte und Freunde vorgeladen, um auszusagen, was sie von seiner *schlechten Sinnesart* wissen könnten: Tramaglino zu heißen, ist ein Unglück, eine Schande, ein Verbrechen; das Dorf ist in hellem Aufruhr. Nach und nach wird bekannt, daß Renzo mitten in Mailand der Gerechtigkeit entwischt und dann verschwunden ist; es geht das Gerücht, er habe etwas Arges verübt, aber den Sachverhalt kann niemand sagen, oder er wird auf hunderterlei Weise erzählt. Je ärger es geschieht, desto weniger glaubt man in dem Dorfe daran, wo Renzo als ein rechtschaffener junger Mann bekannt ist; die meisten nehmen an und raunen sich gegenseitig zu, das Ganze sei eine Machenschaft dieses gewalttätigen Don Rodrigo, um einen armen Nebenbuhler zu verderben. Woraus denn wieder einmal erhellt, daß man bei einem Urteile nach Schlüssen und ohne die nötige Sachkenntnis manchmal auch den Schurken unrecht tut.

Wir aber können an der Hand der Tatsachen, wie man sagt, bewähren, daß er, wenn er auch an Renzos Unglück keinen Teil hatte, doch damit so zufrieden war, als ob es sein Werk gewesen wäre, und vor seinen Freunden und besonders vor dem Grafen Attilio darüber frohlockte. Dieser hätte seinen ersten Plänen gemäß um diese Zeit schon längst in Mailand sein sollen; aber bei den ersten Meldungen über den Aufruhr und daß das Gesindel die Straße für sich hatte, aber zu einem andern Zwecke als um Spießruten zu laufen, hatte er es für gut befunden, sich bis zur Wiederkehr der Ruhe auf dem Lande zu verhalten. Dies um so mehr, als er, der gar viele beleidigt hatte, einigen Grund zu der Befürchtung hatte, es könnte einer oder der andere, der nur aus Ohnmacht bisher still geblieben war, aus den Umständen Mut schöpfen und den Augenblick für günstig erachten, Rache für alle zu üben. Dieser Aufschub dauerte nicht eben lange: der von Mailand gekommene Befehl zu dem Verfahren gegen Renzo war schon ein Anzeichen, daß die Dinge wieder ihren gewöhnlichen Lauf angenommen hatten, und schier zu derselben Zeit bekam er auch die förmliche Gewißheit. Als nun Graf Attilio unverzüglich aufbrach, ermunterte er noch den Vetter, in dem Unternehmen zu beharren und sein Wort einzulösen, indem er ihm versprach, er werde sofort das Nötige veranlassen, um ihm den Mönch vom Halse zu schaffen, wobei der Glücksfall mit dem Lumpen von einem Nebenbuhler das Spiel um so lustiger machen solle. Kaum war Attilio abgereist, so kam der Graue heil und gesund von Monza zurück und meldete seinem Herrn, was er hatte in Erfahrung bringen können: Lucia habe sich in das und das Kloster unter den Schutz der und der Signora geflüchtet und lebe dort vollständig zurückgezogen, als ob sie selber eine Nonne wäre, setze nie einen Fuß auf die Straße und wohne dem Gottesdienste an einem vergitterten Fenster bei, was gar vielen sehr unlieb sei, die, nachdem sie, weiß Gott, was von ihren Abenteuern hätten munkeln und wunderbare Dinge von ihrer Schönheit hätten sagen hören, gern gesehen hätten, was an ihr sei.

Dieser Bericht ließ Don Rodrigo den Teufel in den Leib fahren oder machte, um es besser zu sagen, den, von dem er schon besessen war, noch wütender. Die vielen einem Plane günstigen Umstände entflammten immer mehr seine Leidenschaft, nämlich dieses Gemisch von Eitelkeit, Grimm und Verbohrtheit, woraus sie zusammengesetzt war. Renzo war abwesend, vertrieben, entlaufen, so daß gegen ihn alles erlaubt war und auch eine Braut gewissermaßen als Gut eines Rebellen betrachtet werden durfte; der einzige Mensch auf der Welt, der den Willen und die Lust gehabt hätte, seine Partei zu nehmen und einen Lärm zu schlagen, der auch in der Ferne und von hohen Personen hätte gehört werden können, der tollgewordene Mönch, würde wahrscheinlich auch bald außerstande sein, ihm zu schaden. Und da ergibt sich auf einmal ein neues Hindernis, das alle diese Vorteile aufwiegt, ja, kann man sagen, unnütz macht. Ein Kloster in Monza wäre auch ohne eine Prinzessin als Insassin ein zu harter Knochen für Don Rodrigos Zähne gewesen; und wie sehr er auch in seiner Phantasie diese Zufluchtsstätte umlauerte, konnte er doch weder Mittel, noch Wege ersinnen, sie, sei es durch Gewalt, sei es durch List, zu bezwingen. Er war schier schon daran, das Unternehmen aufzugeben, war schon halb und halb entschlossen, nach Mailand zu reisen und dies sogar auf einem Umwege, um nicht durch Monza zu kommen, und sich in Mailand mit seinen Freunden in Zerstreuungen zu stürzen, um mit durchaus heiteren Gedanken den nun zu einer richtigen Qual gewordenen Gedanken zu verscheuchen. Aber, aber, die Freunde; nur gemach mit diesen Freunden. Anstatt einer Ablenkung konnte er gewärtig sein, in ihrer Gesellschaft neues Mißvergnügen zu finden; denn Attilio hatte sicherlich schon in die Posaune gestoßen und alle in Erwartung versetzt. Von allen Seiten würde man ihn über die Gebirglerin ausfragen, und er würde Rede stehen müssen. Er hatte sie haben wollen, er hatte ihr zugesetzt; was hatte er erreicht? Er hatte eine Verpflichtung übernommen: eine etwas unschöne Verpflichtung; aber weg damit, man ist nicht immer Herr seiner Launen: sie zu befriedigen, darum handelt es sich; aber wie konnte er von dieser Verpflichtung loskommen? Den Sieg einem Bauer und einem Mönch lassen? Hu! Und auch als ein unverhoffter Glücksfall ohne Dazutun des Gecken den einen weggeschafft hatte, und obwohl ein geschickter Freund dann auch den andern weggeschafft haben würde, so hätte es der Geck nicht verstanden, die Lage zu nützen, und hätte sich schmählich von der ganzen Sache zurückgezogen gehabt. Das wär mehr gewesen, als es gebraucht hätte, um unter Edelleuten das Auge nicht mehr aufschlagen zu dürfen, außer die Hand führe zugleich an den Degengriff. Und wie hätte er dann wieder auf diesen Landsitz in dieser Gegend zurückkehren können, wo er, abgesehen von den unablässigen, stechenden Erinnerungen der Leidenschaft, auch den

Schimpf eines fehlgeschlagenen Streiches würde erdulden müssen? Wo dann der allgemeine Haß gewachsen und der Respekt gesunken wäre? Wo er auf dem Gesicht eines jeden Taugenichts, auch mitten unter dem Bückling, ein bitteres: „Hat es hinuntergeschluckt; freut mich" würde lesen können? Die Straße der Ruchlosigkeit, sagt hier das Manuskript, ist breit, aber das will nicht sagen, daß sie auch bequem sei; sie hat ihre garstigen und holprigen Stellen, und sie ist beschwerlich und ermüdend, obwohl sie abwärts führt.

Don Rodrigo, der sie weder verlassen, noch zurückgehen, der aber auch nicht stehen bleiben wollte, sah ein, daß er von selber nicht weiter vorwärts schreiten konnte; aber es fiel ihm eine Hilfe ein, die ihm das ermöglichen würde: und die mußte er von einem heischen, dessen Hände oft weiter reichen als die Blicke der anderen, einem Menschen oder einem Teufel, für den oft in der Schwierigkeit einer Sache ein Anreiz lag, sich damit zu befassen. Aber dieser Ausweg hatte auch seine Unzukömmlichkeiten und seine Gefahren, die um so schwerer in die Waagschale fielen, je weniger sie sich berechnen ließen; denn niemand hätte voraussehen können, bis wie weit er würde gehen müssen, wenn er sich einmal mit diesem Manne eingelassen hätte, der sicherlich ein mächtiger Förderer, aber nicht minder ein unumschränkter und gefährlicher Führer war.

Diese Gedanken hielten Don Rodrigo mehrere Tage in der Schwebe zwischen einem Ja und einem Nein, die eins wie das andere mehr als peinlich waren. Unterdessen kam ein Brief des Vetters, der besagte, daß der Anschlag eingeleitet sei. Bald nach dem Blitz krachte auch der Donner, das heißt, eines schönen Tages wurde bekannt, daß Pater Cristoforo das Kloster von Pescarenico verlassen hatte. Dieser so rasche Erfolg, dazu der Brief Attilios, der mächtig hetzte und mit argem Spotte drohte, machte Don Rodrigo dem gefährlichen Entschlusse immer geneigter; und was endlich den Ausschlag gab, war die unerwartete Neuigkeit, daß Agnese in ihr Haus zurückgekehrt sei: ein Hindernis weniger um Lucia. Wir legen von diesen beiden Ereignissen Rechenschaft ab, indem wir bei dem späteren beginnen.

Die zwei armen Frauen hatten sich in ihrem Zufluchtsorte kaum eingerichtet, als sich in Monza und also auch im Kloster die Nachricht von den Unruhen in Mailand verbreitete; und dieser Nachricht von der Hauptsache folgte eine unendliche Reihe von Einzelmeldungen, die sich alle Augenblicke vermehrten und veränderten. Die Schaffnerin, die in ihrem Häuschen mit einem Ohr auf die Straße, mit dem andern ins Kloster hören konnte, sammelte Nachrichten hier, sammelte Nachrichten dort und teilte sie ihren Gästen mit: „Zwei, sechs, acht, vier, sieben haben sie gefangen gesetzt; sie werden sie henken, die einen vor dem Krückenofen, die andern am Eingange der Straße, wo das Haus des Proviantverwesers ist... Oje, oje, hört nur; einer ist ihnen entwischt, einer aus Lecco oder aus der Gegend. Den Namen weiß ich nicht, aber es wird schon einer kommen, der ihn mir sagen kann; vielleicht kennt Ihr ihn."

Bei dem Umstande, daß Renzo just an diesem Unglückstage in Mailand angekommen war, verursachte diese Botschaft den Frauen einige Unruhe; aber denkt, wie ihnen war, als ihnen die Schaffnerin sagen kam: „Er ist aus Euerm Dorfe, der, der ausgerissen ist, um nicht gehenkt zu werden, ein Seidenspinner, Tramaglino heißt er; kennt Ihr ihn?"

Lucia, die eben irgendein Tüchlein säumte, fiel die Arbeit aus der Hand; sie verfärbte sich derart, daß es die Schaffnerin hätte bemerken müssen, wenn sie näher gewesen wäre. Aber sie stand auf der Schwelle bei Agnese, und die konnte, verstört, wie sie war, wenn auch nicht in diesem Maße, ihre Fassung bewahren; und um etwas zu antworten, sagte sie, in einem kleinen Orte kennten sich alle, und so kenne sie auch ihn; sie könne sich aber nicht vorstellen, wie ihm so etwas habe zustoßen können, weil er ein gar stiller Mensch sei. Dann fragte sie, ob er wahrhaftig entwischt sei und wohin. „Entwischt, das sagen alle; wohin, das weiß man nicht. Kann sein, daß sie ihn noch erwischen, kann sein, daß er in Sicherheit ist; aber wenn er ihnen wieder in die Klauen fällt, Euer stiller Mensch ..."

Hier wurde zum Glücke die Schaffnerin abgerufen und ging; stellt euch vor, in was für einer Verfassung Mutter und Tochter waren. Mehr als einen Tag mußten die arme Frau und das trostlose Mädchen in dieser Ungewißheit bleiben, indem sie über das Wie, über das Warum und über die Folgen des traurigen Ereignisses nachgrübelten und sich, jede für sich oder, wenn es an ging, im halblauten Gespräch diese schrecklichen Worte auslegten. Am Donnerstag kam endlich ein Mann ins Kloster, um Agnese aufzusuchen. Es war ein Fischhändler aus Pescarenico, der gewohntermaßen nach Mailand ging, um dort seine Ware zu verkaufen; und der gute Bruder Cristoforo hatte ihn gebeten, er solle, wenn er durch Monza komme, einen Abstecher ins Kloster machen, die Frauen von ihm grüßen, ihnen erzählen, was von Renzos Unglück bekannt war, sie zu Geduld und Gottvertrauen mahnen und ihnen sagen, der arme Bruder werde sie sicherlich nicht vergessen und die Gelegenheit, ihnen beizustehen, erspähen, und einstweilen werde er ihnen auf diesem Wege oder anderswie allwöchentlich eine Neuigkeiten zu wissen machen. Was Renzo betraf, wußte der Bote sonst nichts Neues, als den Besuch, den sie seinem Hause abgestattet hatten, und die Nachforschungen, die nach ihm angestellt wurden; bis jetzt aber sei alles ergebnislos gewesen, und man habe für gewiß erfahren, daß er sich im Bergamaskischen in Sicherheit gebracht habe. Eine solche Gewißheit, das brauchte gar nicht gesagt zu werden, war ein trefflicher Balsam für Lucia: von nun an rannen ihre Tränen leichter und süßer, sie fühlte, wenn sie ihr Herz der Mutter ausschüttete, einen größeren Trost, und in alle ihre Gebete war auch eine Danksagung gemischt.

Gertrude ließ sie oft in ihr Sprechzimmer kommen und unterhielt sich dann manchmal lang mit ihr, weil sie Gefallen fand an der Aufrichtigkeit und der Lieblichkeit der Armen und auch an den Danksagungen und Segenswünschen, die sie von ihr alle Augenblicke zu hören bekam. Sie erzählte ihr auch im Vertrauen einen Teil, den reinen Teil ihrer Geschichte, was sie gelitten hatte, um hierher leiden zu kommen; und die erste argwöhnische Verwunderung Lucias verwandelte sich in Mitleid. In dieser Geschichte fand sie mehr als genügende Gründe, um das, was ihr an dem Wesen ihrer Wohltäterin ein bißchen absonderlich war, zu erklären, wozu nicht wenig jene Belehrung Agneses über die Veranlagung der Herrenleute beitrug. Obwohl sie sich aber gedrängt fühlte, das Vertrauen, das ihr Gertrude bezeigte, zu erwidern, kam ihr doch nie in den Sinn, ihr von der neuen Beunruhigung, von ihrem neuen Unglück zu erzählen, ihr zu sagen, wer dieser entwischte Spinner war; hätte sie doch dabei Gefahr gelaufen, diese schmerzliche und ärgerniserregende Kunde zu verbreiten. Auch vermied sie es nach Kräften, auf ihre neugierigen Fragen über die Vorgeschichte des Verlöbnisses zu antworten; dafür aber hatte sie keine Vernunftgründe. Der armen Unschuld erschien diese Geschichte viel dorniger, viel schwieriger zu erzählen als alle die, die sie von der Signora gehört hatte und noch hören zu können glaubte. In diesen war nichts als Tyrannei, Fallstricke, Leiden, lauter häßliche und schmerzliche Dinge, für die es aber immerhin Namen gab; in ihrer war in alles ein Gefühl gemischt, ein Wort, das ihr, wenn sie von sich selber sprach, unaussprechlich schien und wofür sie nie eine Umschreibung gefunden hätte, die ihr nicht schamlos geschienen hätte: die Liebe!

Manchmal war Gertrude schier aufgebracht über diese ablehnende Haltung; aber es leuchtete so viel Liebenswürdigkeit, so viel Ehrfurcht, so viel Dankbarkeit und auch so viel Vertrauen durch! Hin und wieder mißfiel ihr etwa diese so zarte, so scheue Schamhaftigkeit auch noch in anderer Hinsicht; aber das ging alles auf in dem einen Gedanken, der ihr, so oft sie Lucia anblickte, wiederkehrte: Dieser tue ich Gutes. – Und das war auch so; denn außer der Zuflucht waren auch diese Unterhaltungen, diese vertraulichen Zärtlichkeiten kein kleiner Trost für Lucia. Einen anderen fand sie in stetiger Arbeit, und immer bat sie, man möge ihr etwas zu tun geben: auch ins Sprechzimmer brachte sie immer irgendeine Arbeit mit, um die Hände in Übung zu erhalten; aber wie die schmerzlichen Gedanken überall eindringen! Indem sie nähte und nähte, was für sie eine schier neue Beschäftigung war, kam ihr alle Augenblicke ihr Haspel in den Sinn, und nach dem Haspel wieviel andere Dinge! Am zweiten Donnerstag kam wieder der Fischhändler oder ein anderer Bote mit Grüßen von Pater Cristoforo und mit der Bestätigung von Renzos glücklicher Flucht. Tatsächlichere Nachrichten über ein Mißgeschick keine; denn, wie wir gesagt haben, hatte wohl der Kapuziner gehofft, solche von seinem Mitbruder in Monza, dem er ihn empfohlen hatte, zu bekommen, aber dieser hatte geantwortet, er habe weder den Menschen, noch den Brief gesehen: es sei zwar einer vom Lande ins Kloster gekommen und habe um ihn gefragt; da er ihn aber nicht angetroffen habe, sei er gegangen, und er sei nicht wiedergekommen. Am dritten Donnerstag ließ sich niemand blicken; und das brachte die armen Frauen nicht nur um den ersehnten und erhofften

Trost, sondern wurde ihnen auch, wie es bekümmerten und bedrückten Leuten bei jeder Kleinigkeit ergeht, zu einem Anlaß der Beunruhigung, zu hundert schweren Befürchtungen. Schon vorher hatte Agnese daran gedacht, einmal zu Hause nachzusehen; das Ausbleiben des versprochenen Boten ließ sie zu dem Entschlusse kommen. Für Lucia war es nichts Geringes, sich eine Zeitlang nicht an die Röcke der Mutter klammern zu können; aber die Sucht, etwas zu erfahren, und die Sicherheit, die sie in diesem so wohlgehüteten und heiligen Kloster fand, überwanden ihr Widerstreben. Und sie machten miteinander ab, daß Agnese am nächsten Tage an der Straße den Fischhändler, der auf dem Rückweg von Mailand vorbeikommen mußte, erwarten und ihn um die Gefälligkeit ersuchen solle, sie auf einem Wagen in ihre Berge mitzunehmen. Sie traf ihn wirklich und fragte ihn, ob ihm der Vater Cristoforo keinen Auftrag an sie gegeben habe; der Fischhändler war den ganzen Tag vor seiner Abfahrt fischen gewesen und hatte von dem Pater nichts vernommen. Die Frau brauchte nicht zu bitten, um die Gefälligkeit, die sie begehrte, zu erlangen; sie nahm, nicht ohne Tränen, Abschied von der Signora und der Tochter, indem sie versprach, ihre Neuigkeiten sofort zu schicken und baldigst zurückzukehren, und fuhr davon.

Auf der Reise ereignete sich nichts Erwähnenswertes. Einen Teil der Nacht ruhten sie, wie gebräuchlich, in einem Wirtshause; vor Tagesanbruch brachen sie wieder auf und kamen zu guter Stunde in Pescarenico an. Agnese stieg auf dem kleinen Platze vor dem Kloster aus und ließ ihren Fuhrmann mit vielen „Vergelts Gott!" ziehen; sie wollte, da sie einmal da war, bevor sie nach Hause gehe, den guten Mönch, ihren Wohltäter sehen. Sie zog das Glöckchen; wer öffnen kam, war Fra Galdino, der mit den Nüssen.

„Ach, meine liebe Frau, welcher Wind bringt denn Euch her?"

„Ich will den Pater Cristoforo sprechen."

„Den Pater Cristoforo? Der ist nicht da."

„Ach! Wird er bald zurückkommen?"

„Wie denn …?", sagte der Bruder, indem er die Achseln zuckte und den geschorenen Kopf in die Kapuze zurückzog.

„Wohin ist er gegangen?"

„Nach Rimini."

„Nach?"

„Nach Rimini."

„Wo ist das?"

„Eh, eh, eh", antwortete der Bruder, indem er mit der ausgestreckten Hand die Luft durchschnitt, um eine große Entfernung anzudeuten.

„Ach, ich Ärmste! Aber warum ist er so plötzlich gegangen?"

„Weil es der Pater Provinzial so wollte."

„Und warum hat er ihn weggeschickt? Ihn, der hier so viel Gutes getan hat? Ach, Herr!"

„Wenn die Obern Rechenschaft geben müßten über die Befehle, die sie erteilen, wo bliebe da der Gehorsam, liebe Frau?"

„Ja, aber das ist mein Verderben."

„Wißt Ihr, was sein wird? In Rimini werden sie einen guten Prediger gebraucht haben – es gibt ihrer zwar überall, aber manchmal muß es just ein bestimmter sein – der Pater Provinzial von dort wird dem Pater Provinzial von hier geschrieben haben, ob er einen habe, der so und so sei, und der Pater Provinzial wird gesagt haben: Da ist Pater Cristoforo der richtige. So muß es ja sein, seht Ihr."

„Ach wir Armen! Wann ist er denn gegangen?"

„Vorgestern."

„Na also; wäre ich nur meiner Eingebung gefolgt und ein paar Tage früher gekommen! Und man weiß nicht, wann er zurückkommen kann? Nur so ungefähr?"

„Ach, meine gute Frau! Das weiß der Pater Provinzial, wenn er es nur weiß. Ist ein unsriger Pater Prediger ausgeflogen, so kann man nicht voraussehen, auf welchem Zweig er sich zur Ruhe niederlassen wird. Man verlangt sie da, man verlangt sie dort; und wir haben Klöster in allen vier Weltteilen. Ihr könnt Euch darauf verlassen, Pater Cristoforo wird mit seinen Fastenpredigten in Rimini einen mächtigen Ruf bekommen; denn er predigt nicht immer aus dem Stegreif, wie er es hier für die Fischer und die Bauern tut: für die städtischen Kanzeln hat er seine geschriebenen Predigten und die allerschönsten. Das Gerücht von dem großen Prediger verbreitet sich dort in der Gegend; und sie können ihn verlangen ... was weiß ich, von wo? Und dann muß man ihn hinschicken; wir leben von der Barmherzigkeit aller Welt, und es ist nur billig, daß wir aller Welt dienen."

„Ach Herr! Herr Gott!", rief Agnese von neuem, schier weinend; „was soll ich denn anfangen ohne diesen Mann? Er war uns wie ein Vater! Für uns ist das ein entsetzliches Unglück."

„Hört, gute Frau: der Pater Cristoforo ist freilich ein Mann; aber solche haben wir auch andere noch, wißt Ihr? Voll Barmherzigkeit und Geist, und die mit vornehmen Leuten ebensogut umzugehen verstehen wie mit geringen. Wollt Ihr den Pater Atanasio? Wollt Ihr den Pater Girolamo? Wollt Ihr den Pater Zaccaria? Das ist ein wackerer Mann, seht Ihr, der Pater Zaccaria. Und stoßt Euch nicht vielleicht daran, wie gewisse alberne Leute, daß er so schmächtig ist und ein so dünnes Stimmchen hat und nur ein paar Härlein statt des Bartes; vom Predigen, da rede ich nichts, denn jeder hat seine Fähigkeiten: aber einen Rat zu geben, da ist er der Mann, wißt Ihr?"

„Um Gotteswillen!", rief Agnese mit jenem Gemisch von Dankbarkeit und Ungeduld, das man bei einem Anerbieten empfindet, worin man mehr den guten Willen des andern als den eigenen Nutzen sieht; „was liegt mir daran, was für ein Mann ein anderer ist oder nicht ist, wo doch der arme Mann, der nicht mehr da ist, der war, der unsere Verhältnisse kannte und alles vorbereitet hatte, um uns zu helfen!"

„Dann müßt Ihr Geduld haben."

„Das weiß ich", antwortete Agnese; „entschuldigt die Störung."

„Aber nein, gute Frau! Ihr tut mir wirklich leid. Und wenn Ihr Euch entschließt, einen andern von unsern Patres aufzusuchen, das Kloster ist da und rührt sich nicht vom Flecke. Übrigens werde ich mich bald sehen lassen, wegen des Öleinsammelns."

„Lebt wohl", sagte Agnese; und trostlos, verwirrt und bestürzt, wie ein armer Blinder, der seinen Stock verloren hat, machte sie sich auf den Weg in ihr Dörfchen.

Ein wenig besser unterrichtet als Fra Galdino, können wir sagen, wie sich die Sache in Wahrheit zugetragen hat. Kaum war Attilio in Mailand angekommen, so ging er, wie er Don Rodrigo versprochen hatte, um ihrem gemeinsamen Oheim vom Geheimen Rate einen Besuch abzustatten.

Dieser Geheime Rat war eine Körperschaft, damals aus dreizehn Männern der Toga und des Degens bestehend, die den Statthalter beriet und, wenn er starb oder gewechselt wurde, zeitweilig die Regierung übernahm.

Der Oheim, ein Mann der Toga und einer der Ältesten im Rate, genoß dort ein gewisses Ansehen; aber wie er es geltend machte und damit auf die andern einwirkte, darin tat es ihm keiner von den andern gleich. Zweideutig reden, bedeutungsvoll schweigen, mitten in der Rede innehalten, die Augen verdrehen, um auszudrücken: „Ich darf nicht reden", schmeicheln, ohne zu versprechen, höflich drohen, alles war auf dieses Ende berechnet, und mehr oder minder schlug ihm alles vorteilhaft aus. Das ging so weit, daß sogar ein „Ich kann in dieser Sache nichts tun", das er manchmal der lauteren Wahrheit gemäß, aber in einem Tone sagte, daß man ihm nicht glaubte, beitrug, die Meinung von seiner Macht und dadurch die Macht selber zu steigern; ähnlich wie jene Schachteln, die man noch heute in den Läden der Spezereikrämer sieht und die auswendig etliche arabische Worte haben, samt dem, daß sie inwendig leer sind, dazu beitragen, das Ansehen des Ladens zu erhalten. Das des Oheims, das seit langer Zeit in gar langsamer Weise gewachsen war, hatte schließlich auf einmal, wie man so sagt, einen Riesensprung getan, nämlich bei einer außergewöhnlichen Gelegenheit, einer Reise nach Madrid mit einer Sendung an den Hof; wie er dort empfangen worden war, daß mußte man sich von ihm erzählen lassen. Um nicht mehr zu sagen, so hatte ihn der Conte Duca mit einer sonderlichen Herablassung behandelt und ihn seines Vertrauens so weit gewürdigt, daß er ihn einmal in Gegenwart, man kann sagen, des halben Hofes, gefragt hatte, wie es ihm in Madrid gefalle; und ein andermal hatte er ihm an einem Fenster unter vier Augen gesagt, der Dom von Mailand sei die größte Kirche in den Staaten des Königs. Nachdem er dem Oheim seine Ehrerbietung bezeigt und die seines Vetters vermeldet hatte, sagte Attilio in einer gewissen ernsten Haltung, die er zurzeit anzunehmen verstand: „Ich glaube, meine Pflicht zu tun, ohne Rodrigos Vertrauen zu mißbrauchen, wenn ich den Herrn Oheim auf eine Sache aufmerksam mache, die, wenn nicht Sie sie in die Hand nehmen, ernst werden und Folgen haben kann ..." „Wieder einer von seinen Streichen, stelle ich mir vor."

„Aus Billigkeit muß ich sagen, daß das Unrecht nicht auf der Seite meines Vetters ist. Aber er ist sehr erbost, und, wie ich sage, nur der Herr Oheim könnte ..."

„Hören wir also."

„Es ist da in der Gegend ein Kapuzinerbruder, der es auf Rodrigo scharf hat; und die Sache ist so weit gediehen, daß ..."

„Wie oft habe ich euch gesagt, dem einen wie dem andern, daß man die Mönche ruhig essen lassen soll, was sie sich einbrocken! Sie machen schon denen genug zu schaffen, die sich mit ihnen abgeben müssen ... denen es zukommt..." Und hier schnaufte er. „Aber ihr, die ihr ihnen ausweichen könntet..."

„Herr Oheim, was das betrifft, so muß ich Ihnen sagen, daß ihm Renzo ausgewichen ist, wo er nur konnte. Es ist der Mönch, der es scharf auf ihn hat, der es darauf anlegt, ihn auf jede Weise herauszufordern ..."

„Was zum Teufel hat denn dieser Mönch mit meinem Neffen?"

„Vor allem ist er ein unruhiger Kopf, als solcher bekannt, und er macht sich ein Gewerbe daraus, mit Adeligen Händel zu suchen. Er beschützt, beeinflußt und, was weiß ich, noch? eine Bauerndirne von dort, und für diese Kreatur hat er eine Liebe, eine Liebe ... ich will nicht sagen, eine selbstsüchtige, aber eine gar eifersüchtige, argwöhnische und empfindliche Liebe."

„Ich versteh schon", sagte der Oheim; und auf einem gewissen Untergrunde von Albernheit, der von der Natur in sein Gesicht gemalt, dann aber durch langjährige, staatsmännische Beschäftigung verschleiert und verdeckt worden war, blitzte ein Strahl hämischer Bosheit, was einen gar hübschen Anblick gab.

„Nun hat sich dieser Mönch", fuhr Attilio fort, „seit einiger Zeit in den Kopf gesetzt, Rodrigo habe, ich weiß nicht, was für Absichten auf diese ..."

„Er hat sich's in den Kopf gesetzt, in den Kopf gesetzt: ach ich kenne ihn, den Herrn Don Rodrigo; da brauchte es einen andern Anwalt als Ew. Herrlichkeit, um ihn in dieser Hinsicht reinzuwaschen."

„Herr Oheim, daß Rodrigo einmal irgendeinen Scherz mit der Kreatur gemacht haben mag, wenn er sie auf der Straße traf, das möchte ich selber fast glauben: er ist jung und ist schließlich kein Kapuziner; aber das sind Kindereien, womit man den Herrn Oheim nicht zu belästigen braucht: das Ernste daran ist, daß der Mönch angefangen hat, von Rodrigo zu sprechen, wie man von einem Nichtsnutz spricht, daß er die ganze Gegend gegen ihn aufzuwiegeln trachtet ..."

„Und die andern Mönche?"

„Die scheren sich nicht darum, weil sie wissen, daß er ein Hitzkopf ist, und haben allen Respekt vor Rodrigo; aber auf der andern Seite hat dieser Bruder ein großes Ansehen bei den Bauern, weil er manchmal auch den Heiligen spielt, und ..."

„Ich stelle mir vor, er weiß nicht, daß Rodrigo mein Neffe ist."

„Ob er es weiß! Das ist es ja, was ihm den Teufel erst recht in den Leib hetzt."

„Was? Was?"

„Weil er, und das sagt er selber, just deswegen die richtige Lust hat, es Rodrigo zu zeigen, weil der einen natürlichen Gönner von einer solchen Gewichtigkeit wie Ew. Herrlichkeit hat; und er lache nur über die großen Herren und die Staatsmänner, und der Strick des heiligen Franziskus binde auch die Degen, und ..."

„Der verwegene Mönch! Wie heißt er?"

„Fra Cristoforo da*", sagte Attilio; und der Oheim nahm aus einem Kästchen auf dem Tischchen ein Merkbüchlein und schrieb, schnaufend und schnaufend, den armen Namen hinein. Unterdessen fuhr Attilio fort: „Diese Sinnesart hat er schon immer gehabt. Er ist ein Plebejer, der, weil er ein paar Groschen in der Tasche hatte, mit den Adeligen in einem Orte wetteifern wollte; und aus Wut, weil er es nicht allen zuvortun konnte, hat er einen umgebracht, worauf er dann, um dem Galgen zu entrinnen, Mönch geworden ist."

„Sehr hübsch! sehr gut! Wir wollen sehen, wollen sehen", sagte der Oheim, ohne sein Schnaufen zu unterbrechen.

„Jetzt aber", fuhr Attilio fort, „ist er toller als je, weil ihm sein Plan, an dem ihm viel lag, in die Binsen gegangen ist; und daraus wird der Herr Oheim sehen, was er für ein Mann ist. Er wollte diese seine Kreatur verheiraten: vielleicht um sie den Gefahren der Welt zu entziehen, Sie verstehen mich, oder aus einem andern Grunde, jedenfalls wollte er sie durchaus verheiraten; er hatte auch schon den ... den Mann dazu gefunden: eine andere Kreatur von ihm, ein Subjekt, das auch der Herr Oheim vielleicht dem Namen nach kennen wird; denn ich halte es für sicher, daß sich auch der Geheime Rat mit diesem würdigen Subjekte wird beschäftigt haben müssen."

„Wer ist das?"

„Ein Seidenspinner, Lorenzo Tramaglino, der, der ..."

„Lorenzo Tramaglino!", rief der Oheim aus. „Sehr wohl, sehr hübsch, Pater! Gewiß ... in der Tat ..., er hatte einen Brief an einen ... schade, daß ... Aber es tut nichts; schon recht. Und warum sagt mir der Herr Don Rodrigo nichts von dem allem? Warum läßt er die Dinge so weit gehen und wendet sich nicht an den, der ihm beistehen und ihm helfen kann und will?"

„Auch darüber werde ich die Wahrheit sagen", fuhr Attilio fort. „Einesteils hat er sich, weil er weiß, wieviel Sorgen, wieviel Dinge der Herr Oheim im Kopfe hat..."- schnaufend führte der die Hand hin, wie um die Mühe anzudeuten, die darin lag, alle zu behalten - „ein Gewissen daraus gemacht, noch eine Sorge hinzuzutun. Und dann, ich will alles sagen, ist er nach dem, was ich habe abnehmen können, durch die Niederträchtigkeiten dieses Mönchs so erregt, so außer Rand und Band und hat sie so satt, daß er mehr Lust hat, sich selber irgendwie in summarischer Weise Gerechtigkeit zu verschaffen, als sie auf eine regelrechte Weise von der Klugheit und der Tatkraft des Herrn Oheims zu erhalten. Ich habe zu dämpfen versucht; aber als ich sah, daß die Sache einen garstigen Verlauf nehmen werde, habe ich es für meine Pflicht gehalten, alles dem Herrn Oheim zu melden, der schließlich das Haupt und die Säule des Hauses ist ..."

„Du hättest besser getan, ein wenig früher zu reden."

„Freilich; aber ich hoffte noch immer, die Sache werde sich von selbst lösen, oder der Mönch werde schließlich wieder zu Vernunft kommen, oder er werde dieses Kloster verlassen, wie es ja bei diesen Mönchen zutrifft, daß sie heute da, morgen dort sind; und dann wäre alles zu Ende gewesen. Aber ..."

„Jetzt kommt es mir zu, wieder Ordnung zu machen."

„So habe auch ich gedacht. Ich habe mir gesagt: Der Herr Oheim wird es mit einem Scharfsinn, mit einem Einfluß verstehen, einem Ärgernis vorzubeugen und damit auch Rodrigos Ehre zu wahren, die ja auch die einige ist. Dieser Bruder, sagte ich mir, ist immer mit dem Stricke des heiligen Franziskus bei der Hand; aber um ihn, den Strick des heiligen Franziskus, zur richtigen Zeit zu verwenden, ist es nicht nötig, ihn um den Bauch zu haben. Der Herr Oheim hat hundert Mittel, die ich nicht kenne: ich weiß, daß der Pater Provinzial, wie es nur billig ist, eine große Verehrung für ihn hat, und wenn der Herr Oheim glaubt, daß in diesem Falle die beste Abhilfe wäre, dem Mönch eine kleine Luftveränderung zu verschaffen, so werden zwei Worte ..."

„Überlassen Euer Herrlichkeit das Nachdenken dem, dem es zukommt", sagte der Oheim ein wenig grob.

„Ach ja, es ist wahr", rief Attilio mit einem leichten Kopfschütteln und mit einem Lächeln des Mitleids mit sich selber. „Bin denn ich der Mann danach, dem Herrn Oheim zu raten? Aber es ist die Sorge für den Ruf des Hauses, die mich reden läßt."

„Und ich habe auch Angst, noch etwas Schlechtes angestellt zu haben", fuhr er mit nachdenklicher Miene fort, „ich habe Angst, Rodrigo in der Meinung des Herrn Oheim geschadet zu haben. Es ließe mir keine Ruh, wenn ich schuld daran wäre, daß Sie dächten, Rodrigo habe nicht so viel Vertrauen zu Ihnen, so viel Unterwürfigkeit, wie es sich gehört. Glauben Sie, Herr Oheim, daß er gerade in diesem Falle ..."

„Ach was! Wie wollt ihr einer dem andern schaden? Ihr werdet doch immer Freunde sein, solange ihr nicht beide den Verstand verliert. Ihr Wildfänge, ihr Wildfänge, stets habt ihr andere Streiche; und ich muß sie dann wieder gutmachen. Ihr ... jetzt hätte ich bald euretwegen eine Dummheit gesagt: ihr zwei gebt mir mehr nachzudenken, als" – und man stelle sich vor, wie er hier schnaufte – „als diese ganzen vermaledeiten Staatsgeschäfte."

Attilio brachte noch ein paar Entschuldigungen, Versprechungen und Artigkeiten vor; dann beurlaubte er sich und ging, begleitet von einem: „Und jetzt gescheit sein!", was die Abschiedsformel des Oheims für eine Neffen war.

---

19. KAPITEL.

WENN einer, der auf einem schlechtgehaltenen Felde ein wildes Kräutlein, etwa einen schönen Sauerampfer sieht, genau wissen wollte, ob er aus einem Samen komme, der auf eben diesem Felde gereift sei oder den der Wind hin getragen habe oder den ein Vöglein habe fallen lassen, würde er, wenn er auch noch so lange nachdächte, nie zu einem Schlusse kommen. So werden auch wir niemals sagen können, ob dem Oheim aus dem natürlichen Grunde seines Verstandes oder aus der Eingebung Attilios der Entschluß gekommen ist, sich des Pater Provinzials zu bedienen, um auf die beste Weise diesen verzwickten Knoten zu durchhauen. Gewiß ist, daß Attilio dieses Wort nicht von ungefähr gesagt hat; und obwohl er erwarten durfte, der argwöhnische Hochmut des Oheims werde sich einer so offenkundigen Eingebung widerspenstig zeigen, wollte er doch durchaus den Gedanken an dieses Auskunftsmittel vor ihm aufblitzen lassen und ihn auf die Straße bringen, die er nach einem Wunsche gehen sollte. Andererseits war dieses Auskunftsmittel so der Sinnesart des Oheims gemäß, so sehr von den Umständen gegeben, daß man wetten kann, er hätte es auch ohne Eingebung von irgendeiner Seite aus sich selber gefunden. Es handelte sich darum, einen seines Namens, einen Neffen, in einem nur allzu offenen Kampfe nicht unterliegen zu lassen: ein gar wesentlicher Punkt für den Ruf der Macht, der ihm so sehr am Herzen lag. Die Genugtuung, die sich der Neffe aus sich hätte verschaffen können, wäre eine Abhilfe, schlimmer noch als das Übel, gewesen, eine Saat von Unheil; das mußte um jeden Preis verhindert werden, und ohne Zeit zu verlieren. Einem Befehle, in diesem Augenblicke seinen Landsitz zu verlassen, würde er schwerlich gehorcht haben; und hätte er gehorcht, so wäre das ein Freigeben des Feldes, ein Rückzug der Familie vor einem Kloster gewesen. Verordnungen, gesetzliche Macht, Schreckschüsse von dieser Gattung vermochten nichts wider einen Gegner dieses Standes: die Klostergeistlichkeit stand ebenso wie die weltliche außerhalb der Rechtsprechung der Laien, und dies bezog sich nicht nur auf die Personen, sondern auch auf die von ihnen bewohnten Orte, wie es auch der wissen müßte, der noch keine andere Geschichte als diese gelesen hätte, der dann freilich schlimm daran wäre. Alles, was man einem solchen Gegner anhaben konnte, war, ihn zu entfernen zu trachten, und das Mittel dazu war der Pater Provinzial, von dessen Gutdünken das Gehen und das Bleiben jenes Mannes abhing. Nun bestand zwischen dem Pater Provinzial und dem gräflichen Oheim eine alte Bekanntschaft; sie hatten sich zwar selten gesehen, dann aber immer unter großen Freundschaftsbeteuerungen und übermäßigen Dienstanerbietungen. Und manchmal ist es besser, mit einem Mann zu verhandeln zu haben, der über vielen einzelnen Leuten steht, als mit einem von diesen, der nichts sieht als eine Angelegenheit, nichts hört als seine Leidenschaft und sich um nichts kümmert als um seinen Vorteil, während der andere auf einmal hundert Beziehungen, hundert Folgen, hundert Interessen, hundert zu vermeidende, hundert zu fördernde Dinge sieht und sich daher nach hundert Seiten entschließen kann. Nachdem er alles wohl erwogen hatte, lud der Oheim eines Tages den Pater Provinzial zum Mittagessen ein und ließ ihn mit überfeiner Beflissenheit einen Kreis von auserwählten Tischgenossen vorfinden: etliche Verwandte mit den schönsten Titeln, andere, denen schon die Familie ein großer Titel war und denen es schon durch ihr Gehaben allein, durch eine angeborene Sicherheit, durch eine herrenmäßige Geringschätzigkeit, wonach sie von großen Sachen in ganz gewöhnlichen Ausdrücken sprachen, auch ohne daß sie es darauf angelegt hätten, gelang, in jedem Augenblicke die Vorstellung von ihrer Überlegenheit und ihrer Macht hervorzurufen oder aufzufrischen, und einige Schützlinge des Hauses, die durch eine ererbte Abhängigkeit an das Haus und durch eine lebenslängliche Dienstbarkeit an die Person gefesselt waren und die, da sie bei der Suppe anfingen, mit dem Munde, mit den Augen, mit den Ohren, mit dem ganzen Kopfe, mit dem ganzen Körper, mit der ganzen Seele Ja zu sagen, bis zum Nachtisch jeden um die Erinnerung brachten, wie man es anstelle, Nein zu sagen. Bei der Tafel lenkte der gräfliche Hausherr die Unterhaltung sehr bald auf das Thema Madrid. Nach Rom führen viele Straßen; nach Madrid führten ihn alle. Er sprach vom Hofe, vom Conte Duca, von den Ministern, von der Familie des Statthalters, von den Stiergefechten, die er trefflich beschreiben konnte, weil er sie von einem ausgezeichneten Platze genossen hatte, von dem Escorial, von dem er bis ins kleinste Rechenschaft geben konnte, weil ihn ein Geschöpf des Conte Duca durch alle Winkel geführt hatte. Eine Zeitlang lauschte die ganze Gesellschaft wie ein Auditorium nur ihm, bis endlich verschiedene Gespräche in Gang kamen; und nun fuhr er fort, andere schöne Sachen zu dem Gegenstande zu erzählen, aber wie im Vertrauen nur dem Pater Provinzial, der neben ihm saß und ihn reden und reden und reden ließ. An einem gewissen Punkte aber gab er dem Gespräche eine Wendung, löste es von Madrid ab und führte es von Hof zu Hof, von Würde zu Würde auf den Kardinal Barberini, der ein Kapuziner und ein Bruder des damaligen Papstes Urban VIII. war. Nun mußte er auch den Pater Provinzial ein wenig reden lassen und zuhören und sich erinnern, daß auf dieser Welt nicht nur die hohen Herren für ihn vorhanden waren. Nachdem sie bald darauf vom Tische aufgestanden waren, bat er ihn, mit ihm in ein anderes Zimmer zu kommen. Zwei Würden, zwei Greisenalter, zwei gereifte Erfahrungen standen einander gegenüber.

Der erlauchte Herr ließ den ehrwürdigen Pater niedersitzen, setzte sich auch selber und begann: „In Anbetracht der Freundschaft, die zwischen uns besteht, habe ich geglaubt, mit Ew. Hochwürden eine Angelegenheit besprechen zu sollen, die uns gemeinsam angeht und unter uns abgemacht werden möge, ohne daß sie eine andere Straße ginge, die vielleicht ... Und darum werde ich Ihnen, ohne Rückhalt und das Herz auf der Zunge, sagen, worum es sich handelt; ich bin überzeugt, wir werden mit zwei Worten einig sein. Sagen Sie: ist in Ihrem Kloster zu Pescarenico ein Pater Cristoforo da *?"

Der Provinzial bejahte mit einem Nicken.

„Sagen Sie, Hochwürden, offen, als Freund ... dieses Subjekt... Persönlich kenne ich ihn nicht; sonst kenne ich mehrere Kapuzinerpatres, lauter goldene, eifrige, kluge und bescheidene Männer, und ich bin auch von Kindheit auf ein Freund des Ordens gewesen... Aber in jeder etwas zahlreichen Familie ... gibt es immer irgendein Glied, irgend einen Kopf... Und dieser Pater Cristoforo, der ist, wie ich aus gewissen Berichten weiß... ein Mann ... ein bißchen streitsüchtig ... der nicht all die Klugheit hat, nicht all die Rücksichten ... Ich möchte wetten, daß er Euer Hochwürden mehr als einmal zu schaffen gemacht hat."

Ich habe verstanden: es hat einen Anstand, dachte der Provinzial. Meine Schuld: wußte ich doch, daß dieser verflixte Cristoforo ein Mensch ist, den man von Kanzel zu Kanzel schicken kann, den man aber keine sechs Monate an einem Orte lassen darf, am wenigsten in einem Landkloster. „Ach", sagte er dann, „es tut mir wirklich leid zu hören, daß Ew. Erlaucht von dem Pater Cristoforo so eine

Meinung haben; soviel ich weiß, ist er ein Mönch, der ... im Kloster als ein Muster gilt und auch außerhalb hochgeschätzt wird."

„Ich verstehe sehr wohl; Ew. Hochwürden müssen ... Immerhin möchte ich Ihnen als aufrichtiger Freund einer Sache Erwähnung tun, die Ihnen nützlich sein wird zu wissen; und sollten Sie auch schon davon unterrichtet sein, so kann ich doch, ohne meine Pflicht zu verletzen, auf gewisse Folgen hinweisen, die ... möglich sind: mehr sage ich nicht. Dieser Pater Cristoforo ist, wie wir wissen, der Beschützer und Gönner eines Mannes aus dieser Gegend, eines Mannes ... Hochwürden werden schon von ihm haben reden hören; es ist der, der mit so viel ärgerlichem Aufsehen den Händen der Gerechtigkeit entwischt ist, nachdem er an jenem schrecklichen St. Martinstag Dinge getan hat, Dinge ... Lorenzo Tramaglino!"

Aha, dachte der Pater; und er sagte: „Dieser Umstand ist mir neu; aber Ew. Erlaucht wissen sehr wohl, daß uns unser Gelübde unter anderem eben dazu verhält, Verirrte aufzusuchen, um sie wieder ..."

„Sehr wohl; aber seine Gunst Verirrten von seiner Gattung ... Das sind peinliche Dinge, bedenkliche Sachen ..." Und statt hier die Wangen aufzublasen, um zu schnaufen, preßte er die Lippen zusammen und zog ebensoviel Luft ein, wie er sonst beim Schnaufen auszublasen pflegt. Und er begann wieder: „Ich habe es für gut gehalten, Ihnen einen Wink über diesen Umstand zu geben, weil, wenn Se. Exzellenz je ... Es könnte leicht irgendein Schritt in Rom getan werden ... ich weiß zwar von nichts ... aber von Rom könnte Ihnen ..."

„Ich bin Ew. Erlaucht für diese Andeutung sehr verbunden; immerhin zweifle ich nicht, daß sich, wenn man über die Sache Erkundigungen einziehen wird, herausstellen wird, daß Pater Cristoforo mit dem Manne, den Sie nennen, in keiner andern Weise zu tun gehabt hat, als um ihm den Kopf zurechtzusetzen. Den Pater Cristoforo, den kenne ich."

„Darum wissen Sie auch besser als ich, was für ein Subjekt er in der Welt gewesen ist, was für Streiche er in seiner Jugend aufgeführt hat."

„Das ist ja der Ruhm der Kutte, Herr Graf, daß ein Mann, der in der Welt hat von sich reden machen können, mit ihr am Leibe ein anderer wird. Und seit Pater Cristoforo die Kutte trägt ..."

„Ich möchte es gern glauben, von Herzen gern glauben; aber manchmal, wie das Sprichwort sagt... die Kutte macht nicht den Mönch." Das Sprichwort paßte nicht besonders gut; aber der Graf hatte damit in der Eile ein anderes ersetzt, das ihm auf die Zunge gekommen war: Der Wolf wechselt den Pelz, aber nicht seine Art. „Ich habe Nachrichten", fuhr er fort, „ich habe Zeugnisse..."

„Wenn Sie es tatsächlich wissen", sagte der Provinzial, „daß sich dieser Mönch einer Verfehlung schuldig gemacht hat – und irren können wir alle – so werde ich es wahrhaftig als eine Gunst betrachten, darüber unterrichtet zu werden. Ich bin der Obere, unwürdigerweise; und ich bin es, um zu bessern, um abzuhelfen."

„Ich werde es Ihnen sagen: Zu diesem mißliebigen Umstande, daß dieser Pater den, den ich ihnen genannt habe, offenkundig begünstigt, kommt noch eine verdrießliche Sache, und die könnte ... Aber wir werden sie schon miteinander ins Reine bringen. Dieser Pater Cristoforo hat nämlich angefangen, sich gegen meinen Neffen Don Rodrigo * feindselig zu bezeigen."

„Ach, das ist mir unlieb, das ist mir unlieb, wahrhaftig unlieb."

„Mein Neffe ist jung und lebhaft, und er fühlt sich als der, der er ist, er ist nicht gewohnt, herausgefordert zu werden ..."

„Es wird meine Pflicht sein, über eine solche Sache genaue Erkundigungen einzuholen. Wie ich Ew. Erlaucht gesagt habe, und ich spreche mit einem Herrn, der nicht minder klug als welterfahren ist, sind wir alle nur Fleisch, Irrtümern unterworfen ... auf der einen Seite, wie auf der andern; und wenn Pater Cristoforo gefehlt hat ..."

„Sehen Sie, Hochwürden; das sind Dinge, die, wie ich gesagt habe, unter uns abgemacht, die hier begraben werden sollen, Dinge, die, wenn man sie allzuviel aufrührte ... nur schlimmer würden. Sie wissen, wie es zugeht: solche Händel, solche Streitigkeiten entstehen manchmal aus einer Kleinigkeit und gehen weiter, immer weiter ... Will man ihnen auf den Grund gehen, so kommt man entweder nicht damit zustande, oder es kommen hundert andere Scherereien heraus. Unterdrücken, abschneiden; abschneiden, unterdrücken. Mein Neffe ist jung; der Mönch hat nach dem, was ich höre, auch noch den ganzen Sinn, die ... Neigungen eines jungen Mannes: und an uns ist es, die wir unsere Jahre haben ... nur zu viel, was, ehrwürdiger Vater?..."

Wenn einer in diesem Augenblicke hätte Zuseher sein können, so hätte er einen ähnlichen Anblick gehabt, wie wenn sich in einer ernsthaften Oper aus

Versehen vorzeitig eine Kulisse hebt und man einen Sänger sieht, der sich, ohne in diesem Moment daran zu denken, daß es auf der Welt ein Publikum gibt, mit einem seiner Kameraden ungezwungen unterhält. Gesicht, Haltung, Stimme des gräflichen Oheims, alles war natürlich, als er dieses „nur zu viel" sagte; da war kein Hintergedanke dabei: es war wirklich so, daß ihm seine Jahre lästig waren. Nicht daß er die Belustigungen, das Feuer, die Anmut der Jugend beweint hätte: dummes, nichtiges, leichtfertiges Zeug! sondern der Grund seines Mißvergnügens war wahrhaftig ernster und wichtiger: er lag darin, daß er eine höhere Stelle, wenn sie frei sein werde, zu erlangen hoffte und daß er Furcht hatte, nicht mehr zeitgerecht anzukommen. Hätte er sie schon erreicht gehabt, so hätte man sicher sein können, daß er sich um seine Jahre nicht mehr gekümmert, daß er nichts weiter ersehnt hätte und daß er zufrieden gestorben wäre, wie es sich alle, die heftig nach etwas begehren, zu tun vornehmen, bis sie ihren Willen erreicht haben werden. Aber um ihn sprechen zu lassen, so fuhr er fort: „An uns ist es, Verstand für die jungen Leute zu haben und ihre Unüberlegtheiten wieder in Ordnung zu bringen. Zum Glück ist es noch Zeit: die Sache hat noch keinen Lärm gemacht, und noch geht es mit einem *principis obsta* ab. Euer Hochwürden werden es schon verstehen, für diesen Mönch den richtigen Platz zu finden. Damit wäre auch der andere Umstand berücksichtigt, daß er an einer Stelle verdächtig geworden sein mag, wo man es ... wünschen würde, daß er entfernt wird; und wenn Sie ihn an einen nicht allzu nahen Ort versetzen, so sind mit einem Schlage zwei Fliegen getroffen: alles erledigt sich von selbst, oder, besser gesagt, es geschieht kein Unheil."

Diesen Schluß hatte der Pater Provinzial seit dem Anfange des Gesprächs erwartet. Nun freilich, hatte er gedacht, ich sehe schon, wo du hinaus willst. Es ist ja immer so: wenn euch oder einem von euch ein armer Mensch zuwider ist oder euch im Wege steht, so soll ihn der Obere auf der Stelle, ohne erst zu untersuchen, ob er Recht oder Unrecht hat, weg schaffen. Und als der Graf geendet und, was einem Schlußpunkte gleichkam, langmächtig geschnauft hatte, sagte der Provinzial: „Ich verstehe sehr wohl, was der Herr Graf sagen will; bevor man aber einen Schritt tut..."

„Es ist ein Schritt, und es ist kein Schritt, hochwürdiger Vater: es ist eine natürliche, regelrechte Sache; und wenn dieses Mittel nicht ergriffen wird, und nicht auf der Stelle, so sehe ich einen Berg von Mißhelligkeiten, eine Ilias von Unheil voraus. Meinem Neffen würde ich ja nicht zutrauen... dafür stehe ich ein ... Aber so weit, wie die Sache gediehen ist, wenn nicht wir sie da abschneiden, ohne Zeit zu verlieren, mit einem glatten Hieb, ist es unmöglich, daß sie still stünde, daß sie geheim bliebe ... und dann ist nicht nur mein Neffe da ... Das hieße in ein Wespennest stechen, hochwürdiger Vater. Sie sehen, wir sind eine Familie, wir haben eine große Verwandtschaft ..."

„Eine gar hervorragende."

„Sie verstehen mich; lauter Leute, die Blut in ihren Adern haben, und die auf dieser Welt ... etwas bedeuten. Da kommt die Eitelkeit dazu, es wird eine Angelegenheit aller daraus, und dann ... auch wenn man ein Freund des Friedens ist... Mir würde es geradezu das Herz brechen ... mich in einer Lage zu finden ... wo ich mich doch zu den Patres Kapuzinern immer so hingezogen fühlte ...! Um Gutes zu tun, wie sie es zu hoher Erbauung der Öffentlichkeit tun, brauchen die Herrn Patres Frieden, Ruhe vor jedem Zwist, gutes Einvernehmen mit denen, die ... Und dann haben sie auch Verwandte draußen ... und wenn sich diese garstigen Händel ein bißchen in die Länge ziehen, so breiten sie sich aus, so verästeln sie sich und ziehen noch ... die halbe Welt hinein. Ich bekleide dieses angenehme Amt, das mich verpflichtet, auf eine gewisse Würde zu halten ... Se. Exzellenz... meine Herrn Amtsbrüder ... alles wird gleich eine Sache der Körperschaft ... um so mehr bei diesen Umständen ... Sie wissen, wie es bei diesen Dingen geht."

„Jawohl", sagte der Pater Provinzial. „Der Pater Cristoforo ist Prediger, und ich hatte schon den Gedanken ... Eben jetzt bittet man mich ... Aber in diesem Zeitpunkte, unter diesen Umständen könnte es als eine Strafe erscheinen; und eine Strafe, bevor alles klar gestellt ist..."

„Keine Strafe, nein; eine kluge Vorsichtsmaßregel, eine Abhilfe in gegenseitigem Einverständnis, um Mißlichkeiten vorzubeugen, die vielleicht... ich habe mich darüber ausgelassen."

„Zwischen dem Herrn Grafen und mir wäre die Sache freilich so; ich verstehe. Aber wenn die Geschichte so steht, wie mir Ew. Erlaucht mitgeteilt haben, so ist es unmöglich, scheint mir, daß in der Gegend nichts ruchbar geworden wäre. Überall gibt es Hetzer, Unheilstifter oder wenigstens böswillige Neugierige, die, wenn sie Adelige und Geistliche an einander geraten sehen können, eine närrische Freude haben und schnüffeln, auslegen, schwatzen ... Jedermann hat seine Würde zu wahren; und ich als Oberer, als unwürdiger Oberer, habe die ausdrückliche Pflicht ... Die Ehre des Ordenskleides ... ist nicht eine meinige Angelegenheit ... ist ein an vertrautes Gut, worüber ... Ihr Herr Neffe könnte, da er doch so aufgebracht ist, wie Ew. Erlaucht sagen, die Sache als eine ihm gegebene Genugtuung auffassen und könnte ... ich sage nicht triumphieren, sich rühmen, aber..."

„Meinen Sie, hochwürdiger Vater? Mein Neffe ist ein Edelmann, der in der Welt geachtet wird ... nach seinem Stande und nach Gebühr; aber vor mir ist er ein Knabe, und er wird nicht mehr und nicht weniger tun, als was ich ihm vorschreiben werde. Noch mehr will ich Ihnen sagen: mein Neffe wird gar nichts erfahren. Brauchen wir denn Rechenschaft zu geben? Das sind Dinge, die wir unter uns abmachen, als gute Freunde; und unter uns sollen sie bleiben. Machen Sie sich darüber keine Gedanken. Ich muß doch ans Schweigen gewöhnt sein." Und er schnaufte. „Und was die Schwätzer betrifft", begann er wieder, „was könnten die sagen? Daß ein Mönch anderswohin predigen geht, das ist doch etwas so Gewöhnliches! Und schließlich, wir, die wir sehen ... wir, die wir vorsehen ... wir, denen es zukommt ... wir dürfen uns doch um das Geschwätz nicht kümmern."

„Immerhin wäre es, um dem zuvorzukommen, gut, wenn in diesem Falle Ihr Herr Neffe vor der Öffentlichkeit etwas täte, wenn er ein offenbares Zeichen der Freundschaft, der Ehrerbietung gäbe ... nicht für uns, sondern für das Ordenskleid ..."

„Gewiß, gewiß, das wäre nur billig ... Freilich ist es nicht gerade notwendig; ich weiß, daß mein Neffe den Kapuzinern immer entgegengekommen ist, wie es sich gehört. Das tut er aus Neigung: es liegt einmal in der Familie; und dann weiß er auch, daß es mir lieb ist. Übrigens, in diesem Falle ... ist etwas Außerordentliches ... nicht mehr als billig. Überlassen Sie mir das, hochwürdiger Vater; ich werde meinem Neffen befehlen ... Das heißt, man muß es ihm auf kluge Weise beibringen, damit er nicht merkt, was zwischen uns abgemacht worden ist. Ich möchte doch nicht gern ein Pflaster auflegen, wo keine Wunde ist. Und wegen dessen, was wir beschlossen haben, so je eher, je lieber. Und wenn der Ort ein bißchen weit entfernt ist... um jede Gelegenheit wegzuschaffen ..."

„Ich werde just um einen Prediger für Rimini ersucht; und vielleicht hätte ich auch ohne einen andern Beweggrund die Augen auf ..."

„Ganz zurzeit, ganz zurzeit; und wann ...?"

„Da es einmal geschehen soll, so wird es bald geschehen."

„Bald, bald, hochwürdigster Herr; besser heute als morgen. Und", fuhr er fort, indem er sich von seinem Sitz erhob, „wenn ich etwas tun kann für unsere guten Patres Kapuziner, ich sowohl als auch meine ganze Familie, so ..."

„Wir kennen die Güte des Hauses aus Erfahrung", sagte der Pater Provinzial, indem auch er sich erhob und hinter seinem Überwinder auf die Tür zuschritt.

„Wir haben einen Funken erstickt", sagte dieser, einen Augenblick stehen bleibend, „einen Funken, hochwürdiger Herr, der einen großen Brand hätte anrichten können. Unter guten Freunden erledigen sich große Dinge mit zwei Worten." Bei der Tür angelangt, öffnete er die Flügel und bestand darauf, daß der Provinzial vorangehe; sie traten in das andere Zimmer und vereinigten sich wieder mit der übrigen Gesellschaft. Viel Eifer, viel Kunst, viel Worte hatte der vornehme Herr daran gewandt, diese Sache zu betreiben; aber er erzielte denn auch die entsprechende Wirkung. In der Tat gelang es ihm durch das Gespräch, das wir berichtet haben, Fra Cristoforo zu Fuß von Pescarenico nach Rimini zu schicken, was eine hübsche Strecke ist. Eines Abends kommt in Pescarenico ein Kapuziner aus Mailand an mit einem Briefpäckchen für den Pater Guardian. Darin ist der Befehl für Fra Cristoforo, sich nach Rimini zu begeben und dort die Fastenpredigten zu halten. Der Brief an den Guardian enthält die Weisung, dem besagten Bruder beizubringen, daß er jeden Gedanken an Angelegenheiten, die er etwa an dem Orte, den er verlassen sollte, eingeleitet habe, fahren zu lassen und mit niemandem in der Gegend einen Briefwechsel zu führen habe; der Bruder Überbringer soll der Reisegesell sein. Der Guardian sagt am Abend noch nichts; am Morgen läßt er sich Fra Cristoforo rufen, zeigt ihm den Befehl und sagt ihm, er solle Armkorb, Stock, Schweißtuch und Gürtel nehmen und sich mit dem Pater, den er ihm als Reisebegleiter vorstellt, alsbald auf den Weg machen. Ob das ein Schlag für unseren Mönch war, das überlasse ich euch auszudenken. Renzo, Lucia, Agnese kamen ihm sofort in den Sinn; und er rief sozusagen bei sich aus: O Gott, was werden die Ärmsten tun, wenn ich nicht mehr hier bin! – Aber schon erhob er die Augen zum Himmel und klagte sich an, im Vertrauen gewankt, sich für unersetzlich gehalten zu haben. Er kreuzte zum Zeichen des Gehorsams die Hände über der Brust und neigte das Haupt vor dem Pater Guardian; der nahm ihn beiseite und gab ihm, den Worten nach als guten Rat, dem Sinne nach als eine Vorschrift, auch die andere Weisung. Fra Cristoforo ging in seine Zelle, nahm den Korb, legte das Brevier, seine Fastenpredigten und jenes Stück von dem Brote der Verzeihung hinein, umschnürte die Kutte mit seinem Ledergürtel, verabschiedete sich von denen von seinen Mitbrüdern, die im Kloster waren, ging sich zuletzt den Segen des Guardians holen und schlug mit seinem Gesellen die Straße ein, die ihm vorgeschrieben worden war. Wir haben gesagt, daß sich Don Rodrigo, der sich mehr als je in den Kopf gesetzt hatte, ein schönes Unternehmen zu Ende zu führen, entschlossen hatte, die Unterstützung eines schrecklichen Mannes zu suchen. Von diesem können wir weder Vornamen, noch Zunamen, noch Titel angeben, ja nicht einmal eine Vermutung über das alles aussprechen: eine um so seltsamere Sache, als wir die Person in mehr als einem Buche jener Zeit erwähnt finden. Daß es dieselbe Person gewesen ist, darüber läßt die Übereinstimmung der Tatsachen keinen Zweifel; aber durchaus zeigt sich eine große Beflissenheit, den Namen zu vermeiden, als ob er die Feder, die Hand des Schreibers hätte verbrennen sollen. Francesco Rivola nennt ihn in der Lebensbeschreibung des Kardinals Federigo Borromeo, wo er von ihm sprechen muß, „einen ebenso durch Reichtum mächtigen, wie durch Geburt edlen Herrn" und hält dann inne. Giuseppe Ripamonti, der seiner in dem fünften Buche der fünften Dekade seiner Vaterländischen Geschichte in breiterer Weise Erwähnung tut, nennt ihn einen, jenen, diesen, diesen Mann, diese Person. „Ich vermelde", sagt er in seinem schönen Latein, aus dem wir, so gut wir es treffen, übertragen, „den Fall eines, der, einer der ersten Großen der Stadt, seinen Wohnsitz auf dem Lande, knapp an der Grenze genommen hatte und dort, indem er sich durch Verbrechen sicherte, der Gesetze, der Richter, jeder Behörde und Obrigkeit spottete; er führte ein völlig unabhängiges Leben und nahm die Vertriebenen auf, einmal selbst ein Vertriebener, der aber dann zurückkehrte, als wäre nichts geschehen gewesen …" Diesem Schriftsteller werden wir noch andere Abschnitte entnehmen, die uns zupaß kommen, um die Erzählung unsers Anonymus, mit der wir fortfahren wollen, zu bewähren und zu erhellen. Tun, was die Gesetze verboten oder irgendeine Macht verwehrte, Schiedsrichter und Herr in fremden

Angelegenheiten zu sein ohne einen anderen Antrieb als die Freude am Befehlen, allgemein gefürchtet zu sein, über den Arm derer zu verfügen, die gewohnt waren, über die Arme anderer zu verfügen, das waren jederzeit die Hauptleidenschaften dieses Mannes gewesen. Seit seiner Jünglingszeit empfand er bei dem lärmenden Schauspiel so vieler um die Wette begangener Gewalttaten, bei dem Anblicke so vieler Tyrannen ein aus Ärger und ungeduldigem Neid gemischtes Gefühl. Als junger Mann und in der Stadt lebend, ließ er keine Gelegenheit vorbeigehen, ja suchte sie eher auf, mit den Berüchtigten dieses Handwerks anzubinden, ihre Wege zu kreuzen, um sich mit ihnen zu messen und ihnen den Herrn zu zeigen oder um sie dazu zu bringen, daß sie eine Freundschaft suchten. An Reichtum und Gefolgschaft den meisten, an Verwegenheit und Beharrlichkeit vielleicht allen überlegen, zwang er viele, von jedem Wetteifer abzustehen, richtete er viele übel zu, machte er sich viele zu Freunden, freilich nicht zu Freunden auf gleich und gleich, sondern, weil sie ihm nur so behagten, zu untergebenen Freunden, die sich als geringer bekannten und mit dem Platze an seiner Linken vorlieb nahmen. Freilich kam es vor, daß er auch der Sachverwalter, das Werkzeug aller dieser werden mußte, die nicht ermangelten, bei ihren Geschäften die werktätige Unterstützung eines solchen Verbündeten in Anspruch zu nehmen; und hätte er sich da zurückgezogen, so würde das eine Verminderung seines Rufes, ein Versagen in seinem Berufe bedeutet haben. So kam es denn, daß sein Maß ebenso wie das der andern schließlich einmal so voll war, daß weder sein Name, noch seine Verwandtschaft, noch sein Anhang, noch seine Kühnheit ausreichte, gegen die behördlichen Landesverweisungen und gegen die allzu mächtige Erregung standzuhalten, und er weichen und den Staat verlassen mußte. Ich glaube, daß sich auf diesen Umstand eine merkwürdige Stelle bei Ripamonti bezieht: „Als dieser einmal das Land räumen mußte, übte er folgende Heimlichkeit, Rücksicht und Ehrerbietung: er durchritt die Stadt mit einer Meute Hunde hinter sich, bei Trompetengeschmetter, und als er beim Palaste vorbeikam, hinterließ er der Wache eine Botschaft von Beleidigungen für den Statthalter." In der Fremde stellte er seine Machenschaften keineswegs ein und brach auch die Verbindung mit seinen also beschaffenen Freunden nicht ab, die mit ihm, um nach Ripamonti wörtlich zu übertragen, „in einem heimlichen Bunde blutiger Anschläge und heilloser Dinge" vereint blieben. Weiter scheint es, daß er damals mit höheren Personen gewisse neue, schreckliche Machenschaften eingegangen ist, wovon der erwähnte Geschichtsschreiber mit einer geheimnisvollen Kürze spricht. „Auch einige auswärtige Fürsten", sagt er, „bedienten sich manchmal seiner werktätigen Hilfe zu irgendeiner wichtigen Mordtat, und sie mußten ihm oft von weither Verstärkungsmannschaften schicken, die dann unter seinen Befehlen dienten." Schließlich – nach wieviel Zeit weiß man nicht – faßte er, sei es, daß die Verbannung durch das Einschreiten irgendeines Mächtigen aufgehoben worden war oder daß ihm seine Kühnheit das freie Geleit ersetzte, den Entschluß, heimzukehren, und kehrte wirklich heim, zwar nicht nach Mailand, aber in eine Burg, die an das bergamaskische Gebiet grenzte, das damals, wie jedermann weiß, venezianisch war. „Dieses Haus, ich führe wieder Ripamonti an, „war eine Art Werkstatt blutiger Befehle: Knechte, die ihre Köpfe verwirkt hatten und es sich zum Handwerk machten, Köpfe abzuschlagen, und weder Koch noch Küchenjunge des Mordes enthoben und sogar die Hände der Knaben blutbesudelt." Außer diesem schönen häuslichen Gesinde hatte er noch, wie derselbe Geschichtsschreiber bemerkt, ein anderes von ähnlichen Subjekten, die in verschiedenen Orten der zwei Staaten, an deren Grenze er lebte, verteilt und wie in Quartier gelegt waren und ihm immer zu Gebote standen. Weit und breit in der Gegend hatten alle Tyrannen bei dieser oder bei jener Gelegenheit zwischen der Freundschaft oder der Feindschaft dieses außergewöhnlichen Tyrannen zu wählen gehabt. Aber den ersten, die Widerstand zu leisten versucht hatten, war das so böse ausgegangen, daß niemand mehr Lust empfand, diesen Versuch anzustellen. Und nicht einmal, wenn sich einer nur um die eigenen Angelegenheiten kümmerte, nur für sich lebte, konnte er von ihm unabhängig bleiben. Es kam einfach einer seiner Boten an, um ihm kundzutun, daß er von der und der Unternehmung abzustehen habe, daß er einen Schuldner nicht mehr belästigen dürfe und ähnliche Dinge; und da gab's nur die Antwort Ja oder Nein. Hatte bei irgendeinem Streitfalle die eine Partei mit ehrerbietiger Untertänigkeit die Entscheidung in seine Hand gelegt, so blieb der andern nur die Wahl, entweder sich mit seinem Urteile zu bescheiden oder sich als einen Feind zu erklären, was ebensoviel besagte, wie die Schwindsucht im dritten Grade zu haben. Wer unrecht hatte, nahm seine Zuflucht zu ihm, um in der Tat recht zu haben, und viele, die wirklich recht hatten, taten ebenso, um sich einen so mächtigen Schutz zu sichern und dem Gegner diesen Weg zu versperren: die einen und die andern wurden insonderheit abhängig von ihm.

Manchmal geschah es, daß sich ein Schwacher, der von einem Übermütigen gequält wurde, an ihn wandte; indem er dann für den Schwachen eintrat, zwang er den Übermütigen, von der Bosheit abzustehen, das Unrecht wieder gut zu machen und um Entschuldigung zu bitten, oder er führte, wenn der hartnäckig blieb, einen derartigen Kampf mit ihm, daß ihm nichts übrig blieb, als die Orte seiner Gewalttätigkeit zu verlassen, oder er ließ ihn auch wohl auf eine raschere und schrecklichere Art büßen. Und in diesen Fällen wurde dieser so gefürchtete und verabscheute Namen für einen Augenblick gesegnet; denn, ich sage nicht, diese Gerechtigkeit, aber diese Abhilfe, diese Genugtuung hätte in diesen Zeiten niemand von einer anderen Macht, nicht einmal von der staatlichen, erwarten können. Öfter freilich, ja in der Regel war die seinige die Dienerin unbilliger Wünsche, grausamer Befriedigungen und übermütiger Launen. Aber dieser so mannigfaltige Gebrauch dieser Macht erzeugte stets dieselbe Wirkung, nämlich den Gemütern eine hohe Vorstellung einzuprägen, was er alles durchzusetzen imstande sei der Billigkeit und der Unbilligkeit zum Trotze, also zwei Begriffen zum Trotze, die dem Willen der Menschen so viele Hindernisse in den Weg legen und ihn so oft zur Umkehr zwingen. Der Ruf der gewöhnlichen Tyrannen blieb meist auf das kleine Stück Landes beschränkt, wo sie die reichsten und die stärksten waren; jeder Bezirk hatte die seinigen, und sie ähnelten einer dem andern so sehr, daß für die Leute kein Anlaß war, sich um die zu kümmern, die sie nicht selber auf dem Halse hatten. Aber der Ruf dieses unsrigen war seit langer Zeit in jedem Winkel des mailändischen Gebietes verbreitet: überall war sein Leben der Gegenstand von Volkserzählungen, und sein Name bedeutete etwas Unwiderstehliches, Seltsames, Märchenhaftes. Der Argwohn, den man überall auf seine Verbündeten und eine Meuchelmörder hatte, trug ebenfalls dazu bei, überall das Gedenken an ihn lebendig zu erhalten. Mehr als Argwohn war es nirgends; denn wer würde offen eine solche Abhängigkeit bekannt haben? aber jeder Tyrann konnte ihm verbündet sein, jeder Straßenräuber einer der Seinigen, und gerade diese Unsicherheit machte den Glauben an die Sache größer und den Schrecken finsterer. Und jedesmal, wenn irgendwo Bravi-Gestalten, die unbekannt und mehr als sonst widerwärtig waren, auftauchten, bei jeder Ungeheuerlichkeit, deren Urheber man nicht sofort angeben oder erraten konnte, nannte und murmelte man den Namen des Mannes, den wir, dank der gesegneten, um nichts anderes zu sagen, Umsicht unseres Autors den Ungenannten zu nennen gezwungen sind. Von der Burg dieses Mannes bis zu der Don Rodrigos waren es nicht mehr als sieben Meilen; und Don Rodrigo war kaum Herr und Tyrann geworden, so hatte er auch schon sehen müssen, daß es bei einer so großen Nähe einer solchen Persönlichkeit nicht möglich war, dieses Handwerk zu betreiben, ohne mit ihm zusammenzugeraten oder sich mit ihm in Eintracht zu verhalten. So hatte er ihm denn seine Freundschaft angeboten und war sein Freund geworden, in demselben Sinne versteht sich, wie die andern; er hatte ihm mehr als einen Dienst geleistet – mehr sagt die Handschrift nicht – und hatte jedesmal Versprechen der Vergeltung und der Hilfe für jeden beliebigen Fall erhalten. Immerhin war er darauf bedacht, diese Freundschaft zu verhehlen, oder wenigstens nicht bekannt werden zu lassen, wie eng und von welcher Art sie war. Don Rodrigo wollte wohl den Tyrannen spielen, aber nicht den rauhen und wilden; das Gewerbe war ihm Mittel, aber nicht Zweck: er wollte sich frei in der Stadt bewegen können, wollte die Bequemlichkeiten, die Vergnügungen, die Ehren des bürgerlichen Lebens genießen, und darum mußte er gewisse Rücksichten nehmen, sich mit seinen Verwandten verhalten, die Freundschaft hoher Personen pflegen und stets eine Hand in der Waagschale der Gerechtigkeit haben, um diese nötigenfalls zu seinen Gunsten aus dem Gleichgewicht zu bringen oder um sie wegzuschieben oder um sie gelegentlich einem auf den Kopf fallen zu lassen, der auf solche Art leichter als mit den Waffen gewaltsamer Selbsthilfe bedient werden konnte. Nun hätte ihm die innige Freundschaft oder, besser gesagt, das Bündnis mit einem Mann von dieser Gattung, mit einem erklärten Feind der öffentlichen Macht, sicher dieses Spiel etwas verdorben, sonderlich bei dem Oheim. Immerhin konnte, was von dieser Freundschaft nicht zu verbergen möglich war, als eine unabweisbare Beziehung zu einem Manne hin gehen, dessen Feindschaft allzu gefährlich war, und konnte also durch die Notwendigkeit entschuldigt werden; denn wer die Pflicht hat, Vorkehrungen zu treffen, und nicht den Willen dazu hat oder nicht den Weg findet, stimmt schließlich zu, daß die andern für ihre eigenen Angelegenheiten bis zu einer gewissen Grenze selber Vorkehrungen treffen, und wenn er nicht ausdrücklich zustimmt, so drückt er ein Auge zu. Eines Morgens ritt Don Rodrigo wie zur Jagd aus mit einem kleinen Geleit von Bravi zu Fuß, der Graue an seinem Steigbügel und vier Mann hinten, und machte sich auf den Weg zu der Burg des Ungenannten.

20. KAPITEL.

DIE Burg des Ungenannten lag, ein enges, düsteres Tal beherrschend, auf dem Gipfel eines Hügels, der aus einer rauhen Bergkette vorspringt, mit der er durch einen zackigen Felsengrat verbunden oder von dem er, wenn man will, durch ein Gewirr von Höhlungen und Abstürzen getrennt ist, das sich nach beiden Seiten fortsetzt. Nur die dem Tale zugekehrte ist zugänglich: ein ziemlich steiler, aber gleichmäßig verlaufender Abhang, oben Wiesen, nach dem Fuße zu Felder mit verstreuten Hütten. Unten fließt in einem Bette von Kieseln je nach der Jahreszeit ein Bächlein oder ein Wildbach; damals war er die Grenze der beiden Staaten. Die gegenüberliegenden Höhen, die sozusagen den andern Teil des Tales bilden, sind gleicherweise am Fuße bebaut; das übrige sind Klippen und Felsen, jähe Abstürze, weglos und nackt bis auf einiges Strauchwerk in den Rissen und den Erdaufwürfen. Von der Höhe der Burg beherrschte der wilde Herr, wie ein Adler auf einem blutigen Horste, rundherum alles, wo nur ein Mensch einen Fuß hinsetzen konnte, und er sah niemanden über sich und keinen höheren. Mit einem kreisenden Blicke durchlief er die ganze Klause, die Hänge, den Grund und die Wege. Der Weg, der in Windungen und im Zickzack zu dem schrecklichen Wohnsitz aufstieg, lag vor dem Auslugenden da wie ein geschlängeltes Band: von den Fenstern, von den Schießscharten aus konnte der Herr gemächlich die Schritte jedes, der herankam, zählen und ihn hundertmal aufs Korn nehmen. Und auch von einem zahlreichen Haufen hätte er mit der Besatzung von Bravi, die er oben unterhielt, genug auf dem Fußpfade niederstrecken oder ins Tal rollen lassen können, bevor es auch nur einem gelungen wäre, den Gipfel zu erreichen. Übrigens hätte es niemand, der bei dem Burgherrn nicht gern gesehen war, gewagt, den Fuß in das Tal zu setzen, geschweige denn den zur Höhe führenden Weg zu betreten. Und gar der Häscher, der sich etwa hätte dort sehen lassen, der wäre wie ein feindlicher Spion behandelt worden, der in einem Lager angetroffen worden ist. Man erzählte traurige Geschichten von den letzten, die das Wagstück hatten versuchen wollen; aber das waren alte Geschichten, und von dem jüngeren Geschlecht erinnerte sich niemand, in dem Tal jemals einen dieses Schlages gesehen zu haben, weder tot noch lebendig. Das ist die Beschreibung, die der Anonymus von dem Orte gibt: von dem Namen kein Wort; ja um uns nicht auf den Weg zu bringen, ihn zu entdecken, sagt er nichts über Don Rodrigos Reise und versetzt diesen jählings mitten ins Tal, an den Fuß des Hügels, an die Mündung des steilen und gewundenen Fußsteigs. Dort war eine Schenke, die man aber auch hätte ein Wachthaus nennen können. Auf einem alten Schilde, das über der Tür hing, war auf beiden Seiten eine strahlende Sonne gemalt; der Volksmund jedoch, der die Namen oft so wiederholt, wie sie ihn gelehrt werden, sie aber manchmal nach seiner Weise umgestaltet, nannte diese Schenke nicht anders als mit dem Namen *Malanotte*.[24]

Bei dem Geräusch eines näher kommenden Pferdes erschien auf der Schwelle ein übel aussehender, junger Kerl, bewaffnet wie ein Sarazene; und nachdem er hinausgeblickt hatte, ging er wieder hinein, um drei Kerle zu unterrichten, die mit schmutzigen und wie Ziegel aufeinanderliegenden Karten spielten. Der, der ihr Oberhaupt zu sein schien, erhob sich und trat an die Tür; als er in dem Ankömmling einen Freund seines Herrn erkannte, begrüßte er ihn ehrerbietig. Don Rodrigo erwiderte den Gruß gar höflich und fragte, ob der Herr auf der Burg sei; und da ihm der saubere Häuptling antwortete, er glaube wohl, so stieg er vom Pferde und warf den Zügel dem Treffer zu, einem aus seinem Gefolge. Dann nahm er seine Büchse und übergab sie dem Gebirgler, wie um sich einer unnützen Last zu entledigen, in Wirklichkeit aber, weil er wußte, daß es auf dieser Anhöhe nicht erlaubt war, eine Büchse zu tragen. Dann nahm er etliche Berlinghen aus der Tasche und gab sie dem Löchermacher, indem er sagte:

„Erwartet mich hier; unterdessen seid ein bißchen lustig mit diesen wackeren Leuten."

Schließlich nahm er noch ein paar Goldstücke heraus und händigte sie dem Häuptling ein, die Hälfte für ihn, die Hälfte zur Verteilung unter seine Leute. Endlich begann er mit dem Grauen, der seine Büchse ebenfalls abgelegt hatte, zu Fuß den Aufstieg. Die drei genannten Bravi und der Nachtvogel, der der vierte war – seht nur die schönen Namen, die es wohl verdienen, mit so viel Sorgfalt aufbewahrt zu werden – blieben einstweilen bei den dreien des Ungenannten und bei dem für den Henker auferzogenen Bürschchen zurück, um zu spielen, zu zechen und sich gegenseitig ihre Heldentaten zu erzählen. Ein anderer Bravo des

---

[24] Zur schlimmen Nacht.

Ungenannten, der auch hinaufstieg, holte bald darauf Don Rodrigo ein; er sah ihn an und erkannte ihn, und er gesellte sich zu ihm und ersparte ihm so die Unannehmlichkeit, so vielen anderen ihm Begegnenden, denen er unbekannt gewesen wäre, seinen Namen sagen und auch sonst Auskunft über sich geben zu müssen. Bei der Burg angelangt und eingelassen – den Grauen ließ er am Tore zurück – wurde er durch ein Labyrinth von dunklen Gängen und durch eine Flucht von Sälen geführt, deren Wände von Musketen, Säbeln und Spießen starrten und in deren jedem ein Bravo auf Posten stand; nachdem er dann noch eine Weile gewartet hatte, wurde er in den Saal geführt, wo sich der Ungenannte befand. Dieser ging ihm entgegen und gab ihm den Gruß zurück, indem er dabei seine Hände und sein Gesicht betrachtete, wie er aus Gewohnheit und jetzt schon unwillkürlich jedem tat, der zu ihm kam, und wäre es auch einer seiner ältesten Freunde gewesen. Er war groß, hager und kahl, die wenigen Haare, die er noch hatte, waren weiß, und das Gesicht war runzelig; beim ersten Anblick hätte man ihm mehr als die sechzig Jahre gegeben, die er wirklich hatte, aber die Haltung, die Bewegungen, die scharfe Härte der Gesichtszüge, das unheimliche, aber lebhafte Blitzen der Augen zeigten eine Kraft des Körpers und des Geistes an, die bei einem jungen Manne außergewöhnlich gewesen wäre. Don Rodrigo sagte, er komme um Rat und Hilfe; da er sich in einem schwierigen Unternehmen befinde, woraus ihm seine Ehre keinen Rückzug gestatte, habe er sich der Versprechungen des Herrn erinnert, der nie zu viel und nie eitel verspreche. Und nun legte er ihm einen ruchlosen Handel dar. Der Ungenannte, der schon etwas, dies aber nur dunkel wußte, hörte aufmerksam zu, sowohl weil er derlei Geschichten liebte, als auch weil in diese ein ihm wohlbekannter und arg verhaßter Name verwickelt war, der des Padre Cristoforo, der dem Tyrannen ein erklärter Feind im Worte und, wenn er es vermochte, auch in der Tat war. Don Rodrigo, der genau wußte, mit wem er sprach, begann dann die Schwierigkeiten des Unternehmens zu übertreiben: die Entfernung des Ortes, ein Kloster, die Signora!... Hier unterbrach ihn plötzlich der Ungenannte, wie wenn ihm das ein in seinem Herzen verborgener Dämon befohlen hätte, und sagte, er nehme die Sache auf sich. Er schrieb sich noch den Namen unserer armen Lucia auf und entließ Don Rodrigo mit den Worten: „Binnen kurzem werdet Ihr von mir die Nachricht erhalten, was Ihr zu tun haben werdet." Wenn sich der Leser jenes unseligen Egidio erinnert, der neben dem Kloster wohnte, wo sich die arme Lucia verborgen hatte, so wisse er nun, daß dieser Egidio einer der engsten und vertrautesten Gesellen war, die der Ungenannte in seiner Ruchlosigkeit hatte: darum hatte dieser so rasch und so entschlossen sein Wort gegeben. Kaum jedoch war er allein, so fühlte er, ich möchte nicht sagen, Reue, vielmehr Ärger, daß er es gegeben hatte. Schon seit einiger Zeit empfand er langsam, wenn auch nicht Gewissensbisse, so doch etwas wie Überdruß an seinen Ruchlosigkeiten. Die vielen Schandtaten, die er angehäuft hatte, erwachten, wenn schon nicht in seinem Gewissen, doch wenigstens in einem Gedächtnis jedesmal, wenn er eine neue beging, und stellten sich seinem Geiste nur zu häßlich und zahlreich dar: es war wie das Wachsen und Wachsen einer schon unerträglichen Last. Das Widerstreben, das er gewissermaßen bei seinem ersten Verbrechen empfunden, das er dann überwunden hatte und das schier völlig verschwunden war, kehrte ihm deutlich fühlbar zurück. Zu jenen ersten Zeiten hatten ihm jedoch das Bild einer langen, unbegrenzten Zukunft, das Bewußtsein einer strotzenden Lebenskraft den Geist mit einer sorglosen Zuversicht erfüllt; jetzt waren es im Gegenteil die Gedanken an die Zukunft, die ihm die Vergangenheit um so widerwärtiger machten. Alt werden! Sterben! Und dann? Und etwas Merkwürdiges! Die Vorstellung des Todes, die ihm angesichts einer Gefahr, Aug in Aug mit einem Feinde die Lebensgeister zu verdoppeln und ihm einen muterfüllten Zorn einzuflößen pflegte, eben diese Vorstellung brachte ihm, wenn sie ihn in der Stille der Nacht, in der Sicherheit seiner Burg überkam, eine jähe Bestürzung. Das war kein Tod, der ihm von einem gleicherweise sterblichen Gegner drohte, er konnte nicht mit besseren Waffen und mit einem schlagfertigeren Arm abgewehrt werden: er kam allein, entstand im Innern, war vielleicht noch fern, tat aber jeden Augenblick einen Schritt; und während sich der Geist schmerzlich abarbeitete, um den Gedanken an ihn zu entfernen, rückte er näher. In der ersten Zeit hatte er mit den so häufigen Beispielen, mit dem ununterbrochenen Schauspiel sozusagen der Gewalttätigkeit, der Rache, des Mordes, das ihn zu einem wilden Wetteifer hinriß, sein Gewissen sozusagen übertrumpfen können: jetzt entstand ihm nach und nach in einem Sinne der verworrene und schreckliche Gedanke einer Urteilskraft des Einzelnen, einer Vernunft, die von Beispielen unabhängig war; und daß er aus der allgemeinen Schar der Missetäter hervorgetreten war, daß er sie alle übertraf, das verursachte ihm manchmal das Gefühl einer fürchterlichen Vereinsamung. Dieser Gott, von den er hatte reden hören, den ihm aber seit langem weder zu leugnen noch zu erkennen einfiel, da er sich darauf beschränkte, so zu leben, als ob er nicht gewesen wäre, schien ihm in gewissen Augenblicken grundloser Niedergeschlagenheit, grundlosen Schreckens in seinem Innern zu rufen: Ich bin doch! In dem ersten Aufbrausen der Leidenschaft war ihm das Gesetz, das er in dem Namen Gottes hatte verkünden hören, nur verhaßt gewesen; wenn es ihm jetzt plötzlich in den Sinn kam, faßte es dieser Sinn wider Willen als etwas auf, das seine Erfüllung hat. Geschweige aber, daß er diese seine neue Unruhe jemandem entdeckt hätte, verbarg er sie und bedeckte sie mit dem Anschein einer finsteren Wildheit; und auf diese Weise suchte er sie auch vor sich selber zu verbergen und sie zu ersticken. Mit Neid dachte er, da er sie nun einmal weder vernichten, noch vergessen konnte, an jene Zeiten zurück, wo er das Unrecht ohne Gewissensbisse und ohne einen andern Gedanken als den an den Erfolg begangen hatte, und bemühte sich mit aller Kraft, sie wiederkehren zu lassen, diesen alten, raschen, stolzen, unerschütterlichen Willen zurückzuerlangen oder wieder festzuhalten und sich selbst zu überzeugen, daß er noch immer derselbe Mann sei.

So hatte er bei dieser Gelegenheit Don Rodrigo sofort sein Wort verpfändet, um jedes Schwanken auszuschließen. Aber kaum war Don Rodrigo gegangen, so fühlte er schon die Festigkeit schwinden, die er sich anbefohlen hatte, um zu versprechen, und fühlte, wie langsam Gedanken hervorkamen, die ihn versuchen wollten, sein Wort zu brechen, und die ihn dazu geführt hätten, sich vor einem Freunde, einem untergeordneten Spießgesellen etwas zu vergeben. Um diesen peinlichen Zwiespalt mit einem Schlage abzuschneiden, rief er sich den Geier, einen der geschicktesten und verwegensten Diener seiner Ungeheuerlichkeiten, dessen er sich auch sonst für den Verkehr mit Egidio zu bedienen pflegte. Und mit entschlossener Miene befahl er ihm, sofort zu Pferde zu steigen, schnurstracks nach Monza zu reiten, Egidio von der übernommenen Verpflichtung zu verständigen und seine Hilfe zu Ausführung zu heischen.

Der schurkische Bote kehrte rascher, als sein Herr erwartet hätte, mit der Antwort Egidios zurück: das Unternehmen sei leicht und sicher, und er solle ihm sofort eine Karosse mit zwei oder drei vermummten Bravi schicken; die Sorge für das übrige werde er übernehmen und die Sache leiten. Auf diese Botschaft hin gab der Ungenannte, wie immer es auch in einem Innern aussah, hastig demselbigen Geier den Befehl, alles nach Egidios Worten anzuordnen und mit zwei andern, die er ihm nannte, an das Unternehmen zu gehen.

Hätte sich Egidio, um den entsetzlichen Dienst zu leisten, der von ihm geheischt wurde, auf eine gewöhnlichen Hilfsmittel allein verlassen müssen, so hätte er nicht so ohne weiteres ein so bestimmtes Versprechen gegeben. Aber an jener Freistatt, wo alles ein Hindernis schien, hatte der ruchlose junge Mann ein nur ihm bekanntes Hilfsmittel, und was für andere die größte Schwierigkeit gewesen wäre, war für ihn Werkzeug. Wir haben gemeldet, wie die unselige Signora einmal seinen Worten Gehör geschenkt hatte, und der Leser mag verstanden haben, daß dieses eine Mal nicht das letzte war, daß es nichts anderes war als der erste Schritt auf einem Wege der Greuel und des Blutes. Diese selbige Stimme, die Macht über sie gewonnen hatte und ihr durch das Verbrechen schier beglaubigt worden war, legte ihr jetzt das Opfer der Unschuldigen auf, die man in ihre Hut gegeben hatte.

Diese Zumutung war für Gertrude schrecklich. Lucia durch einen unvorhergesehenen Zufall und ohne eigene Schuld zu verlieren, hätte sie ein Unglück gedäucht, eine bittere Strafe; und nun wurde ihr befohlen, sich ihrer mit verruchter Treulosigkeit selber zu berauben, ein Mittel der Sühne mit einer neuen Reue zu vertauschen. Die Unselige versuchte jeden Weg, um sich dem entsetzlichen Befehl zu entziehen, jeden Weg, nur den einen nicht, der sicher war und ihr dennoch immer offen stand. Das Verbrechen ist ein harter und unbeugsamer

Herr, gegen den niemand stark wird, der sich nicht völlig wider ihn auflehnt. Dazu wollte sich Gertrude nicht entschließen, und sie gehorchte.

Der festgesetzte Tag war da; die verabredete Stunde nahte. Gertrude, die sich mit Lucia in ihr Sprechzimmer zurück gezogen hatte, erwies ihr mehr Liebkosungen als sonst, und Lucia empfing und erwiderte sie mit wachsender Zärtlichkeit, so wie sich das Schaf, furchtlos zitternd unter der Hand des Hirten, der es anfaßt und sanft fortzieht, umwendet, um sie zu lecken, und nicht weiß, daß vor dem Stalle der Schlächter wartet, dem es der Hirt vor einem Augenblicke verkauft hat.

„Ich bedarf eines großen Dienstes, und Ihr seid die einzige, die ihn mir leisten kann. Ich habe so viele Leute zu meinen Befehlen, aber niemanden, dem ich vertraute. Wegen einer Sache von großer Wichtigkeit, die ich Euch noch sagen werde, muß ich möglichst rasch mit dem Pater Guardian von den Kapuzinern sprechen, der Euch, meine arme Lucia, hierher zu mir gebracht hat; und weiter darf niemand wissen, daß ich um ihn geschickt habe. Ich habe niemanden als Euch, um diese Botschaft heimlich auszurichten."

Lucia war über dieses Verlangen erschrocken; und mit ihrer Unterwürfigkeit, ohne aber ein großes Staunen zu verhehlen, brachte sie alsbald, um sich davon loszumachen, die Gründe vor, die die Signora verstehen mußte, die sie hätte voraussehen können: ohne die Mutter, ohne sonstige Begleitung, eine einsame Straße, in einem fremden Orte ... Aber Gertrude, ausgebildet in einer höllischen Schule, zeigte gleicherweise so viel Erstaunen und so viel Mißvergnügen, auf eine solche Widerspenstigkeit bei einer Person zu stoßen, auf die sie große Stücke halten zu dürfen geglaubt hätte, und stellte sich, als fände sie diese Entschuldigungen eitel! Bei hellichtem Tage, ein paar Schritte nur, ein Weg, den Lucia erst vor wenigen Tagen gegangen war und den sie, wenn er ihr auch unbekannt gewesen wäre, bei einiger Beschreibung nie würde verfehlen können! ... Sie redete so lange, bis sich die Ärmste, überwunden und beschämt zugleich, das Wort entschlüpfen ließ: „Also gut; was habe ich zu tun?"

„Ihr geht zum Kapuzinerkloster" - und sie beschrieb ihr den Weg noch einmal - „laßt Euch den Pater Guardian rufen und sagt ihm unter vier Augen, er möge sofort zu mir kommen; aber er soll niemandem sagen, daß ich ihn holen lasse."

„Was soll ich dann aber der Schaffnerin sagen, die mich noch nie hat weggehen sehen, wenn sie mich fragt, wohin ich gehe?"

„Trachtet ungesehen vorbeizukommen; gelingt Euch das aber nicht, so sagt ihr, Ihr ginget in die Kirche, um ein versprochenes Gebet zu verrichten."

Eine neue Schwierigkeit für Lucia, lügen zu sollen; aber die Signora zeigte sich von neuem so betrübt über ihren Widerstand, stellte es ihr als etwas so Häßliches vor die Augen, die Dankbarkeit vor einem eiteln Bedenken zurücktreten zu lassen, daß Lucia, mehr verwirrt als überzeugt und vor allem mehr als je gerührt, antwortete: „Also gut; ich gehe. Gott helfe mir." Und sie ging. Als Gertrude, die ihr vom Gitter aus mit starrem und trübem Auge folgte, sah, wie sie den Fuß über die Schwelle setzte, öffnete sie, wie von einem unwiderstehlichen Gefühl überwältigt, den Mund und sagte: „Hört, Lucia!"

Lucia wandte sich um und kehrte zum Gitter zurück. Aber schon hatte ein anderer Gedanke, ein an die Herrschaft gewohnter Gedanke von neuem in dem unseligen Geiste Gertrudes gesiegt. Sie erklärte Lucia, als ob sie mit den schon gegebenen Anweisungen noch nicht zufrieden gewesen wäre, von neuem, welchen Weg sie nehmen müsse, und beurlaubte sie mit den Worten: „Verrichtet alles, wie ich Euch gesagt habe, und kommt bald wieder." Lucia schied. Sie durchschritt unbemerkt die Klostertür und schlug mit gesenkten Augen den Weg ein, der an der Mauer lief; mit den erhaltenen Angaben und mit ihrer eigenen Erinnerung fand sie sich zu dem Tore des Ortes zurecht und ging, ganz in sich gekehrt und ein wenig zitternd, die Hauptstraße entlang, bis sie zu der gelangte, die zum Kloster führte, und sie erkannte sie sofort. Diese Straße war schon damals, so wie noch heute, wie ein Flußbett zwischen zwei mit Hecken eingesäumten Böschungen versenkt, und die Ranken bildeten eine Art Gewölbe. Als sie Lucia betrat und sie völlig einsam sah, fühlte sie ihre Furcht wachsen und beschleunigte ihren Schritt; bald aber ermutigte sie sich wieder, da sie auf dem Wege eine Karosse halten und neben ihr am offenen Schlage zwei Reisende stehen sah, die wie des Weges ungewiß herumblickten. Weiterschreitend hörte sie einen von den zweien sagen: „Da kommt ein Mädchen, die uns den Weg angeben wird." In der Tat wandte sich dieser, als sie bei der Karosse angelangt war, mit einem höflicheren Gehaben, als man von ihm erwartet hätte, zu ihr und sagte: „Liebes Mädchen, könntet Ihr uns die Straße nach Monza angeben?"

„So fahren Sie in verkehrter Richtung", antwortete die Arme; „Monza ist dort ..."

Und sie drehte sich um, um mit dem Finger dorthin zu weisen, als sie die andere Gestalt - es war der Geier - um die Mitte faßte und sie aufhob. Erschrocken fuhr Lucia mit dem Kopf herum und stieß einen Schrei aus; aber der Schurke hob sie in die Karosse, einer, der auf dem Vordersitze saß, nahm sie in Empfang und drückte sie, wie sehr sie sich auch wehrte und kreischte, auf den Sitz gegenüber nieder, und ein dritter steckte ihr ein Taschentuch in den Mund, um ihre Schreie in der Kehle zu ersticken. Auch der Geier sprang rasch in die Karosse, der Schlag wurde geschlossen, und die Karosse fuhr im Galopp davon. Der, der die verräterische Frage gestellt hatte, war auf der Straße geblieben: er sah sich nach allen Seiten um, ob vielleicht jemand auf das Geschrei Lucias herbeigelaufen sei, aber niemand war zu sehen; er schwang sich, sich an einem Baume der Hecke festhaltend, auf die Böschung und verschwand. Es war einer von Egidios schurkischen Knechten: in anscheinender Unbefangenheit hatte er unter der Tür seines Herrn gestanden, um zu sehen, wann Lucia das Kloster verlasse; er hatte sie genau betrachtet, um sie wiedererkennen zu können, und war auf einem kürzeren Wege gelaufen, um sie an der verabredeten Stelle zu erwarten. – Wer könnte den Schrecken, die Angst Lucias beschreiben, wer ausdrücken, was in ihrer Seele vorging? Sie riß die entsetzten Augen weit auf vor Angst, ihre fürchterliche Lage zu erkennen, und sie schloß sie alsbald wieder vor Schaudern und Schrecken über diese Fratzen; sie wollte sich losmachen und wurde von allen Seiten gehalten: Sie nahm alle ihre Kraft zusammen und nahm einen Ruck, um zu dem Schlage durchzubrechen, aber vier sehnige Arme hielten sie wie angenagelt auf dem Hintersitz fest, und vier derbe Hände halfen ihnen. Sooft sie den Mund öffnete, um einen Schrei auszustoßen, wurde ihr dieser mit einem Tuche in der Kehle erstickt. Und immerfort wiederholten drei Höllenrachen mit der menschlichsten Stimme, deren sie fähig waren: „Ruhig, ruhig, habt keine Angst; wir wollen Euch nichts zuleide tun." Nach einigen Augenblicken eines so ängstlichen Kampfes schien sie sich zu beruhigen; sie ließ die Arme sinken, der Kopf fiel ihr nach rückwärts, sie hob die Augenlider nur noch mit Mühe, und die Augen blieben unbeweglich: die entsetzlichen Fratzen vor ihr schienen sich ihr in ein ungeheuerliches Gemisch aufzulösen und zu verschwimmen, die Farbe wich aus ihrem Gesicht, ein kalter Schweiß bedeckte es, ihre Kräfte schwanden und sie sank in Ohnmacht. „Auf, auf, Mut", sagte der Geier; „Mut, Mut", wiederholten die andern zwei Schurken. Aber die Betäubung aller Sinne bewahrte Lucia in diesem Augenblicke davor, die Tröstungen dieser entsetzlichen Stimmen zu hören.

„Teufel! sie scheint tot zu sein", sagte der eine von den zweien; „wenn sie nun wirklich tot wäre?"

„Ach was, tot!", sagte der andere; „das ist so eine Ohnmacht, wie sie die Frauen befällt. Ich weiß schon, daß es, wenn ich jemanden habe in die andere Welt schicken wollen, Mann oder Frau, etwas ganz anderes gebraucht hat."

„Unsinn", sagte der Geier; „tut eure Pflicht und kümmert euch sonst um nichts. Zieht die Büchsen aus dem Sitzkasten hervor und haltet sie bereit; in dem Busch, in den wir jetzt kommen, nistet's immer von Gesindel. Nicht so in der Hand, zum Teufel! hinter euch legt sie, der Länge nach; seht ihr denn nicht, daß das ein Hühnchen ist, dem wegen nichts und wieder nichts schwach wird? Wenn sie Waffen sieht, ist sie imstande und stirbt uns wirklich. Und wenn sie zu sich gekommen ist, so hütet euch, ihr Furcht zu machen; rührt sie nicht an, außer ich gebe euch ein Zeichen: sie zu halten, bin ich Manns genug. Und seid ruhig; laßt mich reden." Unterdessen war die Karosse, immerzu rasch dahinrollend, in den Busch gelangt. Nach einiger Zeit begann Lucia wieder zum Bewußtsein zu kommen, wie aus einem tiefen und schweren Schlafe, und öffnete die Augen. Eine Weile mühte sie sich ab, die entsetzlichen Einzelheiten ihrer Umgebung zu unterscheiden und ihre Gedanken zu sammeln; und endlich erfaßte sie von neuem ihre schreckliche Lage. Der erste Gebrauch, den sie von den wiedergekehrten geringen Kräften machte, war, daß sie sich gegen den Schlag warf, um sich hinauszustürzen, aber sie wurde zurückgehalten und konnte nur für einen Augenblick die wilde Einsamkeit der Gegend sehn, durch die sie fuhr. Von neuem stieß sie einen Schrei aus; aber der Graue hob die Hand mit dem Tuche und sagte so sanft, wie er nur konnte: „Geht doch, seid ruhig, das ist das beste für Euch: wir wollen Euch nichts zuleide tun; wenn Ihr aber nicht still seid, so werden wir Euch dazu zwingen."

„Laßt mich gehen! Wer seid Ihr? Wohin bringt Ihr mich? Warum habt Ihr mich ergriffen? Laßt mich gehen, laßt mich gehen!"

„Ich sage Euch noch einmal, habt keine Angst; Ihr seid kein Kind und müßt endlich einmal begreifen, daß wir Euch nichts zuleide tun wollen. Seht Ihr denn nicht ein, daß wir Euch hundertmal hätten töten können, wenn wir etwas Schlechtes im Sinne hätten? Seid also jetzt ruhig."

„Nein, nein, laßt mich meines Weges gehen; ich kenne Euch nicht."

„Aber wir kennen Euch."

„Ach, heiligste Jungfrau! Wieso kennt Ihr mich? Laßt mich gehen, um Gotteswillen. Wer seid Ihr? Warum habt Ihr mich gegriffen?"

„Weil es uns befohlen worden ist."

„Von wem? Von wem? Wer kann es Euch befohlen haben?"

„Ruhig!", sagte nun der Geier mit strengem Gesichte; „an uns stellt man keine solchen Fragen."

Lucia versuchte sich noch einmal gegen den Schlag zu werfen; da sie aber sah, daß es nutzlos war, verlegte sie sich von neuem aufs Bitten und sagte mit gesenktem Haupte, die Wangen von Tränen überströmt, die Stimme vom Weinen unterbrochen und die gefalteten Hände vor den Lippen: „Ach, um Gottes und der heiligsten Jungfrau willen, laßt mich gehen! Was habe ich Euch denn getan? Ich bin ein armes Geschöpf, das Euch nichts getan hat. Was Ihr mir getan habt, das verzeihe ich Euch von Herzen, und ich werde Gott für Euch bitten. Wenn Ihr eine Tochter habt, ein Weib, eine Mutter, so denkt, was die leiden würden, wenn sie in dieser Lage wären. Erinnert Euch, daß wir alle sterben müssen und daß Ihr eines Tages sehnsüchtig verlangen werdet, daß Gott mit Euch barmherzig sei. Laßt mich gehen, laßt mich hier; der Herr wird mich meine Straße finden lassen."

„Wir dürfen nicht."

„Ihr dürft nicht? Warum dürft Ihr nicht? Wohin wollt Ihr mich bringen? Warum ...?"

„Wir dürfen nicht: es ist unnütz; habt keine Angst, wir wollen Euch nichts zuleide tun: seid ruhig, und niemand wird Euch anrühren."

Von der Fruchtlosigkeit ihrer Worte immer mehr entmutigt, bekümmert und bestürzt, wandte sich Lucia an den, der die Herzen der Menschen in einer Hand hält und, wenn er will, auch das härteste erweichen kann. Sie drückte sich, was sie nur konnte, in die Ecke der Karosse, kreuzte die Arme über der Brust und betete eine Weile still für sich; dann nahm sie den Rosenkranz heraus und begann ihn gläubiger und andächtiger als je in ihrem Leben abrollen zu lassen. Von Zeit zu Zeit hielt sie in der Hoffnung, die erflehte Barmherzigkeit erlangt zu haben, inne, um die drei neuerlich zu bitten; aber stets umsonst. Dann fiel sie wieder empfindungslos zurück, und dann erholte sie sich von neuem, um zu neuer Angst aufzuleben.

Aber jetzt versagt uns das Herz, dies noch länger zu schildern; ein allzu schmerzliches Mitleid haftet dem Ziele der Reise zu, die mehr als vier Stunden dauerte und nach der wir noch andere angstvolle Stunden durchzumachen haben werden. Versetzen wir uns auf die Burg, wo die Unglückliche erwartet wurde. Erwartet wurde sie von dem Ungenannten mit einer ungewohnten Unruhe und Bangigkeit. Und seltsam zu sagen: dieser Mann, der über so viele Leben kaltblütig verfügt hatte, der sich bei so vielen Verbrechen aus den von ihm verursachten Schmerzen nichts gemacht, sondern höchstens darin eine wilde Wollust der Rache geschmeckt hatte, fühlte jetzt, wo er an eine Unbekannte, an dieses arme Landmädchen Hand legte, eine Art Schaudern, fast möchte ich sagen, einen Schrecken. Von einem hohen Fenster einer Burg blickte er seit einiger Zeit in der Richtung der Talmündung, und siehe, jetzt zeigte sich die Karosse, und sie kam nur langsam näher; denn der erste Galopp hatte das Feuer der Rose aufgezehrt und ihre Kraft gebändigt. Und obwohl die Karosse von dem Punkte aus, wo er nach ihr ausschaute, nicht größer erschien als eines dieser Wägelchen, die man den Kindern als Spielzeug gibt, erkannte er sie doch sofort und fühlte sein Herz stärker klopfen. Wird sie drinnen sein? war sein erster Gedanke; und er fuhr bei sich fort: Was für Verdruß macht sie mir! Schaffen wir sie uns rasch vom Halse. Und schon wollte er einen seiner Kerle rufen und ihn unverzüglich der Karosse mit dem Befehl für den Geier entgegen schicken, er solle sofort wenden und das Mädchen in die Burg Don Rodrigos bringen. Aber ein gebieterisches Nein, das in seinem Innern erklang, ließ ihm diese Absicht vergehen. Gepeinigt jedoch von der Notwendigkeit, irgendeinen Befehl zu erteilen, und in dem unerträglichen Gefühle, müßig auf diese Karosse warten zu sollen, die langsam wie ein Verrat, was weiß ich? wie eine Züchtigung herankam, ließ er eine alte Dienerin rufen. Diese war in eben dieser Burg als Tochter eines alten Burgwarts geboren und hatte hier ihr ganzes Leben verbracht. Was sie hier von der frühesten Kindheit angesehen und gehört hatte, hatte ihr eine großartige und schreckliche Meinung von der Macht ihrer Herrenleute eingeprägt, und der Hauptgrundsatz, den sie aus den Unterweisungen und den Beispielen gezogen hatte, war, daß man ihnen in allem gehorchen müsse, weil sie viel Gutes und viel Böses tun konnten. Der wie ein Keim in das Herz aller Menschen gelegte Gedanke der Pflicht, der sich in dem ihrigen mit den Gefühlen von knechtischer Ehrfurcht, Angst und Habgier entwickelte, hatte sich diesen gesellt und anbequemt. Als der Ungenannte, Herr geworden, seine Macht so entsetzlich zu gebrauchen anfing, erfuhr sie einen gewissen Abscheu zugleich mit einem tieferen Gefühl der Untertänigkeit. Mit der Zeit gewöhnte sie sich dann an das, was alltäglich vor ihren Augen und ihren Ohren vorging: der mächtige und zügellose Wille eines so großen Herrn war für sie wie ein unvermeidliches Gericht. Schon ziemlich bei Jahren hatte sie einen Diener des Hauses geheiratet, und der ließ bald darauf bei einem gefährlichen Unternehmen seine Knochen auf der Straße und sie als Witwe in der Burg. Die Rache, die der Herr sofort nahm, gab ihr einen wilden Trost und steigerte ihren Stolz, unter einem solchen Schutze zu stehen. Von nun an setzte sie nur noch selten den Fuß vor die Burg, und nach und nach verblieben ihr von dem menschlichen Leben schier keine anderen Vorstellungen mehr, als die sie an diesem Orte aufnahm. Ihr waren keine besonderen Verrichtungen zugewiesen, aber bei dieser Menge von Reisigen gab ihr alle Augenblicke der eine oder der andere etwas zu tun; und das war ihr Ärger. Bald hatte sie ein zerlumptes Wams zu flicken, bald einem, der von einer Sendung heimkam, rasch ein Essen zu bereiten, bald Verwundete zu pflegen. Dazu waren die Befehle, die Vorwürfe, die Danksagungen dieser Kerle mit Spott und Schimpf gewürzt: „Alte", das war ihr gewöhnlicher Anruf, und die Beifügungen, die etliche immer daran hängten, wechselten nach den Umständen und nach der Laune des Freundes. Und also in ihrer Faulheit gestört und in ihrer Bosheit gereizt – denn das waren zwei ihrer vorherrschenden Leidenschaften – vergalt sie diese Höflichkeiten mit Worten, in denen Satan mehr als in denen der Herausforderer seinen Geist erkannt hätte.

„Du sieht diese Karosse da unten", sagte der Herr zu ihr.

„Jawohl", antwortete die Alte, das Kinn vorstreckend und die tiefliegenden Augen schier über den Rand der Höhlung herausdrückend.

„Laß sofort eine Sänfte zurechtmachen, steig hinein und laß dich zur Schlimmen Nacht hinuntertragen. Sofort, sofort, damit du vor dieser Karosse zur Stelle bist, die mit dem Schritt des Todes herankommt. In dieser Karosse ist ... soll... ein Mädchen sein. Ist sie drin, so sag dem Geier in meinem Namen, er soll sie in die Sänfte setzen, und dann soll er zu mir kommen. Du bleibst in der Sänfte bei ... dem Mädchen, und heroben führst du sie in deine Kammer. Wenn sie dich fragt, wohin du sie bringst, wem die Burg gehört, so hüte dich..."

„O", sagte die Alte.

„Aber", fuhr der Unbekannte fort, „sprich ihr Mut zu."

„Was soll ich sagen?"

„Was du ihr sagen sollst? Mut sprich ihr zu, sage ich dir noch einmal. So alt bist du geworden und weißt noch nicht, wie man, wenn's not tut, einem Geschöpf Mut zuspricht! Hast du nie Herzweh gehabt? Nie Furcht? Weißt du nicht, was für Worte in solchen Augenblicken wohltun? Sag ihr so etwas; erfinde etwas, zum Teufel! Geh jetzt!"

Und als sie gegangen war, blieb er noch eine Weile am Fenster, das Auge auf die Karosse geheftet, die nun schon viel größer erschien; dann hob er es zu der Sonne, die sich in diesem Augenblicke hinter den Bergen verbarg, und betrachtete dann darüber die verstreuten Wolken, deren dunkle Färbung sich mit einem Schlage in Feuer verwandelte. Er trat zurück, schloß das Fenster und begann im Zimmer auf und ab zu gehen mit dem Schritt eines eilfertigen Wanderers.

21. KAPITEL.

DIE Alte war gelaufen, um zu gehorchen sowohl, als auch um zu befehlen, dies kraft des Namens, der, von wem immer er an diesem Ort ausgesprochen wurde, allen Beine machte; denn niemandem wäre es in den Sinn gekommen, daß jemand so verwegen sein könnte, sich seiner fälschlich zu bedienen. Sie traf wirklich ein bißchen vor der Karosse bei der Schlimmen Nacht ein; und als sie sie herankommen sah, stieg sie aus der Sänfte, gab dem Kutscher ein Zeichen zu halten und trat an den Schlag und meldete dem Geier, der den Kopf heraus streckte, mit halblauter Stimme die Befehle des Herrn. Bei dem Halten der Karosse fuhr Lucia zusammen und kam von einer Art Betäubung zu sich. Sie fühlte ihr Blut von neuem erstarren, riß Mund und Augen auf und schaute. Der Geier hatte sich zurückgezogen, und die Alte sagte, das Kinn im Schlage und Lucia betrachtend: „Kommt, Kleine, kommt, Ärmste; kommt mit mir, ich habe Auftrag, Euch gut zu behandeln und Euch Mut zu machen."

Bei dem Klange einer weiblichen Stimme fühlte die Ärmste eine augenblickliche Tröstung und Beruhigung; aber sofort fiel sie in ein tieferes Entsetzen zurück.

„Wer seid Ihr?", sagte sie mit zitternder Stimme, den bestürzten Blick auf das Gesicht der Alten geheftet.

„Kommt, kommt, Ärmste", wiederholte diese.

Der Geier und die andern zwei, die aus der so außerordentlich besänftigten Redeweise der Alten Schlüsse zogen, welcher Art die Absichten des Herrn sein mochten, trachteten die Niedergeschlagene mit guten Worten zum Gehorsam zu bringen. Aber sie schaute nur immerzu hinaus; und obwohl ihr der wilde und unbekannte Ort und die Sicherheit ihrer Hüter keine Hoffnung auf Hilfe aufkommen ließen, öffnete sie doch den Mund zu einem Schrei; als sie aber den Geier Augen machen sah, die mit dem Tuche drohten, verhielt sie den Schrei und wand sich und wurde ergriffen und in die Sänfte gehoben.

Die Alte stieg zu ihr ein; der Geier sagte den andern zwei Bösewichtern, sie sollten hinterdrein gehen, und machte sich eilig an den Aufstieg, um sich den Befehlen eines Herrn zu stellen.

„Wer seid Ihr?", fragte Lucia ängstlich das unbekannte und widerwärtige Gesicht. „Was wollt Ihr von mir? Wo bin ich? Wohin bringt Ihr mich?"

„Zu einem, der Euch wohl will", antwortete die Alte, „zu einem großen … Glücklich die, denen er wohl will! Es ist Euch nur zum Guten, nur zum Guten. Habt keine Angst, seid lustig; er hat mir befohlen, Euch Mut zuzusprechen. Ihr werdet es ihm sagen, he? daß ich Euch Mut zugesprochen habe?"

„Wer ist es? Warum? Was will er von mir? Ich gehöre ihm nicht zu. Sagt mir, wo ich bin; laßt mich gehen. Sagt denen, sie sollen mich gehen lassen, sie sollen mich in irgendeine Kirche bringen. Ach, Ihr, die Ihr eine Frau seid, im Namen der Jungfrau Maria ….!"

Dieser heilige, süße Name, den sie in ihren ersten Jahren oft mit Ehrfurcht ausgesprochen und dann eine so lange Zeit nicht angerufen, ja vielleicht nicht einmal gehört hatte, wirkte auf das Gemüt der Unseligen, die ihn in diesem Augenblicke hörte, mit einem verworrenen, absonderlichen, linden Eindruck, wie die Erinnerung an das Licht in einem seit der Kindheit erblindeten Greise. — Unterdessen blickte der Ungenannte, unter dem Burgtor stehend, hinab; und er sah die Sänfte langsam herankommen wie früher die Karosse und ein sich jeden Augenblick verringerndes Stück voran den Geier laufen. Als der auf der Höhe angelangt war, winkte er ihm, ihm zu folgen, und trat mit ihm in ein Zimmer der Burg.

„Also?", sagte er, stehenbleibend.

„Alles pünktlich geschehen", sagte sich verneigend der Geier. „Die Nachricht pünktlich, das Mädchen pünktlich, niemand am Orte, ein einziger Schrei, keine

Neugierigen, der Kutscher fertig, die Rosse tüchtig, niemandem begegnet; aber ..."

„Was, aber?"

„Aber ... ich sage die Wahrheit, es wäre mir lieber gewesen, hätte der Befehl gelautet, sie von hinten niederzuschießen, ohne sie reden hören zu müssen, ohne ihr ins Gesicht sehen zu müssen."

„Was? was? Was willst du damit sagen?"

„Ich will sagen, daß ich die ganze Zeit, die ganze Zeit ... Ich habe zuviel Mitleid gehabt."

„Mitleid? Was weißt du von Mitleid? Was ist das, Mitleid?"

„Ich habe es nie so gut begriffen wie dieses Mal; mit dem Mitleid ist es schier so eine Geschichte wie mit der Angst: läßt man sich davon packen, ist man kein Mann mehr."

„Laß hören, wie sie es angestellt hat, dich zu Mitleid zu rühren."

„Ach, erlauchter Herr! So lange Zeit...! Weinen, bitten, so gewisse Augen machen, bleich, ganz bleich werden wie eine Tote und dann schluchzen und wieder bitten und so gewisse Worte ..."

Ich will sie nicht im Hause, dachte unterdessen der Unbekannte. Ich war dumm, mich zu verpflichten; aber nun habe ich es einmal versprochen. Wenn sie wieder weg sein wird... Und indem er den Kopf mit befehlender Gebärde dem Geier zuwandte, sagte er: „Jetzt laß das Mitleid beiseite; steig zu Pferde, nimm einen Gesellen oder, wenn du willst, zwei und reite rasch zu Don Rodrigo, du kennst ihn. Sag ihm, er soll jemanden schicken ... aber rasch, rasch, denn sonst ..." Aber ein zweites innerliches Nein, gebieterischer als das erste, hinderte ihn zu vollenden. „Nein", sagte er entschlossenen Tones, wie um sich selber den Befehl dieser geheimen Stimme zu wiederholen, „nein; geh dich ausruhen: und morgen ... werde ich dir sagen, was du zu tun hast." Einen Teufel hat sie zur Seite, dachte er dann, als er, allein geblieben, mit auf der Brust verschränkten Armen dastand und mit unbeweglichen Augen auf die Steinfliesen blickte, wo der Mondstrahl, bei einem hohen Fenster hereindringend, ein Viereck bleichen Lichtes zeichnete, das von dem starken Eisengitter schachbrettartig durchschnitten und durch die dünnen Linien der Glasscheiben in noch kleinere Felder zerschnitten wurde. Irgend ein Teufel ist's oder ... irgendein Engel, der sie beschützt ... Mitleid beim Geier!... Morgen, morgen früh, weg mit ihr; ihrem Schicksal zu, und man spricht nicht mehr von ihr, und – so fuhr er bei sich fort in dem Sinne, in dem man einem ungefügigen Knaben befiehlt, obwohl man weiß, daß er nicht gehorchen wird – und man denkt nicht mehr an sie. Dieses Vieh von Don Rodrigo soll mir nur nicht kommen, um mir den Schädel mit Danksagungen warm zu machen; denn ... ich mag nicht mehr von ihr reden hören. Ich bin ihm gefällig gewesen ... weil ich es versprochen habe, und versprochen habe ich es, weil es ... mein Geschick ist. Aber diese Gefälligkeit soll er mir teuer bezahlen. Wir wollen einmal sehen ..."

Und er wollte etwas recht Heikles ausgrübeln, was er von ihm hätte zur Vergeltung und schier zur Buße heischen können; aber von neuem stellten sich ihm die Worte quer in den Sinn: Mitleid beim Geier! – Wie mag sie es angestellt haben, fuhr er fort, hingerissen von diesem Gedanken. Ich will sie sehen... Ach! nein ... Ja, ich will sie sehen.

Und aus einem Zimmer ins andere kam er zu einer Stiege, tappte sich hinauf, ging zu der Kammer der Alten und stieß mit dem Fuß an die Tür.

„Wer ist's?"

„Öffnen."

Bei dieser Stimme tat die Alte drei Sätze; und schon fuhr der Riegel geräuschvoll durch die Ringe, und die Tür stand offen. Von der Schwelle aus warf der Ungenannte einen Blick umher; und bei dem Schein einer Lampe, die auf einem Tischchen brannte, sah er Lucia in dem von der Tür am weitesten entfernten Winkel auf der Erde kauern.

„Wer hat dir gesagt, daß du sie wie einen Sack Lumpen dorthin werfen sollst, niederträchtiges Weibsbild?", sagte er mit zornigem Stirnrunzeln zur Alten.

„Sie hat sich gesetzt, wo es ihr beliebte", antwortete die demütig; „ich habe alles getan, um ihr Mut zu machen, das kann sie selber sagen: aber es war alles umsonst."

„Erhebt Euch", sagte der Ungenannte nähertretend zu Lucia.

Aber Lucia, der das Pochen, das Öffnen, das Erscheinen dieses Mannes und seine Worte einen neuen Schrecken in ihr erschrockenes Herz gejagt hatten, drückte sich noch mehr in den Winkel, das Gesicht in die Hände verborgen und ohne eine andere Bewegung als das Zittern des ganzen Körpers.

„Erhebt Euch; ich will Euch nichts Böses tun ... und kann Euch Gutes tun", wiederholte der Herr ... „Erhebt Euch", klang dann wieder diese Stimme, unwillig, zweimal umsonst befohlen zu haben.

Wie durch den Schrecken wieder gekräftigt, erhob sich die Unglückliche augenblicklich auf die Knie; und indem sie die Hände faltete wie vor einem Bilde, hob sie die Augen zu dem Gesichte des Ungenannten und sagte, sie alsbald wieder senkend „Da bin ich; tötet mich."

„Ich habe Euch gesagt, ich will Euch nichts Böses tun", antwortete mit gemilderter Stimme der Ungenannte, indem er dieses von Kummer und Schrecken verstörte Gesicht betrachtete.

„Mut, Mut", sagte die Alte; „wenn er Euch schon sagt, daß er Euch nichts Böses will..."

„Und warum", begann Lucia mit einer Stimme, aus der samt dem Zittern der Angst doch eine gewisse Sicherheit der verzweifelten Empörung klang, „warum lassen Sie mich denn die Pein der Hölle leiden? Was habe ich Ihnen getan?"

„Haben sie Euch etwa mißhandelt? Sprecht."

„Mißhandelt? Gegriffen haben sie mich tückisch, mit Gewalt! Warum? Warum haben sie mich gegriffen? Warum bin ich hier? Wo bin ich? Ich bin ein armes Geschöpf: was habe ich Ihnen getan? Im Namen Gottes ..."

„Gottes, Gottes", fiel der Ungenannte ein; „immer Gott: wer sich nicht selber wehren kann, wer nicht die Kraft hat, führt immer diesen Gott ins Feld, als ob er mit ihm gesprochen hätte. Was bezweckt Ihr mit diesem Worte? Mich dazu zu bringen, daß ich ..." Und er ließ den Satz unvollendet.

„Ach, Herr, bezwecken! Was kann ich Elende bezwecken, als daß Sie Barmherzigkeit mit mir üben? Gott verzeiht so viel für ein Werk der Barmherzigkeit! Lassen Sie mich gehen; lassen Sie mich aus Mitleid gehen! Es ist nicht recht, daß jemand, der eines Tages sterben muß, ein armes Geschöpf so viel leiden läßt. Ach! Sie können befehlen; sagen Sie, daß man mich gehen lasse. Sie haben mich mit Gewalt hierhergebracht. Schicken Sie mich mit dieser Frau nach *; dort ist meine Mutter. Ach, heiligste Jungfrau! Meine Mutter! Meine Mutter! Barmherzigkeit, meine Mutter! Es ist wohl nicht weit von hier ... ich habe meine Berge gesehen! Warum lassen Sie mich leiden? Lassen Sie mich in eine Kirche bringen. Ich werde für Sie beten, mein ganzes Leben lang. Was kostet es Sie, ein Wort zu sagen? Ach, siehe; das Mitleid rührt Sie: sagen Sie ein Wort, sagen Sie es. Gott verzeiht so viel für ein Werk der Barmherzigkeit!"

Warum ist sie denn nicht die Tochter eines dieser Hunde, die mich verbannt haben, dachte der Ungenannte, eines dieser Schufte, die mich am liebsten tot sähen! Da würde ich mich jetzt weiden an ihrem Gekreisch; anstatt dessen ...

„Verjagen Sie nicht eine gute Eingebung", fuhr Lucia fort, die aus einer gewissen Unschlüssigkeit, die sie in dem Gesichte und dem Gehaben ihres Tyrannen wahrnahm, wieder Mut geschöpft hatte. „Wenn nicht Sie dieses Mitleid mit mir haben, wird es der Herr haben: er wird mich sterben lassen, und für mich wird es dann zu Ende sein; für Sie aber! ... Vielleicht kommt auch für Sie ein Tag... Aber nein, nein; immer werde ich zu dem Herrn beten, er möge Sie vor allem Übel bewahren. Was kostet es Sie, ein Wort zu sagen? Wenn Sie diese Pein fühlten ....!"

„Nicht so, faßt Mut", unterbrach sie der Ungenannte mit einer Milde, die die Alte verdutzt machte. „Habe ich Euch etwas Böses getan? Habe ich Euch gedroht?"

„Nein, nein! Ich sehe, daß Sie ein gutes Herz haben und daß Sie Mitleid fühlen mit mir armen Geschöpf. Wenn Sie wollten, könnten Sie mir mehr Angst machen als all die andern, könnten Sie mich sterben lassen; und anstatt dessen haben Sie mir ... das Herz ein wenig beruhigt. Gott vergelte es Ihnen! Vollenden Sie das Werk der Barmherzigkeit; lassen Sie mich frei, lassen Sie mich frei."

„Morgen früh..."

„Lassen Sie mich jetzt frei, sofort ..."

„Morgen früh werden wir uns wiedersehen, wollte ich sagen. Unterdessen seid getrost. Ruht Euch aus. Ihr müßt das Bedürfnis zu essen haben. Man wird Euch etwas bringen."

„Nein, nein, ich sterbe, wenn jemand hereinkommt: ich sterbe. Führen Sie mich in die Kirche ... diese Schritte wird Ihnen Gott zählen."

„Es wird eine Frau kommen und Euch zu essen bringen", sagte der Ungenannte; und dies gesagt, war er selbst erstaunt, daß ihm eine solches Auskunftsmittel in den Sinn gekommen war und daß er das Bedürfnis empfunden hatte, eines zu suchen, um ein Frauenzimmer zu beruhigen.

„Und du", begann er sofort wieder, indem er sich zu der Alten wandte, „du rede ihr zu, daß sie ißt. Sie soll sich in dieses Bett schlafen legen, und will sie dich zur Gesellschaft, meinetwegen; wenn nicht, so kannst du auch einmal eine Nacht auf dem Boden schlafen. Sprich ihr zu, sage ich dir; sieh zu, daß sie munter wird. Und daß sie sich ja nicht über dich zu beklagen hat!" Nach diesen Worten schritt er rasch auf die Tür zu.

Lucia sprang auf und lief ihm nach, um ihn zurückzuhalten und ihre Bitte zu erneuern; aber er war schon verschwunden. „Ach, ich Ärmste! Schließt zu, schließt schnell zu." Und als sie gehört hatte, wie die Flügel zufielen und der Riegel zurückfuhr, kauerte sie sich wieder in ihren Winkel. „Ich Ärmste!", rief sie von neuem schluchzend; „wen bitte ich jetzt? Wo bin ich? Sagt es mir, sagt es mir, um Gottes willen, wer ist dieser Herr ... der mit mir gesprochen hat?"

„Wer er ist, he? Wer er ist? Ich soll es Euch sagen, meint Ihr. Aber da könnt Ihr lange warten. Weil er Euch in Schutz nimmt, seid Ihr schon hochmütig geworden; Ihr wollt Euern Willen haben, und ich soll hineinfallen. Fragt ihn doch selber. Wenn ich Euch auch darin nachgäbe, ich bekäme nicht so gute Worte, wie

Ihr sie bekommen habt. Ich bin alt, ich bin alt", fuhr sie fort, zwischen den Zähnen murmelnd. „Vermaledeit die jungen, deren Lärvchen hübsch bleiben, ob sie weinen oder lachen, und die immer recht haben." Da sie aber Lucia schluchzen hörte und ihr der Befehl des Herrn drohend einfiel, beugte sie sich nieder zu der armen in ihren Winkel Verkrochenen und sagte mit milder Stimme: „Nein, nein, ich habe es nicht böse gemeint; seid guten Mutes. Fragt mich nicht um Dinge, die ich nicht sagen darf; und im übrigen seid getrost. Ach, wenn Ihr wüßtet, was für Leute glücklich wären, ihn so reden zu hören, wie er zu Euch geredet hat! Seid guten Mutes, jetzt wird gleich das Essen kommen; und was ich nach ... nach dem, wie er mit Euch gesprochen hat, abnehme, wird es nicht schlecht sein, Und dann geht Ihr zu Bett und ... ein Eckchen, hoffe ich", setzte sie mit einer gegen ihren Willen ärgerlichen Stimme hinzu, „laßt Ihr wohl auch mir."

„Ich will nichts essen, ich will nicht schlafen. Laßt mich, wie ich bin; kommt nicht heran. Geht nicht weg!"

„Nein, nein", sagte die Alte, indem sie sich zurückzog und auf einen elenden Stuhl setzte, um von hier aus der Armen gewisse Blicke des Schreckens zugleich und des Neides zuzuwerfen; und dann blickte sie auf ihr Bett, sich kränkend, daß sie vielleicht die ganze Nacht daraus ausgeschlossen sein werde, und über die Kälte brummend. Ein wenig erheiterte sie sich aber mit dem Gedanken an das Mahl und mit der Hoffnung, daß auch für sie etwas abfallen werde. Lucia merkte nichts von der Kälte, fühlte keinen Hunger und hatte wie betäubt, von ihrem Schmerze, ja selbst von ihrem Schrecken nur eine verworrene Empfindung, ähnlich den Bildern, die ein Fiebernder träumt. Sie fuhr zusammen, als sie klopfen hörte; und indem sie das erschrockene Gesicht hob, schrie sie: „Was ist denn? Was ist denn? Niemand soll kommen."

„Es ist nichts, es ist nichts", sagte die Alte; „gute Neuigkeiten. Marta bringt zu essen."

„Schließt zu, schließt zu", schrie Lucia. „Ih! Sofort, sofort!", antwortete die Alte; und nachdem sie aus den Händen dieser Marta einen Korb genommen hatte, schickte sie sie weg, schloß zu und stellte den Korb auf den Tisch mitten in der Kammer. Dann lud sie Lucia zu mehreren Malen ein, zu kommen und etwas von den guten Sachen zu genießen. Sie wandte die nach ihrer Meinung wirksamsten Worte an, um der Armen Appetit zu machen, und erging sich in Ausrufungen über die Köstlichkeit der Speisen: „Das sind Bissen, an die Leute wie unsereins, wenn sie sie verkosten dürfen, eine hübsche Weile zurückdenken. Wein, wie ihn der Herr mit seinen Freunden trinkt ... wenn sie manchmal zu Besuch kommen ...! und wenn sie lustig sein wollen! Hm!" Als sie aber sah, daß all die Beschwörungen nichts fruchteten, sagte sie: „Ihr wollt also nicht. Da sagt aber nicht dann morgen früh, daß ich Euch nicht zugeredet hätte. Ich werde essen; und es wird mehr als genug für Euch bleiben, wenn Ihr Vernunft annehmen und gehorchen wollt." Dies gesagt, begann sie gierig zu essen. Als sie satt war, stand sie auf, ging zu dem Winkel hin und lud Lucia, indem sie sich zu ihr niederbeugte, von neuem ein, zu essen und dann zu Bett zu gehen. „Nein, ich will nichts", antwortete diese mit müder und schlaftrunkener Stimme. Dann sagte sie mit mehr Entschiedenheit: „Ist die Tür verschlossen? Gut verschlossen?" Und nachdem sie in der Kammer herumgeblickt hatte, stand sie auf und ging, die Hände vor sich gestreckt, mit argwöhnischen Schritten auf die Tür zu.

Die Alte lief vor ihr hin, faßte den Riegel, rüttelte daran und sagte: „Hört Ihr? Seht Ihr? Ist sie gut verschlossen? Seid Ihr jetzt zufrieden?"

„Ach, zufrieden! Ich hier zufrieden!", sagte Lucia, indem sie sich wieder in ihren Winkel zurückzog. „Aber der Herr weiß, daß ich hier bin."

„Kommt ins Bett: wollt Ihr denn da liegen wie ein Hund? Wäre es nicht unerhört, eine Bequemlichkeit zurückzuweisen, wenn man sie haben kann?"

„Nein, nein, laßt mich, wo ich bin."

„Bleibt, wo Ihr wollt. Schaut, ich lasse Euch den guten Platz und lege mich an den Rand; ich werde Euretwegen unbequem liegen. Wenn Ihr ins Bett kommen wollt, so wißt Ihr, was Ihr zu tun habt. Erinnert Euch, daß ich Euch oft genug gebeten habe." Mit diesen Worten zog sie, ohne sich ausgekleidet zu haben, die Decke über sich; und alles war still. Lucia blieb regungslos in dem Winkel, ganz zusammengekauert, die Knie in die Höhe gezogen, die Arme auf die Knie gestützt und das Gesicht in den Händen verborgen. Es war weder ein Schlafen, noch ein Wachen, sondern ein jähes Aufeinanderfolgen, ein trübes Abwechseln von Gedanken, Bildern und Ängstigungen. Bald schickte sie sich, bei besserem Bewußtsein und deutlicherer Erinnerung an die an diesem Tage gesehenen und erduldeten schrecklichen Dinge, schmerzlich in die Umstände der dunklen und entsetzlichen Wirklichkeit, die sie umschloß; bald kämpfte der in eine noch dunklere Gegend versetzte Geist wider die aus der Ungewißheit und dem Schrecken entstandenen Gespenster. Als sie nach einer Zeitlang durch diese Angst mehr ermattet und abgeschlagen als je war, entspannte sie endlich die gepeinigten Glieder, streckte sich oder fiel ausgestreckt hin und verblieb eine Weile in einem Zustand, der einem wirklichen Schlaf einigermaßen ähnelte. Auf einmal erwachte sie aber wie auf einen inneren Ruf und empfand das Bedürfnis, völlig zu erwachen und alle ihre Gedanken zusammenzunehmen, um zu erkennen, wo sie sei, wieso und warum. Sie horchte auf ein Geräusch: es war das langsame, röchelnde Schnarchen der Alten; sie riß die Augen auf und sah eine schwache Helligkeit abwechselnd erscheinen und verschwinden: das war der Lampendocht, der, dem Verlöschen nahe, ein zitterndes Licht von sich gab und es plötzlich, sozusagen, zurückzog, ähnlich dem Kommen und Gehen der Flut am Ufer: und dieses Licht, das die Gegenstände floh, bevor sie in Form und Farbe hätten deutlicher hervortreten können, zeigte dem Blicke nichts als ein wüstes Durcheinander. Bald aber halfen ihr die jüngsten Eindrücke, die ihr neuerlich vor die Seele traten, unterscheiden, was den Sinnen verworren erschien. Die erwachte Unglückliche erkannte ihr Gefängnis wieder, die ganzen Erinnerungen des schrecklichen Tages drangen zugleich mit all den Schrecken der Zukunft auf sie ein, ja selbst diese neue Ruhe nach so viel Aufregungen, diese Art von Ruhe, diese Einsamkeit verursachten ihr ein neues Entsetzen, und die Kümmernis wurde so mächtig über sie, daß sie sich zu sterben sehnte. In diesem Augenblicke erinnerte sie sich jedoch, daß sie wenigstens beten konnte, und zugleich mit diesem Gedanken ging ihr im Herzen etwas wie eine unerwartete Hoffnung auf. Sie nahm wieder ihren Rosenkranz und begann wieder die Gebete zu sprechen; und je länger ihr diese über die bebenden Lippen flossen, desto mehr fühlte sie in ihrem Herzen eine noch unbestimmte Zuversicht wachsen. Plötzlich fuhr ihr noch ein anderer Gedanke durch den Sinn, daß nämlich ihr Gebet angenehmer und der Erhörung sicherer sein werde, wenn sie in ihrer Hilflosigkeit auch ein Opfer darbringe. Sie sann nach, was ihr am teuersten sei oder was ihr am teuersten gewesen sei; denn in diesem Augenblicke vermochte ihr Gemüt kein anderes Gefühl zu empfinden als das des Schreckens und keine andere Sehnsucht zu fassen als die nach der Befreiung: sie entsann sich dessen und entschloß sich als bald, es als Opfer darzubringen.

Sie erhob sich, kniete nieder, hob, indem sie die Hände, an denen der Rosenkranz herabhing, gefaltet vor der Brust hielt, Gesicht und Augen zum Himmel und sagte: „O heiligste Jungfrau! Du, der ich mich so oft befohlen habe und die du mich so oft getröstet hast! Du, die du so viel Schmerzen erduldet hast und nun in so erhabener Glorie bist und für die armen Bedrückten so viel Wunder getan hast, hilf mir! Laß mich dieser Gefahr entrinnen, laß mich heil zurückkehren zu meiner Mutter, o Mutter des Herrn; und ich gelobe dir, Jungfrau zu bleiben, und entsage für immer meinem armen Geliebten, um niemandem sonst zu eigen zu sein als dir."

Nachdem sie diese Worte gesprochen hatte, senkte sie das Haupt und legte sich den Rosenkranz um den Hals, gleichsam als ein Zeichen der Weihung und zugleich als eine Schutzwaffe der neuen Streiterschar, der sie sich zugesellt hatte. Als sie sich dann wieder auf den Boden gesetzt hatte, fühlte sie, wie in ihre Seele eine gewisse Ruhe einzog, eine reichlichere Zuversicht. Es fiel ihr dieses „Morgen früh" ein, das der unbekannte mächtige Herr wiederholt gesagt hatte, und sie glaubte in diesem Worte ein Versprechen der Rettung sehen zu dürfen. Die von so viel Kämpfen ermatteten Sinne schläferten sich ein wenig bei dieser Beruhigung der Gedanken ein, und schließlich, als es schon bald Tag war, entschlief Lucia, den Namen ihrer Beschützerin abgebrochen auf den Lippen, zu einem tiefen und anhaltenden Schlafe.

Aber es war noch jemand anderer in dieser selbigen Burg, der gern dasselbe getan hätte, es aber nicht konnte. Als er von Lucia gegangen oder schier entflohen war und den Auftrag wegen ihres Essens erteilt hatte, machte er den gewohnten Rundgang in der Burg; dann eilte er, immer mit diesem lebendigen Bilde vor seinem Geiste und mit diesen seinem Ohre widerklingenden Worten, in ein Zimmer, schloß sich hastig ein, als hätte er sich gegen eine Rotte Feinde zu verrammeln gehabt, kleidete sich eiligst aus und ging zu Bett. In diesem Augenblicke aber schien ihm das Bild, das ihm mehr als je gegenwärtig war, zu sagen: Du wirst nicht schlafen. – Was für eine alberne Frauenzimmerneugier, dachte er, ist mich angekommen, sie zu sehen? Dieses Vieh von einem Geier hat recht: man ist kein Mann mehr; es ist wahrhaftig so: man ist kein Mann mehr! ... Ich? ... ich bin kein Mann mehr, ich? Was ist denn geschehen? Was zum Teufel ist in mich gefahren? Was hat sich denn geändert? Habe ich denn nicht schon früher gewußt, daß die Weiber kreischen? Kreischen doch auch die Männer manchmal, wenn sie sich nicht wehren können. Was zum Teufel! Habe ich denn noch nie Weiber winseln hören? Und ohne daß er sich hätte besonders anzustrengen brauchen, um im Gedächtnis nachzuforschen, stellte ihm nun das Gedächtnis von selber mehr als einen Fall vor, wo ihn weder Bitten noch Klagen irgendwie von der Ausführung einer Entschlüsse hatten abbringen können. Anstatt daß ihm aber die Erinnerung an jene Händel die Festigkeit, woran es ihm jetzt bei diesem gebrach, zurückgegeben hätte, anstatt daß sie in einer Seele dieses lästige Mitleid getilgt hätte, verursachte sie ihm eine Art Schrecken, sozusagen einen Anfall von Reue, so daß er einen Trost empfand, zu diesem ersten Bilde, dem Bilde Lucias, zurückzukehren, wogegen er seinen Mut neu zu wappnen getrachtet hatte. Sie ist am Leben, dachte er, und ist hier; ich bin in der Lage, zu ihr zu gehen und zu ihr zu sagen: Geht, seid getrost, ich kann sehen, wie sich ihr Gesicht verwandelt, ich kann auch zu ihr sagen: Verzeiht mir ... Verzeiht mir? Ich um Verzeihung bitten? Ein Weib? Ich...! Und doch! Wenn mir ein Wort, ein solches Wort wohltun, wenn es mir diese Teufelei ein wenig vom Halse schaffen könnte, ich würde es sagen; ach, ich fühle es, ich würde es sagen. Wie weit ist es mit mir gekommen! Ich bin kein Mann mehr, ich bin kein Mann mehr!... Nein! sagte er dann, indem er sich in dem hart, hart gewordenen Bett unter den nun schwer, schwer auf ihm lastenden Decken ungestüm herumwarf; nein! Das sind Albernheiten, die mir auch sonst schon durch den Kopf gegangen sind. Auch dieses Mal wird vorbeigehen. Und um es vorbeigehen zu lassen, suchte er in seinem Sinne nach etwas Wichtigem, nach einem dieser Dinge, die ihn stark zu beschäftigen pflegten, um sich ihm ganz hinzugeben; aber er fand nichts. Alles schien ihm verwandelt: was sonst seine Begierden am meisten gereizt hatte, hatte nichts Begehrliches mehr: die Leidenschaft wollte wie ein Pferd, das plötzlich vor einem Schatten gescheut hat, nicht weiter.

Bei den Gedanken an eingeleitete und noch nicht abgeschlossene Unternehmungen fühlte er, statt sich zur Durchführung zu ermutigen, statt sich über die Hindernisse zu erbosen – denn der Zorn wäre ihm in diesem Augenblicke süß gewesen – eine Traurigkeit, ja schier einen Schrecken über die schon getanen Schritte. Die Zeit trat ihn an, leer jedes Zweckes, jeder Beschäftigung, jedes Willens, erfüllt nur von unerträglichen Erinnerungen, und alle Stunden ähnelten der, die so langsam, so drückend an ihm vorbeiging. Im Geiste versammelte er sich alle seine Bösewichter und fand keinem von ihnen etwas zu befehlen, woran ihm gelegen gewesen wäre; hingegen war schon der Gedanke, sie wiederzusehen, sich unter ihnen zu befinden, eine neue Pein, ein Gedanke des Schreckens und des Verdrusses. Und wenn er ein Geschäft, ein tunliches Werk für morgen ausfindig machen wollte, so mußte er daran denken, daß er morgen die Ärmste freilassen konnte. Ich werde sie freilassen, jawohl; kaum daß es tagt, will ich zu ihr laufen und zu ihr sagen: Geht, geht. – Ich werde sie geleiten lassen ... Und das Versprechen? Und die Verpflichtung? Und Don Rodrigo? ... Wer ist Don Rodrigo?

Als wäre er plötzlich von einem Höheren mit einer verfänglichen Frage überrascht worden, dachte der Ungenannte sofort über die Beantwortung dieser nach, die er sich selber oder die ihm besser jenes neue Ich in ihm gestellt hatte, das, mit einem Male schrecklich gewachsen, aufstand, um das alte zu richten. Er begann also die Gründe durchzugehen, die ihn, noch bevor er gebeten worden wäre, hatten bestimmen können, diesem Manne zuliebe die Verpflichtung auf sich zu nehmen, eine unbekannte Unglückliche ohne Haß, ohne Furcht so viel leiden zu lassen; aber geschweige, daß es ihm gelungen wäre, Gründe zu finden, die ihm in diesem Augenblicke hätten gut scheinen oder die Tat entschuldigen können, so wußte er sich schier selber nicht zu erklären, wie er sich dazu hatte verleiten lassen. Dieser Wunsch – denn das war er eher als eine Überlegung – war eine augenblickliche Regung der Seele gewesen, die alten und gewohnten Trieben gehorchte, eine Folge von tausend vorhergegangenen Handlungen; und der gepeinigte Mann, der sich selber verhörte, um sich über eine einzige Handlung Rechenschaft zu geben, fand sich in die Untersuchung eines ganzen Lebens vertieft. Rückwärts und rückwärts, von Jahr zu Jahr, von Tat zu Tat, von Blut zu Blut, von Ruchlosigkeit zu Ruchlosigkeit; und jede Einzelheit erschien vor der einst mitwissenden und nun unwissenden Vernunft losgetrennt von den Gefühlen, die den Willen dazu und die Ausführung veranlaßt hatten, erschien mit einer Ungeheuerlichkeit, deren Wahrnehmung jene Gefühle damals nicht zugelassen hatten. Alle waren sie die seinigen, alle waren er: der Schrecken dieses bei jedem jener Bilder entstehenden und ihnen allen anhaftenden Gedankens wuchs bis zur Verzweiflung.

Er setzte sich hastig im Bette auf, fuhr hastig mit den Händen an die Wand neben dem Bette, packte eine Pistole, riß sie los und ... in dem Augenblicke, wo er das unerträgliche Leben enden wollte, schnellte sich ein von einem Schrecken, von einer ihn sozusagen überlebenden Unruhe erfaßter Gedanke in die Zeit, die auch nach seinem Ende in ihrem Laufe fortfahren würde. Mit Schaudern machte er sich die Vorstellung von einem entstellten, unbeweglichen Leichnam, unterworfen der Willkür des niedrigsten ihn Überlebenden, von dem Aufruhr und der Verwirrung in der Burg an dem folgenden Tage, alles drunter und drüber und er, machtlos und stimmlos, wer weiß, wohin geworfen. Er machte sich eine Vorstellung von dem, was man hier, in der Umgebung und in der Ferne reden würde, und von dem Jubel seiner Feinde. Die Finsternis dazu und das Schweigen ließen ihn in dem Tode noch etwas Traurigeres, noch etwas Entsetzlicheres sehen, und ihn deuchte, er hätte am hellichten Tage, im Freien und vor allen Leuten nicht gezaudert, sich in einen Strom zu stürzen und zu verschwinden. Und in diese peinigenden Betrachtungen versunken, spannte und entspannte er immerfort mit krampfhafter Bewegung des Daumens den Hahn der Pistole, bis ihm ein anderer Gedanke durchs Hirn zuckte: wenn dieses andere Leben, von dem sie mir, als ich ein Knabe war, gesprochen haben, von dem sie immer so sprechen, als ob es eine ausgemachte Sache wäre, wenn dieses Leben nicht ist, wenn es eine Erfindung der Priester ist, was tue ich da? Warum sterben? Was liegt an dem, was ich getan habe? Was liegt daran? Es ist eine Dummheit von mir ... Und wenn dieses Leben ist ... ! Bei einem solchen Zweifel, bei einem solchen Wagnis kam eine schwärzere, schwerere Verzweiflung über ihn, der er nicht entfliehen konnte, nicht einmal mit dem Tode. Er ließ die Waffe sinken und saß da, mit den Händen in den Haaren, zähneklappernd und zitternd. Da kehrten ihm auf einmal jene Worte in den Sinn zurück, die er wenige Stunden vorher gehört und wiedergehört hatte: Gott verzeiht so viel für ein Werk der Barmherzigkeit! Und sie kehrten ihm nicht mehr mit dieser Betonung einer demütigen Bitte wieder, wie sie vor ihm ausgesprochen worden waren, sondern mit einem Klange Glauben heischender Echtheit, der zugleich eine ferne Hoffnung zuließ. Das war ein Augenblick des Trostes; er nahm die Hände von den Schläfen und heftete in gefaßterer Haltung die Augen des Geistes auf das Weib, das sie gesprochen hatte, und er sah sie vor sich nicht als eine Gefangene, nicht als eine Bittstellerin, sondern in dem Gehaben von jemandem, der Gnaden und Tröstungen austeilt. In ängstlicher Ungeduld erwartete er den Tag, um hinzulaufen und sie zu befreien, um aus ihrem Munde andere Worte der Erquickung und des Lebens zu hören, und er dachte daran, sie selbst zu ihrer Mutter zu bringen. Und dann? Was werde ich morgen den übrigen Tag tun? Was werde ich übermorgen tun? Was werde ich überübermorgen tun? Und in der Nacht? In der Nacht, die in zwölf Stunden wiederkehrt? Ach, die Nacht! Nein, nein, die Nacht! – Und in die quälende Leere der Zukunft zurückverfallen, suchte er umsonst nach einem Mittel, über die Zeit hinwegzukommen, nach einem Mittel, die Tage, die Nächte zu überstehen. Jetzt nahm er sich vor, die Burg zu verlassen und weit wegzuziehen in ein Land, wo ihn niemand kenne, nicht einmal dem Namen nach: aber er fühlte, daß er immer mit sich sein würde; jetzt entstand ihm eine dunkle Hoffnung, den alten Mut, den alten Willen zurückzugewinnen und daß sein jetziger Zustand nur ein vorübergehender Wahn sei: bald fürchtete er den Tag, der ihn den Seinigen so verändert zeigen sollte, bald seufzte er ihn herbei, als hätte er das Licht auch in seine Gedanken tragen müssen. Und siehe, kaum daß es zu dämmern begann, wenige Augenblicke, nachdem Lucia eingeschlafen war, siehe, da fühlte er, wie er so unbeweglich dasaß, an sein Ohr etwas wie eine Welle eines undeutlichen Klanges dringen, der aber doch etwas gewissermaßen Freudiges hatte.

Er horchte, und er erkannte ein fernes Festgeläute; und nach etlichen Augenblicken vernahm er auch das Echo des Gebirges, das den Klang matt wiederholte und mit ihm verschwamm. Gleich darauf hörte er eine andere Glocke mehr in der Nähe und auch die mit festlichem Geläute; dann noch eine andere. Was ist das für eine Fröhlichkeit? Was haben sie denn alle Freudiges? Er sprang auf von diesem Dornenlager, kleidete sich halb an, lief zu einem Fenster, um es zu öffnen, und blickte hinaus. Die Berge waren halb von Nebel umschleiert, der Himmel nicht so sehr umwölkt als vielmehr eine einzige aschfarbige Wolke; aber bei dem schwachen, langsam wachsenden Scheine unterschied er im Grunde des Tales Leute, die dahinschritten, andere, die die Häuser verließen und sich auf den Weg machten, alle in der selben Richtung auf die Talmündung zu, alle festlich gekleidet und in einer außergewöhnlichen Lebhaftigkeit. Was zum Teufel haben sie? was ist denn Lustiges los in dieser vermaledeiten Gegend? Wohin geht all dieses Gesindel? Und er rief den vertrauten Bravo, der in einem Zimmer nebenan schlief, und fragte ihn um den Grund dieser Bewegung. Der, der ebenso viel wußte wie er, antwortete, er werde alsbald gehen, um sich zu unterrichten. Der Herr blieb ans Fenster gelehnt, voll Aufmerksamkeit für das bewegliche Schauspiel. Es waren Männer, Frauen, Kinder in Rudeln, paarweise und einzeln: einer, der den Vorangehenden einholte, schloß sich diesem an, ein anderer, der aus seinem Hause kam, vereinigte sich mit dem ersten, auf den er stieß, und sie gingen gemeinsam dahin wie Freunde zu einer verabredeten Reise. Die Gebärden zeigten deutlich eine gemeinsame Hast und eine gemeinsame Freude, und dieser nicht zusammen-, aber übereinstimmende Widerhall der verschiedenen näheren und ferneren Glocken erschien ihm sozusagen als die Stimme zu diesen Gebärden und als der Ersatz für die Worte, die nicht herauf dringen konnten. Er schaute und schaute; und im Herzen wuchs ihm ein mehr als nur Neugier bedeutendes Verlangen, zu erfahren, was denn imstande sei, eine so gleichmäßige Erregung so vielen verschiedenartigen Menschen mitzuteilen.

---

22. KAPITEL.

BALD darauf kam der Bravo melden, daß Tags zuvor der Kardinal Federigo Borromeo, Erzbischof von Mailand, in * angekommen sei und dort den ganzen Tag bleiben werde, und daß die Nachricht von dieser Ankunft, die sich am Abend in den Dörfern der Umgebung verbreitet habe, allen den Wunsch gebracht habe, hinzugehen und diesen Mann zu sehen, und geläutet werde mehr aus Freude, als um die Leute zu verständigen. Allein geblieben, fuhr der Herr fort, in das Tal zu blicken, noch nachdenklicher. Eines Mannes wegen! Alle voller Eifer, alle freudig, weil sie einen Mann sehen sollen! Und doch wird jeder von ihnen einen Teufel haben, der ihn quält. Kein einziger aber, kein einziger wird einen haben wie den meinigen; kein einziger wird eine solche Nacht verlebt haben wie ich. Was hat dieser Mann, um so viel Leute froh zu machen? Etwas Geld, das er wie zufällig unter sie streuen wird... Aber die gehen nicht alle des Almosens halber hin. Je nun, ein paar Zeichen in die Luft, ein paar Worte ... Ach, wenn er für mich die Worte hätte, die trösten könnten! Wenn ... Warum gehe nicht auch ich? Warum nicht? ... Ich gehe, ich gehe; ich will mit ihm sprechen: unter vier Augen will ich mit ihm sprechen. Was sage ich ihm? Je nun, das, das, was ... Ich werde hören, was er sagt, er, dieser Mann! Nachdem er diesen Entschluß also verworren gefaßt hatte, kleidete er sich eiligst fertig an, indem er ein Wams anlegte, dessen Schnitt etwas Kriegerisches hatte; er nahm das Terzerol, das im Bette liegen geblieben war, und hängte es rechts an den Gürtel, links ein anderes, das er von einem Nagel an der Wand nahm, steckte seinen Dolch in denselbigen Gürtel, warf sich über die Schultern einen Karabiner, der schier ebenso berühmt war wie er, nahm seinen Hut, verließ das Zimmer und ging vor allem zu der Kammer, wo er Lucia verlassen hatte. Er lehnte den Karabiner in einen Winkel neben der Tür und pochte an, indem er zugleich seine Stimme hören ließ. Die Alte sprang mit einem Satz aus dem Bett und lief, um ihm zu öffnen. Der Herr trat ein; als er einen Blick herumwarf, sah er Lucia zusammengekauert und ruhig in ihrem Winkel.

„Schläft sie?", fragte er leise die Alte; „dort schläft sie? Waren das meine Befehle, Heillose?"

„Ich habe alles mögliche getan", antwortete die; „aber sie hat weder essen wollen, noch ins ..."

„Laß sie in Frieden schlafen: hüte dich, sie zu stören; und wenn sie aufwacht... Marta wird sich draußen einfinden; du schickt sie um alles, was sie von dir verlangen kann. Wenn sie aufwacht ... sag ihr, daß ich ... daß der Herr auf kurze Zeit weggegangen ist, daß er zurückkommen und daß er ... alles tun wird, was sie wünscht."

Die Alte war ganz verdutzt und dachte bei sich: Ist denn das eine Prinzessin? Der Herr ging hinaus, nahm einen Karabiner, befahl Marta, vor der Tür zu warten, und befahl dem ersten Bravo, dem er begegnete, darüber zu wachen, daß keine andere als diese Frau einen Fuß in die Kammer setze; dann verließ er die Burg und begann raschen Schrittes den Abstieg. Die Handschrift sagt nicht, wie weit es von der Burg bis zu dem Dorfe war, wo sich der Kardinal eben aufhielt; aber aus den Tatsachen, die wir zu erzählen haben, ergibt sich, daß es nicht mehr als ein längerer Spaziergang war. Aus dem Umstand allein, daß die Talbewohner und auch entfernter wohnende Leute in dieses Dorf zusammenströmten, dürfte man das aber noch nicht schließen; denn in den Aufzeichnungen jener Zeit finden wir, daß die Leute zwanzig und mehr Meilen weit in Haufen kamen, um Federigo zu sehen. Die Bravi, denen er auf dem Wege den Berg hinunter begegnete, blieben beim Vorbeigehen des Herrn ehrerbietig stehen in der Erwartung, ob er ihnen etwa einen Befehl zu erteilen habe oder ob er sie zu irgendeinem Handel mitnehmen wolle; und sie wußten nicht, was sie von einem Aussehen denken sollten und von den Blicken, womit er ihre Verneigungen beantwortete.

Als er auf der Landstraße war, erfüllte es die Wanderer mit Staunen, daß sie ihn ohne Gefolge sahen. Im übrigen ließ ihn jeder vorbei und gab ihm, ehrerbietig den Hut abnehmend, so viel Raum, daß es noch für das Gefolge gereicht hätte. In dem Dorfe angelangt, traf er eine große Menschenmenge; aber sein Name lief alsbald von Mund zu Mund, und die Menge öffnete sich. Er trat an einen heran und fragte ihn, wo der Kardinal sei. „Im Pfarrhaus", antwortete dieser, sich verneigend, und zeigte ihm das Haus. Der Herr ging hin und trat in einen Hof, wo viele Priester waren, und die betrachteten ihn alle mit einer verwunderten und argwöhnischen Aufmerksamkeit. Vor sich sah er eine weit offene Tür, die in einen kleinen Saal führte, wo sich wieder viele Priester versammelt hatten. Er nahm den Karabiner ab und lehnte ihn in eine Ecke des Hofes und trat dann in den Saal; auch hier Blicke, Geflüster, sein wiederholter Name und Stillschweigen.

Er wandte sich an einen von ihnen und fragte ihn, wo der Kardinal sei; er wolle mit ihm sprechen. „Ich bin fremd hier", antwortete der Gefragte; und nach einem Blicke in der Runde rief er den Kaplan Kreuzträger, der in einer Ecke des Saales stand und eben halblaut zu einem Amtsbruder sagte: „Der? Der berüchtigte? Was hat er hier zu tun? Gott behüte!"

Immerhin mußte er auf diesen Ruf hin, der in dem allgemeinen Schweigen doppelt laut erklang, kommen; er verneigte sich vor dem Ungenannten, hörte an, was er wünschte, stand eine Weile unschlüssig da, indem er die Augen mit neugieriger Unruhe zu diesem Gesichte erhob, um sie alsbald wieder zu senken, und stammelte: „Ich weiß nicht, ob der erlauchte gnädige Herr ... in diesem Augenblicke ... in der Lage ist... ob er... Ich werde nachsehen gehen." Und er ging widerwillig in das Nebenzimmer, wo der Kardinal war, um seine Botschaft auszurichten.

An diesem Punkte unserer Geschichte können wir nicht umhin, ein bißchen innezuhalten, so wie der Wanderer, matt und trübselig von einem langen Wege durch eine öde, unwirtliche Wildnis gern eine Zeitlang in dem Schatten eines schönen Baumes auf dem Rasen bei einem quellkühlen Wassers verweilt. Wir begegnen jetzt einer Persönlichkeit, deren Name und Gedächtnis den Geist, wann immer sie an ihn herantreten, mit einer sanften Regung der Ehrfurcht und mit einem frohen Gefühle der Zuneigung erquicken: um wieviel mehr werden sie das jetzt tun nach so viel Bildern des Schmerzes, nach der Betrachtung einer vielfältigen und abscheulichen Gottlosigkeit! Über diese Persönlichkeit müssen wir durchaus einige Worte verlieren; sollte einem nichts daran gelegen sein, sie zu hören, und er den Wunsch haben, in der Geschichte vorwärtszuschreiten, so möge er schnurstracks zu dem nächsten Kapitel überspringen.

Federigo Borromeo, 1564 geboren, war einer der zu jeder Zeit seltenen Männer, die einen ausgezeichneten Geist, alle Mittel eines großen Vermögens, alle Vorteile eines bevorzugten Standes zu dem dauernden Zwecke verwandt haben, das Beste zu suchen und es zu üben. Sein Leben war wie ein Bach, der, klar dem Felsen entrieselnd, ohne Aufenthalt und Trübung in langem Laufe durch verschiedenes Erdreich dahinfließt, um sich klar in den Strom zu ergießen. Mitten unter Gemächlichkeit und Prunk achtete er von Kindheit auf nur auf jene Worte der Entsagung und der Demut, nur auf jene Grundsätze über die Eitelkeit der Freuden, der Unbilligkeit des Stolzes, der wahrhaftigen Würde und des wahrhaftigen Guten, die, ob nun in den Herzen empfunden oder nicht, von einem Geschlecht dem andern in den einfachsten Lehren der Religion überliefert werden. Er achtete, sage ich, auf diese Worte, auf diese Grundsätze, er nahm sie sich zu Herzen, er prüfte sie und er fand sie wahr, er sah, daß also entgegen gesetzte Worte und Grundsätze nicht wahr sein konnten, obwohl auch sie von Geschlecht zu Geschlecht mit derselben Sicherheit und manchmal von denselben Lippen überliefert werden, und er nahm sich vor, sich derer, die wahr waren, als Richtschnur für Handlungen und Gedanken zu bedienen. Überzeugt, daß das Leben weder zu einer Last für viele, noch zu einem Fest für manche, sondern für alle zu einem Pfand bestimmt ist, worüber jeder Rechenschaft ablegen muß, begann er schon als Kind nachzudenken, wie er das seinige nützlich und fromm werde einrichten können. 1580 tat er den Entschluß kund, sich dem geistlichen Stande zu widmen, und er empfing das Kleid aus den Händen seines Vetters Carlo, den ein schon damals alter und allgemeiner Ruf als einen Heiligen bezeichnete. Bald darauf trat er in das von diesem gestiftete Kapitel in Pavia, das noch heute den Namen ihres Hauses trägt; und indem er sich hier mit Eifer den Beschäftigungen hingab, die er vorgeschrieben fand, nahm er sich aus freiem Willen noch zweier anderer an, nämlich die Rohesten und am meisten Verlassenen im Volke in den Lehren des Christentums zu unterrichten und die Kranken zu besuchen, ihnen zu dienen, sie zu trösten und ihnen beizustehen. Des Ansehens, das ihm an diesem Orte alles verschaffte, bediente er sich, um seine Gefährten zur Hilfeleistung bei derlei Werken heranzuziehen; und in allem, was ehrbar und nützlich war, bekleidete er gleichsam einen Vorrang des Beispiels, einen Vorrang, den zu erringen seine persönlichen Gaben genügt hätten, wenn er auch vielleicht dem Stande nach der geringste gewesen wäre. Die Vorteile einer anderen Gattung, die ihm ein Stand hätte verschaffen können, strebte er nicht nur nicht an, sondern wich ihnen auch nach Kräften aus. Er wollte seinen Tisch eher ärmlich, als einfach und trug eine mehr ärmliche, als schlichte Kleidung; und dem entsprach auch der Grundzug seines Lebens und Gehabens. Auch dachte er nie daran, hierin etwas zu ändern, wieviel Geschrei und Klagen auch einige Verwandte erhoben, daß er dadurch die Würde des Hauses erniedrige. Einen anderen Kampf hatte er mit den Vorgesetzten zu bestehen, die ihn verstohlen und wie zur Überraschung mit manchem herrschaftlichem Gerät, mit manchen Dingen, die ihn von den anderen hätten unterscheiden und ihn gleichsam als den Fürsten des Ortes auszeichnen sollen, umgeben wollten, sei es, daß sie glaubten, sie würden so mit der Zeit sein Wohlwollen gewinnen, sei es, daß sie von jener Liebedienerei bewogen wurden, die sich mit fremdem Glanze brüstet und sich an ihm labt, sei es, daß sie zu jenen Klugen gehörten, die sich vor den Tugenden wie vor den Lastern scheuen, immer predigen, daß die Vollkommenheit in der Mitte liege, und die Mitte just an den Punkt versetzen, wo sie angelangt sind und sich wohl fühlen. Geschweige, daß sich Federigo von diesen Versuchungen hätte überwinden lassen, tadelte er die, die sie anstellten, und dies in der Zeit des Überganges vom Knaben zum Manne. Daß Federigo bei Lebzeiten des Kardinals Carlo, der um sechsundzwanzig Jahre älter war als er, vor dieser ernsten, feierlichen Erscheinung, die die Heiligkeit so lebendig ausdrückte und an deren Werke erinnerte und der, wenn es nötig gewesen wäre, in jedem Augenblick der offenbare und freiwillige Gehorsam der Umgebung, wie groß und wie beschaffen die immer gewesen wäre, neue Erhabenheit gebracht hätte, daß also Federigo als Knabe und Jüngling trachtete, sich im Handeln und im Denken einem solchen Oberen gleichzumachen, ist sicherlich nicht zu verwundern; wohl aber ist es sehr merkwürdig, daß nach seinem Tode niemand wahrnehmen konnte, daß nun Federigo, der damals zwanzig Jahre alt war, einer Führung und Unterweisung entbehrt hätte. Der wachsende Ruhm seines Geistes, seiner Gelehrsamkeit und seiner Frömmigkeit, die Verwandtschaft und die Verbindung mit mehr als einem mächtigen Kardinal, das Ansehen seiner Familie, ja schon der Name allein, dem Carlo in den Gemütern eine Vorstellung der Heiligkeit und Erhabenheit gleichsam angegliedert hatte, all das, was die Menschen zu kirchlichen Würden führen muß und kann, traf bei ihm zusammen, um sie ihm zu verheißen. Er aber, im Herzen von dem überzeugt, was niemand, der sich als Christ bekennt, mit dem Munde leugnen kann, daß es nämlich keine gerechte Erhöhung eines Menschen über die Menschen gibt als in ihrem Dienste, fürchtete die Würden und trachtete ihnen zu entgehen, wahrlich nicht, um nicht anderen dienen zu müssen, denn wenige Leben wurden so wie seines auf dies verwandt, sondern weil er sich eines so hohen und gefahrvollen Dienstes weder für würdig, noch für fähig erachtete. Als ihm daher Clemens VIII. 1595 das Erzbistum Mailand antrug, war er darüber ganz verstört und schlug es ohne Zaudern aus. Dann fügte er sich dem ausdrücklichen Befehl des Papstes. Derlei Kundgebungen sind, und wer wüßte das nicht? weder schwierig, noch selten; und die Heuchelei braucht keine größere Anstrengung, sie von sich zu geben, als die Spottlust, sie in jedem Falle glatt zu verlachen. Aber hören sie deswegen auf, der natürliche Ausdruck eines tugendhaften und weisen Gefühls zu sein? Das Leben ist der Prüfstein der Worte, und mögen auch die Worte, die dieses Gefühl ausdrücken, über die Lippen aller Betrüger und aller Spötter der Welt gegangen sein, so werden sie doch immer schön bleiben, wenn ihnen ein Leben der Uneigennützigkeit und der Aufopferung vorausgegangen und gefolgt ist. In dem Erzbischof Federigo kündete sich ein besonderer und anhaltender Eifer, von seinen Reichtümern, von seiner Zeit, von seinen Sorgen, kurz von seinem ganzen eigenen Ich nicht mehr für sich zu nehmen, als was unbedingt notwendig war. Er sagte, was alle sagen, daß die Einkünfte der Kirche das Erbe der Armen sind; und wie er diesen Grundsatz in der Tat verstand, das sieht man aus dem Folgenden. Er ließ abschätzen, wie hoch sich die Kosten für seinen Unterhalt samt dem seines Gesindes belaufen konnten, und als man ihm sechshundert Skudi nannte, gab er den Auftrag, diese Summe alljährlich aus der Kasse seiner Person an die der Haushaltung zu zahlen, weil er es für unerlaubt gehalten hätte, sein reiches Erbteil für sich zu verbrauchen. Mit dem, was sein war, hielt er dann für sich selber so karg und genau Maß, daß er kein Kleid ablegte, bevor es völlig abgetragen war, obwohl er, wie von zeitgenössischen Schriftstellern vermerkt worden ist, mit dem Geiste der Einfachheit den einer außerordentlichen Sauberkeit verband: zwei wirklich merkwürdige Gewohnheiten in dieser schmutzigen und prunkliebenden Zeit. Ebenso wies er die Überbleibsel seines einfachen Tisches, damit ja nichts verloren gehe, einem Hospital für Arme zu, und von diesen Armen kann tagtäglich einer in den Speisesaal, um einzusammeln, was verblieben war. Das ist eine Bedachtsamkeit, die vielleicht imstande wäre, die Meinung von einer armseligen, geizigen, kleinlichen Tugend, von einem in Geringfügigkeiten befangenen und höherer Erwägungen unfähigen Geiste zu erwecken, wenn da nicht hinwider diese Ambrosianische Bibliothek wäre, zu der Federigo den Plan mit so kühner Pracht ersonnen und die er von Grund auf mit solchen Kosten errichtet hat, zu deren Ausstattung er nicht nur die von ihm mit großem Eifer und großen Auslagen gesammelten Bücher und Handschriften schenkte, sondern auch acht Männer, die gelehrtesten und erfahrensten, die er haben konnte, als Einkäufer durch Italien, Frankreich, Spanien, Deutschland und die Niederlande, nach Griechenland, in den Libanon und nach Jerusalem schickte. So gelang es ihm, etwa dreißigtausend gedruckte Bände und vierzehntausend Handschriften zusammenzubringen. Der Bibliothek schloß er ein Kollegium von Doktoren an – es waren ihrer neun, und er unterhielt sie, solange er lebte; dann wurden sie, weil zu diesem Aufwande die gewöhnlichen Einkünfte nicht hinreichten, auf zwei herabgemindert – und ihr Amt war es, verschiedene Studien zu pflegen, Theologie, Geschichte, Literatur, geistliche Altertumskunde, orientalische Sprachen, mit der Verpflichtung für jeden, hin und wieder eine Arbeit über den ihm zugewiesenen Gegenstand zu veröffentlichen. Weiter schloß er ihr das, wie er es nannte, dreisprachige Kollegium an, das dem Studium der griechischen, der lateinischen und der italienischen Sprache diente, ein Kollegium von Alumnen, die in diesen Fakultäten und Sprachen unterrichtet wurden, um sie eines Tages selber zu lehren, schloß er eine Druckerei für orientalische Sprachen an, nämlich für die hebräische, die chaldäische, die arabische, die persische und die armenische, eine Bildergalerie, eine Statuensammlung und eine Schule für die drei hauptsächlichen Zeichenkünste. Für diese Künste konnte er Lehrer finden, die schon ausgebildet waren; wegen des übrigen haben wir gesehen, was ihm die Sammlung der Bücher und Handschriften zu schaffen gemacht hat: um so schwerer müssen die Typen für diese Sprachen, die damals in Europa weniger gepflegt wurden als heutzutage, zu besorgen gewesen sein, und noch schwieriger als die Typen die Männer. Es wird genügen, zu sagen, daß er von neun Doktoren acht aus den jungen Alumnen des Seminars nahm, und daraus läßt sich abnehmen, wie sein Urteil über die in Verfall geratene Gelehrsamkeit und ihre damaligen Vertreter war, ein Urteil, dem sich völlig das der Nachwelt anschließt, die beides der Vergessenheit überantwortet hat. In den Verordnungen, die er für die Benützung und die Leitung der Bibliothek erließ, erkennt man den Plan einer dauernden Nutzbarkeit, der nicht nur an sich schön war, sondern auch in vielen Stücken an Weisheit und Edelsinn über die gewöhnlichen Meinungen und Gewohnheiten jener Zeit hinausging. Er schrieb dem Bibliothekar vor, mit den gelehrtesten Männern Europas einen Briefwechsel zu führen, um von ihnen Nachrichten über den Stand der Wissenschaften und Anzeigen der besten

Bücher, die in jedem Zweige herauskamen, zu erhalten und diese Bücher zu erwerben, er schrieb ihm vor, den Wißbegierigen die Bücher zu nennen, die ihnen unbekannt waren und die ihnen nützlich sein konnten, er gab Auftrag, daß allen, Einheimischen und Fremden, Bequemlichkeit und Zeit geboten werde, sich ihrer nach Bedarf zu bedienen. Eine derartige Absicht muß heute jedermann allzu natürlich erscheinen und ist in der Stiftung einer Bibliothek inbegriffen; damals war es nicht so. Und in einer Geschichte der Ambrosianischen, in der dem Jahrhundert eigentümlichen Satzbildung und Zierlichkeit von einem Pierpaolo Bosca geschrieben, der nach dem Tode Federigos ihr Bibliothekar war, wird ausdrücklich als etwas Besonderes vermerkt, daß in dieser von einem Privatmann schier völlig auf eigene Kosten errichteten Bibliothek die Bücher für jedermann sichtbar waren, jedem, der sie verlangte, ausgefolgt wurden und daß jeder auch Sitz, Papier, Feder und Tintenfaß erhielt, um sich die Aufzeichnungen zu machen, die er benötigen mochte, während in manchen anderen berühmten öffentlichen Bibliotheken Italiens die Bücher nicht einmal zu sehen, sondern in Schreinen verschlossen waren, ohne je herauszukommen, außer durch die Gefälligkeit der Bibliothekare, wenn es ihnen beliebte, sie auf einen Augenblick zu zeigen: den Besuchern die Gelegenheit zum Studieren zu geben, daran dachte man nicht einmal. Daher bedeutete eine Bereicherung solcher Bibliotheken nichts andres, als die Bücher dem öffentlichen Gebrauche zu entziehen, war eine jener Bebauungsarten, wie es sie auch heute noch vielfach gibt, die das Feld unfruchtbar machen. Man frage nicht, was für Wirkungen diese Stiftung Borromeos auf die allgemeine Bildung ausgeübt hat: in zwei Sätzen wäre, je nach der Art der Darlegung, darzulegen, daß sie wunderbar oder daß sie gar nichts gewesen seien; untersuchen und bis zu einem gewissen Grade aufhellen, wie sie wirklich gewesen sind, brächte viel Mühe und wenig Nutzen und wäre hier nicht am Platze. Aber man bedenke, was für ein großmütiger, einsichtiger, wohlwollender und ausdauernder Freund der menschlichen Vervollkommnung ein Mann gewesen sein muß, der so etwas wollte, der es auf diese Art wollte und der es mitten in dieser Unwissenheit, in dieser Verdrossenheit, in diesem allgemeinen Widerwillen gegen gelehrten Fleiß und darum auch mitten unter solchem Geschwätz durchführte, wie „Was liegt daran?" und „Wäre an nichts anderes zu denken gewesen?" und „Was für eine schöne Einrichtung!" und „Na, das fehlte noch gerade" und andere solche Reden, deren Zahl sicherlich größer gewesen ist als die von ihm für die Sache aufgewandten Skudi, und deren waren es hundertundfünftausend von seinem eigenen Vermögen. Um einen solchen Mann überaus wohltätig und freigebig zu nennen, brauchte man, könnte es scheinen, nicht zu wissen, ob er noch für die unmittelbare Unterstützung Bedürftiger viel Geld aufgewandt hat; und es gibt vielleicht Leute, die denken, daß der Aufwand der ersten Gattung und, fast möchte ich sagen, jeder Aufwand das beste und nützlichste Almosen ist. Aber Federigo hielt das Almosen in seiner eigentlichen

Bedeutung für eine der vornehmsten Pflichten; und auch hier stimmten seine Handlungen mit seiner Meinung überein. Sein Leben war ein stetiges Verschwenden an Arme; und dieselbige Teuerung anlangend, wovon unsere Geschichte schon gesprochen hat, werden wir binnen kurzem Gelegenheit haben, einige Züge zu berichten, woraus man erkennen wird, was für eine Weisheit und was für einen Edelsinn er auch in dieser Freigebigkeit zu bestätigen verstand. Von den vielen besonderen Beispielen, die seine Biographen von dieser seinen Tugend vermerkt haben, führen wir hier nur eines an. Als er erfahren hatte, daß ein Edelmann allerlei Zwang und Schliche anwandte, um seine Tochter, die sich lieber verheiratet hätte, zur Nonne zu machen, ließ er sich den Mann kommen und holte aus ihm das Geständnis heraus, daß der wahre Beweggrund dieser Quälerei der war, daß er die viertausend Skudi nicht hatte, die er gebraucht hätte, um seine Tochter anständig zu verheiraten; Federigo steuerte das Mädchen mit viertausend Skudi aus. Vielleicht wird das manchen eine übermäßige, nicht wohlabgewogene und den dummen Launen eines Hochmütigen allzu nachgiebige Freigebigkeit dünken, und mancher wird meinen, die viertausend Skudi hätten auf hunderterlei andere Weisen besser verwandt werden können; darauf haben wir sonst nichts zu antworten, als daß es sehr zu wünschen wäre, daß man sehr oft Ausschreitungen einer von den herrschenden Meinungen – jede Zeit hat die ihrigen – so freien, von dem Zeitgeist so unabhängigen Tugend zu sehen bekäme, wie es in diesem Falle die war, die einen Mann bewog, viertausend Skudi hinzugeben, damit ein junges Mädchen nicht Nonne zu werden brauche. Die unerschöpfliche Güte dieses Mannes trat nicht minder als in seinem Geben auch in seinem ganzen Betragen hervor. Umgänglich mit jedermann, glaubte er besonders den geringen Leuten ein frohes und leutseliges Gesicht zu schulden, dies um so mehr, je seltener sie es in der Welt finden. Und auch hierin hatte er sich mit den Ehrenmännern des *ne quid nimis* auseinanderzusetzen, die ihn gern in jeder Hinsicht innerhalb der Grenzen, nämlich ihrer Grenzen, gesehen hätten. Einer von diesen machte ihn einmal, als er sich bei dem Besuche eines abgelegenen Gebirgsdorfs mit ein paar armen Kindern abgab und sie bei Frage und Unterweisung zärtlich liebkoste, aufmerksam, er solle wohl auf der Hut sein, diese Rangen so zu liebkosen, weil sie gar zu schmutzig und abscheulich seien, geradeso als hätte der gute Mann vorausgesetzt, Federigo habe nicht so viel Empfindung, diese Wahrnehmung selber zu machen, oder nicht so viel Verstand, von selbst auf eine so feine Maßnahme zu verfallen: das ist ja im gegebenen Augenblick das Unglück der auf einen hohen Platz gestellten Menschen, daß es, während sie selten jemand finden, der sie auf ihre Fehler aufmerksam macht, nicht auch an dreisten Leuten fehlt, die, was sie Gutes tun, tadeln; der gute Bischof aber antwortete nicht ohne Verdrießlichkeit: „Es sind meine Seelen, und vielleicht werden sie mein Gesicht nie mehr sehen; und ich sollte sie nicht an mein Herz drücken dürfen?" Die Verdrießlichkeit war jedoch sehr selten bei ihm, der bewundert wurde wegen einer Milde und unerschütterlichen Gelassenheit, die man einer außerordentlich glücklichen Gemütsart hätte zuschreiben können, die aber die Wirkung der unablässigen Zucht waren, die er über seinen Trieb zur Lebhaftigkeit und Empfindlichkeit übte. Zeigte er sich einmal streng, ja rauh, so war dies mit den ihm untergebenen Pfarrern, die er der Habsucht oder der Nachlässigkeit oder eines andern dem Geiste ihres edlen Amtes besonders widerstreitenden Fehlers schuldig fand.

Bei nichts, was entweder einen Vorteil oder einen zeitlichen Glanz berühren konnte, gab er je ein Zeichen der Freude, des Ärgers, der Hitze oder der Erregung, was gewiß wunderbar ist, wenn diese Gefühle nicht in seinem Herzen erwachten, noch wunderbarer aber, wenn sie erwachten. Aus den vielen Konklaven, denen er beiwohnte, brachte er nicht nur den Ruf heim, nie nach jener für den Ehrgeiz so begehrenswerten und der Frömmigkeit so schrecklichen Würde getrachtet zu haben, sondern als ihm einmal ein Amtsbruder, der viel galt, eine Stimme und die seiner Partei – ein häßliches Wort, aber es wurde gebraucht – antrug, verwarf Federigo dieses Angebot auf eine Weise, daß der andere den Gedanken fallen ließ und sich anderswohin wandte. Diese selbige Bescheidenheit, diese selbige Abneigung vor dem Herrschen zeigte er auch bei den gewöhnlichen Anlässen des täglichen Lebens. Besorgt und unermüdlich, anzuordnen und zu leiten, wo er glaubte, daß es eine Pflicht sei, so zu handeln, vermied er es immer, sich in fremde Angelegenheiten zu mischen, ja er entschuldigte sich sogar auf jede mögliche Weise, wenn er um ein Einschreiten ersucht wurde: eine Zurückhaltung, die, wie jedermann weiß, bei Eiferern für das Gute, wie Federigo einer war, nicht gewöhnlich ist. –

Wenn wir uns das Vergnügen machen wollten, die merkwürdigen Züge seines Charakters zu sammeln, so würde sich sicherlich ein beispielloser Inbegriff von Verdiensten ergeben, die einander anscheinend widerstreben und sich nur schwer zusammenfinden. Immerhin wollen wir nicht unterlassen, noch eine andere Eigentümlichkeit dieses schönen Lebens zu vermerken: so voll es auch war an Tätigkeiten, an Amtsgeschäften, Unterweisungen, Audienzen, Sprengelbereisungen, andern Reisen, Kämpfen, hatte doch auch das Studium einen Teil davon, und sogar einen so großen, daß er für einen Gelehrten von Beruf ausgereicht hätte. Und tatsächlich hatte Federigo bei seinen Zeitgenossen neben so viel anderen und verschiedenen Lobestiteln auch den eines gelehrten Mannes. Verhehlen dürfen wir freilich nicht, daß er mit fester Überzeugung Meinungen hegte und sie auch mit langer Beharrlichkeit wirklich vertrat, die heutzutage allen und, sage ich, auch denen, die die größte Lust hätten, sie billig zu finden, noch mehr seltsam, als schlecht begründet erscheinen. Wer ihn darin verteidigen wollte, hätte nur jene so geläufige und so oft gehörte Entschuldigung, daß das mehr Irrtümer seiner Zeit, als seine eigenen gewesen seien, eine Entschuldigung, die für gewisse Dinge und wenn sie einer ins Einzelne gehenden Untersuchung der Tatsachen entspringt, einen gewissen oder auch großen Wert haben mag, die aber, so glatt und blindlings angewandt, wie es gewöhnlich geschieht, völlig bedeutungslos ist. Und weil wir verwickelte Fragen keineswegs mit einfältigen Formeln lösen und auch eine Episode nicht allzuweit ausdehnen wollen, unterlassen wir auch ihre Darlegung, indem uns genügt, so flüchtig angedeutet zu haben, daß wir von einem im großen und ganzen bewunderungswürdigen Manne nicht behaupten wollen, er sei es auch in jeder Einzelheit gewesen, damit es nicht schiene, wir hätten eine Leichenrede schreiben wollen. Es heißt sicherlich unseren Lesern kein Unrecht antun, wenn wir annehmen, daß einer oder der andere fragen möchte, ob dieser Mann von so erhabenem Geiste und so hoher Gelehrsamkeit irgendein Denkmal hinterlassen hat. Und ob er welche hinterlassen hat! Etwa auf hundert beläuft sich die Zahl seiner Werke, große und kleine, lateinische und italienische, gedruckte und handschriftliche, die in der von ihm gestifteten Bibliothek aufbewahrt werden: moralische Abhandlungen, Reden, Aufsätze über Gegenstände der Geschichte, über kirchliche und weltliche Altertümer, über Literatur, über Kunst und über anderes. Und wieso, wird dieser Leser sagen, wieso sind denn so viele Werke heute vergessen oder wenigstens so wenig bekannt, so wenig gesucht? Wieso hat denn dieser Mann bei einem so hohen Geiste, bei einem solchen Fleiße, bei einer solchen Kenntnis der Menschen und der Dinge, bei so viel Nachsinnen, bei einer solchen Leidenschaft für das Gute und das Schöne, bei einer solchen Herzensreinheit, bei so viel anderen Eigenschaften, die den großen Schriftsteller ausmachen, samt seinen hundert Werken nicht auch nur ein einziges hinterlassen, das auch von dem, der es nicht durchaus billigt, doch als hervorragend anerkannt würde und wenigstens dem Titel nach auch Leuten bekannt wäre, die es nicht lesen? Wieso haben sie nicht in ihrer Gesamtheit genügt, um seinem Namen wenigstens durch ihre Zahl bei uns Nachkommen einen literarischen Ruf zu verschaffen? Die Frage ist zweifellos begründet und der Fall nicht ohne Reiz; denn die Gründe dieser Erscheinung würden sich aus der Betrachtung vieler allgemeiner Tatsachen finden, und, gefunden, würden sie zu der Erklärung mehrerer ähnlicher Erscheinungen führen. Aber es würden ihrer gar viele und sehr weitgehende sein; und dann, wenn sie euch nicht anstünden? Wenn ihr die Nase rümpftet? Jedenfalls wird es besser sein, wir nehmen den Faden der Geschichte wieder auf und trachten diesen Mann, anstatt noch länger über ihn zu schwatzen, mit unserem Autor als Führer in Tätigkeit zu sehen.

23. KAPITEL.

KARDINAL Federigo war eben in der Erwartung der Stunde, wo er in die Kirche gehen und den Gottesdienst halten sollte, wie stets in solchen kleinen Mußestunden mit dem Studium beschäftigt, als der Kaplan Kreuzträger mit erregter Miene eintrat. „Ein seltsamer Besuch, wahrhaftig seltsam, erlauchter Herr!"

„Wer ist es?", fragte der Kardinal.

„Niemand geringerer als der Herr ...", begann der Kaplan wieder; und indem er die Silben bedeutsam voneinander trennte, sprach er den Namen aus, den wir unsern Lesern nicht herschreiben können. Dann fügte er bei: „Er ist in eigener Person draußen und verlangt nichts weiter, als bei Euer erlauchten Herrlichkeit vorgelassen zu werden."

„Er!", sagte der Kardinal mit lebhaftem Blicke, das Buch schließend und sich von seinem Sitz erhebend; „er soll kommen! Sofort kommen!"

„Aber ...", versetzte der Kaplan, ohne sich zu rühren; „Ew. erlauchte Herrlichkeit muß wissen, wer es ist: dieser Verbannte, dieser berüchtigte ..."

„Ist es nicht ein Glück für einen Bischof, daß in einem solchen Menschen der Wunsch entstanden ist, ihn zu besuchen?"

„Aber...", beharrte der Kaplan, „wir dürfen von gewissen Dingen nicht sprechen, weil der gnädige Herr sagt, das seien Possen; immerhin meine ich, daß es gegebenen Falles eine Pflicht ist ... Der Eifer macht Feinde, gnädiger Herr; und wir wissen genau, daß sich mehr als ein Schurke zu rühmen gewagt hat, er werde heute oder morgen ..."

„Und was ist bisher geschehen?", unterbrach ihn der Kardinal. „Ich sage, daß er ein berufsmäßiger Verbrecher ist, ein verwegener Geselle, der mit den Allerverwegensten in Verbindung steht, und daß man ihn geschickt haben kann ..."

„Ach, was für eine Mannszucht ist das", fiel Federigo lächelnd ein, „daß die Soldaten ihren General zur Furcht mahnen?" Dann ernst und nachdenklich geworden, begann er wieder: „Der heilige Carlo würde sich nicht in der Lage gefunden haben, zu erörtern, ob er einen solchen Mann empfangen solle; er würde ihn selbst aufgesucht haben. Laßt ihn sofort eintreten; er hat schon zu lange gewartet."

Der Kaplan ging, indem er bei sich sagte: Es nützt alles nichts; diese Heiligen sind alle eigensinnig. Als er die Tür geöffnet hatte und in den Vorraum trat, sah er, daß sich die ganze Gesellschaft auf die eine Seite zurückgezogen hatte und auf den Herrn hinschielte, der in einer Ecke allein geblieben war. Er ging auf ihn zu; und ihn, soweit dies verstohlen möglich war, von oben bis unten musternd, dachte er, was für Teufelszeug an Waffen unter diesem Wams versteckt sein mochte und daß er ihm, bevor er ihn hineinführe, wenigstens vorschlagen sollte ... aber er wußte keinen Entschluß zu fassen. Er trat zu ihm und sagte: „Der gnädige Herr erwartet Ew. Herrlichkeit. Belieben Sie, mit mir zu kommen." Und indem er ihm durch den kleinen Haufen voranschritt, der sofort eine Gasse bildete, warf er nach rechts und links Blicke, die besagten: Was wollt ihr? Wißt ihr nicht selber, daß er immer nach einem Kopfe handelt? Kaum war der Ungenannte im Zimmer, so ging ihm Federigo mit liebreicher und heiterer Miene und mit offenen Armen entgegen, wie einem sehnlich Erwarteten, und augenblicklich gab er dem Kaplan einen Wink, hinauszugehen; der gehorchte. Die zwei Zurückgebliebenen verharrten eine Weile ohne zu sprechen und in verschiedener Art unschlüssig. Der Ungenannte, der mehr von einer unerklärlichen Unruhe gewaltsam hierhergetrieben worden war, als daß ihn ein wohlerwogener Plan hergeführt hätte, stand auch jetzt wie gewaltsam festgehalten da, gepeinigt von zwei entgegengesetzten Leidenschaften, auf der einen Seite dem Verlangen und der verworrenen Hoffnung, eine Linderung seiner innerlichen Qualen zu finden, und auf der anderen Seite einem Verdruß, einer Scham, wie ein Reuiger hierherzukommen, wie ein Untertäniger, wie ein Elender, um seine Schuld zu bekennen, um einen Menschen anzuflehen: und er fand keine Worte und suchte sie auch schier nicht. Immerhin fühlte er sich, als er die Augen zu dem Gesicht dieses Mannes erhob, immer mehr von einem gebieterischen und zugleich sanften Gefühle der Verehrung durchdrungen, das, sein Vertrauen mehrend, seinen Unwillen milderte und seinen Stolz, ohne ihn zu beleidigen, niederdrückte und ihm, sozusagen, Schweigen auferlegte. Die Erscheinung Federigos war aber auch wirklich eine von denen, die seine Überlegenheit ankündigen und diese liebenswürdig machen. Seine Haltung war von natürlicher Ungezwungenheit und von gleichsam unwillkürlicher Majestät, durch die Jahre nicht im geringsten gebeugt oder erschlafft, das Auge ernst und lebhaft, die Stirn heiter und nachdenklich, in dem grauen Haar, in der Blässe, samt den Zeichen der Enthaltsamkeit, des Nachsinnens, der Mühe, eine Art von jungfräulicher Blüte: alle Linien des Gesichtes zeigten an, daß diesem zu einer anderen Zeit das eigen gewesen war, was man im eigentlichen Sinne Schönheit nennt; die Gewohnheit feierlicher und gütiger Gedanken, der innerliche Friede eines langen Lebens, die Menschenliebe, die fortwährende Freude einer unsäglichen Hoffnung hatten sie durch eine, sozusagen, Greifenschönheit ersetzt, die in jener großartigen Einfachheit des Purpurs noch mehr hervortrat. Auch er hielt etliche Momente seinen durchdringenden Blick, seit langem geübt, in den Mienen die Gedanken zu lesen, auf das Gesicht des Ungenannten geheftet; und da er unter dieser Düsterheit und Verstörtheit immer deutlicher etwas zu entdecken meinte, das der von ihm bei der ersten Ankündigung eines solchen Besuches gefaßten Hoffnung entspreche, sagte er lebhaft: „Ach, was für ein köstlicher Besuch ist dies! Und wie dankbar muß ich für einen so trefflichen Entschluß sein, wenn auch ein kleiner Vorwurf für mich darin liegt!"

„Ein Vorwurf?", rief der Herr verwundert aus, aber auch besänftigt von diesen Worten und diesem Gehaben und zugleich zufrieden, daß der Kardinal das Eis gebrochen und ein Gespräch eingeleitet hatte.

„Gewiß", erwiderte dieser, „für mich ist es ein Vorwurf, daß ich mir Euch habe zuvorkommen lassen, wo ich schon seit langer Zeit so oft schon hätte zu Euch kommen sollen."

„Ihr, zu mir? Wißt Ihr denn, wer ich bin? Hat man Euch denn meinen Namen richtig gesagt?"

„Und den Trost, den ich empfinde und der sich Euch sicherlich in meinem Gesicht offenbart, glaubt Ihr, daß ich den bei der Ankündigung, bei dem Anblicke eines Unbekannten empfunden hätte? Ihr seid es, der ihn mich erfahren läßt, Ihr, sage ich, den ich hätte aufsuchen sollen, Ihr, den ich wenigstens so sehr geliebt und beweint habe, für den ich so viel gebetet habe, Ihr, den ich mich von allen meinen Kindern, die ich doch alle von Herzen liebe, am meisten zu empfangen und zu umarmen gesehnt hätte, wenn ich es hoffen zu dürfen geglaubt hätte. Aber Gott allein kann Wunder wirken und hilft der Schwäche, der Lässigkeit seiner armen Diener."

Der Ungenannte war betroffen über dieses Feuer der Rede, über diese Worte, die so herzhaft beantworteten, was er noch nicht gesagt hatte, ja noch nicht zu sagen entschlossen war; und bewegt und verwirrt, blieb er still.

„Nun und?", begann noch liebreicher Federigo; „Ihr habt mir eine gute Nachricht zu bringen und laßt mich so lang danach seufzen?"

„Eine gute Nachricht, ich? Ich habe die Hölle im Herzen; ich sollte Euch eine gute Nachricht bringen? Sagt mir, wenn Ihr es wißt, was diese gute Nachricht ist, die Ihr von einem meinesgleichen erwartet."

„Daß Euch Gott das Herz gerührt hat und sich Euch zu eigen machen will", antwortete sanft der Kardinal.

„Gott! Gott! Gott! Wenn ich ihn sähe! Wenn ich ihn fühlte? Wo ist dieser Gott?"

„Ihr fragt mich dies? Ihr? Und wem ist er näher als Euch? Fühlt Ihr ihn nicht im Herzen, daß er Euch drängt, daß er Euch bewegt, daß er Euch nicht in Ruhe lassen will und Euch zugleich anzieht, Euch eine Hoffnung auf Ruhe, auf Trost ahnen läßt, auf einen Trost, der völlig und unermeßlich sein wird, wenn Ihr ihn nur erkennt, bekennt und anfleht?"

„Ach ja! In mir ist etwas, was mich drängt, was an mir nagt. Aber Gott? Wenn dieser Gott ist, wenn er so ist, wie man sagt, was sollte er aus mir machen?"

Diese Worte wurden mit dem Ausdruck der Verzweiflung gesprochen; aber Federigo antwortete feierlichen Tones, wie aus milder Eingebung: „Was er aus Euch machen kann? was er machen will? Ein Zeichen seiner Macht und seiner Güte; er will aus Euch eine Herrlichkeit erholen, die ihm niemand sonst geben könnte. Daß die Welt seit langer Zeit wider Euch schreit, daß tausend und abertausend Stimmen Eure Taten verfluchen" - der Ungenannte fuhr zusammen und war für einen Augenblick verdutzt, diese so ungewohnte Sprache zu hören, noch mehr verdutzt aber, daß er darüber keinen Unwillen, ja eher eine Art Befriedigung erfuhr – „welche Herrlichkeit hat Gott davon? Es sind Stimmen des Schreckens, sind Stimmen des Eigennutzes, Stimmen vielleicht auch der Gerechtigkeit, aber einer so leichten, so natürlichen Gerechtigkeit! Einige, vielleicht zu viele, auch des Neides über diese Eure heillose Macht, über diese bis heute beklagenswerte Seelenruhe. Aber wenn Ihr selber aufstehen werdet, um Euer Leben zu verdammen, um Euch selber anzuklagen, dann! dann wird Gott verherrlicht sein! Und Ihr fragt, was Gott aus Euch machen kann? Wer bin ich armer Mann, daß ich Euch jetzt sollte sagen können, was ein solcher Herr Gutes aus Euch erholen kann? Was er aus dieser ungestümen Willenskraft, aus dieser unerschütterlichen Beharrlichkeit machen kann, wenn er sie mit Liebe, mit Hoffnung, mit Reue beseelt und entflammt hat? Wer seid Ihr, armer Mann, daß Ihr denken dürftet, Ihr hättet es aus Euch selber verstanden, im Bösen Dinge zu tun, die Euch Gott nicht im Guten wollen und ausführen lassen könnte? Was Gott aus Euch machen kann? Und Euch verzeihen und Euch retten, in Euch das Werk der Erlösung vollenden, ist das nicht großartig und seiner würdig? Ach bedenkt! Wenn ich Menschlein, so elend, und dennoch von mir selber so erfüllt, ich, wie ich bin, mir Euer Heil so zu Herzen nehme, daß ich dafür mit Freuden – Er ist mein Zeuge – diese wenigen Tage, die mir noch bleiben, hingeben möchte, ach bedenkt! wie groß und wie beschaffen die Liebe dessen sein muß, der mir diese so unvollkommene, aber so lebendige Liebe einflößt, wie Euch der liebt, wie Euch der wohl will, der mir eine Liebe zu Euch befiehlt und eingibt, die mich verzehrt!" Und wie diese Worte über seine Lippen flossen, atmeten Antlitz, Blick, jede Bewegung ihren Sinn. Das Gesicht seines Zuhörers, anfänglich verzerrt und zuckend, zeigte bald Betroffenheit und Aufmerksamkeit an, und dann beruhigte es sich zu einer tieferen und minder ängstlichen Rührung; seine Augen, die von Kindheit an keine Tränen gekannt hatten, quollen über, und als die Worte zu Ende waren, bedeckte er sich das Gesicht mit den Händen und brach in ein heftiges Weinen aus, was die letzte und deutlichste Antwort war.

„Großer, guter Gott!", rief Federigo, Augen und Hände gen Himmel hebend; „was habe ich unnützer Knecht, ich schläfriger Hirt getan, daß du mich zu diesem Gastmahl der Herrlichkeit gerufen, daß du mich gewürdigt hat, einem so frohen Wunder anwohnen zu dürfen!" Mit diesen Worten streckte er die Hand aus, um die des Ungenannten zu fassen.

„Nein!", schrie dieser, „nein! laßt ab von mir, kommt mir nicht nahe: beschmutzt nicht diese unschuldige und wohltätige Hand! Ihr wißt nicht, was die, die Ihr drücken wollt, alles getan hat."

„Laßt mich", sagte Federigo, indem er sie mit liebreicher Gewalt ergriff, „laßt mich diese Hand drücken, die so viel Unrecht gutmachen, die so viel Wohltaten ausstreuen, die so viel Kummer hinwegnehmen, die sich waffenlos, friedfertig und demütig so vielen Feinden entgegenstrecken wird."

„Das ist zu viel", sagte schluchzend der Ungenannte. „Laßt mich, gnädiger Herr; guter Federigo, laßt mich. Eine Menge Volk erwartet Euch: so viele gute, unschuldige Seelen, die von weither gekommen sind, um Euch einmal zu sehen, zu hören; und Ihr haltet Euch auf... mit wem!"

„Lassen wir die neunundneunzig Schafe", antwortete der Kardinal, „sie sind in Sicherheit auf den Bergen; ich will bei dem einen bleiben, das verirrt war. Diese Seelen sind vielleicht jetzt weit zufriedener, als wenn sie diesen armen Bischof sähen. Gott, der in Euch das Wunder der Barmherzigkeit gewirkt hat, gießt vielleicht in sie eine Freude aus, deren Grund sie noch nicht kennen. Dieses Volk ist vielleicht mit uns vereint, ohne es zu wissen; vielleicht legt der Heilige Geist in ihre Herzen ein unauslöschliches Feuer der Liebe, eine Bitte, die er an Eurer Statt erhört, eine Danksagung, deren noch unbekannter Gegenstand Ihr seid."
Bei diesen Worten legte er die Arme um den Hals des Ungenannten; und nachdem sich dieser ihnen zu entziehen versucht und ihnen einen Augenblick widerstrebt hatte, gab er nach, wie überwältigt von diesem Ungestüm der Liebe, und umarmte auch selber den Kardinal und barg an dessen Schulter sein zitterndes und verwandeltes Gesicht. Seine brennenden Tränen fielen auf den unbefleckten Purpur Federigos, und die schuldlose Hand dieses Mannes liebkoste diese Glieder, strich über dieses kriegerische Kleid, das gewohnt war, die Waffen der Gewalttätigkeit und der Tücke zu tragen. Sich aus dieser Umarmung lösend, bedeckte der Ungenannte wieder die Augen mit der Hand, hob zugleich das Gesicht

und rief aus: „Gott ist wahrhaftig groß! Gott ist wahrhaftig gut! Nun erkenne ich mich, nun begreife ich, was ich bin; meine Schlechtigkeit steht vor mir: mir schaudert vor mir selber. Und doch ...! und doch empfinde ich eine Erquickung, einen Frieden, eine Freude, wie ich sie in meinem ganzen entsetzlichen Leben nie empfunden habe!"

„Es ist ein Vorgeschmack", sagte Federigo, „den Euch Gott gibt, um Euch für seinen Dienst zu gewinnen, um Euch den Mut zu verleihen, daß Ihr entschlossen in dies neue Leben tretet, in dem Ihr so viel gutzumachen, so viel zu beweinen haben werdet."

„Ich Unseliger!", rief der Herr aus; „wie groß, wie groß ist die Zahl der ... Handlungen, die ich nur noch beweinen kann! Aber einige wenigstens sind erst in Gang gebracht, erst eingeleitet, die ich, wenn schon sonst nichts, so doch in der Mitte abbrechen kann: und eine ist da, die ich auf der Stelle abbrechen und gutmachen kann." Federigo wurde aufmerksam, und der Ungenannte erzählte ihm in kurzen, aber an Abscheu stärkeren Worten, als wir angewandt haben, von der an Lucia verübten Tat, von den Schrecken und Leiden der Ärmsten und wie sie gefleht habe und von der Bestürzung, die dieses Flehen ihm verursacht habe, und daß sie noch in der Burg sei..."

„Ach, verlieren wir keine Zeit!", rief Federigo aus, keuchend vor Mitleid und Eifer. „Ihr Glückseliger! Das ist das Unterpfand der Verzeihung Gottes, daß Ihr zum Werkzeug der Rettung werden dürft, der Ihr das des Verderbens hättet sein sollen! Gott segne Euch! Gott hat Euch gesegnet. Wißt Ihr, woher unsere arme Gepeinigte ist?"

Der Herr nannte das Dorf Lucias.

„Es ist nicht weit von hier", sagte der Kardinal, „Gott sei gelobt! und wahrscheinlich ..." Damit ging er hastig zu einem Tischchen und schellte. Und sofort trat angstvoll der Kaplan Kreuzträger ein, und sein erster Blick galt dem Ungenannten; und als er dieses verwandelte Gesicht und diese vom Weinen geröteten Augen sah, blickte er den Kardinal an, und da er unter der unveränderlichen Gelassenheit dieses Antlitzes etwas wie eine ernste Befriedigung und einen schier ungeduldigen Eifer wahrnahm, wäre er mit offenem Munde fast verzückt stehen geblieben, wenn ihn nicht der Kardinal alsbald aus dieser Betrachtung durch die Frage geweckt hätte, ob unter den versammelten Pfarrern auch der von * sei.

„Jawohl, erlauchter Herr", antwortete der Kardinal.

„Bringt ihn sofort her", sagte Federigo, „und mit ihm den der hiesigen Kirche."

Der Kaplan ging, und als er in den Vorsaal kam, wandten sich ihm die Augen aller zu. Mit noch immer offenem Munde, mit einem Gesicht, das noch die Zeichen dieser Verzückung trug, die Hände hebend und sie in der Luft schwenkend, sagte er: „Meine Herren! Meine Herren! *haec mutatio dexterae Excelsi*." Und einen Augenblick lang sagte er nichts weiter. Dann nahm er wieder Ton und

Stimme des Amtes an und fuhr fort: „Seine erlauchte und hochwürdige Herrlichkeit wünscht den hiesigen Herrn Pfarrer und den Herrn Pfarrer von *." Der zuerst Gerufene trat alsbald vor, und zugleich kam mitten aus der Menge ein gezogenes und mit dem Tonfall der Verwunderung gesprochenes: „Mich?"

„Sind Sie der Herr Pfarrer von *?", sagte der Kaplan.

„Jawohl; aber ..."

„Seine erlauchte und hochwürdige Herrlichkeit wünscht Sie."

„Mich?", sagte wieder dieselbe Stimme, mit dieser einen Silbe klar andeutend: Was kann das mich angehen? Aber dieses Mal kam zugleich mit der Stimme auch der Mann heraus, Don Abbondio in eigener Person, zaudernden Schrittes und mit einem halb bestürzten und halb mißvergnügten Gesichte. Der Kaplan gab ihm mit der Hand einen Wink, der besagen sollte: Kommt, gehen wir; was soll dies? Und den zwei Pfarrern voranschreitend, ging er zur Tür, öffnete sie und führte sie hinein. Der Kardinal, der inzwischen mit dem Ungenannten verabredet hatte, was zu tun sei, ließ dessen Hand los; er trat ein wenig abseits und winkte den Ortspfarrer heran. In gedrängten Worten sagte er ihm, worum es sich handelte und ob er auf der Stelle eine anständige Frau zu finden wisse, die sich in einer Sänfte in die Burg begeben solle, um Lucia zu übernehmen, eine Frau von Herz und Kopf, die sich in einen so neuartigen Auftrag zu schicken und die richtige Weise zu treffen wisse und die auch die geeignetsten Worte zu finden verstehe, diese Ärmste, der nach so vielen Ängstigungen und in einer solchen Verstörtheit sogar die Befreiung eine neue Verwirrung in die Seele würde bringen können, zu ermutigen und zu beruhigen. Nach einem Augenblick des Nachdenkens sagte der Pfarrer, er habe die richtige Person, und ging. Nun winkte der Kardinal den Kaplan herbei und trug ihm auf, sofort die Sänfte und die Träger zu besorgen und zwei Maultiere satteln zu lassen. Als dann auch der Kaplan gegangen war, wandte er sich an Don Abbondio. Der, der schon nahe herangetreten war, um sich von dem anderen Herrn entfernt zu halten, und der unterdessen bald auf den einen, bald auf den andern scheue Blicke von unten herauf geworfen hatte, immer noch grübelnd, was denn dieses ganze Getue zu bedeuten habe, kam nun völlig heran, verneigte sich und sagte: „Mir ist bedeutet worden, daß Eure erlauchte Herrlichkeit mich verlangt; aber ich glaube, es ist ein Irrtum."

„Es ist kein Irrtum", antwortete Federigo; „ich habe Euch eine gute Nachricht und einen tröstlichen, einen gar köstlichen Auftrag zu geben. Ein Euriges Pfarrkind, das Ihr als verschollen beweint haben werdet, Lucia Mondella, ist wieder gefunden und ist hier in der Nähe bei diesem meinen teuren Freunde; und Ihr werdet mit ihm und mit einer Frau, die der hiesige Pfarrer suchen gegangen ist, hingehen, um diese Euch Befohlene zu übernehmen und sie hierherzubegleiten."

Don Abbondio tat alles, um den Verdruß, was sage ich? den Kummer und die Betrübnis zu verbergen, die ihm eine solche Zumutung oder ein solcher Befehl, was immer es war, erregte; und weil nicht mehr Zeit war, eine Grimasse, die sich auf einem Gesichte gebildet hatte, zu ebnen und zu lösen, so verbarg er sie, indem er das Haupt zum Zeichen des Gehorsams neigte. Und er erhob es nur, um sich auch vor dem Ungenannten mit einem flehenden Blicke zu verneigen, der besagte: Ich bin in Euern Händen: habt Barmherzigkeit mit mir: *parcere subjectis.*

Nun fragte ihn der Kardinal, was für Verwandte Lucia habe.

„Nahe, bei denen sie lebt oder gelebt hat, nur die Mutter", antwortete Don Abbondio.

„Und die ist in ihrem Dorfe?"

„Jawohl, gnädiger Herr."

„Da denn", begann wieder Federigo, „das arme junge Ding nicht so auf der Stelle wieder nach Hause wird gebracht werden können, so wird es für sie ein großer Trost sein, alsbald die Mutter zu sehen; wenn daher der hiesige Herr Pfarrer nicht zurückkommt, bevor ich in die Kirche gehe, so tut mir den Gefallen, ihm zu sagen, er möge ein Wäglein oder ein Reittier beschaffen und einen verständigen Mann abfertigen, der diese Frau aufsuchen und hierherbringen soll."

„Und wenn ich ginge?", sagte Don Abbondio.

„Nein, Ihr nicht; Euch habe ich schon um das andere gebeten", antwortete der Kardinal.

„Ich meinte nur", versetzte Don Abbondio, „um diese arme Mutter vorzubereiten. Sie ist eine sehr empfindliche Frau, und bei ihr braucht es einen, der sie kennt und sie zu behandeln weiß, um ihr nicht weh statt wohl zu tun."

„Und aus diesem Grunde bitte ich Euch", antwortete der Kardinal, „den Herrn Pfarrer aufmerksam zu machen, daß er einen verständigen Mann wählen soll; Ihr seid anderswo viel nötiger." Er hätte gern gesagt: Es ist gewiß viel nötiger, daß das arme junge Mädchen in dieser Burg, nach so vielen Stunden der Kümmernis und in der schrecklichen Dunkelheit der Zukunft ein bekanntes Gesicht, eine sichere Person zu sehen bekommt. Aber das war kein Grund, den man so offen vor diesem Dritten hätte heraussagen können. Immerhin däuchte es den Kardinal seltsam, daß das Don Abbondio nicht sofort gemerkt hatte oder von selber darauf verfallen war; und sein Vorschlag und seine Beharrlichkeit schienen ihm so unangebracht, daß er auf den Gedanken kam, da müsse etwas anderes dahinter sein. Er blickte ihm ins Gesicht, und dort entdeckte er leicht die Furcht, mit diesem entsetzlichen Manne zu reisen, diese Burg, wenn auch nur für Augenblicke, zu betreten. Da er diesen feigen Argwohn zerstreuen wollte, es ihm aber nicht zusagte, den Pfarrer beiseite zu nehmen und mit ihm insgeheim zu flüstern, während sein neuer Freund als Dritter anwesend war, so dachte er, es werde am besten sein, das zu tun, was er auch ohne diesen Beweggrund getan hätte, nämlich mit dem Ungenannten selber zu reden, aus dessen Antworten schließlich Don Abbondio werde abnehmen können, daß er kein Mann mehr war, vor dem man Angst zu haben brauchte. Er trat also zu dem Ungenannten und sagte zu ihm mit jener unwillkürlichen Vertraulichkeit, die einer neuen und mächtigen Zuneigung ebenso eigen ist wie einer alten herzlichen Freundschaft: „Glaubt nicht, daß ich mich für heute mit diesem Besuche begnügte. Ihr werdet zurückkommen, nicht wahr? Mit diesem vortrefflichen Geistlichen?"

„Ob ich zurückkommen werde?", antwortete der Ungenannte; „wenn Ihr mich abwieset, ich bliebe hartnäckig an Eurer Schwelle wie ein Bettler. Ich muß mit Euch reden! Ich muß Euch hören, Euch sehen. Ich bedarf Eurer."

Federigo ergriff seine Hand, drückte sie und sagte: „Erzeigt uns denn die Gunst, mit uns zu speisen. Ich erwarte Euch. Unterdessen gehe ich, um zu beten und mit meinem Volke Gott zu danken; und Ihr geht, um die ersten Früchte der Barmherzigkeit zu pflücken." Bei diesen Kundgebungen stand Abbondio da wie ein Knabe, der zusieht und zuhört, wie einer einen großen, struppigen Köter mit blutunterlaufenen Augen, dessen Name durch Bisse und Schrecken berüchtigt ist, streichelt und ihn ein gutes, liebes Tierchen nennt: er blickt den Herrn an und widerspricht weder, noch stimmt er zu, er blickt den Hund an und wagt nicht näherzukommen, aus Angst, das gute Tierchen könnte ihm die Zähne zeigen, und wenn auch aus Freude, er getraut sich nicht wegzugehen, um sich nicht lächerlich zu machen, und sagt in seinem Herzen: Ach, wäre ich nur daheim! Dem Kardinal fiel, als er, den Ungenannten immer noch bei der Hand haltend und ihn mit sich ziehend, daran war, das Zimmer zu verlassen, wieder der arme Mann ins Gesicht, der, ohne es zu wollen, eine niedergeschlagene, unzufriedene und griesgrämige Miene zeigte. Und da er dachte, ein Mißvergnügen könne etwa auch von der Meinung herrühren, hintangesetzt und beiseite geschoben worden zu sein, und dies um so mehr im Vergleich zu dem so gütig empfangenen und geliebkosten Missetäter, so wandte er sich im Gehen um, blieb einen Augenblick stehen und sagte mit liebenswürdigem Lächeln zu ihm: „Herr Pfarrer, Ihr seid immer mit mir in dem Hause unseres guten Vaters; dieser aber ... dieser *perierat, et inventus est.*"

„O, wie ich mich freue!", sagte Don Abbondio, indem er beiden gemeinsam eine tiefe Verbeugung machte. Der Erzbischof ging voraus, drückte an die Tür, und die wurde sofort von außen von zwei Dienern aufgerissen, die rechts und links standen; und das sonderbare Paar erschien den begierigen Blicken der in dem Zimmer versammelten Geistlichkeit. Sie sahen die zwei Gesichter, denen eine verschiedenartige, aber gleich tiefe Bewegung aufgedrückt war: eine erkenntliche Zärtlichkeit, eine demütige Freude auf dem ehrwürdigen Antlitz Federigos; auf dem des Ungenannten eine durch Trost gemäßigte Verwirrung, eine neue Scham, eine Zerknirschung, woraus jedoch die Kraft dieser wilden und aufbrausenden Natur durchschien. Und später wurde bekannt, daß damals mehr als einem der Betrachtenden jener Spruch von Jesaias[25] in den Sinn gekommen war: *„Kühe und Bären werden an der Weide gehen, daß ihre Jungen beieinanderliegen; und Löwen werden Stroh fressen wie die Ochsen."* Hinterdrein kam Don Abbondio, und auf den achtete niemand.

Als sie mitten im Zimmer waren, kam von der anderen Seite der Kammerdiener des Kardinals herein und trat auf diesen zu, um ihm zu sagen, daß er die ihm von dem Kaplan mitgeteilten Aufträge ausgerichtet habe, daß die Sänfte und die zwei Maultiere bereitstünden und daß man nur noch auf die Frau warte, die der Pfarrer bringen werde. Der Kardinal sagte zu ihm, daß er den Pfarrer sofort, wenn er komme, an Don Abbondio weisen solle, der mit ihm zu sprechen habe, und dann solle alles nach dessen und des Ungenannten Befehlen geschehen; diesem schüttelte er zum Abschied noch einmal die Hand mit den Worten: „Ich erwarte Euch". Er wandte sich um, um auch Don Abbondio zu grüßen, und brach in der Richtung zu der Kirche auf. Die Geistlichkeit ging hinter ihm, halb in Gedränge, halb in Prozession; die zwei Weggesellen blieben allein im Zimmer.

Der Ungenannte stand ganz in sich gekehrt da, mit Ungeduld den Augenblick erwartend, wo er gehen werde, um Pein und Kerker von seiner Lucia zu nehmen, die jetzt in einem ganz andern Sinne als Tags zuvor sein war, und sein Gesicht drückte eine verdichtete Erregung aus, die dem argwöhnischen Auge Don Abbondios leicht etwas Schlimmeres scheinen mochte. Dieser sah ihn von der Seite an und hätte gern ein freundschaftliches Gespräch mit ihm angeknüpft; aber er dachte: Was soll ich ihm sagen: Ich freue mich? Worüber freue ich mich denn? Daß Ihr Euch, nachdem Ihr bisher ein Teufel gewesen seid, endlich entschlossen habt, ein anständiger Mensch zu werden wie die andern? Eine schöne Höflichkeit! Ei, ei! wie immer ich es auch drehe, etwas anderes würde der Glückwunsch doch nicht sagen. Und wenn es nur wahr ist, daß er ein anständiger Mensch geworden ist; so Knall und Fall! Behauptet ist bald etwas, und Gründe gibt's genug! Was weiß ich überhaupt? Und dabei muß ich mit ihm gehen! In diese Burg! Das ist eine Geschichte! Wenn mir das einer heute früh gesagt hätte! Ach, wenn ich mit heiler Haut davonkomme, dann wird das Fräulein Perpetua etwas zu hören bekommen, daß sie mich mit Gewalt dahergejagt hat, wo es doch gar nicht notwendig war: alle Pfarrer aus der Umgebung kämen her, auch von noch weiter, und man dürfe beileibe nicht zurückbleiben, und dies und das; und mich damit in einen solchen Handel zu verwickeln! Ich Ärmster! Etwas muß ich aber doch zu ihm sagen. – Und er dachte und dachte, bis er endlich gefunden hatte, was er hätte zu ihm sagen können: Nie hätte ich dieses Glück erwartet, mich in einer so hoch ansehnlichen Gesellschaft zu befinden. Und eben wollte er den Mund öffnen, als der Kammerdiener mit dem Ortspfarrer hereinkam, der

---

[25] Jesaja 65. 25.

meldete, daß die Frau zur Stelle sei und in der Sänfte sitze; und dann wandte er sich an Don Abbondio, um von ihm den anderen Auftrag des Kardinals entgegenzunehmen. Don Abbondio entledigte sich dessen, so gut er es in seiner Verwirrung konnte, trat dann zu dem Kammerdiener und sagte zu ihm: „Gebt mir wenigstens ein ruhiges Tier; denn um die Wahrheit zu sagen, ich bin ein schwacher Reiter."

„Aber selbstverständlich", antwortete der Kammerdiener schmunzelnd; „es ist das des Geheimschreibers, und der ist ein Gelehrter."

„Recht so...", erwiderte Don Abbondio; und in Gedanken fuhr er fort: Gott steh mir bei! Bei dem ersten Worte der Meldung hatte sich der Herr rasch in Bewegung gesetzt; bei der Tür angelangt, gewahrte er, daß Don Abbondio zurückgeblieben war. Er blieb stehen, um auf ihn zu warten; und als der hastig daherkam, mit einer Miene, die um Verzeihung zu bitten schien, verbeugte er sich vor ihm und ließ ihm mit einer höflichen und demütigen Gebärde den Vortritt, was dem armen Geplagten wenigstens einigermaßen wieder den Mut einrichtete. Kaum hatte dieser aber den Fuß in den Hof gesetzt, so sah er etwas anderes, das ihm diese geringe Tröstung völlig verdarb: der Ungenannte ging in eine Ecke, nahm einen Karabiner mit der einen Hand beim Lauf, mit der andern beim Riemen und warf sich ihn mit einer schnellen Bewegung, wie beim Exerzieren, über die Schulter. Oweh, oweh, dachte Don Abbondio; was will er mit diesem Werkzeug da? Eine schöne Buße, eine schöne Zucht für einen Bekehrten! Und wenn ihm eine Grille in den Kopf fährt? Ach, was für ein Auftrag! Was für ein Auftrag! Hätte der Herr im geringsten argwöhnen können, was für wüste Gedanken seinem Gesellen durchs Hirn gingen, so kann man gar nicht sagen, was er alles getan hätte, um ihn zu beruhigen; aber er war himmelweit entfernt von einem solchen Argwohn, und Don Abbondio hütete sich vor jeder Bewegung, die es klar bezeugt hätte: Ich traue Eurer Herrlichkeit nicht. – Bei der Haustür angelangt, fanden sie die zwei Maultiere bereit, und der Ungenannte schwang sich auf das, das ihm ein Stallknecht vorführte.

„Mucken hat es nicht?", sagte Don Abbondio zu dem Kammerdiener, indem er den Fuß, den er schon zum Steigbügel gehoben hatte, wieder auf die Erde setzte.

„Steigen Sie nur getrost auf; es ist ein Lamm."

Sich an den Sattel klammernd, kletterte Don Abbondio mit Hilfe des Kammerdieners hopp, hopp hinauf. Die Sänfte, die, von ein paar Maultieren getragen, ein paar Schritte weiter vorn hielt, setzte sich auf einen Ruf des Führers in Bewegung, und der Zug brach auf. Sie mußten an der Kirche vorbei, die zum Erdrücken voll war, über einen kleinen Platz, der gleicherweise voll war von Ortsbewohnern und Fremden, die die Kirche nicht mehr fassen konnte. Die große Neuigkeit hatte sich schon verbreitet; und als der Zug erschien, als dieser Mann erschien, vor ein paar Stunden noch ein Gegenstand des Schreckens und der Verwünschung, jetzt einer der freudigen Verwunderung, erhob sich in der Menge ein schier beifälliges Gemurmel, und indem die Leute Raum gaben, drängten sie sich wieder allesamt vor, um ihn von der Nähe zu sehen. Die Sänfte kam vorüber, der Unbekannte kam vorüber, und vor der weit offenen Kirchentür nahm er den Hut ab und neigte die sonst so gefürchtete Stirn bis zur Mähne des Maultiers unter dem Gesumme von hundert Stimmen, die sagten: „Gott segne ihn!" Auch Don Abbondio nahm den Hut ab und neigte den Kopf, und er empfahl sich dem Himmel; als er aber den feierlichen Gesang seiner Amtsbrüder vernahm, empfand er einen Neid, eine Wehmut, eine Herzbeklemmung, daß es ihm schwer wurde, die Tränen zurückzuhalten. Außerhalb der Häuser, im freien Felde, auf den manchmal ganz menschenleeren Windungen der Straße spannte sich ein schwärzerer Schleier über seine Gedanken. Einen anderen Gegenstand, wo er seinen Blick hätte mit Vertrauen ruhen lassen dürfen, hatte er nicht als den Sänftenführer, der, zum Gesinde des Kardinals gehörend, ein rechtschaffener Mann sein mußte und überdies keineswegs furchtsam aussah. Dann und wann begegneten ihnen Wanderer, bisweilen in ganzen Haufen, die in das Dorf liefen, um den Kardinal zu sehen: und das war eine Erquickung für Don Abbondio; aber die war nur flüchtig, und man näherte sich diesem fürchterlichen Tal, wo man niemandem begegnen würde als Untertanen des Freundes, und was für Untertanen! Mit dem Freunde hätte er jetzt lieber als je ein Gespräch begonnen, sowohl um ihn mehr auszuholen, als auch um ihn bei guter Laune zu erhalten; da er ihn aber so in Gedanken versunken sah, verging ihm die Lust. Er mußte also mit sich selber sprechen, und hier folge nun ein Teil von dem, was sich dieser arme Mann auf diesem Ritte sagte; alles niederzuschreiben, gäbe ein Buch für sich.

Es ist ein wahres Wort, daß die Heiligen sowie die Schurken Quecksilber im Leibe haben und sich nicht begnügen, selber immer in Unruhe zu sein, sondern am liebsten, wenn es nur anginge, die ganze Menschheit in den Tanz zögen; und just die allergeschäftigsten müssen über mich kommen, der ich zu niemandem komme, und mich bei den Haaren in ihre Händel ziehen, mich, der ich nichts sonst will, als daß man mich leben läßt. Dieser dumme Schurke von einem Don Rodrigo! Was würde ihm fehlen, um der glücklichste Mensch auf dieser Welt zu sein, wenn er nur ein bißchen Vernunft hätte? Reich ist er, jung ist er, geachtet ist er, schön tut man ihm: es ist ihm zuwider, daß es ihm gut geht; mit Gewalt muß er sich und andern Ungemach schaffen. Ein Leben könnte er führen wie der Herrgott in Frankreich: nein, mein Herr; das Handwerk des Frauenjägers muß er treiben: das närrischste, das schädlichste, das verrückteste Handwerk auf dieser Welt; in einer Karosse könnte er ins Paradies fahren, und er humpelt lieber hinkenden Fußes zum Teufel. Und der da ... – Und dabei sah er ihn an, als ob er geargwohnt hätte, er könnte seine Gedanken hören – der da, nachdem er die Welt mit seinen Verbrechen auf den Kopf gestellt hat, stellt er sie jetzt mit der Bekehrung auf den Kopf... wenn es wahr ist. Und mich trifft es vorderhand, es zu versuchen ... Das ist einmal sicher: wenn sie mit dieser Tollheit im Leibe auf die Welt gekommen sind, so geht's nie ohne Lärm ab. Was hat's denn für einen Sinn, ein ganzes Lebelang rechtschaffen zu sein, wie ich es war? Gar keinen, mein Herr: dreinschlagen muß man, umbringen, Teufelszeug anstellen ... ach, ich Ärmster ... und dann, um Buße zu tun, noch einen rechten Wirbel anrichten. Die Buße, die kann man, wenn man einen guten Willen hat, zuhause tun, ohne so viel Aufhebens, ohne dem Nebenmenschen so viel Ungelegenheiten zu machen. Und Seine erlauchte Herrlichkeit, nur rasch, nur rasch, mit offenen Armen, mein teurer Freund hin, mein teurer Freund her: alles für bare Münze genommen, als hätte er ihn ein Wunder tun sehen, und ganz ohne weiteres einen Entschluß gefaßt, mit Händen und Füßen hineingesprungen, rasch hier, rasch dort: bei mir zuhause nennt man das Überstürzung. Und ihm ohne das kleinste Faustpfand einen armen Pfarrer in die Hände zu geben! Das nennt man um ein Menschenleben Grad oder Ungrad spielen. Ein heiliger Bischof, wie er, sollte seine Pfarrer hüten wie seine Augäpfel. Ein bißchen kaltes Blut, ein bißchen Klugheit, ein bißchen Güte, ich glaube, das vertrüge sich auch mit der Heiligkeit ... Und wenn alles nur Schein wäre? Wer kann alle Kniffe der Menschen kennen? Und gar solcher Menschen wie den? Zu denken, daß ich mit ihm gehen muß, in seine Burg! Da kann ein schöner Teufel dahinterstecken: ach, ich Ärmster; es ist besser, gar nicht daran zu denken. Was ist das für eine verrückte Geschichte mit Lucia? Ob da nicht ein Einverständnis mit Don Rodrigo besteht? Was für Leute! Aber dann wäre die Sache wenigstens klar. Aber wie hat er sie in seine Klauen bekommen? Wer weiß es? Alles ist ein Geheimnis mit dem gnädigen Herrn; und mir, den sie so traben lassen, mir sagen sie nichts. Ich schere mich nicht drum, Angelegenheiten anderer zu erfahren; trägt aber einer seine Haut zu Markte, so hat er wohl auch ein Recht, zu erfahren, wofür. Wenn es wirklich nur gilt, das arme Geschöpf abzuholen, dann Geduld. Freilich hätte er sie gleich selber mitbringen können. Und dann, wenn er sich also bekehrt hat, wenn er so ein neuer Kirchenvater geworden ist, wozu hat man mich gebraucht? Ach, was für ein Wirrsal! Genug; gebe der Himmel, daß es so sei; es wird eine große Ungelegenheit sein, aber Geduld. Ach, der armen Lucia halber wäre ich es zufrieden: Sie muß es auch arg mitgenommen haben; weiß der Himmel, was sie durchgemacht hat. Ich habe ja Mitleid mit ihr; aber sie ist mir rein zum Verderben geboren ... Könnte ich ihm nur wenigstens ins Herz sehen, wie er es meint. Wer kann ihn verstehen? Seh ihn nur einer an: bald sieht er aus wie ein heiliger Antonius in der Wüste, bald wie ein leibhaftiger Holofernes. Ach, ich Ärmster! ich Ärmster! Genug; der Himmel ist verpflichtet, mir zu helfen, weil ich mich nicht aus eigenem Vorwitz hineingemischt habe.

In der Tat sah man sozusagen auf dem Gesicht des Ungenannten die Gedanken kommen und gehen, wie zur Zeit eines Sturmes die Wolken über das Antlitz der Sonne laufen, so daß alle Augenblicke ein blendendes Licht mit einem kalten

Schatten wechselt. Die Seele, noch ganz trunken von den süßen Worten Federigos und in dem neuen Leben aufgerichtet und verjüngt, erhob sich zu jenen Vorstellungen von Barmherzigkeit, Verzeihung und Liebe; dann brach sie wieder zusammen unter der Last der schrecklichen Vergangenheit. In ängstlicher Hast forschte er, welche Schlechtigkeiten noch gut zu machen seien, welche sich noch abbrechen ließen, welche Mittel die wirksamsten und sichersten, wie so viele Knoten lösen, was mit so vielen Spießgesellen anfangen: es war eine Betäubung, nur daran zu denken. An dieses jetzige Unternehmen sogar, daß das letzte und dem Ziele am nächsten war, ging er mit einer mit Angst vermischten Ungeduld heran bei dem Gedanken, daß dieses Geschöpf inzwischen, weiß Gott, was leide und daß er, der doch alles daransetzte, sie zu befreien, derselbe war, der sie inzwischen leiden ließ. Wo eine Straße abzweigte, kehrte sich der Sänftenführer zu ihm, um zu erfahren, welche er nehmen solle; der Ungenannte zeigte sie ihm mit der Hand und winkte ihm zugleich, rasch zu machen.

Sie kamen in das Tal. Wie stand es nun um den armen Don Abbondio? Nun war er drinnen in diesem berüchtigten Tal, von dem er so entsetzliche Geschichten hatte erzählen hören: diese berüchtigten Männer, die Blüte der italienischen Bravi, diese Männer ohne Furcht und ohne Mitleid in Fleisch und Bein zu sehen, einem, zweien oder dreien an jeder Straßenwindung zu begegnen! Sie verneigten sich unterwürfig vor dem Herrn; aber was für gebräunte Gesichter! was für struppige Bärte! Diese Blicke dazu, die Don Abbondio zu sagen schienen: Wird dem Pfaffen der Garaus gemacht? Bis es ihm in einem Augenblicke des höchsten Entsetzens geschah, daß er bei sich sagte: Hätte ich sie nur getraut! Etwas Schlimmeres hätte mich auch nicht treffen können. – Inzwischen ging es auf einem steinigen Pfade den Gießbach entlang aufwärts: jenseits der Anblick der rauhen, öden, unwirtlichen Hänge, diesseits eine Bevölkerung, derenthalben man sich in jede Wüste gewünscht hätte: Dante war mitten im Höllenpfuhl nicht schlimmer daran. Sie kommen an der Schlimmen Nacht vorbei: scheußliche Bravi unter der Tür, Bücklinge vor dem Herrn, Seitenblicke auf einen Gesellen und die Sänfte. Sie wußten nicht, was sie denken sollten: schon der Ausgang des Ungenannten, ganz allein und am Morgen, hatte etwas Außergewöhnliches gehabt; die Rückkehr hatte dessen nicht minder. War es eine Beute, was er brachte? Und wie hatte er sie allein gemacht? Und wieso eine fremde Sänfte? Und was mochte das für eine Livree sein? Sie schauten und schauten, aber nicht einer rührte sich; denn das war der Befehl, den ihnen der Herr mit seinen Blicken erteilte. Sie steigen hinauf, sie sind auf der Höhe. Die Bravi, die auf dem Vorplatze und unter dem Tor stehen, verschwinden nach rechts und links, um den Weg freizugeben; der Ungenannte gibt ihnen ein Zeichen, sich um nichts weiter zu kümmern, spornt sein Tier, reitet der Sänfte vor, winkt dem Sänftenführer und Don Abbondio, ihm zu folgen, reitet in den ersten Hof, in einen zweiten, dann auf eine kleine Tür zu, weist mit einer Gebärde den Bravo zurück, der herbeigelaufen ist, um ihm den Steigbügel zu halten, und sagt zu ihm: „Du bleibst hier; niemand soll kommen." Er steigt ab, bindet das Maultier hastig an ein Fenstergitter, geht auf die Sänfte zu, tritt zu der Frau, die den Vorhang zurückgezogen hat, und sagt halblaut zu ihr: „Tröstet sie auf der Stelle; macht ihr auf der Stelle begreiflich, daß sie frei ist, daß sie bei Freunden ist. Gott wird es Euch vergelten." Dann gibt er dem Führer ein Zeichen, und der öffnet den Schlag; dann nähert er sich Don Abbondio, um ihm mit einem so heiteren Gesicht, wie es dieser noch nie an ihm gesehen hat, ja nie für möglich gehalten hätte, gefärbt von der Freude an dem guten Werke, das er endlich vollenden sollte, halblaut zu sagen: „Herr Pfarrer, ich bitte Sie nicht um Entschuldigung für das Ungemach, das Sie meinetwegen ausstehen; Sie tun es für einen, der gut zahlt, und für Ihr armes Pfarrkind." Das gesagt, faßt er mit der einen Hand den Zügel und mit der andern den Steigbügel, um Don Abbondio absteigen zu helfen. Dieses Gesicht, diese Worte, diese Handlung hatten diesem das Leben wiedergegeben. Er stieß einen Seufzer aus, der seit einer Stunde in ihm herumgewandert war, ohne einen Ausgang zu finden, verbeugte sich vor dem Ungenannten, antwortete leise: „Meinen Sie? Aber, aber, aber, aber …" und rutschte, so gut es ging, von seinem Tier herunter. Der Ungenannte band auch dieses an, nahm, nachdem er dem Sänftenführer gesagt hatte, er solle hier warten, einen Schlüssel aus der Tasche, öffnete die Tür, ließ den Pfarrer und die Frau eintreten und ging ihnen voraus auf die schmale Treppe zu; und alle drei stiegen schweigend empor.

---

24. KAPITEL.

LUCIA war seit kurzem erwacht; und einen Teil dieser Zeit hatte sie sich abgemüht, sich völlig zu ermuntern und die trüben Traumgesichter von den Erinnerungen und den Bildern dieser Wirklichkeit zu scheiden, die nur allzusehr den unheimlichen Träumen eines Fiebernden ähnelte.

Die Alte war sofort zu ihr gekommen und hatte mit dieser gezwungen demütigen Stimme zu ihr gesagt: „Ach, Ihr habt geschlafen? Ihr hättet im Bette schlafen können, ich habe es Euch gestern Abend so oft gesagt." Und da sie keine Antwort erhielt, fuhr sie, immer in dem Tone ärgerlichen Bittens fort: „Eßt doch einmal; nehmt Vernunft an. Hu, wie garstig seid Ihr. Ihr habt es Not, zu essen. Wenn er heimkommt, soll ich es entgelten?"

„Nein, nein, ich will gehen, ich will zu meiner Mutter gehen. Der Herr hat es mir versprochen, hat gesagt: Morgen früh. Wo ist der Herr?"

„Er ist ausgegangen; er hat mir gesagt, er wird bald kommen und alles tun, was Ihr wollt."

„Das hat er gesagt? Das hat er gesagt? Nun denn, ich will zu meiner Mutter gehen; gleich jetzt, gleich jetzt."

Und horch! draußen lassen sich Schritte vernehmen; dann ein Pochen an der Tür.

Die Alte läuft hin und fragt: „Wer ist's?"

„Öffne", antwortet halblaut die bekannte Stimme.

Die Alte schiebt den Riegel zurück: der Unbekannte, die Türflügel leicht eindrückend, so daß ein Spalt entsteht, befiehlt der Alten herauszukommen und läßt zugleich Don Abbondio mit der guten Frau eintreten. Dann schließt er wieder die Tür, stellt sich davor und schickt die Alte in einen entfernten Teil der Burg, so wie er vorher schon die andere Frau, die außen Wache stand, weggeschickt hatte. Diese ganze Bewegung, diese auf die Spitze getriebene Erwartung, das Erscheinen neuer Personen verursachten Lucia einen Anfall von Erregung, da ihr, wenn ihr gleich ihre jetzige Lage unerträglich war, doch jeder Wechsel ein Anlaß zu Argwohn und neuem Schrecken war. Sie blickte hin, sah einen Geistlichen und eine Frau; sie ermutigte sich ein wenig, blickte genau hin: ist er's, oder ist er's nicht? Sie erkannte Don Abbondio und konnte, wie verzaubert, die Augen nicht von ihm wenden. Die Frau trat näher und beugte sich über sie; und indem sie mit mitleidigem Blicke ihre Hände nahm, wie um sie zu liebkosen und sie zugleich aufzurichten, sagte sie zu ihr: „Ach, Ihr Ärmste! kommt, kommt mit uns."

„Wer seid Ihr?", fragte Lucia; ohne aber die Antwort abzuwarten, wandte sie sich wieder an Don Abbondio, der sich, ebenso mit durchaus mitleidigem Gesichte, zwei Schritte abseits hielt, heftete von neuem den Blick auf ihn und rief aus: „Sie? sind Sie's? Der Herr Pfarrer? Wo sind wir? ... Ach ich Ärmste! ich bin nicht bei Sinnen."

„Nein, nein", antwortete Don Abbondio, „ich bin es wahrhaftig; faßt nur Mut. Seht Ihr nun? Wir sind da, um Euch abzuholen. Ich bin richtig Euer Pfarrer, just deswegen hergekommen, hergeritten ..."

Als ob sie mit einem Schlage alle ihre Kräfte wiedergewonnen hätte, sprang Lucia auf; dann heftete sie wieder den Blick auf diese zwei Gesichter und sagte: „So hat Euch also die Madonna geschickt."

„Ich glaube es wohl", sagte die gute Frau. „Aber dürfen wir denn gehen, dürfen wir denn wirklich gehen?", begann Lucia wieder, nur noch halblaut redend und furchtsamen und argwöhnischen Blickes. „Und alle diese Leute? ...", fuhr sie fort, die Lippen zusammengepreßt und zitternd vor Schrecken und Entsetzen, „und dieser Herr ...! dieser Mann ...! freilich hat er mir versprochen gehabt ..."

„Er ist ja auch da, eben deswegen mit uns gekommen", sagte Don Abbondio, „und er wartet draußen. Gehen wir rasch; lassen wir ihn nicht warten, einen Herrn seinesgleichen."

Nun öffnete der, von dem die Rede war, die Tür und zeigte sich. Lucia, die ihn noch vor kurzem herbeigesehnt, ja die, da sie sonst ohne jede Hoffnung gewesen war, nichts als ihn herbeigesehnt hatte, konnte, nachdem sie diese Gesichter von Freunden gesehen und diese Stimmen von Freunden gehört hatte, einen jähen Schauder nicht unterdrücken; sie fuhr zusammen, der Atem wich ihr, sie drückte sich an die gute Frau und barg ihr Gesicht an deren Busen. Als der Unbekannte dieses Antlitz sah, auf dem er schon am Abend vorher den Blick nicht hatte ruhen lassen können und das jetzt von dem verlängerten Leid und dem Fasten noch bleicher, noch matter, noch vergrämter geworden war, blieb er, schier noch unter der Tür, stehen; und da er dann diese Gebärde des Schreckens sah, senkte er die Augen und verharrte noch einen Moment unbeweglich und stumm, bis er endlich, auf die Worte der Armen antwortend, ausrief: „Es ist wahr; verzeiht mir!"

„Er kommt Euch befreien", sagte die gute Frau Lucia ins Ohr, „er ist nicht mehr, der er war; er ist gut geworden: hört Ihr, daß er Euch um Verzeihung bittet?"

„Kann man mehr sagen?", sagte auch Don Abbondio zu ihr; „auf, den Kopf hoch! Tut nicht wie ein kleines Kind, damit wir rasch gehen können."

Lucia hob den Kopf und blickte den Ungenannten an; und als sie diese Stirn gesenkt, diesen Blick niedergeschlagen und verwirrt sah, sagte sie, von einem aus Trost, Erkenntlichkeit und Mitleid gemischten Gefühl ergriffen: „Ach, gnädiger Herr! Gott vergelte Ihnen Ihre Barmherzigkeit!"

„Und Euch tausendmal die Wohltat, die mir Eure Worte erweisen." Dies gesagt, kehrte er sich um, schritt auf die Tür zu und ging als erster hinaus. Lucia folgte ihm getrost mit der Frau, die ihr den Arm reichte, und Don Abbondio ging zuletzt. Sie stiegen die Treppe hinunter und kamen zu der Tür, die in den Hof führte. Der Ungenannte riß sie auf, ging zur Sänfte, öffnete den Schlag und bot mit einer schier schüchternen Höflichkeit Lucia den Arm und half ihr und dann der guten Frau beim Einsteigen. Dann band er das Maultier Don Abbondios los und half auch ihm hinauf.

„Zuviel Herablassung", sagte dieser, und er stieg viel leichter auf als das erstemal; und der Zug setzte sich in Bewegung, als auch der Ungenannte im Sattel saß. Seine Stirn trug er nun hoch, und der Blick hatte den gewohnten Ausdruck des Gebietens angenommen. Die Bravi, die ihm begegneten, sahen wohl auf seinem Gesichte die Zeichen eines ihn beherrschenden Gedankens, einer außergewöhnlichen Befangenheit; aber mehr begriffen sie nicht, und hätten auch nicht mehr begreifen können. In der Burg wußte man noch nichts von der großen Veränderung, die in diesem Manne vorgegangen war, und durch Mutmaßungen wäre sicherlich keiner von ihnen darauf gekommen. Die gute Frau hatte sofort die Vorhänge der Sänfte zugezogen; dann ergriff sie liebreich die Hand Lucias und begann das Mädchen mit Worten des Mitleids, der Beglückwünschung und der Zärtlichkeit zu trösten. Und da sie sah, wie außer der Ermattung durch all die Leiden auch die Verworrenheit und Dunkelheit der Ereignisse der Ärmsten die Möglichkeit nahmen, die Freude über ihre Befreiung richtig zu fühlen, sagte sie, was sie nur geeignet fand, ihre armen Gedanken zu schlichten und sie sozusagen auf den Weg zu bringen. Sie nannte das Dorf, das ihr Ziel war.

„Wirklich?", sagte Lucia, die wußte, daß es von dem ihrigen nicht weit entfernt war. „Ach, heiligste Madonna, ich danke dir! Meine Mutter! meine Mutter!"

„Wir wollen sie sofort holen lassen", sagte die gute Frau, die nicht wußte, daß dies schon geschehen war.

„Ja, ja; Gott möge es Euch vergelten ... Und Ihr, wer seid Ihr? Wieso seid Ihr gekommen?"

„Unser Pfarrer hat mich geschickt", sagte die gute Frau, „weil Gott – gebenedeit sei er! – diesem Manne das Herz gerührt hat und er in unser Dorf gekommen ist, um mit dem Herrn Kardinal und Erzbischof zu sprechen, der bei uns zu Besuch ist, der heilige Mann, und weil er seine Missetaten bereut hat und sein Leben ändern will, und weil er dem Kardinal gesagt hat, er habe eine arme Unschuldige, nämlich Euch, entführen lassen im Einverständnis mit einem andern Menschen ohne Gottesfurcht, den mir der Pfarrer nicht gesagt hat, wer er sein könnte."

Lucia hob die Augen zum Himmel.

„Ihr werdet es vielleicht wissen", sagte die gute Frau, „aber mich geht das nichts an; da hat also der Herr Kardinal gedacht, daß es, weil es sich um ein junges Mädchen handelt, einer Frau braucht zur Gesellschaft, und er hat dem Pfarrer gesagt, er solle eine herbeischaffen, und der Pfarrer ist in seiner Güte zu mir gekommen ..."

„O, o, der Herr vergelte Euch Eure Gutherzigkeit!"

„Sprecht nicht davon, armes Kind! Der Herr Pfarrer hat mir gesagt, ich soll Euch Mut zusprechen und Euch aufzurichten trachten, und ich soll Euch zu wissen machen, wie wundersam Euch der Herr gerettet hat ..."

„Ach ja! Wahrhaftig wundersam; auf Fürsprache der Madonna."

„Also seid guten Mutes und verzeiht dem, der Euch Böses getan hat, und seid froh, daß der Herr Barmherzigkeit mit ihm geübt hat, ja betet für ihn; dann werdet Ihr, abgesehen davon, wie verdienstlich es ist, auch fühlen, wie Euch das Herz frei und leicht wird."

Lucia antwortete mit einem Blicke, der so klar, wie es Worte vermocht hätten, und mit einer Süße, die die Worte nie hätten ausdrücken können, die Bejahung anzeigte.

„Wackeres Mädchen!", begann die Frau wieder; „und weil in unserm Dorfe gerade auch Euer Pfarrer war – es sind ihrer eine solcher Menge da, aus der ganzen Gegend herum, daß man vier Hochämter mit ihnen halten könnte – hat der Herr Kardinal gemeint, auch ihn zur Gesellschaft herzuschicken; aber die Hilfe war nicht eben groß. Ich habe es schon sagen hören, daß er ein unnützer Mensch ist; aber heute habe ich's mit eigenen Augen gesehen, daß er nicht mehr Bescheid weiß als die Kuh vor der neuen Stalltür."

„Und der ...", fragte Lucia, „der, der gut geworden ist ... wer ist das?"

„Was? Das wißt Ihr nicht?", sagte die gute Frau und nannte ihn.

„Barmherziger Gott!", schrie Lucia. Diesen Namen, wie oft hatte sie ihn mit Entsetzen in mehr als einer Geschichte nennen hören, worin er vorkam wie in anderen der des Werwolfs! Und jetzt, bei dem Gedanken, daß sie in seiner schrecklichen Macht gewesen war und daß sie nun in seiner frommen Hut war, bei dem Gedanken eines so entsetzlichen Unheils und einer so unerhofften Rettung, bei der Betrachtung, wessen das Gesicht war, das sie zuerst barsch, dann bewegt und schließlich demütig gesehen hatte, war sie wie außer sich und sagte nur dann und wann: „Barmherziger Gott!"

„Und wie barmherzig!", sagte die gute Frau; „das muß, ein großer Trost sein für die halbe Welt. Daran zu denken, wie vielen Leuten er den Fuß im Nacken hielt, und daß er jetzt, wie mir unser Pfarrer gesagt hat... und dann, wenn man ihm nur ins Gesicht sieht, so ist er ein Heiliger geworden. Man sieht ja auch schon die Werke."

Zu sagen, daß die gute Frau nicht neugierig gewesen wäre, das ganze Ereignis, in dem jetzt auch sie eine Rolle spielte, ein wenig genauer zu kennen, würde der

Wahrheit nicht entsprechen. Zu ihrer Ehre muß aber gesagt werden, daß sie, von rücksichtsvollem Mitleid ergriffen und gewissermaßen den Ernst und die Würde des ihr anvertrauten Amtes fühlend, nicht einmal daran dachte, eine zudringliche oder müßige Frage an sie zu richten; was sie auf diesem Wege sprach, waren nur Worte des Trostes und der Dienstfertigkeit für das arme Mädchen.

„Weiß Gott, wie lang Ihr nichts gegessen habt!"

„Ich erinnere mich nicht mehr ... es ist eine Weile her."

„Armes Ding! Ihr werdet es nötig haben, Euch zu erquicken."

„Ja", antwortete Lucia mit schwacher Stimme.

„Bei mir daheim werden wir, Gott sei Dank, sofort etwas finden. Faßt nur Mut; es dauert nicht mehr lange."

Lucia ließ sich matt in die Sänfte zurückfallen, wie betäubt; und die gute Frau ließ sie ruhen.

Für Don Abbondio war diese Rückkehr sicherlich nicht so angstvoll wie kurz vorher der Hinweg; aber eine Vergnügungsreise war es auch nicht. Mit dem Weichen dieser garstigen Furcht hatte er sich anfänglich ganz frei und ledig gefühlt, aber bald begann ihm im Herzen tausenderlei anderes Mißvergnügen aufzuschießen, so wie, wenn ein großer Baum entwurzelt worden ist, das Erdreich eine Zeitlang ohne Nachwuchs bleibt, sich aber dann durchaus mit Unkraut bedeckt. Er war für alles übrige empfindlicher geworden, und weder für die Gegenwart, noch bei den Gedanken an die Zukunft gebrach es ihm irgendwie an Stoff, sich zu quälen. Viel mehr als auf dem Heimwege fühlte er jetzt die Unbequemlichkeit dieser Art zu reisen, woran er nicht sehr gewöhnt war, und dies besonders im Anfange, bei dem Abstieg von der Burg zur Talsohle. Der Sänftenführer ließ, durch Winkel des Ungenannten angetrieben, seine Tiere tüchtig ausschreiten; daraus ergab sich, daß der arme Don Abbondio an abschüssigeren Stellen vornüber kippte, als ob man ihn hinten gehoben hätte, und sich, um sich in dem Sattel zu erhalten, daran klammern mußte, und trotzdem getraute er sich nicht zu bitten, daß man nicht so halte, wie er auch andererseits gern diese Gegend sobald wie möglich hinter sich gehabt hätte. Wo überdies die Straße angeschüttet war, schien das Maultier nach der Weise von seinesgleichen aus lauter Bosheit immer die äußere Seite zu nehmen und die Hufe just an den Rand zu setzen; und Don Abbondio sah unter sich einen schier senkrechten Hang oder, wie er dachte, seinen Absturz. Auch du, sagte er bei sich zu dem Tier, hast diese vermaledeite Lust, die Gefahr aufzusuchen, wo doch der Weg so breit ist. – Und er versuchte es nach der andern Seite zu zügeln; aber vergebens, bis er sich endlich, wie gewöhnlich von Ärger und Angst verzehrt, nach fremdem Gefallen dahintragen ließ. Die Bravi machten ihm nicht mehr so viel Furcht, da er sicherer wußte, wie der Herr dachte. Aber, überlegte er immerhin, wenn sich die Kunde von dieser großen Bekehrung da herinnen verbreitet, solange wir noch hier sind, wer weiß, wie sie es verstehen werden? Wer weiß, was da herauskommt? Wenn sie sich einbildeten, ich sei gekommen, um den Missionar zu spielen! Ich Ärmster! Zum Märtyrer würden sie mich machen. – Das finstere Gesicht des Ungenannten beunruhigte ihn nicht. Um diese Fratzengesichter hier im Zaume zu halten, dachte er, braucht es nichts weniger als das: das verstehe ich selber; aber warum muß es gerade mich treffen, mich unter all diesen Leuten zu befinden? Genug; man gelangte ins Tal hinab und ließ endlich auch dieses hinter sich. Die Stirn des Ungenannten glättete sich. Auch Don Abbondios Gesicht wurde natürlicher, er hob den Kopf ein wenig aus den Schultern, streckte Arme und Beine und richtete sich ein bißchen im Sattel auf, was ein ganz anderes Aussehen gab, schöpfte reichlicher Atem und begann mit ruhigerem Sinn an andere, entferntere Gefahren zu denken. Was wird denn dieses Vieh von einem Don Rodrigo sagen? Auf diese Art mit langer Nase abziehen zu müssen und zu der Schande noch den Spott, das wird ihm wohl etwas bitter sein. Jetzt wird er erst richtig den Teufel herauskehren. Voraussichtlich wird er jetzt auch mit mir anbinden, weil ich bei dieser Zeremonie mitgetan habe. Hat er sich früher schon unterstanden, mir diese zwei Teufelskerle auf der Straße über den Hals zu schicken, was wird er erst jetzt anstellen? Gegen Seine Erlauchte Herrlichkeit kann er nicht loslegen, das wäre ein zu großer Brocken für ihn; da wird er schon eine Galle hinunterschlucken müssen. Das Gift hat er aber nun einmal im Leibe, und an irgendwem wird er es auslassen wollen. Wie endigen solche Händel? Die Hiebe prasseln immerzu nieder, und die Fetzen stieben in die Luft. Lucia selbstverständlich wird Seine Erlauchte Herrlichkeit in Sicherheit zu bringen bedacht sein; der andere, der übelberatene arme Kerl ist weit vom Schuß und hat auch schon ein Teil weg: und der Fetzen, der bin ich. Das wäre aber doch eine Unmenschlichkeit, wenn ich nach so viel Ungemach, nach so viel Aufregungen und ohne eine Anerkennung zu haben, die Geschichte ausbaden müßte. Was wird denn Seine Erlauchte Herrlichkeit tun, um mich zu verteidigen, nachdem er mich in die Tinte gebracht hat? Kann er mir gut stehen, daß mir nicht dieser Verdammte einen ärgeren Handel anhängt als zuvor? Und dann hat er so viele Sachen im Kopfe! Die Hände in so vielen Dingen! Wie kann er da auf alles achten? Nach einer Weile sind die Sachen oft so, daß das Zurechtfinden schwerer ist als im Anfang. Wer das Gute tut, der tut's im großen, und fühlt er dann die Befriedigung darüber, so ist ihm das genug, und es fällt ihm gar nicht ein, sich damit zu plagen, hinter allem her zu sein, was daraus erfolgt; wer seine Freude aber am Bösen hat, der gibt mehr Obacht, der ist bis zum Schlusse dahinter her, der gönnt sich keine Ruhe, weil er eben den Wurm hat, der an ihm nagt. Soll ich etwa sagen, daß ich hierher nur auf ausdrücklichen Befehl Seiner Erlauchten Herrlichkeit gegangen bin und keineswegs aus freien Stücken? Das sähe gerade so aus, als wollte ich zu den Gottlosen halten. O du gütiger Himmel! Zu den Gottlosen, ich! Etwa des Vergnügens halber, das es mir macht? Genug jetzt; das gescheiteste wird sein, ich erzähle die Sache Perpetua, wie sie ist, und überlasse es ihr, daß sie sie richtig dreht. Wenn nur dem gnädigen Herrn nicht die Lust ankommt, irgendwie ein mächtiges Aufsehen zu machen und mich hineinzubringen. Auf jeden Fall will ich, kaum daß wir angekommen sind, zu ihm gehen und mich bei ihm, wenn er schon aus der Kirche zurück ist, rasch empfehlen; wenn nicht, so lasse ich meine Entschuldigungen zurück und gehe schnurstracks heim. Lucia ist gut versorgt, und mich braucht sie nicht mehr; und nach so viel Ungemach kann auch ich wohl beanspruchen, daß ich ausruhen darf. Und dann ... könnte den gnädigen Herrn auch die Neugier ankommen, die ganze Geschichte zu erfahren, und ich müßte Rechenschaft ablegen über die Sache mit der Trauung! Sonst fehlte mir nichts! Und wenn er auch meine Pfarre bereist? Ach, soll das dann sein, wie es will, ich werde mich nicht vor der Zeit abängstigen; Mißlichkeiten habe ich sowieso schon mehr als genug. Solange sich der gnädige Herr in der Gegend aufhält, wird Don Rodrigo nicht die Stirn haben, Dummheiten zu machen. Und dann ... Und dann? Ach, ich sehe schon, meine letzten Jahre werden gar trüb sein!

Der Gottesdienst war noch nicht zu Ende, als der Zug ankam, und wieder ging es durch dieselbe Menge, die nicht minder bewegt war als das erstemal; dann löste er sich auf. Die zwei Berittenen bogen seitwärts auf einen kleinen Platz ein, in dessen Hintergrunde das Pfarrhaus war; die Sänfte nahm ihren Weg weiter zu dem Hause der guten Frau. Don Abbondio tat, was er sich ausgedacht hatte: kaum abgestiegen, bezeigte er dem Ungenannten die allerergebensten Höflichkeiten und bat ihn, ihn bei dem gnädigen Herrn zu entschuldigen; er müsse in dringenden Angelegenheiten eiligst in seine Pfarre zurückkehren. Er ging das holen, was er seinen Gaul nannte, nämlich den Stock, den er in einem Winkel des Vorsaals gelassen hatte, und machte sich auf den Weg. Der Ungenannte wartete, bis der Kardinal aus der Kirche kommen werde. Die gute Frau ließ Lucia in ihrer Küche auf den besten Platz niedersitzen und machte sich geschäftig daran, ihr etwas zur Stärkung zu bereiten; und mit einer gewissen rauhen Herzlichkeit lehnte sie die Danksagungen und Entschuldigungen ab, die Lucia alle Augenblicke erneuerte. Geschwind legte sie Reisig unter einen Kessel, worin ein fetter Kapaun schwamm, ließ die Brühe aufkochen und füllte damit eine Schale, worin sie schon Brot geschnitten hatte, und setzte sie Lucia vor. Und als sie sah, wie sich die Arme bei jedem Löffel mehr erholte, beglückwünschte sie sich mit lauten Worten selber, daß sich das nicht an einem Tage zugetragen habe, wo die Katze auf dem Herde sitze. „Allgemein trachtet man am heutigen Tage im Dorfe, etwas übriges zu tun", setzte sie dann hinzu, „höchstens die ganz armen Leute nicht, denen es Schwierigkeit macht, sich ihr Wickenbrot und ihre Buchweizenpolenta zu beschaffen, wenn sie auch heute hoffen, daß von einem so grundgütigen Herrn auch für sie etwas abfällt. Mit uns steht es, Gott sei Dank, nicht so; mit dem, was mein Mann in seinem Handwerk verdient und was uns unsere kleine Wirtschaft einbringt, kommen wir schon durch. Darum eßt nur ruhig und macht Euch keine Gedanken; der Kapaun wird bald gar sein, und dann könnt Ihr Euch ein bißchen besser stärken." Dies gesagt, hielt sie sich wacker dazu, das Mittagmahl zu bereiten und den Tisch zu decken. Einigermaßen wieder zu Kräften gekommen und sich immer mehr beruhigend, begann sich Lucia wieder zurechtzumachen, wie es ihre Gewohnheit war und wie es ein natürlicher Trieb der Sauberkeit und Sittsamkeit verlangte; sie strich die aufgegangenen und zerrauften Flechten zurück und befestigte sie wieder und brachte das Tuch über dem Busen und am Halse in Ordnung. Dabei gerieten ihre Finger in den Rosenkranz, den sie sich in der Nacht umgelegt hatte, und ihr Blick fiel darauf; das ergab in ihrem Gemüt einen jähen Aufruhr: die Erinnerung an das Gelübde, die bisher von so vielen Erregungen unterdrückt und erstickt worden war, erwachte plötzlich und trat klar und deutlich hervor. Da wurden all ihre Seelenkräfte, kaum wiedergewonnen, von neuem und mit einem Schlage überwältigt, und wäre diese Seele nicht durch ein Leben der Unschuld, der Ergebung und des Gottvertrauens so gerüstet gewesen, so wäre die Bestürzung, die sie in diesem Augenblicke empfand, zur Verzweiflung geworden. Nach einer Aufwallung von Gedanken, wie sie sich nicht in Worte kleiden, waren die ersten Worte, die sich in ihrem Geiste bildeten: Ach, ich Ärmste, was habe ich getan!

Aber kaum hatte sie diese Worte gedacht, so fühlte sie etwas wie Schrecken darüber. Ihr kehrten die ganzen Umstände des Gelübdes in den Sinn, die unerträgliche Angst, keine Hoffnung auf menschliche Hilfe, die Inbrunst des Gebetes, die Fülle der Empfindung, die sie in das Gelübde gelegt hatte. Und nach der Erlangung der Gnade das Versprechen zu bereuen, hätte ihr eine frevelhafte Undankbarkeit, eine Treulosigkeit gegen Gott und die Madonna geschienen; es schien ihr, daß ihr eine solche Untreue neues und noch schrecklicheres Mißgeschick zuziehen würde, wo sie dann nicht einmal vom Gebete würde etwas erhoffen dürfen, und sie beeilte sich, diese augenblickliche Erregung zu verleugnen. Andächtig nahm sie den Rosenkranz vom Halse und bestätigte und erneuerte, ihn in der Hand haltend, das Gelübde, indem sie zugleich in bekümmerter Demut flehte, ihr möge die Kraft, es zu erfüllen, gewährt und die Gedanken und Anlässe erspart sein, die ihr die Seele, wenn schon nicht davon abbringen, aber doch allzusehr erschüttern könnten. Die Entfernung Renzos ohne irgendwelche Wahrscheinlichkeit einer Rückkehr, diese Entfernung, die ihr bis jetzt so bitter gewesen war, däuchte sie nunmehr eine Fügung der Vorsehung, die die beiden Ereignisse zu einem einzigen Zwecke habe vor sich gehen lassen, und sie befleißigte sich, in dem einen den Grund zu finden, sich in das andere zu schicken. Und nach diesem Gedanken bildete sie sich noch ein, diese selbige Vorsehung werde, um das Werk zu erfüllen, auch das Mittel finden, daß sich auch Renzo darein ergebe, nicht mehr denke … Aber kaum war diese Vorstellung gefunden, so kehrte sie auch schon in der Seele, die nach ihr gesucht hatte, das unterste zuoberst. Die arme Lucia wandte sich in dem Gefühle, daß ihr

Herz wieder daran war, zu bereuen, von neuem dem Gebete zu, den Beteuerungen, dem Kampfe, und aus diesem Kampfe erhob sie sich, wenn der Ausdruck gestattet ist, wie der matte und todwunde Sieger über den geschlagenen, aber nicht getöteten Feind. Plötzlich wurde ein Getrappel und ein Lärm fröhlicher Stimmen vernehmlich. Es war die kleine Familie, die aus der Kirche heimkam. Zwei kleine Mädchen und ein Knäblein springen herein, bleiben einen Moment stehen, um einen neugierigen Blick auf Lucia zu werfen, laufen dann zur Mutter und umringen sie: das eine fragt, wer der unbekannte Gast sei, das andere, wieso, und das dritte, warum, und eins will schon von den gesehenen Wunderdingen erzählen; die gute Frau antwortet allen auf alles mit einem „Still, still". Dann tritt mit ruhigerem Schritt, aber mit einem freudigen Eifer, der sich in seinem Gesichte abmalt, der Hausherr ein. Er war, wenn wir es noch nicht gesagt haben, der Schneider des Dörfchens und der Umgebung, ein Mann, der lesen konnte, der mehr als einmal die Legenden der Heiligen, den Guerrin Meschino und die Reali di Francia gelesen hatte und der dortherum als ein Mann von Begabung und Wissen galt, ein Lob, das er immerhin bescheidentlich zurückwies, indem er nur sagte, er habe den Beruf verfehlt; und wenn sich er aufs Studieren gelegt hätte anstatt so vieler anderer...! Samt alledem die gutmütigste Haut von der Welt. Da er gegenwärtig gewesen war, als der Pfarrer seine Frau ersucht hatte, diesen mitleidigen Weg zu unternehmen, hatte er dazu nicht nur eine Billigung erteilt, sondern hätte ihr auch noch zugeredet, wenn das vonnöten gewesen wäre. Und jetzt, wo das Hochamt, das Gepränge, das Zusammenströmen der Menschen und vor allem die Predigt des Kardinals alle seine Gefühle, wie man so sagt, begeistert hatte, kam er erwartungsvoll mit einem bangen Verlangen zurück, zu erfahren, wie die Sache ausgegangen sei und ob er die arme Unschuldige gerettet vorfinden werde.

„Nur langsam", sagte die gute Frau bei seinem Eintritt, auf Lucia deutend; die errötete, sich erhob und begann einige Entschuldigungen zu stammeln.

Er aber unterbrach sie näher tretend mit einer freudigen Begrüßung: „Willkommen, willkommen! Ihr seid der Segen des Himmels in diesem Hause. Wie glücklich bin ich, Euch hier zu sehen! Ich war ja sicher, daß Ihr heil und gesund ankommen würdet, weil ich noch nie gefunden habe, daß der Herr ein Wunder nur halb getan hätte; aber ich bin glücklich, Euch hier zu sehen. Armes Mädchen! Aber es ist ein großes Ding, wenn einem Menschen zuliebe ein Wunder geschieht!" Man glaube ja nicht, daß er, der die Legenden gelesen hatte, der einzige war, der dieses Ereignis so bezeichnete; in der ganzen Gegend und weit und breit herum sprach man, solange das Andenken daran lebendig blieb, in keinen anderen Ausdrücken. Und um die Wahrheit zu sagen, bei dem, was drum und dran hing, konnte auch ein anderer Name nicht zutreffen. Nachdem er dann bedächtig zu seiner Frau getreten war, die eben den Kessel von der Kette losmachte, sagte er halblaut zu ihr: „Ist alles gut gegangen?"

„Sehr gut; ich erzähle dir dann alles."

„Jawohl; mit Gemächlichkeit."

Sofort wurde der Tisch bestellt, und die Hausfrau ging um Lucia, geleitete sie zum Ehrenplatze und ließ sie niedersitzen; sie löste einen Flügel von dem Kapaun ab und legte ihn ihr vor, worauf auch sie und ihr Mann sich setzten und alle beide dem niedergeschlagenen und verschämten Gaste zusprachen, zu essen. Bei den ersten Bissen begann der Schneider mit großer Begeisterung zu erzählen, freilich nur allzuoft von den Kindern unterbrochen, die essend um den Tisch standen und die wirklich zu viele außerordentliche Dinge gesehen hatten, um sich lange mit der Rolle der Zuhörer zu begnügen. Er beschrieb die feierlichen Zeremonien, und sprang dann auf die wunderbare Bekehrung über. Was aber den meisten Eindruck auf ihn gemacht hatte und worauf er am öftesten zurückkam, war die Predigt des Kardinals. „Ihn dort am Altar zu sehn", sagte er, „einen Herrn dieses Ranges, wie einen Pfarrer ..."

„Und das goldene Ding, das er auf dem Kopfe gehabt hat", sagte eines von den Mädchen.

„Sei still. Zu denken, sage ich, daß ein Herr dieses Ranges und ein so gelehrter Mann, der nach dem, was sie sagen, alle Bücher, die es gibt, gelesen hat, was noch niemand sonst fertig gebracht hat, nicht einmal in Mailand, zu denken, daß er so schlicht zu reden weiß, daß ihn alle verstehen ..."

„Ich habe ihn auch verstanden", sagte die andere Plaudertasche.

„Still! Was willst denn du verstanden haben?"

„Ich habe verstanden, daß er anstatt des Herrn Pfarrers das Evangelium ausgelegt hat."

„Still. Ich rede nicht von denen, die etwas wissen: denn die müssen es ja wohl verstehen; aber auch die mit den härtesten Schädeln, die Unwissendsten konnten dem Faden der Rede folgen. Geht sie jetzt fragen, ob sie wiederholen könnten, was er gesagt hat; von den Worten freilich würden sie nicht eins herausfischen, aber den Sinn, den haben sie behalten. Und ohne daß er auch nur einmal diesen Herrn genannt hätte, wie hat man doch so gut begriffen, daß er ihn gemeint hat! Und dann, um zu begreifen, hätte man nur zu beobachten brauchen, wie er die Augen voller Tränen hatte. Und dann fingen alle Leute zu weinen an ..."

„Es ist richtig wahr", platzte der Knabe los; „aber warum haben sie denn alle geweint wie die Kinder?"

„Still. Und das trotz der harten Herzen, die es hier im Dorfe gibt. Und er hat richtig bewiesen, daß man, obwohl die Teuerung besteht, dem Herrn danken und zufrieden sein soll. Denn das Unglück ist nicht, daß man leidet und daß man arm ist; daß Unglück ist, daß man Böses tut. Und das sind nicht etwa nur schöne Worte; denn man weiß, daß auch er als armer Mann lebt und daß er sich das Brot vom Munde abspart, um es den Hungrigen zu geben, obwohl er das beste

Leben haben könnte. Und dann hat er auch noch ebenso bewiesen, wie auch die, die nicht zu den Herrenleuten gehören, wenn sie mehr als die Notdurft haben, verpflichtet sind, davon den Dürftigen mitzuteilen." Hier unterbrach er sich selber, wie von einem Gedanken betroffen. Einen Augenblick dachte er nach, dann legte er von den Speisen, die auf dem Tische waren, auf einen Teller, fügte ein Brot hinzu, tat den Teller in ein Tuch, nahm dieses bei den vier Zipfeln und sagte zu dem älteren Mädchen: „Nimm das." In die andere Hand gab er ihr ein Fläschchen Wein und fuhr fort: „Trag das zu der Witwe Maria, laß die Sachen dort und sag ihr, sie soll es sich mit ihren Kindern schmecken lassen. Aber auf gute Art, verstehst du, damit es nicht wie ein Almosen aussieht. Und sag nichts, wenn dir jemand begegnet; gib acht, daß du nichts zerbrichst."

Lucias Augen wurden rot, und sie fühlte im Herzen eine wohltuende Rührung, so wie sie schon vorher aus den Reden einen Trost empfangen hatte, den ihr just auf diesen Zweck abzielende nie hätten geben können. Ihre Seele, angezogen von diesen Schilderungen, von diesen lebendigen Bildern des Gepränges, von dieser Erregung der Frömmigkeit und Bewunderung, ergriffen selbst von der Begeisterung des Erzählers, verabschiedete von selber die schmerzlichen Gedanken, und als die wiederkamen, fand sie sich jetzt stärker gegen sie. Sogar der Gedanke an das große Opfer hatte, wenn er auch eine Bitterkeit noch nicht verloren hatte, doch neben dieser eine gewisse zwar herbe, aber feierliche Freude.

Bald darauf trat der Pfarrer des Dorfes ein und sagte, er komme im Auftrage des Kardinals, um sich nach Lucia zu erkundigen, um ihr mitzuteilen, daß sie der gnädige Herr noch an diesem Tage sehen wolle, und um in einem Namen dem Schneider und dessen Gattin zu danken. Bewegt und verwirrt, konnte weder der Mann, noch die Frau Worte finden, um auf derartige Äußerungen einer solchen Persönlichkeit zu erwidern. „Und Eure Mutter ist noch nicht da?", sagte der Pfarrer zu Lucia.

„Meine Mutter?", rief diese. Da ihr nun der Pfarrer sagte, daß er auf Befehl des Erzbischofs um sie geschickt habe, führte sie die Schürze an die Augen und brach in einen Tränenstrom aus, der auch nach dem Weggange des Pfarrers noch eine Weile dauerte. Als dann die stürmischen Gefühle, die bei dieser Ankündigung in ihr losgebrochen waren, ruhigeren Gedanken Raum zu geben begannen, erinnerte sich die Ärmste, daß dieser jetzt so nahe Trost, die Mutter wiedersehen zu dürfen, ein vor ein paar Stunden noch so unerwarteter Trost, in jenen schrecklichen Stunden ausdrücklich von ihr erfleht und gleichsam zur Bedingung für das Gelübde gestellt worden war. „Laß mich heil zurückkommen zu meiner Mutter", hatte sie gesagt; und diese Worte kamen ihr jetzt wieder deutlich ins Gedächtnis. Mehr als je bestärkte sie sich in dem Vorsatze, das Versprechen zu halten, und machte sich von neuem bittere Vorwürfe über dieses „Ich Ärmste", das ihr im ersten Augenblicke innerlich entfahren war. Agnese war wirklich, als man von ihr sprach, nicht mehr weit entfernt. Es läßt sich leicht denken, welche Wirkung auf die arme Frau diese so unerwartete Einladung gehabt hatte samt dieser natürlich unvollständigen und verworrenen Mitteilung von einer, man kann sagen, gewichenen, aber entsetzlichen Gefahr, von einem schrecklichen Ereignis, das der Bote nicht in seinen Einzelheiten erklären konnte und das ihr keinen Anhaltspunkt bot, es sich selber zu erklären. Nachdem sie die Hände über dem Kopfe zusammengeschlagen, nachdem sie des öftern „Ach Herr! Ach Madonna!" geschrien, nachdem sie an den Boten mancherlei Fragen gerichtet hatte, die dieser nicht zu beantworten wußte, war sie hastig in das Wäglein gestiegen und hatte auch auf der Straße noch, freilich nutzlos, ihre Ausrufe und Fragen fortgesetzt. Dann war sie Don Abbondio begegnet, der schön langsam daherkam und bei jedem Schritte den Stock vor sich setzte. Nach einem beiderseitigen „O" war er stehen geblieben, und sie hatte halten lassen und war abgestiegen, und nun hatten sie sich in ein Kastanienwäldchen an der Straße zurückgezogen. Don Abbondio hatte ihr Bericht erstattet, soweit er etwas hatte erfahren und sehen können. Freilich war die Sache nicht klar; aber wenigstens erhielt Agnese die Beruhigung, daß Lucia völlig in Sicherheit war, und sie atmete auf.

Dann hatte Don Abbondio ein anderes Gespräch begonnen und hätte ihr gern eine lange Unterweisung erteilt, wie sie sich mit dem Erzbischof zu verhalten habe, wenn der, was wahrscheinlich sei, wünschen werde, mit ihr und der Tochter zu sprechen, und daß sie vor allem ja kein Wort von der Trauung sagen solle… Agnese aber hatte den wackeren Mann in der Erkenntnis, daß er nur um seinen eigenen Vorteil redete, stehen lassen, ohne ihm etwas zu versprechen, ja ohne sich zu etwas zu entschließen; sie hatte ja auch an andere Sachen zu denken. Und so hatte sie sich wieder auf den Weg gemacht.

Endlich kam das Wäglein an und hielt vor dem Hause des Schneiders. Lucia sprang auf, Agnese stieg herab und lief hinein und sie lagen sich in den Armen. Die Frau des Schneiders, die allein anwesend war, sprach allen beiden Mut zu, beruhigte sie und freute sich mit ihnen; dann ließ sie sie, nie zudringlich, allein, indem sie sagte, daß sie ein Bett für sie herrichten wolle, was ihr keinerlei Ungelegenheiten mache, daß sie aber auf jeden Fall, sie sowohl, als auch ihr Mann, lieber auf der Erde schlafen würden als ihnen erlauben, sich ein anderes Obdach zu suchen.

Als sie ihren Herzen durch Umarmungen und Schluchzen fürs erste Luft gemacht hatten, wollte Agnese Lucias Erlebnisse wissen, und die begann in Betrübnis zu erzählen. Wie aber der Leser weiß, war das eine Geschichte, die niemand völlig kannte, und für Lucia selber gab es dunkle, vollkommen unerklärliche Teile, darunter hauptsächlich dieses verhängnisvolle Zusammentreffen, daß die schreckliche Karosse just damals auf der Straße war, als Lucia dort wegen einer außerordentlichen Veranlassung gegangen war; darüber stellten

Mutter und Tochter hunderterlei Vermutungen an, ohne der Wahrheit nahe zu kommen, geschweige denn sie zu erraten.

Was den Urheber des Anschlages betraf, so konnte weder die eine, noch die andere umhin, zu denken, daß es Don Rodrigo gewesen sei.

„Ach, dieser Unhold! Dieser Höllenbrand!", rief Agnese aus; „aber auch für ihn wird die Stunde kommen. Gott wird ihn nach seinen Verdiensten bezahlen; und dann wird auch er erfahren, was leiden ..."

„Nein, Mutter, nein", fiel Lucia ein; „wünscht ihm nichts Böses! Wenn Ihr wüßtet, was leiden heißt! wenn Ihr es erfahren hättet! Nein, nein! Bitten wir lieber Gott und die Madonna für ihn: daß ihm Gott das Herz rühre, wie er es diesem andern armen Herrn getan hat, der noch schlimmer war als er: und jetzt ist er ein Heiliger."

Der Schauder, den Lucia empfand, als sie zu diesen noch so frischen und so grausamen Erinnerungen zurückkehrte, ließ sie oft mitten in der Rede verstummen; mehr als einmal sagte sie, es gebreche ihr der Mut, fortzufahren, und nur mühsam nahm sie nach vielen Tränen das Wort wieder auf. Ein anderes Gefühl aber war es, das sie bei einer gewissen Stelle der Erzählung zurückhielt, als sie nämlich zu dem Gelübde kam. Die Furcht, von der Mutter unklug und voreilig gescholten zu werden und daß sie ihr, wie bei der Geschichte mit der Trauung, mit irgendeiner ein weites Gewissen erfordernden Auslegung kommen und ihr deren Anerkennung abnötigen würde oder daß die arme Frau, wenn auch nur um sich Rat zu holen, zu jemandem im Vertrauen davon sprechen und dadurch etwas allgemein bekannt machen könnte, woran nur zu denken, wie sie fühlte, ihr schon die Röte ins Gesicht trieb, dazu noch eine gewisse Scham selbst vor der Mutter, ein ihr unerklärliches Widerstreben, auf diesen Gegenstand einzugehen, all das zusammen machte, daß sie diesen wichtigen Umstand verbarg, indem sie sich vornahm, zuerst den Pater Cristoforo ins Vertrauen zu ziehen. Aber wie war ihr zumute, als sie auf die Frage nach ihm die Antwort bekam, er sei nicht mehr da, man habe ihn an einen Ort weit, weit weg geschickt, an einen Ort, der, weiß Gott, wie heiße!

„Und Renzo?", sagte Agnese.

„Ist doch in Sicherheit, nicht wahr?", sagte Lucia ängstlich.

„Das ist gewiß; das sagen alle. Man behauptet, daß er sich ins Bergamaskische geflüchtet hat; aber den eigentlichen Ort kann niemand angeben, und er hat bis jetzt nichts von sich hören lassen. Er wird wohl noch keine Gelegenheit gefunden haben."

„Ach, wenn er in Sicherheit ist, dann Gott sei Dank!", sagte Lucia, und sie suchte eben das Gespräch zu wechseln, als es von einem unerwarteten Ereignis unterbrochen wurde, dem Erscheinen des Kardinals und Erzbischofs. Von der Kirche, wo wir ihn verlassen haben, zurückgekehrt und durch den Ungenannten unterrichtet, daß Lucia heil und gesund angekommen war, hatte er sich mit diesem zu Tisch begeben und ihn zu seiner Rechten mitten in einer Runde von Geistlichen niedersitzen lassen, die sich nicht ersättigen konnten, dieses so ohne Schwäche gezähmte, ohne Veränderung demütig gewordene Gesicht zu betrachten und es mit dem Bilde zu vergleichen, das sie sich seit langem von der Person gemacht hatten. Nach dem Mahl hatten sich die zwei von neuem miteinander zurückgezogen, und nach einer Unterredung, die viel länger währte, als die erste, war der Ungenannte auf dem selben Maultier wie am Morgen in seine Burg aufgebrochen; und der Kardinal hatte dem Pfarrer, den er sich hatte rufen lassen, gesagt, er wünsche zu dem Hause, wo Lucia untergebracht sei, geführt zu werden.

„Was, gnädiger Herr?", hatte der Pfarrer geantwortet. „Machen Sie sich doch keine Ungelegenheiten; ich will sofort hinschicken, daß das Mädchen herkommen soll, und auch die Mutter, wenn sie schon da ist, und ebenso die Wirtsleute, wenn es dem gnädigen Herrn beliebt, kurz alle, die Euer Erlauchte Herrlichkeit wünscht."

„Ich wünsche sie selbst aufzusuchen", hatte Federigo erwidert. „Euer Erlauchte Herrlichkeit darf sich keine Ungelegenheiten machen; ich will sie sofort holen lassen: das ist in einem Augenblick geschehen". So hatte dann der begriffsstutzige Pfarrer – sonst ein trefflicher Mann – hartnäckig versichert, da er nicht verstand, daß der Kardinal mit diesem Besuch zugleich dem Unglück, der Unschuld, der Gastfreundschaft und seinem eigenen Amt eine Ehre erzeigen wollte. Als aber der Vorgesetzte noch einmal diesen Wunsch äußerte, verbeugte sich der Untergebene und setzte sich in Bewegung. Als man die zwei Personen auf die Straße treten sah, lief alles Volk, das dort war, zu ihnen hin, und in wenigen Augenblicken strömten die Leute von allen Seiten zusammen, um, wer es konnte, neben ihnen her und sonst durcheinander hinter ihnen zu gehen. Der Pfarrer hatte nichts eiliger zu tun, als zu sagen: „Weg da, zurück, entfernt euch; aber! aber!", Federigo jedoch sagte zu ihm: „Laßt sie gewähren" und schritt weiter, die Hände bald hebend, um das Volk zu segnen, bald senkend, um die Kinder zu liebkosen, die ihm zwischen die Beine liefen. So gelangten sie zu dem Hause und traten ein; die Menge staute sich draußen. Aber in der Menge befand sich auch der Schneider, der, wie die andern, starren Auges und offenen Mundes nachgelaufen war, ohne zu wissen, wohin. Als er dann dieses unerwartete Wohin sah, schaffte er sich Platz, man denke, mit was für einem Lärm, indem er einmal über das andere schrie: „Laßt durch, wer durch muß", und trat ein. Agnese und Lucia hörten ein wachsendes Summen auf der Straße; während sie noch nachdachten, was es sein könnte, sahen sie, wie die Tür aufgerissen wurde und der Purpurträger mit dem Pfarrer erschien.

„Ist sie das?", fragte der Kardinal den Pfarrer; und auf dessen bejahendes Nicken ging er auf Lucia zu, die, ebenso wie die Mutter, stumm und regungslos vor Überraschung und Scham dastand. Der Ton dieser Stimme aber, das

Aussehen, das Gehaben und vor allem die Worte Federigos hatten sie alsbald wieder ermutigt. „Armes Mädchen", begann er, „Gott hat es zugelassen, daß Ihr eine schwere Prüfung erlitten habt; er hat Euch aber auch gezeigt, daß er sein Auge nicht von Euch abgewandt und daß er Euch nicht vergessen hat. Er hat Euch gerettet und hat sich Eurer zu einem großen Werke bedient, um einem einzelnen eine große Barmherzigkeit zu tun und zugleich viele zu erheben."

Nun erschien auch die Hausfrau im Zimmer, die bei dem Lärm an ein Fenster getreten und bei der Wahrnehmung, wer in ihr Haus trat, die Stiege herabgelaufen war, nicht ohne sich vorher aufs beste zurechtgemacht zu haben; und schier in demselben Augenblicke trat der Schneider von der anderen Seite ein. Da sie das Gespräch im Gange sahen, gingen sie in eine Ecke und verharrten dort in großer Ehrfurcht. Der Kardinal fuhr, sie höflich grüßend, fort, mit den Frauen zu sprechen, indem er in die Tröstungen hin und wieder eine Frage mischte, um etwa aus ihren Antworten einen Anlaß zusammenzureimen, der, die so viel gelitten hatte, Gutes zu tun.

„Alle Geistlichen müßten so sein wie Seine Ehrwürden Herrlichkeit, daß sie ein bißchen zu den Armen hielten und nicht mithülfen, sie in die Klemme zu bringen, um sich selber herauszuziehen", sagte Agnese, ermutigt von der Leutseligkeit und Liebenswürdigkeit Federigos und verärgert von dem Gedanken, daß der Herr Don Abbondio, nachdem er immer die andern geopfert hatte, nun noch beanspruchte, sie sollten mit einer kleinen Herzensergießung, mit einer Klage vor seinem Vorgesetzten zurückhalten, wo sich durch einen seltenen Zufall einmal die Gelegenheit dazu geboten hatte. „Sagt nur alles, was Ihr denkt", sagte der Kardinal; „sprecht frei heraus."

„Ich meine nur, wenn unser Herr Pfarrer seine Pflicht getan hätte, wäre die Sache nicht so gegangen."

Da aber der Kardinal von neuem in sie drang, sie möge sich deutlicher erklären, kam sie langsam in Verlegenheit, daß sie eine Geschichte erzählen sollte, worin auch sie eine Rolle gespielt hatte, die sie, besonders einer solchen Persönlichkeit, nicht gern bekannt gemacht hätte. Immerhin fand sie die Weise, sie mit einer kleinen Zustutzung harmlos zu machen: sie erzählte von der verabredeten Trauung und von der Weigerung Don Abbondios, ließ auch – ach, Agnese! – den Vorwand von den Oberen nicht aus, den er ins Feld geführt hatte, und sprang dann sogleich auf den Anschlag Don Rodrigos über und wie sie, davor gewarnt, hätten entwischen können. „Freilich entwischen", schloß sie, „um von neuem in die Schlinge zu geraten. Hätte uns aber der Herr Pfarrer aufrichtig gesagt, was los war, und hätte er die zwei armen jungen Leute rasch getraut, so wären wir auf der Stelle auf und davon gegangen, weit weg an einen Ort, den keine Seele hätte erraten können. So ist die Zeit verloren, und es ist entstanden, was entstanden ist."

„Der Herr Pfarrer wird mir darüber Rechenschaft ablegen", sagte der Kardinal.

„Nein, Herr, nein, Herr", sagte sofort Agnese; „ich habe nicht deswegen geredet. Zanken Sie nicht mit ihm; denn was geschehen ist, ist geschehen, und jetzt hat es keinen Zweck mehr. Er ist einmal von diesem Schlag; träte der Fall wieder ein, würde er ebenso tun."

Lucia aber, die mit dieser Art, die Geschichte zu erzählen, nicht einverstanden war, setzte hinzu: „Auch wir haben unrecht getan; man sieht, es war nicht der Wille des Herrn, daß die Sache zustande komme."

„Was für ein Unrecht hättet denn Ihr tun können, armes Kind?", sagte Federigo.

Trotz den bösen Blicken, die ihr die Mutter verstohlen zuzuwerfen suchte, erzählte Lucia die Geschichte von dem Versuche, den sie in Don Abbondios Haus gemacht hatten; und sie schloß mit den Worten: „Wir haben unrecht getan, und Gott hat uns gestraft."

„Nehmt aus seiner Hand die Leiden hin, die Ihr erduldet habt, und seid getrost", sagte Federigo; „denn wer soll denn ein Recht haben, sich zu freuen und zu hoffen, wenn nicht wer gelitten hat und daran denkt, sich selber anzuklagen?"

Nun fragte er, wo der Bräutigam sei, und als er von Agnese hörte – Lucia stand still da, Kopf und Augen gesenkt – daß er aus dem Lande geflohen sei, so erfuhr und zeigte er Verwunderung und Mißfallen und wollte wissen, warum. Agnese erzählte auf das bestmögliche das wenige, was sie von Renzos Geschichte wußte. „Ich habe von diesem jungen Manne reden hören", sagte der Kardinal; „aber wie hat denn einer, der sich in derartige Händel einläßt, mit einem solchen Mädchen verlobt sein können?"

„Er war ein guter Mensch", sagte Lucia errötend, aber mit fester Stimme.

„Er war ein ruhiger Mensch, nur allzu ruhig", fügte Agnese hinzu; „und darüber können Sie fragen, wen Sie wollen, auch den Herrn Pfarrer. Wer weiß, was für Fallen sie ihm da unten gestellt haben, was für Ränke das waren! Ein Armer ist bald als ein Schurke hingestellt."

„Das ist nur zu wahr", sagte der Kardinal; „ich will mich aber jedenfalls um ihn erkundigen." Er ließ sich Vor- und Zunamen des jungen Mannes sagen und trug sie in sein Merkbüchlein ein. Dann sagte er noch, er gedenke in ein paar Tagen in ihrem Dorfe einzutreffen, und dann könne Lucia ohne Furcht hinkommen, und unterdessen werde er darauf bedacht sein, ihr eine sichere Zuflucht zu verschaffen, bis alles aufs beste in Ordnung gebracht sei. Dann wandte er sich zu dem Hausherrn und seiner Frau, die sofort vorkamen. Er erneuerte den Dank, den er ihnen schon durch den Pfarrer hatte aussprechen lassen, und fragte sie, ob sie es zufrieden seien, die Gäste, die ihnen Gott geschickt habe, etliche Tage zu beherbergen. „Ach ja, Herr", antwortete die Frau in einem Tone und mit einem Gesichte, worin sich viel mehr als in dieser trockenen, von der Scham erstickten Antwort ausdrückte. Der Ehemann aber, der von der Gegenwart eines solchen

Fragers, von dem Verlangen, bei einer Gelegenheit von dieser Bedeutung Ehre einzulegen, aufgeregt war, sann in ängstlichem Eifer auf eine recht schöne Antwort. Er runzelte die Stirn, verdrehte die Augen, kniff die Lippen zusammen, spannte den Bogen des Geistes mit aller Macht und trachtete und stöberte in seinem Hirn, und dort fand er einen Wust von verstümmelten Gedanken und halbschlächtigen Worten; doch der Augenblick drängte: schon sah man dem Kardinal an, daß er sich sein Schweigen ausgelegt hatte; da öffnete der Arme den Mund und sagte: „Versteht sich." Etwas anderes wollte ihm nicht einfallen. Darob fühlte er sich nicht nur in diesem Augenblicke beschämt, sondern diese lästige Erinnerung verleidete ihm auch für alle Zukunft die Freude über die ihm widerfahrene hohe Ehre. Und sooft er darauf zurückkam oder sich in Gedanken wieder in diese Lage versetzte, kamen ihm wie zum Hohne Worte genug in den Sinn, die allesamt besser gewesen wären als dieses läppische „Versteht sich". Aber, wie ein italienisches Sprichwort sagt, der Verstand kommt immer zu spät. Der Kardinal schied mit den Worten: „Der Segen des Herrn sei über diesem Hause." Am Abend fragte er dann den Pfarrer, wie man diesen Mann, der doch sicherlich nicht reich sei, für die besonders in diesen Zeiten kostspielige Gastfreundschaft entschädigen könnte. Der Pfarrer antwortete, daß wahrhaftig weder der Verdienst aus seinem Handwerk, noch der Ertrag einiger kleinen Grundstücke, die der Schneider sein eigen nannte, in diesem Jahre hinreichen würde, ihn in den Stand zu setzen, freigebig zu sein, daß er aber, da er in den vergangenen Jahren etwas zurückgelegt habe, zu den Wohlhabendsten in der Gemeinde gehöre und, ohne daß es ihm schwer ankäme, etwas mehr ausgeben könne, wie er das ja auch diesmal gern tue; im übrigen würde er auf keine Weise zu bewegen sein, eine Entschädigung anzunehmen.

„Er wird doch wohl", sagte der Kardinal, „Geld bei Leuten stehen haben, die es nicht bezahlen können."

„Keine Frage, erlauchter Herr: diese armen Leute bezahlen mit dem Überschusse der Ernte; voriges Jahr gab es keinen, und heuer bleibt die Ernte überall hinter der Notdurft zurück."

„Gut also", sagte Federigo; „alle diese Schulden nehme ich auf mich, und Ihr werdet mir den Gefallen tun, sich von ihm ein Verzeichnis der Posten geben zu lassen und sie zu bezahlen."

„Das wird eine ansehnliche Summe sein."

„Um so besser; und Ihr werdet nur allzuviele noch Dürftigere haben, die ohne Schulden sind, weil ihnen niemand borgt."

„Ach, nur allzuviele! Man tut ja, was man kann; aber wie sollte man bei solchen Zeiten allem genügen?"

„Macht, daß er sie auf meine Kosten kleidet, und bezahlt ihn gut. In diesem Jahre kommt mir ja wahrhaftig alles wie ein Raub vor, was nicht zu Brot gemacht wird; aber das ist ein besonderer Fall."

Immerhin wollen wir die Geschichte dieses Tages nicht beschließen, ohne kurz zu erzählen, wie ihn der Ungenannte geendigt hat. Diesmal war ihm die Nachricht von seiner Bekehrung ins Tal vorausgeeilt; sie hatte sich alsbald verbreitet und überall Bestürzung, Angst, Verdruß und Murren erregt. Den ersten Bravi oder Dienern – es war alles eins – die er sah, bedeutete er, ihm zu folgen, und so tat er auch weiter. Alle fügten sich seinem Befehl mit einem ihnen neuen Bangen und mit gewohnter Unterwürfigkeit, bis er schließlich mit einem immer zu wachsenden Gefolge in der Burg ankam. Er bedeutete denen, die sich unter dem Tor aufhielten, mit den anderen nachzukommen, trat in den ersten Hof, ritt bis zur Mitte vor und ließ dort, noch immer auf seinem Tiere sitzend, einen donnernden Ruf erschallen; das war das gewohnte Zeichen, worauf alle, die es gehört hatten, herbeiliefen. In einem Augenblicke waren alle, die in der Burg verstreut waren, zur Stelle und gesellten sich zu den schon Versammelten, indem alle den Herrn anblickten. –

„Erwartet mich im großen Saale", sagte er zu ihnen; und noch im Sattel, sah er zu, wie sie gingen. Dann stieg er ab, führte das Maultier selbst in den Stall und begab sich dorthin, wo er erwartet wurde. Bei seinem Erscheinen verstummte sofort das geräuschvolle Flüstern; alle zogen sich auf die eine Seite zurück und ließen einen weiten Raum im Saale frei: es mochten ihrer dreißig sein.

Der Ungenannte hob die Hand, wie um diese unwillkürliche Stille zu erhalten; er hob den Kopf, der die andern überragte, und sagte: „Hört alle zu, und niemand rede, wenn er nicht gefragt wird. Kinder! Der Weg, auf dem wir bis jetzt dahingeschritten sind, führt in den Grund der Hölle. Ich will euch keinen Vorwurf machen, denn ich war allen voraus und bin der Schlechteste von allen; aber hört, was ich euch zu sagen habe. Der barmherzige Gott hat mich gerufen, mein Leben zu ändern, und ich werde es ändern, habe es schon geändert; so tue er euch allen. Wißt also und seid überzeugt, daß ich mich entschlossen habe, eher zu sterben als noch künftighin seinem heiligen Gesetze zuwiderzuhandeln. Ich entbinde jeden von euch der verruchten Befehle, die er von mir erhalten hat; versteht mich recht: ich befehle euch, nichts von dem zu tun, was ich euch befohlen habe. Und seid gleicherweise überzeugt, daß von nun an niemand mit meinem Schutze und in meinem Dienste wird Böses tun dürfen. Wer unter diesen Bedingungen bleiben will, soll mir wie ein Sohn sein, und zufrieden werde ich sein an dem Ende des Tages, wo ich nichts werde gegessen haben, um den letzten von euch mit dem letzten Stück Brot, das mir im Hause verblieben ist, zu sättigen. Wer nicht will, der soll erhalten, was ihm an Lohn gebührt, und ein Geschenk obendrein; er möge gehen, soll aber nicht wieder den Fuß hierhersetzen, es sei denn, um sein Leben zu ändern: dann wird er immer mit offenen Armen aufgenommen werden. Überdenkt das heute Nacht; morgen werde ich euch einzeln rufen, damit ihr mir eure Antwort gebt, und werde euch neue Befehle erteilen. Für jetzt geht, jeder auf seinen Posten. Und Gott, der mit mir so viel Barmherzigkeit geübt hat, schicke euch einen guten Rat."

Hier schloß er, und alles blieb still. Wie stürmisch auch die verschiedenen Gedanken waren, die in diesen Schädeln kochten, äußerlich war nichts davon zu merken. Sie waren gewohnt, die Stimme ihres Herrn für die Kundgebung eines Willens zu nehmen, gegen den es keinen Widerspruch gab; und diese Stimme, die ankündigte, der Wille sei verändert, verriet keineswegs, daß er auch schwächer geworden wäre. Keinem von ihnen fiel auch nur ein, man könnte sich jetzt, wo er bekehrt sei, herausnehmen, ihm wie einem anderen Menschen zu antworten. Sie sahen in ihm einen Heiligen, aber einen von denen, die mit erhobenem Haupt und mit dem Schwert in der Faust abgebildet werden. Außer der Furcht hatten sie, und besonders die, die unter seiner Herrschaft geboren worden waren, und deren waren viele, auch eine Anhänglichkeit für ihn wie Untertanen, und allesamt hatten sie noch ein Wohlwollen der Bewunderung; und in einer Gegenwart fühlten sie eine Art von Scham sozusagen, wie sie auch die rohesten und ungestümsten Gemüter vor einer Überlegenheit empfinden, die sie erkannt haben. Weiter waren die Dinge, die sie nun aus diesem Munde vernommen hatten, wohl ihren Ohren verhaßt, aber doch nicht falsch oder ihrem Bewußtsein gänzlich fremd; hatten sie auch tausendmal darüber gespottet, so war dies doch nicht geschehen, weil sie nicht daran geglaubt hätten, sondern um mit dem Spott der Angst zu begegnen, die sie bei ernsterem Nachdenken überkommen hätte. Und als sie jetzt die Wirkung dieser Angst auf ein Gemüt wie das ihres Herrn sahen, war keiner, der nicht davon zum mindesten für eine Zeitlang ergriffen worden wäre. Zu alledem nehme man, daß die von ihnen, die sich am Morgen außerhalb des Tales befunden und die große Neuigkeit zuerst erfahren hatten, zugleich auch die Freude, den Jubel der Bevölkerung, die Liebe und die Verehrung für den Ungenannten, die an die Stelle des alten Hasses und des alten Schreckens getreten waren, gesehen und davon berichtet hatten; in diesem Manne, zu dem sie, obwohl sie selbst zum großen Teile seine Macht bildeten, immer nur scheu aufgeblickt hatten, sahen sie jetzt den bewunderten Abgott der Menge, und sie sahen ihn, wenn auch in verschiedener Weise als früher, aber deswegen nicht minder über den andern, immer außerhalb des großen Haufens, immer das Haupt. Sie waren also bei seiner Rede bestürzt, einer des andern und jeder seiner selbst unsicher. Den einen verzehrte der Ärger, der andere machte Pläne, wohin er sich wenden sollte, um Dienst und Unterschlupf zu suchen, manche prüften sich, ob sie es fertigbringen würden, ehrlich zu werden, andere fühlten, von diesen Worten gerührt, eine gewisse Neigung dazu, einige nahmen sich, ohne sich zu etwas zu entschließen, vor, einstweilen alles zu versprechen, inzwischen das aus so gutem Herzen angebotene und damals so karge Brot weiterzuessen und Zeit zu gewinnen; keiner muckte. Und als der Ungenannte am Ende einer Worte von neuem diese gebieterische Hand hob, um ihnen zu bedeuten, daß sie gehen sollten, drängten sie sich allesamt wie eine Herde Schafe still der Tür zu. Nach ihnen ging auch er hinaus, und indem er sich mitten im Hofe aufstellte, sah er im Zwielicht zu, wie sie auseinander gingen und sich jeder auf seinen Posten begab. Dann stieg er hinauf, um eine Laterne zu holen, und machte von neuem die Runde durch die Höfe, die Gänge und die Säle, untersuchte alle Zugänge und ging schließlich, als er alles ruhig fand, schlafen. Wirklich schlafen; denn er fand Schlaf. Verwickelte und zugleich dringende Geschäfte, wie sehr er ihnen auch stets nachgegangen war, hatten nie, unter keinerlei Umständen, so viele auf ihm gelastet wie jetzt; dennoch fand er Schlaf. Die Gewissensbisse, die ihn in der Nacht vorher darum gebracht hatten, stellten sich, geschweige daß sie sich beruhigt hätten, mit lauterer, strengerer und unumschränkterer Mahnung ein; dennoch fand er Schlaf. Die geregelte und besondere, von ihm mit so viel Sorgfalt, mit einer so einzigen Verbindung von Kühnheit und Beharrlichkeit eingerichtete Herrschaft hatte er jetzt selber mit wenigen Worten untergraben, die unbegrenzte Abhängigkeit der Seinigen, ihre Willfährigkeit zu allem, diese Bösewichtertreue, worauf er sich seit so langer Zeit zu verlassen gewohnt gewesen war, hatte er jetzt selber erschüttert, sein Werkzeug hatte er sich zu einem Berg von Plagen umgewandelt, Verwirrung und Unsicherheit hatte er sich eingeschafft; und dennoch fand er Schlaf. – Er ging also in seine Kammer und trat zu dem Bette, wo er in der Nacht vorher so viel Dornen gefunden hatte; und er kniete nieder, um zu beten. Wirklich fand er tief in einem Winkel seines Geistes versteckt die Gebete, die man ihn als Kind gelehrt hatte, und er begann sie herzusagen; und diese Worte, die dort so lange zusammengeknäuelt gelegen hatten, kamen ihm eins nach dem andern, als ob sie sich abgewickelt hätten, auf die Lippen. Dabei erfuhr er ein unbestimmbares Gemisch von Empfindungen: eine süße Rührung ob dieser schwerfälligen Rückkehr zu den Gewohnheiten der Unschuld, eine Erbitterung des Schmerzes bei dem Gedanken an die Kluft, die er zwischen damals und jetzt hatte entstehen lassen, ein inbrünstiges Verlangen, durch Werke der Sühne zu einem reinen Gewissen, zu dem Zustand zu gelangen, der dem der Unschuld, in den er nicht mehr zurückkehren konnte, möglichst nahe sei, eine Erkenntlichkeit, ein Vertrauen für diese Barmherzigkeit, die ihn zu diesem Zustand geleiten konnte und die ihm schon so viele Zeichen, daß sie das wollte, gegeben hatte. Dann stand er auf, ging zu Bett und schlief sofort ein. So schloß dieser Tag, der noch damals, als unser Anonymus geschrieben hat, so berühmt war und von dem man jetzt, wenn nicht er gewesen wäre, nichts, wenigstens in den Einzelheiten, wissen würde; denn Ripamonti und Rivola, die oben angeführt worden sind, sagen nur, daß dieser so berüchtigte Gewaltmensch nach einer Unterredung mit Federigo sein Leben wundersam und für immer geändert habe. Und wie groß ist denn die Zahl derer, die die Bücher dieser zwei gelesen haben? Noch kleiner als die derer, die das unserige lesen werden. Und wer weiß, ob sich selbst in dem Tale, wenn schon einer den

Wunsch, nach ihr zu suchen, und die Geschicklichkeit, sie zu finden, hätte, etwa eine dunkle und verworrene Überlieferung des Ereignisses erhalten haben mag? Seither sind doch so viele Dinge geschehen.

---

25. KAPITEL.

AM folgenden Tage sprach man im Dörfchen Lucias und im ganzen Gebiete von Lecco nur von ihr, von dem Ungenannten, von dem Erzbischof und noch von einem andern, der, obgleich er sich sonst sehr darin gefiel, wenn sein Name von Mund zu Mund ging, doch bei den gegebenen Umständen gern darauf verzichtet hätte: wir meinen den Herrn Don Rodrigo. Nicht daß man nicht schon vorher über seinen Lebenswandel gesprochen hätte; aber das war nur vereinzelt und insgeheim geschehen: da mußten sich zwei schon sehr gut kennen, um sich über einen solchen Gegenstand zu eröffnen. Und auch dann rückten sie nicht mit all den Gefühlen heraus, deren sie fähig gewesen wären; denn von dem Unwillen, der sich nicht ohne schwere Gefahr völlig Luft machen darf, zeigen die Menschen nicht nur, allgemein gesprochen, wenn sie ihn nicht überhaupt verhehlen, weniger, als sie fühlen, sondern sie fühlen auch tatsächlich weniger. Wer hätte sich aber je zurückhalten lassen, sich über ein Ereignis zu unterrichten und darüber zu sprechen, worin sich die Hand Gottes gezeigt hatte und wo zwei derartige Persönlichkeiten so schöne Rollen spielten? Die eine, in der sich eine so mutige Gerechtigkeitsliebe mit einer so hohen Würde vereinigte, die andere, mit der nach dem allgemeinen Glauben der Übermut selbst gedemütigt und das Pochen auf die Macht sozusagen gezwungen worden war, die Waffen zu strecken und Frieden zu heischen. Bei derlei Vergleichen wurde Herr Don Rodrigo doch ein bißchen klein. Nunmehr begriff man allgemein, was es heiße, die Unschuld zu peinigen, um sie entehren zu können, sie mit einer so frechen Hartnäckigkeit, mit einer so grausamen Wut, mit so ungeheuerlichen Nachstellungen zu verfolgen. Man stellte bei dieser Gelegenheit eine Rückschau an über die vielen anderen Gewalttaten dieses Herrn, und über alles sagte man, was man dachte, da jedermann durch die Übereinstimmung mit den anderen ermutigt war. Es war ein allgemeines Murmeln und Rauschen, aus der Ferne immerhin wegen der vielen Bravi, die er um sich hatte. Ein guter Teil dieses Hasses fiel auch auf seine Freunde und Höflinge. Man nahm sich den Herrn Vogt, der stets taub und blind und stumm blieb bei den Taten dieses Menschen, ordentlich her; aber auch ihn nur aus der Ferne, weil er, wenn schon keine Bravi, so doch seine Häscher hatte. Mit dem Doktor Nothelfer, der nichts hatte als Geschwätz und Ränke, und mit anderen Schranzen seinesgleichen nahm man nicht so viele Rücksichten: auf sie zeigte man mit dem Finger und blickte sie scheel an, so daß sie es eine Zeitlang nicht für ratsam hielten, sich auf der Straße zu zeigen. Niedergeschmettert von dieser so unerwarteten Nachricht, die so verschieden war von der Verständigung, die er von Tag zu Tag, von Augenblick zu Augenblick erwartet hatte, hielt sich Don Rodrigo zwei Tage lang allein mit seinen Bravi in der Burg verkrochen, um seine Wut in sich zu fressen; am dritten reiste er nach Mailand. Wäre nichts anderes gewesen als dieses Gemurre des Volkes, wäre er vielleicht, da einmal die Dinge so weit gediehen waren, just daheim geblieben, um den Leuten die Stirn zu bieten, ja um die Gelegenheit zu suchen, an einem der Verwegensten ein Exempel für alle zu statuieren; was ihn aber verjagte, war, daß er für gewiß erfahren hatte, der Kardinal werde auch in diese Gegend kommen. Der Oheim, der von der ganzen Geschichte nicht mehr wußte, als was ihm von Attilio gesagt worden war, hätte sicherlich von ihm verlangt, daß er sich bei einer solchen Gelegenheit hervortue und sich von dem Kardinal mit öffentlicher Auszeichnung empfangen lasse; jetzt sieht jeder, wie er damit angekommen wäre. Das hätte er verlangt und hätte sich darüber bis ins einzelne Rechenschaft ablegen lassen; denn es wäre ein bedeutsamer Anlaß gewesen, zu zeigen, in welcher Wertschätzung die Familie bei einer der vornehmsten Gewalten stehe. Um sich aus einer so peinlichen Verlegenheit zu ziehen, stand Don Rodrigo eines Tages vor Sonnenaufgang auf, setzte sich in eine Karosse, während der Graue und andere Bravi vorne und hinten aufsteigen mußten, hinterließ dem Rest einer Dienerschaft den Befehl, ihm nachzukommen, und machte sich wie ein Flüchtling davon, wie – wenn es erlaubt ist, unsere Personen durch einen erlauchten Vergleich zu erheben – wie Catilina aus Rom, wutschnaubend und mit dem Versprechen, er werde alsbald und mit einem anderen Ansehen zurückkehren, um seine Rache zu nehmen. Unterdessen kam der Kardinal auf seiner Bereisung auch zu den Pfarren des Gebietes von Lecco, denen er jeder einen Tag widmete. An dem Tage, wo er in der Lucias eintreffen sollte, war ihm ein großer Teil der Bewohner ein Stück auf der Straße entgegengegangen. Am Eingang des Dorfes, just neben dem Häuschen unserer zwei Frauen, war aus Pfosten und Querbalken ein Triumphbogen errichtet, verkleidet mit Stroh und Moos und geziert mit Zweigen von Stachelmyrten und Stecheichen, aus deren Grün die roten Beeren leuchteten. Die Stirnwand der Kirche war mit Matten geschmückt, und vor jedem Fenster waren Decken und Leintücher gespannt, dazu Kinderwindeln als Vorhänge, soweit diese geringe Notdurft wohl oder übel geeignet war, einen Überfluß vorzustellen. Zwei Stunden vor Sonnenuntergang, als der Kardinal schon in der Nähe sein mußte, machten sich auch die, die daheim geblieben waren, zumeist Greise, Frauen und Kinder, einzeln und in Rudeln auf die Beine, um ihm unter Vorantritt unseres Don Abbondio entgegenzugehen, der mitten in solcher Fröhlichkeit verdrießlich war, einmal wegen des Lärms, der ihn betäubte, und des Menschengewimmels rund um ihn, das ihm, wie er oftmals sagte, den Kopf verdrehte, und dann auch wegen der heimlichen Angst, die Frauen könnten geschwatzt haben und er werde der Trauung halber Rechenschaft ablegen müssen. – Bald sah man auch den Kardinal oder, besser gesagt, die Schar herankommen, in deren Mitte er sich in einer Sänfte befand, umringt von einem Gefolge; denn von alledem sah man nichts als ein Zeichen in der Luft, hoch über allen Köpfen, ein Stück von dem Kreuze nämlich, das der auf einem Maultier reitende Kaplan trug. Die Menge, die mit Don Abbondio kam, hastete in Verwirrung vorwärts, um sich mit der anderen zu vereinigen, und nachdem Don Abbondio drei oder viermal gesagt hatte: „Langsam; in der Reihe! Was tut ihr?", kehrte er geärgert um und trat, immerzu murrend: „Es ist ein Babylon, es ist ein Babylon", in die Kirche, solange sie noch leer war, um dort zu warten. Der Kardinal kam näher, mit der Hand den Segen spendend und ihn aus dem Munde des Volkes erhaltend; und sein Gefolge hatte richtig Mühe, das Volk ein bißchen zurückzuhalten. Als Landsleute Lucias hätten die Dörfler den Erzbischof gern mit einer außerordentlichen Kundgebung empfangen; die Sache war aber nicht leicht, weil überall, wohin er kam, alle gewohntermaßen ihr Bestmögliches taten. Schon zu Beginn seiner Regierung, bei seinem ersten feierlichen Einzug in den Dom, war der Zudrang und das Ungestüm der Leute so groß gewesen, daß man für sein Leben fürchtete; und einige Edelleute seiner nächsten Umgebung hatten blank gezogen, um die Menge zu schrecken und zurückzutreiben. Die Sitten hatten damals so viel Ungebundenheit und Gewaltsamkeit, daß es auch bei Kundgebungen der Zuneigung für einen Bischof und in der Kirche schier zu Totschlag gekommen wäre. Und diese Verteidigung hätte vielleicht noch nicht genügt, wenn ihn nicht der Zeremonienmeister und sein Gehilfe, ein Clerici und ein Picozzi, zwei junge Geistliche, wacker an Leib und Seele, auf ihre Arme gehoben und ihn von der Tür bis zum Hochaltar getragen hätten. Seit damals konnte bei den vielen Sprengelbereisungen, die er als Bischof vorzunehmen hatte, der erste Eintritt in die Kirche ohne Scherz zu den Mühsalen seines Hirtenamtes und manchmal auch zu den von ihm überstandenen Gefahren gezählt werden. Auch in diese Kirche zog er recht und schlecht ein; er schritt zum Altar und richtete, nachdem er eine Zeitlang im Gebete verweilt hatte, seiner Gewohnheit gemäß eine kleine Ansprache an die Gemeinde, von seiner Liebe zu ihnen, von seinem Verlangen nach ihrem Heil und wie sie sich auf den Gottesdienst des nächsten Tages vorbereiten sollten.

Nachdem er sich dann in das Haus des Pfarrers zurückgezogen hatte, erkundigte er sich bei diesem gesprächsweise um Renzo. Don Abbondio sagte, daß er ein etwas lebhafter, etwas starrköpfiger, etwas aufbrausender junger Mann sei; auf mehr eingehende und bestimmte Fragen mußte er aber antworten, daß er ein anständiger Mensch sei und daß auch er nicht verstehen könne, wieso er in Mailand all diese Teufeleien, die von ihm erzählt worden seien, habe anstellen können.

„Was das Mädchen betrifft", begann der Kardinal wieder, „meint Ihr da nicht auch, daß sie jetzt sicher nach Hause kommen und hierbleiben kann?"

„Einstweilen", antwortete Don Abbondio, „kann sie kommen und bleiben, wie sie will"; „aber", setzte er dann mit einem Seufzer hinzu, „es täte not, daß Euer erlauchte Herrlichkeit immer hier oder wenigstens in der Nähe wären."

„Der Herr ist immer nahe", sagte der Kardinal; „im übrigen werde ich daran denken, sie in Sicherheit zu bringen." Und er gab alsbald Auftrag, daß am nächsten Tage bei guter Zeit die Sänfte mit einem Geleite abgeschickt werde, um die zwei Frauen zu holen.

Don Abbondio verließ das Zimmer, völlig zufrieden, daß der Kardinal von den zwei jungen Leuten gesprochen hatte, ohne von ihm Rechenschaft über die verweigerte Trauung zu verlangen. Er weiß also nichts, sagte er bei sich; Agnese ist still gewesen: ein Mirakel! Freilich werden sie kommen und mit ihm zusammentreffen; aber dann werden wir ihnen eine andere Unterweisung geben, eine andere Unterweisung. – Und er wußte nicht, der arme Mann, daß Federigo auf diesen Gegenstand nur deswegen nicht eingegangen war, weil er die Absicht hatte, darüber zu günstigerer Zeit und des längeren mit ihm zu sprechen, und weil er, bevor er ihm gab, was ihm zukam, auch seine Gründe hören wollte. Aber die Gedanken des guten Kirchenfürsten, Lucia in Sicherheit zu bringen, waren überflüssig geworden; seitdem er das Mädchen verlassen hatte, waren Dinge geschehen, die wir erzählen müssen. In den wenigen Tagen, die sie in dem gastfreundlichen Häuschen des Schneiders verbringen sollten, hatten die zwei Frauen, jede nach Möglichkeit, die alte Lebensweise wieder aufgenommen. Lucia hatte sofort um Arbeit gebeten; und wie sie im Kloster getan hatte, so nähte und nähte sie auch hier, zurückgezogen in ein Stübchen, fern von den Augen der Leute. Agnese ging ein wenig aus, ein wenig arbeitete auch sie in Gesellschaft der Tochter. Ihre Gespräche waren um so trauriger, je zärtlicher sie waren: alle zwei waren auf eine Trennung vorbereitet; denn das Lamm durfte nicht wieder so nahe der Höhle des Wolfs sein: und wann und wie würde dieser Trennung ein Ende beschieden sein? Die Zukunft war düster und verworren, besonders für die eine. Agnese erging sich immer noch in ihren frohen Vermutungen: Renzo müsse schließlich, wenn ihm nichts zugestoßen sei, bald etwas von sich hören lassen; und wenn er Arbeit und die Möglichkeit, sich dort niederzulassen, gefunden habe – und wie hätte man daran zweifeln können? – und wenn er sein Wort halten wolle, warum sollte man nicht zu ihm ziehen können? Und von solcherlei Hoffnungen sprach sie und sprach sie immerzu zu der Tochter; und was bei der größer war, der Schmerz zuzuhören, oder die Pein zu antworten, das wüßte ich nicht zu sagen. Ihr großes Geheimnis hatte sie noch immer bei sich behalten; und obwohl es sie mit Mißvergnügen und Unruhe erfüllte, einer so guten Mutter etwas und nicht zum ersten Male zu verhehlen, so ließ sie doch, von der Scham und den oben erwähnten mannigfachen Besorgnissen zurückgehalten, einen Tag um den andern vergehen, ohne etwas zu sagen. Ihre Pläne waren sehr verschieden von denen der Mutter, oder, besser gesagt, sie hatte gar keine; sie hatte sich der Vorsehung überantwortet. Daher trachtete sie dieses Gespräch stets fallen zu lassen oder davon abzulenken, oder sie sagte in allgemeinen Ausdrücken, sie habe keine Hoffnung und keinen Wunsch mehr auf dieser Welt, als möglichst bald wieder mit ihrer Mutter vereint zu sein; meistens kamen ihr die Tränen zur richtigen Zeit, um den Worten ein Ende zu machen.

„Weißt du, warum du so denkst?", sagte Agnese; „weil du so viel gelitten hat und weil du es für unmöglich hältst, daß noch alles gut werden kann. Aber laß nur den Herrgott machen; und wenn ... Laß nur einen Schimmer, kaum einen Schimmer von Hoffnung erscheinen; und dann wirst du mir sagen, ob du an nichts mehr denkst."

Lucia küßte die Mutter und weinte. Im übrigen war zwischen ihnen und ihren Wirten sogleich eine große Freundschaft entstanden; und wo sollte die denn entstehen, wenn nicht zwischen denen, die Wohltaten spenden, und denen, die sie erhalten, wenn die einen wie die andern gute Menschen sind? Agnese sonderlich hatte immer ein großes Schwatzen mit der Hausfrau. Der Schneider unterhielt sie manchmal ein wenig mit Geschichten oder erbaulichen Gesprächen, und vor allem bei Tische hatte er stets etwas Hübsches von Bovo d'Antona oder den Vätern der Wüste zu erzählen. Nicht weit von diesem Dörfchen lebte den Sommer über in einem Landhause ein vornehmes Ehepaar, Don Ferrante und Donna Prassede; der Familienname ist, wie gewöhnlich, in der Feder des Anonymus geblieben. Donna Prassede war eine alte Edeldame, die sehr dazu neigte, Gutes zu tun, ein Gewerbe, das sicherlich das würdigste ist, das ein Mensch treiben kann, in dem aber so wie in allen andern viel gestümpert wird. Um das Gute zu tun, muß man es erkennen, und erkennen können wir es wie alles andere nur mitten in unseren Leidenschaften durch das Mittel unserer Gedanken, und die sind oft mehr schlecht als recht. Mit den Gedanken hielt es Donna Prassede so, wie man sagt, daß man es mit den Freunden halten soll: sie hatte ihrer wenige, aber diesen wenigen war sie sehr zugetan. Unter den wenigen waren nun zum Unglück viel verdrehte, und das waren nicht die, denen sie am wenigsten treu war. Daher geschah ihr, daß sie sich entweder etwas als gut vornahm, was es nicht war, oder daß sie Mittel heran zog, die eher auf das Gegenteil hinauslaufen konnten, oder daß sie Unerlaubtes für erlaubt hielt, dazu durch eine gewisse unklare Annahme bewogen, daß wer mehr als eine Pflicht tut, auch mehr tun dürfe, als er berechtigt sei; es geschah ihr, daß sie, was war, nicht sah und, was nicht war, sah, wie ihr denn auch sonst noch dergleichen Dinge geschahen, die allen, die besten nicht ausgenommen, geschehen, ihr aber allzuoft und nicht selten auch alle auf einmal. Als sie das große Erlebnis Lucias und alles übrige vernahm, was man bei dieser Gelegenheit von dem jungen Mädchen sagte, kam ihr die Neugierde, sie zu sehen; und sie schickte einen alten Jagdknecht mit einer Karosse, um Mutter und Tochter zu holen. Die Tochter zuckte die Achseln und bat den Schneider, der ihnen die Botschaft ausgerichtet hatte, sie irgendwie zu entschuldigen. Solange es sich nun um schlichte Leute gehandelt hatte, die das Wundermädchen hatten kennenlernen wollen, hatte ihnen der Schneider einen solchen Dienst gern geleistet; in diesem Falle aber wäre ihm die Weigerung als eine Art Unbotmäßigkeit erschienen. Mit vielen Ach und O redete er ein langes und breites, daß das nicht so einfach sei, daß es ein vornehmes Haus sei, daß man solchen Herrschaften nicht Nein sage und daß es ihr Glück sein könne und daß Donna Prassede überdies eine Heilige sei, kurz so viel, daß Lucia nachgeben mußte, um so mehr als Agnese alle diese Gründe mit ebenso vielen „Sicherlich, sicherlich" bekräftigt hatte.

Die Dame überhäufte sie, als sie bei ihr anlangten, mit Bewillkommnungen und Beglückwünschungen, sie fragte sie aus, sie erteilte ihnen Ratschläge, das alles mit einer gewissen, gleichsam angeborenen Überlegenheit, die aber durch so viel bescheidene Ausdrücke gemildert, durch so viel Eifer gemäßigt und durch so viel Frömmigkeit gewürzt war, daß Agnese schier auf der Stelle und Lucia bald darauf begannen, sich dieser drückenden Ehrfurcht entledigt zu fühlen, die ihnen die Erscheinung dieser vornehmen Dame anfänglich eingeflößt hatte. Und kurz und gut, als Donna Prassede hörte, daß der Kardinal auf sich genommen hatte, für Lucia einen Zufluchtsort ausfindig zu machen, erbot sie sich, getrieben von dem Wunsch, diese gute Absicht zu unterstützen und ihr zuvor zukommen, das junge Mädchen in ihrem Hause aufzunehmen, wo sie, ohne daß ihr ein besonderer Dienst würde zugewiesen werden, den anderen Frauen bei ihren Arbeiten würde helfen können, und sie fügte bei, daß sie den Erzbischof davon benachrichtigen werde.

Außer der klaren und unmittelbaren Wohltat, die in einer solchen Handlung lag, sah und nahm sich Donna Prassede noch die andere, ihrer Meinung nach beträchtlichere vor, einen Kopf zurechtzusetzen und jemanden auf den guten Weg zu leiten, der dessen bedurfte; denn kaum hatte sie das erste Mal von Lucia sprechen hören, so hatte sie sich auch schon eingeredet, in einem Mädchen, das sich mit einem Nichtsnutz, einem Aufrührer, kurz einem Galgenvogel habe verloben können, müsse irgendein Gebrechen oder Vergehen verborgen sein. *Sage mir, mit wem du umgehst, und ich sage dir, wer du bist.* Der Besuch Lucias hatte diese Überzeugung bestärkt. Nicht daß sie sie nicht im Grunde für ein gutes Mädchen gehalten hätte; aber an Einwendungen fehlte es auch nicht. Dieses gesenkte Köpfchen mit dem in den Hals gedrückten Kinn, dieses Nichtantworten oder nur verlegene und wie gezwungene Antworten konnten Verschämtheit andeuten; sicherlich aber kündeten sie viel Hartnäckigkeit, und es brauchte nicht viel, zu erraten, daß dieses Köpfchen seine eigenen Gedanken hatte. Und einmal übers andere zu erröten und Seufzer zu verhalten ... Zwei große Augen dazu, die Donna Prassede durchaus nicht gefielen. Sie hielt es, als hätte sie das aus guter

Quelle gewußt, für ausgemacht, all das Unheil Lucias sei nur eine Strafe des Himmels für ihre Liebe zu diesem Nichtsnutz und ein Fingerzeig gewesen, daß sie sich völlig von ihm trennen solle; und so nahm sie sich vor, zu einem so guten Ende mitzuwirken. War doch, wie sie oft andern und sich selber sagte, ihr ganzes Trachten, den Willen des Himmels zu unterstützen; dabei verfiel sie aber oft in den schweren Fehler, ihren Kopf für den Himmel zu nehmen. Immerhin war sie wohl auf der Hut, von diesem zweiten Plane, den wir besprochen haben, auch nur das mindeste zu verraten. Es war einer ihrer Grundsätze, daß es, um Wohltaten glücklich anzubringen, in den meisten Fällen vor allem gelte, sich von den Betreffenden nichts davon anmerken zu lassen.

Mutter und Tochter sahen einander an. Bei der schmerzlichen Notwendigkeit, sich zu trennen, meinten alle zwei, dieses Angebot annehmen zu sollen, wenn schon aus keinem andern Grunde so doch deswegen, weil das Landhaus ihrem Dörfchen nahe lag, so daß sie schlimmstenfalls beim nächstjährigen Sommeraufenthalt einander nahe sein würden und sich treffen könnten. Da die eine in den Augen der andern die Zustimmung las, sagten sie alle zwei der Dame den Dank, womit man annimmt. Diese erneuerte ihre Liebenswürdigkeiten und Höflichkeiten und sagte, sie werde ihnen alsbald einen Brief zugehen lassen, den sie dem Erzbischof übergeben sollten. Als die Frauen gegangen waren, ließ sie sich den Brief von Don Ferrante aufsetzen, dessen sie sich, da er, wie wir noch mehr im einzelnen erzählen werden, ein Gelehrter war, bei wichtigen Anlässen als eines Geheimschreibers bediente. Da es sich in diesem Falle um einen solchen handelte, bot Don Ferrante seine ganze Gewandtheit auf, und als er der Gemahlin den Entwurf zur Abschrift übergab, empfahl er ihr, wohl auf die Rechtschreibung zu achten; denn das war eines der vielen Dinge, die er studiert hatte, und eines der wenigen, worüber ihm der Befehl im Hause zustand. Donna Prassede schrieb den Brief sorgfältig ab und schickte ihn in das Haus des Schneiders. Das war zwei oder drei Tage, bevor der Kardinal die Sänfte abfertigen ließ, um die Frauen in ihr Dorf heimzuholen.

Angekommen, stiegen sie bei dem Pfarrhofe aus, wo sich der Kardinal aufhielt. Er hatte Befehl gegeben, sie sofort zu ihm zu führen, und der Kaplan, der sie als erster sah, befolgte diesen Befehl, ohne sich länger mit ihnen aufzuhalten, als nötig war, um ihnen eine kleine Unterweisung über die Förmlichkeiten, die mit dem gnädigen Herrn zu beobachten, und über die Titel, die ihm zu geben seien, zu erteilen, wie er es immer zu tun pflegte, wo er es ohne sein Wissen tun konnte. Dem armen Menschen war es stets eine Qual, den Mangel an Ordnung zu sehen, der in dieser Beziehung um den Kardinal herrschte; „das kommt nur", sagte er zu der Dienerschaft, „von der allzugroßen Güte dieses gesegneten Mannes, von seiner großen Leutseligkeit." Und er erzählte, er habe mehr als einmal mit eigenen Ohren hören müssen, wie man ihm gesagt habe: *„Ja, Herr"* und: *„Nein, Herr"*.

In diesem Augenblicke war der Kardinal mit Don Abbondio in einem Gespräch über die Pfarrangelegenheiten begriffen, so daß dieser keine Möglichkeit fand, den Frauen, wie er gern getan hätte, auch eine Unterweisung zu geben; gerade daß er ihnen, als er beim Hinausgehen an ihnen vorbeikam, einen Blick zuwerfen konnte, um ihnen zu bedeuten, er sei mit ihnen zufrieden und sie sollten als wackere Frauen auch weiterhin nichts sagen.

Nach den ersten Begrüßungen von der einen und den ersten Verbeugungen von der andern Seite zog Agnese den Brief aus dem Busen und überreichte ihn dem Kardinal mit den Worten: „Er ist von der Signora Donna Prassede; sie sagt, sie kenne Euer erlauchte Herrlichkeit gut, wie ja natürlich die hohen Herrschaften alle einander kennen müssen. Wenn Sie ihn gelesen haben, werden Sie ja sehen!"

„Gut so", sagte Federigo, nachdem er ihn gelesen und aus den Blumen Don Ferrantes den Seim des Sinnes gezogen hatte. Er kannte dieses Haus gut genug, um gewiß zu sein, daß Lucia in guter Absicht eingeladen worden sei und daß sie dort vor den listigen und gewalttätigen Anschlägen ihres Verfolgers sicher sein werde. Was für eine Meinung er von Donna Prassede hatte, darüber haben wir keine bestimmte Nachricht. Wahrscheinlich wäre sie nicht die Person gewesen, die er bei einem solchen Vorhaben gewählt hätte; aber wie wir schon anderswo gesagt und zu wissen gemacht haben, war es nicht seine Art, Dinge, die ihn nichts angingen, aufzuheben, um sie besser zu machen.

„Nehmt auch diese Trennung und Eure Ungewißheit in Frieden hin", sagte er dann, „vertraut, daß es zu einem baldigen Ende geschieht und daß der Herr die Dinge zu dem Ziele leiten will, das er ihnen gesteckt hat; und seid überzeugt, daß das, was er will, für Euch das beste sein wird." Nachdem er noch Lucia einigen liebreichen Zuspruch erteilt und allen zweien etliche tröstliche Worte gesagt hatte, entließ er sie mit seinem Segen. Kaum draußen, fiel ein Schwarm von Freunden und Freundinnen über sie her, die ganze Gemeinde, kann man sagen, die sie erwartet hatte, um sie nun wie im Triumph nach Hause zu geleiten. Unter all diesen Frauen war ein Wettstreit, sie zu beglückwünschen, mit ihnen zu weinen und sie auszufragen, und allgemein waren die Ausrufe des Mißvergnügens, als sie hörten, Lucia werde am nächsten Tage abreisen. Die Männer wetteiferten in dem Angebote ihrer Dienste, und jeder wollte diese Nacht vor ihrem Häuschen Wache stehen. Diese Tatsache hält unser Anonymus für geeignet, einen Spruch zu bilden: *Willst du viel hilfsbereite Leute? Dann trachte, sie nicht zu brauchen.*

So viel Liebenswürdigkeit verwirrte und betäubte Lucia; Agnese war kaum etwas anzumerken. Im Grunde tat sie aber auch Lucia wohl, weil sie sie etwas von den Gedanken und Erinnerungen abzog, die in ihr auch mitten in dem Lärm unter dieser Tür, in diesem Stübchen, bei dem Anblick eines jeden Gegenstandes erwachten.

Bei dem Glockengeläute, das den baldigen Beginn des Gottesdienstes ankündigte, machten sich alle auf den Weg in die Kirche, und das war für unsere Frauen ein neuer Triumphzug.

Als der Gottesdienst zu Ende war, wurde Don Abbondio, der heimgelaufen war, um nachzusehen, ob Perpetua alles ordentlich für das Mittagessen vorbereitet habe, zu dem Kardinal gerufen. Er begab sich sofort zu seinem hohen Gast, und der begann, nachdem er ihn hatte nähertreten lassen: „Herr Pfarrer!" Und diese Worte wurden in einer Weise gesagt, daß zu begreifen war, sie seien der Anfang einer langen und ernsten Auseinandersetzung; „Herr Pfarrer! Warum haben sie diese arme Lucia und ihren Bräutigam nicht ehelich zusammengegeben?"

Da haben sie also heute ihren Sack ausgebeutet, dachte Don Abbondio; und er antwortete stammelnd: „Der gnädige Herr wird wohl von dem Wirrwarr gehört haben, der in dieser Sache entstanden ist; es war ein solches Durcheinander, daß es einem nicht einmal heute klar sehen läßt, wie auch Euer Herrlichkeit daraus abnehmen können, daß nach so viel Ereignissen das Mädchen hier ist, während man von dem jungen Manne nicht weiß, wo er ist."

„Ich frage", begann der Kardinal wieder, „ob es wahr ist, daß Ihr Euch vor allen diesen Dingen geweigert habt, die Trauung zu vollziehen, als Ihr an dem festgesetzten Tage dazu aufgefordert worden seid, und warum."

„Wahrhaftig ... wenn Euer erlauchte Herrlichkeit wüßte ... was für Drohungen ... was für schreckliche Befehle ich erhalten habe, nicht zu sprechen ..." Und hier hielt er, ohne zu schließen, mit einer gewissen Gebärde inne, die in aller Ehrfurcht zu verstehen geben sollte, daß es wenig rücksichtsvoll wäre, noch mehr wissen zu wollen.

„Aber", sagte der Kardinal mit außergewöhnlich strenger Stimme und Miene, „es ist Euer Bischof, der seiner Pflicht gemäß und zu Eurer Rechtfertigung von Euch wissen will, warum Ihr nicht getan habt, wozu Ihr von Rechts wegen verpflichtet gewesen wäret."

„Gnädiger Herr", sagte Don Abbondio, der ganz kleinlaut geworden war, „ich habe nicht sagen wollen ... Aber ich war der Meinung, daß es unnütz sei, diese alten, verwickelten Dinge, die rettungslos verfahren sind, wieder aufzurühren ... Immerhin, immerhin sage ich ... weiß ich, daß Euer erlauchte Herrlichkeit ihren armen Pfarrer nicht preisgeben will. Denn sehen Sie, gnädiger Herr: Euer erlauchte Herrlichkeit kann nicht überall sein, und ich bleibe hier, ausgesetzt... Immerhin werde ich, wenn Sie es befehlen, alles sagen."

„Sprecht; ich wünschte nichts mehr, als Euch schuldlos zu finden." -

Nun machte sich Don Abbondio daran, die schmerzensreiche Geschichte zu erzählen; er verschwieg aber den Hauptnamen und setzte dafür „ein großer Herr", indem er also der Klugheit all das wenige gab, was in einer solchen Klemme möglich war.

„Und einen anderen Beweggrund habt Ihr nicht gehabt?", fragte der Kardinal, als Don Abbondio geendigt hatte.

„Vielleicht habe ich mich nicht deutlich genug ausgedrückt", antwortete dieser; „bei Strafe an Leib und Leben hat man mir verboten, diese Trauung vorzunehmen."

„Und das scheint Euch ein genügender Grund, um eine klar umschriebene Pflicht unerfüllt zu lassen?"

„Meine Pflicht habe ich immer zu tun getrachtet, auch bei schwerem Ungemach; wenn es sich aber um das Leben handelt ..."

„Und als Ihr Euch der Kirche dargeboten habt", sagte mit noch strengerem Tonfall Federigo, „um dieses Amt auf Euch zu nehmen, hat sie Euch da Euer Leben gewährleistet? Hat sie Euch gesagt, daß die mit dem Amte verbundenen Pflichten ledig aller Hindernisse und gefeit wider jede Gefahr seien? Oder hat sie Euch vielleicht gesagt, daß die Pflichten dort aufhörten, wo die Gefahren beginnen? Oder hat sie Euch nicht ausdrücklich das Gegenteil gesagt? Hat sie Euch verschwiegen, daß sie Euch wie ein Lamm unter die Wölfe schicke? Habt Ihr denn nicht gewußt, daß es Unholde gibt, denen das, was Euch befohlen werden würde, mißfallen könnte? Der, von dem wir die Lehre und das Beispiel haben, dem nachfolgend wir uns Hirten nennen lassen und nennen, hat der vielleicht, als er auf die Erde kam, um dieses Amt zu üben, die Sicherheit des Lebens als Bedingung gestellt? Um sich dieses zu sichern, um es auf Kosten der Menschenliebe und der Pflicht, sage ich, auf ein paar Tage mehr zu erhalten, hat es dazu der heiligen Salbung, der Händeauflegung, der Gnade des Priestertums gebraucht? Diese Tugend mitzuteilen, in dieser Lehre zu unterweisen, das trifft auch die Welt. Was sage ich? ach, die Schande! Die Welt selber verwirft sie: auch die Welt hat Gesetze, und die schreiben das Böse, sowie das Gute vor, auch sie hat ihr Evangelium des Stolzes und des Hasses, und doch will sie es nicht ausgesprochen haben, daß die Liebe zum Leben ein Grund sei, die Gebote zu übertreten. Sie will es nicht, und ihr wird gehorcht. Und wir? Wir Kinder und Boten der Verheißung? Was wäre die Kirche, wenn Euer Gerede das aller Eurer Mitbrüder wäre? Wo wäre die Kirche, wenn sie mit solchen Lehren in die Welt getreten wäre?"

Don Abbondio hatte den Kopf gesenkt: sein Geist war inmitten dieser Folgerungen wie ein Hühnchen in den Klauen eines Falken, der es in unbekannte Räume, in eine noch nie geatmete Luft erhebt. Da er sah, daß er etwas antworten mußte, sagte er mit einer gewissen gezwungenen Unterwürfigkeit: „Erlauchter Herr, ich habe unrecht. Wenn das Leben nichts zählen soll, so weiß ich nicht, was sagen. Aber wenn man mit gewissen Leuten zu tun hat, mit Leuten, die über die Macht verfügen und keine Vernunftgründe hören wollen, so wüßte ich nicht, was, auch wenn man den Helden spielen wollte, herausschauen würde. Das ist ein Herr, der sich weder besiegen, noch abfinden läßt."

„Und wißt Ihr nicht, daß um der Gerechtigkeit willen zu dulden unser Siegen ist? Und wenn Ihr das nicht wißt, was predigt Ihr? Was lehrt Ihr? Welches ist die frohe Botschaft, die Ihr den Armen verkündigt? Wer verlangt von Euch, daß Ihr Gewalt besiegen solltet? Wahrhaftig, eines Tages werdet Ihr nicht gefragt werden, ob Ihr es verstanden habt, die Mächtigen zu ihrer Pflicht anzuhalten: dazu ist Euch weder der Auftrag, noch das Vermögen gegeben worden; wohl aber werdet Ihr gefragt werden, ob Ihr die Mittel angewandt habt, die in Eurer Hand lagen, um zu tun, was vorgeschrieben war, auch wenn andere die Verwegenheit gehabt hätten, es Euch zu verbieten."

Wie wunderlich sind doch diese Heiligen!, dachte Don Abbondio; wenn man es bei Lichte besieht, so liegt ihm die Liebschaft zweier junger Leute mehr am Herzen als das Leben eines armen Priesters. – Und was ihn anging, so wäre er gern einverstanden gewesen, daß die Auseinandersetzung hier ein Ende gehabt hätte; aber bei jeder Pause sah er an dem Kardinal eine Miene, die eine Antwort erwartete, ein Geständnis oder eine Verteidigung, kurz irgend etwas.

„Ich wiederhole, gnädiger Herr", antwortete er also, „daß ich unrecht habe ... Den Mut kann man sich nicht selber geben."

„Und warum also, könnte ich Euch sagen, habt Ihr Euch einem Amt verpflichtet, das Euch einen stetigen Krieg mit den Leidenschaften der Welt auferlegt? Wieso aber, werde ich Euch lieber sagen, wieso bedenkt Ihr nicht, daß, wenn Euch in diesem Amte, wie immer Ihr es angetreten habt, der Mut notwendig ist, um Euern Verpflichtungen gerecht zu werden, der Herr da ist, der ihn Euch unfehlbar geben wird, wenn Ihr ihn darum bittet? Glaubt Ihr, daß alle diese Millionen von Märtyrern von Natur aus Mut gehabt hätten? Daß sie von Natur aus das Leben für nichts geachtet hätten? So viele Knaben, die es erst zu verkosten begannen, so viele Greise, gewohnt zu klagen, daß es bald enden solle, so viele Mägdlein, so viele Gattinnen, so viele Mütter? Alle haben sie Mut gehabt; denn der Mut war notwendig, und sie vertrauten. Da Ihr Eure Schwäche und Eure Pflichten kanntet, habt Ihr daran gedacht, Euch auf die schweren Schritte vorzubereiten, die Euch beschieden sein konnten und die Euch wirklich beschieden waren? Ach, wenn Ihr die vielen Jahre Euers Hirtenamtes Eure Herde geliebt habt – und wie hättet Ihr sie nicht lieben sollen? – wenn Ihr Euer Herz, Eure Sorgen, Eure Freuden in sie gelegt habt, dann hätte Euch, wo es darauf ankam, der Mut nicht fehlen dürfen; die Liebe ist unerschrocken. Und wenn Ihr denn die geliebt habt, die Eurer Seelsorge anvertraut waren, die Ihr Eure Kinder nanntet, und wenn Ihr dann zwei von Ihnen samt Euch bedroht gesehen habt, ach, wahrlich, so wird Euch die Barmherzigkeit ebenso für sie haben zittern lassen, wie Euch die Schwäche des Fleisches für Euch hat zittern lassen. Ihr werdet Euch ob dieser zweiten Furcht, die ein Ausfluß Eurer Jämmerlichkeit war, gedemütigt haben, Ihr werdet um die Kraft gefleht haben, sie zu überwinden, sie zu verjagen, weil sie eine Versuchung war; die heilige und edle Furcht für die andern aber, für Eure Kinder, der werdet Ihr Gehör gegeben, die wird Euch keine Ruhe gelassen haben, die wird Euch angestachelt und gezwungen haben, nachzudenken, was Ihr tun könntet, um die Gefahr abzuwenden, die ihnen bevorstand ... Was hat Euch die Furcht, was hat Euch die Liebe eingegeben? Was habt Ihr für sie getan? Was habt Ihr gedacht?" Und er schwieg mit der Miene der Erwartung.

26. KAPITEL.

AUF eine solche Frage vermochte Don Abbondio, wie sehr er sich auch befleißigt hatte, auf minder bestimmte zu antworten, kein Wort herausbringen. Und um die Wahrheit zu sagen, auch wir, die wir mit diesem Manuskripte vor uns und mit der Feder in der Hand nur mit der Darstellung zu kämpfen und nichts zu fürchten haben als die Kritik unserer Leser, auch wir, sage ich, fühlen ein gewisses Widerstreben, fortzufahren, finden es gewissermaßen ungereimt, mit so geringer Mühe so viele schöne Vorschriften der Festigkeit und der Menschenliebe, des werktätigen Eifers für andere, der unbegrenzten Selbstaufopferung ins Feld zu führen. Da wir aber bedenken, daß diese Sachen von einem Manne gesagt wurden, der auch danach handelte, fahren wir mutig fort.

„Ihr antwortet nicht?", begann der Kardinal wieder. „Ach, wenn Ihr getan hättet, was die Liebe, was die Pflicht forderte, so würde es Euch jetzt, wie immer es weiter gegangen wäre, nicht an einer Antwort fehlen. Ihr seht also selber, was Ihr getan habt. Ihr habt der Unbilligkeit gehorcht, ohne Euch zu kümmern, was Euch die Pflicht vorschrieb. Ihr habt Ihr durchaus gehorcht: sie hatte sich Euch gezeigt, um Euch Ihr Verlangen kundzutun, aber sie wollte vor denen verborgen bleiben, die sich hätten wehren und in Sicherheit bringen können, sie wollte keinen Lärm, wollte die Heimlichkeit, um ihre Pläne der List und der Gewalt ausreifen zu lassen, sie befahl Euch die Sünde und das Schweigen: Ihr habt gesündigt und Ihr habt geschwiegen. Nun frage ich Euch, ob Ihr nicht noch mehr getan habt; Ihr werdet mir sagen, ob es wahr ist, daß Ihr Vorwände für Eure Weigerung erlogen habt, um den wahren Beweggrund nicht zu enthüllen."

Und wieder hielt er eine Weile inne, auf eine Antwort wartend. Auch das haben ihm also die Klatschbasen hinterbracht, dachte Don Abbondio; aber er gab kein Zeichen, daß er etwas zu sagen habe, und so fuhr der Kardinal fort:

„Wenn es wahr ist, daß Ihr diesen Armen Unwahrheiten gesagt habt, um sie in der Unkenntnis, in der Dunkelheit zu erhalten, wie es die Unbilligkeit wollte ... Ich muß es also glauben; es bleibt mir nichts sonst übrig, als mit Euch zu erröten und zu hoffen, daß Ihr mit mir weinen werdet. Seht, wozu Euch – Gütiger Gott! und eben habt Ihr es als Entschuldigung angeführt – dieses Hängen an dem irdischen Leben geführt hat. Es hat Euch ... Widerlegt frei diese Worte, wenn sie Euch unrecht dünken, nehmt sie zu heilsamer Demütigung, wenn sie es nicht sind... dazu verleitet, die Schwachen zu betrügen, Eure Kinder zu belügen."

Da haben wir den Lauf der Welt, sagte Don Abbondio wieder bei sich; diesem Satan – er dachte an den Ungenannten – die Arme um den Hals, und mit mir wegen einer halben Lüge, nur gesagt, um mich meiner Haut zu wehren, so viel Gezeter. Aber so sind die Oberen; sie haben immer Recht. Es ist mein Untenstehen, daß mir alle zuleibe gehen; jetzt auch noch die Heiligen. – Und laut sagte er: „Ich habe gefehlt, ich sehe ein, daß ich gefehlt habe; aber was hätte ich in einer derartigen Bedrängnis tun sollen?"

„Und darum fragt Ihr noch? Habe ich es Euch nicht gesagt? Und hätte ich es Euch erst zu sagen brauchen? Lieben, mein Sohn, lieben und beten. Dann hättet Ihr gefühlt, daß die Unbill zwar Drohungen aussprechen und Streiche versetzen, aber keine Gebote geben kann. Ihr hättet dem Gesetz gemäß vereinigt, was der Mensch trennen wollte, Ihr hättet diesen unschuldigen Unglücklichen den Dienst geleistet, den sie ein Recht hatten, von Euch zu heischen, und die Folgen hätte Gott für Euch verantwortet, weil Ihr einen Weg gegangen wäret; so habt Ihr einen andern eingeschlagen, und nun bleibt Euch die Verantwortung und für was für Folgen! Hätten Euch denn alle menschlichen Mittel gefehlt? Wäre denn kein Ausweg offen gewesen, wenn Ihr Euch hättet danach umsehen, darüber nachdenken, danach suchen wollen? Jetzt mögt Ihr wissen, daß Eure armen Kinder, wenn sie getraut gewesen wären, schon selber an ihre Rettung gedacht hätten, daß sie schon den Zufluchtsort ausersehen gehabt hätten. Aber auch ohne dies, ist Euch denn nicht in den Sinn gekommen, daß Ihr schließlich einen Oberen habt? Wie sollte dieser die Gewalt haben, Euch wegen Eurer Nachlässigkeit im Amte zu strafen, wenn er nicht auch die Verpflichtung hätte, Euch in der Erfüllung dieses Amtes beizustehen? Warum habt Ihr nicht daran gedacht, Euern Bischof von dem Hindernis zu verständigen, das eine schändliche Gewalttätigkeit der Ausübung Eures Amtes entgegensetzte?"

Die Meinung Perpetuas!, dachte ärgerlich Don Abbondio; und was ihn mitten in dieser Auseinandersetzung am lebhaftesten beschäftigte, war das Bild dieser Bravi und der Gedanke, daß Don Rodrigo heil und gesund war und über kurz oder lang glorreich, triumphierend und wutschnaubend zurückkehren werde. Und obwohl ihn die Anwesenheit dieses Würdenträgers zusammen mit dessen Aussehen und Sprache verwirrte und ihm eine gewisse Furcht einjagte, so war das doch keine Furcht, die ihn völlig übermannt oder den Gedanken an Widerspenstigkeit ausgeschaltet hätte; denn er überlegte, daß sich schließlich der Kardinal weder der Büchse, noch des Degens und auch nicht der Bravi bediente.

„Wieso habt Ihr nicht daran gedacht", fuhr dieser fort, „daß, wenn den armen Verfolgten keine andere Zuflucht offen gestanden hätte, doch ich dagewesen wäre, um sie aufzunehmen und sie in Sicherheit zu bringen, wenn Ihr sie mir überlassen hättet, Hilflose einem Bischof überlassen als ein Eigentum, als ein köstlicher Teil, ich sage nicht, seiner Würde, sondern seiner Reichtümer? Und was Euch betrifft, um Euch würde ich mich geängstigt haben, ich hätte nicht schlafen können, bis ich sicher gewesen wäre, daß Euch kein Haar werde gekrümmt werden. Hätte es mir denn an den Mitteln, an dem Orte gefehlt, um Euer Leben sicherzustellen? Aber weiter, meint Ihr denn nicht, daß dieser Mann seine Verwegenheit, wie groß sie auch war, würde herabgemindert haben, wenn er gewußt hätte, daß seine Anschläge auch anderswo, daß sie mir bekannt seien, daß ich wachte und entschlossen sei, diese Eure Verteidigung mit allen Mitteln zu betreiben, die in meiner Hand liegen? Habt Ihr nicht gewußt, daß der Mensch, so wie er allzuoft mehr verspricht, als er halten kann, auch nicht selten mehr droht, als er dann auszuführen vermag? Habt Ihr nicht gewußt, daß sich die Unbilligkeit nicht nur auf ihre eigene Kraft, sondern auf die Leichtgläubigkeit und die Furcht anderer gründet?"

Richtig die Gründe Perpetuas, dachte auch hier Don Abbon dio, ohne zu überlegen, daß diese Übereinstimmung, die über das, was er hätte tun können und sollen, zwischen seiner Magd und Federigo Borromeo bestand, sehr gegen ihn sprach.

„Ihr aber", schloß der Kardinal, „habt nichts sehen wollen als Eure eigene zeitliche Gefahr; was Wunder, wenn sie Euch so groß vorkam, daß Ihr ihrethalben alles andere außer acht ließet!"

„Das ist, weil ich diese Fratzen gesehen habe", entwischte dem Munde Don Abbondios, „weil ich diese Worte gehört habe. Euer erlauchte Herrlichkeit haben gut reden; Sie müßten aber einmal in der Haut eines armen Geistlichen stecken und richtig in der Klemme gesessen haben!" Kaum waren diese Worte draußen, so biß er sich in die Zunge; er ward inne, daß er sich von dem Verdrusse hatte allzusehr fortreißen lassen, und sagte bei sich: Nun kommt das Wetter. – Als er aber bange den Blick erhob, um diesen Mann, den er nie enträtseln oder verstehen konnte, anzusehen, war er baß verwundert, daß er wahrnahm, wie der mahnende und strafende Ernst dieses Gesichtes in einen betroffenen und nachdrücklichen überging.

„Nur allzu wahr!", sagte Federigo; „so ist unser jämmerlicher und schrecklicher Zustand. Gott weiß, ob wir selber bereit wären, zu leisten, was wir von andern fordern müssen; wir müssen richten, trafen, tadeln: und Gott weiß, was wir in demselbigen Fall tun würden, was wir in ähnlichen Fällen getan haben! Aber wehe, wenn ich meine Schwäche zum Maßstab für die Pflichten anderer, zur Richtschnur meiner Unterweisung nehmen sollte! Und doch steht es fest, daß ich den anderen zugleich mit der Lehre auch ein Beispiel geben und nicht dem Rechtslehrer nacheifern soll, der den anderen Lasten aufbürdet, die sie nicht tragen können und die er nicht einmal anrühren würde. Wohlan denn, mein Sohn und Bruder, da einmal die Fehler der Vorgesetzten oft den anderen besser bekannt sind als ihnen, so bitte ich Euch, wenn Ihr wißt, daß ich etwa aus

Kleinmütigkeit, aus irgendeiner Rücksicht meine Obliegenheiten verletzt habe, sagt mir das frei heraus, haltet mir das vor, damit das mangelnde Beispiel wenigstens durch das Geständnis ersetzt werde. Tadelt mich frei meiner Schwächen wegen; und dann werden die Worte in meinem Munde an Wert gewinnen, weil Ihr lebendiger fühlen werdet, daß sie nicht meine, sondern dessen sind, der Euch und mir die notwendige Kraft geben kann, zu erfüllen, was sie vor schreiben."

O was für ein heiliger Mann! Aber was für ein Quälgeist!, dachte Don Abbondio; sogar auch sich selber quält er: wenn er nur durchstöbern, aufstören, nörgeln und untersuchen kann, und wäre es auch an sich selber.- Dann sagte er laut: „Ach, gnädiger Herr, Sie treiben wohl Scherz mit mir? Wer kennt nicht den starken Mut, den unerschrockenen Eifer Euer erlauchten Herrlichkeit?" Und bei sich fuhr er fort: Nur zu gut.

„Ich habe von Euch kein Lob gefordert, und das läßt mich zittern", sagte Federigo; „denn Gott kennt meine Fehler, und was auch ich davon kenne, genügt, um mich zu demütigen. Ich hätte aber gewünscht, ich möchte gern, daß wir uns beide vor ihm demütigten, um unserer beider Zuversicht willen. Und Euretwegen möchte ich, daß Ihr einsähet, wie Euer Betragen dem Gesetze zuwider gewesen ist und wie Eure Sprache dem Gesetz zuwider ist, das Ihr doch predigt und nach dem Ihr werdet gerichtet werden."

„Alles wird mir zur Last gelegt", sagte Don Abbondio; „aber diese Leute, die Ihnen das andere zugetragen haben, haben Ihnen nicht auch gesagt, daß sie listig in mein Haus eingedrungen sind, um mich zu überrumpeln und eine Ehe gegen die Regel zu schließen."

„Sie haben es mir gesagt, mein Sohn; aber das greift mir ans Herz, das entsetzt mich, daß Ihr Euch noch immer entschuldigen wollt, daß Ihr Euch mit Anklagen zu entschuldigen gedenkt, daß Ihr eine Anklage aus dem ableitet, was ein Teil Eurer Beichte sein sollte. Wer hat sie denn, ich sage nicht, in die Zwangslage, sondern in die Versuchung geführt, zu tun, was sie getan haben? Hätten sie nach diesem unrechtmäßigen Weg gesucht, wenn ihnen nicht der rechte verschlossen gewesen wäre? Hätten sie ihrem Hirten eine Falle gestellt, wenn sie in seinen Armen aufgenommen, von ihm unterstützt und beraten worden wären? Hätten sie je daran gedacht, ihn zu überrumpeln, wenn er sich nicht verborgen hätte? Und Ihr beschuldigt sie? Und Ihr seid verdrießlich, weil sie sich nach so viel Unglück - was sage ich? - mitten im Unglück mit einem Worte gegen ihren Pfarrer Luft gemacht haben? Wenn die Klage der Unterdrückten, der Jammer der Bekümmerten der Welt verhaßt sind, so ist die Welt danach; aber uns? Und was hättet Ihr davon gehabt, wenn sie geschwiegen hätten? Wäre Euch etwas daran gelegen gewesen, daß die Sache zur Gänze vor das Gericht Gottes gekommen wäre? Ist es nicht für Euch ein Grund mehr, diese Leute zu lieben - und Gründe habt Ihr schon so viele - daß sie Euch Gelegenheit gegeben haben, die aufrichtige Stimme Eures Bischofs zu hören, daß sie Euch ein Mittel gegeben haben, die große Schuld, die Ihr gegen sie habt, besser zu erkennen und teilweise abzutragen? Ach, wenn sie Euch herausgefordert, beleidigt, gequält hätten, so würde ich Euch sagen – und müßte ich es Euch erst sagen? – daß Ihr sie just deshalb lieben sollet. Liebt sie, weil sie gelitten haben, weil sie leiden, weil sie Euer sind, weil sie schwach sind, weil Ihr einer Verzeihung bedürft, zu der Euch ihre Gebete, bedenkt, mit welcher Kraft, verhelfen können."

Don Abbondio war still, aber es war nicht mehr dieses gezwungene und ungeduldige Schweigen: er war still wie einer, der mehr zu denken als zu sagen hat. Die Worte, die er vernahm, waren unerwartete Folgerungen, neue Anwendungen einer gleichwohl auch in seinem Geiste alten und unbestrittenen Lehre. Das Unglück der anderen, von dessen Betrachtung ihn immer die Furcht vor dem eigenen abgezogen hatte, machte ihm nun einen anderen Eindruck. Und wenn er auch nicht all die Gewissensbisse empfand, die die Predigt hätte hervorrufen sollen – denn diese selbige Angst war immer da, um das Amt des Verteidigers zu übernehmen – so fühlte er ihrer doch, fühlte ein gewisses Mißvergnügen mit sich, ein Mitleid mit den andern, ein Gemisch von Rührung und Verwirrung. Er war, wenn uns dieser Vergleich gestattet ist, wie der zusammengepreßte, feuchte Docht eines Talglichts, der, an die Flamme einer Fackel gebracht, zuerst raucht, sprüht, knistert und nicht Feuer fangen will, sich aber schließlich entzündet und wohl oder übel brennt. Er hätte sich offen angeklagt, hätte geweint, wenn nicht der Gedanke an Don Rodrigo gewesen wäre; immerhin aber zeigte er sich genugsam ergriffen, so daß der Erzbischof sehen konnte, daß seine Worte nicht ganz wirkungslos geblieben waren.

„Jetzt", fuhr dieser fort, „wo der junge Mann aus der Heimat geflohen und das Mädchen im Begriffe ist, sie zu verlassen, alle zwei mit nur allzu triftigen Gründen, ihr fern zu bleiben, und ohne Wahrscheinlichkeit, sich je hier vereinigen zu dürfen, und mit der Hoffnung zufrieden, daß sie Gott anderswo vereinigen werde, jetzt bedürfen sie Euer nur allzuwenig, und Ihr habt nur allzuwenig Gelegenheit, ihnen Gutes zu tun, und unsere beschränkte Voraussicht kann auch in der Zukunft keine entdecken. Aber wer weiß, ob Euch nicht der barmherzige Gott eine vorbereitet? Ach, laßt sie Euch nicht entgehen! Sucht sie auf, lauert auf sie, bittet ihn, daß er sie herbeiführe."

„Ich werde nicht ermangeln, gnädiger Herr, nicht ermangeln, wahrhaftig nicht", antwortete Don Abbondio mit einer Stimme, die in diesem Augenblicke wirklich aus dem Herzen kam.

„Ach ja, mein Sohn, ja!", rief Federigo; und er schloß mit einer von Herzlichkeit erfüllten Würde: „Das weiß der Himmel, ob ich nicht sehr gewünscht hätte, mit Euch ganz andere Auseinandersetzungen zu pflegen. Wir zwei sind schon nachgerade alt geworden: der Himmel weiß, ob es mir hart gewesen ist, dieses Euer

Greisentum mit Vorwürfen betrüben zu müssen, und um wie viel lieber es mir gewesen wäre, wenn wir uns gemeinsam über unsere gemeinsamen Sorgen, über unser Leid durch ein Gespräch von der seligen Hoffnung hätten trösten können, der wir uns schon so sehr genähert haben. Möge es Gott gefallen, daß die Worte, die ich gegen Euch habe gebrauchen müssen, Euch und mir dienlich seien. Macht nicht, daß er eines Tages von mir Rechenschaft verlange, weil ich Euch in einem Amte belassen habe, worin Ihr so unselig gefehlt habt. Lösen wir die Zeit wieder ein: die Mitternacht naht, der Bräutigam kann nicht verziehen; halten wir unsere Lampen brennend. Bringen wir Gott unsere elenden leeren Herzen dar, auf daß es ihm gefalle, sie mit jener Liebe zu erfüllen, die das Vergangene gut macht, die die Zukunft sichert, die fürchtet und vertraut, mit Weisheit weint und sich erfreut, die allwege zu der Tugend wird, deren wir bedürfen." Dies gesagt, verließ er das Zimmer, und Don Abbondio folgte ihm.

Hier teilt uns der Anonymus mit, daß dies nicht die einzige Unterredung dieser zwei Personen und daß auch nicht Lucia allein Gegenstand ihrer Unterredungen war, daß er sich jedoch auf die eine beschränkt hat, um sich nicht von dem Hauptgegenstande der Erzählung zu entfernen, wie er auch aus demselben Grunde anderer Dinge keine Erwähnung tun werde, so der weiteren denkwürdigen Aussprüche, die Federigo im Verlaufe des Besuches getan hat, und seiner Freigebigkeit, des Eifers, womit er Zwistigkeiten geschlichtet, manchen alten Haß zwischen Personen, Familien, ganzen Dörfern gestillt oder, was leider des häufigere war, gedämpft und etliche Bösewichter oder kleine Tyrannen entweder für ihr Lebelang oder für einige Zeit gezähmt hat, lauter Dinge, deren es an jedem Orte in der Diözese, wo dieser ausgezeichnete Mann Aufenthalt nahm, mehr oder weniger gab.

Weiter sagt er, daß am nächsten Morgen verabredungsgemäß Donna Prassede kam, um Lucia abzuholen und den Kardinal zu begrüßen, und der lobte und empfahl ihr das Mädchen mit Wärme. Lucia riß sich, mit wieviel Tränen, möge man sich denken, von der Mutter los, verließ ihr Häuschen und sagte dem Dorfe zum zweitenmal Lebewohl, dies mit dem Gefühle doppelter Bitterkeit, das man empfindet, wenn man einen Ort verläßt, der einem einzig teuer war und es nicht mehr sein kann. Der Abschied von der Mutter war aber nicht der letzte; denn Donna Prassede hatte ihr gesagt, daß sie sich noch einige Tage in ihrem Landhaus aufhalten würden, das nicht weit von dem Dorfe war, und Agnese versprach der Tochter, sie dort zu besuchen und ein schmerzlicheres Lebewohl mit ihr zu tauschen.

Auch der Kardinal stand schon im Begriff, aufzubrechen und seine Bereisung fortzusetzen, als der Pfarrer des Kirchspiels, wo die Burg des Ungenannten lag, ankam und mit ihm zu sprechen verlangte. Vorgelassen, händigte er ihm außer einem Päckchen einen Brief aus, worin ihn dieser Herr zu veranlassen bat, daß Lucias Mutter die Summe von hundert Goldstücken annehme, die in dem

Päckchen war, um sie zur Aussteuer des Mädchens oder sonst zu dem Zwecke zu verwenden, der ihnen der beste scheinen werde; und zugleich bat er ihn, ihnen zu sagen, daß das arme Mädchen, wenn sie jemals, wann immer, glauben sollte, er könnte ihnen einen Dienst leisten, nur allzu gut wisse, wo er hause, und das würde für ihn einer der am meisten ersehnten Glücksfälle ein.

Der Kardinal ließ sofort Agnese rufen und berichtete ihr von dem Auftrag, und den vernahm sie mit ebensoviel Befriedigung wie Erstaunen; er übergab ihr die Rolle, und sie nahm sie ohne besondere Ziererei entgegen. „Gott vergelte es dem Herrn", sagte sie, „und Euer Herrlichkeit mögen ihm vielmals danken. Und sagen Sie niemandem etwas davon; denn hier im Dorfe gibt es gewisse ... Entschuldigen Sie mich, bitte; ich weiß, daß Ihresgleichen von solchen Sachen nicht zu schwatzen pflegen, aber ... Sie verstehen mich."

Sie ging in aller Stille nach Hause, schloß sich in der Kammer ein, wickelte die Rolle auf und sah, obwohl vorbereitet, mit Verwunderung dieses nun ihr gehörige Häufchen, diese Menge von Zechinen, wo sie bisher höchstens eine auf einmal und auch die nur selten gesehen hatte; sie zählte sie und bemühte sich ein wenig, sie wieder zusammenzupacken und beisammenzuhalten, weil sie ihr alle Augenblicke auseinander liefen und den unerfahrenen Fingern entglitten.

Als sie sie schließlich wieder halbwegs in die Form einer Rolle gebracht hatte, tat sie sie in einen Lappen, wickelte daraus schlecht und recht ein Bündel, umschnürte dieses rundum mit einem Faden und stopfte es in eine Ecke des Strohsackes. Den Rest dieses Tages tat sie nichts sonst als grübeln, Pläne für die Zukunft machen und den nächsten Tag herbeiseufzen. Zu Bett gegangen, hielt sie der Gedanke an die Hundert, die sie unter sich hatte, eine Weile wach; und eingeschlafen, sah sie sie im Traume. Ums Morgengrauen erhob sie sich und machte sich sofort auf den Weg zu dem Landhause, wo Lucia war. –

Lucia hatte sich inzwischen, obwohl sich ihr großes Widerstreben, von dem Gelübde zu reden, keineswegs vermindert hatte, entschlossen, sich der Mutter bei diesem Zusammensein zu eröffnen, das für eine geraume Zeit das letzte genannt werden konnte,

Sie konnten nicht so bald allein sein, als Agnese mit durchaus lebhaftem Gesichte und zugleich mit leiser Stimme, als wäre jemand gegenwärtig gewesen, von dem sie nicht hätte gehört werden wollen, begann: „Ich habe dir eine große Neuigkeit mitzuteilen"; und sie erzählte ihr von dem unerhofften Glücksfall.

„Gott segne den Herrn", sagte Lucia; „nun werdet Ihr gemächlich zu leben haben und werdet auch hin und wieder anderen Wohltaten erweisen können."

„Was?", antwortete Agnese; „siehst du denn nicht, was wir mit so viel Geld alles tun können? Höre: ich habe niemanden sonst als dich, das heißt euch zwei; denn Renzo habe ich, seitdem er mit dir zu reden begonnen hat, immer als meinen Sohn betrachtet. Alles kommt jetzt darauf an, daß ihm nichts Böses zugestoßen ist, da er noch nichts hat von sich hören lassen; aber muß denn alles schlecht gehen? Hoffen wir, daß es nicht so ist, hoffen wir. Was mich betrifft, so hätte ich mein Grab gern in meinem Dorfe gefunden; aber jetzt, wo dort, dank diesem Schurken, deines Bleibens doch nicht wäre, und auch nur bei dem Gedanken, ihn in der Nähe zu haben, ist mir mein Dorf verhaßt geworden, und ich bleibe bei euch, wo immer es sei. Damals schon habe ich mich entschlossen, mit euch zu gehen, auch bis ans Ende der Welt, und dieser Meinung war ich noch immer; aber ohne Geld, wie tut man sich da? Verstehst du jetzt? Die paar Groschen, die sich der arme Kerl abgespart und auf die Seite gelegt hat, da ist die Gerechtigkeit gekommen und hat alles ausgeräumt; aber dafür hat der Herr seinen Segen zu uns geschickt. Wenn er es also zuwege gebracht haben wird, sich auszulassen, ob er am Leben ist und wo er ist und was für Pläne er hat, dann komme ich nach Mailand dich holen, dann komme ich dich holen. Früher einmal wäre mir das als etwas Großes vorgekommen, aber das Unglück macht entschlossen: bis Monza bin ich schon gewesen, und ich weiß, was reisen heißt. Ich nehme mir einen tauglichen Mann mit, einen Verwandten, etwa Alessio in Maggianico; denn um es richtig herauszusagen, in unserm Dorfe ist doch keiner, der etwas taugte: mit dem komme ich, die Kosten bestreiten wir und ... verstehst du?"

Als sie aber sah, daß Lucia, statt sich zu ermutigen, nur betrübter wurde und nichts als freudlose Zärtlichkeit zeigte, brach sie ihre Rede ab und sagte: „Was hast du? weinst du nicht gar?"

„Arme Mutter!", rief Lucia, indem sie einen Arm um ihren Hals schlang und das Gesicht an ihrem Busen verbarg. „Was ist denn?", fragte die Mutter ängstlich.

„Ich hätte es Euch schon früher sagen sollen", antwortete Lucia, das Gesicht hebend und sich die Tränen trocknend; „aber ich habe doch nie das Herz dazu gehabt: habt Mitleid mit mir."

„Aber so rede doch endlich."

„Ich kann nicht mehr die Frau dieses Armen werden."

„Was? was?"

Mit gesenktem Kopfe und keuchender Brust, weinend, ohne zu schluchzen, wie man etwas erzählt, was, wie traurig es auch sei, unabänderlich ist, entdeckte Lucia ihr Gelübde; und mit gefalteten Händen bat sie die Mutter von neuem um Verzeihung, daß sie ihr seit damals nicht davon gesprochen habe, und bat sie, keiner lebenden Seele etwas zu sagen und ihr bei der Erfüllung dessen, was sie versprochen hatte, zu helfen.

Agnese war verdutzt und bestürzt. Sie wollte sich wegen des gegen sie geübten Schweigens ereifern, aber der Gedanke an den Ernst der Sache erstickte ihren Unwillen; sie wollte ihr sagen: Was hast du getan?, aber es schien ihr, als würde sie so mit dem Himmel hadern, dies um so mehr, als Lucia von neuem und mit lebendigeren Farben diese Nacht, die schwarze Trostlosigkeit und die ungeahnte Befreiung, kurz all die Umstände schilderte, die dieses so ausdrückliche, so feierliche Gelübde begleitet hatten. Und dabei kamen Agnese auch mancherlei Beispiele in den Sinn, wie sie sie mehrmals hatte erzählen hören und selber erzählt hatte, von seltsamen und schrecklichen Züchtigungen, die aus der Verletzung eines Gelübdes erfolgt waren. Nachdem sie eine Weile wie gebannt gewesen war, sagte sie: „Und was wirst du jetzt tun?"

„Jetzt", antwortete Lucia, „steht alles bei dem Herrn und der Madonna. Ich habe mich in ihre Hände gegeben: bis jetzt haben sie mich nicht verlassen; sie werden mich auch nicht verlassen, bis ... Die Gnade, die ich für mich von dem Herrn heische, die einzige Gnade nach dem Heil der Seele ist, daß er mich zu Euch zurückkehren lasse; und er wird sie mir gewähren, ja, er wird sie mir gewähren. An diesem Tage ... in dieser Karosse ... ach, heiligste Jungfrau!... diese Männer! ... wer hätte mir da gesagt, daß sie mich zu einem Manne brächten, der mich dorthin bringen werde, wo ich tags darauf Euch treffen sollte?"

„Aber deiner Mutter nicht sofort davon zu erzählen!", sagte Agnese mit einer gewissen Ärgerlichkeit, gemildert durch Liebe und Güte.

„Habt Mitleid mit mir; ich hatte nicht das Herz ... und was hätte es genützt, Euch früher zu betrüben?"

„Und Renzo?", fragte kopfschüttelnd Agnese.

„Ach!", rief Lucia aus und erzitterte; „an den Armen darf ich nicht mehr denken. Schon sieht man, daß es nicht bestimmt war ... Seht nur, es ist gerade so, als hätte uns der Herr richtig voneinander getrennt halten wollen. Und wer weiß? Aber nein, nein: er wird ihn vor den Gefahren bewahrt haben und wird ihn ohne mich nur glücklicher machen."

„Immerhin aber", begann wieder die Mutter, „wenn es nicht wäre, daß du dich für immer gebunden hast, hätte ich mit diesem Gelde, vorausgesetzt, daß nicht Renzo irgendein Unglück widerfahren ist, für alles Abhilfe gefunden."

„Aber wäre uns denn dieses Geld zugefallen", versetzte Lucia, „wenn ich nicht diese Nacht erlebt hätte? Der Herr hat gewollt, daß alles so gekommen ist; sein Wille geschehe." Und das Wort erstarb ihr in den Tränen. Dieser unerwartete

Beweisgrund machte Agnese nachdenklich. Nach einigen Augenblicken begann Lucia wieder, ihr Schluchzen verhaltend: „Jetzt, wo die Sache geschehen ist, muß man sich guten Mutes darein schicken; und Ihr, arme Mutter, Ihr könnt mir helfen, einmal, indem Ihr Gott für Eure arme Tochter bittet, und dann ... tut es wohl not, daß es der Arme erfährt. Denkt nach, tut mir noch diese Liebe; denn Ihr könnt darüber nachdenken. Wenn Ihr erfahrt, wo er ist, so laßt ihm schreiben, nehmt einen Mann ... etwa Euern Vetter Alessio, der klug und gütig ist und uns immer wohlgewollt hat und nicht schwatzen wird, laßt ihm durch ihn schreiben, wie es hergegangen ist, wo ich bin, was ich gelitten habe und daß es Gott so gewollt hat und er soll sein Herz zufrieden geben und daß ich nie einem Manne angehören darf. Und er soll ihm die Sache auf gute Art begreiflich machen, ihm erklären, daß ich es versprochen, daß ich ein richtiges Gelübde abgelegt habe. Wenn er hören wird, daß ich es der Madonna gelobt habe... er ist immer gottesfürchtig gewesen. Und Ihr, das erstemal, daß Ihr Nachrichten von ihm bekommt, so laßt mir schreiben, laßt mich wissen, daß er gesund ist; und dann ... laßt mich weiter nichts mehr wissen."

Ganz gerührt, versicherte Agnese ihrer Tochter, daß alles so geschehen werde, wie sie wünsche.

„Ich möchte Euch noch etwas sagen", begann diese wieder. „Hätte der Arme nicht das Unglück gehabt, an mich zu denken, so wäre ihm nicht zugestoßen, was ihm zugestoßen ist. Er ist in der weiten Welt; sein Fortkommen haben sie ihm abgeschnitten, sein Gut haben sie ihm weggenommen, die Ersparnisse, die der Arme gemacht hat, Ihr wißt warum ... Und wir haben so viel Geld! Ach, Mutter, weil uns denn der Herr so viel beschert hat und weil Ihr diesen Armen, es ist richtig wahr, als Euern...jawohl, als Euern Sohn betrachtet habt, ach, so teilt mit ihm; denn wahrhaftig, Gott wird uns nicht verlassen. Sucht nach einer zuverlässigen Gelegenheit und schickt es ihm; der Himmel weiß, wie er es brauchen wird."

„Je nun, was glaubst du denn?", antwortete Agnese; „wirklich, ich schicke es ihm. Armer Junge! Warum glaubst denn, daß ich über dieses Geld so froh war? Aber ...! ganz froh bin ich noch hierhergekommen. Genug davon, ich schicke es ihm, dem armen Renzo; aber auch er ... ich weiß, was ich sage: sicherlich macht das Geld dem Freude, der es nötig hat; aber über dieses wird er nicht jubeln."

Lucia dankte der Mutter für diese rasche und freigebige Einwilligung mit einer Dankbarkeit, mit einer Leidenschaftlichkeit, woraus ein Beobachter hätte abnehmen können, daß ihr Herz noch immer und vielleicht mehr, als sie selbst geglaubt hätte, Renzo gehörte.

„Und ohne dich, was werde ich arme Frau anfangen?", sagte Agnese, nun auch selber weinend.

„Und ich ohne Euch, arme Mutter? und bei fremden Leuten? und da unten in diesem Mailand ...! Aber der Herr wird mit uns beiden sein; und dann wird er uns wieder zusammenführen. In acht bis neun Monaten werden wir uns wiedersehen; und bis dorthin und noch früher, hoffe ich, wird er alles geschlichtet haben, um uns zu vereinen. Lassen wir ihn machen. Immer, immer werde ich die Madonna um diese Gnade bitten. Hätte ich ihr noch etwas darzubringen, so würde ich es tun; sie ist aber so barmherzig, daß sie sie mir umsonst gewähren wird." Mit diesen und ähnlichen und oftmals wiederholten Worten der Klage und des Trostes, der Trauer und der Ergebung, mit vielen Mahnungen und Versprechungen, nichts zu sagen, mit vielen Tränen trennten sich die Frauen nach langen und stets wieder erneuten Umarmungen, indem sie sich gegenseitig versprachen, sich spätestens im kommenden Herbst wiederzusehen, als ob das Halten von ihnen abgehangen hätte und wie man trotzdem immer in derlei Fällen tut.

Unterdessen begann eine lange Zeit zu verstreichen, ohne daß Agnese etwas von Renzo hätte erfahren können. Weder Briefe noch Botschaften trafen von ihm ein, und von all den Leuten im Dorf und in der Umgebung, die sie um ihn fragen konnte, wußte nicht einer mehr als sie. Und sie war es nicht allein, die solche Nachforschungen vergeblich anstellte: der Kardinal Federigo, der den armen Frauen nicht etwa bloß aus Höflichkeit gesagt hatte, er wolle über den jungen Mann Erkundigungen einholen, hatte wirklich alsbald geschrieben, um deren zu erhalten. Von der Bereisung nach Mailand zurückgekehrt, hatte er dann die Antwort bekommen, worin es hieß, es sei nicht möglich gewesen, den Aufenthaltsort des Genannten ausfindig zu machen: er sei zwar eine Zeitlang bei einem Verwandten in dem und dem Dorfe gewesen, wo er keinen Grund zu einer Nachrede gegeben habe, eines Morgens aber sei unversehens verschwunden gewesen und selbst sein Verwandter wisse nicht, was es mit ihm sei, und könne nur gewisse halbe und einander widersprechende Gerüchte, wie sie im Umlaufe seien, wiederholen, daß sich nämlich der junge Mann habe in die Levante anwerben lassen, daß er nach Deutschland gegangen sei, daß er beim Durchwaten eines Flusses den Tod gefunden habe; man werde aber nicht ermangeln, sich zu bemühen, ob man etwas Bestimmteres in Erfahrung bringen könne, um dies dann sofort Sr. erlauchten und hochwürdigen Herrlichkeit mitzuteilen.

Mit der Zeit verbreiteten sich diese und andere Gerüchte auch im Gebiete von Lecco und kamen also auch Agnese zu Ohren. Die gute Frau tat alles, um Klarheit zu gewinnen, welches die Wahrheit enthalte, um diesem oder jenem auf den Grund zu gehen, aber es gelang ihr nie, mehr als dieses „Man sagt" herauszubekommen, das noch bis auf den heutigen Tag an sich schon hinreicht, so viele Dinge zu beglaubigen. Manchmal geschah es, daß, kaum daß ihr eines erzählt worden war, einer kam und ihr sagte, es sei auch nicht ein Körnchen Wahrheit darin, aber nur, um ihr zum Tausche ein anderes mitzuteilen, das gleichermaßen absonderlich oder ungünstig war. Lauter Geschwätz; tatsächlich verhielt es sich, wie folgt.

Der Statthalter von Mailand und Generalkapitän in Italien, Don Gonsalvo Hernandez de Córdova, hatte bei dem Herrn Residenten von Venedig in Mailand viel Aufhebens gemacht, daß ein Bösewicht, ein Straßenräuber, ein Aufwiegler und Mordstifter, nämlich der berüchtigte Lorenzo Tramaglino, der sogar in den Händen der Gerechtigkeit noch einen Aufruhr entfacht habe, um sich befreien zu lassen, auf bergamaskischem Gebiete Aufnahme und Zuflucht gefunden habe. Der Resident hatte geantwortet, die Sache sei ihm neu und er werde nach Venedig schreiben, um Sr. Exzellenz die Aufklärung zu geben, die der Fall erheische. In Venedig hatte man den Grundsatz, die Neigung der mailändischen Seidenspinner, ins Bergamaskische auszuwandern, zu fördern und zu pflegen und sie dort vieler Annehmlichkeiten und vor allem jener, ohne die jede andere nichtig ist, der Sicherheit, teilhaftig werden zu lassen. Wie nun zwischen zwei Streitenden immer für den dritten etwas abfällt, wie wenig es auch sei, so wurde Bortolo im Vertrauen, man weiß nicht, von wem benachrichtigt, daß Renzo in diesem Orte nicht am richtigen Orte sei und daß er gut daran tun würde, in eine andere Fabrik einzutreten und auch für einige Zeit seinen Namen zu ändern. Bortolo verstand, fragte nicht weiter, sagte es schleunigst seinem Vetter, setzte sich mit ihm in einen kleinen Wagen, führte ihn in eine andere Spinnerei, die etwa fünfzehn Meilen weit entfernt war, und stellte ihn dem Herrn, der auch aus dem Mailändischen stammte und ein alter Bekannter von ihm war, unter dem Namen Antonio Rivolta vor. Der ließ sich, obwohl die Zeiten schlecht waren, nicht erst bitten, einen Arbeiter aufzunehmen, der ihm von einem anständigen Mann, der es verstand, als anstellig und geschickt empfohlen wurde. Wie es dann die Erfahrung zeigte, durfte er sich zu der neuen Erwerbung nur beglückwünschen, wenn es ihm auch im Anfange geschienen hatte, der junge Mann müsse ein wenig zerstreut sein, weil er, wenn man ihn „Antonio!", rief, die meisten Male nicht antwortete. Bald darauf kam von Venedig an den Stadthauptmann von Bergamo der keineswegs dringlich gehaltene Befehl, Auskunft einzuholen und zu geben, ob sich in einem Gerichtsbezirke und namentlich in dem und dem Dorf das und das Subjekt aufhalte. Der Hauptmann befleißigte sich so, wie er begriffen hatte, daß es gewünscht werde, und übermittelte eine verneinende Antwort; die wurde dem Residenten in Mailand übermittelt, und dieser übermittelte sie dem Herrn Don Gonsalvo Hernandez de Córdova.

In der Folge fehlte es nicht an Neugierigen, die von Bortolo wissen wollten, warum der junge Mann nicht mehr da sei und wohin er gegangen sei. Auf die erste Frage antwortete Bortolo: „Ja, der ist verschwunden." Um aber dann die Zudringlichen zufriedenzustellen, ohne sie die Wahrheit argwöhnen zu lassen, hatte er es für gut gehalten, den einen mit dieser, den andern mit jener von den oben erwähnten Auskünften abzuspeisen, indem er sie immerhin als ungewiß bezeichnete, wie auch er sie nur vom Hörensagen kenne, ohne einen tatsächlichen Anhaltspunkt zu haben.

Als ihm aber die Frage im Auftrage des Kardinals, den man freilich nicht nannte, aber mit einem gewissen Aufgebot von Wichtigkeit und Heimlichkeit vorgelegt wurde und man durchblicken ließ, daß es im Namen einer hohen Persönlichkeit geschehe, war Bortolo nur um so argwöhnischer und hielt es für um so nötiger, nach der gewohnten Weise zu antworten, gab jedoch, da es sich um eine hohe Persönlichkeit handelte, alle diese Nachrichten auf einmal, die er zu beiden verschiedenen Anlässen einzeln ersonnen hatte.

Immerhin glaube man nicht, daß es ein Herr wie Don Gonsalvo richtig auf den armen Spinner aus dem Gebirge abgesehen gehabt hätte, daß er ihm vielleicht, unterrichtet von der geringen Ehrerbietung, die er seinem am Halse angeketteten Maurenkönig erwiesen hatte, seine damaligen garstigen Reden hätte heimzahlen wollen oder daß er ihn für ein so gefährliches Subjekt gehalten hätte, daß man ihn auch als Flüchtling verfolgen müsse, auch in der Ferne nicht ruhig leben lassen dürfe, wie es der römische Senat mit Hannibal gehalten hat. Don Gonsalvo hatte zu viele und zu große Dinge im Kopf, um sich über das, was Renzo betraf, besondere Gedanken zu machen, und wenn es den Anschein hatte, als mache er sich welche, so kam das von einem einzigartigen Zusammentreffen von Umständen, wodurch der arme Mensch, ohne es zu wollen und ohne es damals oder je zu wissen, mit einem gar dunkeln und unsichtbaren Faden mit diesen nur zu vielen und nur zu großen Dingen verknüpft war.

27. KAPITEL.

MEHR als einmal haben wir schon gelegentlich des Krieges Erwähnung getan, der damals wegen der Nachfolge in den Staaten des Herzogs Vincenzo Gonzaga, des zweiten seines Namens, wogte; das hat sich aber immer in Augenblicken großer Hast ergeben, so daß wir bisher nicht mehr als flüchtige Andeutungen geben konnten. Jetzt jedoch sind zum Verständnis unserer Erzählung mehr ins einzelne gehende Nachrichten nötig. Es sind ja Dinge, die, wer die Geschichte kennt, wissen muß; da wir aber aus billiger Selbsterkenntnis annehmen dürfen, daß dieses Buch von niemandem sonst als von Unwissenden gelesen werden kann, so wird es nicht von Übel sein, daß wir hier so viel sagen, wie hinreicht, dem, der es braucht, einen kleinen Anstrich davon zu geben. Wir haben gesagt, daß nach dem Tode dieses Herzogs der zur Erbfolge zunächst Berufene Carlo Gonzaga, Haupt eines jüngeren, nach Frankreich verpflanzten Zweiges, wo er die Herzogtümer Nevers und Rhétel besaß, den Besitz von Mantua angetreten hatte; und jetzt setzen wir hinzu, auch von Montferrat, das uns in der Hast in der Feder geblieben war. Der Hof von Madrid, der den neuen Fürsten durchaus – und auch das haben wir schon gesagt – von diesem Lehen ausgeschlossen wissen wollte und für diese Ausschließung eines Rechtstitels bedurfte – denn ohne Rechtstitel geführte Kriege wären unbillig – hatte sich zum Beschützer des Rechtstitels erklärt, den auf Mantua ein anderer Gonzaga, nämlich Ferrante, Fürst von Guastalla, und auf Montferrat Carlo Emanuele I, Herzog von Savoyen, und Margherita Gonzaga, verwitwete Herzogin von Lothringen, zu haben behaupteten. Don Gonsalvo, der aus dem Geschlecht des Großen Kapitäns stammte und dessen Namen trug und der schon den Krieg in Flandern geführt hatte, war in dem übermäßigen Wunsch, auch in Italien einen zu führen, vielleicht der, der das Feuer am meisten schürte, damit dieser erklärt werde; und indem er vorläufig die Absichten des genannten Hofes in seiner Weise auslegte und den Befehlen zuvorkam, hatte er mit dem Herzog von Savoyen einen Vertrag auf Besetzung und Teilung von Montferrat abgeschlossen und dann dessen Bestätigung von dem Conte Duca dadurch erhalten, daß er darin die Eroberung von Casale, des in dem, dem Könige von Spanien ausbedungenen Teile, am meisten befestigten Platzes, als etwas ganz Leichtes hingestellt hatte.

Immerhin beteuerte er im Namen des Königs, keinen Strich Landes anders denn als ein anvertrautes Gut und bis zur Entscheidung durch den Kaiser besetzen zu wollen, der inzwischen teils auf fremde Einflüsterungen hin, teils aus eigenem Antriebe dem neuen Herzog die Belehnung verweigert und ihm befohlen hatte, die strittigen Staaten ihm zur Haftverwaltung zu überantworten, worauf er sie nach Anhörung der Streitteile dem, dem sie zukämen, übergeben werde. Diesem Befehl hatte sich aber der von Nevers nicht fügen wollen. Auch er hatte gewichtige Freunde, den Kardinal von Richelieu und die Herren von Venedig, dazu auch den Papst, nämlich wie wir schon gesagt haben, Urban VIII. Richelieu aber, dem damals die Belagerung von La Rochelle und ein Krieg mit England viel zu schaffen machten und dem die Mutter des Königs Maria de' Medici, die aus gewissen Gründen eine Gegnerin des Hauses von Nevers war, entgegenarbeitete, konnte nichts anderes als Hoffnungen geben. Die Venezianer wieder wollten sich nicht eher rühren, ja sich nicht einmal eher erklären, als bis ein französisches Heer nach Italien herabmarschiert sei; und indem sie dem Herzog, so gut sie es unter der Hand konnten, halfen, verhielten sie sich mit dem Hofe von Madrid und dem Statthalter von Mailand mit Verwahrungen, Vorschlägen, Aufforderungen, die, je nachdem es der Augenblick erheischte, friedfertiger oder drohender Art waren. Der Papst empfahl den von Nevers seinen Freunden, schritt zu seinen Gunsten bei den Gegnern ein und machte Entwürfe zu einem Vergleiche; Truppen ins Feld zu stellen, davon wollte er nichts hören.

So konnten also die zwei zum Angriffe Verbündeten ruhig mit dem verabredeten Zuge beginnen. Der Herzog von Savoyen war in Montserrat eingerückt; Don Gonsalvo hatte sich mit vielem Eifer an die Belagerung von Casale gemacht, fand aber dabei nicht ganz die Befriedigung, die er sich vorgestellt hatte: denn man glaube nicht, daß im Kriege alles Rosen seien. Der Hof unterstützte ihn nicht, wie er gewünscht hätte, sondern ließ es ihm sogar an dem Nötigsten fehlen; der Verbündete unterstützte ihn nur allzusehr, das heißt, er begann, nachdem er einen Teil genommen hatte, an dem Könige von Spanien zugewiesenen Teil zu nagen. Darüber war Don Gonsalvo so wütend, daß man es gar nicht sagen kann; da er aber fürchtete, dieser ebenso in Unterhandlungen beschlagene und in Bündnissen wankelmütige, wie im Kriege tapfere Carlo Emanuele könnte sich, wenn er nur ein bißchen Lärm schlage, an Frankreich wenden, mußte er ein Auge zudrücken, alles hinunterschlucken und sich ruhig verhalten. Mit der Belagerung ging es schlecht, sie zog sich in die Länge, brachte hin und wieder auch einen Mißerfolg, sowohl wegen der Ausdauer, Wachsamkeit und Entschlossenheit der Belagerten, als auch, weil er wenig Truppen hatte und, wie unsere Geschichtsschreiber sagen, viele Schnitzer machte. Dies freilich lassen wir dahingestellt und sind überdies geneigt, die Sache, wenn sie sich wirklich so verhält, für sehr schön zu finden, wenn anders sie ein Grund war, daß bei diesem Unternehmen um ein paar Leute weniger verstümmelt und zu Krüppeln gemacht worden sind und auch nur, *ceteris paribus*, die Ziegel von Casale ein bißchen weniger Schaden gelitten haben. In dieser mißlichen Lage erhielt er die Nachricht von dem Aufstand in Mailand und eilte dorthin.

In dem Bericht, den man ihm dort erstattete, war auch der aufrührerischen und so viel Staub aufwirbelnden Flucht Renzos und der wirklichen und angeblichen Tatsachen, die den Anlaß zu seiner Verhaftung gegeben hatten, Erwähnung getan, und außerdem wußte man ihm zu sagen, daß sich der junge Mann ins Gebiet von Bergamo geflüchtet habe. Dieser Umstand hielt die Aufmerksamkeit Don Gonsalvos fest. Von ganz anderer Seite war er unterrichtet, daß den Venezianern wegen des Aufstandes in Mailand der Kamm gewachsen sei, daß sie im Anfange geglaubt hätten, er werde gezwungen sein, die Belagerung von Casale aufzuheben, und daß sie allwege dächten, er sei darüber fassungslos und in schweren Gedanken, dies um so mehr, als sofort nach dem Aufstande die von diesen Herren ersehnte und von ihm gefürchtete Nachricht von der Übergabe La Rochelles eingetroffen war. Und da es ihn, als Mensch sowohl wie auch als Staatsmann, sehr verdroß, daß diese Herren eine solche Meinung von ihm hatten, lauerte er auf jede Gelegenheit, sie auf dem Wege des Schlusses aus dem Einzelnen auf das Allgemeine zu überzeugen, daß er an seiner alten Sicherheit nichts eingebüßt habe; denn sagt man ausdrücklich: „Ich habe keine Angst", so ist das gerade so viel, als hätte man nichts gesagt. Ein gutes Mittel ist hingegen, den Entrüsteten zu spielen, sich zu beklagen und Beschwerden zu führen: und da der venezianische Resident zu ihm gekommen war, um ihm seine Aufwartung zu machen und zugleich aus seinem Gesichte und seinem Gehaben zu erforschen, wie es in einem Innern aussehe – man merke wohl auf alles; das ist Politik von der alten, feinen Schule – machte Don Gonsalvo, nachdem er leichthin und wie ein Mann, der schon alle Maßnahmen getroffen hat, von dem Aufruhr gesprochen hatte, viel Aufhebens Renzos wegen, wovon man ebenso schon weiß, wie von den Folgen, die es hatte. Nachher kümmerte er sich nicht mehr um eine so geringfügige und, was ihn betraf, abgetane Sache; und als ihm bald darauf in dem Lager vor Casale, wohin er zurückgekehrt war und wo er ganz andere Gedanken hatte, die Antwort zukam, hob und bewegte er den Kopf wie eine Seidenraupe, die das Blatt sucht: einen Augenblick verweilte er, um sich die Angelegenheit, von der ihm nicht mehr als ein Schatten verblieben war, ins Gedächtnis zurückzurufen; er erinnerte sich ihrer mit einer flüchtigen und verworrenen Vorstellung von der Person, ging auf etwas anderes über und dachte nicht mehr daran. Renzo aber, der nach dem wenigen, was man ihm gesagt hatte, etwas ganz anderes als eine so gütige Nichtbeachtung voraussetzen mußte, kannte eine Zeitlang keinen anderen Gedanken oder, besser gesagt, keine andere Sorge, als sich verborgen zu halten.

Man kann sich denken, ob er begehrte, den Frauen über sich zu berichten und von ihnen Bericht zu bekommen; aber da waren zwei Schwierigkeiten. Die eine war, daß auch er sich würde einem Schreiber anvertrauen müssen, weil er nicht schreiben und, im ausgedehnten Sinne des Wortes, nicht einmal lesen konnte: wie man sich vielleicht erinnern wird, hatte er zwar die diesbezügliche Frage des Doktors Nothelfer mit Ja beantwortet, und das war auch keine Prahlerei gewesen, keine Flunkerei, wie man sagt, denn Gedrucktes konnte er lesen, wenn er sich Zeit nahm: mit dem Geschriebenen war es aber etwas ganz anderes. Also sah er sich vor dem Zwange, seine Angelegenheiten, ein so heikles Geheimnis einem Dritten mitzuteilen; und ein Mann, der die Feder führen konnte und dem man vertrauen durfte, war in diesen Zeiten nicht so leicht aufzutreiben, und noch weniger in einem Orte, wo er keinerlei alte Bekanntschaft hatte. Die andere Schwierigkeit war, sich auch einen Boten zu beschaffen, einen Mann, der just in diese Gegend gehen und den Brief nicht nur übernehmen, sondern auch wirklich selber bestellen wolle, und so einer fand sich nur selten. Nach vielem Suchen kam er endlich an einen, der ihm den Brief schrieb. Da er aber nicht wußte, ob die Frauen noch in Monza oder wo sie sonst seien, hielt er es für gut, den Brief an Agnese einem andern, an den Pater Cristoforo gerichteten beizuschließen. Der Schreiber übernahm es auch, das Päckchen zustellen zu lassen, und übergab es einem, den sein Weg nicht weit von Pescarenico vorbeiführen sollte. Der ließ es mit vielen Anempfehlungen in dem Wirtshaus an der Straße, das dem Bestimmungsort am nächsten war, und da es sich um eine Sendung für ein Kloster handelte, kam sie auch dort an; was aber später damit geschehen ist, davon hat man nie etwas erfahren.

Als Renzo sah, daß keine Antwort einlangte, ließ er einen andern Brief ungefähr desselben Inhalts verfassen und ihn einem an einen Freund oder Verwandten in Lecco beischließen. Es wurde ein anderer Überbringer gesucht und gefunden, und diesmal kam der Brief auch wirklich an. Agnese trottete nach Maggianico und ließ sich ihn von ihrem Vetter Alessio vorlesen und erklären; sie nahm mit ihm wegen der Antwort Abrede, er brachte sie zu Papier, und es wurde ein Mittel gefunden, sie Antonio Rivolta in seinen Aufenthaltsort zu schicken. Alles dies ging aber keineswegs so rasch, wie wir es erzählen. Renzo erhielt die Antwort und ließ wieder schreiben. Kurz, es kam zwischen den beiden Teilen ein weder häufiger noch regelmäßiger, aber samt Sprüngen und Zwischenräumen fortgesetzter Briefwechsel in Gang.

Um jedoch eine Vorstellung von diesem Briefwechsel zu haben, muß man ein wenig wissen, wie es bei solchen Dingen zuging oder besser, wie es zugeht; denn in dieser Beziehung, glaube ich, hat sich nur wenig oder gar nichts geändert. Der Bauer, der nicht schreiben kann und notwendig zu schreiben hätte, wendet sich an einen, der diese Kunst versteht, indem er ihn nach Möglichkeit unter seinesgleichen auswählt, weil er sich vor andern schämt oder ihnen wenig traut; mit mehr oder weniger Ordnung und Klarheit unterrichtet er ihn über das Vorausgegangene und legt ihm auf dieselbe Weise dar, was zu Papier zu bringen ist. Der Schriftgelehrte, der ihn halb versteht, halb mißversteht, rät ihm dies und das, schlägt hier und da eine Änderung vor, sagt: „Laßt mich nur machen", nimmt die Feder, bringt die Gedanken des andern, so gut es eben geht, in schriftliche Form, berichtigt sie, verbessert sie, verstärkt oder mildert den Ausdruck und läßt wohl auch weg, je nachdem es ihm dem Zwecke des Briefes zu entsprechen scheint; denn da gibt es einmal nichts: wer mehr kann als die andern, will nicht etwa nur ein einfaches Werkzeug in ihren Händen sein, und wenn er sich mit fremden Angelegenheiten beschäftigen soll, will er sie auch ein bißchen nach seiner Weise einrichten. Samt alledem glückt es ihm nicht immer, alles zu sagen, wie er wollte; manchmal geschieht ihm, daß er etwas ganz anderes sagt, wie es ja auch manchmal uns ergeht, die wir für den Druck schreiben. Kommt dann der also fertig gestellte Brief in die Hände dessen, für den er bestimmt ist, so trägt ihn der, wenn auch er im ABC nicht Bescheid weiß, zu einem anderen Gelehrten dieses Kalibers, damit er ihm ihn lese und erkläre. Es ergeben sich Streitigkeiten, wie er zu verstehen sei: denn der Beteiligte, der sich auf die Kenntnis der Vorgänge stützt, behauptet, daß gewisse Worte das und das besagen wollten; der Leser, der sich auf seine Erfahrung in der Abfassung beruft, behauptet, daß sie etwas anderes besagen wollten. Schließlich muß sich der Unwissende in die Hände des Wissenden geben und ihm die Antwort übertragen; die, die im Geschmacke der Zuschrift abgefaßt ist, wird dann einer ähnlichen Auslegung unterzogen. Ist dann noch dazu der Gegenstand des Briefwechsels ein bißchen heikel, handelt es sich um Heimlichkeiten, die, wenn etwa der Brief fehl ginge, ein Dritter nicht verstehen soll, hat man dieser Rücksicht halber die ausdrückliche Absicht, die Dinge nicht völlig klar zu sagen, so geraten die beiden Teile, wie kurze Zeit auch der Briefwechsel im Gange ist, dahin, daß sie einander verstehen wie ehedem wohl zwei Scholastiker, die über die Entelechie ein paar Stunden lang gestritten haben: ein Beispiel aus der Gegenwart wollen wir nicht nehmen, weil es dabei ein paar Kopfnüsse für uns absetzen könnte.

Nun waren unsere beiden Briefschreiber just in demselbigen Falle, den wir geschildert haben. Der erste in Renzos Auftrag geschriebene Brief enthielt vielerlei. Zuerst außer einer Erzählung einer Flucht, die viel bündiger aber auch verworrener war als die, die ihr gelesen habt, einen Bericht über seine gegenwärtige Lage, woraus Agnese ebensowenig wie ihr Dolmetscher eine klare und entsprechende Vorstellung gewinnen konnte: heimliche Warnung, Namenswechsel, in Sicherheit, trotzdem gezwungen, sich verborgen zu halten, Dinge, die an sich ihrem Verstande nicht so vertraut und in dem Briefe überdies ein wenig umschrieben waren. Dann kamen bekümmerte und leidenschaftliche Fragen über Lucia mit dunklen und schmerzlichen Andeutungen über die Gerüchte, die zu ihm gelangt waren. Den Schluß machten unsichere und entfernte Hoffnungen, auf die Zukunft gerichtete Pläne und Vorschläge, Versprechen und Bitten, die Treue zu halten, weder die Geduld noch den Mut zu verlieren und bessere Umstände abzuwarten.

Nach einiger Zeit fand Agnese ein sicheres Mittel, die fünfzig ihm von Lucia bestimmten Skudi mit einer Antwort in Renzos Hände gelangen zu lassen.

Als der so viel Geld sah, wußte er nicht, was denken; und erregt von einem erstaunten Argwohn, der keine Freude aufkommen ließ, lief er und suchte den Schreiber auf, um sich den Brief erklären zu lassen und den Schlüssel eines so sonderbaren Geheimnisses zu erhalten. In diesem Brief ging der Schreiber Agneses nach einigen Klagen über die geringe Klarheit von Renzos Brief dazu über, die entsetzliche Geschichte jener Person – so sagte er – mit ungefähr gleicher Klarheit zu schildern, gab nun Auskunft über die fünfzig Skudi, kam dann auf das Gelübde zu sprechen, aber nur in Umschreibung, und fügte mit geraderen und offeneren Worten den Rat hinzu, er möge sein Herz zufrieden geben und nicht mehr daran denken. – Es fehlte wenig, so wäre Renzo über den Vorleser hergefallen: er war außer sich vor Entsetzen und Wut über das, was er begriffen hatte, und über das, was er nicht hatte begreifen können. Drei- oder viermal ließ er sich das schreckliche Schreiben vorlesen, und bald meinte er es besser zu verstehen, bald wurde ihm dunkel, was ihm früher klar geschienen hatte. Und in diesem Fieber von Leidenschaften bestand er darauf, daß der Schreiber die Feder sofort zur Hand nahm und antwortete. Nach den erdenklich stärksten Ausdrücken des Mitleids und des Schreckens über Lucias Erlebnisse fuhr er fort zu diktieren:

„Schreibt, daß ich mein Herz nicht zufrieden geben will und nie zufrieden geben werde, und daß das keine Ratschläge sind, die man einem Jungen meinesgleichen gibt, und daß ich das Geld nicht anrühren werde, daß ich es als die Heimsteuer des Mädchens hinterlegen und aufbewahren werde, daß das

Mädchen mein werden muß, daß ich nichts von dem Gelübde weiß und daß ich noch immer habe sagen hören, daß die Madonna vermittelt, um den Bedrängten beizustehen und Gnaden zu erwirken, nie aber um Verdruß und Wortbruch zu stiften, und daß das nicht sein darf und daß uns das Geld ermöglicht, uns hier einen Hausstand zu gründen und daß es, wenn ich jetzt ein wenig in der Klemme bin, ein Mißgeschick ist, das vorbei gehen wird", und derlei Dinge mehr. Agnese erhielt diesen Brief und ließ ihn beantworten; und der Briefwechsel ging in der angegebenen Weise weiter. Lucia fühlte, als es die Mutter, wie, weiß ich nicht, vermocht hatte, sie wissen zu lassen, daß jener heil und gesund und verständigt sei, einen großen Trost und ersehnte nichts anderes, als daß er sie vergesse, oder um es ganz genau zu sagen, daß er daran denke, sie zu vergessen. Ebenso faßte sie hundertmal am Tage einen ähnlichen, auf ihn bezüglichen Entschluß, und sie wandte auch alle Mittel an, ihn zur Durchführung zu bringen. Sie hielt sich emsig zu der Arbeit und trachtete, ganz in ihr aufzugehen: wenn sich ihr Renzos Bild vorstellte, begann sie innerlich Gebete herzusagen oder abzusingen. Aber als ob dieses Bild richtig boshaft gewesen wäre, kam er meistens nicht so offen; verstohlen schlich es sich hinter andern ein, so daß oft der Geist erst nach einiger Zeit merkte, daß er es aufgenommen hatte. Die Gedanken Lucias weilten häufig bei der Mutter – wie hätten sie auch nicht dort weilen sollen? – und da kam der bildliche Renzo leise, leise, um sich ihnen als dritter zu gesellen, wie es der wirkliche so oft getan hätte. Und so stellte mit allen Personen, an allen Orten, bei allen Erinnerungen der Vergangenheit auch er sich ein. Und wenn sich die Arme manchmal gehen ließ, von der Zukunft zu träumen, so kam stets auch er zum Vorschein, um, wenn schon nichts anderes, so doch zu sagen: Ich werde immer da sein. So verzweifelt denn auch das Unterfangen war, nicht mehr an ihn zu denken oder weniger und weniger lebhaft, als ihr Herz gewünscht hätte, so gelang es ihr doch bis zu einer gewissen Grenze; und es wäre ihr noch besser gelungen, wenn sie allein es gewünscht hätte. Aber da war Donna Prassede, die in ihrer Erpichtheit, ihr ihn aus dem Sinn zu bringen, kein besseres Mittel dazu gefunden hatte, als oft von ihm zu sprechen

„Also?", sagte sie zu ihr; „denken wir noch an ihn?"

„Ich denke an niemanden", antwortete Lucia.

Mit einer solchen Antwort gab sich Donna Prassede nicht zufrieden: Sie erwiderte, Taten gelte es und nicht Worte, und sie verbreitete sich über die Art der jungen Mädchen, „die", sagte sie, „wenn sie einmal einen liederlichen Menschen – und denen neigen sie immer zu – in ihr Herz geschlossen haben, nicht mehr von ihm lassen. Bei einer anständigen, ernsthaften Partie mit einem braven ordentlichen Manne, wenn sich die zufällig zerschlägt, das macht ihnen nichts; bei einem Taugenichts aber ist die Wunde unheilbar." Und dann begann sie das Preislied des armen Abwesenden zu singen, des Schurken, der nach Mailand gekommen sei, um zu plündern und zu morden, und wollte Lucia durchaus zu einem Geständnis der schlechten Streiche verhalten, die er auch daheim begangen haben müsse.

Mit einer Stimme, die vor Scham und Schmerz und, soweit dies bei ihrem sanften Gemüte und in ihrer untergeordneten Stellung möglich war, auch vor Entrüstung zitterte, beteuerte und bewährte Lucia, daß der Ärmste daheim nie zu einer andern als einer guten Nachrede Anlaß gegeben habe; sie würde nur wünschen, sagte sie, daß jemand von dem Dorfe anwesend sei, der ihr dies bezeugen müßte. Auch wegen der Abenteuer in Mailand, wovon sie nicht gut unterrichtet war, verteidigte sie ihn als eine, die ihn und sein Betragen von Kindheit auf kannte. Daß sie ihn verteidigte oder ihn verteidigen wollte, geschah aus pflichtschuldigem Mitgefühl, aus Liebe zur Wahrheit oder, um richtig das Wort zu brauchen, womit sie sich selber ihre Empfindungen erklärte, aus Nächstenliebe. Aus diesen Reden der Abwehr holte aber Donna Prassede neue Beweisgründe, um Lucia zu überführen, daß sie ihr Herz noch immer an ihn verloren habe. Und in diesen Augenblicken wüßte ich wahrhaftig nicht zu sagen, wie sich die Sache verhielt. Das unwürdige Bild, das die Alte von dem Jüngling entwarf, erweckte aus Widerspruch in dem Gemüte des jungen Mädchens lebendiger und deutlicher als je die Vorstellung, die sich darin durch einen so langen Umgang gebildet hatte, die mit Gewalt niedergehaltenen Erinnerungen erhoben sich zuhauf, die Abneigung und Mißachtung rief so viel alte Gründe der Wertschätzung zurück, und der blinde und ungestüme Haß ließ das Mitleid stärker erstehen: und wer weiß, wieviel bei diesen Gefühlen auch von jenem andern Gefühle vorhanden sein mochte, das sich so leicht hinter ihnen in die Herzen einschleicht und sonderlich in die, aus denen man es mit Gewalt verjagen will. Sei es, wie es sei, von Lucias wegen würde sich die Auseinandersetzung nie besonders in die Länge gezogen haben; denn ihre Worte endeten gar bald in Tränen. Wäre Donna Prassede etwa durch einen eingewurzelten Haß gegen sie getrieben worden, sie auf diese Weise zu behandeln, so hätten sie vielleicht diese Tränen gerührt und davon abgebracht; da sie aber zu einem guten Ende sprach, so ging sie unentwegt weiter darauf los, so wie Wimmern und flehentliche Schreie wohl den Waffen des Feindes, aber nicht dem Messer des Arztes Einhalt tun können. Immerhin ging sie, nachdem sie für diesmal ihre Schuldigkeit getan hatte, von den quälenden und harten Reden zu Ermahnungen und Ratschlägen über, die auch mit etwas Lob vermischt waren, um so das Herbe durch das Süße zu mildern und ihren Zweck besser zu erreichen, indem sie auf jede Weise auf das Gemüt wirkte. Von diesen Auseinandersetzungen, deren Anfang, Mitte und Ende stets ungefähr gleich waren, blieb zwar der armen Lucia kein eigentlicher Groll gegen die scharfe Predigerin zurück, die sie im übrigen nicht ohne gute Absicht mit großer Güte behandelte, aber es blieb ihr ein solcher Sturm, eine solche Erregung der Gefühle zurück, daß es viel Zeit und viel Mühe brauchte, bis sie wieder zu der vorigen Ruhe, wie immer die auch war, gelangte. Zum Glücke für sie war sie nicht die einzige, der Donna Prassede Gutes zu tun hatte, so daß diese Auseinandersetzungen nicht gar zu häufig stattfinden konnten. Außer dem Reste des Gesindes, lauter Köpfen, denen es mehr oder minder vonnöten war, zurechtgesetzt und angeleitet zu werden, außer allen anderen Gelegenheiten, diesen selbigen Dienst vielen zu leisten, bei denen sie zu nichts verpflichtet war, Gelegenheiten, die sie, wenn sie sich nicht darboten, suchte, hatte sie auch noch fünf Töchter, keine zwar noch im Hause, die ihr aber mehr zu denken gaben, als wenn sie zu Hause gewesen wären. Drei waren Nonnen, zwei verheiratet, und Donna Prassede hatte also selbstverständlich drei Klöster und zwei Haushaltungen zu beaufsichtigen, eine ausgedehnte und verwickelte Aufgabe, die um so mühseliger war, als die zwei Ehemänner mit ihrem Anhang von Vätern, Müttern und Brüdern und die drei Äbtissinnen, gedeckt von anderen Würden und vielen Nonnen, ihre Aufsicht nicht ruhig hinnehmen wollten. Es war ein Krieg, besser gesagt, fünf Kriege, die bis zu einer gewissen Grenze verdeckt und edelmütig, aber lebhaft und ohne Waffenstillstand geführt wurden: an allen diesen Orten war man stets auf der Hut, ihrer Fürsorge auszuweichen, ihre Wohlmeinung auszuschließen, ihre Fragen zu vereiteln und sie, wo es nur anging, im Dunkeln zu lassen. Unerwähnt mögen der Widerstand und die Schwierigkeiten bleiben, auf die sie bei der Betreibung anderer, noch sonderbarerer Machenschaften stieß; man weiß ja, daß die Menschen das Gute meistens gewaltsam tun müssen. Wo sich ihr Eifer frei entfalten konnte, das war zu Hause: hier waren alle in allem und allezeit ihrer Macht untertan, ausgenommen Don Ferrante, mit dem es sich ganz eigentümlich verhielt.

Als Gelehrter war er weder ein Freund des Befehlens, noch des Gehorchens. Daß in allen häuslichen Angelegenheiten die Gattin auch die Herrin war, in Gottes Namen; er aber ein Diener, nein. Und wenn er ihr gelegentlich, darum gebeten, seine Feder lieh, so tat er es, weil dies einer Neigung entsprach; im übrigen traf er es auch hierin, Nein zu sagen, wenn er mit dem, was sie ihn schreiben lassen wollte, nicht einverstanden war. „Bemühen Sie sich selber", sagte er dann; „machen Sie sie doch selber, wenn Ihnen die Sache gar so klar ist." Nachdem sich Donna Prassede eine Zeitlang ohne Erfolg bemüht hatte, ihm seine Lauheit auszutreiben, hatte sie sich darauf beschränkt, oft gegen ihn zu murren, ihn einen Faulpelz, einen verschrobenen Eigensinnigen, manchmal auch einen Gelehrten zu nennen, und in diesem Titel lag zugleich mit dem Verdruß auch ein wenig Willfährigkeit.

Don Ferrante brachte lange Stunden in seiner Studierstube zu, wo er eine beträchtliche Büchersammlung, nicht viel weniger als dreihundert Bände, hatte, lauter auserlesene Sachen, lauter Werke, die in den verschiedenen Wissenszweigen, in denen er in jedem mehr oder minder bewandert war, zu den trefflichsten gehörten. In der Astrologie galt er, und mit Recht, für mehr als ein Dilettant; denn er verfügte nicht nur über die allgemeinen Kenntnisse und diesen gewöhnlichen Wortschatz von Einflüssen, Aspekten und Konjunktionen, sondern er wußte auch gelegentlich und wie vom Lehrstuhle aus über die zwölf Himmelshäuser, über die Positionskreise, über die hellen und dunklen Grade, über Aufsteigung und Abweichung, über Durchgänge und Umläufe, kurz über die bestimmtesten und geheimsten Grundlagen der Wissenschaft zu sprechen. Und es waren etwa zwanzig Jahre her, daß er in zahlreichen und langen Disputationen die Himmelseinteilung Cardanos gegen einen anderen Gelehrten bewährt hatte, der für die von Alchabitius mit wildem Eifer und, wie Don Ferrante sagte, aus eitel Hartnäckigkeit eingetreten war, wo doch Don Ferrante, obwohl er die Überlegenheit der Alten willig anerkannte, die Absicht nicht leiden mochte, den Neueren nie recht zu geben, auch wo sie es sonnenklar haben. Er kannte auch die Geschichte dieser Wissenschaft mehr als mittelmäßig, wußte gegebenen Falles die berühmtesten eingetroffenen Prophezeiungen anzuführen und durch eine scharfsinnige und gelehrte Erörterung anderer berühmter aber nicht eingetroffener Voraussagungen darzutun, daß hier die Schuld nicht an der Wissenschaft lag, sondern an den Leuten, die sie nicht richtig anzuwenden verstanden hatten. Von der alten Philosophie hatte er sich genug Kenntnisse angeeignet und ergänzte sie fortwährend aus Diogenes Laertius. Da man jedoch diese Systeme, wie schön sie auch sind, doch nicht allesamt annehmen kann und man sich, wenn man ein Philosoph sein will, eine Autorität wählen muß, hatte Don Ferrante Aristoteles gewählt, der, wie er sagte, weder ein Alter noch ein Neuerer, sondern der Philosoph sei. Er besaß auch verschiedene Werke seiner weitesten und scharfsinnigsten Anhänger unter den Neueren; die seiner Gegner hatte er nie lesen wollen, um nicht, wie er sagte, die Zeit zu vergeuden, und nie kaufen wollen, um nicht das Geld zu vergeuden. Ausnahmsweise jedoch gönnte er einen Platz in seiner Bibliothek den berühmten zweiundzwanzig Büchern *De subtilitate* und noch einigen anderen antiperipatetischen Werken Cardanos, dies wegen der Verdienste dieses Mannes um die Astrologie, indem er sagte, wer die Abhandlung *De restitutione temporum et motuum coelestium* und das Buch *Duodecim geniturarum* habe verfassen können, verdiene gehört zu werden, und der ganze Fehler Cardanos sei gewesen, daß er zu viel Geist gehabt habe, und niemand könne sich vorstellen, wie weit er es auch in der Philosophie gebracht hätte, wenn er immer auf der richtigen Straße geblieben wäre. Dessenungeachtet nun, daß im übrigen Don Ferrante im Urteile der Gelehrten als ein vollendeter Peripatetiker galt, war er doch nicht der Meinung, daß er davon schon genug wisse, und mehr als einmal sagte er mit großer Bescheidenheit, daß die Wesenheit, das Allgemeine, die Weltseele und die Natur der Dinge nicht so klare Dinge seien, wie man glauben könnte.

Die Naturphilosophie hatte er mehr zum Zeitvertreib, als zum Studium betrieben; sogar die einschlägigen Werke von Aristoteles und die von Plinius hatte er eher nur gelesen als studiert. Nichtsdestoweniger befähigte ihn dieses Lesen zusammen mit den aus Abhandlungen über die allgemeine Philosophie beiläufig gesammelten Kenntnissen, mit einer flüchtigen Durchsicht der *Magia naturale* von Porta, der drei Geschichten *lapidum, animalium, plantarum* Cardanos, der Abhandlung über die Kräuter, die Pflanzen und die Tiere von Albertus Magnus und einiger minder bedeutender Bücher, sich zurzeit darüber mit anderen zu unterhalten, indem er die wundersamsten Kräfte und seltsamsten Eigenschaften vieler Heilkräuter erörterte, indem er die Gestalt und die Gewohnheiten der Sirenen und des Phönix beschrieb, indem er erklärte, wieso der Salamander im Feuer verweilt, ohne zu verbrennen, wie dieser winzige Schildfisch die Kraft und die Geschicklichkeit hat, jedes noch so große Schiff mitten auf hoher See festzuhalten, wie die Tautropfen in den Muscheln zu Perlen werden, wie das Chamäleon von der Luft lebt, wie das Eis durch langsames Verhärten im Laufe der Jahrhunderte das Kristallbildet und andere der wunderbarsten Geheimnisse der Natur. In die der Magie und schwarzen Kunst war er tiefer eingedrungen, da es sich dabei, wie unser Anonymus sagt, um eine viel beliebtere und notwendigere Wissenschaft handelte, deren Ergebnisse von viel größerer Bedeutung sind und viel leichter bewährt werden können. Es braucht nicht gesagt zu werden, daß er bei diesem Studium nie etwas anderes im Auge gehabt hatte, als sich zu unterrichten und die verwerflichen Künste der Hexenmeister von Grund aus kennenzulernen, um sich vor ihnen schützen und verteidigen zu können. Und hauptsächlich an der Hand des großen Martin Del Rio, des Mannes der Wissenschaft, war er in der Lage, *ex professo* über den Liebeszauber, über den Einschläferungszauber, über den Haßzauber und von den unzähligen Abarten dieser drei Hauptgattungen der Hexerei zu handeln, die man, wie der Anonymus wieder sagt, tagtäglich mit so trauriger Wirkung ausüben sieht.

Gleichmäßig ausgedehnt und vertieft waren Don Ferrantes Kenntnisse auf dem Gebiete der Geschichte, sonderlich der allgemeinen, und hier waren Tarcagnota, Dolce, Bugatti, Campana und Guazzo seine Lieblingsautoren.

Was ist aber die Geschichte, sagte Don Ferrante oft, ohne die Politik? Eine Führerin, die geht und geht und der niemand folgt, um sich den Weg weisen zu lassen, woraus sich denn ergibt, daß ihre Schritte unnütz sind, wie auch die Politik ohne Geschichte einem gleicht, der ohne Führer geht. Es war also auf seinen Büchergestellen ein Brett den Staatswissenschaften zugewiesen, wo unter vielen dünnleibigeren und minder berühmten Bodino, Cavalcanti, Sansovino, Paruta und Boccalini hervorstachen. Zwei Bücher aber waren es, die Don Ferrante eine lange Zeit allen andern diesen Gegenstand behandelnden vorzog, zwei, die er bis zu einem gewissen Augenblicke gewohnt war, die ersten zu nennen, ohne sich je entschließen zu können, welchem von ihnen eigentlich dieser Rang allein zukomme; das eine waren der *Principe* und die *Discorsi* des berühmten florentinischen Staatssekretärs, eines, nach Don Ferrante, schurkischen, aber tiefsinnigen Mannes, das andere die *Ragion di Stato* des nicht minder berühmten Giovanni Botero, den er bieder aber scharf nannte. Kurz vor der Zeit aber, wo unsere Geschichte spielt, war ein Buch herausgekommen, das die Frage über den Vorrang entschied, indem es, wie Don Ferrante sagte, auch die Werke dieser zwei Matadore übertraf, das Buch, worin sich, wie auf Flaschen abgezogen, alle Bosheiten finden, damit man sie erkennen kann, und alle Tugenden, damit man sie üben kann, dieses kleine aber durchaus goldene Buch, mit einem Worte der *Statista Regnante* von Don Valeriano Castiglione, diesem hochberühmten Manne, von dem man sagen kann, daß die größten Schriftsteller wetteiferten, ihn zu erheben, und die höchsten Persönlichkeiten, ihn an sich zu fesseln, diesem Manne, den Papst Urban VIII., wie bekannt ist, mit ausgezeichnetem Lobe geehrt hat, den der Kardinal Borghese und der Vizekönig von Neapel Pedro de Toledo aneiferten, der eine, die Geschichte Papst Pauls V., der andere, die der Kriege des katholischen Königs in Italien zu schreiben, der eine wie der andere umsonst, diesem Manne, den Ludwig XIII., König von Frankreich, auf Anraten des Kardinals Richelieu zu seinem Historiographen ernannt hat, dem der Herzog Carlo Emanuele von Savoyen dasselbe Amt übertragen hat, zu dessen Lob, von sonstigen glorreichen Zeugnissen zu schweigen, die Herzogin Christine, Tochter des allerchristlichsten Königs Heinrich IV., in einem Diplom neben vielen anderen Titeln auch den anführen konnte, „daß sein Ruhm, der erste Schriftsteller Italiens unserer Zeit zu sein, unbestritten ist".

So wie sich nun Don Ferrante in all den erwähnten Wissenschaften bewandert nennen durfte, so gab es eine, in der er den Titel eines Professors verdiente und genoß: die Wissenschaft des Rittertums. Nicht nur daß er bei jeder Erörterung zeigte, daß er sie im kleinen Finger hatte, gab er auch bei den häufigen Ansuchen, in Ehrenhändeln zu vermitteln, stets irgend eine Entscheidung ab. Er hatte in seiner Bibliothek und, man kann sagen, im Kopfe die auf diesem Gebiete angesehensten Schriftsteller, als da sind Paride dal Pozzo, Fausto da Longiano Urrea, Muzio, Romei und Albergato, dazu den ersten Forno und den zweiten Forno von Torquato Tasso, von dem er auch alle Stellen der *Gerusalemme Liberata* und der *Gerusalemme Conquistata*, die in Sachen des Rittertums als Zeugnisse dienen können, stets bereit hatte und sie im Notfalle auswendig anzuführen wußte. Der Autor der Autoren war aber seiner Meinung nach unser berühmter Francesco Birago, mit dem er auch mehr als einmal zusammentraf, um ein Urteil über Ehrenangelegenheiten abzugeben, und der ebenso von Don Ferrante in Ausdrücken sonderlicher Wertschätzung sprach.

Und von dem Augenblicke an, wo die *Discorsi Cavallereschi* dieses ausgezeichneten Schriftstellers erschienen waren, sagte Don Ferrante ohne Zaudern, diese Schrift werde die Autorität Olevanos vernichten und samt andern ihrer edlen Schwestern bei den Nachkommen ein Kodex höchster Autorität bleiben, eine Prophezeiung, sagt der Anonymus, von der jetzt jedermann sehen kann, wie sie sich bewährt hat.

Dieser geht nun zu den schönen Wissenschaften über; wir beginnen aber zu zweifeln, ob der Leser wirklich eine große Lust haben wird, diese Musterung weiter mitzumachen, fürchten vielmehr langsam, daß wir uns schon den Titel eines sklavischen Abschreibers zugezogen haben und den eines langweiligen Schwätzers mit dem vorbelobten Anonymus zu teilen haben werden, weil wir ihm bis hierher so lustig in einer Sache gefolgt sind, die von der Haupterzählung weit abschweift und in der er sich wahrscheinlich nur deswegen so ausgebreitet hat, um mit Gelehrsamkeit zu prunken und zu zeigen, daß er nicht hinter seinem Jahrhundert zurückgeblieben sei. Indem wir jedoch, damit nicht unsere Mühe verloren sei, geschrieben lassen, was geschrieben ist, übergehen wir den Rest, um unseren Weg weiter zu verfolgen, um so mehr als wir noch ein hübsches Stück zu laufen haben, ohne daß wir einer unserer Personen begegnen würden, und noch ein größeres, bevor wir die wieder finden werden, an denen der Leser den meisten Anteil nimmt, wenn er denn überhaupt an etwas von alledem Anteil nimmt.

Bis zum Herbste des folgenden Jahres 1629 blieben alle, teils freiwillig, teils gezwungen, ungefähr in dem Zustande, wie wir sie verlassen haben, ohne daß einem oder dem andern etwas Erwähnenswertes zugestoßen wäre oder daß einer oder der andere etwas Erwähnenswertes hätte tun können. Es kam der Herbst, wo Agnese und Lucia zusammenzutreffen gerechnet hatten; aber ein großes Ereignis machte diese Rechnung hinfällig, und das war sicherlich eine seiner kleinsten Wirkungen. Dann folgten andere große Ereignisse, die aber keine bemerkenswerte Änderung in dem Geschick unserer Personen herbeiführten.

Endlich erstreckten sich neue, allgemeinere, stärkere und außerordentlichere Verhältnisse auch bis zu ihnen, bis zu den letzten von ihnen, wie es so der Lauf der Welt will, ähnlich, wie ein von weither heranbrausender Wirbelsturm, Bäume brechend und entwurzelnd, Dächer abtragend, Türme abdeckend, Mauern niederwerfend und den Schutt herumschleudernd, auch die im Grase versteckten Hälmchen aufhebt, die dünnen und leichten Blätter aus den Winkeln holt, wohin sie ein geringerer Wind getrieben hat und sie in kreisendem Toten dahinfegt.

Um nun die Angelegenheiten unserer Personen, die uns zu erzählen verbleiben, klar darstellen zu können, müssen wir hier durchaus eine Erzählung der öffentlichen Angelegenheiten vorausschicken und dazu ein bißchen weit ausholen.

28. KAPITEL.

NACH dem Aufruhr des St. Martintages und des folgenden Tages schien der Überfluß wie durch ein Wunder nach Mailand zurückgekehrt zu sein: Brot in Fülle in allen Läden, der Preis wie in den besten Jahren, und ebenso bei dem Mehl. Die, die sich an diesen beiden Tagen dazu gehalten hatten, zu brüllen oder noch etwas mehr zu tun, hatten jetzt, die paar, die man gegriffen hatte, ausgenommen, Anlaß, sich darauf etwas zugute zu tun, und man glaube nicht, daß sie damit, kaum daß der erste Schrecken über die Verhaftungen vorüber war, gezaudert hätten. Auf den Plätzen, an den Straßenecken, in den Schenken gab es offenkundigen Jubel und halblautes Sichbeglückwünschen und Sichrühmen, daß man die Art gefunden hatte, das Brot wieder billig zu machen. Immerhin war inmitten der Lust und des Übermuts – und wie wäre das anders möglich gewesen? – eine Unruhe, ein Vorgefühl, daß die Sache nicht von langer Dauer sein werde. Sie belagerten die Bäcker und die Mehlhändler, so wie sie es schon bei jenem künstlichen und vorübergehenden Überfluß getan hatten, der durch den ersten Tarif Antonio Ferrers erzeugt worden war, und alle verbrauchten lustig drauf los: wer ein paar Groschen beiseite gelegt hatte, legte sie in Brot und Mehl an, und Kästen, Fässer und Kessel wurden als Speicher benützt. Indem sie also den guten Markt um die Wette ausnützten, machten sie, ich sage nicht, seine lange Dauer unmöglich, die es ja an sich war, aber schon den augenblicklichen Fortbestand schwieriger.

Und siehe da, schon am 15. November erließ Antonio Ferrer die Order *de Su Excelencia* eine Kundmachung, die jedem, der Brot oder Mehl im Hause hatte, verbot, auch noch sowenig dazu zu kaufen, und allen verbot, mehr Brot als für die Notdurft zweier Tage zu kaufen *„bei Geld- und Leibestrafen nach dem Gutdünken Seiner Exzellenz"*; weiter wurden darin nicht nur alle, denen dies von

Amtswegen zukam, sondern jedermann aufgefordert, die Übertreter anzuzeigen, und den Richtern befohlen, die Häuser, die ihnen angegeben werden würden, zu durchsuchen, zugleich aber den Bäckern neuerdings aufgetragen, die Läden mit Brot wohlversehen zu halten *„bei Strafe für den Fall der Verfehlung von fünf und mehr Jahren Galeere nach dem Gutdünken Seiner Exzellenz".*

Wer sich eine solche Kundmachung durchgeführt vorstellen kann, muß eine schöne Vorstellungsgabe haben; und wahrhaftig, wären alle, die damals erlassen wurden, durchgeführt worden, so hätte das Herzogtum Mailand mindestens so viel Leute auf der See haben müssen, als jetzt Großbritannien haben mag. Sei dem, wie es wolle, wenn man den Bäckern befahl, so viel Brot zu erzeugen, mußte man auch dafür sorgen, daß ihnen der Rohstoff für das Brot nicht mangle.

Man hatte sich ausgeklügelt – wie ja stets zuzeiten einer Teuerung ein gewisses Bestreben entsteht, Produkte, die gewöhnlich in anderer Form verzehrt werden, auf Brot zu verarbeiten – man hatte sich also ausgeklügelt, Reis unter die Brotmasse zu mengen. Am 23. November wurde durch eine Kundmachung die Hälfte des unenthüllten Reises, den jeder besaß, zur Verfügung des Proviantverwesers und der Zwölf mit Beschlag belegt bei Strafe des Verlustes der Ware und einer Buße von drei Skudi für den Metzen für jeden, der darüber ohne Erlaubnis dieser Herren verfüge. Sehr vernünftig, wie jedermann sieht. Dieser Reis mußte aber bezahlt werden und zwar zu einem Preise, der in einem gar zu argen Mißverhältnis zu dem des Brotes stand. Die Verpflichtung, für den ungeheuren Unterschied aufzukommen, wurde der Stadt auferlegt, aber der Rat der Dekurionen, der sie für sie übernommen hatte, beschloß noch an demselben Tage, dem 23. November, dem Statthalter die Unmöglichkeit, ihr für längere Zeit zu genügen, vorzustellen. Daraufhin setzte der Statthalter in einer Kundmachung vom 7. Dezember den Preis des genannten Reises auf zwölf Lire für den Metzen fest, und verkündete für eine höhere Forderung oder für die Weigerung, zu verkaufen, den Verlust der Ware und eine Geldbuße in der Höhe von deren Wert *„und noch größere Geld- und auch Leibestrafen bis zur Galeere nach dem Gutdünken Seiner Exzellenz und nach Maßgabe der Fälle und der Personen".*

Für den enthüllten Reis war der Preis schon vor dem Aufruhr festgesetzt worden, wie auch wahrscheinlich der Tarif für das Korn und die andern gewöhnlicheren Getreidearten durch andere Kundmachungen, die uns zufällig nicht zu Gesicht gekommen sein dürften, festgesetzt gewesen sein wird.

Da also Brot und Mehl in Mailand wohlfeil erhalten wurden, so ergab sich als Folge, daß die Leute vom Lande haufenweise in die Stadt stürmten, um davon zu kaufen. Um diesem Übelstande, wie er ihn nannte, zu begegnen, verbot Don Gonsalvo in einer Kundmachung vom 15. Dezember, für mehr als zwanzig Soldi Brot aus der Stadt zu schaffen, bei Strafe des Verlustes des Brotes und von fünfundzwanzig Skudi, *„und im Falle der Uneinbringlichkeit der Geldbuße, zweimal öffentlich die Wippe und noch ärgere Strafe zu erleiden",* wie gewöhnlich

„nach dem Gutdünken Seiner Exzellenz". Am 22. desselben Monats – warum so spät, ist unerfindlich – erließ er einen ähnlichen Befehl für Mehl und Getreide.

Die Menge hatte den Überfluß durch Plünderung und Brandstiftung erzeugen wollen; die Regierung wollte ihn mit Galeere und Wippe erhalten. Die Mittel stimmten zueinander; was sie aber mit dem Zwecke zu tun hatten, sieht der Leser, und was sie taugten, ihn zu erreichen, wird er augenblicklich sehen. Es ist weiter auch leicht zu sehen und nicht unnützlich zu beobachten, wie zwischen diesen absonderlichen Vorkehrungen doch ein notwendiger Zusammenhang bestand; jede einzelne war eine unvermeidliche Folge der vorhergehenden und alle der ersten, die für das Brot einen Preis bestimmte, der von dem wirklichen, wie er sich nämlich aus dem Verhältnis zwischen Bedarf und Vorrat ergeben hätte, so weit abstand. Die Menge hat stets die Meinung gehabt und haben müssen, daß ein solches Auskunftsmittel, je mehr es der Billigkeit entspreche, um so einfacher und leichter ins Werk zu setzen sei, so daß es nur natürlich ist, daß sie es in der Bedrängnis und den Leiden der Teuerung ersehnt, erfleht und, wenn sie kann, erzwingt. In dem Maße jedoch, wie sich die Folgen fühlbar machen, müssen die, die es angeht, jeder einzelnen Folge mit einem Gesetz Einhalt tun, das den Leuten das verbietet, wozu sie durch das vorhergehende angeleitet worden sind. Man gestatte uns hier, im Vorbeigehen eine seltsame Übereinstimmung zu bemerken. In einem benachbarten Lande kam man in einer noch nicht fernen Zeit, in der geräuschvollsten und denkwürdigsten Zeit der neueren Geschichte, bei ähnlichen Umständen auf ähnliche Maßnahmen zurück, ja im Grunde, könnte man schier sagen, auf dieselben mit dem einzigen Unterschied des Grades, und in derselben Reihenfolge, ungeachtet der so veränderten Zeitläufte und ungeachtet der Kenntnisse, die in Europa und vielleicht am meisten in diesem Lande gestiegen waren; und hauptsächlich geschah es, weil die große Volksmenge, bis zu der diese Kenntnis noch nicht gedrungen war, ihre Ansicht auf lange zur Geltung bringen und den Gesetzgebern, wie man sich dort ausdrückt, die Hände zwingen konnte.

So hatte also, um wieder auf uns zu kommen, der Aufruhr, wenn man die Rechnung zieht, zwei Hauptfrüchte getragen: Vernichtung und tatsächlichen Verlust von Lebensmitteln während seiner Dauer und reichlichen, sorglosen, übermäßigen Verbrauch, solange dann der Tarif bestand, obwohl das wenige Korn hätte bis zur nächsten Ernte hinreichen sollen. Zu diesen allgemeinen Wirkungen füge man die Hinrichtung von vier Unglücklichen, die als Rädelsführer gehenkt wurden, zwei vor dem Krückenofen, zwei an dem Eingange der Straße, wo das Haus des Proviantverwesers lag.

Im übrigen sind die geschichtlichen Berichte dieser Zeiten nur so gelegentlich geschrieben, daß sich nicht einmal eine Bemerkung findet, wie und wann dieser gewalttätige Tarif aufgehört hat. Wenn es in Ermanglung bestimmter Angaben gestattet ist, eine Lösung vorzuschlagen, so sind wir geneigt, zu glauben, daß er kurz vor oder nach dem 24. Dezember, dem Tage jener Hinrichtung, aufgehoben worden ist. Und was die Kundmachungen betrifft, so finden wir nach der letzten, als die wir die vom 22. desselben Monats angeführt haben, keine mehr, die sich auf Nahrungsmittel bezogen hätte; sie mögen verloren gegangen sein oder sich unseren Nachforschungen entzogen haben, oder vielleicht hat die Regierung, durch die Wirkungslosigkeit ihrer Maßregeln, wenn nicht belehrt, so doch entmutigt oder von den Ereignissen überrannt, diesen einfach ihren Lauf gelassen. Gleichwohl finden wir in den Berichten mehrerer Geschichtsschreiber – geneigt, wie sie sind, lieber große Geschehnisse zu beschreiben, als die Ursachen und die Entwicklung zu vermerken – eine Schilderung des Landes und vornehmlich der Stadt im vorgeschrittenen Winter und im Frühling, wo die Ursache des Übels, nämlich das Mißverhältnis zwischen den Vorräten und dem Bedarf, noch immer nicht aufgehoben, sondern durch die Auskunftsmittel, die die Schlußwirkung nur eine Weile hinausschoben, noch verstärkt worden war, um so mehr als man eine hinlängliche Einfuhr auswärtigen Korns unterlassen hatte, weil das die Unzulänglichkeit der öffentlichen und Privatmittel, der auch in den angrenzenden Ländern bestehende Mangel und die Flauheit des unterbundenen Handels samt den Gesetzen selbst verhinderten, die dahin abzielten, den Preis zu drücken und ihn gedrückt zu erhalten; diese Schilderung gilt also für eine Zeit, wo die wahre Ursache der Teuerung oder, besser gesagt, die Teuerung selbst ohne Hemmnis und mit ihrer ganzen Kraft wirkte. Es folge eine Kopie dieses schmerzlichen Bildes.

Bei jedem Schritte geschlossene Laden, die Werkstätten zum großen Teile verödet; die Straßen ein unsagbarer Anblick, ein unaufhörlicher Aufzug des Elends, ein ständiger Aufenthalt der Trübsal. Die Bettler von Beruf, deren Zahl jetzt kleiner geworden war, in einer neuen Menge aufgehend und verloren, manchmal gezwungen, das Almosen Leuten streitig zu machen, von denen sie es in andern Tagen empfangen hatten. Lehrjungen und Ladendiener, entlassen von den Geschäftsleuten, die, da sich der tägliche Verdienst verringert oder gänzlich aufgehört hatte, von dem Erübrigten und dem Kapital kümmerlich lebten; Geschäftsleute selber, die das Stocken von Handel und Wandel bankrott gemacht und zugrunde gerichtet hatte, Gesellen und auch Meister in jeglichem Handwerk, von dem geringsten bis zu dem kunstreichsten, in dem notwendigsten ebenso wie in dem nur dem Luxus dienenden, streifend von Tür zu Tür, von Straße zu Straße, an den Ecken lehnend, auf dem Pflaster kauernd längs den Häusern und Kirchen, kläglich Almosen heischend oder noch schwankend zwischen der Notdurft und der noch nicht überwundenen Scham, abgezehrt, entkräftet, vor Frost und Hunger erschauernd in ihren abgenützten und zerschlissenen Kleidern, die gleichwohl bei vielen noch die Spuren alten Wohlstands aufwiesen, so wie auch in der untätigen Erniedrigung noch gewisse Zeichen einer zwanglosen Geschäftigkeit nicht zu verkennen waren. Gemischt in den bejammernswerten Schwarm und kein kleiner Teil von ihm, entlassene Bediente, deren Herrn sich, wenn sie früher halbwegs vermögend gewesen waren, nun einschränken mußten oder trotz großen Reichtümern in einem solchen Jahre nicht in der Lage waren, den gewohnten Prunk beizubehalten. Zu all diesen Darbenden nehme man noch eine Anzahl anderer, die zum Teile von deren Verdienst zu leben gewohnt waren: Kinder, Frauen, Greise, um ihre früheren Ernährer geschart oder anderswo zum Bettel zerstreut.

Es gab aber, von den anderen durch die zerrauften Haarschöpfe, durch die prächtigen Lumpen oder durch ein gewisses Etwas in Haltung und Gebärden, durch diesen Stempel, den die Gewohnheiten, und zwar um so erhabener und deutlicher, je seltsamer sie sind, ins Gesicht drücken, unterschieden, viele von dieser Brut der Bravi, die, nachdem sie durch die allgemeine Lage ihr verbrecherisches Brot verloren hatten, nun das der Barmherzigkeit heischten. Gezähmt von dem Hunger, mit den andern nur in Bitten wetteifernd, geängstigt und kleinlaut, schleiften sie sich durch dieselben Straßen, die sie so lange Zeit erhobenen Hauptes, mit verdächtigem und wildem Blicke, gekleidet in reiche und bizarre Livreen, mit Federn prangend, prächtig bewaffnet und geschmückt, von Wohlgerüchen duftend, durchmessen hatten, und hielten demütig die Hand hin, die sie sonst frech zur Drohung oder tückisch zum Stoße erhoben hatten.

Vielleicht das häßlichste und zugleich erbärmlichste Schauspiel boten aber die Landleute, einzeln, in Paaren und in ganzen Familien; Ehemänner, Gattinnen mit kleinen Kindern am Halse oder auf dem Rücken und die größeren an der Hand, Greise hinterdrein. Einige waren, da ihre Häuser von der einquartierten oder durchziehenden Soldateska erbrochen und geplündert worden waren, verzweifelt geflohen, und unter ihnen gab es welche, die, um mehr Mitleid zu erregen und wie zur Hervorhebung des Jammers, die Flecken und die Narben der Streiche zeigten, die ihnen bei der Verteidigung ihrer letzten Vorräte oder noch im Entwischen eine blinde und rohe Zügellosigkeit versetzt hatte. Andere, die von dieser besonderen Geißel verschont geblieben, aber von jenen andern zweien gehetzt worden waren, vor denen es keine Freistatt gab, von der Unfruchtbarkeit nämlich und von den Steuern, die mehr als je alles Maß überschritten, um die sogenannten Bedürfnisse des Kriegs zu decken, kamen in die Stadt als den alten Sitz und den letzten Zufluchtsort des Reichtums und der milden Freigebigkeit. Die Neuangekommenen kannte man mehr als an dem unsicheren Schritte und dem fremdartigen Aussehen an ihrem erstaunten Verdrusse, eine solche Menge, eine so große Nebenbuhlerschaft des Elends an dem Ziele zu treffen, wo sie als besondere Gegenstände des Mitleids zu erscheinen und auf sich die Blicke und die Gaben zu ziehen gemeint hatten. Den anderen, die schon seit längerer oder kürzerer Zeit in den Straßen der Stadt herumliefen und wohnten, indem sie ihr Leben mit den in demselben Mißverhältnisse zwischen Hilfe und Not stehenden Unterstützungen fristeten, die sie sich verschafft hatten oder die ihnen durch ein Glückslos zugefallen waren, malte sich in Gesicht und Gehaben eine noch tiefere und mattere Niedergeschlagenheit. Verschieden gekleidet, soweit man bei ihnen noch von Kleidung sprechen konnte, und verschieden auch im Aussehen: verwaschene Gesichter aus dem Tiefland, gebräunte aus der Hochebene und von den Hügeln, vollblütige aus dem Gebirge; alle aber spitzig und verzerrt, alle mit hohlen Augen, halb finsteren und halb wahnwitzigen Blicken, die Haare zottig, die Bärte lang und struppig, die bei schwerer Arbeit erwachsenen und abgehärteten Körper jetzt von Ungemach erschöpft, gerunzelt die Haut an den verbrannten Armen und den Beinen und auch an der fleischlosen Brust, die von den unordentlichen Lumpen nicht völlig verhüllt war. Und verschieden von diesem Anblicke gebrochener Kraft, aber nicht minder traurig der Anblick einer rascher unterliegenden Natur, einer hilfloseren Ermattung und Ohnmacht bei dem schwächeren Geschlecht und dem schwächeren Alter. Hier und da auf den Straßen, dicht an den Mauern der Häuser Häufchen von zertretenem und mit Unrat vermengtem Stroh. Und eine solche Scheußlichkeit war noch ein Geschenk und ein Trachten der Barmherzigkeit, war das einem dieser Elenden bereitete Lager, wo er sein Haupt in der Nacht zur Ruhe legte. Dann und wann sah man auch bei Tage einen dort liegen oder sich hinstrecken, dem die Ermüdung oder der Hunger die Kräfte genommen und die Beine gelähmt hatte; zuweilen lag auf diesem traurigen Bett ein Toter, und zuweilen sah man einen plötzlich und wie Zunder zusammenstürzen und als Leiche auf dem Pflaster liegen bleiben. Neben manchem dieser Lager sah man auch wohl die herabgebeugte Gestalt eines Vorbeigehenden oder eines Nachbars stehen, der von einem plötzlichen Mitleid ergriffen worden war.

Hier und dort erschien eine geregelte Hilfe mit weiter reichender Sorge, von einer Hand ins Werk gesetzt, die reich an Mitteln und an Wohltun im großen gewöhnt war; das war die Hand des guten Federigo. Er hatte sechs Geistliche erwählt, bei denen eine lebhafte und ausdauernde Menschenliebe von einer kräftigen Körperbeschaffenheit begleitet und unterstützt wurde; er hatte aus ihnen drei Paare gebildet und diesen jedem ein Drittel der Stadt zugewiesen, um es mit Lastträgern abzugehen, die mit mancherlei Speise, mit anderen, leichteren und rascher wirkenden Stärkungsmitteln und mit Kleidern bepackt waren. Jeden Morgen machten sich die drei Paare in verschiedenen Richtungen auf den Weg, traten heran zu denen, die sie hilflos auf dem Boden sahen, und brachten jedem den Beistand, dessen er bedurfte. Rang einer schon mit dem Tode und war er nicht mehr imstande, Nahrung zu empfangen, so empfing er die letzte Hilfe und die Tröstungen der Religion. An die Hungrigen verteilten sie Suppe, Eier, Brot und Wein; anderen, die von längerem Fasten entkräftet waren, reichten sie Kraftbrühen und edleren Wein, nachdem sie sie, wenn es nottat, mit Essenzen zu sich gebracht hatten. Ebenso verteilten sie Kleider für die unschicklichsten und empfindlichsten Blößen. Aber damit war ihre Hilfe noch nicht beendigt: der gute Hirt wollte, daß wenigstens dort, wohin sie gelangen konnte, eine wirksame und nicht nur augenblickliche Hilfe geleistet werde. Den Armen, denen die erste Erquickung genügende Kräfte gegeben hatte, sich zu erheben und zu gehen, gaben sie etwas Geld, damit sie nicht durch die wiederkehrende Notdurft und den Mangel an anderer Hilfe sofort wieder in den alten Zustand verfielen; für andere suchten sie in einem der nächsten Häuser Obdach und Unterhalt. In denen der Wohlhabenden wurden diese meistens aus Barmherzigkeit oder als vom Kardinal empfohlen aufgenommen; in anderen, wo es dem guten Willen an Mitteln gebrach, verlangten die Geistlichen, daß der Arme in Kost genommen werde, verabredeten den Preis und entrichteten sofort eine Anzahlung.

Von diesen also Untergebrachten gaben sie dann den Pfarrern Nachricht, auf daß diese sie besuchten, und kamen sie auch selber besuchen. Es braucht nicht erst gesagt zu werden, daß Federigo seine Sorge nicht auf das Übermaß von Leid beschränkte und daß er es nicht abgewartet hatte, um etwas zu veranlassen. Diese glühende und bewegliche Menschenliebe mußte alles mitfühlen, sich überall betätigen, beistehen, wo sie nicht hatte zuvorkommen können, mußte, sozusagen, für jede Form der Not die Gestalt wechseln. Indem er alle seine Mittel zusammengenommen, die Sparsamkeit strenger durchgeführt, die zu anderer, jetzt aber minder wichtiger Freigebigkeit bestimmten Ersparnisse angegriffen hatte, hatte er in der Tat auf jede Weise Geld zu beschaffen gesucht, um alles zur Hilfe für die Hungernden zu verwenden. Er hatte viel Korn angekauft und einen guten Teil davon an die Orte seiner Diözese geschickt, die am meisten Not litten; und da die Hilfe nur allzu sehr hinter der Notdurft zurückblieb, schickte er auch Salz hin, „womit", sagt Ripamonti, der das erzählt, „das Gras der Wiesen und die Rinde der Bäume eßbar gemacht wird". Korn und Geld hatte er auch an die Pfarrer der Stadt verteilt; er selber besuchte, Almosen spendend, Viertel um Viertel, half heimlich vielen Familien, und im erzbischöflichen Palaste wurden, wie ein zeitgenössischer Schriftsteller, der Arzt Alejandro Tadino in einem Ragguaglio, den wir noch öfter anzuführen Gelegenheit haben werden, bezeugt, allmorgendlich zweitausend Näpfe Suppe verteilt. Diese Ausflüsse der Nächstenliebe, die wir sicherlich großartig nennen dürfen, wenn man bedenkt, daß sie von einem einzigen Mann und nur aus seinen eigenen Mitteln kamen – denn grundsätzlich weigerte sich Federigo, den Verteiler der Gaben anderer zu machen – zusammen mit der Freigebigkeit anderer, wenn schon nicht so fruchtbarer, aber doch zahlreicher Privathände, zusammen mit den Unterstützungen, die der Rat der Dekurionen verordnet und mit deren Verteilung er den Proviantamt beauftragt hatte, waren noch immer geringfügig im Verhältnis zu der Not. Während einigen Gebirglern, die nahe daran waren, vor Hunger zu sterben, durch die Mildtätigkeit des Kardinals das Leben gefristet wurde, trat an andere dieses Ende heran, und dem verfielen auch wieder die eben. Geförderten, wenn die zugemessene Hilfe versiegt war; an anderen Orten, die von einer zur Wahl gezwungenen Barmherzigkeit zwar nicht vergessen, aber als weniger bedrängt zurückgesetzt worden waren, wurde die Bedrängnis tödlich: überall starben die Menschen, von überall strömten sie in die Stadt. Dort hatten, nehmen wir an, zweihundert Hungernde, die mehr Kraft und Gewandtheit hatten, die Mitbewerber aus dem Felde zu schlagen, eine Suppe erobert, die es verhütete, daß sie an diesem Tage gestorben wären; aber andere Tausende mehr blieben unbefriedigt, voll Neid auf diese – sollen wir denn das Wort sagen? – Glücklicheren, deren Gattinnen, Kinder, Väter oft unter den Unbefriedigten waren. Und während an einigen Punkten der Stadt einige der Hilflosesten und am letzten Ende Angelangten von der Erde aufgehoben, gelabt, unter Dach gebracht und für einige Zeit versorgt wurden, gab es an hundert andern Punkten keinen Beistand, keine Erquickung für die, die zusammenbrachen, verschmachteten und die Seele aushauchten. Den ganzen Tag hörte man auf der Straße die verworrenen Stimmen der Flehenden, in der Nacht ein Wimmern und Stöhnen, dann und wann unterbrochen von schrillem Jammergekreisch, von Geheul, von dumpfem Gebet, das in einem gellenden Schrei endigte. Merkwürdig ist es, daß man in einer so grenzenlosen Not, in einer solchen Mannigfaltigkeit von Klagen nie einen Versuch der Empörung sah, daß nie ein Ruf zum Aufruhr laut wurde; wenigstens findet man davon nicht die leiseste Andeutung. Und doch waren unter denen, die in dieser Weise lebten und starben, ziemlich viel Leute, die zu etwas ganz anderem als zu Duldern aufgezogen waren; es waren Hunderte von diesen selbigen Leuten darunter, die sich am St. Martinstage so vernehmlich gemacht hatten. Es läßt sich auch nicht denken, daß es das Beispiel der vier Unglücklichen, die die Strafe für alle erlitten hatten, gewesen wäre, das jetzt alle im Zaum gehalten hätte: was für eine Einwirkung hätte, nicht der unmittelbare Eindruck der Todesstrafe, sondern die bloße Erinnerung an die Todesstrafe auf die Gemüter einer gehetzten Menge haben sollen, die sich zu einem langsamen Tod verdammt sah, den sie bereits erlitt? Aber wir Menschen sind nun einmal so beschaffen, daß wir uns entrüstet und wütend gegen die mittelmäßigen Übel auflehnen und uns schweigend unter die äußersten krümmen; nicht ergebungsvoll, sondern stumpfsinnig ertragen wir die höchste Steigerung dessen, was wir im Anfange unerträglich genannt haben. Die Lücken, die die Sterblichkeit tagtäglich in diese bejammernswerte Menge riß, wurden tagtäglich mehr als ausgefüllt: es war ein stetiger Zufluß, zuerst aus den Dörfern der Umgebung, dann aus der Landschaft, dann aus den Städten des Herzogtums, dann auch aus anderen. Und inzwischen verließen auch tagtäglich viele von den alten Einwohnern die Stadt: einige, um sich dem Anblick so vieler Wunden zu entziehen; andere, die, sozusagen, den Platz von neuen Nebenbuhlern im Bettel besetzt sahen, gingen zu einem letzten verzweifelten Versuche davon, anderswo, wo immer es sei, Hilfe zu suchen, wo wenigstens das Gedränge und der Wettbewerb nicht so dicht und ungestüm wäre. Bei diesem Wege in entgegengesetzter Richtung begegneten sich die Kommenden und die Gehenden, ein den einen wie den andern entsetzlicher Anblick, ein quälender Vorgeschmack und ein trübes Vorzeichen für das Ziel, das die einen und die andern aufsuchten. Aber alle zogen ihre Straße weiter, wenn auch nicht mehr in der Hoffnung, ihr Schicksal zu ändern, so doch wenigstens, um nicht mehr unter den ihnen verhaßt gewordenen Himmel zurückzukehren, um nicht die Orte wiederzusehen, wo sie verzweifelt hatten. Außer es fiel einer, dem die letzte Kraft entschwunden war, auf der Straße um und blieb tot liegen: ein noch unheimlicheres Schauspiel für seine Genossen in Elend, ein Gegenstand des Schreckens, vielleicht auch des Vorwurfs für andere Wanderer. „Ich sah", schreibt Ripamonti, „auf der Straße, die um die Mauer führt, den Leichnam einer Frau ... Aus dem Munde hing ihr halb zernagtes Gras, und die Lippen bewegten sich schier noch zu einer wütenden Anstrengung... Auf dem Rücken hatte sie ein Bündel, und vorn hatte sie einen Säugling mit den Wickeln festgebunden, der weinend die Brust verlangte ... Es waren mitleidige Seelen dazugekommen, und die hoben das arme Geschöpf von der Erde auf und trugen es weg, nicht ohne an ihm die erste Mutterpflicht zu erfüllen." Der Gegensatz von Prunkkleidern und Lumpen, von Überfluß und Elend, dieses gewöhnliche Schauspiel gewöhnlicher Zeiten, hatte damals gänzlich aufgehört. Lumpen und Elend waren schier überall, und was sich davon unterschied, sah kaum nach einer sparsamen Mittelmäßigkeit aus. Die Adeligen sah man in einfachen und bescheidenen, ja auch abgetragenen und armseligen Kleidern gehen: einige, weil die allgemeinen Ursachen des Elends auch ihre Glücksumstände so weit verändert oder einem schon zerrütteten Erbe den Garaus gemacht hatten, die anderen, weil sie entweder fürchteten, durch ihr Gepränge die allgemeine Verzweiflung herauszufordern, oder sich schämten, die allgemeine Not zu verhöhnen. Jene gefürchteten und geehrten Übermütigen, die gewohnt gewesen waren, mit einem großen Gefolge von Bravi einherzugehen, gingen jetzt schier allein, gesenkten Hauptes, mit Mienen, die Frieden zu bieten und zu heischen schienen. Andere, die auch im Wohlergehen eine menschlichere Gesinnung gezeigt und sich bescheidener betragen hatten, erschienen doch auch verwirrt, bestürzt und gleichsam übermannt von diesem unaufhörlichen Anblick eines Elends, das nicht nur die Möglichkeit der Hilfe, sondern, sozusagen, auch die Kräfte des Mitleids überstieg. Wer die Mittel hatte, etliche Almosen zu spenden, mußte immerhin eine traurige Wahl treffen zwischen Hunger und Hunger, zwischen Not und Not. Kaum näherte sich eine mildtätige Hand der Hand eines Unglücklichen, so entstand ringsum ein Wettstreit anderer Unglücklicher: wer mehr Kraft übrig hatte, drängte sich vor, um dringlicher zu heischen; die Erschöpften, die Greise, die Kinder hoben die fleischlosen Hände, die Mütter hoben und zeigten die weinenden, in dürftige und zerlumpte Windeln gewickelten und vor Schwäche in ihren Händen verfallenden Säuglinge. So verging der Winter und der Frühling, und schon seit einiger Zeit machte das Gesundheitsamt dem Provianthofe Vorstellungen über die Gefahr einer Seuche, die der Stadt von so vielem, in jedem ihrer Teile angehäuftem Elend drohte, und schlug vor, die Bettler in verschiedenen Spitalen unterzubringen. Während dieser Vorschlag erörtert wird, während man prüft, während man an Mittel, Wege und Orte denkt, ihn ins Werk zu setzen, werden der Leichen auf der Straße täglich mehr, steigt in demselben Maße der übrige Inbegriff von Elend. Dem Provianthof wird als leichter und rascher die andere Maßregel vorgeschlagen, all die Bettler, ob gesund oder krank, an einem einzigen Orte zu vereinigen, im Lazarett, wo sie auf öffentliche Kosten unterhalten und gepflegt werden sollen, und dies wird auch gegen die Wohlmeinung der Gesundheitsbehörde beschlossen, die einwandte, daß sich durch eine so große Zusammenfassung die Gefahr, der man abhelfen wolle, nur vermehren werde. Das Lazarett von Mailand ist – wenn etwa diese Geschichte einem oder dem andern in die Hände käme, der es weder aus dem Augenschein, noch aus Beschreibungen kennt – ein viereckiges und fast quadratisches Gebäude außerhalb der Stadt und zur Linken der *Porta Orientale*, von der Mauer durch die Breite des Grabens, einer Wallstraße und eines Rinnsals, das um das Gebäude läuft, getrennt. Die zwei längeren Seiten sind ungefähr fünfhundert Schritt lang, die andern zwei etwa fünfzehn Schritt weniger; die vier ebenerdigen Trakte sind in kleine Stuben abgeteilt, und an drei Seiten des inneren Raumes läuft ein gewölbter Gang, der von niedrigen, dünnen Säulen getragen wird. Der Stübchen waren zweihundertundachtundachtzig: in unseren Tagen hat man in den Trakt, der an der Hauptstraße liegt, in der Mitte eine große und in einer Ecke eine kleine Öffnung gebrochen, wodurch eine Anzahl, wieviel, weiß ich nicht, weggenommen worden ist. Zur Zeit unserer Geschichte waren nur zwei Eingänge: einer mitten in dem Trakte, der entlang der Stadtmauer läuft, und der andere diesem gegenüber in dem gegenüberliegenden. Mitten im inneren Raume war und ist noch immer ein achteckiges Kirchlein. Die erste Bestimmung des ganzen Gebäudes, das man 1489 mit dem hinterlassenen Gelde eines Privatmannes begonnen und aus öffentlichen Mitteln und mit Hilfe anderer Vermächtnisse und Schenkungen weitergebaut hatte, war, wie schon der Name sagt, vorkommenden Falles die an der Pest Erkrankten aufzunehmen; diese Seuche pflegte schon lange vor jener Epoche und noch lange nachher in jedem Jahrhundert zwei-, vier-, sechs-, achtmal bald dieses, bald jenes Land Europas heimzusuchen, sich manchmal über große Gebiete dieses Erdteils zu verbreiten oder ihn auch völlig kreuz und quer zu durchmessen. In dem Augenblicke, wovon wir sprechen, diente das Lazarett nur als Ablageort der der Quarantäne unterworfenen Waren. Um es nun jetzt zu räumen, nahm man, ohne sich an die gesundheitlichen Verordnungen zu halten, Hals über Kopf die vorgeschriebenen Reinigungen und Versuche vor und gab kurzerhand alle Waren frei. Man ließ in allen Zimmern Stroh schütten und Lebensmittel herbeibringen, was und wie viel man bekommen konnte, und forderte durch öffentlichen Aufruf alle Bettler auf, sich dort einzufinden. Viele strömten willig dorthin zusammen; alle, die auf den Straßen und den Plätzen krank lagen, wurden hingetragen: in wenigen Tagen waren es von beiden Gattungen mehr als dreitausend. Aber viel größer war die Zahl derer, die draußen blieben. Wartete vielleicht jeder von diesen darauf, daß die andern hineingehen würden und er dann die Almosen der Stadt nur noch mit wenigen zu teilen haben werde, oder war es diese natürliche Abneigung gegen die Einsperrung oder dieses Mißtrauen der Armen für alles, was ihnen von denen, die den Reichtum und die Macht haben, vorgeschlagen wird, ein Mißtrauen, das immer zu der allgemeinen Unwissenheit dessen, der es empfindet, und dessen, der es einflößt, zu der Zahl der Armen und dem Unverstand der Gesetze im Verhältnis steht, oder war es die richtige Erkenntnis, wie die angebotene Wohltat in Wirklichkeit beschaffen war, oder war es das alles zusammen oder etwas anderes, jedenfalls scherten sich die meisten nicht um die Aufforderung, um sich weiter durch die Straßen zu schleppen. Als man das sah, hielt man es für gut, von der Aufforderung zur Gewalt überzugehen. Man schickte Häscher aus, die die Bettler ins Lazarett treiben und die Widerspenstigen gebunden hinbringen sollten; auch setzte man ihnen für jeden von diesen eine Belohnung von zehn Soldi aus, was denn ein neuer Beweis ist, daß auch in den ärgsten Drangsalen die öffentlichen Gelder immer dazu da sind, verschleudert zu werden. Und obwohl, wie es die Vermutung, ja die ausdrückliche Absicht des Proviantamtes gewesen war, eine gewisse Zahl von Bettlern aus der Stadt entlief, so war doch die Jagd derart ergiebig, daß die Zahl der halb als Gäste, halb als Gefangene Untergebrachten bis nahe an zehntausend stieg. Die Frauen und die Kinder werden wohl, darf man annehmen, in abgesonderte Quartiere gebracht worden sein, wenn auch die Nachrichten der Zeit nichts darüber sagen; an Regeln weiter und Maßnahmen, die auf die gute Ordnung abzielten, wird es sicherlich auch nicht gefehlt haben: man stelle sich aber vor, was für eine Ordnung zu einer solchen Zeit und bei solchen Umständen in einer so ungeheuren und mannigfaltigen Vereinigung festgesetzt und aufrecht erhalten werden konnte, wo sich die Gezwungenen unter den Gutwilligen befanden, die, für die der Bettel eine Notwendigkeit, ein Schmerz, eine Schmach war, unter denen, die in ihm ihren Beruf sahen, viele, die bei ehrlicher Arbeit in den Feldern und den Werkstätten herangewachsen waren, unter vielen, die auf den Straßen, in den Schenken, in den Palästen der Übermütigen zu Haß, zu Betrug, zu Niedertracht, zu Gewalttätigkeit erzogen worden waren.

Wie es dann bei allen mit der Unterkunft und der Speisung stand, darüber könnten wir traurige Mutmaßungen anstellen, wenn wir keine bestimmten Nachrichten hätten; wir haben aber welche. Zu zwanzig und dreißig schliefen sie zusammengedrängt in jeder dieser Zellen, oder sie lagen unter den Säulengängen auf ein wenig vermodertem und stinkendem Stroh oder auf der nackten Erde; denn obwohl verordnet war, daß das Stroh frisch und reichlich sei und öfter gewechselt werde, war es tatsächlich schlecht und kärglich und wurde nicht gewechselt. Ebenso war verordnet, daß das Brot von guter Beschaffenheit sei: denn welcher Verwalter hätte je gesagt, daß man schlechte Speise bereiten und verteilen solle? Was aber unter gewöhnlichen Umständen und bei einer viel beschränkteren Zahl von Pflegebefohlenen nicht zu erreichen gewesen wäre, wie hätte das in diesem Falle und bei dieser Menge erreicht werden sollen? Damals hieß es, wie wir in den Aufzeichnungen finden, daß das Lazarettbrot mit gewichtigen Stoffen ohne Nährwert verfälscht gewesen sei, und es ist nur zu glauben, daß diese Klage nicht aus der Luft gegriffen war. An Wasser schließlich war Mangel, an gesundem Quellwasser nämlich; den gemeinsamen Brunnen mußte das Rinnsal abgeben, das um die Mauern des Gebäudes lief, und das war leicht, träge und stellenweise schlammig und war damals zu dem geworden, was die Benützung und die Nähe einer solchen und so großen Menge aus ihm hatte machen können.

Zu all diesen Ursachen der Sterblichkeit, die um so tätiger waren, als sie auf erkrankte und kränkliche Körper wirkten, nehme man noch eine große Bösartigkeit der Jahreszeit: anhaltende Regen, denen eine noch mehr anhaltende Trockenheit folgte, und mit dieser eine vorzeitige und heftige Hitze. Zu den Übeln nehme man dann noch die Empfindung der Übel, den Verdruß und die Wut über die Gefangenschaft, die Erinnerung an die alte Lebensweise, den Schmerz über teure Verstorbene, die unruhigen Gedanken an teure Abwesende, die gegenseitige Belästigung und den gegenseitigen Abscheu, so viele andere schon mitgebrachte oder erst dort drinnen entstandene Leiden der Niedergeschlagenheit und des Grimms, dazu die Furcht vor dem Tode und der beständige Anblick dieses Todes, der aus so vielen Ursachen ein häufiger Gast und selber zu einer neuen und mächtigen Ursache geworden war. Und es wird niemanden in Erstaunen setzen, daß die Sterblichkeit in diesem Gebäude bis zu einem Grade wuchs und herrschte, daß sie den Anschein und bei vielen auch den Namen der Pest annahm: sei es, daß die Vereinigung und die Vermehrung aller dieser Ursachen nur die Wirksamkeit eines rein seuchenartigen Einflusses gefördert hat, sei es, daß – wie dies auch bei minder schweren und sich weniger hinausziehenden Teuerungen vorzukommen scheint – eine gewisse Ansteckung bestand, die in den von den unzureichenden und schlechten Nahrungsmitteln, von der Witterung, von dem Schmutz, von der Trübsal und von der Niedergeschlagenheit angegriffenen und vorbereiteten Körpern die richtige Stimmung sozusagen und die richtige Verfassung, kurz die notwendigen Bedingungen für ihr Wachstum, ihre Nahrung und ihre Verbreitung angetroffen hat – wenn es einem Unwissenden gestattet ist, dieses Wort hier nach der von einigen Ärzten aufgestellten Vermutung hinzuwerfen, die zuletzt von einem ebenso sorgfältigen, wie geistreichen Ärzte aufgenommen worden ist – sei es weiter, daß die Ansteckung in dem Lazarett selber ausgebrochen ist, wie nach einem dunklen und ungenauen Berichte die Ärzte der Gesundheitsbehörde gemeint zu haben scheinen, sei es, daß sie schon vorhanden gewesen und still umhergeschlichen ist – was man am wahrscheinlichsten findet, wenn man bedenkt, daß das Ungemach damals schon alt und allgemein und die Sterblichkeit schon früher groß gewesen war – und daß sie sich, in diese Menge getragen, mit frischer und schrecklicher Schnelligkeit verbreitet hat: welche immer von diesen Vermutungen richtig sei, die Zahl der täglichen Todesfälle im Lazarett stieg in kurzer Zeit über hundert. Während an diesem Orte alles sonst Müdigkeit, Angst, Schrecken, Klagen, Toben war, war es am Proviantshofe Scham, Bestürzung, Unsicherheit. Man erörterte die Sachlage, hörte das Gutachten des Gesundheitsamtes; es blieb nichts anderes übrig, als aufzuheben, was mit solchen Anstalten, solchen Kosten, solchen Quälereien gemacht worden war. Man öffnete das Lazarett und entließ alle nicht erkrankten Armen, die noch drinnen waren, und die entliefen mit ausgelassener Freude. Noch einmal widerhallte die Stadt von dem alten Jammer, aber schwächer und unterbrochen; sie sah diesen Schwarm schütterer wieder, und der Gedanke, auf welche Weise er sich so vermindert hatte, machte den Anblick noch kläglicher. Die Kranken wurden zu Santa Maria della Stella, in das damalige Armenspital, gebracht; dort kamen die meisten um. Unterdessen begannen jedoch die gesegneten Felder gelb zu werden. Die Bettler, die vom Lande gekommen waren, gingen jeder seines Weges zu der so sehr ersehnten Ernte. Der gute Federigo verabschiedete sie mit der letzten Anstrengung und einer neuen Erfindung seiner Mildtätigkeit: jedem Bauer, der im erzbischöflichen Palaste vorsprach, ließ er einen Giulio und eine Sichel reichen. – Mit der Ernte wich schließlich auch die Teuerung; das Sterben nahm von Tag zu Tag ab, zog sich aber bis zum Herbste hin. Es war an einem Ende, als sich eine neue Geißel erhob.

Viele wichtige Ereignisse, die zu denen gehören, die man insbesondere als geschichtlich bezeichnet, waren in dieser Zwischenzeit geschehen. Nachdem der Kardinal Richelieu, wie gesagt, La Rochelle eingenommen und dann, so gut es ging, einen Frieden mit dem König von England zusammengepfuscht hatte, hatte er in dem Rate des Königs von Frankreich vorgeschlagen und durch ein mächtiges Wort durchgesetzt, daß dem Herzog von Nevers tätige Hilfe geleistet werden sollte, und hatte zugleich den König vermocht, den Zug in eigener Person zu führen. Während dazu gerüstet wurde, machte der Graf von Nassau, der kaiserliche Bevollmächtigte, dem neuen Herzog in Mantua kund, daß dieser die Länder an Ferdinand zu übergeben habe, widrigenfalls ein kaiserliches Heer erscheinen werde, um sie zu besetzen. Der Herzog, der sich in verzweifelterer Lage geweigert hatte, eine so harte und so verdächtige Bedingung anzunehmen, weigerte sich jetzt, wo er durch die bevorstehende Hilfe Frankreichs ermutigt war, um so mehr, immerhin jedoch in Ausdrücken, die das Nein nach Möglichkeit umschrieben und dehnten, und mit Vorschlägen einer noch augenfälligeren, aber minder kostspieligen Unterwerfung. Der Bevollmächtigte ging, indem er die Erklärung abgab, daß man zur Gewalt schreiten werde. Im März war dann der Kardinal Richelieu wirklich mit dem König an der Spitze eines Heeres über die Berge gekommen: er hatte von dem Herzog von Savoyen den Durchzug verlangt; man hatte verhandelt, war aber zu keinem Schlusse gekommen: nach einem für die Franzosen erfolgreichen Treffen war von neuem verhandelt und eine Einigung abgeschlossen worden, worin der Herzog unter anderem versprach, Córdova werde die Belagerung von Casale aufheben, indem er sich zugleich, wenn sich dieser weigern sollte, verpflichtete, sich mit den Franzosen zu vereinigen und in das Herzogtum Mailand einzumarschieren. Don Gonsalvo, der noch leichten Kaufes davonzukommen meinte, hob die Belagerung von Casale auf, und sofort rückte dort eine Abteilung Franzosen ein, um die Besatzung zu verstärken.

Bei diesem Anlasse war es, daß Achillini an den König Ludwig dieses berühmte Sonett *„O Flammen, glüht, um das Metall zu schmelzen"* und noch ein anderes gerichtet hat, worin er ihn aufforderte, alsbald zur Befreiung des Heiligen Landes aufzubrechen. Aber es ist ein Schicksal, daß die Ratschläge der Dichter nie gehört werden; und findet man in der Geschichte Taten, die einer Eingebung von ihnen entsprechen, so kann man getrost sagen, daß schon vorher alles abgemacht war. Der Kardinal Richelieu entschied sich anstatt dessen dafür, wegen Angelegenheiten, die ihm dringender schienen, nach Frankreich heimzukehren. Girolamo Sorzano, Gesandter Venedigs, hatte gut Gründe anführen, um diesen Entschluß zu bekämpfen; der König und der Kardinal gaben seiner Prosa ebenso recht wie den Versen Achillinis und kehrten mit dem Hauptteile des Heeres zurück, indem sie, um den Vertrag festzumachen, nur sechstausend Mann in Susa ließen, die den Paß besetzt halten sollten.

Während dieses Heer auf der einen Seite abzog, näherte sich das Ferdinands von der andern; es war in Graubünden und ins Veltlin eingerückt und schickte sich an, ins mailändische Gebiet herabzumarschieren. Außer all den Nachteilen, die man von einem solchen Durchzug fürchten durfte, waren auch ausdrückliche Mitteilungen an das Gesundheitsamt gelangt, daß in diesem Heere die Pest niste, mit der damals die deutschen Truppen stets ein wenig behaftet waren, wie Varchi sagt, wo er von der spricht, die sie ein Jahrhundert vorher in Florenz eingeschleppt hatten. Alejandro Tadino, einer der Beamten des Gesundheitsamtes – ihrer waren außer dem Vorsitzenden sechs: vier Magistratspersonen und zwei Ärzte – wurde, wie er selber in dem schon angeführten Ragguaglio erzählt, von diesem Amte beauftragt, dem Statthalter die entsetzliche Gefahr vorzustellen, die dem Lande bevorstehe, wenn diese Soldaten durchzögen, um wie es heiße, zur Belagerung von Mantua zu marschieren. Aus dem ganzen Betragen. Don Gonsalvos scheint hervorzugehen, daß er eine große Sehnsucht trug, sich einen Platz in der Geschichte zu erringen, die ja auch nicht umhin konnte, sich mit ihm zu beschäftigen; wie es ihr aber oft ergeht, kannte sie entweder eine denkwürdigste Handlung nicht, oder sie kümmerte sich nicht darum, sie zu verzeichnen, die Antwort nämlich, die er Tadino bei diesem Anlasse erteilt hat. Er antwortete, daß er nicht wisse, was tun: die Beweggründe des Vorteils und des Ruhmes, um derentwillen dieses Heer ausgerückt sei, wögen schwerer als die ihm vorgestellte Gefahr; samt alledem solle man trachten, die bestmögliche Abhilfe zu schaffen, und solle auf die Vorsehung hoffen. Um die bestmögliche Abhilfe zu schaffen, machten die zwei ärztlichen Mitglieder, der besagte Tadino und der Senator Settala, Sohn des berühmten Lodovico, dem Gesundheitsamt den Vorschlag, daß man unter den härtesten Strafen verbiete, irgend etwas von irgendwelchen Soldaten, die durchziehen sollten, zu kaufen; es war aber unmöglich, die Notwendigkeit eines solchen Befehls dem Vorsitzenden begreiflich zu machen, „einem Manne von großer Güte", sagt Tadino, „der nicht glauben konnte, daß aus dem Verkehr mit diesen Truppen und aus ihren Sachen so vielen Tausenden Menschen der Tod drohen sollte". Wir führen diesen Zug als etwas besonders Denkwürdiges aus dieser Zeit an; denn es wird, seit Gesundheitsämter bestehen, noch nie einem Vorsitzenden einer solchen Körperschaft gegeben gewesen sein, eine ähnliche Folgerung zu ziehen, wenn man das überhaupt eine Folgerung nennen darf. Was Don Gonsalvo betrifft, so verließ er Mailand kurz nach jener Antwort; und sein Abgang war traurig für ihn, weil er ihn selber verschuldet hatte. Abberufen wurde er wegen der schlechten Erfolge des Krieges, den er angestiftet und geführt hatte, und das Volk gab ihm die Schuld an der Hungersnot, die es unter seiner Herrschaft durchgemacht hatte. – Was er für die Pest getan hatte, wußte man entweder nicht, oder es beunruhigte, wie wir später sehen werden, niemanden als das Gesundheitsamt und sonderlich die zwei Ärzte. – Als er nun den königlichen Palast in einem Reisewagen verließ, umgeben von einer Leibwache von Hellebardieren, zwei Trompeter als Vorreiter vor sich und einigen Wagen mit Adeligen, die ihm das Geleit gaben, hinter sich, empfingen ihn die Straßenjungen, die sich auf dem Domplatze angesammelt hatten, mit mächtigem Pfeifen und liefen hinterdrein. Der Zug bog eben in die Straße ein, die zu der *Porta Ticinese* führt, durch die er wegfahren sollte, als er sich plötzlich inmitten einer Menschenmenge sah, die ihn dort erwartet hatte und sich, dank den Trompetern, immer noch vermehrte, weil diese als Förmlichkeitsmenschen den ganzen Weg vom Palast bis zum Tor immerzu bliesen. Und als bei diesem steigenden Aufruhr einem von ihnen zugerufen wurde, daß er mit seinem Blasen schuld daran sei, daß er wachse, antwortete er: „Lieber Herr, das ist unser Beruf; wenn es Seine Exzellenz gewollt hätte, daß wir nicht hätten blasen sollen, hätte er uns befehlen sollen, still zu sein." Don Gonsalvo aber gab ihnen entweder aus Widerwillen, etwas zu tun, was Furcht hätte verraten können, oder aus Furcht, die Menge damit noch mehr in die Hitze zu bringen, oder weil er wirklich ein wenig bestürzt war, keinerlei Befehl. Die Leibwache versuchte vergeblich, die Menge zurückzudrängen; diese lief dem Wagen voraus, umgab ihn, folgte ihm und schrie: „Nun zieht sie ab, die Teuerung, die Armen werden nicht mehr bluten müssen" und noch ärgere Dinge. In der Nähe des Tores begannen sie dann Steine, Ziegel, Kohlstrünke, Obstschalen, kurz das bei derlei Feldzügen übliche Geschoß zu werfen; ein Teil lief auf die Mauer und gab von dort noch eine letzte Salve auf den Wagen ab, der hinausfuhr. Hierauf zerstreuten sie sich sofort. An Stelle Don Gonsalvos wurde der Marchese Ambrogio Spinola ernannt, dessen Name schon in dem Kriege in Flandern den soldatischen Ruhm erlangt hatte, der mit ihm noch immer verbunden ist. Unterdessen hatte das deutsche Heer unter dem Oberbefehl des Grafen Rambaldo di Collalto, eines anderen Condottiere, dessen Ruhm geringer, aber noch nicht auf einer Höhe war, den endgültigen Befehl erhalten, zu dem Zuge gegen Mantua aufzubrechen; und im Monate September rückte es in das Herzogtum Mailand ein. Das Kriegsvolk bestand damals meist aus Abenteurern, die die Condottieri von Beruf im Auftrage dieses oder jenes Fürsten, manchmal auch auf eigene Rechnung anwarben, um sich mit ihnen zusammen zu verkaufen. Mehr als von dem Solde wurden die Leute von der Hoffnung auf Beute und von den Verlockungen der Zügellosigkeit zu diesem Gewerbe getrieben. Eine ständige und allgemeine Mannszucht gab es nicht; sie hätte sich auch nicht so leicht mit der zum Teile unabhängigen Autorität der verschiedenen Condottieri vertragen können. Im besonderen waren dann diese weder große Läuterer in Sachen der Mannszucht, noch sieht man, wie es ihnen, auch wenn sie dies gewollt hätten, hätte gelingen sollen, sie zu festigen und zu erhalten; denn Soldaten dieses Schlages hätten sich gegen einen Condottiere, der ihnen mit der

Neuerung gekommen wäre, die Plünderung abzuschaffen, entweder empört, oder sie hätte ihn zum mindesten allein bei der Fahne gelassen. Da überdies die Fürsten, wenn sie diese Banden sozusagen mieteten, mehr darauf sahen, recht viele Leute zu bekommen, um so den Erfolg gewährleistet zu haben, als die Zahl mit ihrer gewöhnlich nur geringen Zahlungsfähigkeit in Einklang zu bringen, so ging der Sold meist zu spät, auf Abschlag und nach und nach ein, und dafür wurde die gemachte Beute als ein stillschweigend verabredeter Ersatz betrachtet. Nicht viel weniger berühmt als der Name Wallensteins war ein Ausspruch, es sei leichter, ein Heer von hunderttausend Mann zu erhalten, als eines von zwölftausend. Und das, von dem wir sprechen, bestand zum großen Teile aus Truppen, die unter seinem Befehl Deutschland verwüstet hatten und zwar in jenem an sich und durch seine Folgen berühmten Kriege, der später den Namen von den dreißig Jahren seiner Dauer erhielt, damals aber erst das elfte Jahr im Gange war. Es war sogar sein eigenes Regiment dabei, geführt von einem Oberstleutnant; von den übrigen Feldhauptleuten hatten die meisten unter ihm ein Kommando gehabt, und unter ihnen war mehr als einer von denen, die vier Jahre später helfen sollten, ihm sein allgemein bekanntes schlimmes Ende zu bereiten. Es waren achtundzwanzigtausend Fußknechte und siebentausend Pferde; und indem sie vom Veltlin herabstiegen, um sich ins mantuanische Gebiet zu begeben, mußten sie dem ganzen Laufe der Adda bis zu ihrer Mündung in den Po folgen und dann noch ein gutes Stück an dessen Ufer marschieren: im ganzen acht Tagreisen im Herzogtum Mailand. Die Einwohner flohen zum großen Teile hinauf in die Berge, indem sie ihre beste Habe mitnahmen und das Vieh vor sich hertrieben; andere blieben daheim, entweder um nicht irgendeinen Kranken zu verlassen oder um das Haus vor Feuer zu bewahren oder um verborgene, vergrabene Kostbarkeiten im Auge zu behalten, andere weil sie nichts zu verlieren hatten oder auch weil sie darauf rechneten, etwas zu gewinnen. Als der erste Heerhaufen in dem Rastorte einlangte, verbreitete er sich sofort über dieses und die umliegenden Dörfer und machte sich an die Plünderung: was zu verwerten oder wegzutragen war, verschwand, das übrige zerstörten und vernichteten sie, der Hausrat wurde zu Holz, die Häuser zu Ställen, ganz zu geschweigen von den Schlägen, den Wunden, den Schändungen. Fast alle Maßnahmen, und waren sie auch noch so schlau ausgedacht, um Hab und Gut zu retten, erwiesen sich als eitel, und viele führten nur noch größeren Schaden herbei. Die Soldaten, die auch mit den Listen dieses Krieges bekannt genug waren, durchstöberten alle Winkel der Häuser und rissen selbst Mauern nieder, erkannten in den Gärten leicht die frisch aufgegrabene Erde, gingen bis ins Gebirge hinauf, um das Vieh zu rauben, suchten, geführt von irgendeinem einheimischen Schurken die Höhlen ab, wenn sich ein Reicher dort versteckt hatte, schleppten ihn in sein Haus und zwangen ihn durch eine Folter von Drohungen und Schlägen, den verborgenen Schatz zu zeigen. Schließlich zogen sie ab, und man hörte ihre Trommeln und Trompeten in der Ferne verhallen; es folgten einige Stunden ängstlicher Ruhe, und dann kündigte ein neuerlicher Wirbel der vermaledeiten Trommeln, ein neuerliches Geschmetter der vermaledeiten Trompeten eine andere Abteilung an. Wenn diese nichts mehr vorfanden, um Beute zu machen, hauten sie mit grimmigerer Verwüstung: sie verbrannten die von den andern geleerten Fässer und in den ausgeräumten Zimmern die Türen, legten Feuer auch an die Häuser und mißhandelten auch selbstverständlich mit um so größerer Wut die Menschen. Und so ging es immer ärger und ärger zu, zwanzig Tage lang; denn in so viele Haufen war das Heer abgeteilt. Colico war der erste Ort des Herzogtums, über den diese Teufel herfielen; dann warfen sie sich auf Bellano, von dort drangen sie und ergossen sich in die Valsassina, worauf sie in das Gebiet von Lecco einrückten.

---

29. KAPITEL.

HIER finden wir unter den armen erschreckten Menschen einige Bekannte. Wer nicht Don Abbondio an dem Tage gesehen hat, wo sich die Nachrichten, daß das Heer die Alpen überschritten habe, daß es herannahe und wie es sich betrage, alle auf einmal verbreiteten, der weiß nicht, was Ungemach und Schrecken ist. Sie kommen, sie sind dreißig-, sind vierzig-, sind fünfzigtausend, sie sind Teufel, sind Ketzer, sind Antichristen; sie haben Cortenuova geplündert, Feuer in Primaluna geworfen, jetzt verwüsten sie Introbbio, Pasturo, Bario, sie sind in Balabbio angelangt, morgen sind sie da: das waren die Gerüchte, die von Mund zu Mund gingen, und dabei gab es ein Rennen, ein gegenseitiges Aufhalten, ein geräuschvolles Beratschlagen, ein Schwanken zwischen Fliehen und Bleiben, ein Zusammenlaufen der Weiber, ein Haarausraufen. Don Abbondio, der entschlossen war, zu fliehen, der dazu früher und mehr entschlossen war als alle andern, sah immerhin an jeder Straße, die er einschlagen sollte, in jedem Orte, wo er sich verbergen wollte, unüberwindliche Hindernisse und schreckliche Gefahren. „Was tun?", rief er; „wohin gehen?" In den Bergen war es, von der Schlechtigkeit der Wege abgesehen, nicht geheuer; schon hatte man erfahren, daß die Landsknechte dort wie Katzen herumkletterten, auch wenn sie kaum ein Anzeichen hatten oder kaum hoffen durften, Beute zu machen. Der See ging hoch, es blies ein starker Wind; überdies waren die meisten Barkenführer aus Furcht vor dem Zwange, Soldaten oder Bagage übersetzen zu müssen, mit ihren Barken ans andere Ufer geflohen, und die paar zurückgebliebenen waren dann mit Menschen überladen abgefahren: von der schweren Last und dem Sturme geplagt, hieß es, waren sie jeden Augenblick in der Gefahr, unterzugehen. Um sich weit weg und abseits von der Straße zu begeben, die das Heer zu nehmen hatte, war es nicht möglich, einen Wagen oder ein Pferd oder ein anderes Beförderungsmittel aufzutreiben; zu Fuß hätte Don Abbondio nicht weit kommen können, und er fürchtete auch, eingeholt zu werden. Das Gebiet von Bergamo war nicht so entfernt, daß ihn nicht seine Beine ohne Rast hätten hintragen können; aber man wußte, daß von Bergamo in der Eile eine Abteilung spanischer Soldaten abgeschickt worden war, die die Grenzen abstreifen sollten, um die Landsknechte in Schranken zu halten: und diese Soldaten waren nicht mehr und nicht minder als die Landsknechte leibhaftige Teufel und trieben es gleicherweise so arg, wie sie nur konnten. Mit verdrehten Augen und halb verrückt lief der arme Mann im Hause herum und lief Perpetua nach, um sich mit ihr über einen Entschluß zu verständigen; Perpetua aber, die damit beschäftigt war, das Beste im Hause zusammenzusuchen und es auf dem Boden oder in den Katzenlöchern zu verstecken, lief atemlos und mit vollen Händen und Armen an ihm vorbei und antwortete: „Jetzt mache ich einmal, daß ich fertig werde, die Sachen in Sicherheit zu bringen, und dann machen auch wir, was die andern machen."

Don Abbondio wollte sie aufhalten, um mit ihr die verschiedenen Möglichkeiten zu besprechen; aber bei der Arbeit und der Hast und bei der Angst, die auch sie im Leibe hatte, und bei der Wut, die ihr die Angst ihres Herrn erregte, ließ sich mit ihr unter solchen Umständen nicht reden: „Die andern strengen ihr Hirn an; wir werden es auch tun. Entschuldigen Sie mich, aber das taugt zu nichts, als mich aufzuhalten. Glauben Sie denn, daß sonst niemand seine Haut zu retten hat? Daß die Soldaten kommen, um just Sie zu belästigen? Sie könnten wohl auch Hand anlegen in einem solchen Augenblicke, statt einem zwischen die Füße zu laufen und zu greinen und einen nur zu behindern." Mit diesen und ähnlichen Antworten machte sie sich los von ihm, schon entschlossen, ihn, wenn sie ihre stürmische Arbeit halbwegs zu Ende gebracht haben werde, wie ein Kind bei einem Arme zu nehmen und ihn auf einen Berg zu schleppen.

Derart allein gelassen, trat er ans Fenster, blickte hinaus, spitzte die Ohren; und sooft jemand vorbeikam, schrie er mit einer halb weinerlichen und halb vorwurfsvollen Stimme: „Habt doch mit euerm Pfarrer so viel Mitleid, ihm etwa ein Pferd, ein Maultier, einen Esel zu verschaffen. Ist es denn möglich, daß mir gar niemand helfen will? Ach, was für Leute! Wartet wenigstens, bis ich mit euch gehen kann; wartet, bis ihr euer fünfzehn oder zwanzig seid, um mich mitzunehmen, damit ich nicht verlassen bin. Wollt ihr mich in den Händen dieser Hunde lassen? Wißt ihr nicht, daß es meistens Lutheraner sind, die es für ein verdienstliches Werk halten, die Priester umzubringen? Wollt ihr mich hierlassen, damit ich den Märtyrertod sterbe? Ach, was für Leute! Ach, was für Leute!"

Zu wem sagte er aber diese Dinge? Zu Menschen, die unter der Last ihrer ärmlichen Habe gekrümmt vorbeikamen, voll Gedanken an das, was sie zu Hause ließen, die ihre paar Kühe vor sich hertrieben, die ihre ebenso nach Kräften bepackten Kinder nachzogen, während die Frauen die kleineren, die noch nicht laufen konnten, auf dem Arme trugen. Einige rannten weiter, ohne zu antworten oder auch nur hinaufzublicken; hier und da sagte einer: „Ei, Herr, helfen Sie sich doch auch, so gut Sie können; seien Sie froh, daß Sie für keine Familie zu sorgen haben. Tummeln Sie sich, raffen Sie sich auf."

„Ach, ich Armer!", rief Don Abbondio aus, „ach diese Leute! was für Herzen! Da gibt's kein Mitleid: jeder denkt nur an sich, und an mich Armen will keiner denken." Und er suchte wieder Perpetua auf. –

„Gerade recht kommen Sie", sagte diese; „und das Geld?"

„Was tun?"

„Geben Sie es mir, ich vergrabe es im Garten zusammen mit der Tischwäsche."

„Aber ..."

„Aber, aber; geben Sie her: behalten Sie sich für alle Fälle ein paar Skudi, und sonst lassen Sie mich machen."

Don Abbondio gehorchte, ging zum Schrein, nahm seinen kleinen Schatz heraus und händigte ihn Perpetua ein, und diese sagte: „Ich gehe es im Garten vergraben, unterm Feigenbaum."

Bald darauf kam sie zurück mit einem Handkorb, der den Mundvorrat enthielt, und mit einem leeren kleinen Tragkorb; und in diesen begann sie hastig ein wenig Weißzeug von sich und von ihrem Herrn hineinzulegen, in dem sie sagte: „Das Brevier wenigstens werden Sie tragen."

„Aber wohin gehen wir?"

„Wohin gehen alle andern? Vor allem machen wir uns auf den Weg, und dann werden wir schon sehen, was zu tun ist."

In diesem Augenblick trat Agnese ein, mit einem kleinen Tragkorb auf dem Rücken und mit der Miene eines, der einen wichtigen Vorschlag zu machen hat. Auch sie hatte sich entschlossen, allein, wie sie im Hause war, und mit ihrer kleinen Barschaft Gäste solcher Art nicht zu erwarten; eine Weile war sie aber unschlüssig gewesen, wohin sie sich flüchten solle. Gerade der Rest dieser Skudi des Ungenannten, die ihr in den Monaten der Hungersnot so trefflich zustatten gekommen waren, war die Hauptursache ihrer Angst und ihrer Unschlüssigkeit, da sie gehört hatte, daß sich in den schon überfallenen Dörfern die, die Geld hatten, in der allerschrecklichsten Lage befunden hatten, weil sie nicht nur der Gewalttätigkeit der Fremden, sondern auch den Nachstellungen der Einheimischen ausgesetzt gewesen waren. Freilich hatte sie wegen des Geldes, das ihr, wie man zu sagen pflegt, vom Himmel herabgeschneit war, niemanden ins Vertrauen gezogen als Don Abbondio, zu dem sie jedesmal kam, wenn sie einen Skudo wechseln lassen mußte, und dem sie dann stets eine Kleinigkeit für die zurückließ, die noch ärmer waren als sie; aber verstecktes Geld hält den Besitzer, besonders wenn er nicht gewohnt ist, viel unter den Händen zu haben, in einem beständigen Argwohn auf den Argwohn anderer. Während sie nun all ihre Habe, die sie nicht mitnehmen konnte, aufs beste verbarg und an die Skudi dachte, die sie im Leibchen eingenäht bei sich trug, fiel ihr ein, daß ihr der Ungenannte zugleich mit diesem Geschenke auch die weitestgehenden Dienstesanerbietungen gemacht hatte: sie erinnerte sich, was sie von seiner Burg hatte erzählen hören, die an einem so sicheren Orte liege, daß gegen seinen Willen niemand als die Vögel hingelangen könnten; und sie nahm sich vor, dort hinauf zu wandern und um eine Zuflucht zu bitten. Dann dachte sie daran, wie sie sich diesem Herrn würde zu erkennen geben können, und da kam ihr Don Abbondio in den Sinn, der ihr nach jenem Gespräche mit dem Erzbischof immer freundlich und um so herzlicher entgegengekommen war, als er dabei keine Gefahr lief, es sich mit jemandem zu verderben, und durch das Fernsein der zwei jungen Leute auch die Gefahr fern war, daß an ihn eine Aufforderung ergangen wäre, die dieses Wohlwollen auf eine harte Probe gestellt hätte. Sie nahm an, daß in einem solchen Wirrwarr der gute Mann noch mehr in Verlegenheit und Bestürztheit sein müsse als sie und daß dieser Ausweg auch ihm sehr gut scheinen werde; und so kam sie, um ihn ihm vorzuschlagen. Da sie Perpetua bei ihm traf, machte sie den Vorschlag allen beiden.

„Was sagt Ihr dazu, Perpetua?", fragte Don Abbondio. „Ich sage, daß das eine Eingebung des Himmels ist und daß wir keine Zeit verlieren dürfen, den Weg zwischen die Beine zu nehmen."

„Und dann ..."

„Und dann, und dann, wenn wir dort sein werden, werden wir froh sein. Man weiß, daß dieser Herr jetzt nichts sonst mehr will, als seinen Mitmenschen zu dienen, und auch er wird froh sein, uns aufzunehmen. Dort, an der Grenze, und so hoch oben kommt sicherlich kein Soldat hin. Und dann, und dann, dort bekommen wir auch etwas zu essen; denn im Gebirge, wenn das bißchen Gottesgabe alle ist", und in dem sie das sagte, legte sie es in den Tragkorb auf das Weißzeug, „wären wir schlimm daran."

„Ist er denn auch richtig bekehrt, ha?"

„Was ist daran noch zu zweifeln nach alledem, was man erfahren hat, nach dem, was auch Sie gesehen haben?"

„Und wenn wir nun in den Käfig liefen?"

„Was Käfig? Mit Ihrem ganzen Gerede da, nehmen Sie mir es nicht übel, kommen wir nie zu einem Ende. Wackere Agnese, Euch ist wirklich ein guter Gedanke gekommen." Und sie stellte den Korb auf ein Tischchen, schlüpfte mit den Armen in die Gurten und nahm ihn auf den Rücken.

„Ließe sich denn nicht", sagte Don Abbondio, „ein Mann auftreiben, der mit uns ginge, um seinem Pfarrer das Geleit zu geben? Wenn wir so einem Schurken begegnen, wie deren nur allzu viele herumstreichen, was könntet ihr zwei mir da helfen?"

„Wieder etwas Neues, damit wir Zeit verlieren!", rief Perpetua aus. „Jetzt einen Menschen suchen zu gehen, wo jeder an seine Sachen zu denken hat! Vorwärts, nehmen Sie Ihr Brevier und Ihren Hut, und gehen wir endlich." Don Abbondio ging und kam in einem Augenblicke mit dem Brevier unterm Arm, mit dem Hute auf dem Kopfe und mit seinem Stock in der Hand zurück; und sie gingen alle drei durch ein Türchen hinaus, das auf den Kirchenplatz führte. Perpetua schloß es ab, mehr um nicht eine Förmlichkeit zu versäumen, als weil sie auf den Nutzen des Schlosses vertraut hätte, und steckte den Schlüssel in die Tasche. Im Vorbeigehen warf Don Abbondio einen Blick auf die Kirche und sagte zwischen den Zähnen:

„Der Gemeinde kommt es zu, sie zu bewachen, denn für sie ist sie da. Wenn sie ein bißchen Herz für ihre Kirche haben, so werden sie daran denken; haben sie kein Herz, so sollen sie es verantworten."

Sie nahmen den Weg durch die Felder, ganz still, da jedes an seine Angelegenheiten dachte, und blickten alle und sonderlich Don Abbondio, herum, ob sich nicht eine verdächtige Gestalt, irgend etwas Außergewöhnliches zeige. Sie begegneten niemandem: die Leute waren entweder in den Häusern, um sie zu bewachen, um ihr Bündel zu schnüren, um etwas zu verstecken, oder auf der Straße, die geradeaus auf die Höhen führte. Nach vielen Seufzern und abermaligen Seufzern und nach manchem Ausruf, den er sich entwischen ließ, begann Don Abbondio ein unausgesetztes Brummen. Er band mit dem Herzog von Nevers an, der in Frankreich hätte bleiben und es sich gut geschehen lassen und ein Fürstenleben führen können und nun der Welt zum Trotze Herzog von Mantua sein wollte, und mit dem Kaiser, der für alle andern hätte Verstand haben, das Wasser bergab laufen lassen und nicht in jeder Kleinigkeit den Empfindlichen spielen sollen, Kaiser wäre er immer geblieben, ob nun Hinz oder Kunz Herzog von Mantua wäre; besonders aber hatte er es mit dem Statthalter, dessen Sache es gewesen wäre, alles zu tun, um die Geißeln von dem Lande fernzuhalten, und der sie selber herbeigezogen habe, alles nur aus Lust am Kriege: „Es täte not", sagte er, „daß diese Herren einmal hier wären und sähen, was für eine Lust das ist. Eine schöne Rechenschaft haben sie abzulegen! Unterdessen aber verspürt es der, der keine Schuld daran hat."

„Lassen Sie doch einmal diese Leute aus", sagte Perpetua; „sie sind nicht danach, daß sie uns helfen könnten. Das sind, nehmen Sie mir's nicht übel, Ihre gewöhnlichen Schwätzereien, die zu nichts führen. Was aber mir Verdruß macht..."

„Was denn?" Perpetua, die während dieser Strecke Weges gemächlich über das hastig geschehene Verstecken der Sachen nachgedacht hatte, begann zu jammern, daß sie dieses vergessen, jenes schlecht verwahrt habe, daß sie hier eine Spur zurückgelassen habe, die die Räuber werde führen können, dort ..."

„Ausgezeichnet!", sagte Don Abbondio, der seines Lebens nunmehr sicher genug war, um sich seiner Habe wegen zu ängstigen; „ausgezeichnet! So also habt Ihr es gemacht? Wo habt Ihr denn den Kopf gehabt?"

„Was?", rief Perpetua aus, indem sie sich für einen Augenblick hinstellte und die Arme, soweit es ihr der Korb gestattete, in die Hüften stemmte, „was? jetzt kommen Sie mir mit diesem Vorwurf, wo doch Sie mir den Kopf verdreht haben, statt mir zu helfen und mir Mut zu machen! Ich habe vielleicht mehr an Ihr Eigentum als an das meinige gedacht und habe niemanden gehabt, der mir einen Handgriff getan hätte: ich habe schaffen müssen wie Maria und Magdalena; wenn etwas Schaden nimmt, so weiß ich mir nichts zu sagen: ich habe mehr als meine Pflicht getan."

Agnese unterbrach diese Auseinandersetzung, indem auch sie von ihrem Unglück zu sprechen begann: und sie beklagte sich nicht so sehr über das Ungemach und den Schaden, als daß sie die Hoffnung vereitelt sah, ihre Lucia bald wieder umarmen zu dürfen; denn wenn sich der Leser erinnert, so war es gerade jener Herbst, auf den sie gerechnet hatten, und es war nicht anzunehmen, daß Donna Prassede unter solchen Umständen in diese Gegend zum Landaufenthalt werde kommen wollen, sondern eher, daß sie, wenn sie sich schon hier befunden hätte, abgereist wäre, wie es die andern Besitzer von Landhäusern taten. —

Der Anblick der Örtlichkeiten machte diese Gedanken Agneses noch lebendiger und ihre Mißstimmung noch trüber. Von den Fußsteigen waren sie auf die Landstraße gelangt, und das war dieselbige, wo die arme Frau ihre Tochter nach dem gemeinsamen Aufenthalt bei dem Schneider auf so kurze Zeit heimgebracht hatte. Und schon sah man auch das Dorf.

„Wir werden doch die wackeren Leute begrüßen gehen", sagte Agnese.

„Und noch ein bißchen ausruhen", sagte Perpetua; „von dem Korb habe ich schon langsam genug, und dann müssen wir ja auch einen Bissen essen."

„Unter der Bedingung, daß wir keine Zeit verlieren", beschloß Don Abbondio; „denn wir sind wahrhaftig nicht zum Vergnügen auf dem Wege."

Sie wurden mit offenen Armen aufgenommen und mit großer Freude gesehen: sie erinnerten an eine gute Handlung. Tut Gutes, so vielen ihr nur könnt, sagt hier unser Autor; und ebenso oft werdet ihr dafür auf Gesichter treffen, die euch Freude machen. Als Agnese die gute Frau umarmte, brach sie in ein heftiges Weinen aus, und das war ihr ein großer Trost; und mit Schluchzen antwortete sie auf die Fragen, die diese und ihr Mann nach Lucia taten.

„Ihr geht es besser als uns", sagte Don Abbondio; „sie ist in Mailand, fern von der Gefahr und frei von diesem Teufelszeug."

„Sie sind wohl auf der Flucht, der Herr Pfarrer und die Begleitung?", sagte der Schneider.

„Jawohl", erwiderten wie aus einem Munde der Herr und die Magd.

„Ich bedaure Sie."

„Wir sind auf dem Wege in die Burg von ...", sagte Don Abbondio.
„Das war ein guter Gedanke, sicher wie in der Kirche."
„Und hier, hier hat man keine Angst?", sagte Don Abbondio.

„Das ist so, Herr Pfarrer: als richtige Wohngäste, wie man sich, wie Sie wissen, in der guten Sprache ausdrückt, werden sie nicht herkommen; dazu sind wir zu weit von ihrer Straße, Gott sei Dank. Höchstens machen sie hierher einen kleinen Abstecher, wovor uns Gott bewahre: jedenfalls haben wir noch Zeit, und man wird vorerst weitere Nachrichten aus den armen Dörfern hören müssen, wo sie haltmachen werden." Man beschloß, ein wenig zu bleiben, um zu verschnaufen; und da es um die Stunde des Mittagessens war, sagte der Schneider: „Sie müssen meinen ärmlichen Tisch beehren und vorlieb nehmen; wenig, aber von Herzen." Perpetua sagte, sie habe etwas bei sich, um das Fasten zu brechen. Nach einigen Umständen von der einen wie von der andern Seite kam man überein, alles zusammenzutun und gemeinsam zu essen.

Die Kinder hatten Agnese als ihre alte Freundin mit Jubel umringt. Alsbald befahl der Schneider dem einen Mädchen, demselben, das – wer weiß, ob man sich noch daran erinnert? – jenen Imbiß zu der Witwe Maria getragen hatte, ein paar frühreife Kastanien, die in einer Ecke lagen, zu schälen und zu rösten. „Und du", sagte er zu einem Knaben, „du gehst in den Garten und schüttelt den Pfirsichbaum, daß ein paar herunterfallen, und bringt sie her: alle natürlich." „Und du", sagte er zu einem andern, „du gehst zum Feigenbaum und pflückst ein paar von den reifsten; das Geschäft versteht ihr ja schon nur zu gut." Er ging ein Fäßchen anzapfen, und die Frau holte Tischwäsche. Perpetua nahm den Mundvorrat heraus, der Tisch wurde gedeckt, und für Don Abbondio wurde ein Majolikateller mit einem Besteck, das Perpetua in dem Korbe hatte, auf den Ehrenplatz gelegt. Sie setzten sich nieder und aßen, wenn auch nicht mit großer, so doch wenigstens mit weit mehr Fröhlichkeit, als irgend jemand von den Tischgenossen von diesem Tage erhofft hatte.

„Was sagen Sie denn, Herr Pfarrer, zu einem solchen Durcheinander?", sagte der Schneider; „mir ist, als läse ich die Geschichte von den Mauren in Frankreich."

„Was soll ich sagen? Daß auch das noch über mich kommen mußte!"

„Immerhin haben Sie sich eine gute Zuflucht gewählt", begann der Schneider wieder; „was für ein Teufel kann dort mit Gewalt hinaufkommen? Und Sie werden Gesellschaft finden; ich habe gehört, daß schon viel Leute dorthin geflüchtet sind und daß noch immer welche kommen."

„Ich will hoffen", sagte Don Abbondio, „daß wir gut aufgenommen werden. Ich kenne den wackeren Herrn; und als ich damals die Ehre hatte, mit ihm zusammenzusein, war er außerordentlich höflich."

„Und mir hat er durch Seine Gnaden, den hochwürdigen Herrn, sagen lassen", sagte Agnese, „wenn ich etwas brauchte, solle ich mich nur an ihn wenden."

„Eine herrliche Bekehrung!", fing Don Abbondio wieder an; „und sie hält an, nicht wahr? Sie hält an?"

Der Schneider begann ausführlicher über das heilige Leben des Ungenannten zu sprechen, und wie er aus einer Geißel der Umgebung ihr Vorbild und ihr Wohltäter geworden sei.

„Und diese Leute, die er bei sich hatte?... All dieses Gesindel?...", sagte Don Abbondio, der schon mehr als einmal darüber hatte reden hören, sich aber noch immer nicht genügend beruhigt hatte.

„Die meisten sind davongejagt", antwortete der Schneider, „und die, die geblieben sind, haben ihren Wandel geändert, und wie! Kurz und gut, aus der Burg ist eine Wüste Thebais geworden; Sie kennen ja diese Geschichten." Dann begann er mit Agnese von dem Besuch des Kardinals zu sprechen. „Ein großer Mann!", sagte er; „ein großer Mann! Schade nur, daß er hier so geschwind abgereist ist, so daß ich ihm keine Ehre habe erweisen können. Wie glücklich wäre ich, wenn ich noch einmal und mit ein bißchen mehr Gemächlichkeit mit ihm sprechen könnte!" Als sie dann vom Tische aufgestanden waren, ließ er seine Gäste ein gedrucktes Bild des Kardinals betrachten, das er an einem Flügel der Ausgangstür befestigt hatte, einmal aus Verehrung für den Mann und dann auch um jedem, der zu ihm kam, sagen zu können, daß es nicht ähnlich sei: denn er habe den Kardinal in Person ganz aus der Nähe und mit Muße in eben diesem Zimmer betrachten können.

„Das soll er sein?", sagte Agnese; „in den Kleidern gleicht er ihm, aber sonst ..."

„Nicht wahr, es gleicht ihm nicht?", sagte der Schneider; „ich sage es auch immer: wir lassen uns nichts vormachen, was? Aber wenn es schon sonst nichts ist, so steht doch sein Name darunter: es ist ein Andenken."

Don Abbondio drängte zum Aufbruch; der Schneider machte sich anheischig, einen Wagen zu beschaffen, der sie bis zum Fuße der Anhöhe bringen werde, ging sofort einen suchen und kam bald mit der Meldung zurück, daß er gleich da sein werde. Dann wandte er sich an Don Abbondio und sagte zu ihm: „Herr Pfarrer, wenn Sie etwa ein Buch da hinauf mitnehmen möchten, zum Zeitvertreib, so kann ich Ihnen, soweit ein armer Mann es vermag, damit dienen; denn auch ich zerstreue mich ein wenig mit Lesen. Freilich nicht Sachen wie für Ihresgleichen, sondern nur italienische; trotzdem ..."

„Danke, danke", antwortete Don Abbondio; „wie die Umstände sind, reicht der Kopf kaum hin, um sich mit dem zu befassen, was vorgeschrieben ist."

Während Danksagungen vorgebracht und abgelehnt und Grüße und Glückwünschungen, Einladungen und Versprechungen, hier auf der Rückreise wieder Halt zu machen, getauscht werden, ist der kleine Wagen vor der Haustür eingetroffen. Die Körbe werden aufgeladen, die Reisenden steigen ein und beginnen mit etwas mehr Bequemlichkeit und etwas ruhigerem Gemüt die zweite Hälfte ihres Weges. Der Schneider hatte Don Abbondio über den Ungenannten die

Wahrheit gesagt. Dieser war seit dem Tage, wo wir ihn verlassen haben, immer mit dem fortgefahren, was er sich vorgenommen hatte, nämlich Schäden gutzumachen, Verzeihung zu erbitten, den Armen zu helfen, kurz alles Gute zu tun, wozu Gelegenheit war. Immer ging er allein und ohne Waffen, bereit alles zu leiden, was ihm nach so vielen Gewalttätigkeiten zustoßen könne, und überzeugt, daß er eine neue begehen würde, wenn er seine Macht zur Verteidigung eines Menschen benützte, der so viel und an so vielen verschuldet hatte, überzeugt, daß alles Böse, das ihm geschähe, zwar eine Beleidigung für Gott, aber für ihn eine gerechte Vergeltung wäre und daß er weniger als jeder andere das Recht hätte, sich zum strafenden Richter der Beleidigung aufzuwerfen.

Bei alledem war er nicht minder unangefochten geblieben als zu der Zeit, wo er seiner Sicherheit halber so viele Arme und auch den seinigen bewaffnet gehabt hatte. Wohl hatte seine alte Wildheit bei vielen das Verlangen nach Rache zurückgelassen, und wohl hätte die jetzige Sanftmut diese Rache ganz leicht gemacht; aber die Erinnerung an die Wildheit und der Anblick der Sanftmut vereinigten sich, um ihm eine Bewunderung zuzuziehen und zu erhalten, die ihm als Schutzwehr diente. Er war der Mann, den niemand hatte demütigen können, und der sich selber gedemütigt hatte. Der Groll, der früher durch einen Hochmut und durch die Furcht der andern gereizt worden war, zerstob jetzt vor dieser Demut: die Gekränkten hatten wider alle Erwartung ohne Gefahr eine Genugtuung erhalten, die sie sich von der glücklichsten Rache nicht hätten versprechen können, die Genugtuung, einen solchen Mann sein Unrecht bereuen und ihren Unwillen sozusagen teilen zu sehen. Viele, deren bitterstes und tiefstes Mißvergnügen es seit vielen Jahren gewesen war, daß sie keine Möglichkeit sahen, in irgendeinem Falle stärker zu sein als er, um ihm ein großes Unrecht heimzuzahlen, hatten nun, wenn sie ihm allein, ohne Waffen und in der Haltung eines Menschen begegneten, der keinen Widerstand leisten würde, keinen andern Trieb empfunden, als ihm Ehre zu bezeigen. In dieser freiwilligen Erniedrigung hatten seine Erscheinung und sein Betragen, ohne daß ihm das bewußt geworden wäre, gewissermaßen an Hoheit und Adel gewonnen, weil sich darin noch besser als vorher die Nichtachtung jeder Gefahr zeigte. Der Haß, auch der wildeste und wütendste, fühlte sich bei der allgemeinen Verehrung für den reuigen und wohltätigen Mann wie gebunden und festgehalten. Diese Verehrung war so groß, daß es ihm oft schwer wurde, sich Kundgebungen zu entziehen, die ihm galten, und daß er auf der Hut sein mußte, in Gesicht und Gebärden die innere Zerknirschung nicht allzu sehr durchscheinen zu lassen und sich nicht zu sehr zu erniedrigen, um nicht zu sehr erhöht zu werden.

In der Kirche hatte er sich den letzten Platz gewählt, und es bestand keine Gefahr, daß ihn ihm jemand weggenommen hätte: das wäre Anmaßung seines Ehrenplatzes gewesen. Diesen Mann dann zu beleidigen oder ihn auch nur mit wenig Rücksicht zu behandeln, hätte nicht so sehr als eine Frechheit und Niedertracht, als ein Frevel erscheinen können, und sogar die, denen dies Gefühl der anderen eher hätte eine Schranke aufrichten können, nahmen auch selber mehr oder minder teil daran. Eben diese und noch andere Gründe hielten auch die Rache der öffentlichen Gewalt von ihm fern und verschafften ihm auch von dieser Seite die Sicherheit, derentwegen er sich keine Gedanken machte. Der Stand und die Verwandtschaft, die ihm immer einigermaßen zur Wehr gedient hatten, kamen ihm um so mehr jetzt zustatten, wo sich zu diesem schon berühmten und berüchtigten Namen das Lob eines musterhaften Lebenswandels und die Glorie der Bekehrung gesellt hatten. Die Behörden und die Großen hatten sowie das Volk der Freude über diese Bekehrung Ausdruck gegeben, und es wäre ungereimt gewesen, sich gegen jemanden zu erbosen, der Gegenstand so vieler Beglückwünschungen gewesen war. Überdies konnte sich eine Macht, die von einem unaufhörlichen und oft unglücklichen Kriege gegen lebendige und sich erneuernde Empörungen in Anspruch genommen war, mit der Tatsache, daß sie der unbezähmbarsten und lästigsten ledig war, genug zufrieden finden, um die Sache auf sich beruhen zu lassen, und dies um so mehr, als die Bekehrung manche Sühneleistung zur Folge hatte, die sie weder zu erreichen, noch sogar zu fordern gewohnt war. Einen Heiligen zu quälen, hätte kein gutes Mittel geschienen, die Schuld zu tilgen, daß man einen Ruchlosen nicht hatte im Zaume halten können; und das Beispiel, das durch die Bestrafung gegeben worden wäre, hätte keine andere Wirkung haben können, als seinesgleichen von ähnlichen Entschlüssen abzuhalten. Wahrscheinlich diente auch der Anteil, den der Kardinal Federigo an seiner Bekehrung hatte, und die Verbindung seines Namens mit dem des Bekehrten diesem wie ein geweihter Schild. Und bei diesem Stande der Dinge und der Meinungen, bei diesen eigentümlichen Verhältnissen zwischen der geistlichen Autorität und der weltlichen Gewalt, die so oft aneinander gerieten, ohne sich doch gegenseitig vernichten zu wollen, indem sie vielmehr in die Feindseligkeiten Handlungen der Erkenntlichkeit und Ergebenheitsbeteuerungen mischten, und die oft verbündet einem gemeinsamen Ziele zustrebten, ohne jedoch je Frieden zu schließen, konnte es gewissermaßen scheinen, daß die Versöhnung mit der Kirche auch das Vergessen, wenn nicht die Verzeihung des Staates mit sich bringe, wenn sich die Kirche allein angestrengt hatte, einen von allen beiden gewünschten Erfolg hervorzubringen. So wurde dieser Mann, auf den sich, wenn er gefallen wäre, groß und klein um die Wette gestürzt hätten, um ihn mit Füßen zu treten, nach einer freiwilligen Unterwerfung von allen verschont und ihm von vielen gehuldigt. Freilich gab es auch viele, denen diese geräuschvolle Änderung alles andere als Vergnügen machen mußte: so viele Vollzieher der Verbrechen, so viele Gesellen des Verbrechens, die die ganze Macht einbüßten, auf die sie zu bauen gewohnt waren, die auf einmal die Fäden von Anschlägen, woran sie seit langem gesponnen hatten, in einem Augenblicke zerrissen fanden, wo sie vielleicht die Nachricht von ihrem Gelingen erwarteten.

Aber wir haben schon gesehen, was für verschiedene Gefühle diese Bekehrung unter dem Gesindel hervorrief, das damals vor ihm stand und sie aus einem Munde verkündet hörte: Bestürzung, Schmerz, Niedergeschlagenheit, Ärger und von allem ein wenig außer von Verachtung und Haß. Dasselbe geschah den anderen, die in verschiedenen Plätzen verteilt gewesen waren, dasselbe den Spießgesellen höheren Standes, als sie die schreckliche Neuigkeit erfuhren, und allen aus denselben Gründen. Haß wurde viel eher, wie ich an der anderswo angeführten Stelle bei Ripamonti finde, dem Kardinal Federigo zuteil. Den betrachteten sie als einen, der sich in ihre Angelegenheiten gemischt habe, um sie zu verderben; der Ungenannte hatte seine Seele retten wollen: darüber hatte niemand ein Recht, sich zu beklagen. Der größte Teil dieses Gesindels hatte sich dann, da sie sich weder in die neue Zucht schicken konnten, noch die Wahrscheinlichkeit sahen, daß sich darin etwas ändern werde, nach und nach davongemacht. Mancher wird sich einen anderen Herrn gesucht haben und vielleicht unter den alten Freunden dessen, den er verließ, mancher wird sich in einem Fähnlein von Spanien oder Mantua oder eines anderen kriegführenden Teils haben anwerben lassen, einer oder der andere wird sich an die Straße gelegt haben, um den Krieg im kleinen und auf eigene Faust zu führen, und etliche werden sich auch begnügt haben, in Freiheit zu faulenzen. Und ähnlich werden es auch die anderen gemacht haben, die in verschiedenen Ortschaften zu seinen Befehlen gestanden hatten. Von denen weiter, die sich in die neue Lebensweise hatten schicken können oder sie gern angenommen hatten, waren die meisten, die im Tale Einheimischen, auf die Felder oder zu dem Gewerbe zurückgekehrt, das sie in der Jugend erlernt und dann aufgegeben hatten, und die Fremden waren als Diener in der Burg geblieben: die einen wie die anderen behalfen sich, als wären sie gleichzeitig mit ihrem Herrn in den Stand der Gnade zurückgekehrt, nach seinem Vorbilde, ohne Unrecht zu tun oder zu leiden, waffenlos und geachtet... . Als beim Herannahen der deutschen Truppen etliche Flüchtlinge aus überfallenen oder bedrohten Dörfern in der Burg ankamen, um Zuflucht zu heischen, nahm der Ungenannte, voller Freude, daß seine Mauern als Freistätte von den Schwachen aufgesucht wurden, die sie so lang von ferne wie ein ungeheures Schrecknis betrachtet hatten, diese Vertriebenen mehr mit Ausdrücken der Dankbarkeit als der Höflichkeit auf; er ließ bekannt machen, daß sein Haus jedem, der sich dorthin flüchten wolle, offen stehe, und dachte sofort daran, nicht nur dieses, sondern auch das ganze Tal in Verteidigungszustand zu setzen, wenn vielleicht Landsknechte oder spanische Söldner sollten versuchen wollen, hinzukommen und ihr Wesen zu treiben. Er versammelte die ihm verbliebenen Diener, die wie die Verse Tortis nur gering an Zahl, aber trefflich waren, hielt ihnen eine Ansprache über die schöne Gelegenheit, die Gott ihnen und ihm gebe, sich einmal zum Schutze ihrer Mitmenschen zu betätigen, die sie so lange bedrückt und in Schrecken versetzt hätten, machte ihnen mit dem ihm eigenen

Befehlston, der die Gewißheit, Gehorsam zu finden, ausdrückte, im allgemeinen zu wissen, was er von ihnen wünschte, und schrieb ihnen vor, wie sie sich zu benehmen hätten, damit die Leute, die ihre Zuflucht dort hinaufnehmen würden, in ihnen nur Freunde und Verteidiger sähen. Dann ließ er aus einer Dachkammer Schießgewehre, Schwerter und Spieße herab bringen, die dort seit einiger Zeit in einem Haufen gelegen hatten, und verteilte sie unter sie, ließ seinen Bauern und den Pächtern im Tale sagen, daß, wer einen Mann stellen wolle, bewaffnet in die Burg kommen solle, und wer keine Waffen hatte, dem gab er welche, und er wählte einige Leute aus, die wie Offiziere sein und andere unter ihrem Befehl haben sollten, stellte Posten auf an den Zugängen und an anderen Orten des Tals, am Fuße der Anhöhe und an den Burgtoren und setzte die Stunden und die Art der Ablösung fest wie in einem Lager, oder wie es in derselbigen Burg zu der Zeit eines wüsten Lebens Brauch gewesen war. In einer Ecke jener Dachkammer lagen abseits auf dem Boden oder lehnten an der Wand die Waffen, die er allein getragen hatte: ein berühmter Karabiner, Musketen, Schwerter, Pistolen, Messer, Dolche. Kein Diener rührte sie an; aber sie kamen überein, den Herrn zu fragen, welche sie ihm bringen sollten. „Keine", antwortete er; und ob es nun ein Gelübde oder nur ein Vorsatz gewesen war, er blieb immer unbewaffnet an der Spitze dieser Art Besatzung. Zu derselben Zeit hatte er auch Männer und Frauen seines Gesindes oder Untertanen von ihm in Bewegung gesetzt, um für so viel Leute, wie nur möglich, in der Burg Unterkunft zu bereiten und in den Zimmern, in den Sälen, die nun Schlafräume wurden, Betten aufzustellen und Strohsäcke und Matratzen zurechtzulegen. Und er hatte Befehl gegeben, daß genug Mundvorrat herbeigeschafft werde, um die Gäste, die ihm Gott schicken werde und deren wirklich alle Tage mehr wurden, zu beköstigen. Auch er war inzwischen nicht müßig; hinein in die Burg und heraus, den Hang hinauf und herunter, rings umher im Tale, um Posten zu stellen, zu verstärken, zu visitieren, um zu sehen, um sich sehen zu lassen, um alles durch sein Wort, durch sein Auge und durch seine Gegenwart zu regeln und geregelt zu erhalten. Zu Hause und auf der Straße hieß er die Anlangenden willkommen, und alle, ob sie ihn schon gesehen hatten oder ob sie ihn zum ersten Male sahen, blickten ihn mit Begeisterung an, indem sie einen Moment des Wehs und der Furcht vergaßen, wodurch sie dort hinaufgetrieben worden waren, und sie kehrten sich noch um, um ihm nachzuschauen, wenn er, nachdem er sich von ihnen losgemacht hatte, seinen Weg fortsetzte.

30. KAPITEL.

OBWOHL der stärkste Zudrang nicht von der Seite war, wo sich unsere Flüchtlinge dem Tale näherten, begannen sie doch bald Gefährten auf der Reise und im Unglück zu finden, die von den Querwegen und Fußsteigen auf der Straße angelangt waren oder anlangten. Unter derlei Umständen sind alle, die einander begegnen, wie Bekannte. Jedesmal, wenn der kleine Wagen einen Fußgänger einholte, wurden Fragen und Antworten getauscht. Der eine hatte sich, so wie die Unsrigen, davongemacht, ohne die Ankunft der Soldaten abzuwarten, der andere hatte noch die Trommeln und die Trompeten gehört, der dritte hatte sie gar gesehen und schilderte sie, wie ein Erschreckter zu schildern pflegt.

„Wir sind noch gut daran", sagten die zwei Frauen; „danken wir dem Himmel. Die Habe ist weg, aber wenigstens sind wir in Sicherheit."

Don Abbondio aber fand nicht, daß man sich darüber so sehr zu freuen hätte; dieser Zudrang und noch mehr der größere, der wie er hörte, an der anderen Seite war, begann ihn mißmutig zu machen. „Was für eine Geschichte!", brummte er zu den Frauen, als just niemand in der Nähe war; „was für eine Geschichte! Begreift ihr denn nicht, daß, wenn man so viele Leute an einem Orte ansammelt, dies gerade so viel heißt, wie die Soldaten mit Gewalt herziehen wollen? Alle verstecken ihre Sachen, alle schaffen sie weg, und in den Häusern bleibt nichts; sie werden glauben, daß da heroben Schätze sind. Sicherlich kommen sie her. Ach, ich Ärmster! Worauf habe ich mich eingelassen!"

„O nein! Sie haben etwas anderes zu tun, als da heraufzukommen", sagte Perpetua; „auch sie müssen ihre Straße ziehen. Und dann habe ich immer sagen hören, daß es in Gefahren besser ist, man ist mit recht vielen beisammen."

„Mit recht vielen? Mit recht vielen?", erwiderte Don Ab bondio; „armes Weib! Wißt Ihr nicht, daß ein jeder Landsknecht hundert solcher verspeist? Und wenn sie nun gar dumme Streiche machen wollten, das wäre ein hübscher Spaß, mitten in einer Schlacht zu sein, was? Ach, ich Ärmster! Weniger schlimm wäre es gewesen, ins Gebirge zu ziehen. Was haben sie denn alle, daß sie sich an einen Ort zusammenpferchen wollen? ..."

„Lästiges Volk!", murrte er dann etwas leiser; „alle hierher, und immerzu, und immerzu, einer hinter dem andern her wie unvernünftiges Vieh."

„Auf diese Art", sagte Agnese, „könnten auch diese dasselbe von uns sagen."

„Seid ein wenig still", sagte Don Abbondio; „denn das Schwatzen führt zu nichts. Was geschehen ist, ist geschehen; hier sind wir, hier müssen wir bleiben. Es wird geschehen, was die Vorsehung will; sei uns der Himmel gnädig."

Aber es wurde noch schlimmer, als er beim Eingange des Tales einen starken Posten Bewaffneter sah, die teils unter der Tür eines Hauses standen, teils sich in den Stuben des Erdgeschosses aufhielten; es sah aus wie eine Kaserne. Er sah sie von der Seite an: es waren nicht dieselben Fratzen, die er schon auf seiner früheren traurigen Reise hatte sehen müssen, oder wenn deren einige darunter waren, so hatten sie sich sehr verändert; aber samt alledem läßt sich nicht sagen, wie ärgerlich ihm dieser Anblick war. Ach, ich Armer! dachte er; da haben wir's, was sie für Dummheiten machen. Es hat auch gar nicht anders sein können; ich hätte dessen von einem Manne einer Gattung gewärtig sein müssen. Aber was will er? Will er Krieg führen? Will er den König spielen? Ach, ich Ärmster! Zu einer Zeit, wo man sich am liebsten unter die Erde verkriechen möchte, trachtet sich der auf jede mögliche Weise bemerkbar zu machen und die Augen auf sich zu ziehen; es sieht aus, als wollte er sie einladen!

„Sehen Sie jetzt, Herr Pfarrer", sagte Perpetua zu ihm, „ob nicht wackere Leute da sind, die uns zu verteidigen wissen werden. Die Soldaten sollen nur kommen; hier sind sie nicht so wie unsere Hasenfüße, die zu nichts taugen, als auszureißen."

„Still!", antwortete mit leiser, aber zorniger Stimme Don Abbondio; „still! Ihr wißt nicht, was Ihr sagt. Bittet den Himmel, daß die Soldaten Eile haben oder daß sie nicht erfahren, was hier vorgeht und daß man den Ort wie eine Festung zurichtet. Wißt Ihr nicht, daß es das Handwerk der Soldaten ist, die Festungen einzunehmen? Sie suchen nichts anderes: ihnen ist Sturmlaufen so wie zur Hochzeit gehen; denn alles, was sie vorfinden, ist ihrer, und die Menschen lassen sie über die Klinge springen. Ach, ich Ärmster! Jetzt genug, ich werde zusehen, ob ich mich auf diesen Felsen da in Sicherheit bringen kann. In eine Schlacht werden sie mich nicht bekommen, in eine Schlacht nicht!"

„Jetzt haben Sie auch schon Angst, daß man Sie verteidigen und Ihnen beistehen könnte ...", begann Perpetua wieder; aber Don Abbondio unterbrach sie barsch, immerhin aber mit leiser Stimme: „Still! Und hütet Euch wohl, diese Reden auszuplaudern. Erinnert Euch, daß man hier immer gute Miene machen und alles, was man sieht, billigen muß."

Bei der Schlimmen Nacht fanden sie wieder ein Pikett Bewaffneter, und vor denen zog Don Abbondio den Hut, indem er bei sich sagte: O weh, o weh! ich bin richtig in ein Feldlager gekommen. – Hier hielt der Fuhrmann an, sie stiegen ab, Don Abbondio bezahlte rasch und entließ ihn und machte sich mit seinen zwei Gefährtinnen auf den Weg zur Höhe, ohne ein Wort zu reden. Der Anblick der Örtlichkeit erweckte ihm die Erinnerung an die damals ausgestandene Angst und mischte diese mit der jetzigen. Und Agnese, die den Ort noch nie gesehen und sich im Geiste ein phantastisches Bild davon entworfen hatte, das sich ihr vorstellte, sooft sie an die schreckliche Reise Lucias dachte, empfand jetzt, als sie sah, wie es in Wirklichkeit war, ein neues und lebendigeres Gefühl dieser grausamen Erinnerung.

„Ach, Herr Pfarrer!", rief sie, „zu denken, daß meine arme Lucia auf diesem Wege dahingetragen worden ist!"

„Werdet Ihr still sein, unverständige Frau!", schrie ihr Don Abbondio ins Ohr; „sind das Reden, die man hier führt? Wißt Ihr nicht, daß wir bei ihm sind? Ein Glück nur, daß Euch jetzt niemand hört; aber wenn Ihr solche Sachen sagt..."

„O!", sagte Agnese; „jetzt, wo er ein Heiliger ist... !"

„Seid ruhig", erwiderte Don Abbondio; „glaubt Ihr, daß man den Heiligen rücksichtslos alles sagen darf, was einem durch den Sinn geht? Denkt lieber daran, Euch für die Wohltat zu bedanken, die er Euch erwiesen hat."

„O, daran habe ich schon gedacht; glauben Sie denn, daß man nicht auch ein bißchen Lebensart hat?"

„Lebensart ist, nichts zu sagen, was mißfallen könnte, sonderlich nicht zu einem, der es nicht gewöhnt ist, so etwas zu hören. Und merkt es euch alle zwei wohl, daß hier kein Ort ist, Klatschereien anzustellen und alles herauszusagen, was euch im Kopfe herumgehen kann. Es ist das Haus eines großen Herrn, das wißt ihr, und ihr seht, was für eine Gesellschaft er da hat: es kommen Leute aller Arten her: darum vernünftig sein, wenn ihr könnt, die Worte wägen und vor allem wenig reden, und nur wenn es notwendig ist; solange man still ist, stößt man nicht an."

„Sie treiben es aber schlimmer mit allen Ihren ...", erwiderte Perpetua.

„Still!", rief aber Don Abbondio halblaut und zog zugleich hastig den Hut und machte eine tiefe Verbeugung; denn bei einem Blicke nach oben hatte er den Unbekannten gesehen, der herunter und auf sie zukam. Auch der hatte Don Abbondio gesehen und erkannt; er ging ihm mit rascherem Schritte entgegen.

„Herr Pfarrer", sagte er, als er in der Nähe war, „ich hätte Ihnen mein Haus lieber bei einer besseren Gelegenheit angeboten; aber in jedem Falle freut es mich, Ihnen irgendwie nützlich sein zu können."

„Im Vertrauen auf die große Güte Euer erlauchten Herrlichkeit", antwortete Don Abbondio, „bin ich so kühn gewesen, unter diesen traurigen Umständen hierherzukommen, um Sie zu belästigen; und wie Euer erlauchte Herrlichkeit sehen, habe ich mir auch die Freiheit genommen, Gesellschaft mitzubringen. Das ist meine Haushälterin ..."

„Willkommen", sagte der Ungenannte.

„Und die da", fuhr Don Abbondio fort, „ist eine gute Frau, der Euer Herrlichkeit schon Gutes getan hat: die Mutter dieser ... dieser ..."

„Lucia", sagte Agnese.

„Lucia!", rief der Ungenannte aus, indem er sich mit gesenktem Haupte zu Agnese kehrte. „Gutes getan, ich! Großer Gott! Ihr tut mir Gutes, daß Ihr hierher ... zu mir ... in dieses Haus kommt. Seid willkommen. Ihr bringt den Segen mit Euch."

„Was denn nicht noch", sagte Agnese; „zur Last will ich Ihnen fallen." „Und dann", fuhr sie fort, indem sie sich einem Ohre näherte, „habe ich Ihnen auch noch zu danken ..."

Der Unbekannte schnitt ihr diese Rede ab, indem er sie dringlich fragte, wie es Lucia gehe; und nachdem er das erfahren hatte, kehrte er um, um seine Gäste in die Burg zu begleiten, was er denn auch trotz ihres Sträubens tat. Agnese warf dem Pfarrer einen Blick zu, der besagen wollte: „Nun sehen sie, ob es not tut, daß sie bei uns zweien den Mittler machen mit ihren Ratschlägen.

„Sind sie schon in ihrer Pfarre?", fragte ihn der Ungenannte.

„Nein, Herr, ich habe diese Teufel nicht abwarten wollen", antwortete Don Abbondio. „Weiß der Himmel, ob ich ihren Händen lebendig hätte entrinnen können, um Euer Herrlichkeit hier zu belästigen."

„Wohlan denn, seien Sie getrost", begann der Ungenannte wieder; „jetzt sind sie in Sicherheit. Da herauf werden sie nicht kommen; und sollten sie es versuchen wollen, so sind wir bereit, sie zu empfangen."

„Hoffen wir, daß sie nicht kommen", sagte Don Abbondio; und indem er auf die Berge deutete, die das Tal gegenüber abschlossen, fuhr er fort: „Ich höre, daß dort drüben noch ein anderer Heerhaufen herumstreicht, aber ... aber..."

„Jawohl", sagte der Ungenannte; „aber zweifeln Sie nicht, daß wir auch für sie bereit sind."

„Zwischen zwei Feuern also", sagte Don Abbondio zu sich, „richtig zwischen zwei Feuern. Wohin habe ich mich verleiten lassen! und von zwei Klatschbasen! Und dem da scheint es noch wahrhaftig zu behagen! Ach, was für Leute gibt es doch auf dieser Welt!"

In der Burg angelangt, ließ der Herr Agnese und Perpetua in eine Stube des den Frauen zugewiesenen Quartiers führen, das drei Seiten des zweiten Hofes einnahm und in dem rückwärtigen Teile des Gebäudes auf einem einzeln vorspringenden Block über einem Abgrund gelegen war. Die Männer waren rechts und links in dem andern Hofe und in dem Trakt untergebracht, der auf den Vorplatz hinausging. Der Mitteltrakt, der die beiden Höfe trennte und in dem ein breiter Gang gegenüber dem Haustor aus dem einen in den anderen führte, war zum Teil mit Lebensmitteln gefüllt, zum Teil mußte er zur Aufbewahrung der Sachen dienen, die die Flüchtlinge in Sicherheit bringen wollten. In den Männerquartieren waren einige Kammern für die Geistlichen bestimmt, die ankommen könnten. Der Ungenannte begleitete selber Don Abbondio hin, der als erster davon Besitz ergriff. Dreiundzwanzig oder vierundzwanzig Tage verweilten unsere Flüchtlinge in der Burg, inmitten einer fortwährenden Bewegung und in einer großen Gesellschaft, die in der ersten Zeit immer mehr wuchs; besondere Dinge erlebten sie nicht. Es verging vielleicht nicht ein Tag, ohne daß zu den Waffen gegriffen worden wäre. Landsknechte kommen von dort; hier hat man Spanier gesehen. Bei jeder solchen Nachricht schickte der Ungenannte Leute auf Kundschaft aus; und wenn es not tat, zog er selber mit einigen, die er immer dazu in Bereitschaft hielt, zum Tale hinaus in der Richtung, woher die Gefahr angezeigt worden war. Und es war ein seltsames Ding, eine Schar vom

Kopf bis zum Fuß bewaffneter Männer in Reih und Glied wie eine Soldatenabteilung von einem waffenlosen Mann angeführt zu sehen. Meistens waren es nur Fouragierer und abgesprengte Plünderer, die sich packten, bevor sie gestellt worden wären. Einmal aber erhielt der Ungenannte, indem er deren einigen nachsetzte, um ihnen die Gegend zu verleiden, die Meldung, daß ein Dörfchen in der Nähe überfallen worden sei und geplündert werde. Es waren Landsknechte von verschiedenen Truppenkörpern, die sich zum Marodieren vereinigt hatten und sich unversehens auf Ortschaften warfen, die in der Nähe derer lagen, wo sich das Heer einquartiert hatte; sie raubten die Bewohner aus und taten ihnen jede Schändlichkeit. Der Ungenannte hielt eine kurze Ansprache an seine Leute und führte sie in das Dorf. Sie trafen unerwartet ein. Die Schurken, die nur auf Beute auszugehen gedacht hatten, brachen die Plünderung ab, als sie sahen, daß eine geordnete und kampffertige Schar über sie kam, und machten sich eiligst, ohne daß einer auf den andern gewartet hätte, in der Richtung davon, woher sie gekommen waren. Der Ungenannte verfolgte sie noch ein Stück Weges; dann ließ er haltmachen, wartete noch eine Weile, ob sich noch etwas Bedenkliches zeige, und kehrte schließlich um. Und als er auf dem Rückwege durch das gerettete Dörfchen kam, da ließe sich nicht sagen, mit was für Beifallsrufen und Segnungen das Fähnlein der Befreier und ihr Anführer begleitet wurden. In der Burg kam in dieser zusammengewürfelten Menge von Personen, die an Stand, Sitten, Geschlecht und Alter verschieden waren, auch nicht eine einzige erhebliche Mißhelligkeit vor. Der Ungenannte hatte an verschiedenen Orten Wachen aufgestellt, die alle mit dem Diensteifer, den jeder auf die Dinge verwandte, worüber er Rechenschaft abzulegen hatte, darauf sahen, daß nichts Unziemliches geschah. Weiter hatte er die Geistlichen und die angesehensten Männer unter den Fremden gebeten, Rundgänge zu machen und auch selber ein wachsames Auge zu haben. Sooft er nur konnte, machte er selbst die Runde und zeigte sich allerorten; aber auch in seiner Abwesenheit genügte bei denen, die es nötig hatten, die einfache Erinnerung, in wessen Hause sie seien, sie im Zaume zu halten. Im übrigen waren es lauter Leute, die geflohen waren und daher zur Ruhe neigten: die Gedanken an Haus und Habe, bei einigen auch an Verwandte oder Freunde, die in der Gefahr verblieben waren, die Nachrichten von auswärts, die die Gemüter niederdrückten, erhielten diese Stimmung und verstärkten sie immer mehr. Freilich waren auch Leichtfüße dabei, Leute mit sorgloserem Sinn und frischerem Mut, die diese Tage in Heiterkeit zu verbringen trachteten. Sie hatten ihre Häuser verlassen, weil sie nicht stark genug gewesen waren, sie zu verteidigen; aber sie fanden keinen Geschmack daran, über Dinge zu weinen und zu seufzen, wo es keine Abhilfe gab, und sich im Geiste die Verwüstung vorzustellen und zu betrachten, die sie nur allzu früh mit ihren Augen sehen würden. Befreundete Familien waren gemeinsam gekommen oder hatten sich oben getroffen, neue Freundschaften waren entstanden; und nach Sinnesart und Gewohnheiten hatte sich die Menge in Gruppen geteilt. Wer Geld hatte und nicht knickerig war, ging ins Tal hinunter essen, wo unter solchen Umständen rasch Wirtshäuser errichtet worden waren: in manchen wechselten die Bissen mit Seufzern ab, und man durfte von nichts sonst als von Unglück sprechen; in andern wurde das Unglück nie erwähnt, außer um zu sagen, daß man nicht daran zu denken brauche. An die, die sich diese Ausgaben nicht leisten konnten oder wollten, wurde in der Burg Brot, Suppe und Wein verteilt; außerdem wurden dort tagtäglich einige Tische für die bestellt, die der Herr ausdrücklich eingeladen hatte, und zu deren Zahl gehörten die Unsrigen. Um ihr Brot nicht umsonst zu essen, hatten Agnese und Perpetua gebeten, daß sie zu den Verrichtungen herangezogen würden, die eine so große Gastfreundschaft erforderte, und darauf verwandten sie einen guten Teil des Tages; der Rest verging, indem sie mit gewissen Freundinnen, die sie sich gemacht hatten, und mit dem armen Don Abbondio schwatzten. Dieser hatte gar nichts zu tun, langweilte sich aber doch nicht; die Angst leistete ihm Gesellschaft. Soweit sie einen Überfall betraf, war sie ihm zwar nun, glaube ich, ganz geschwunden, oder wenn ihm von ihr noch etwas zurück geblieben war, so dürfte sie ihm jetzt weniger nahe gegangen sein, weil er auch bei oberflächlicher Überlegung hatte darauf kommen müssen, wie wenig begründet sie war; die Vorstellung aber, wie das umliegende Land von rohen Soldaten beider Teile überschwemmt war, die Waffen und die Bewaffneten, die er immer in Bewegung sah, eine Burg, diese Burg, der Gedanke an so viele Dinge, die sich unter solchen Umständen in jedem Augenblicke ereignen konnten, all das hielt ihn beständig in einem unbestimmten, allgemeinen Schrecken, ganz abgesehen von dem Kummer, den ihm der Gedanke an sein armes Haus verursachte. In der ganzen Zeit, die er sich in dieser Freistätte aufhielt, entfernte er sich davon nicht einen Büchsenschuß weit, und nie setzte er den Fuß auf den ins Tal führenden Weg; ein einziger Spaziergang führte ihn über den Vorplatz bald an die eine, bald an die andere Seite der Burg, wo er an den Felsen und Klüften hinabblickte, ob nicht eine ein bißchen gangbare Stelle oder etwa ein Fußpfad da sei, wo er, wenn es losgehen würde, ein Versteck suchen könnte. Allen seinen Zufluchtsgenossen bezeigte er eine große Ehrerbietung und grüßte sie mit großer Höflichkeit, aber Umgang hatte er nur mit wenigen: sein häufigster Verkehr war, wie gesagt, mit den zwei Frauen; vor ihnen schüttete er sein Herz aus, auch auf die Gefahr hin, daß ihm Perpetua manchmal eins versetzte und daß ihn auch Agnese beschämte. Bei Tische, wo er nur kurze Zeit blieb und gar wenig sprach, hörte er dann die Neuigkeiten von dem schrecklichen Durchmarsch, die tagtäglich kamen, indem sie entweder von Dorf zu Dorf und Mund zu Mund gingen oder auch von einem oder dem andern gebracht wurden, der anfänglich hatte zu Hause bleiben wollen und zuletzt ausgerissen war, ohne irgend etwas retten zu können und hier und da auch noch übel zugerichtet wurde: und tagtäglich gab es eine neue Unglücksgeschichte. Einige,

Neuigkeitskrämer von Beruf, sammelten sorgfältig alle Gerüchte, siebten die Meldungen und gaben dann die Blume den andern. Man stritt, welche Regimenter die verteufeltsten seien, ob das Fußvolk schlimmer sei oder die Reiterei, man wiederholte, so gut es ging, gewisse Namen von Feldhauptleuten, erzählte von einigen der früheren Feldzüge, man zählte die Rastorte und die Märsche her: heute hat sich das und das Regiment über die und die Dörfer verbreitet, morgen wird es über die und die kommen, wo inzwischen ein anderes wie der Teufel und noch schlimmer haust. Vor allem trachtete man sich zu unterrichten und auf dem Laufenden zu erhalten, welche Regimenter nach und nach die Brücke von Lecco überschritten, weil die als geschieden und nicht mehr im Lande befindlich betrachtet werden durften. Hinüber ziehen die Reiter Wallensteins, hinüber die Fußknechte Merodes, hinüber die anhaltischen Reiter, hinüber die Fußknechte aus Brandenburg, hinüber dann die Reiter Montecuccolis und dann die Ferraris, hinüber zieht Altringer, hinüber Fürstenberg, hinüber Colloredo, hinüber ziehen die Kroaten, hinüber Torquato Conti, hinüber andere und andere, und wenn es dem Himmel gefallen hat, so ist auch Galasso hinübergezogen, der der letzte war. Der fliegende Schwadron Venezianer war schließlich auch hinüber, und das ganze Land zur Rechten und zur Linken war frei. Schon hatten die aus den zuerst überfallenen und zuerst geräumten Dörfern die Burg verlassen, und alle Tage gingen Leute, so wie man nach einem herbstlichen Unwetter aus den belaubten Ästen eines großen Baumes die Vögel, die sich dort geborgen hatten, nach allen Seiten davonfliegen sieht. Ich glaube, daß unsere drei die letzten waren, die gingen, und dies, weil Don Abbondio nicht so rasch heimkehren wollte aus Furcht, noch auf Landsknechte zu stoßen, die sich von dem Heere getrennt haben und hinter ihm her streichen mochten. Perpetua hatte gut sagen, daß man, je länger man verziehe, dem einheimischen Gesindel um so mehr Zeit lasse, ins Haus einzudringen und den Rest wegzuschleppen; wenn es die Sicherheit seiner Haut galt, war es immer Don Abbondio, der die Oberhand gewann, außer die drohende Gefahr hatte ihn den Kopf völlig verlieren lassen. An dem zur Abreise festgesetzten Tage ließ der Ungenannte bei der Schlimmen Nacht eine Karosse bereithalten, worein er schon für Agnese eine Ausstattung an Weißzeug hatte legen lassen. Er nahm sie beiseite und drängte ihr noch ein Päckchen Skudi auf, um den Schaden wieder gutzumachen, den sie daheim vorfinden werde, obwohl sie, mit der Hand auf die Brust schlagend, wiederholt beteuerte, daß sie hier noch welche von den alten habe.

„Wenn Ihr Eure arme Lucia sehen werdet…", sagte er zuletzt zu ihr, „… daß sie für mich betet, weiß ich schon, seitdem ich ihr so viel zuleide getan habe… so sagt ihr also, daß ich ihr danke und daß ich auf Gott vertraue, daß ihr Gebet auch ihr so viel Segen bringen wird wie mir."

Dann ließ er es sich nicht nehmen, seine drei Gäste bis zum Wagen zu begleiten. Die demütigen und ungestümen Danksagungen. Don Abbondios und die

Bücklinge Perpetuas möge sich der Leser selber vorstellen. Endlich fuhren sie ab. Wie verabredet, hielten sie sich ein wenig bei dem Schneider auf, aber ohne sich niederzusetzen, und dort hörten sie hunderterlei Dinge vom Durchmarsch: die gewöhnliche Geschichte von Plünderung, Schlägen, Verwüstung und Unzucht; dort aber hatten sich glücklicherweise keine Landsknechte blicken lassen.

„Ach, Herr Pfarrer!", sagte der Schneider, indem er ihm zum Wiederaufsteigen den Arm reichte, „gedruckte Bücher könnte man machen über eine Zerstörung von dieser Art!"

Nach einem kleinen Stück Weges konnten unsere Reisenden mit eigenen Augen etwas von dem sehen, was sie oft hatten schildern hören: beraubte Weingärten, aber nicht wie nach der Lese, sondern wie nach einem Hagel und einem Sturme, wenn beides auf einmal über sie gekommen ist, Reben auf der Erde, entlaubt und verwirrt, die Pfähle ausgerissen, das Erdreich zertreten und mit Splittern, Blättern und Trieben besät, die Bäume entwurzelt und geköpft, die Hecken durchbrochen, die Gatter weggeschleppt. In den Dörfern dann erbrochene Türen, zerrissene Fenster, Scherben jeder Art, Lumpen in Haufen oder in den Straßen verstreut, eine drückende Luft, Gestank von der widerlichsten Jauche, die aus den Häusern rann, die Leute damit beschäftigt, Unflat herauszuschaffen oder Türen und Fenster nach Möglichkeit auszubessern oder in Gruppen miteinander zu klagen; und beim Vorbeifahren streckte sich manche Hand zum Wagenschlag, um Almosen zu heischen. Mit diesen Bildern bald vor Augen, bald im Geiste und mit der Erwartung, es zu Hause ebenso zu finden, langten sie dort an; und sie fanden wirklich, was sie erwartet hatten. Agnese ließ ihre Bündel in einen Winkel des Hofes legen, der noch der reinste Ort des Hauses war, und machte sich daran, dieses zu kehren und die wenigen Stücke ihrer Habe, die sie ihr gelassen hatten, zusammenzunehmen und zu reinigen; sie ließ einen Tischler und einen Schmied kommen, um die ärgsten Schäden auszubessern, und als sie dann das geschenkte Weißzeug Stück für Stück betrachtete und die neuen Zechinen zählte, sagte sie bei sich: „Ich bin noch auf die Füße gefallen; Gott und der Madonna und diesem guten Herrn sei es gedankt: ich kann wahrhaftig sagen, daß ich auf die Füße gefallen bin."

Don Abbondio und Perpetua brauchten keinen Schlüssel, um ins Haus zu kommen; bei jedem Schritte, den sie in dem Flur tun, verspüren sie, wie der modrige, giftige, pestilenzialische Gestank wächst, der sie zurücktreibt, und mit der Hand vor der Nase gelangen sie zu der Küchentür, treten auf den Fußspitzen ein voll Achtsamkeit, wohin sie treten, um nach Möglichkeit dem Unflat auszuweichen, der die Fliesen bedeckt, und werfen einen Blick umher. Ganz war nichts mehr, aber Überbleibsel und Teile dessen, was hier und anderswo gewesen war, sah man in jedem Winkel: Federn von Perpetuas Hühnern, Wäschefetzen, Blätter aus Don Abbondios Kalendern, Scherben von Schüsseln und Tellern, alles durcheinander oder verstreut. Nur auf dem Herde ließen sich die Spuren einer wüsten

Zerstörung aufgehäuft sehen, wie die nur angedeuteten Gedanken in der langen Rede eines Mannes von Geschmack. Die Bestandteile des erloschenen Scheiterhaufens, der dort lag, zeigten, was sie vordem gewesen waren: eine Armlehne eines Stuhls, eine Schranktür, eine Bettbank, eine Daube des Fäßchens, wo der Wein gewesen war, der Don Abbondios Magen einrichtete. Das übrige war Asche und Kohlen, und mit diesen selbigen Kohlen hatten die Zerstörer zur Kurzweil die Mauern mit rohen Zeichnungen beschmiert, die mit Käppchen, Tonsuren und dicken Gesichtern Geistliche darstellen sollten, und hatten sich viel Mühe gegeben, sie recht scheußlich und lächerlich zu machen: eine Absicht, die derartigen Künstlern wahrhaftig nicht fehlschlagen konnte.

„Diese Schweine!", rief Perpetua aus.

„Diese Schufte!", rief Don Abbondio aus.

Und fluchtartig gingen sie zu einer andern Tür hinaus, die in den Garten führte. Sie atmeten auf; sie gingen geradewegs auf den Feigenbaum zu.

Aber bevor sie noch hinkamen, sahen sie die Erde aufgeworfen, und sie stießen beide auf einmal einen Schrei aus; angelangt, fanden sie wirklich statt des Schatzes das offene Loch. Hier gab es Mißhelligkeiten: Don Abbondio begann mit Perpetua zu greinen, daß sie ihn nicht gut verborgen habe, und ob sie still war, mag man sich denken; nachdem sie beide tüchtig geschrien hatten, jeder den Arm ausgestreckt und den Zeigefinger just auf das Loch gerichtet, kehrten sie murrend miteinander zurück. Und man kann sich darauf verlassen, daß sie überall ungefähr dasselbe fanden. Sie plagten sich, ich weiß nicht, wieviel, das Haus zu reinigen und zu säubern, um so mehr, als es in diesen Tagen schwer war, Unterstützung zu finden; und ich weiß nicht, wie lange sie sich wohl oder übel fortfretten mußten, bis sie nach und nach Türen, Hausrat, Küchengeschirr von dem von Agnes geborgten Gelde ersetzt hatten. Obendrein wurde dieser Unstern auch noch der Same für andere, höchst ärgerliche Auseinandersetzungen; denn durch Forschen und Fragen, durch Auskundschaften und Spüren brachte Agnese als sicher in Erfahrung, daß sich verschiedene Sachen ihres Herrn, anstatt, wie man geglaubt hatte, von den Soldaten mitgenommen oder zerstört worden zu sein, heil und unversehrt bei Leuten im Dorfe befanden; und sie bestürmte ihren Herrn, er solle sich rühren und das seinige zurückfordern. Eine ihm verhaßtere Saite konnte man bei Don Abbondio nicht anschlagen; ein Gut war zwar in den Händen von Schurken, aber das waren Leute, mit denen ihm mehr daran lag, Frieden zu halten.

„Aber wenn ich nun einmal von diesen Dingen nichts hören will!", sagte er. „Wie oft soll ich Euch noch wiederholen: was weg ist, ist weg? Soll ich mir noch schlimmere Händel zuziehen, weil mir das Haus ausgeplündert worden ist?"

„Ich sage es ja", antwortete Perpetua; „Sie lassen sich noch die Augen aus dem Kopfe nehmen. Bei den andern ist Stehlen eine Sünde; bei Ihnen ist es keine."

„Aber so seht doch ein, was für ungereimtes Zeug das ist, was Ihr redet", erwiderte Don Abbondio; „wollt Ihr denn gar nie mehr still sein?"

Perpetua schwieg, aber nicht auf der Stelle und sofort, und nahm alles zum Vorwande, wieder anzufangen. Bis endlich der arme Mann soweit gebracht war, daß er, wenn ihm etwas in einem Augenblicke fehlte, wo er es gebraucht hätte, nicht mehr klagte; denn mehr als einmal war es ihm geschehen, daß er hatte hören müssen: „Gehen Sie und verlangen Sie es von dem, der es hat; er hätte es nicht bis jetzt behalten, wenn er es nicht mit so einem Menschen zu tun hätte."

Eine lebhaftere Unruhe verursachte es ihm, zu hören, daß noch immer tagtäglich einzelne Soldaten durchkamen, wie er nur allzurichtig vermutet hatte; daher war er in einem starken Bangen, einen von ihnen oder eine ganze Gesellschaft an seine Tür kommen zu sehen, die er vor allem andern schleunigst hatte herrichten lassen und die er mit großer Sorgfalt verschlossen hielt: aber durch die Gnade des Himmels geschah das nie. Indessen waren diese Schrecken noch nicht vorbei, als ein neuer dazukam. –

Hier werden wir aber den armen Mann beiseite lassen; es handelt sich um etwas ganz anderes, als um ein Besorgnis, als um die Leiden etlicher Dörfer, als um vorübergehende Unannehmlichkeiten.

---

31. KAPITEL.

DIE Befürchtung des Gesundheitsamtes, daß die Pest mit den deutschen Truppen ins Mailändische eindringen könnte, hatte sich, wie bekannt ist, bewahrheitet; und ebenso bekannt ist, daß sie hier nicht zum Stillstand gekommen ist, sondern einen großen Teil Italiens überfallen und entvölkert hat. Von dem Faden unserer Geschichte geführt, gehen wir zu der Erzählung der hauptsächlichsten Dinge über, die sich bei diesem Gemeinschaden zugetragen haben, im Mailändischen selbst verständlich, ja sogar ausschließlich nur in Mailand; denn die Denkwürdigkeiten dieser Zeit handeln fast nur von der Stadt, wie dies ungefähr ebenso und aus guten und schlechten Gründen überall zutrifft. Und um die Wahrheit zu sagen, so ist bei dieser Erzählung unser Zweck nicht nur, die Verhältnisse so weit darzustellen, wie sie für unsere Personen in Betracht kommen, sondern auch zugleich und soviel uns dies möglich ist, einen mehr berühmten als bekannten Abschnitt unserer vaterländischen Geschichte darzustellen. Von den vielen zeitgenössischen Berichten reicht nicht ein einziger für sich allein hin, einen ein bißchen bestimmten und richtigen Begriff davon zu geben, wie auch nicht einer nicht dazu beitragen könnte, ihn zu bilden. In einem jeden dieser Berichte, auch den Ripamontis nicht ausgenommen, der alle anderen durch die Menge und die Auswahl der Tatsachen und noch mehr durch die Art der Betrachtung übertrifft, in einem jeden sind wesentliche Tatsachen ausgelassen, die in anderen verzeichnet sind, in jedem sind grobe Irrtümer, die sich mit Hilfe irgendeines andern oder der wenigen noch erhaltenen gedruckten oder ungedruckten öffentlichen Urkunden erkennen und richtig stellen lassen; oft findet man in dem einen die Ursachen, deren Wirkungen man in dem anderen, gleichsam in der Luft schwebend, gesehnt hat. In allen herrscht weiter eine sonderbare Verwirrung in Zeiten und Dingen; es ist ein ewiges Anfangen und Aufhören, wie aufs Geratewohl, ohne einen allgemeinen Plan, ohne einen Plan in den Einzelheiten: eine Eigentümlichkeit, die übrigens bei den Büchern jener Zeit und vornehmlich bei denen, die, wenigstens in Italien, in der Volkssprache geschrieben sind, die häufigste und auffallendste ist; ob das im übrigen Europa auch so ist, das werden die Gelehrten wissen, wir befürchten es. Kein einziger Schriftsteller einer späteren Epoche hat sich bis jetzt die Aufgabe gestellt, diese Denkwürdigkeiten zu prüfen und zu vergleichen, um daraus eine zusammenhängende Reihe der Ereignisse, eine Geschichte dieser Pest abzuleiten, so daß die Vorstellung, die man allgemein von ihr hat, notwendigerweise sehr unsicher und ein wenig verworren sein muß, eine unbestimmte Vorstellung von großen Übeln und großen Fehlern – in Wirklichkeit gab es von den einen wie von den andern weit mehr, als man sich vorstellen könnte – eine Vorstellung, die mehr auf Schlüssen als auf Tatsachen und nur auf wenigen vereinzelten Tatsachen beruht, die nicht selten von ihren bezeichnendsten Umständen losgelöst sind, so daß auch von einer zeitlichen Unterscheidung, das heißt von einem Verständnis für Ursache und Wirkung, für Verlauf und Entwicklung nicht die Rede sein kann. Wir, die wir, wenn schon mit nichts anderem, so doch mit vieler Sorgfalt alle gedruckten Berichte, mehr als einen noch ungedruckten, viele – in Anbetracht der wenigen erhaltenen – amtliche Urkunden geprüft und verglichen haben, trachteten darnach, wenn schon keine abschließende, so doch eine noch nicht verrichtete Arbeit zu verrichten. Wir beabsichtigen keineswegs, sämtliche öffentlichen Maßnahmen und noch weniger alle in irgendeiner Beziehung denkwürdigen Ereignisse zu verzeichnen. Noch weniger haben wir es darauf abgesehen, dem, der sich ein vollkommeneres Bild von den Dingen machen will, das Lesen der Originalberichte überflüssig zu machen; dazu wissen wir allzugut, welch lebendige, einzigartige und sozusagen mitteilsame Kraft in allen Werken dieser Art liegt, wie immer es auch mit ihrer Anlage und ihrer Ausführung beschaffen sein mag. Wir haben nur versucht, die hauptsächlichsten und wichtigsten Tatsachen hervorzuheben und zu bewähren, sie in ihre wirkliche Reihenfolge zu bringen, soweit das ihr Inhalt und ihre Natur zuläßt, ihre wechselseitige Wirksamkeit zu betrachten und so vorderhand und bis es ein anderer besser macht, eine gedrängte, aber getreue und fortlaufende Darstellung dieses Unglücks zu geben. In dem ganzen Landstrich also, der von dem Heere durchzogen worden war, hatten sich hier und da in den Häusern und wohl auch auf der Straße Leichname gefunden. Bald darauf begannen in dem einen und dem andern Dorfe einzelne Leute und ganze Familien an heftigen und seltsamen Übeln, deren Erscheinungen den meisten lebenden Menschen unbekannt waren, zu erkranken und zu sterben. Nur einigen wenigen waren diese Erscheinungen nicht neu, und das waren die paar Leute, die sich der Pest erinnern konnten, die fünfzig Jahre vorher einen großen Teil Italiens und sonderlich das mailändische Gebiet verheert hatte, wo sie die Pest des heiligen Carlo genannt wurde. So stark ist die Menschenliebe! Unter den so mannigfaltigen und so feierlichen Erinnerungen eines allgemeinen Unglücks ist sie imstande, der Erinnerung an einen einzelnen Mann die erste Stelle zu verschaffen, weil sie diesem Manne Gefühle und Handlungen eingegeben hat, die noch denkwürdiger als die Übel sind, sie ist imstande, diese Erinnerung den Gemütern gleichsam als die Quintessenz dieses ganzen Wehs einzuträufeln, weil sie ihn angetrieben hat, sich als Führer, Helfer, Vorbild und freiwilliges Opfer überall ins Mittel zu legen, und sie ist imstande, aus einem Ungemach für alle ein Tätigkeitsgebiet für diesen Mann zu machen und das Ungemach wie eine Eroberung, wie eine Entdeckung nach ihm zu benennen. Der oberste Arzt Lodovico Settala, der jene Pest nicht nur gesehen hatte, sondern auch einer ihrer tätigsten und unerschrockensten und, trotz seiner Jugend, auch bestberufenen Ärzte gewesen war und der nun in großer Besorgnis vor dieser Pest auf der Hut war und sich stets auf dem laufenden hielt, berichtete am 20. Oktober dem Gesundheitsamte, daß in dem Dorfe Chiuso, dem letzten im Gebiete von Lecco und an der bergamaskischen Grenze gelegen, die Seuche unzweifelhaft ausgebrochen sei. Wie jedoch aus dem Ragguaglio Tadinos hervorgeht, wurde deswegen keinerlei Beschluß gefaßt. Und schon kamen auch ähnliche Nachrichten aus Lecco und Bellano dazu. Nun entschloß sich das Gesundheitsamt und willigte ein, einen Beamten abzufertigen, der sich unterwegs in Como einen Arzt mitnehmen und mit ihm die angegebenen Orte bereisen sollte. Alle zwei „ließen sich, ob aus Unwissenheit, ob aus einem andern Grunde, von einem alten und unwissenden Bartscherer in Bellano überreden, daß diese Krankheit nicht die Pest", sondern an einigen Orten die gewöhnliche Folge der herbstlichen Ausdünstungen der Sümpfe und in den andern die Folge der bei dem Durchzuge der Deutschen erlittenen Nöte und Unzukömmlichkeiten sei. Diese Versicherung wurde dem Amte überbracht, und damit scheint sich dieses zufrieden gegeben zu haben. Da aber ohne Unterlaß von verschiedenen Seiten neue und wieder neue Nachrichten von einem Sterben eintrafen, so wurden zwei Bevollmächtigte abgefertigt, um zu sehen und vorzusehen, der vorgenannte Tadino und ein Beisitzer des Amtes. Als diese ankamen, hatte sich das Übel schon so verbreitet, daß sich die Beweise darboten, ohne daß man sie hätte suchen brauchen. Sie durcheilten das Gebiet von Lecco, die Valsassina und die Ufer des Comer Sees, die nach dem Monte di Brianza genannten Bezirke und die Gera d'Adda; und überall fanden sie die Ortschaften entweder an den Eingängen mit Gattern abgesperrt oder verlassen und die Bewohner entflohen und in den Feldern gelagert oder zerstreut; „und diese Menschen", sagt Tadino, „sahen aus wie wilde Geschöpfe, und der eine trug Münzkraut, der andere Raute, dieser Rosmarin und jener ein Fläschchen mit Essig in den Händen". Sie unterrichteten sich über die Zahl der Toten: sie war entsetzlich; sie untersuchten Kranke und Leichen, und bei allen fanden sie die scheußlichen und schrecklichen Merkmale der Pest. Diese traurigen Neuigkeiten meldeten sie sofort brieflich dem Gesundheitsamte, und dieses entschloß sich noch an dem Tage, wo es sie empfing, am 30. Oktober, wie derselbige Tadino sagt, „die Freizettel vorzuschreiben, um auf diese Weise Leuten, die aus verseuchten Orten kämen, den Eintritt in die Stadt zu verwehren"; „und bis man die betreffende Kundmachung ausgefertigt habe", gab man vorläufig den Zöllnern einige summarische Weisungen. Inzwischen trafen die zwei Bevollmächtigten in aller Eile die Maßnahmen, die ihnen am besten schienen; und sie kehrten mit der traurigen Überzeugung heim, daß diese nicht genügen würden, einem so vorgeschrittenen und so verbreiteten Übel abzuhelfen oder es zum Stillstand zu bringen. Am 14. November eingetroffen, erstatteten sie dem Amte mündlich und schriftlich Bericht und erhielten von diesem den Auftrag, sich zu dem Statthalter zu begeben und ihm den Stand der Dinge darzulegen. Sie gingen hin und kamen mit der Meldung wieder, er habe über diese Neuigkeiten viel Mißvergnügen empfunden und ein großes Mitgefühl bezeigt, aber die Sorge für den Krieg sei viel wichtiger: *sed belli graviores esse curas.* So Ripamonti, der die Bücher des Gesundheitsamtes ausgezogen und sich auch mit Tadino besprochen hat, der vornehmlich mit der Mission beauftragt war und sie, wenn sich der Leser erinnert, nun schon zum zweiten Male aus demselben Anlaß und mit demselben Ausgang durchführte. Zwei oder drei Tage später, am 18. November, erließ der Statthalter eine Kundmachung, worin er wegen der Geburt des Prinzen Karl, Erstgeborenen des Königs Philipp IV, öffentliche Feste anordnete, ohne die Gefahr, die ein solcher Zusammenlauf unter diesen Umständen haben konnte, zu befürchten oder sich darum zu kümmern: alles wie in gewöhnlichen Zeiten, als ob ihm von nichts gesprochen worden wäre. Dieser Mann war, wie schon gesagt, der berühmte Ambrogio Spinola, den man hergeschickt hatte, um den Krieg wieder richtig zu führen und Don Gonsalvos Fehler gutzumachen und nebenbei auch den Statthalter abzugeben; und wir können hier auch nebenbei vermerken, daß er wenige Monate später in demselben Kriege gestorben ist, der ihm so sehr am Herzen lag, und er ist nicht etwa an Wunden im Felde, sondern im Bett vor Gram und Kummer über die Vorwürfe, Ausstellungen und Kränkungen jeder Art gestorben, die ihm von denen zuteil wurden, denen er diente. Die Geschichte hat sein Schicksal beklagt und die Unerkenntlichkeit der andern getadelt, sie hat mit vieler Sorgfalt seine soldatischen und politischen Unternehmungen beschrieben und seiner Vorsicht, Tätigkeit und Beharrlichkeit Beifall gegeben; sie hätte aber auch untersuchen können, was er mit all diesen Eigenschaften getan hat, als die Pest eine Bevölkerung bedrohte und bedrängte, für die er zum Hüter, oder besser gesagt, zum Vogt bestellt gewesen ist. Was aber, ohne den Tadel zu entkräften, die Verwunderung über sein Verhalten vermindert, was eine andere und stärkere Verwunderung erregt, ist das Verhalten dieser selbigen Bevölkerung, die, auch soweit sie von der Seuche noch nicht ergriffen war, so vielen Grund hatte, sie zu fürchten. Bei dem Einlangen dieser Nachrichten von den also schlimm heimgesuchten Dörfern, von Dörfern, die schier einen Halbkreis um die Stadt bilden und von ihr teilweise nicht mehr als achtzehn oder zwanzig Meilen entfernt sind, wer sollte da nicht glauben, daß eine allgemeine Bewegung, ein Verlangen nach gut oder schlecht verstandenen Vorsichtsmaßregeln oder wenigstens eine unfruchtbare Unruhe erregt worden wäre? Und trotzdem, wenn die Aufzeichnungen dieser Zeit in irgend etwas übereinstimmen, so ist es in dem Zeugnis, daß es gar nichts derlei gab. Die Hungersnot des vergangenen Jahres, die Bedrängnis durch die Soldaten, die Niedergeschlagenheit der Gemüter schienen mehr als zureichende Ursachen, die Sterblichkeit zu erklären; auf den Plätzen, in den Schenken, in den Häusern wurde, wer ein Wort von der Gefahr fallen ließ, wer die Pest erwähnte, mit ungläubigem Spott, mit zorniger Mißachtung bedacht. Dieselbe Ungläubigkeit, dieselbe, um es besser zu sagen, Verblendung und Verbohrtheit herrschte auch im Senat vor und ebenso im Rat der Dekurionen und bei jeder Behörde. Ich finde, daß der Kardinal Federigo, kaum daß die ersten Fälle eines ansteckenden Übels verlautet haben, den Pfarrern in einem Hirtenbriefe vorgeschrieben hat, den Gemeinden oft und öfter die Wichtigkeit und die unumgängliche Notwendigkeit einzuschärfen, jeden derartigen Vorfall zu melden und die verseuchten und verdächtigen Sachen abzuliefern; und auch dies kann zu seinen lobenswerten Eigentümlichkeiten gezählt werden. Das Gesundheitsamt bat, flehte um Mitwirkung, erreichte aber wenig oder gar nichts. Und in dem Amt selber war der Eifer weit entfernt davon, dem Bedürfnis zu entsprechen: es waren, wie Tadino mehrmals beteuert und wie noch besser aus dem ganzen Inhalt seines Berichtes hervorgeht, die zwei Ärzte, die, von dem Ernste der drohenden Gefahr überzeugt, diese Körperschaft antrieben, die dann die andern zu treiben hatte. Wir haben schon gesehen, wie lau sie bei der ersten Ankündigung der Pest in ihrer Tätigkeit, ja sogar in ihren Nachforschungen war; man betrachte nun noch folgenden anderen Beweis von nicht minder erheblicher Lässigkeit, wenn diese nicht etwa durch die ihr von den Oberbehörden in den Weg gelegten Hindernisse erzwungen war: diese Kundmachung wegen der Freizettel, die am 30. Oktober beschlossen worden war, wurde nicht vor dem 23. des folgenden Monats aufgesetzt und erst am 29. veröffentlicht. Die Pest war schon in Mailand. Tadino und Ripamonti nennen den namentlich, der sie als erster eingeschleppt hat, und vermerken noch andere die Person und den Vorfall betreffende Umstände; und bei der Betrachtung der Anfänge eines so furchtbaren Sterbens, dessen Opfer, von einer Unterscheidung nach ihren Namen gar nicht zu reden, aber kaum oberflächlich durch die Zahl der Tausende angegeben werden können, erwächst auch eine gewisse Neugier, die paar ersten Namen kennenzulernen, die vermerkt und aufbehalten werden konnten: diese Art von Auszeichnung, der Vortritt bei der Vertilgung, scheint ihnen und sonst noch gleichgültigeren Einzelheiten etwas Verhängnisvolles und Denkwürdiges zu verleihen. Der eine wie der andere Geschichtsschreiber sagt, daß es ein italienischer Soldat in spanischen Diensten gewesen sei; in dem übrigen stimmen sie nicht überein, und im Namen schon gar nicht. Nach Tadino hätte er Pietro Antonio Lovato geheißen, der im Gebiete von Lecco einquartiert gewesen wäre, nach Ripamonti Pier Paolo Locati aus dem Quartier von Chiavenna. Auch in dem Tage seiner Ankunft weichen sie voneinander ab: der eine verlegt ihn auf den 22. Oktober, der andere auf den ebensovielten des folgenden Monats; und man kann weder an diesem noch an jenem festhalten. Beide Zeitangaben widersprechen anderen, viel besser bewährten. Und dennoch haben Ripamonti, der im Auftrage des Allgemeinen Rats der Dekurionen schrieb, viele Mittel, sich die notwendige Auskunft zu holen, zu Gebote stehen müssen, und Tadino hätte vermöge seiner Stellung besser als jeder andere über ein Geschehnis dieser Art unterrichtet sein können. Im übrigen ergibt sich aus einer Vergleichung anderer Angaben, die uns, wie gesagt, genauer scheinen, daß es noch vor der Veröffentlichung der Kundmachung über die Freizettel geschehen ist, und wenn Wert darauf gelegt würde, könnte auch bewiesen oder nahezu bewiesen werden, daß es in den ersten Tagen dieses Monats geschehen sein muß; aber der Leser wird uns dessen sicherlich entheben. Sei dem nun, wie es sei, dieser unselige Kriegsknecht und Unheilbringer kam mit einem großen Bündel von Kleidern an, die er deutschen Soldaten abgekauft oder geraubt hatte, und nahm in der Vorstadt der *Porta Orientale* in der Nähe der Kapuziner bei Verwandten Aufenthalt; kaum angekommen, erkrankte er, er wurde ins Spital gebracht, und dort erregte eine Beule, die sich unter seiner Achsel zeigte, bei dem ihn behandelnden Arzte den Verdacht, es könnte das ein, was es wirklich war: am vierten Tage starb er. Das Gesundheitsamt ließ seine Familie absondern und sie im Hause absperren; seine Kleider und das Bett, worin er im Spital gelegen hatte, wurden verbrannt. Zwei Wärter, von denen er gepflegt worden war, und ein Mönch, der ihm Beistand geleistet hatte, erkrankten ebenfalls binnen wenigen Tagen und starben alle drei an der Pest. Der Argwohn, den man schon vom Anfang an an diesem Orte über die Art des Übels gehegt hatte, und die deshalb angewandten Vorkehrungen bewirkten, daß sich die Seuche dort nicht weiter ausbreitete. Außerhalb des Spitals aber hatte der Soldat einen Samen zurückgelassen, der nicht zu keimen zauderte. Der erste, bei dem er Boden faßte, war der Besitzer des Hauses, wo er gewohnt hatte, ein Lautenspieler namens Carlo Colonna. Nun wurden alle Mieter dieses Hauses auf Befehl des Gesundheitsamtes in das Lazarett gebracht, und dort erkrankten die meisten; einige starben auch nach kurzer Zeit, offenkundig an der Seuche. Was schon diese Leute, aber auch ihr Hausrat und ihre Kleider, die von Verwandten, Mietern und Dienstboten vor den Nachforschungen des Amtes und vor der durch dieses vorgeschriebenen Verbrennung weggeschafft worden waren, in der Stadt ausgestreut hatten und was überdies durch die Mangelhaftigkeit der Verordnungen, durch die Nachlässigkeit in ihrem Vollzuge und durch die Gewandtheit, sie zu umgehen, neu dazu kam, wucherte verborgen in der restlichen Zeit dieses Jahres und in den ersten Monaten von 1630. Von Zeit zu Zeit packte es jemand bald in diesem Viertel, bald in jenem, und hin und wieder starb einer; und eben die Seltenheit der Fälle beseitigte den Argwohn der Wahrheit, bestärkte die Bevölkerung immer mehr in diesem stumpfsinnigen und mörderischen Vertrauen, daß keine Pest da sei, daß sie auch nicht einen Augenblick da gewesen sei. Dazu verspotteten noch viele Ärzte, die der Stimme des Volkes – war sie auch in diesem Falle Gottes Stimme?– den Widerhall abgaben, die trüben Vorhersagungen, die drohenden Warnungen der wenigen und bezeichneten jeden Pestfall, zu dessen Behandlung sie gerufen wurden, mit dem Namen irgendeiner anderen Krankheit, wie immer auch die Zeichen, wie immer auch die Merkmale waren, womit er auftrat. Wenn nun auch die Meldungen von diesen Fällen dem Gesundheitsamte zugingen, so kamen sie ihm doch meistens nur spät und unsicher zu. Die Angst vor der Quarantäne und dem Lazarett schärfte allen den Geist: die Kranken wurden nicht angegeben, die Totengräber und ihre Vorsteher wurden bestochen, und von den Unterbeamten des Gesundheitsamtes selber, die zur Leichenbeschau abgeordnet waren, erhielt man für Geld falsche Bescheinigungen. Da nun aber das Amt nach jeder solchen Entdeckung, die ihm glückte, die Sachen zu verbrennen befahl, die Häuser absperren ließ und die Familien ins Lazarett schickte, so ist leicht abzunehmen, wie groß die Erbitterung und das Murren der Allgemeinheit war, „des Adels, der Kaufmannschaft und des Volkes", wie Tadino sagt, überzeugt, wie sie allesamt waren, daß das nur grundlose und nutzlose Plackereien seien. Der stärkste Haß aber fiel auf die zwei Ärzte, nämlich den besagten Tadino und den Senator Settala, Sohn des obersten Arztes, und zwar dermaßen, daß sie über keinen Platz mehr gehen konnten, ohne mit häßlichen Worten, wo nicht gar mit Steinen überfallen zu werden. Und es ist wahrhaftig seltsam und verdient vermerkt zu werden, in was für einer Lage sich diese Männer etliche Monate lang befanden: sie sahen eine entsetzliche Geißel herannahen, sie bemühten sich in jeder Weise, sie abzuwenden, sie stießen auf Hindernisse, wo sie Hilfe suchten, und waren zugleich die Zielscheibe der Schmähungen, galten für Feinde des Vaterlandes: *pro patriae hostibus*, sagt Ripamonti.

Von diesem Haß traf ein Teil auch die anderen Ärzte, welche, gleich ihnen von dem Vorhandensein der Seuche überzeugt, zu Vorkehrungen rieten und ihre traurige Gewißheit allen mitzuteilen trachteten. Die Verständigeren beschuldigten sie der Leichtgläubigkeit und des Eigensinns; für alle anderen war es aufgelegter Betrug, ein Anschlag, um aus dem allgemeinen Schrecken Gewinn zu ziehen.

Der oberste Arzt Lodovico Settala, damals fast achtzigjährig, ehedem Professor der Heilkunde an der Universität Pavia, dann der Moralphilosophie in Mailand, Verfasser vieler damals hochgeschätzten Werke, berühmt durch Berufungen an Lehrstühle anderer Universitäten, Ingolstadt, Pia, Bologna und Padua, und durch die Ablehnung aller dieser Berufungen, war sicherlich einer der gewichtigsten Männer seiner Zeit. Zu dem Rufe seines Wissens gesellte sich der seines Lebenswandels und zu der Bewunderung das Wohlwollen wegen seiner großen Menschenliebe in der Behandlung und Unterstützung der Armen. Dazu noch etwas, was dem durch seine Verdienste erzeugten Gefühle der Wertschätzung bei uns abträglich ist und widerspricht, was dieses aber damals zu allgemeinerer und stärkerer Geltung bringen mußte: der arme Mann teilte die gewöhnlichsten und verderblichsten Vorurteile seiner Zeitgenossen; er war ihnen voraus, aber ohne sich von dem Haufen zu entfernen, wodurch eben das Unglück herbeigezogen und oft das auf andere Weise erworbene Ansehen vernichtet wird. Und doch reichte dieses außerordentlich große Ansehen, das er genoß, nicht nur nicht hin, in diesem Falle die Meinung jenes Dinges zu besiegen, das die Dichter das profane Volk und die Possenreißer verehrungswürdiges Publikum nennen, sondern konnte ihn auch nicht einmal vor dem Unwillen und den Beleidigungen jenes Teils bewahren, der seine Ansichten leichter in Kundgebungen und Taten umsetzt.

Als er eines Tages in der Sänfte unterwegs war, um seine Kranken zu besuchen, begannen sich Leute um ihn anzusammeln und zu schreien, er sei der Anführer derer, die die Pest durchaus hier haben wollten, er sei es, der, mit seinem finsteren Gesicht und seinem garstigen Bart, die Stadt in Schrecken setze, alles nur, um den Ärzten zu tun zu geben. Die Menge wuchs und ihre Wut ebenso; die Träger, die die Gefahr sahen, brachten ihren Herrn in dem Haus eines Freundes, das zufällig in der Nähe war, in Sicherheit. Dies widerfuhr ihm, weil er klar gesehen und die Wahrheit gesagt und die Absicht gehabt hatte, viele Tausende Menschen vor der Pest zu retten; als er aber mit einem seiner beklagenswerten Gutachten mitwirkte, eine arme Unglückselige als Hexe foltern, mit glühenden Zangen zwicken und verbrennen zu lassen, weil ihr Herr an sonderbaren Magenschmerzen litt und ein früherer Herr von ihr heftig in sie verliebt gewesen war, da wird ihm wohl die Öffentlichkeit ein neues Lob der Weisheit und, woran zu denken unerträglich ist, einen neuen Anspruch auf Verdienstlichkeit zuerkannt haben. Zu Ende des Monats März aber begannen zuerst in der Vorstadt an der *Porta Orientale* und dann in jedem Stadtviertel die Erkrankungen und die Todesfälle mit auffallenden Nebenerscheinungen von Krämpfen, Zuckungen, Erstarrung und Raserei und mit jenen unheimlichen Merkmalen der schwarzblauen Flecken und Beulen häufig zu werden, und der Tod kam meist schnell und nicht selten auch plötzlich, ohne irgendein vorheriges Anzeichen von Erkrankung. Die Ärzte, die Gegner der Meinung von dem Bestehen einer Seuche gewesen waren, wollten sich nicht zu dem bekennen, was sie verlacht hatten; da sie aber der neuen Krankheit, die zu allgemein und zu offenbar geworden war, um namenlos zu bleiben, einen Namen geben mußten, so erfanden sie für sie den von bösartigen Fiebern, von pestartigen Fiebern: eine jämmerliche Umschreibung, ja eine Wortspielerei, die doch großen Schaden stiftete; denn samt dem Anschein, die Wahrheit anzuerkennen, lief sie doch darauf hinaus, etwas als unglaubwürdig hinzustellen, was zu glauben und einzusehen am meisten not getan hätte, daß sich nämlich das Übel durch Ansteckung übertrug. Die Behörden begannen, wie aus dem Schlafe erwacht, auf die Winke und Vorschläge des Gesundheitsamtes mehr zu hören und die Verordnungen durchzuführen. Das Gesundheitsamt verlangte auch fortwährend Geld, um den täglich steigenden Ausgaben für das Lazarett und so vielen anderen Erfordernissen nachzukommen, und verlangte es einstweilen von den Dekurionen, bis es entschieden sei – was, wie ich glaube, nie, außer durch die Tat geschah – ob solche Ausgaben die Stadt oder den königlichen Schatz angingen. Den Dekurionen lag auch der Großkanzler an, dieser auf Befehl des Stadthalters, der von neuem vor das arme Casale gezogen war, um es zu belagern, lag auch der Senat an, und zwar daß sie bedacht sein sollten, die Stadt mit Lebensmitteln zu versorgen, bevor sie, wenn sich die Seuche hier verbreiten sollte, von dem Verkehr mit den anderen Ortschaften abgeschnitten würde, und daß sie ein Mittel ausfindig machen sollten, den großen Teil der Bevölkerung, der arbeitslos geworden war, zu unterhalten. Die Dekurionen trachteten durch Anleihen und Umlagen Geld zu beschaffen, und von dem, was sie zusammenbrachten, gaben sie ein wenig dem Gesundheitsamt, ein wenig den Armen, kauften ein wenig Korn und kamen dem Bedürfnis zum Teile nach. Und die große Drangsal war noch gar nicht gekommen.

Im Lazarett, wo die Zahl der Pfleglinge, obwohl täglich dezimiert, täglich zunahm, war wieder die Schwierigkeit, den Dienst und die Unterordnung zu sichern, die vorgeschriebenen Absonderungen durchzusetzen, kurz, die von dem Gesundheitsamt befohlene Hausordnung aufrecht zu erhalten oder, besser gesagt, einzuführen; denn von den ersten Augenblicken an war dort wegen der Zügellosigkeit vieler Eingeschlossener und durch die Achtlosigkeit und Nachgiebigkeit der Wärter alles in einem Durcheinander gewesen. Das Amt und die Dekurionen, die nicht wußten, wo anfangen, hielten es für das beste, sich an die Kapuziner zu wenden, und baten den Pater Kommissär der Provinz, der die Stelle des vor kurzem verstorbenen Provinzials vertrat, er möge ihnen Leute geben, die die Eignung hätten, dieses verwahrloste Reich zu regieren. Der Kommissär schlug ihnen als Vorsteher einen Pater Felice Casati vor, einen Mann reifen Alters, der den, wie sich in der Folge zeigte, wohlverdienten Ruf großer Menschenliebe, Tätigkeit und Sanftmut und auch zugleich großer Seelenstärke genoß, und als Genossen und gleichsam als Gehilfen einen Pater Michele Pozzobonelli, der noch jung, aber nach Sinnesart und Aussehen ernst und streng war. Die zwei wurden mit Freuden angenommen und fanden sich am 30. März im Lazarett ein. Der Vorsitzende des Gesundheitsamtes führte sie überall herum, damit sie so gleichsam den Besitz anträten, und stellte den Pater Felice den zusammengerufenen Wärtern und Beamten jedes Grades als Vorsteher mit unumschränkter Gewalt vor. In dem Maße, wie sich dann die jammervolle Vereinigung vermehrte, kamen noch andere Kapuziner dazu und machten dort Aufseher, Beichtväter, Verwalter, Krankenpfleger, Köche, Kleiderbewahrer, Wäscher, alles, was gebraucht wurde. Pater Felice, immer angestrengt und immer eifrig, war bei Tag auf den Beinen, war bei Nacht auf den Beinen, war in den Gängen, in den Stuben und in diesem weiten Hofraum, manchmal mit einem Stabe in der Hand, manchmal nur mit einem härenen Kleide bewehrt; er ermutigte alle und regelte alles: er stillte den Lärm, stellte Klagen ab, drohte, strafte, tadelte, tröstete und trocknete und vergoß Tränen. Gleich zu Anfang zog er sich die Pest zu; er genas und machte sich mit neuer Kraft an die früheren Sorgen. Seine Mitbrüder ließen dabei zum großen Teile das Leben, und alle mit Freuden. Gewiß war eine solche Diktatur ein absonderliches Auskunftsmittel: absonderlich wie das Unglück und absonderlich wie die Zeiten; und wenn wir von diesen Zeiten nichts anderes wüßten, würde als Beweisgrund, ja sogar als ein Beispiel, wie herabgekommen und zerrüttet die Gesellschaft damals war, die Tatsache hinreichen, daß die, denen ein so verantwortliches Verweseramt zugekommen wäre, nichts anderes zu tun wußten, als es abzugeben, daß sie, um es abzugeben, niemanden sonst fanden als Männer, die dazu durch ihre Ordenserziehung am wenigsten befähigt waren. Aber ein nicht unansehnlicher Beweis der Kraft und der Geschicklichkeit, die die Menschenliebe zu jeder Zeit und in wie immer beschaffenen Lagen verleihen kann, ist zugleich die Tatsache, daß diese Männer ein solches Amt so wacker versehen haben. Und schön war es, daß sie es übernommen haben ohne einen anderen Beweggrund, als daß niemand da war, der es gewollt hätte, ohne eine anderen Zweck, als zu dienen, ohne eine andere Hoffnung auf dieser Welt, als auf einen mehr beneidenswerten als beneideten Tod; es war schön, daß es ihnen angeboten worden ist, nur weil es schwierig und gefährlich war und weil man annahm, daß Festigkeit und Kaltblütigkeit, damals so nötig und so selten, bei ihnen zu finden sein mußte. Und darum verdienen es die Werke und das Herz dieser Mönche, daß ihrer mit Bewunderung, mit Rührung und mit jener Art der Dankbarkeit gedacht werde, die man für alle den Menschen von Menschen geleisteten großen Dienste und vor allem denen schuldet, die auf keine Belohnung rechnen. „Wären nicht diese Mönche gewesen", sagt Tadino, „so wäre sicherlich die ganze Stadt verödet; denn es ist wunderbar, wieviel diese Mönche in einem so kurzen Zeitraum für das allgemeine Wohl getan und wieviele Tausende von Armen sie, obwohl sie von der Stadt so gut wie gar keine Hilfe hatten, durch ihren Eifer und ihre Klugheit im Lazarett erhalten haben". Der an diesem Orte in den sieben Monaten, wo Pater Felice die Leitung hatte, aufgenommenen Personen waren etwa fünfzigtausend, wie Ripamonti sagt; und dieser sagt mit Recht, daß man von einem solchen Manne gleicherweise hätte sprechen müssen, wenn es anstatt das Elend einer Stadt zu beschreiben, gegolten hätte, das zu erzählen, was ihr Ehre bringen kann.

Auch im Volke ließ selbstverständlich diese Halsstarrigkeit, die Pest zu leugnen, nach und verlor sich in dem Maße, wie sich die Krankheit ausbreitete und sich durch die Berührung und den Verkehr übertrug, und um so mehr dann, als sie, nachdem sie sich eine Weile nur auf die Armen beschränkt hatte, auch bekanntere Personen zu ergreifen begann. Und unter diesen verdient, so wie er damals der am meisten genannte Mann war, auch jetzt eine ausdrückliche Erwähnung der oberste Arzt Settala. Jetzt wird man doch wenigstens zugestanden haben, daß der alte Mann recht gehabt hatte? Wer weiß es? Es erkrankten an der Pest er, seine Frau, zwei Kinder und sieben Dienstleute. Er und ein Kind kamen davon, die übrigen starben. „Diese Fälle", sagt Tadino, „die in adeligen Häusern der Stadt vorkamen, machten den Adel und das Volk nachdenklich, und die ungläubigen Ärzte und die unwissende und vorlaute Menge begannen die Zähne zusammenzubeißen und große Augen zu machen".

Die Auswege aber, die Ausflüchte und, sozusagen, die Rache der überführten Hartnäckigkeit sind oftmals derart, daß sie den Wunsch hervorrufen, die Hartnäckigkeit hätte sich bis zum Schluß gegen die Vernunft und den Augenschein fest und unbesiegt erhalten; und das war eines von diesen Malen. Die, die so entschlossen und so lange bestritten hatten, daß in ihrer nächsten Umgebung und unter ihnen ein Krankheitskeim sei, der sich auf einem natürlichen Wege fortpflanzen und ein Massensterben anrichten könne, waren, da sie jetzt eine Fortpflanzung nicht mehr leugnen konnten und sie diesem natürlichen Wege nicht zuschreiben wollten – das wäre ein Bekenntnis eines großen Irrtums und zugleich einer großen Schuld gewesen – um so mehr geneigt, eine andere Ursache dafür zu suchen und die erste beste, die vorgebracht werden würde, gutzuheißen. Unglücklicherweise war eine derartige in den damals nicht nur hier, sondern in ganz Europa gemeinen Vorstellungen und Überlieferungen zur Hand: Zauberkünste, Teufelswerk, eine Verschwörung von Menschen, um die Pest durch ansteckende Gifte und Behexung zu verbreiten. Solche oder ähnliche Dinge waren schon bei mancher andern Pest vermutet und geglaubt worden, und hier vornehmlich bei der vor einem halben Jahrhundert. Dazu nehme man, daß noch im Jahre zuvor der Statthalter eine von König Philipp IV. unterzeichnete Depesche erhalten hatte, worin er benachrichtigt wurde, daß aus Madrid vier Franzosen entwischt seien, die als verdächtig, giftige und pestbringende Salben zu verbreiten, gesucht würden; er solle auf der Hut sein, wenn sie je nach Mailand kämen. Der Statthalter hatte die Depesche dem Senat und dem Gesundheitsamt mitgeteilt, weiter aber scheint man sich nicht darum gekümmert zu haben. Als jedoch die Pest nicht nur ausgebrochen, sondern auch erkannt war, konnte die Erinnerung an jene Warnung zur Bestätigung des halben Verdachtes einer verbrecherischen Tücke dienen, und sie konnte auch zu dem Anlaß werden, ihn entstehen zu lassen. Zwei Vorfälle aber, der eine eine Folge blinder und ungebändigter Furcht, der andere, ich weiß nicht, welcher Niedertracht, waren es, die diesen halben Verdacht eines möglichen Anschlags in einen ausgesprochenen Verdacht und für viele in die Gewißheit eines tatsächlichen Anschlages verwandelten. Am Abend des 17. Mai wollten einige gesehen haben, wie im Dom etliche Leute die Bretterwand, die die den zwei Geschlechtern zugewiesenen Räume voneinander schied, gesalbt hätten; darum ließen sie in der Nacht diese Wand samt den an sie stoßenden Bänken aus der Kirche tragen, obwohl der Vorsitzende des Gesundheitsamtes, der mit vier seiner Beamten zur Untersuchung herbeigeeilt war, nachdem er die Wand, die Bänke, die Weihwasserbecken untersucht hatte, ohne daß er etwas gefunden hätte, was den unsinnigen Verdacht eines giftmischerischen Anschlages hätte bestätigen können, den Einbildungen der Leute zu gefallen und „mehr aus übermäßiger Vorsicht, als weil es notwendig gewesen wäre", entschieden hatte, es genüge, die Wand abzuwaschen. Diese Menge aufeinandergehäuften Geräts erzeugte einen großen Eindruck des Schreckens beim gemeinen Mann, für den ein Gegenstand leicht zu einem Beweisgrund wird. Allgemein sagte und glaubte man, im Dom seien alle Bänke, die Wände und sogar die Glockenstränge gesalbt worden. Und das sagte man nicht nur damals: alle zeitgenössischen Denkwürdigkeiten, die von diesem Falle sprechen – einige sind viele Jahre später geschrieben – sprechen davon mit gleicher Bestimmtheit; und die richtige Geschichte des Falles müßte man erraten, wenn sie sich nicht in einem Briefe des Gesundheitsamtes an den Statthalter fände, der in dem Archiv von San Fedele aufbewahrt wird und dem wir sie entnommen haben und der auch die Worte enthält, die wir in Gänsefüßchen gesetzt haben. Am folgenden Morgen wirkte ein anderer und noch seltsamerer, noch bezeichnenderer Anblick auf Augen und Sinn der Bürger. In jedem Stadtviertel sah man lange Strecken weit die Haustüren und die Mauern mit, ich weiß nicht, was für einer gelblichweißen Schmiere beschmutzt, die wie mit einem Schwamm aufgetragen war. War es nun eine törichte Lust, einen geräuschvolleren und allgemeineren Schrecken hervorzurufen, oder war es ein schändlicher Plan, die allgemeine Verwirrung zu steigern, oder war es etwas anderes, was ich nicht wüßte, jedenfalls ist die Sache auf eine Weise belegt, daß es uns minder vernünftig erscheinen würde, sie einem Traume vieler, als der Tat einiger zuzuschreiben, einer Tat übrigens, die weder die erste noch die letzte dieser Art gewesen wäre. Ripamonti, der bei der Erzählung von diesen Salbungen die Leichtgläubigkeit des Volkes häufig verspottet und sie noch häufiger beklagt, bestätigt, daß er diese Besudelung gesehen hat, und beschreibt sie. In dem oben angeführten Briefe erzählen die Herren vom Gesundheitsamte die Sache ebenso; sie sprechen von Untersuchungen, von Versuchen, die man mit dieser Materie an Hunden und zwar ohne schlimmen Erfolg angestellt habe, und fügen bei, ihre Meinung gehe dahin, *„daß jene Vermessenheit eher aus Mutwillen als zu einem verderblichen Ende geschehen sei"*, ein Gedanke, der in ihnen bis zu dieser Zeit eine Seelenruhe zeigt, die ausreichte, um nicht etwas zu sehen, was nicht vorhanden war. Andere zeitgenössische Aufzeichnungen, die davon erzählen, bemerken ebenso, daß es im Anfange die Meinung vieler gewesen sei, man habe es mit einem Schabernack, mit einer Handlung einer wunderlichen Laune zu tun; keine spricht von Leuten, die das geleugnet hätten, und wenn ihrer dagewesen wären, so hätten sie gewiß von ihnen gesprochen, wenn auch nur, um sie verrückt zu nennen. Ich habe es für nicht unangebracht gehalten, diese zum Teil wenig bekannten, zum Teil vollständig unbekannten Einzelheiten eines berühmten Wahnwitzes zu vermelden und sie zusammenzustellen; denn bei Irrtümern und besonders bei Irrtümern vieler scheint mir am anziehendsten und nützlichsten die Beobachtung zu sein, welche Wege sie genommen und wie sie sich gegeben haben, daß sie in die Geister eindringen und sie beherrschen konnten.

Die sowieso schon erregte Stadt war nun völlig in Aufruhr: die Besitzer der Häuser brannten die beschmierten Stellen mit angezündetem Stroh aus; die Vorübergehenden blieben stehen, schauten, entsetzten sich und tobten. Die Fremden, die schon als solche verdächtig und leicht an der Kleidung zu erkennen waren, wurden vom Volk auf der Straße gegriffen und aufs Stadthaus gebracht. Die Ergriffenen, die Ergreifer, die Zeugen wurden verhört und befragt; man fand keinen Schuldigen: die Köpfe waren noch fähig, zu zweifeln, zu untersuchen, zu begreifen. Das Gesundheitsamt erließ eine Kundmachung, worin es Belohnung und Straflosigkeit dem versprach, der über den oder die Urheber der Tat Aufklärung gebe. „*Da es uns auf keine Weise zulässig erscheint*", sagen diese Herren in dem angeführten Briefe, der das Datum vom 21. Mai trägt, aber offenbar am 19., dem Datum der gedruckten Kundmachung, geschrieben ist, „*daß dieses Verbrechen besonders in einer so gefährlichen und verdächtigen Zeit auf irgendeine Weise ungestraft bleibe, haben wir heute zur Tröstung und Beruhigung des Volkes und um Hinweise der Tat zu erlangen, eine Kundmachung veröffentlicht*" usw. In der Kundmachung aber war nicht mit einem Worte oder wenigstens nicht klar diese vernünftige Mutmaßung angedeutet, die sie dem Statthalter mitgeteilt hatten: eine Schweigsamkeit, die ein wütendes Vorurteil im Volke und zugleich in ihnen eine um so sträflichere Nachgiebigkeit verriet, je verderblicher sie werden konnte.

Während das Amt noch suchte, hatten schon im Volke, wie es denn wohl geschieht, viele gefunden. Von denen, die an eine giftmischerische Salbung glaubten, wollte der eine, daß es eine Rache von Don Gonsalvo Hernandez de Córdova für die Beschimpfungen sei, die man ihm bei seiner Abreise angetan hatte, ein anderer meinte, der Kardinal Richelieu habe sie ausgeheckt, um Mailand zu entvölkern und sich mühelos seiner zu bemächtigen, wieder andere nannten, man weiß nicht aus welchen Gründen, den Grafen von Collalto, Wallenstein und diesen und jenen mailändischen Edelmann als Urheber. Auch fehlte es nicht an Leuten, die darin, wie wir gesagt haben, nur einen dummen Spaß sahen, und sie schrieben ihn Schülern, Herren und auch wohl Offizieren zu, die der Belagerung von Casale überdrüssig seien. Daß man dann nicht, wie man gefürchtet haben wird, unmittelbar eine allgemeine Verseuchung und ein allgemeines Sterben erfolgen sah, wurde wahrscheinlich der Grund, daß sich der Schrecken einstweilen langsam beruhigte und die Sache in Vergessenheit kam oder zu kommen schien.

Im übrigen gab es auch noch eine gewisse Zahl von Leuten, die noch immer nicht davon überzeugt waren, daß die Pest da sei. Und weil ebenso im Lazarett wie in der Stadt doch einige genasen, „so hieß es" – die letzten Behauptungen einer durch den Augenschein widerlegten Meinung sind immer merkwürdig – „so hieß es im Volke und auch bei vielen befangenen Ärzten, es sei gar keine richtige Pest, weil sonst alle gestorben wären". Um nun jeden Zweifel zu beheben, erfand das Gesundheitsamt ein dem Bedürfnis entsprechendes Auskunftsmittel, eine Art, zu den Augen zu sprechen, wie sie nur jene Zeit erheischen und eingeben konnte. An einem der Pfingstfeiertage pflegten nämlich die Bürger auf dem Friedhof von San Gregorio zusammenzuströmen, um für die an jener andern Pest Verstorbenen, die dort begraben lagen, zu beten; und da sie in der Andacht auch eine günstige Gelegenheit zu einer Lustbarkeit und zu einem Schauspiel ersahen, so legten alle ihren besten Staat an. An diesem Tage war unter andern eine ganze Familie an der Pest verstorben. Zur Stunde des größten Zusammenlaufes wurden nun auf Befehl des Gesundheitsamtes mitten in den Wagen, mitten in der Menge der Reiter und Fußgänger die Leichname dieser Familie nackt auf einem Karren auf den besagten Friedhof geschafft, damit alle diese Menschen die offenkundigen Merkmale der Pest an ihnen sähen. Ein Schrei des Abscheus, des Schreckens erhob sich, wo der Karren durchfuhr; ein langes Gemurmel herrschte dort, wo er durchgefahren war, und ein Gemurmel ging ihm voraus. Nun glaubte man mehr an die Pest; übrigens verschaffte sie sich durch sich selbst tagtäglich mehr Glauben, und diese Versammlung selbst sollte ihre Verbreitung nicht wenig fördern.

Im Anfang also keine Pest, durchaus keine, auf keinen Fall, sogar das Wort auszusprechen verboten. Dann pestartige Fieber; der Begriff macht sich in einem Beiworte heran. Dann keine eigentliche Pest: das heißt, Pest, freilich, aber nur in einem gewissen Sinne; nicht Pest schlechthin, sondern etwas, wofür man keinen andern Namen zu finden weiß. Schließlich Pest ohne Zweifel und ohne Widerspruch: aber schon hat sich ein anderer Begriff an sie geheftet, der Begriff der Giftmischerei und der Hexerei, der den durch das Wort, das sich nicht mehr zurückweisen läßt, ausgedrückten Begriff verfälscht und trübt. Man braucht, glaube ich, in der Geschichte der Begriffe und der Worte nicht sehr bewandert zu sein, um zu sehen, daß viele einen ähnlichen Lauf genommen haben. Dem Himmel sei es gedankt, daß es nicht viele von einer solchen Gattung und einer solchen Wichtigkeit gibt, die ihre Klarheit um einen solchen Preis gewinnen und an die sich derlei Nebenumstände heften können. Immerhin könnte in den großen Dingen ebenso wie in den kleinen zu einem großen Teile dieser lange und gewundene Lauf vermieden werden, wenn man die seit so langer Zeit vorgeschlagene Methode befolgte, zu beobachten, zu hören, zu vergleichen und zu denken, bevor man spricht.

Aber das Sprechen, diese so einzige Sache, ist dermaßen leichter als alle andern zusammen, daß auch wir, ich meine, wir Menschen im allgemeinen, ein bißchen zu bedauern sind.

32. KAPITEL.

Da es immer schwieriger geworden war, den traurigen Ansprüchen der Lage zu genügen, so war am 4. Mai im Rate der Dekurionen beschlossen worden, den Statthalter um Hilfe anzugehen. Und am 22. wurden zwei von dieser Körperschaft ins Lager abgefertigt, die ihm das Unglück und die Not der Stadt darlegen sollten: die Kosten ungeheuer, die Kassen leer, die Einnahmen der künftigen Jahre verpfändet, die laufenden Abgaben nicht bezahlt wegen des allgemeinen Elends, das durch so viele Ursachen und sonderlich durch die Verheerung des Krieges hervorgerufen worden sei; dann sollten sie ihm zu bedenken geben, daß durch ununterbrochene Gewohnheiten und Gesetze und durch eine besondere Verfügung Karls V. die durch die Pest verursachten Kosten dem königlichen Schatze zur Last fielen, wie denn auch bei der des Jahres 1576 der Statthalter Marques de Ayamonte nicht nur alle Kammersteuern erlassen, sondern auch der Stadt eine Beihilfe von vierzigtausend Skudi aus derselben Kammer gegeben habe, und schließlich sollten sie vier Forderungen stellen: daß die Steuern erlassen würden, wie es schon einmal geschehen sei, daß die Kammer Geld hergebe, daß der Statthalter den König über die Notlage der Stadt und des Kronlandes unterrichte und daß er das durch die Soldateneinquartierungen zugrunde gerichtete Land künftighin damit verschone. Zur Antwort schrieb der Statthalter Beileidsversicherungen und neuerliche Ermahnungen: es sei ihm unlieb, daß er nicht in der Stadt anwesend sein könne, um seine ganze Sorgfalt auf eine Besserung der Lage zu verwenden, er hoffe aber, daß der Eifer der Herren allen Anforderungen entsprechen werde: das sei eine Zeit, wo man keine Kosten scheuen dürfe und sich in jeder Weise anstrengen müsse. Was die ausdrückliche Förderung betreffe, *proveeré en el mejor modo que el tiempoynecesidades permitieren*. Als Unterschrift ein Gekritzel, das Ambrogio Spinola heißen sollte und ebenso deutlich war wie eine Versprechungen. Der Großkanzler Ferrer schrieb ihm, daß die Dekurionen diesen Brief *con gran desconsuelo* gelesen hätten; es kamen und gingen andere Briefe, Bitten und Antworten, aber ich finde nicht, daß es zu einem bestimmteren Beschluß gekommen wäre. Einige Zeit darauf, als die Pest auf ihrem Gipfel war, übertrug der Statthalter durch eine Bestallungsurkunde seine Gewalt demselbigen Ferrer, da er, wie er schrieb, an den Krieg zu denken hatte. Nachdem dieser Krieg, beiläufig gesagt, von den Soldaten gar nicht zu reden, aber durch die Seuche mindestens eine Million Menschen in der Lombardei, im Venezianischen, in Piemont, in der Toskana und in einem Teile der Romagna dahingerafft, nachdem er, wie wir oben gesehen haben, die Gegenden, die er berührte, verödet hatte – und wie es mit den Gegenden war, wo er gekämpft wurde, das mag man sich vorstellen – nachdem Mantua genommen und grausam geplündert worden war, endigte er mit der allgemeinen Anerkennung des neuen Herzogs, dessen Entsetzung ein Zweck gewesen war. Bemerkt muß freilich werden, daß dieser verpflichtet wurde, an den Herzog von Savoyen ein Stück von Montferrat mit Einkünften von fünfzehntausend Skudi und an Ferrante, Herzog von Guastalla andere Ortschaften mit Einkünften von sechstausend Skudi abzutreten, und daß dabei noch ein durchaus geheimer Teilvertrag bestand, wonach besagter Herzog von Savoyen Pinerolo Frankreich überließ, ein Vertrag, der etliche Zeit später nur unter mancherlei Vorwänden und mit vieler Hinterlist durchgeführt worden ist.

Zugleich mit jenem Beschlusse hatten die Dekurionen noch einen anderen gefaßt, nämlich den Kardinal und Erzbischof zu bitten, er möge den Leichnam des heiligen Carlo in einer feierlichen Prozession durch die Stadt tragen lassen.

Das verweigerte der treffliche Prälat aus vielen Gründen. Ihm mißfiel dieses Vertrauen auf ein willkürliches Hilfsmittel, und er fürchtete, daß sich, wenn der Erfolg nicht danach wäre, was er auch fürchtete, das Vertrauen in Ärgernis verkehren würde. Weiter fürchtete er, daß, *„wenn doch solche Salber vorhanden wären"*, die Prozession eine für das Verbrechen allzugünstige Gelegenheit abgeben würde, und daß, *„wenn solche nicht vorhanden wären"*, die Ansammlung einer so großen Volksmenge die Seuche nur noch mehr verbreiten müßte, *„was eine wesentlichere Gefahr sei"*. Denn der schon eingeschlafen gewesene Verdacht der Salbungen war inzwischen allgemeiner und heftiger als zuvor wiedererwacht.

Von neuem hatte man gesehen oder diesmal zu sehen geglaubt, daß Mauern, Tore öffentlicher Gebäude, Haustüren, Türklopfer gesalbt seien. Die Kunde von diesen Entdeckungen flog von Mund zu Mund, und wie es denn, besonders wenn die Gemüter voreingenommen sind, oft geschieht, tat das Hören die Wirkung des Sehens. Die durch das Bestehen der Übel immer mehr erbitterten und von der Hartnäckigkeit der Gefahr erregten Gemüter unterwarfen sich um so lieber diesem Glauben; denn der Zorn verlangt zu strafen und ist, wie bei dieser Gelegenheit ein scharfsinniger Mann bemerkt hat, mehr geneigt, die Übel einer menschlichen Verworfenheit zuzuschreiben, an denen er seine Rache nehmen kann, als in ihnen eine Ursache zu erkennen, bei der nichts anderes zu tun wäre, als sich darein ergeben. Ein ausgesuchtes, augenblicklich wirkendes und alles durchdringendes Gift, das war ein Wort, mehr als ausreichend, das Ungestüm und die düstersten und regellosesten Erscheinungen der Krankheit zu erklären. Man sagte, dieses Gift sei aus Kröten und Schlangen und aus dem Geifer und dem Eiter von Pestkranken, aus noch Schlimmerem, aus allem, was eine wilde und verrückte Einbildung Schmutziges und Gräßliches ersinnen konnte, zusammengesetzt. Dann fügte man noch die Zauberkünste dazu, wodurch jede Wirkung ermöglicht, jeder Einwurf entkräftigt, jede Schwierigkeit gelöst wurde. Wenn die Wirkung nicht sofort nach der ersten Salbung aufgetreten war, so verstand man, warum: das war eben ein mißglückter Versuch noch unerfahrener Giftmischer gewesen; jetzt hatte sich die Kunst vervollkommt, und der Wille war noch mehr auf den höllischen Vorsatz erpicht. Hätte auch jetzt noch jemand behauptet, es sei ein Schabernack gewesen, oder das Bestehen eines Anschlags geleugnet, so würde er für blind, für hartnäckig gegolten haben, wenn man ihn nicht gar verdächtigt hätte, ihm sei daran gelegen, die öffentliche Aufmerksamkeit von der Wahrheit abzulenken, und er sei selber ein Mitschuldiger oder ein Salber. Und dieses Wort „Salber" war bald gang und gäbe, bedeutungsvoll und furchtbar. Bei einer solchen Überzeugung, daß Salber vorhanden seien, mußten schier unfehlbar welche entdeckt werden: aller Augen lauerten; jede Gebärde konnte Argwohn erregen. Und aus dem Argwohn wird leicht Gewißheit, und aus der Gewißheit Wut.

Zwei Ereignisse führt Ripamonti als Beispiel an, indem er bemerkt, er habe sie nicht gewählt, weil sie die gräßlichsten von den täglich vorkommenden gewesen wären, sondern weil er von dem einen, wie von dem andern nur allzusehr Zeuge gewesen sei.

In der Kirche von Sant'Antonio wollte sich an einem Tage irgendwelcher Feierlichkeit ein mehr als achtzigjähriger Greis, nachdem er eine Weile auf den Knien gebetet hatte, niedersetzen und stäubte zuvor die Bank mit dem Mantel ab. „Der Alte salbt die Bänke!", schrien wie aus einem Munde einige Frauen, die ihm zusahen. Die Leute, die in der Kirche sind – in der Kirche! – stürzen sich auf den Alten: sie packen ihn bei den Haaren, bei den weißen Haaren, sie versetzen ihm Faustschläge und Fußtritte, sie ziehen ihn halb, und halb stoßen sie ihn hinaus; und wenn sie ihn nicht umbrachten, so war es nur, um ihn so halbtot ins Gefängnis, vor Gericht, zur Folter zu schleppen. „Ich sah, wie sie ihn fortschleppten", sagt Ripamonti, „und weiter erfuhr ich nichts mehr; doch glaube ich wohl, daß er nur noch wenige Augenblicke hat leben können".

Der andere Fall, der sich am Tage darauf zutrug, war ebenso seltsam, wenn auch nicht ebenso traurig. Drei junge Franzosen, ein Gelehrter, ein Maler und ein Mechanikus, die nach Italien gekommen waren, um die Altertümer zu studieren und Gelegenheit zu Erwerb zu suchen, waren an irgendeiner Stelle an den Dom herangetreten und betrachteten dort aufmerksam die Mauer. Ein Vorübergehender sah sie dort und blieb stehen; er winkte einem und dann mehreren andern, und die kamen hin: es bildete sich eine Gruppe, die die drei Leute, die sich durch Kleidung, Haartracht und Reisesäcke als Fremde und, was schlimmer war, als Franzosen verrieten, betrachtete und im Auge behielt. Wie um sich zu vergewissern, ob der Gegenstand ihrer Aufmerksamkeit aus Marmor sei, streckten sie die Hand aus, um ihn zu berühren. Das war genug. Sie wurden umringt, ergriffen, mißhandelt und in den Kerker geprügelt. Zum Glück ist das Stadthaus nicht weit vom Dom, und zu noch größerem Glück wurden sie unschuldig befunden und entlassen.

Solche Dinge ereigneten sich nicht nur in der Stadt; der Wahnsinn hatte sich mit der Pest verbreitet. Der Wanderer, dem etwa Bauern abseits von der Landstraße begegneten oder der auf ihr herumblickend dahinschlenderte oder der sich zur Rast niedergelegt hatte, und der Unbekannte, der in Mienen oder Kleidung etwas Auffallendes oder Verdächtiges hatte, waren Salber; auf die Anzeige des ersten besten, auf den Schrei eines Knaben läutete man Sturm und lief zusammen: die Unglücklichen wurden mit Steinwürfen verfolgt oder, wenn man ihrer habhaft wurde, vom Volke ins Gefängnis geworfen. So derselbige Ripamonti. Und das Gefängnis war bis zu einer gewissen Zeit ein Hafen der Rettung.

Die Dekurionen ließen sich aber durch die Weigerung des weisen Prälaten nicht entmutigen und wiederholten ihr Anliegen, das von der öffentlichen Stimme lärmend unterstützt wurde. Federigo widerstand noch eine Weile und versuchte sie zu überzeugen; das war alles, was der Verstand eines einzelnen Mannes gegen die Gewalt der Zeitläufte und gegen die Beharrlichkeit der Menge vermochte. Bei diesem Stande der Ansichten, bei dem damals so verwirrten, so bestrittenen und von der Augenscheinlichkeit, die er für uns hat, so sehr entfernten Begriffe der Gefahr ist es nicht schwer zu verstehen, daß seine guten Gründe auch in seinem Geiste den schlechten der andern unterliegen konnten. Ob dann an seiner Nachgiebigkeit ein bißchen Willensschwachheit Anteil gehabt hat oder nicht, das sind Geheimnisse des menschlichen Herzens. Wenn es in irgendeinem Falle scheint, daß man den Irrtum gänzlich der Einsicht zur Last legen und das Gewissen entschuldigen darf, so trifft dies sicherlich dort zu, wo es sich um die wenigen Leute handelt – und zu deren Zahl gehört er wohl – in deren ganzem Leben die Entschlossenheit zutage tritt, dem Gewissen ohne Rücksicht auf zeitliche Belange irgendeiner Art zu gehorchen. Bei der Wiederholung des Anliegens gab er also nach; er stimmte zu, daß die Prozession veranstaltet werde, und stimmte überdies dem allgemeinen Verlangen und Drängen zu, daß der Schrein mit den Reliquien des heiligen Carlo nachher acht Tage lang an dem Hochaltar des Domes ausgesetzt bleibe.

Ich finde nirgends, daß das Gesundheitsamt oder sonst jemand irgendwelche Einwände oder Gegenvorstellungen erhoben hätte; gerade nur, daß das genannte Amt einige Vorkehrungen anordnete, die, ohne der Gefahr abzuhelfen, die Furcht vor ihr anzeigten. Man schrieb für den Einlaß in die Stadt schärfere Regeln vor und ließ, um die Beobachtung sicherzustellen, die Tore verschlossen halten, sowie man auch, um die Angesteckten und Verdächtigen von der Menschenansammlung so viel wie möglich auszuschließen, die Türen der abgesperrten Häuser vernageln ließ, deren, soweit bei einer solchen Sache die einfache Behauptung eines Schriftstellers und zwar eines Schriftstellers der Zeit von Wert sein kann, etwa fünfhundert waren.

Drei Tage wurden auf Vorbereitungen verwandt; am 11. Juni, an dem festgesetzten Tage, verließ die Prozession in der Morgendämmerung den Dom. Voraus zog eine lange Reihe Volks, meistens Frauen, das Gesicht mit weiten

Schleiern verhüllt, viele barfuß und in Sackleinwand gekleidet. Dann kamen hinter ihren Bannern die Zünfte, die Brüderschaften in ihren verschiedenen Trachten, dann die Mönchsorden, dann die Weltgeistlichkeit, jeder einzelne mit dem Abzeichen seiner Würde und eine Kerze oder einen Leuchter in der Hand. In der Mitte wurde, umgeben von dem Glanze dichterer Lichter, von einem lauteren Klange der Gesänge, unter einem reichen Himmel der Schrein von vier Domherren in vollem Ornat getragen, die dann und wann wechselten. Durch die kristallenen Wände schimmerte der Leichnam, gekleidet in reiche bischöfliche Gewänder und die Mitra auf dem Schädel, und trotz aller Zerstörung und Entstellung konnte noch manche Spur des alten Aussehens unterschieden werden, wie es die Bilder darstellen und wie es noch in der Erinnerung einiger war, die ihn im Leben gekannt und verehrt hatten. Hinter der Hülle des toten Hirten, sagt Ripamonti, der unsere hauptsächlichste Quelle für diese Beschreibung ist, und ihm zunächst kam, wie er ihm auch an Verdiensten und Blut und Würden zunächst war, der Erzbischof Federigo. Dann folgte die übrige Geistlichkeit, dann die Behörden in den Staatskleidern, dann die Adeligen, die einen prunkvoll gekleidet wie zu einer feierlichen Kundgebung der Frömmigkeit, andere zum Zeichen der Buße in dunkler Tracht oder barfuß und in Kutten, die Kapuzen ins Gesicht gezogen, alle mit Fackeln. Den Beschluß machte ein Durcheinander von Volk.

Der ganze Weg war festlich geschmückt: die Reichen hatten die kostbarsten Geräte herausgestellt, die Vorderseiten der Häuser der Armen waren von wohlhabenden Nachbarn oder auf öffentliche Kosten geziert; hier waren statt einer Verkleidung und dort über der Verkleidung belaubte Zweige angebracht, allenthalben hingen Gemälde, Inschriften, Wappen, auf den Fensterbrüstungen standen Vasen, alte Kunstwerke und mancherlei Seltenheiten zur Schau, und überall waren Lichter. Von vielen Fenstern betrachteten abgesperrte Kranke die Prozession und begleiteten sie mit ihren Gebeten. Die anderen Straßen waren stumm und öde, außer daß einige Leute, auch von den Fenstern aus, nach dem dahinziehenden Gesumme horchten oder daß andere, und unter diesen sah man sogar Nonnen, auf die Dächer gestiegen waren, um zu versuchen, ob sie von dort diesen Schrein, den Zug oder irgend etwas aus der Ferne sehen könnten.

Die Prozession zog durch alle Viertel der Stadt; und an jedem dieser kleinen Plätze, wo die Hauptstraßen in die Vororte ausmünden und die damals noch alle den alten Namen Carrobi bewahrten, der jetzt nur noch einem verblieben ist, wurde halt gemacht und der Schrein unter dem Kreuze nieder gesetzt, das der heilige Carlo zu der Zeit der vorhergegangenen Pest auf einem jeden hatte errichten lassen und deren einige noch immer stehen, so daß der Mittag schon vorüber war, als sie in den Dom zurückkamen. Und siehe da, am nächsten Tage nahm die Zahl der Todesfälle, während überall diese vermessene Zuversicht, ja bei vielen eine fanatische Sicherheit herrschte, daß die Prozession der Pest ein

Ende gemacht haben müsse, in jeder Bevölkerungsschicht, in allen Stadtteilen so übermäßig und mit einem so jähen Sprunge zu, daß nicht ein einziger war, der die Ursache oder den Anlaß nicht in der Prozession gesehen hätte. Aber wie staunenswert und traurig ist doch die Macht eines allgemeinen Vorurteils! nicht vielleicht das so lange Zeit dauernde Beisammensein so vieler Menschen oder die unendliche Vervielfältigung der zufälligen Berührungen war es, der die meisten diese Wirkung zuschrieben, sondern sie schrieben sie dem Umstand zu, daß es dabei die Salber gar leicht gehabt hätten, ihren ruchlosen Plan im großen auszuführen. Man sagte, sie hätten, unter die Menge gemischt, mit ihrer Salbe an so viele Leute, wie ihnen nur möglich gewesen sei, den Krankheitskeim übertragen. Da aber auch ein solches Verfahren der Salber für eine so überaus große und in allen Schichten verbreitete Sterblichkeit nicht hinzureichen und zu ihr in keinem Verhältnis zu stehen schien, da es weiter, wie es scheint, dem so aufmerksamen und doch so flüchtig sehenden Auge des Verdachtes nicht möglich gewesen war, Salbungen oder Flecken irgendwelcher Art an den Mauern oder anderswo zu entdecken, so griff man zur Erklärung des Falles auf diese andere, schon alte und in die gemeine Wissenschaft Europas aufgenommenen Erfindung von den giftigen Zauberpulvern zurück; man sagte, daß sich derlei Pulver, die der Straße entlang und besonders an den Haltestellen verstreut worden seien, an die Kleidersäume und noch mehr an die Füße geheftet hätten, deren an diesem Tage ziemlich viele unbeschuht gewesen seien. „So sah denn derselbige Tag der Prozession", sagt ein zeitgenössischer Schriftsteller, „die Frömmigkeit im Widerstreit mit der Gottlosigkeit, die Hinterlist mit der Lauterkeit und den Verlust mit dem Erwerb". Und anstatt dessen war es der arme Menschenverstand, der mit den von ihm selber geschaffenen Trugbildern stritt.

Von diesem Tage an nahm die Heftigkeit der Seuche immer mehr zu: binnen kurzem gab es schier kein Haus mehr, das nicht davon ergriffen gewesen wäre; binnen kurzem stieg die Zahl der Pfleglinge des Lazaretts von zweitausend auf zwölftausend, und etwas später erreichte sie sechzehntausend. Am 4. Juli stieg die tägliche Sterblichkeit, wie ich in einem andern Briefe des Gesundheitsamtes an den Statthalter finde, über fünfhundert. Später und auf ihrem Gipfel erreichte sie nach der gewöhnlichen Rechnung eintausendzweihundert bis eintausendfünfhundert, und, wenn wir Tadino glauben wollen, mehr als dreitausendfünfhundert. Dieser behauptet auch, die Bevölkerung Mailands sei „nach sorgfältigen Erhebungen" nach der Pest auf weniger als vierundsechzigtausend gesunken gewesen, während sie vorher mehr als zweihundertfünfzigtausend betragen habe. Nach Ripamonti wären es zuerst nur zweihunderttausend gewesen; für die Toten ergäbe sich aus den städtischen Eintragungen die Zahl von einhundertvierzigtausend außer denen, über die nicht hätte Buch geführt werden können. Andere sagen mehr oder weniger, aber noch mehr aufs Geratewohl.

Man stelle sich nun vor, in was für Ängsten die Dekurionen sein mußten, auf denen die Last verblieben war, für die öffentlichen Bedürfnisse vorzustehen und allem abzuhelfen, wo bei einem solchen Unheil Abhilfe möglich sei. Alle Tage mußten die Zahl der öffentlichen Diener ergänzt, jeden Tag mußten sie, die *Monatti*, die *Apparitori*[26], die *Kommissäre*, vermehrt werden. Den Monatti waren die widerwärtigsten und gefährlichsten Obliegenheiten zugewiesen: die Leichen aus den Häusern, von den Straßen und aus dem Lazarett zu schaffen, sie auf Karren zu den Gräbern zu bringen, die Kranken ins Lazarett zu tragen oder zu führen und sie zu beaufsichtigen, die angesteckten und verdächtigen Sachen zu verbrennen und zu säubern. Ihr Name käme nach Ripamonti von dem griechischen *monos*, nach Gaspare Bugatti, der in einer Schilderung der früheren Pest davon spricht, von dem lateinischen *monere*; aber es wird auch und mit mehr Berechtigung vermutet, daß es ein deutsches Wort sei, weil diese Leute zum größten Teile in der Schweiz und Graubünden angeworben wurden. Es wäre auch durchaus nicht ungereimt, es für eine Verstümmlung des Wortes *monatlich* zu nehmen; denn bei der Ungewißheit, wie lange das Bedürfnis andauern könne, ist es wahrscheinlich, daß die Verträge nur von Monat zu Monat gemacht worden sind. Die Hauptaufgabe der *Apparitori* war es, vor den Karren herzugehen und durch ein Glöckchen die Vorübergehenden aufmerksam zu machen, daß sie sich zurückziehen sollten. Die Kommissäre regelten den Dienst der einen und der andern unter den unmittelbaren Befehlen des Gesundheitsamtes. Man mußte das Lazarett mit Ärzten, Chirurgen, Arzneien und Lebensmitteln und mit allem Spitalgerät versehen halten; man mußte für die täglich neu dazu kommenden Kranken Unterkunft ausfindig machen und vorbereiten. Zu diesem Behufe ließ man in der Eile in dem großen Hofraum des Lazaretts Hütten aus Holz und Stroh herstellen und schlug also ein neues, aus Hütten bestehendes und nur mit einer einfachen Bretterwand eingefriedigtes Lazarett auf, das viertausend Personen fassen konnte. Und da auch dieses nicht hinreichte, wurde noch der Bau zweier anderer angeordnet, und man begann auch damit; da es aber an Mitteln jeglicher Art gebrach, blieben sie unvollendet.

Die Mittel, die Leute und der Mut nahmen in dem Maße ab, wie der Bedarf wuchs. Und es blieb nicht nur die Ausführung immer hinter den Vorschlägen und den Verordnungen zurück, und man traf nicht nur für viele und anerkannte Notwendigkeiten nur mangelhafte Vorkehrungen, sondern die Ohnmacht und die Verzweiflung kamen sogar so weit, daß man für viele Notwendigkeiten, die ebenso erbärmlich wie dringend waren, in keinerlei Weise vorsah. So starb, weil man sich gar nicht um sie kümmerte, eine Menge von Säuglingen, deren Mütter an der Pest gestorben waren: das Gesundheitsamt schlug vor, daß für sie und für die bedürftigen Wöchnerinnen ein Heim errichtet und daß etwas für sie getan

---

[26] Häscher der übelsten Sorte.

werde; und es konnte nichts erreichen. „Nichtsdestoweniger", sagt Tadino, „waren auch die Dekurionen zu bemitleiden, denen die Soldateska, die schon ohnedies und nun gar in dem unglücklichen Herzogtum keinerlei Zucht und Rücksicht kannte, viel Kummer und Ärger machte, in Anbetracht, daß vom Statthalter keine Unterstützung oder Abhilfe zu erhalten war, weil Kriegsläufte seien und die Soldaten gut behandelt werden müßten".

So viel lag an der Einnahme von Casale! So herrlich scheint der Siegesruhm zu sein, ganz unabhängig von der Ursache und dem Zwecke, warum gekämpft wird! Als dergestalt die geräumige, aber einzige Grube, die in der Nähe des Lazaretts ausgehoben war, mit Leichen gefüllt war und nicht nur im Lazarett, sondern auch in jedem Stadtteil die neuen Leichname, deren täglich mehr wurden, unbegraben blieben, sahen sich die Behörden, nachdem sie umsonst versucht hatten, Hände für die traurige Arbeit aufzutreiben, gezwungen zu sagen, daß sie keinen Ausweg mehr zu finden wüßten. Und man sieht nicht ab, wie das Ende gewesen wäre, wenn nicht eine außerordentliche Hilfe gekommen wäre. Der Vorsitzende des Gesundheitsamtes nahm mit den Tränen der Verzweiflung in den Augen seine Zuflucht zu den zwei wackeren Mönchen, die dem Lazarett vorstanden, und der Pater Michele übernahm es, die Stadt binnen vier Tagen von den Leichen zu räumen und innerhalb von acht Tagen so viele Gruben herstellen zu lassen, daß sie nicht nur für das gegenwärtige, sondern auch für jedes auch noch so große Bedürfnis der Zukunft, so weit sich das voraussehen lasse, genügen würden. Mit einem Mitbruder und mit zwei ihm von dem Vorsitzenden beigegebenen Leuten des Amtes ging er aus der Stadt hinaus auf die Suche nach Bauern; und teils durch das Ansehen des Amtes, teils durch das seiner Tracht und durch das Gewicht einer Worte brachte er etwa zweihundert zusammen, und die ließ er drei außerordentlich große Gruben ausheben. Dann schickte er vom Lazarett Monatti aus, um die Toten zu sammeln, und an dem bestimmten Tage hatte er sein Versprechen eingelöst. Einmal war das Lazarett ohne Ärzte, und nur durch Anerbietung großer Bezahlung und hoher Ehren bekam man wieder welche, aber auch nicht auf der Stelle und viel weniger, als man gebraucht hätte. Oft drohten auch die Lebensmittel völlig auszugehen, so daß man schon ein Sterben vor Hunger fürchtete; und mehr als einmal wußte man schon nicht mehr, was anzustellen sei, um die Notdurft zu beschaffen, als just zur rechten Zeit ausreichende Mittel als unerwartetes Geschenk zur Verfügung gestellt wurden: denn mitten in der allgemeinen Betäubung, bei all der Gleichgültigkeit gegen andere, die aus der beständigen Sorge um sich selber entstand, gab es doch noch Gemüter, die immer zur Mildtätigkeit bereit waren, gab es Gemüter, in denen die Nächstenliebe erstand, wenn alle irdische Heiterkeit wich, so wie es auch, obwohl von denen, die vorzustehen und vorzukehren berufen gewesen wären, viele starben oder flohen, doch noch einige gab, die gesund am Leibe und heil am Mute auf ihrem Platze verblieben, und noch andere, die, von der Menschenliebe getrieben, Sorgen auf sich nahmen und mutig behielten, zu denen sie keine Verpflichtung berief. Wo jedoch die allgemeinste und eifrigste und standhafteste Treue für die schwierigen Pflichten der Zeit hervorstach, das war bei den Geistlichen. Weder in den Lazaretten noch in der Stadt ließen sie es an ihrer Hilfe ermangeln; wo immer es Leiden gab, waren sie: immer sah man sie mitten unter den Verschmachtenden, unter den Sterbenden, manchmal selber verschmachtend und sterbend; zu dem geistlichen Beistand fügten sie, soweit sie konnten, den zeitlichen und leisteten jeden Dienst, den die Umstände erheischten. Mehr als sechzig Pfarrer starben in der Stadt allein an der Seuche; von je neun etwa acht. Federigo war, wie von ihm zu erwarten war, allen Antrieb und Beispiel. Nachdem schier alle seine Hausgenossen im erzbischöflichen Palast gestorben waren, lagen ihm Verwandte, hohe Würdenträger und benachbarte Fürsten an, er solle den Bereich der Gefahr verlassen und sich auf sein Landgut zurückziehen; er verwarf den Rat und widerstand den Bitten mit dem Mute, womit er an die Pfarrer schrieb: „Seid bereit, eher dieses hinfällige Leben, als diese unsere Familie, diese unsere Kinder zu verlassen: geht der Pest freudig entgegen wie einer Belohnung, wie einem Leben, wenn es eine Seele für Christus zu gewinnen gilt". Er vernachlässigte keine Vorsicht, soweit sie ihn nicht an der Erfüllung seiner Pflicht hinderte – auch der Geistlichkeit gab er über diese Dinge Weisungen und Vorschriften – und zugleich kümmerte er sich um keine Gefahr, ja er schien sie gar nicht zu bemerken, wenn er sich, um Gutes zu tun, darein begeben mußte. Ohne von den Geistlichen zu sprechen, bei denen er immer war, um ihren Eifer zu loben und zu regeln, um jeden einzelnen anzufeuern, der sich lau im Werke zeigte, um jeden Posten, wo einer gestorben war, neu zu besetzen, hatte auch jeder Mensch, der seiner bedurfte, freien Zutritt zu ihm. Er besuchte die Lazarette, um die Kranken zu trösten und die Wärter zu ermutigen, er durcheilte die Stadt und brachte den in ihren Häusern abgesperrten Armen Hilfe, blieb in den Türen und unter den Fenstern stehen, um ihre Klagen anzuhören und ihnen dafür Worte des Trostes und der Ermutigung zu geben. Kurz, er warf sich mitten in die Pest und lebte in der Pest, am Ende selbst verwundert, daß er unversehrt davongekommen war. So sieht man in dem allgemeinen Unheil und in den langen Störungen der altgewohnten Ordnung immer auch eine Vermehrung, eine Erhöhung der Tugend; aber nur allzuoft fehlt auch nicht zugleich eine starke und in der Regel allgemeinere Vermehrung der Verworfenheit. Und hier war sie beträchtlich. Soweit die Schurken von der Pest verschont und nicht abgeschreckt wurden, fanden sie in der allgemeinen Verwirrung, in der Erschlaffung jeder öffentlichen Gewalt eine neue Gelegenheit zur Betätigung und eine neue Sicherheit zeitweiliger Straflosigkeit. Ja sogar die Handhabung der öffentlichen Gewalt selber befand sich auf einmal zu großem Teile bei den Schlechtesten von ihnen. In den Dienst der Monatti und der Apparitori schickten sich im allgemeinen nur Menschen, über die die Anziehungskraft des Raubes und der Zügellosigkeit mehr vermochte als die Angst vor der Ansteckung, als jeder natürliche Abscheu. Es waren ihnen die strengsten Verhaltensmaßregeln vorgeschrieben, die härtesten Strafen angedroht, ihre Bezirke zugewiesen und Kommissäre vorgesetzt; über diese waren wieder, wie wir gesagt haben, in jedem Viertel Amtspersonen und Adelige als Obere bestimmt mit der Befugnis, jeden Unfug kurzerhand abzustellen. Diese Einrichtung blieb bis zu einer gewissen Zeit im Gange und tat ihre Wirkung; indem aber alltäglich unter diesen Oberen die Zahl derer, die starben, die weggingen, die den Kopf verloren, zunahm, war schließlich niemand mehr da, der diese Leute im Zaum gehalten hätte, und sie warfen sich, besonders die Monatti, zu unumschränkten Herren über alles auf. In die Häuser traten sie als Herren, als Feinde; und von der Plünderung zu geschweigen und wie sie die Unglücklichen behandelten, die ihnen die Pest in die Hände gegeben hatte, legten sie auch ihre verseuchten und verbrecherischen Hände an die Gesunden, an Kinder, Verwandte, Gattinnen und Gatten, mit der Drohung, sie ins Lazarett zu schleppen, wenn sie sich nicht loskauften oder für Loskaufung sorgten. Zu vielen Malen forderten sie Bezahlung für ihre Dienste und weigerten sich, die schon verfaulenden Leichname wegzuschaffen, außer für so und so viele Skudi. Man sagte – und bei der Leichtfertigkeit der einen und der Bosheit der anderen ist es gleichmäßig unsicher, es zu glauben oder nicht zu glauben – man sagte, und auch Tadino behauptet, daß Monatti und Apparitori absichtlich verseuchte Sachen von den Karren fallen ließen, um die Pest zu fördern und zu erhalten, die für sie ein Einkommen, eine Herrschaft, ein Fest geworden war. Andere heillose Gesellen, die sich für Monatti ausgaben und eine Schelle am Fuße trugen, wie es für diese als Abzeichen und zur Ankündigung ihres Näherkommens vorgeschrieben war, verschafften sich Eingang in die Häuser, um dort jegliche Willkür zu treiben. In manchen, die offen standen und unbewacht oder nur von einem Hinschmachtenden, von einem Sterbenden bewohnt waren, drangen ungestraft Diebe ein, um zu plündern; über andere fielen Häscher her, die das selbe und noch Ärgeres begingen. Gleichmäßig mit der Verworfenheit wuchs auch die Narrheit: alle schon mehr oder minder herrschenden Irrtümer schöpften aus der Bestürzung und der Erregung der Gemüter eine außerordentliche Kraft, erzeugten jähere und gewaltigere Wirkungen. Und alle trugen dazu bei, diese besondere Angst vor den Salbungen zu verstärken und zu vergrößern, die in ihren Wirkungen, in ihren Auslassungen oft, wie wir gesehen haben, eine weitere Verworfenheit war. Die Vorstellung von dieser angeblichen Gefahr bestürmte und marterte die Geister viel mehr als die wirkliche und gegenwärtige Gefahr. „Während", sagt Ripamonti, „die einzeln oder in Haufen herumliegenden Leichname, die man immer vor den Augen, vor den Füßen hatte, aus der Stadt gleichsam einen einzigen Totenacker machten, lag etwas noch Häßlicheres, etwas noch Unheimlicheres in dieser gegen seitigen Erbitterung, in dieser Zügellosigkeit und Ungeheuerlichkeit des Argwohns ... Nicht nur vor dem Nachbar, dem Freund, dem Gatten trug man Scheu, nein, auch diese Namen, diese Bande der Menschenliebe, Gatte und Gattin, Vater und Sohn, Bruder und Bruder, waren schrecklich; und gräßlich und unwürdig zu sagen: der häusliche Tisch, das eheliche Bett wurde gefürchtet wie ein Hinterhalt, wie ein Schlupfwinkel der Hexerei". Die eingebildete Weitläufigkeit, die Seltsamkeit des Anschlages trübten alles Urteil, erschütterten jeden Grund des gegenseitigen Vertrauens. Zu Anfang glaubte man nur, daß diese angeblichen Salber von der Ehrsucht und der Habgier geleitet würden; in der Folge träumte, ja glaubte man, daß in diesem Salben eine gewisse Wollust, eine den Willen unter jochende Anziehungskraft liege. Die Faseleien der Kranken, die sich selber dessen anklagten, was sie von anderen gefürchtet hatten, erschienen als Enthüllungen und machten, daß man sozusagen jedem alles zutraute. Und kräftiger als die Worte mußte der Augenschein sein, wenn es vorkam, daß Pestkranke im Fieberwahn die Bewegungen ausführten, die sie sich eingebildet hatten, daß die Salber machen müßten: ein sehr wahrscheinlicher Umstand, der zugleich auch geeignet ist, die allgemeine Überzeugung und die Behauptungen vieler Schriftsteller besser zu rechtfertigen. So trugen ja auch in der langen und traurigen Zeit der Hexenprozesse die nicht immer erpreßten Geständnisse der Beschuldigten nicht wenig dazu bei, die darüber herrschende Meinung zu fördern und zu erhalten; denn wenn einmal eine Meinung lange Zeit und in einem großen Teile der Welt herrscht, so drückt sie sich zuletzt auf jede Weise durch und versucht alle Wege und durchläuft alle Stufen der Überzeugung, und es ist fast ausgeschlossen, daß alle oder doch sehr viele auf die Länge glaubten, es geschehe etwas Seltsames, ohne daß einer käme, der glaubte, er tue es. Unter den Geschichten, die man sich in diesem Wahn von den Salbungen einbildete, verdient eine wegen des Ansehens, das sie gewonnen, und wegen der Verbreitung, die sie gefunden hat, erwähnt zu werden. Es wurde erzählt, freilich nicht von allen auf dieselbe Weise – denn das wäre ein zu einziges Vorrecht für die Märchen – aber doch ungefähr gleich, daß einer an dem und dem Tage auf dem Domplatz einen Sechsspänner habe anfahren sehen, in dem neben anderen Leuten ein hoher Herr gesessen habe mit einem finsteren und glühenden Gesicht, mit flammenden Augen, mit gesträubtem Haar und mit zu Drohungen bewegten Lippen. Während er dort gestanden und hingesehen habe, habe die Karosse gehalten, und der Kutscher habe ihn eingeladen, einzusteigen; und er habe nicht Nein sagen können. Nach verschiedenen Kreuz- und Querfahrten seien sie bei dem Tor eines Palastes abgestiegen, und er sei mit der Gesellschaft eingetreten; dort habe er liebliche und schreckliche Dinge, Wüsten und Gärten gesehen und Höhlen und Säle, und in diesen hätten Gespenster zu Rate gesessen. Endlich habe man ihm große Truhen mit Gold gezeigt und ihm gesagt, er dürfe sich davon nehmen, soviel er wolle, mit der Bedingung jedoch, daß er ein Gefäß mit Salbe in Empfang nehme und damit in den Straßen herumgehe und die Häuser salbe. Als er nun nicht habe zustimmen wollen, habe er sich in einem Augenblick wieder an dem Orte gefunden, wo er abgeholt worden sei. Diese Geschichte, die damals allgemein vom Volk geglaubt und, nach Ripamontis Worten, von den gewichtigen Männern zu wenig verspottet wurde, machte die Runde durch ganz Italien und durch das Ausland. In Deutschland druckte man sie: der Kurfürst und Erzbischof von Mainz schrieb an den Kardinal Federigo und fragte bei ihm an, was er von den wundersamen Dingen glauben dürfe, die von Mailand erzählt würden; Federigo antwortete ihm, es seien Träume.

Von gleichem Wert, wenn auch nicht von gleicher Natur waren die Träume der Gelehrten, wie denn auch die Wirkungen gleich unheilvoll waren. Der größere Teil sah die Ankündigung und zugleich die Ursache des Wehs in einem Kometen, der im Jahre 1628 erschienen war, und in einer Konjunktion des Saturns mit dem Jupiter. „Diese Konjunktion", schreibt Tadino, „neigte sich so klärlich über das Jahr 1630, daß sie jedermann verstehen konnte. *Mortales parat morbos, miranda videntur*". Diese Wahrsagung, die, wie man sagt, einem 1623 in Turin gedruckten Buche, betitelt *Specchio degli almanacchi perfetti*, entnommen war, ging durch aller Munde. Ein zweiter Komet, der im Juni des Pestjahres selber erschienen war, galt als eine neue Warnung, ja sogar als ein offenkundiger Beweis für die Salbungen. Man durchsuchte die Bücher nach Beispielen einer, wie man sagte, künstlich erzeugten Pest und fand deren eine Menge; man berief sich auf Livius, Tacitus, Dio, was sage ich? auf Homer und Ovid und viele andere alte Schriftsteller, die ähnliche Ereignisse erzählt oder angezogen haben, und an neuen hatte man einen noch größeren Überfluß. Weiter wurden hundert Schriftsteller herangezogen, die über Gift, Hexerei, Salben und Pulver wissenschaftlich gehandelt oder beiläufig davon gesprochen haben: Cesalpino, Cardano, Grévin, Salius, Paré, Schenck von Grafenberg und Zacchia und, um zu schließen, dieser unselige

Del Rio, der, wenn der Ruhm der Autoren von dem Guten und Bösen abhinge, das ihre Werke gestiftet haben, einer der berühmtesten sein müßte, dieser Del Rio, dessen durchwachte Nächte mehr Menschen das Leben gekostet haben als die Züge irgendwelches Eroberers, dieser Del Rio, dessen *Disquisitiones magicae* – der Abriß alles dessen, was die Menschen bis zu seiner Zeit in diesem Gegenstande zusammengeträumt haben – die gewichtigste und unverbrüchlichste Autorität geworden sind und länger als ein Jahrhundert Richtschnur und mächtiger Antrieb für gesetzliche, schreckliche und ununterbrochene Schlächtereien waren.

Von den Märchen des Volkes nahmen die Gebildeten an, was sich ihren Begriffen anpassen konnte; von den Märchen der Gebildeten nahm das Volk an, was es verstehen konnte und wie ihm dies möglich war: und aus allen bildete sich eine ungeheure und verworrene Masse öffentlicher Narrheit.

Was aber am meisten Erstaunen erregt, ist das Verhalten der Ärzte, jener Ärzte, meine ich, die von Anfang an und lange noch an die Pest geglaubt hatten, und besonders meine ich Tadino, der sie vorausgesagt, ihren Beginn gesehen und ihren Fortschritt sozusagen im Auge behalten hatte, der gesagt und gepredigt hatte, es sei die Pest und sie werde durch die Berührung übertragen, und wenn man ihr nicht entgegentrete, so werde bald das ganze Land verseucht werden: aus eben diesen selbigen Wirkungen leitete er jetzt einen sicheren Beweis für die giftmischerischen Hexensalbungen ab; an jenem Carlo Colonna, der als zweiter in Mailand an der Pest verstorben war, hatte er den Wahnwitz für eine Begleiterscheinung der Krankheit erklärt, und jetzt führte er als Beweis für die Salbungen und für die teuflische Verschwörung einen Fall folgender Gattung an: Zwei Jungen hatten ausgesagt, sie hätten von einem erkrankten Freunde erzählen hören, wie eines Nachts Leute zu ihm in die Kammer gekommen seien und ihm Genesung und Geld angeboten hätten, wenn er die Häuser der Umgebung salben wolle, wie sie dann auf seine Weigerung weggegangen und an ihrer Statt ein Wolf unter dem Bett und drei Katzen auf dem Bett zurückgeblieben seien, „die dort bis zu Tagesanbruch verweilt hätten".

Wäre es ein einziger Arzt gewesen, der so daher geschwätzt hätte, so müßte man sagen, er sei nicht recht bei Trost gewesen, oder noch besser, es sei kein Grund, davon zu sprechen; da dies aber viele, ja schier alle taten, so ist das ein Kapitel aus der Geschichte des menschlichen Geistes und gibt Gelegenheit, zu beobachten, wie sehr ein geordneter und vernünftiger Gedankengang durch einen anderen Gedankengang, der sich ihm in die Quere wirft, zerrüttet werden kann. Im übrigen war Tadino einer der angesehensten Männer seiner Zeit.

Zwei ausgezeichnete und wohlverdiente Schriftsteller behaupten, der Kardinal Federigo habe die Sache mit den Salbungen bezweifelt. Wir würden wünschen, wir könnten diesem erlauchten und liebenswerten Andenken ein noch vollständigeres Lob erteilen und eine Erhabenheit des guten Prälaten über den größten Teil seiner Zeitgenossen in diesem Stücke ebenso wie in vielen andern feststellen; statt dessen sind wir aber gezwungen, in ihm ein neues Beispiel für die Macht einer allgemeinen Meinung auch auf die edelsten Geister zu vermerken. Es ergibt sich, wenigstens aus dem, was Ripamonti darüber sagt, daß er im Anfang wirklich im Zweifel war; später hielt er immer daran fest, daß an dieser Meinung die Leichtgläubigkeit, die Unwissenheit, die Angst, das Verlangen, sich zu entschuldigen, daß man die Seuche so spät erkannt und so spät an Hilfe gedacht hatte, viel Anteil hätten, daß zwar vieles übertrieben, daß aber samt alledem doch etwas Wahres daran sei. In der ambrosianischen Bibliothek wird ein von seiner Hand geschriebenes Werkchen über diese Pest aufbewahrt, und darin ist dieser Gedanke öfter angedeutet, ja einmal ausdrücklich ausgesprochen. „Es ist die allgemeine Meinung", sagt er ungefähr, „daß diese Salben an verschiedenen Orten hergestellt wurden und daß es vielerlei Arten ihrer Anwendung gegeben hat: von diesen scheinen einige wahr, andere erfunden zu sein". Hier seine Worte: *„Unguentavero haec aiebant componi conficique multifariam, fraudisque vias fuisse complures; quarum same fraudum, et artium, aliis quidemassentimur, alias vero fictas fuisse commentitiasque arbitramur"*.

Es gab jedoch auch welche, die bis ans Ende und Zeit ihres Lebens davon überzeugt waren, daß alles Einbildung sei; und das wissen wir nicht durch sie selber, denn niemand war vermessen genug, eine Ansicht, die der allgemeinen so sehr widersprach, öffentlich kundzugeben, sondern wir wissen es aus Schriftstellern, die diese Ansicht als ein Vorurteil einiger weniger, als einen Irrtum, den man sich nicht zur öffentlichen Erörterung zu stellen getraute, der aber doch bestand, verspotten oder tadeln oder beschimpfen, und wir wissen es auch durch jemanden, der durch die Überlieferung Kenntnis davon hatte. „Ich habe in Mailand gescheite Leute gekannt", sagt der gute Muratori, „die von ihren Vorfahren gute Berichte hatten und die nicht sehr überzeugt waren, daß die Geschichte mit den giftmischerischen Salben wahr gewesen wäre". Man sieht, im Geheimen hatte sich die Wahrheit Luft gemacht und vertraulich hatte man sich ausgesprochen: die gesunde Ansicht war da; aber sie hielt sich aus Furcht vor der allgemeinen Ansicht zurück. Die Beamten, deren Zahl sich täglich verringerte und die immer bestürzter und verwirrter wurden, verwandten das ganze bißchen Entschlossenheit, dessen sie fähig waren, auf die Ausforschung dieser Salber. Unter den Papieren aus der Pestzeit, die in dem oben genannten Archiv aufbewahrt werden, ist ein Brief ohne irgendwelche darauf bezügliche Akten, worin der Großkanzler allen Ernstes und mit vielem Eifer den Statthalter unterrichtet, er habe die Mitteilung erhalten, daß in einem Landhaus der Brüder Girolamo und Giulio Monti, mailändischer Edelleute, Gift in einer solchen Menge hergestellt werde, daß vierzig Männer *en este egercicio* beschäftigt seien, während die Rohstoffe *para la fábrica del veneno* vier brescianische Ritter aus dem Venezianischen kommen ließen. Er fügt bei, er habe in aller Heimlichkeit die notwendigen Abmachungen getroffen gehabt, um den Podestà von Mailand und den Auditor des Gesundheitsamtes mit dreißig Soldaten zu Pferde hinzuschicken, aber einer von den Brüdern sei noch zeitgerecht gewarnt worden, um die Beweise des Verbrechens beiseite schaffen zu können, und wahrscheinlich sei der Warner eben dieser Auditor, ein Freund von ihm, gewesen, der auch Entschuldigungen vorgebracht habe, um nicht dorthin abgehen zu müssen, daß sich jedoch trotzdem der Podestà mit den Soldaten hinbegeben habe, *a reconocer la casa, ya versihallarà algunos vestigios* und um sich über alles zu unterrichten und alle schuldig Befundenen zu verhaften.

Die Sache muß wohl zu nichts geführt haben; denn die Schriftsteller der Zeit, die von dem Argwohn auf diese Edelleute sprechen, führen nichts Tatsächliches an. Bei anderen Gelegenheiten glaubte man freilich nur zu sehr, dessen gefunden zu haben.

Die Gerichtsverfahren, die infolgedessen anhängig gemacht wurden, waren sicherlich nicht die ersten einer solchen Art, und sie dürfen auch nicht als eine Seltenheit in der Geschichte der Rechtsgelehrsamkeit betrachtet werden. Denn um von dem Altertum zu schweigen und nur die näher liegenden Zeiten heranzuziehen, wurden 1526 in Palermo, 1530 und dann 1545 und dann wieder 1574 in Genf, 1536 in Casale in Montferrat, 1555 in Padua, 1599 und dann von neuem in dem selbigen Jahre 1630 in Turin, hier einigen, dort vielen Unglücklichen als schuldig, die Pest mit Pulvern oder mit Salben oder mit Hexerei oder mit allem zusammen verbreitet zu haben, der Prozeß gemacht und sie zu meist sehr grausamer Hinrichtung verurteilt. Aber so, wie die Sache mit den sogenannten mailändischen Salbungen das meiste Aufsehen machte, so ist sie vielleicht auch die beachtenswerteste oder bietet wenigstens, da umständlichere und authentischere Urkunden erhalten sind, ein weiteres Feld, um darüber Betrachtungen anzustellen. Und obwohl sich schon ein eben erst herangezogener Schriftsteller damit beschäftigt hat, so sind wir doch, weil seine Absicht nicht so sehr gewesen ist, richtig ihre Geschichte zu schreiben, als daraus für eine Behauptung von größerer oder sicherlich unmittelbarerer Bedeutung Belege zu entnehmen, der Meinung, daß ihre Geschichte Gegenstand einer neuen Arbeit sein könnte. Das ist aber keine Sache, um mit wenigen Worten darüber hinwegzugehen, und hier ist nicht der Ort, sie so ausführlich zu behandeln, wie sie es verdiente. Überdies würde dem Leser, wenn er sich bei diesen Vorfällen aufgehalten hätte, gewiß nichts mehr daran gelegen sein, den Rest unserer Erzählung zu erfahren. In dem wir also die Geschichte und die Untersuchung dieser Prozesse einer anderen Schrift vorbehalten, kehren wir endlich zu unseren Personen zurück, um sie nun bis zum Ende nicht mehr zu verlassen.

33. KAPITEL.

GEGEN Ende August, als die Pest auf ihrem Gipfel war, befand sich Don Rodrigo eines Nachts in Begleitung eines getreuen Grauen, des einen von den dreien oder vieren, die ihm von seiner ganzen Dienerschaft am Leben geblieben waren, auf dem Heimweg in ein Haus in Mailand. Er kam aus einer Gesellschaft von Freunden, die gewohnt waren, gemeinsam der Ausgelassenheit zu pflegen, um über die Trübsal der Zeit hinwegzukommen; und bei jeder Zusammenkunft waren neue da und fehlten alte. An diesem Tage war Don Rodrigo einer der lustigsten gewesen, und unter anderem hatte er die Gesellschaft mit einer Art Leichenrede auf den Grafen Attilio lachen gemacht, der zwei Tage vorher von der Pest hinweggenommen worden war. Indem er so dahinschritt, empfand er ein Unbehagen, eine Abspannung, eine Müdigkeit der Beine, eine Beschwerde beim Atmen, einen inneren Brand, und das alles hätte er gern nur dem Weine, dem Aufbleiben und der Jahreszeit zugeschrieben. Den ganzen Weg lang tat er den Mund nicht auf, und das erste Wort, das er, zu Hause angelangt, sagte, war, daß er dem Grauen Licht zu machen befahl, weil er auf seine Kammer gehen wolle. Als sie dort waren, betrachtete der Graue das veränderte und erhitzte Gesicht seines Herrn und die heraustretenden gläsernen Augen, und er hielt sich fern von ihm; denn in diesen Zeitläuften hatte sich jeder gemeine Kerl sozusagen einen ärztlichen Blick aneignen müssen. „Ich bin ganz wohl, weißt du", sagte Don Rodrigo, der in dem Gesicht des Grauen den Gedanken las, der diesem durch den Sinn ging. „Ich befinde mich ganz wohl; aber ich habe getrunken, vielleicht ein bißchen zu viel getrunken. Das war ein Wein!... Aber mit einem tüchtigen Schlaf ist alles behoben. Ich bin so schläfrig ... Nimm mir das Licht weg, es blendet mich ... es ist mir zuwider ...!"

„Das macht der Wein", sagte der Graue, ohne näher zu treten; „aber gehen Sie rasch zu Bett: der Schlaf wird Ihnen gut tun."

„Du hast recht: wenn ich schlafen kann ... Sonst ist mir ja wohl. Stell auf alle Fälle die Glocke her, wenn ich etwa in der Nacht etwas brauchen sollte, und paß auf, weißt du, wenn du mich klingeln hört. Aber ich werde nichts brauchen ..."

„Nimm doch einmal das vermaledeite Licht weg", begann er dann wieder, während der Graue den Befehl ausführte, wobei er in möglichster Entfernung blieb. „Teufel, wie lästig es mir ist!"

Der Graue nahm das Licht und ging, nachdem er seinem Herrn eine gute Nacht gewünscht hatte, eiligst hinaus. Dieser kroch unter die Decke. Aber die Decke lag auf ihm wie ein Berg. Er schleuderte sie weg und krümmte sich zusammen, um einzuschlafen; denn er war wirklich todmüde. Kaum hatte er aber die Augen geschlossen, so fuhr er sofort wieder auf, als hätte ihn jemand boshaft gerüttelt, und er fühlte, daß die Hitze zugenommen, die Beklemmung zugenommen hatte. Er richtete seine Gedanken wieder auf den August, auf den Wein, auf die Unmäßigkeit, und es wäre ihm sehr lieb gewesen, wenn er diesen Dingen hätte die Schuld geben können; aber diese Vorstellungen ersetzten sich von selber durch die, die nun mit allen verbunden war, die sozusagen bei allen Sinnen eintrat, die sich in allen Gesprächen der Ausschweifung festgesetzt hatte, weil es viel leichter war, sie scherzhaft zu nehmen, als sie mit Stillschweigen zu übergehen, die Vorstellung der Pest. Nach einem langen Herumwälzen schlief er schließlich ein und begann die garstigsten und verworrensten Dinge zu träumen. Und von einem ins andere war ihm, als sei er in einer großen Kirche, eingekeilt in eine Menge, als sei er dort, ohne daß er gewußt hätte, wieso er dorthin gegangen sei, wieso ihm, und sonderlich in dieser Zeit, der Gedanke dazu gekommen sei; und darüber wurde er schier toll. Er betrachtete eine Nachbarn: es waren lauter fahle, entstellte Gesichter mit verstörten glanzlosen Augen, mit hängenden Lippen, lauter Leute mit Kleidern, die in Stücke gingen, und zwischen den Fetzen sah man Flecken und Beulen.

„Platz, Gesindel!", rief er, indem er sich nach der Tür umsah, die weit, weit entfernt war, und den Ruf mit einer drohenden Miene begleitete, ohne sich freilich zu rühren, ja sich eher zusammenziehend, um nicht diese widerlichen Körper zu berühren, die ihn schon von allen Seiten berührten. Aber niemand von diesen Unsinnigen schien wegtreten zu wollen oder ihn auch nur verstanden zu haben; sie rückten ihm vielmehr noch näher an den Leib, und vor allem war es einer, der ihm den Ellbogen oder was es sonst war, in die linke Seite, zwischen Herz und Achsel drückte, so daß er einen stechenden und gleichsam pressenden Schmerz empfand. Und wenn er sich drehte, um sich davon frei zu machen, kam etwas anderes, das ihn an derselben Stelle stach. Wütend wollte er den Degen ziehen: und da war es just so, als ob der Degen durch das Gedränge hinaufgeschoben wäre und als ob es ein Knopf wäre, der ihn an dieser Stelle drückte; als er aber hin griff, fand er den Degen nicht und fühlte dafür eine heftigere Durchbohrung. Er tobte, er keuchte und wollte lauter schreien, als sich alle diese Gesichter nach einer Seite kehrten. Auch er sah hin: er sah eine Kanzel, und auf ihrer Brüstung kam etwas Rundes, Glattes und Schimmerndes zum Vorschein; dann erhob sich deutlich ein kahler Kopf, dann zwei Augen, ein Gesicht, ein langer weißer Bart, ein Mönch, dessen Gürtel schließlich mit der Brüstung abschnitt, Fra Cristoforo. Nachdem dieser einen blitzenden Blick über die ganze Zuhörerschaft geworfen hatte, heftete er ihn auf Don Rodrigos Gesicht, indem er zugleich, genau in der Stellung, die er damals in jenem ebenerdigen Saale seiner Burg angenommen hatte, die Hand erhob. Auch er fuhr nun mit der Hand in die Höhe und machte eine Anstrengung, um sich auf ihn zu stürzen und diesen emporgestreckten Arm zu packen; ein Ruf, der ihm dumpf durch die Kehle brauste, löste sich in ein mächtiges Geheul auf, und er erwachte.

Er ließ den Arm sinken, den er wahrhaftig gehoben hatte, bemühte sich eine Weile, zu sich zu kommen, die Augen richtig zu öffnen; denn das Licht des schon späten Tages tat ihm so weh wie das der Kerze am Abend zuvor. Er erkannte sein Bett, eine Kammer, begriff, daß alles ein Traum gewesen war: Kirche, Volk, Mönch, alles war verschwunden, alles, bis auf eines, bis auf den Schmerz in der linken Seite. Zugleich fühlte er noch ein ungestümes, beängstigendes Herzklopfen, ein unaufhörliches Ohrensausen, einen inneren Brand, eine Schwere in allen Gliedern, ärger als beim Zubettgehen. Einige Augenblicke zauderte er, bevor er die schmerzende Stelle ansah; endlich deckte er sie auf und warf einen furchtsamen Blick hin: und er sah eine ekelhafte, dunkelviolette Beule. Der Mann sah sich verloren: der Schrecken des Todes überfiel ihn und mit einer vielleicht noch stärkeren Empfindung der Schrecken, eine Beute der Monatti zu werden, ins Lazarett getragen, geworfen zu werden. Indem er nachdachte, wie er diesem schrecklichen Schicksal entgehen könnte, fühlte er, wie seine Gedanken ineinander flossen und sich trübten, fühlte einen Augenblick herannahen, wo er nur noch so viel Bewußtsein haben werde, wie zur Verzweiflung hinreicht. Er faßte die Glocke und schüttelte sie heftig.

Alsbald erschien der Graue, der auf der Lauer gestanden hatte. Auf eine gewisse Entfernung vom Bett blieb er stehen; er betrachtete seinen Herrn aufmerksam und vergewisserte sich, daß seine Vermutung vom Abend richtig gewesen war.

„Grauer", sagte Don Rodrigo, indem er sich mühsam zum Sitzen aufrichtete, „du bist immer mein Vertrauter gewesen."

„Jawohl, Herr."

„Ich habe dir immer Gutes getan."

„In Ihrer Güte."

„Auf dich kann ich mich verlassen …!"

„Teufel! wie denn nicht?"

„Mir geht es schlecht, Grauer."

„Ich habe es bemerkt."

„Wenn ich genese, so werde ich dir mehr Gutes tun als je." Der Graue antwortete nichts, sondern wartete, wohin diese Einleitung hinauslaufen werde. „Ich will mich niemandem anvertrauen als dir", begann Don Rodrigo wieder; „tu mir einen Gefallen, Grauer."

„Zu Befehl", sagte der, diese ungewohnte Formel mit der gewohnten beantwortend.

„Weißt du, wo der Wundarzt Chiodo wohnt?"

„Ganz genau."

„Er ist ein anständiger Mensch, der die Kranken verhehlt, wenn er gut bezahlt wird. Geh und rufe ihn und sage ihm, ich werde ihm vier, sechs Skudi für den Besuch geben und mehr noch, wenn er mehr verlangt; aber er soll sofort kommen. Gib acht, daß niemand etwas merkt."

„Seien Sie unbesorgt", sagte der Graue; „ich bin sofort wieder da."

„Höre, Grauer, gib mir noch vorher einen Schluck Wasser; ich brenne vor Durst, so daß ich es nicht mehr aushalten kann."

„Nein, Herr", erwiderte der Graue, „nichts ohne Gutachten des Arztes. Das sind heikle Sachen; da ist keine Zeit zu verlieren. Seien Sie nur ruhig; im Nu bin ich mit Chiodo hier." Dies gesagt, ging er hinaus und schloß die Tür.

Don Rodrigo, der wieder die Decke über sich gezogen hatte, begleitete ihn mit seinen Gedanken zu Chiodo, zählte die Schritte und berechnete die Zeit. Hin und wieder sah er seine Beule an; aber sofort kehrte er stets den Kopf voll Abscheu nach der andern Seite. Nach einer Weile begann er zu horchen, ob nicht der Arzt bald komme, und diese Anstrengung der Aufmerksamkeit unterbrach die Empfindung des Übels und hielt seine Gedanken zusammen. Auf einmal hört er einen Lärm, aber es ist ihm, als komme er aus den Zimmern her, nicht von der Straße. Er nimmt seine Aufmerksamkeit zusammen: er hört ihn stärker, wiederholt, und zugleich ein Trappeln: ein entsetzlicher Verdacht fährt ihm durch den Sinn. Er setzt sich auf und horcht noch angestrengter: er hört ein dumpfes Geräusch im Nebenzimmer, wie wenn eine Last behutsam niedergesetzt wird: er fährt mit den Beinen aus dem Bette, wie um aufzustehen, blickt zur Tür hin, sieht sie aufgehen und sieht zwei zerfetzte und schmierige rote Wämser, zwei scheußliche Gesichter, mit einem Worte zwei Monatti, die hereintreten und näher kommen, und sieht zur Hälfte das Gesicht des Grauen, der sich hinter dem geschlossenen Türflügel versteckt hat, um zu lauschen.

„Schändlicher Verräter!... Weg da, Gesindel! Biondino! Carlotto! zu Hilfe! man mordet mich!", schreit Don Rodrigo; er fährt mit der Hand unter das Kopfkissen, um seine Pistole zu suchen, packt sie, zieht sie hervor; aber auf einen Schrei haben sich schon die Monatti auf das Bett gestürzt, der schnellere ist auf ihm, bevor er etwas machen könnte, reißt ihm die Pistole aus der Hand, schleudert sie weg, drückt ihn nieder und hält ihn fest, indem er mit einer Fratze der Wut zugleich und des Hohnes spricht: „So ein Schurke! gegen die Monatti! gegen die Diener des Amtes! gegen die, die das Werk der Barmherzigkeit tun!"

„Halt ihn fest, bis wir ihn wegschaffen", sagte sein Gesell, indem er an einen Schrank trat. Unterdessen kam auch der Graue herein und machte sich mit ihm daran, das Schloß zu erbrechen.

„Schuft!", heulte Don Rodrigo, indem er auf ihn unter dem, der ihn hielt, hinsah und sich unter dessen sehnigen Armen wand. „Laßt mich diesen Schandbuben umbringen", sagte er zu den Monatti, „und dann macht mit mir, was ihr wollt." Dann begann er wieder aus Leibeskräften um seine anderen Diener zu schreien; es war aber unnütz, weil sie der verruchte Graue mit angeblichen Befehlen des Herrn weggeschickt hatte, bevor er gegangen war, um den Monatti diesen Streich und die Teilung der Beute vorzuschlagen.

„Sei ruhig, sei ruhig", sagte der Unhold zu ihm, der ihn aufs Bett zwang; und indem er das Gesicht zu den zwei Plünderern kehrte, schrie er: „Geht ehrlich zu Werke!"

„Du! du!", brüllte Don Rodrigo zu dem Grauen hin, den er geschäftig aufbrechen, Geld und Sachen herausnehmen und teilen sah. „Du! nach so viel...! Ach, du höllischer Teufel! Ich kann noch genesen! ich kann noch genesen!"

Der Graue sagte kein Wort und wandte sich nicht einmal, soweit er dies konnte, zu der Seite hin, woher diese Worte kamen.

„Halt ihn fest", sagte der andere Monatti; „er ist toll." Und jetzt war er es wirklich. Nach einem letzten Geheul, nach einer letzten ungestümen Anstrengung, sich loszumachen, brach er mit einem Schlage erschöpft und stumpfsinnig zusammen; immerhin blickte er auch jetzt noch wie verwunschen herum, und hin und wieder schüttelte es ihn, oder er jammerte.

Die Monatti packten ihn, der eine beiden Füßen, der andere bei den Schultern, und legten ihn auf die Bahre, die sie im Nebenzimmer gelassen hatten; dann kam einer zurück, um die Beute zu holen, und hierauf hoben sie die elende Last und trugen sie weg. Der Graue las noch eiligst alles zusammen, was ihm von Wert sein konnte, machte ein Bündel daraus und ging davon. Er hatte zwar acht gehabt, die Monatti nicht zu berühren und sich nicht von ihnen berühren zu lassen; bei dem letzten hastigen Zusammenraffen aber hatte er, ohne sich dabei etwas zu denken, die Kleider des Herrn genommen und sie geschüttelt, ob etwa Geld darinnen sei. Am nächsten Tage freilich mußte er daran denken; denn während er in einer Schenke zechte, überlief es ihn plötzlich kalt, seine Augen trübten sich, die Kräfte entschwanden ihm und er stürzte zusammen. Von seinen Gesellen verlassen, fiel er den Monatti in die Hände, und die nahmen ihm alles, was er Wertvolles bei sich hatte, und warfen ihn auf einen Karren; dort verschied er, bevor er in dem Lazarett ankam, wohin sein Herr gebracht worden war. Diesen müssen wir nun an dieser Stätte des Jammers verlassen und müssen einen andern aufsuchen gehen, dessen Geschichte mit der seinigen niemals verwickelt worden wäre, wenn er es nicht mit aller Gewalt so gewollt hätte; ja, man kann sogar sagen, daß dann weder der eine noch der andere eine Geschichte gehabt hätte: ich meine Renzo, den wir in der neuen Spinnerei unter dem Namen Antonio Rivolta verlassen haben. Dort war er etwa fünf oder sechs Monate gewesen, als es sich, nachdem die Feindschaft zwischen der Republik und dem König von Spanien erklärt und daher jede Furcht vor Nachforschungen und Behelligungen von dieser Seite gewichen war, Bortolo hatte angelegen sein lassen, ihn wieder zu holen, sowohl weil er ihm gut war, als auch weil Renzo als ein fähiger und in diesem Handwerk geschickter Mensch dem Faktotum seiner Fabrik von großem Nutzen war, ohne daß er doch, weil er zu seinem Unglück keine Feder halten konnte, hätte danach trachten können, selber Faktotum zu werden. Da auch dieser Beweggrund einigermaßen bestimmend gewesen war, haben wir ihn anführen müssen. Vielleicht wäre euch ein idealerer Bortolo lieber gewesen; da kann ich euch aber nur sagen: Macht euch einen. Dieser war einmal so. Renzo war dann die ganze übrige Zeit bei ihm geblieben und hatte bei ihm gearbeitet. Mehr als einmal und besonders, wenn er einen von diesen verflixten Briefen Agneses erhalten hatte, war ihm der Einfall gekommen, Soldat zu werden und ein Ende zu machen: an Gelegenheit dazu hätte es nicht gefehlt; denn gerade damals hatte die Republik zu mehreren Malen Leute gebraucht. Die Versuchung war für Renzo manchmal um so stärker gewesen, als auch gesprochen worden war, daß man ins Mailändische einrücken wolle; und selbstverständlich meinte er, daß es eine schöne Sache wäre, als Sieger heimzukehren, Lucia wiederzusehen und sich einmal mit ihr auszusprechen. Aber Bortolo hatte es immer verstanden, ihn auf gute Art von diesem Entschluß abzubringen.

„Wenn sie hinmarschieren müssen", sagte er, „so marschieren sie auch ohne dich hin, und du kannst ihnen nach deiner Gemächlichkeit nachmarschieren; kommen sie aber dann mit blutigen Köpfen zurück, wird es da nicht besser sein, zu Hause geblieben zu sein? An verzweifelten Gesellen, die den Weg bahnen, wird es nicht fehlen. Und bevor sie einen Fuß dorthin setzen können ...! Ich wenigstens, ich bin nicht so leichtgläubig: sie schreien ja mächtig herum, aber der mailändische Staat ist doch kein Bissen, der so leicht zu verschlucken wäre. Man hat es mit Spanien zu tun, mein Junge; weißt du, was Spanien heißt? San Marco ist stark daheim; aber zu dem braucht's noch etwas anderes. Hab nur Geduld; geht's dir denn hier nicht gut? ... Ich sehe schon, was du sagen willst; aber ist es da oben bestimmt, daß die Sache gelingt, so sei gewiß, daß sie aufs beste gelingt, wenn nur keine Dummheiten gemacht werden. Irgendein Heiliger wird dir schon helfen. Glaube mir, das ist kein Geschäft für dich. Hältst du es für gescheit, das Seidenspulen aufzugeben und dafür ein Totschläger zu werden? Wie willst du dich mit solchen Leuten verhalten? Dazu will es Leute, die just dafür geschaffen sind."

Zu andern Malen nahm sich Renzo vor, heimlich hinzugehen, verkleidet und unter einem falschen Namen. Aber auch das verstand ihm Bortolo jedesmal mit leicht zu erratenden Gründen auszureden. Als dann die Pest im Mailändischen und, wie wir gesagt haben, gerade an der bergamaskischen Grenze ausgebrochen war, dauerte es gar nicht lange, so hatte sie auch dorthin übe gegriffen, und ... man erschrecke nicht: ich habe keineswegs vor, auch die dortige Geschichte zu erzählen; wenn sie einer haben wollte, so ist sie schon geschrieben, und zwar auf öffentlichen Auftrag von einem gewissen Lorenzo Ghirardelli: das Buch ist selten und unbekannt, obwohl es vielleicht einen reicheren Inhalt hat als die berühmtesten Schilderungen der Pest alle miteinander; die Berühmtheit der Bücher hängt eben von zu vielen Dingen ab! Was ich sagen wollte, ist, daß auch Renzo die Pest bekam und daß er von selber wieder gesund wurde, das heißt, daß er nichts dazu tat; er war zwar schon dem Tode nahe, aber seine gute Natur überwand die Kraft der Krankheit, und in wenigen Tagen war er außer Gefahr. Mit der Rückkehr des Lebens stellten sich nun auch, stürmischer als je, die Erinnerungen, die Wünsche, die Hoffnungen und die Pläne des Lebens wieder in seinem Gemüte ein, das heißt, er dachte mehr als je an Lucia. Was war aus ihr geworden in einer Zeit, wo es schier eine Ausnahme war, wenn man am Leben blieb? Und in einer so geringen Entfernung nichts von ihr erfahren zu können! Und, Gott weiß, wie lange in einer solchen Besorgnis bleiben zu sollen! Und wenn diese Besorgnis schließlich zerstreut sein würde, wenn er endlich nach dem Verschwinden jeder Gefahr erführe, daß Lucia am Leben sei, so wäre noch immer dieses Rätsel, diese Verwicklung mit dem Gelübde geblieben. Ich gehe, ich gehe und verschaffe mir über alles auf einmal Klarheit, sagte er bei sich, und das sagte er, bevor er noch imstande war, sich auf seinen Beinen zu erhalten. Wenn sie nur noch lebt! Finden werde ich sie schon; dann werde ich endlich von ihr selber hören, was es für eine Bewandtnis mit diesem Gelübde hat, dann werde ich ihr begreiflich machen, daß es das nicht geben darf, und ich nehme sie mit, sie und die arme Agnese, wenn sie noch lebt, die mir immer gut war und mir sicherlich noch immer gut ist. Der Steckbrief? Jetzt haben sie an etwas anderes zu denken, soweit sie noch am Leben sind. Auch hier gehen Leute herum, die einen oben haben ... Sollen denn nur die Schurken unangefochten bleiben? Und in Mailand, das sagen alle, ist ein noch schlimmeres Durcheinander. Lasse ich sie mir entschlüpfen, diese schöne Gelegenheit – die Pest! Sieh nur, wie dumm man daher redet durch diesen verwünschten Trieb, alles auf sich selber zu beziehen und sich zunutze zu machen – so eine kommt niemals wieder! Das wollen wir hoffen, lieber Renzo. Kaum daß er sich wieder rühren konnte, suchte er Bortolo auf, dem es bis jetzt gelungen war, der Pest auszuweichen, und der auf der Hut war. Er trat nicht zu ihm ins Haus, sondern rief ihn von der Straße aus ans Fenster.

„Ach", sagte Bortolo, „du bist also davongekommen. Das ist ein Glück."

„Ich bin noch ein bißchen schwach auf den Beinen, wie du siehst, aber aus der Gefahr, da bin ich heraus."

„Ei, ich wollte, ich steckte in deiner Haut. Sagte man sonst: Mir geht's so gut, so war damit alles gesagt; aber jetzt gilt das gar nichts. Ist einer einmal so weit, daß er sagen kann: Mir geht es besser, das ist dann ein schönes Wort."

Renzo sagte seinem Vetter einige Worte der Hoffnung für sein Wohlbefinden und teilte ihm seinen Entschluß mit.

„Ja, diesmal geh, und der Himmel segne dich", antwortete dieser; „trachte der Gerechtigkeit zu entgehen, wie ich der Seuche zu entgehen trachten werde, und, so Gott will, daß uns das beiden gut ausgeht, so werden wir uns wiedersehen."

„O, ich komme bestimmt wieder, und wenn ich nur nicht allein zu kommen brauchte! Nun, einstweilen hoffe ich."

„Komm nur in Begleitung; und wenn es Gott gibt, so wird Arbeit für alle ein, und wir halten gute Gesellschaft. Wenn du mich nur noch vorfändest und wenn nur diese verfluchte Seuche vorbei wäre!"

„Wir sehen uns wieder, wir sehen uns wieder; wir müssen uns wiedersehen."

„Ich sage nochmals: Gott gebe es."

Mehrere Tage lang blieb Renzo immerzu in Bewegung, um seine Kräfte zu versuchen und zu steigern: und kaum hielt er sich für wegtüchtig, so schickte er sich auch schon zum Aufbruche an. Er legte unter den Kleidern einen Gürtel an mit den fünfzig Skudi, die er nie angerührt und von denen er nie ein Wort gesagt hatte, nicht einmal zu Bortolo, steckte auch die paar Groschen zu sich, die er Tag für Tag, in allem sparend, beiseite gelegt hatte, nahm ein Bündel mit Kleidern unter den Arm, steckte sein Dienstzeugnis ein, auf den Namen Antonio Rivolta lautend, das er sich für alle Fälle von seinem zweiten Herrn hatte geben lassen, und steckte in die Hosentasche ein Messer, was das mindeste war, was ein anständiger Bürger damals tragen konnte, und machte sich auf den Weg; es war gegen Ende August, drei Tage, nachdem Don Rodrigo ins Lazarett geschafft worden war. Er schlug die Straße nach Lecco ein, weil er, um nicht blindlings nach Mailand zu gehen, durch sein Dörfchen kommen wollte, wo er Agnes am Leben zu finden und von ihr einige der vielen Dinge zu erfahren hoffte, die er sehnlichst zu erfahren wünschte. Die wenigen von der Pest Genesenen waren inmitten der übrigen Bevölkerung wahrhaftig wie ein bevorrechteter Stand. Von den anderen siechte und starb ein großer Teil, und die, die bisher von der Krankheit verschont geblieben waren, lebten in einer beständigen Furcht: sie gingen in ängstlicher Scheu daher, mit gemessenen Schritten, hastig und zaudernd zugleich; denn von allem konnten sie den tödlichen Streich empfangen. Die hingegen, die ihrer Sache schon ziemlich sicher waren – denn daß einer die

Pest zweimal gehabt hätte, wäre eher ein Wunder, als eine Seltenheit gewesen – bewegten sich frei und unbekümmert mitten durch die Seuche, so wie die Ritter des Mittelalters, mit Eisen bewehrt, wo Eisen sein konnte, und auf Rosen, die, soweit dies tunlich, ebenso gerüstet waren, auf Abenteuer auszogen mitten durch ein armseliges Fußgängerpack von Städtern und Bauern, die, um die Streiche abzuwehren und aufzufangen, nichts als Lumpen auf dem Leibe hatten. Ein schönes, vernünftiges und nützliches Handwerk! ein Handwerk, das richtig dazu taugt, in einer staatswirtschaftlichen Abhandlung die erste Rolle zu spielen. Mit einer solchen Sicherheit, die freilich durch die Sorgen, die der Leser kennt, gemäßigt und durch das häufige Schauspiel des allgemeinen Unheils, durch den unaufhörlichen Gedanken daran getrübt wurde, wanderte Renzo seiner Heimat zu, unter einem schönen Himmel und durch ein schönes Land, ohne jedoch nach langen Strecken der traurigsten Einsamkeit jemand anderem zu begegnen als hier und da einigen Wesen, die unsteten Schatten ähnlicher waren als lebendigen Menschen, oder Leichen, die ohne die Ehre eines Begängnisses, ohne Gesang, ohne Gebete zu Grabe getragen wurden. Zu Mittag machte er in einem Busche halt, um ein bißchen Brot mit Zukost zu verzehren, das er mitgenommen hatte. Obst stand ihm den ganzen Weg lang im Überfluß zu Gebote: Feigen, Pfirsiche, Pflaumen, Äpfel nach Belieben: er brauchte nur in die Felder zu treten und es zu pflücken oder es unter den Bäumen aufzulesen, wo so viel lag, als ob es gehagelt hätte; denn das Jahr war außerordentlich fruchtbar, besonders an Obst, und es bekümmerte sich schier niemand darum. Die Trauben verdeckten sozusagen das Weinlaub, und der erste beste mochte sie brechen. Gegen Abend sah er ein Dorf. Bei diesem Anblick fühlte er, obwohl er darauf hätte vorbereitet sein müssen, doch etwas wie einen Stich im Herzen; mit einem mal war er von einer Menge schmerzlicher Erinnerungen und schmerzlicher Ahnungen bestürmt. Er glaubte noch jene bösen Glockenschläge zu hören, die ihn auf seiner Flucht aus dieser Gegend begleitet und verfolgt hatten, und zugleich hörte er sozusagen die Totenstille, die jetzt hier herrschte. Eine noch größere Erregung fühlte er, als er auf den Platz vor der Kirche kam, und noch Ärgeres erwartete er von dem Ziel seines Weges; denn haltmachen wollte er vor dem Hause, das er sonst Lucias Haus zu nennen gewohnt gewesen war. Jetzt konnte es höchstens Agneses Haus sein; und die einzige Gnade, die er vom Himmel er hoffte, war, sie am Leben und gesund zu finden. Und in diesem Hause nahm er sich vor, um Herberge zu bitten; denn er vermutete richtig, daß das seinige nur noch eine Wohnung für Ratten und Marder sein werde. Da er nicht gesehen werden wollte, schlug er den außen laufenden Fußsteig ein, denselben, wo er in lieber Gesellschaft in jener Nacht gegangen war, um den Pfarrer zu überrumpeln. In der Mitte etwa lag an der einen Seite ein Weinberg, an der andern ein Häuschen, so daß er im Vorbeigehen hier und dort würde eintreten können, um ein wenig nachzusehen, wie es um sein Gut stehe. Also dahinschreitend, blickte er vor sich, begierig und ängstlich zugleich, jemanden zu sehen; und nach einigen Schritten sah er wirklich einen Mann, der im Hemde auf der Erde saß und sich mit dem Rücken an eine Jasminhecke lehnte: nach seinem ganzen Gehaben schien es ein Verrückter. Daran und auch an den Gesichtszügen glaubte er diesen blödsinnigen Gervaso zu erkennen, der damals bei der verunglückten Geschichte als zweiter Zeuge mitgegangen war. Als er aber in seine Nähe kam, mußte er sich überzeugen, daß es statt dessen der so aufgeweckte Tonio war, der damals den anderen mitgenommen hatte. Die Pest hatte ihm die Kräfte des Körpers und zugleich die des Geistes genommen und hatte in seinem Gesicht und allem seinem Gehaben den ehedem schwachen und verhüllten Keim der Ähnlichkeit entwickelt, die zwischen ihm und seinem blödsinnigen Bruder bestand.

„Tonio", sagte Renzo zu ihm, indem er vor ihm stehen blieb; „bist du es?"

Tonio hob das Auge, ohne den Kopf zu bewegen.

„Tonio, kennst du mich nicht?"

„Wen es trifft, den trifft's", antwortete Tonio, und der Mund blieb ihm offen.

„Dich hat es, was? armer Tonio; aber kennst du mich denn nicht mehr?"

„Wen es trifft, den trifft's", antwortete der mit einem blöden Lächeln.

Da Renzo sah, daß er nichts anderes aus ihm herausholen würde, verfolgte er, noch trauriger geworden, eine Straße. Und siehe da, es bog etwas Schwarzes um eine Ecke und kam näher, und er erkannte sofort, daß das Don Abbondio war. Der ging gar langsam und trug den Stock, als ob ihn der trüge; und je näher er kam, desto deutlicher ließ sich aus seinem bleichen und abgezehrten Gesichte und aus jeder Gebärde entnehmen, daß auch er ein Ungemach durchgemacht haben mußte. Auch er schaute: es war ihm so, und dann war es ihm wieder nicht so: er sah etwas Fremdartiges in der Kleidung, aber es war dieses Fremdartige der Leute von Bergamo.

„Er ist's und kein anderer", sagte er bei sich und hob die Hände mit einer Bewegung verdrießlichen Erstaunens zum Himmel, so daß der Stock, den er in der Rechten hielt, in die Luft ragte; und man sah nun die dünnen Arme in den Ärmeln schlottern, wo sie früher kaum Platz gehabt hatten.

Renzo ging, seinen Schritt beschleunigend, auf ihn zu und machte ihm eine Verbeugung; denn obwohl sie so, wie ihr wißt, auseinander gegangen waren, war er doch immer ein Pfarrer.

„Ihr seid hier, Ihr?", rief Don Abbondio aus.

„Wie Sie sehen, bin ich hier. Wissen Sie nichts von Lucia?"

„Was soll ich von ihr wissen? Man weiß nichts von ihr. Sie ist in Mailand, wenn sie anders noch in der Welt ist. Aber Ihr ..."

„Und Agnese, ist sie noch am Leben?"

„Kann sein; aber wer soll das wissen? Sie ist nicht hier. Aber ... "

„Wo ist sie?"

„Sie ist in die Valsassina gegangen und ist dort bei ihren Verwandten, in Pasturo, Ihr wißt schon; denn dort wütet die Pest nicht so, wie hier. Aber Ihr, sage ich..."

„Das ist mir unlieb. Und der Pater Cristoforo ...?"

„Der ist schon lange Zeit weg. Aber..."

„Das wußte ich; sie haben es mir schreiben lassen. Ich habe nur geglaubt, wenn er zufällig wieder zurückgekommen wäre."

„Beileibe nicht! Man hat nie mehr etwas von ihm gehört. Aber Ihr ..."

„Das ist mir auch unlieb."

„Aber Ihr, sage ich, was wollt Ihr um Himmelswillen in dieser Gegend? Wißt Ihr denn nichts von dem erschrecklichen Steckbrief...?"

„Was schert mich das? Sie haben jetzt an etwas anderes zu denken. Ich habe einmal nach meinen Angelegenheiten sehen wollen. Und weiß man nicht richtig...?"

„Was wollt Ihr sehen? Jetzt, wo niemand mehr da ist, wo nichts mehr da ist. Und bei diesem erschrecklichen Steckbrief daherzukommen, just in das Dorf hier, dem Wolf in den Rachen, ist das Vernunft? Folgt einem alten Manne, der verpflichtet ist, mehr Vernunft zu haben als Ihr, und aus dem die Liebe spricht, die er für Euch hat: bindet Eure Schuhe fest und kehrt, bevor Euch jemand sieht, dorthin zurück, woher Ihr gekommen seid; und seid Ihr schon gesehen worden, so kehrt um so schneller zurück. Glaubt Ihr, daß es hier für Euch geheuer ist? Wißt Ihr nicht, daß sie Euch hier gesucht haben, daß sie alles durchstöbert und das Unterste zuoberst gekehrt haben ..."

„Das weiß ich nur zu wohl; diese Schurken!"

„Aber dann ...!"

„Aber ich sage Ihnen, daß mich das nicht kümmert. Und er, ist er noch am Leben? Ist er hier?"

„Ich sage Euch, daß niemand hier ist, ich sage Euch, daß Ihr Euch um die Dinge hier nicht kümmern sollt, ich sage Euch, daß ..."

„Ich frage, ob er hier ist, er."

„Er ist nicht hier. Aber die Pest, mein Sohn, die Pest! Wer treibt sich denn herum, zu solchen Zeiten?"

„Wenn weiter nichts wäre als die Pest... ich meine, für mich: ich habe sie schon gehabt und bin sie los."

„Nun also! Nun also! Ist das keine Warnung? Wenn einer so etwas überstanden hat, so sollte er, meine ich, dem Himmel danken ..."

„Ich danke ihm ja auch."

„Und nicht wieder etwas anderes suchen, meine ich. Folgt mir ..."

„Sie haben sie auch gehabt, wenn ich mich nicht täusche."

„Ob ich sie gehabt habe! Tückisch und schändlich war sie mit mir: daß ich noch da bin, ist ein Wunder; es ist genug, wenn ich sage, daß sie mich so zugerichtet hat, wie Ihr seht. Ich hätte wahrhaftig ein bißchen Ruhe nötig, um mich zu erholen, und ich habe mich auch schon langsam ein wenig besser gefühlt... In des Himmels Namen, was wollt Ihr hier? Kehrt zurück ..."

„Immer haben Sie es mit diesem Zurückkehren. Um zurückzukehren, hätte ich nicht erst wegzugehen brauchen. Ihr sagt: Was wollt Ihr hier? Was wollt Ihr hier? Das ist ja prächtig! In meinem Haus will ich einmal nachsehen."

„Euer Haus ..."

„Sagen Sie, sind hier viele gestorben?"

„O, o!", rief Don Abbondio; und indem er bei Perpetua anfing, zählte er eine lange Reihe von Personen und ganzen Familien auf.

Renzo hatte ja etwas Ähnliches erwartet; als er aber so viele Namen von Bekannten, von Freunden, von Verwandten hörte, stand er voll Schmerz mit gesenktem Kopfe da und rief jeden Augenblick: „Der Arme! die Arme! die Armen!"

„Nun seht Ihr", fuhr Don Abbondio fort, „und ich bin noch nicht fertig. Wenn nicht die Überlebenden jetzt Vernunft an nehmen und sich alle Grillen aus dem Kopfe schlagen, so steht das Ende der Welt bevor."

„Fürchten Sie nichts; ich habe sowieso nicht vor, hierzubleiben."

„Ach, dem Himmel sei gedankt, daß er Euch das eingegeben hat! Und selbstverständlich habt Ihr die Absicht, ins Bergamaskische zurückzukehren?"

„Machen Sie sich darüber keine Sorgen."

„Was? Ihr wollt mir doch nicht noch einen ärgeren Streich spielen?"

„Sorgen Sie sich nicht darüber, sage ich; das ist meine Sache: ich bin doch kein Kind mehr und habe den Gebrauch der Vernunft. Jedenfalls hoffe ich, werden Sie es niemandem sagen, daß Sie mich gesehen haben. Sie sind Priester, und ich bin eines Ihrer Schafe: Sie werden mich nicht verraten wollen."

„Ich habe verstanden", sagte Don Abbondio, ärgerlich seufzend; „ich habe verstanden. Ihr wollt Euch zugrunde richten und mich zugrunde richten. Es ist Euch nicht genug an dem, was Ihr durchgemacht habt, und nicht genug an dem, was ich durchgemacht habe. Ich habe verstanden, habe verstanden." Indem er diese Worte noch weiter in seine Zähne brummte, nahm er einen Weg wieder auf.

Traurig und mißvergnügt verweilte Renzo bei dem Gedanken, wohin er herbergen gehen solle. Unter den Toten, die ihm Don Abbondio hergezählt hatte, war auch eine Bauernfamilie, die gänzlich von der Seuche weggerafft worden war bis auf einen Burschen in seinem Alter, der von klein auf sein Gesell gewesen war; das Haus lag einige Schritte außerhalb des Dorfes. Dorthin gedachte er zu gehen.

Auf dem Wege kam er bei seinem Weinberge vorbei; und schon von außen konnte er schließen, in was für einem Zustand er war. Von den Bäumen, die bei einem Abgang dagewesen waren, sah er kein Wipfelchen, kein Laub mehr über der Mauer, und was er sah, war alles erst während seiner Abwesenheit gekommen. Er trat an den Eingang – von dem Gatter waren nicht einmal mehr die

Angeln vorhanden – und warf einen Blick umher: der arme Weingarten! Zwei Winter lang waren die Dorfleute hingegangen, um „an des Ärmsten Statt", wie sie sagten, Holz zu machen. Weinstöcke, Maulbeerbäume, Obstbäume jeder Gattung, alles war schonungslos ausgerissen oder an der Wurzel abgeschnitten. Man sah wohl noch die Spuren des alten Anbaues: junge Reben in Zeilen, die zwar unterbrochen waren, aber noch den Zug der verwüsteten Reihen andeuteten, und hier und da Schößlinge oder Sprossen von Maulbeer-, Feigen-, Pfirsich-, Kirschen- und Pflaumenbäumen; aber auch diese schütter und versteckt in einem neuen, mannigfaltigen Dickicht, das ohne Dazutun einer Menschenhand entstanden und gewachsen war. Es war ein Gewirr von Nesseln, Farnen, Weidelgras, Quecken, Melden, wildem Hafer, immergrünem Amarant, Wegwarten, Sauerklee, Fennich und sonst derlei Kräutern, wie sie der Bauer überall unter eine Gattung zusammenfaßt und Unkraut nennt. Es war ein Gestrüpp von Stengeln, die einander, entweder zur Höhe strebend oder am Boden hinkriechend, durchaus zu überflügeln trachteten, ein Durcheinander von Blättern, Blumen, Früchten von hunderterlei Formen, hunderterlei Größen: Ährchen, Kolben, Büschel, Dolden, Köpfe, weiß, rot, gelb, blau. Unter diesem Pflanzengesindel waren auch einige höhere und ansehnlichere, aber nicht bessere, wenigstens nicht der Mehrzahl nach: der türkische Wein, alle überragend, mit seinem weitläufigen, roten Geranke, mit seinen prächtigen, dunkelgrünen Blättern, deren einige sich schon mit Purpur säumten, mit seinen verkehrt stehenden Trauben, von unten nach oben mit violetten, purpurnen und grünen Beeren und an der Spitze mit weißlichen Blüten besetzt, die Königskerze mit ihren großen, filzigen Blättern am Boden und dem Stengel senkrecht in der Luft mit den langen Stielen, die mit hellgelben Blüten wie betreut und gestirnt waren, Disteln mit Stacheln an den Stengeln und den Blättern und in den Köpfen, aus denen Büschel weißer oder purpurner Blüten hervorkamen oder sich leichte, silberne Federchen ablösten und von dem Winde entführt wurden. Hier hatten Ackerwinden die neuen Zweige eines Maulbeerbaumes, indem sie sich daran emporrankten und sie umschlangen, völlig mit ihren herabhängenden Blättern bedeckt und ließen von der Spitze der Zweige ihre weißen, weichen Glöckchen baumeln; dort hatte sich eine Giftrübe mit ihren roten Beeren um die neuen Reben eines Weinstocks gewunden, und dieser hatte nach vergeblichem Suchen eines festeren Anhaltes seine Reben wieder an sie gehängt, und so zogen sich ihre dünnen Stengel und die wenig verschiedenen Blätter, die sich ineinander mischten, gegenseitig nieder, wie es oft den Schwachen geht, wenn sie einer den andern als Stütze nehmen. Brombeerstrauchwerk war überall, ging von einer Pflanze zur andern, stieg herauf und herab, drängte seine Zweige zusammen oder breitete sie aus, je nachdem es sich ihm fügte; und da es auch den Eingang überquert hatte, schien es, daß es hier sei, um dem Herrn ein Weiterschreiten zu verwehren. Aber dem lag nichts daran, einen solchen Weinberg zu betreten, und vielleicht verwandte er auf seine Betrachtung nicht einmal so viel Zeit, wie wir auf eine Schilderung. Er ging weiter: sein Haus war in der Nähe. Er durchschritt den Küchengarten, und das Unkraut, das ihn ebenso wie den Weinberg bevölkerte und überzog, reichte ihm bis ans Knie. Er setzte den Fuß auf die Schwelle der einen von den zwei Stuben, die im Erdgeschosse waren; bei dem Geräusch seiner Tritte, bei einem Erscheinen kam eine Verwirrung unter die Ratten, die einander den Weg der Flucht kreuzten und sich in dem Unrat verbargen, der überall die Fliesen bedeckte: es war noch das Bett der Landsknechte. Er warf einen Blick auf die Wände: abgescharrt, besudelt, verräuchert. Er hob die Augen zur Decke: ein Behang von Spinnweben. Sonst war nichts da. Er ging auch von hier weg, indem er sich mit den Händen durch die Haare fuhr, kehrte um und schlug wieder den Steig ein, den er einen Augenblick früher ausgetreten hatte; nach wenigen Schritten bog er links auf einen Fußpfad ein, der in die Felder führte, und ohne eine lebende Seele zu sehen oder zu hören, gelangte er zu dem Häuschen, wo er zu herbergen gedachte. Schon fing es an zu dunkeln. Der Freund saß unter der Tür auf einer Bank, die Arme verschränkt und die Augen zum Himmel geheftet, wie ein vom Unglück betäubter und durch die Einsamkeit verwilderter Mensch. Als er Tritte hörte, wandte er sich um, um zu sehen, wer es sei, und sagte, nach dem, was er so im Zwielicht und durch Zweige und Laub zu sehen vermeinte, mit lauter Stimme, aufstehend und die Hände erhebend: „Ist denn sonst niemand da als ich? Habe ich nicht gestern genug getan? Laß mich doch ein wenig in Ruhe; das wird auch ein Werk der Barmherzigkeit sein."

Renzo, der nicht wußte, was das bedeuten sollte, antwortete ihm, indem er ihn beim Namen rief.

„Renzo! ...", sagte der andere, zugleich rufend und fragend.

„Der bin ich", sagte Renzo; und sie liefen aufeinander zu.

„Bist du's wirklich?", sagte der Freund; „ach, wie freue ich mich! Wer hätte das gedacht? Ich habe dich für Paolin, den Totengräber, genommen, der immer kommt und mich plagt, ich solle mit ihm begraben gehen. Weißt du, daß ich allein noch da bin? Allein! Allein wie ein Einsiedler!"

„Das weiß ich nur zu wohl", sagte Renzo. Und indem sie in der Schnelligkeit Begrüßungen, Fragen und Antworten tauschten und durcheinandermischten, traten sie gemeinsam ins Häuschen. Ohne daß sie dort ihr Gespräch unterbrochen hätten, machte sich der Freund geschäftig daran, Renzo so gut zu bewirten, wie es so unversehens und in dieser Zeit möglich war. Er stellte das Wasser ans Feuer und begann die Polenta zu bereiten; dann aber trat er das Rührholz Renzo ab und ging mit den Worten: „Ich bin jetzt allein; ja, ganz allein!" aus dem Zimmer.

Er kam zurück mit einem kleinen Eimer Milch, mit ein wenig eingesalzenem Fleisch, mit frischem Ziegenkäse, mit Feigen und Pfirsichen; und nachdem alles in Ordnung und die Polenta in die Mulde gestürzt war, setzten sie sich zu Tische, indem sie sich gegenseitig bedankten, der eine für den Besuch, der andere für die Aufnahme. Und nach einer Trennung von fast zwei Jahren fanden sie sich auf einmal mehr befreundet, als sie es je in der Zeit, wo sie sich schier alltäglich sahen, zu sein gemeint hatten; denn dem einen waren wie dem anderen, sagt hier die Handschrift, Dinge begegnet, die sie erkennen ließen, was für ein Balsam für die Seele das Wohlwollen ist, sowohl das, das man fühlt, als auch das, das man bei anderen findet. Gewiß vermochte niemand dem armen Renzo Agnese zu ersetzen oder ihn über ihre Abwesenheit zu trösten, und das nicht nur wegen jener alten und sonderlichen Zuneigung, sondern auch weil unter den Dingen, die er gar zu gern enträtselt hätte, eines war, wozu sie allein den Schlüssel hatte.

Einen Augenblick lang war er unschlüssig, ob er seine Reise fortsetzen oder ob er zuerst Agnese aufsuchen solle, die ja wenig weit entfernt war; in Anbetracht aber, daß über Lucias Wohlergehen auch Agnese nichts wissen würde, blieb er bei dem ersten Vorsatz, sich zuerst dieser Ungewißheit zu entledigen und sich sein Urteil zu holen und dann die Neuigkeit selber der Mutter zu bringen. Immerhin erfuhr er auch von dem Freunde viele Dinge, die er nicht gewußt hatte, und gewann über vieles Klarheit, was er nicht richtig gewußt hatte, so über Lucias Erlebnisse, über die Verfolgung, deren Gegenstand er gewesen war, und wie Don Rodrigo mit dem Schweif zwischen den Beinen abgezogen war und sich in dieser Gegend nicht mehr hatte blicken lassen, kurz über das ganze Gewebe von Vorfällen. Auch erfuhr er – und das war für ihn keine unwichtige Kenntnis – wie der Geschlechtsname Don Ferrantes lautete; freilich hatte ihn ihm Agnese durch ihren Vertrauensmann schreiben lassen, aber weiß der Himmel, wie er geschrieben worden war, und der bergamaskische Dolmetscher hatte, als er ihm den Brief vorlas, ein solches Wort daraus gemacht, daß Renzo, wenn er damit in Mailand auf die Suche nach dem Hause gegangen wäre, wahrscheinlich keinen Menschen gefunden hätte, der erraten hätte, wen er meine. Und dabei war das der einzige Anhaltspunkt, um Lucia zu finden. Was die Gerechtigkeit betraf, so durfte er sich nun immer mehr darin bestärken, daß die Gefahr entfernt genug war, um ihm keine großen Sorgen zu machen: der Herr Vogt war verstorben, niemand wußte, wann ein anderer geschickt werden würde; auch die Häscherschar war zum größten Teile nicht mehr da, und die Hinterbliebenen hatten an ganz andere an als diese alten Sachen zu denken. Auch er erzählte seine Erlebnisse dem Freunde und erhielt dafür hunderterlei Geschichten von dem Durchmarsch des Heeres, von der Pest, von Salbern und von Wundern.

„Es sind garstige Dinge", sagte der Freund, indem er Renzo in eine Kammer geleitete, die nach der Seuche unbewohnt war, „Dinge, die man nie geträumt hätte, Dinge, um einem die Heiterkeit fürs ganze Leben zu nehmen; aber es ist doch ein Trost, mit einem Freund davon zu sprechen."

Bei Tagesanbruch waren beide in der Küche: Renzo war reisefertig, den Gürtel unterm Wams verborgen und das Messer in der Hosentasche; das Bündel ließ er, um leichter zu gehen, bei einem Wirt in Verwahrung.

„Wenn es mir gut ausgeht", sagte er zu ihm, „wenn ich sie am Leben finde, wenn ... genug, so komme ich wieder hier durch; dann laufe ich nach Pasturo, um der armen Agnese die gute Zeitung zu bringen, und dann, und dann ... Wenn es aber das Unglück, das Unglück, Gott bewahre mich davor ... dann weiß ich nicht, was ich tun, wohin ich gehen werde; hier werdet ihr mich wahrhaftig nimmer sehen."

Und bei diesen Worten betrachtete er, auf der Schwelle der Haustür stehend, mit einem Gemisch von Rührung und Herzweh die Morgenröte über seinem Dorfe, die er so lange nicht gesehen hatte. Der Freund sprach ihm, wie man zu tun pflegt, Mut zu, drängte ihm eine Wegzehrung auf, begleitete ihn ein Stückchen und verabschiedete sich von ihm mit neuerlichen Glückwünschen.

Renzo schritt gemächlich einher; es genügte ihm, an diesem Tage Mailand nur so nahe zu kommen, daß er am nächsten zeitlich früh in der Stadt ein und seine Nachforschungen sofort aufnehmen könnte. Die Wanderung verlief ohne Zufälligkeiten und brachte außer dem gewohnten Anblick des Elends und der Trübsal nichts sonst mit sich, was ihn von seinen Gedanken hätte ablenken können. Zurzeit machte er wie Tags zuvor in einem Busche halt, um einen Bissen zu essen und um zu rasten. Als er in Monza an einem Laden vorbeikam, wo Wecken ausgelegt waren, verlangte er zwei, um für alle Fälle nicht unversorgt zu sein. Der Bäcker bedeutete ihm, er solle draußen bleiben, schob ihm auf einer kleinen Schaufel ein Näpfchen mit Wasser und Essig zu und bat ihn, das Geld dorthinein zu werfen; dies getan, reichte er ihm mit einer Zange die zwei Wekken, einen nach dem andern, und Renzo steckte sie jeden in eine Tasche. Gegen Abend kam er in Greco an, ohne daß er jedoch den Namen des Ortes gewußt hätte. Immerhin war ihm die Gegend von jener anderen Wanderung her noch so erinnerlich, daß er daraus und indem er den von Monza bisher zurückgelegten Weg überschlug, mutmaßte, er sei nicht mehr weit von der Stadt entfernt. Darum verließ er die Landstraße, um in den Feldern eine Erntehütte zu suchen und dort die Nacht zu verbringen; denn auf Wirtshäuser wollte er sich nicht einlassen. Er traf es besser, als er gehofft hätte; in einem Zaun, der den Hofraum einer Meierei umgab, sah er eine Lücke, und er ging getrost hinein. Es war niemand da: auf der einen Seite sah er einen offenen Schuppen, wo Heu aufgeschichtet war, und daran lehnte eine Leiter; er blickte sich um und stieg auf gut Glück hinauf: dann legte er sich dort nieder und schlief alsbald ein. Als er mit der Dämmerung erwachte, kroch er auf allen vieren an den Rand dieses großen Bettes, steckte den Kopf heraus und stieg, da er niemanden sah, hinunter, wo er heraufgestiegen war, ging hinaus, wo er hereingekommen war, und machte sich auf Fußsteigen auf den Weg, indem er als Leitstern den Dom nahm; und nach einem kurzen Marsche kam er unter den Mauern Mailands an, zwischen. der *Porta Orientale* und der *Porta Nuova*.

34. KAPITEL.

WAS die Art betrifft, in die Stadt hineinzukommen, hatte Renzo sagen hören, daß die strengsten Befehle bestünden, ohne Gesundheitszettel niemanden einzulassen, daß man aber gar leicht hineinkomme, wenn man sich nur ein bißchen zu helfen und den richtigen Augenblick zu erfassen wisse. Es war in der Tat so: die allgemeinen Ursachen beiseite gelassen, daß damals jeder Befehl nur wenig beachtet wurde, und die besonderen Ursachen beiseite gelassen, die eine genaue Durchführung eben dieses so schwierig machten, so befand sich auch Mailand damals in einem solchen Zustande, daß es nicht einzusehen war, weswegen und wovor die Stadt zu behüten gewesen wäre; und wer hinkam, war wohl eher um sein eigenes Wohlergehen unbekümmert als für die Bürger gefährlich. Auf diese Mitteilungen hin war die Absicht Renzos, bei dem ersten Tore, wo er ankomme, den Eintritt zu versuchen; zeige sich dort irgendein Hindernis, so wollte er außen an der Mauer weitergehen, bis er ein anderes finde, wo die

Sache leichter gehe. Und weiß der Himmel, wieviel Tore Mailand in seiner Einbildung hatte. Als er nun unter der Mauer angelangt war, blieb er stehen und blickte umher wie einer, der nicht weiß, wohin er sich wenden soll, und der darum einen Fingerzeig zu erwarten oder zu heischen scheint. Aber zur Rechten und zur Linken sah er nichts als zwei Strecken einer sich krümmenden Straße und vor sich ein Stück Mauer, nirgends ein Zeichen von lebendigen Menschen außer über einem Punkte des Walls eine dunkle und schwarze Rauchsäule, die sich im Aufsteigen verbreitete und sich zu großen Kugeln zusammenballte, um sich dann in der unbeweglichen, grauen Luft zu verlieren. Sie kam von Kleidern, Betten und anderem verseuchten Hausrat, der verbrannt wurde, und so traurige Feuer entzündete man fortwährend nicht nur hier, sondern an vielen Stellen der Mauer.

Das Wetter war düster, die Luft dick, der Himmel überall umwölkt oder von einem einförmigen trägen Nebel verschleiert, der die Sonne zu verleugnen schien, ohne Regen zu verheißen; das umliegende Land zum Teile unbestellt und durchaus ausgedörrt, alles Grün entfärbt und nicht ein Tröpfchen Tau auf den welken, fallenden Blättern. Überdies fügte auch diese Einsamkeit, dieses Stillschweigen in so unmittelbarer Nähe einer großen Stadt eine neue Bestürzung zu Renzos Unruhe und machte alle seine Gedanken noch trüber.

Nachdem er eine Weile dort gestanden hatte, nahm er auf gut Glück den Weg zur Rechten, so daß er, ohne es zu wissen, auf die *Porta Nuova* zuging, die er, wie nahe sie auch war, wegen eines Bollwerks nicht sehen konnte, hinter dem sie damals verborgen war. Nach wenigen Schritten begann er ein Glöckchengeklingel zu hören, das bald verstummte, bald wieder anfing, und dann etliche Menschenstimmen; er ging weiter. Als er die Ecke des Bollwerks hinter sich hatte, war das erste, was er sah, ein hölzerner Schuppen und unter der Tür eine Schildwache, die sich mit einem gewissen Gehaben der Ermüdung und Nachlässigkeit auf die Muskete stützte; dahinter war ein Pfahlzaun, und hinter diesem das Tor, das heißt zwei gemauerte Pfeiler mit einem Dache darüber, um die Türflügel zu schützen, und die waren ebenso wie das Zaungitter weit offen. Just vor der Öffnung war jedoch auf dem Boden ein trauriges Hindernis: eine Bahre, auf der zwei Monatti einen armen Teufel zurechtlegten, um ihn wegzutragen. Es war der Oberzöllner, an dem sich kurz vorher die Erscheinungen der Pest gezeigt hatten. Renzo blieb stehen, um das Ende abzuwarten: als dann der Zug abgegangen war und er niemanden das Gitter schließen sah, schien es ihm an der Zeit, und er schritt eiligst drauf los; aber die Wache schrie ihn mit einem barschen „Holla!" an. Renzo blieb wieder sehen und zog, dem Wächter zublinzelnd, einen halben Dukaten hervor und zeigte ihn ihm. Der, ob er nun die Pest schon gehabt hatte, oder ob er sie weniger fürchtete, als er die halben Dukaten liebte, bedeutete Renzo, ihn ihm zuzuwerfen; und da er ihn alsbald vor seinen Füßen niederfallen sah, murmelte er: „Mach rasch durch." Das ließ sich Renzo nicht zweimal sagen: er schritt durch den Zaun, schritt durch das Tor und ging weiter, ohne daß ihn jemand zu bemerken oder sich um ihn zu kümmern geschienen hätte, außer daß er, als er schon etwa vierzig Schritte weit weg war, ein zweites „Holla!" hörte, das ihm ein Zöllner nachrief. Diesmal machte er sich nichts wissen und beschleunigte seinen Schritt, ohne sich auch nur umzuwenden. „Holla!", schrie von neuem der Zöllner, aber mit einer Stimme, die eher Ungeduld verriet als Entschlossenheit, sich Gehorsam zu verschaffen; und da ihm nicht gehorcht wurde, zuckte er die Achseln und kehrte in seinen Schuppen zurück wie einer, dem mehr daran lag, den Reisenden nicht allzu nahe zu kommen, als sich über ihre Angelegenheiten zu unterrichten. Die Straße, die Renzo eingeschlagen hatte, lief damals wie jetzt geradeaus bis zu dem Naviglio genannten Kanale; an den Seiten waren Zäune oder Mauern von Gärten, Kirchen und Klöstern und wenige Häuser. Am Ende dieser Straße und mitten in der, die am Kanal läuft, war auf einer Säule ein Kreuz, das St. Eusebiuskreuz genannt. Und wie weit auch Renzo vorwärts blickte, er sah nichts anderes als dieses Kreuz. An der Wegkreuzung angelangt, die die Straße in zwei Hälften teilt, sah er zur Rechten in der Straße, die nach der hl. Teresa benannt ist, einen Bürger, der näher kam. Endlich ein Christenmensch, sagte er bei sich; und er wandte sich sofort nach dieser Richtung mit der Absicht, sich von ihm den Weg zeigen zu lassen. Aber auch dieser hatte schon den Fremden gesehen, der sich ihm näherte, und maß ihn schon von ferne mit einem mißtrauischen Blicke, der noch mißtrauischer wurde, als er bemerkte, daß dieser, anstatt fürbaß zu gehen, just auf ihn zukam. Als Renzo nur noch wenig entfernt von ihm war, zog er als ehrerbietiger Gebirgler, der er war, seinen Hut, steckte, indem er ihn mit der Linken hielt, die andere Hand hinein und ging nun erst richtig auf den Unbekannten zu. Der aber trat, die Augen rollend, einen Schritt zurück, hob einen Knotenstock, richtete die Spitze, die aus Eisen war, auf Renzos Leib und schrie: „Weg! weg! weg!"

„O, o", rief nun auch der Jüngling und setzte den Hut wieder auf; und da er in diesem Augenblick, wie er später, wenn er die Geschichte erzählte, sagte, nichts weniger als Lust hatte, sich in einen Streit einzulassen, so drehte er diesem Sonderling den Rücken und zog seine Straße oder, besser, die Straße weiter, die er eingeschlagen hatte.

Auch der andere ging weiter, wütend und sich alle Augenblicke umkehrend. Und zu Hause angekommen, erzählte er, ein Salber sei auf ihn zugetreten mit demütiger, sanfter Miene, mit dem Gesichte eines schändlichen Gauklers, die Salbenschachtel oder das Pulversäckchen – er war nicht recht sicher, welches von beiden es war – im Hute drinnen in der Hand, um ihm übel mitzuspielen, wenn er sich ihn nicht vom Leibe zu halten gewußt hätte. „Wäre er nur noch einen Schritt näher gekommen", fügte er hinzu, „ich hätte den Schurken aufgespießt, bevor er noch die Zeit gehabt hätte, mich zuzurichten. Zum Unglück war es an einem so einsamen Orte; denn wäre es mitten in der Stadt gewesen, so hätte ich Leute gerufen, und dann hätten wir ihn schon dingfest gemacht. Sicherlich hätten wir diesen ruchlosen Unrat in seinem Hute gefunden. So aber, Mann gegen Mann, habe ich froh sein müssen, ihm Angst zu machen, und hätte es nicht darauf an kommen lassen dürfen, mir ein Unheil aufzuladen; denn ein bißchen Pulver ist bald verstreut, und geschickt sind sie auch, und dann haben sie noch den Teufel zur Seite. Jetzt wird er in Mailand herumziehen; wer weiß, was für ein Verderben er anrichtet." Und solange er lebte, und das waren viele Jahre, wiederholte er jedesmal, wenn man von den Salbern sprach, seine Geschichte und fügte hinzu: „Wenn noch einer behauptet, daß es nicht wahr sei, so soll er nur mir nicht damit kommen; denn diese Sachen muß man gesehen haben!"

Weit entfernt zu ahnen, welcher Gefahr er entgangen war, und mehr durch den Ärger, als durch die Furcht erregt, dachte Renzo auf seinem Wege über diesen Empfang nach und erriet so ziemlich, was der Unbekannte von ihm gedacht hatte; aber die Sache schien ihm so unvernünftig, daß er zu dem Schlusse kam, das sei ein halber Narr gewesen. Es fängt schlecht an, dachte er; in diesem Mailand muß ein Unstern über mir sein. Um hereinzukommen, trifft sich immer alles günstig, und wenn ich dann herinnen bin, lauert überall der Verdruß. Genug ... mit Gottes Hilfe ... wenn ich sie finde ... gelingt es mir, sie zu ... eh, so macht das alles nichts. Bei der Brücke angelangt, bog er, ohne zu zögern zur Linken in die Straße von San Marco ein, die ihm und mit Recht in die innere Stadt zu führen schien. Unterm Gehen blickte er überall herum, ob er irgendein menschliches Wesen entdecken könnte; aber er sah kein anderes als einen entstellten Leichnam in dem kleinen Graben, der ein Stück zwischen den wenigen Häusern – damals waren es noch weniger – und der Straße läuft. Als er daran vorbei war, hörte er schreien: „Mann!" und sah, als er hinblickte, ganz in der Nähe auf dem Altan eines einzelstehenden, armseligen Häuschens eine arme Frau mitten in einem Haufen von Kindern, und die rief ihn wieder und winkte ihm auch mit der Hand. Er lief hin, und die Frau sagte: „Ach, junger Mann, seid um Eurer Toten willen so gut und geht zu dem Kommissär und sagt ihm, daß wir hier vergessen worden sind. Sie haben uns als verdächtig im Hause eingeschlossen, weil mein armer Mann gestorben ist, und sie haben, wie Ihr seht, die Tür vernagelt; und seit gestern früh hat uns niemand zu essen gebracht. Solange wir jetzt hier sind, ist mir kein Christenmensch untergekommen, der mir diesen Dienst getan hätte; und diese unschuldigen Würmer sterben vor Hunger."

„Vor Hunger!", rief Renzo aus; und er fuhr mit den Händen in die Taschen und sagte, indem er die zwei Wecken herauszog: „Da, da; laßt mir etwas herunter, damit ich sie hineinlegen kann."

„Gott vergelte es Euch; wartet einen Augenblick", sagte die Frau; und sie holte einen Korb und einen Strick und ließ den Korb hinunter. Unterdessen fielen Renzo die Wecken ein, die er bei einer anderen Ankunft in Mailand bei jenem Kreuze gefunden hatte, und er dachte: Sieh da, damit sind sie ersetzt, und vielleicht besser, als wenn ich sie ihrem richtigen Eigentümer ersetzt hätte; denn hier ist es wirklich ein Werk der Barmherzigkeit. „Wegen des Kommissärs, von dem Ihr sprecht, liebe Frau", sagte er dann, indem er die Wecken in den Korb legte, „so kann ich Euch darin nicht dienen; denn, um die Wahrheit zu sagen, bin ich fremd und weiß hier nicht Bescheid. Wenn ich aber jemandem begegne, der ein bißchen umgänglich und menschlich aussieht, daß man mit ihm reden kann, so werde ich es ihm sagen."

Die Frau bat ihn, das zu tun, und sagte ihm, wie die Straße hieß, damit er sie angeben könne.

„Ihr könntet mir, glaube ich", begann Renzo wieder, „auch einen Gefallen erweisen, eine richtige Wohltat, und ohne daß es Euch Ungelegenheiten machte. Wüßtet Ihr mir vielleicht anzugeben, wo das Haus dieser großen Herrschaften hier in Mailand, das Haus * liegt?"

„Ich weiß wohl, daß es so ein Haus gibt", antwortete die Frau, „aber wo es ist, weiß ich wirklich nicht. Wenn Ihr aber in der Richtung weitergeht, so werdet Ihr schon jemanden finden, der es Euch angibt. Und erinnert Euch auch daran, daß Ihr dem auch von uns sagt."

„Verlaßt Euch darauf", sagte Renzo und ging weiter. Bei jedem Schritte hörte er ein Geräusch wachsen und sich nähern, das er schon gehört hatte, als er noch im Gespräch bei dem Hause gestanden hatte: ein Geräusch von Rädern und Pferden mit einem Glöckchengeklingel, dann und wann ein Peitschenknallen, von

Geschrei begleitet. Er blickte in die Richtung, sah aber nichts. Als er das Ende der Straße und damit den Platz von San Marco erreicht hatte, war das erste, was ihm ins Auge fiel, zwei senkrechte Pfosten mit einem Seile und mit Flaschenzügen, und schon erkannte er – das war damals nichts Auffälliges – das abscheuliche Foltergerüst. Es war an diesem Orte und nicht nur an diesem, sondern auf allen Plätzen und auch in den breiteren Straßen aufgerichtet, damit die Verordneten jedes Viertels, die dazu mit aller Machtvollkommenheit ausgestattet waren, auf der Stelle jeden der Pein unterziehen konnten, der sie ihnen zu verdienen schien, sei es ein Abgesonderter, der sein Haus verlassen hatte, oder ein Unterbeamter, der seine Pflicht nicht tat, oder wer immer. Es war eines dieser maßlosen und unwirksamen Mittel, mit denen man damals und besonders zu solchen Zeiten so verschwenderisch umging. Während noch Renzo dieses Werkzeug betrachtet und darüber nachdenkt, warum es dort aufgestellt sein mag, hört er das Geräusch immer näher kommen und sieht an einer Ecke der Kirche einen Mann zum Vorschein kommen, der ein kleines Glöckchen schüttelt: es war ein Apparitore; und hinter ihm kamen zwei Pferde, die sich, den Hals streckend und die Beine anstemmend, mühsam vorwärtsbewegten, und von ihnen geschleppt ein Totenkarren und nach diesem noch einer und noch einer und noch einer und hier und dort Monatti neben den Pferden, die sie mit Peitschenhieben, Tritten und Flüchen antrieben. Die meisten von diesen Leichnamen waren nackt, einige schlecht in etliche Lumpen gehüllt, übereinandergehäuft, ineinander verflochten wie Knäuel von Schlangen, die sich in der lauen Luft des Frühlings auseinanderwickeln; denn bei jedem Stoße, bei jeder Erschütterung sah man diese unheimlichen Klumpen erzittern und sich abscheulich regen und Köpfe baumeln und jungfräuliches Haar sich lösen und Arme losschnellen und an die Räder schlagen, also dem entsetzten Auge dartuend, wie ein solches Schauspiel noch schmerzlicher und widerwärtiger werden könne. Der junge Mann war in der Ecke des Platzes am Geländer des Kanals stehen geblieben und betete für diese unbekannten Toten. Ein gräßlicher Gedanke zuckte ihm durch den Sinn: Vielleicht ist sie dabei, da darunter... Ach, Herr, gib, daß es nicht wahr ist! Gib, daß ich nicht mehr so etwas denke! Als der Leichenzug vorüber war, setzte sich Renzo wieder in Bewegung, überschritt den Platz und schlug die Straße zur Linken, dem Kanal entlang, ein, ohne für seine Wahl einen anderen Grund zu haben, als daß der Zug nach der anderen Seite gegangen war. Nachdem er die paar Schritte zwischen der Kirche und dem Kanal zurückgelegt hatte, sah er rechts die Marcellinobrücke; er ging hinüber und war im Borgo Nuovo. Indem er noch immer nach einem Menschen ausblickte, von dem er sich den Weg zeigen lassen könne, sah er am Ende der Straße einen Priester im Wams mit einem Stöckchen in der Hand an einer verschlossenen Tür stehen, den Kopf gesenkt und das Ohr an der Luke; gleich darauf sah er, wie er die Hände hob und den Segen spendete. Er vermutete, wie es auch zutraf, daß er jemandem die Beichte abgenommen habe, und sagte bei sich: Das ist mein Mann; wenn ein Priester in priesterlicher Verrichtung nicht ein wenig Nächstenliebe, Güte und Wohlwollen hätte, so müßte man sagen, daß es davon überhaupt nichts mehr gibt. Unterdessen entfernte sich der Priester von der Tür und kam näher, sich mit großer Vorsicht in der Mitte der Straße haltend. Als Renzo bei ihm war, zog er den Hut und bedeutete ihm durch Zeichen, daß er mit ihm zu sprechen wünsche, nicht ohne ihm dabei zu verstehen zu geben, daß er nicht näher an ihn herantreten werde. Nun blieb auch der Priester in einer Haltung stehen, die eine Bereitwilligkeit, ihn zu hören, anzeigte, stellte jedoch seinen Stock vor sich auf die Erde, wie um damit ein Bollwerk aufzurichten. Renzo legte seine Frage dar, und der Priester tat ihr Genüge, indem er ihm nicht nur den Namen der Straße nannte, wo das Haus gelegen war, sondern ihm auch, da er sah, daß dies der Arme nötig hatte, den Weg ein wenig angab und ihm die sieben oder acht Straßen, die er bis dorthin durchschreiten mußte, mit Hilfe von rechts und links, von Kirchen und Kreuzen bezeichnet.

„Gott erhalte Sie gesund, jetzt und immerdar", sagte Renzo; und während sich der Priester anschickte, weiter zu gehen, fuhr er fort: „Noch eine Bitte hätte ich", und sagte ihm von der vergessenen armen Frau. Der gute Priester dankte ihm, daß er ihm die Gelegenheit gegeben habe, ein so nötiges Werk der Barmherzigkeit zu tun; und er ging mit den Worten, daß er es an zuständiger Stelle melden werde. Auch Renzo ging weiter; und unterwegs trachtete er sich die soeben erhaltene Auskunft zu wiederholen, um nicht bei jeder Ecke von neuem fragen zu müssen. Man kann sich aber nicht vorstellen, wie mühselig ihm diese Tätigkeit wurde, nicht so sehr wegen der Schwierigkeit der Sache an sich, als wegen einer neuen Beunruhigung eines Gemüts. Dieser Name der Straße, diese Spur des Weges, hatte ihn so in Aufruhr gebracht. Es war die Auskunft, die er gewünscht und verlangt hatte und ohne die er nichts hätte ausrichten können, und es war ihm nichts weiter gesagt worden, woraus er irgendeine schlimme Ahnung hätte entnehmen können; aber was wollt ihr? Diese nun ein wenig deutlichere Vorstellung von einem nahen Ziele, wo er einer großen Unsicherheit ledig werden sollte, wo er zu hören bekommen würde: Sie lebt, oder: Sie ist tot, diese Vorstellung hatte ihn so niedergeschlagen, daß es ihm in diesem Augenblicke viel lieber gewesen wäre, noch über alles im Dunkeln zu sein und sich erst am Anfange der Reise zu befinden, deren Ende jetzt da war. Immerhin nahm er alle seine Kräfte zusammen und sagte bei sich: Ei, wenn ich jetzt kindisch werde, wie soll es dann gehen? – Also nach Möglichkeit ermutigt, verfolgte er einen Weg weiter gegen die innere Stadt.

Wie sah die Stadt aus! Und wie sah sie jetzt aus im Vergleich zu dem vorigen Jahr, wo doch eine Hungersnot gewesen war!

Renzo kam gerade durch einen der wüstesten und trostlosesten Teil, nämlich über den Platz, der der *Carrobio di porta nuova* hieß. – Damals war ein Kreuz in der Mitte und diesem gegenüber neben der Stelle, wo jetzt ein heiliger Franz von Paula steht, eine alte, nach der heiligen Anastasia benannte Kirche. – So arg war dort die Wut der Seuche und der Gestank der liegengebliebenen Leichname gewesen, daß die wenigen Überlebenden gezwungen gewesen waren, wegzuziehen; so fügte sich denn zu der Traurigkeit, die der Wanderer von diesem Anblick der Einsamkeit und Öde empfing, das Entsetzen und der Abscheu vor den Spuren und den Überbleibseln der früheren Bewohnerschaft. Renzo beschleunigte seinen Schritt, sich mit dem Gedanken ermutigend, daß sein Ziel noch nicht so nahe sein dürfte, und mit der Hoffnung, den Schauplatz, bevor er dort ankomme, wenigstens zum Teil verändert zu finden; und wirklich dauerte es nicht lange, so war er in eine Gegend gelangt, wo man doch noch von einer Stadt der Lebenden sprechen durfte: aber was für eine Stadt trotzdem, und was für Lebende! Vor Argwohn und Schrecken alle Straßentüren geschlossen, ausgenommen die der ihrer Bewohner ledigen oder ausgeplünderten Häuser; einige vernagelt und versiegelt, weil in den Häusern Leute lagen, die an der Pest gestorben oder erkrankt waren, andere durch ein mit Kohle gemachtes Kreuz bezeichnet, um den Monatti anzuzeigen, daß hier Tote wegzuschaffen waren: lauter mehr aus Zufall als sonstwie getroffene Maßnahmen, je nachdem sich hier früher als dort irgendein Kommissär des Gesundheitsamtes oder ein anderer Beamter gefunden hatte, um die Verordnungen zu vollziehen oder eine Erpressung zu begehen. Überall Lumpen und, widerwärtiger als Lumpen, eiterige Verbände, verpestetes Stroh oder aus den Fenstern geworfene Laken; hier und da Leichname, die entweder, weil die Menschen plötzlich auf der Straße gestorben waren, liegen blieben, bis ein Karren vorbeikam und sie mitnahm, oder von den Karren selber gefallen oder gleicherweise aus den Fenstern geworfen worden waren: so sehr hatte die Hartnäckigkeit und Raserei des Unglücks die Gemüter verwildert und jede fromme Sorge, jede Rücksicht auf andere getilgt! Da alles Geräusch der Werkstätten, alles Wagengerassel, alle Ausrufe der Verkäufer, alles Schwatzen der Fußgänger durchaus aufgehört hatten, wurde diese Totenstille nur selten von etwas anderem unterbrochen als von dem Lärm der Leichenkarren, von den Klagen der Bettler, von dem Gewimmer der Kranken, von dem Geheul der Tobsüchtigen, von dem Geschrei der Monatti. Beim Morgengrauen, mittags und am Abend gab eine Glocke des Doms das Zeichen, daß gewisse Gebete zu sprechen seien, die der Erzbischof bestimmt hatte, und die Glocken der anderen Kirchen antworteten auf diesen Schlag, und nun hättet ihr die Leute an die Fenster treten und gemeinsam beten sehen und ein Geflüster von Worten und Seufzern gehört, das eine Traurigkeit aushauchte, die doch mit ein wenig Trost gemischt war. Da um diese Zeit etwa zwei Drittel der Bürger gestorben und von dem Rest viele weggezogen oder erkrankt waren und da sich der Zulauf Auswärtiger schier auf nichts verringert hatte, wäre es wohl nur ein Zufall gewesen, wenn man unter den paar Leuten, die herumgingen, einem einzigen begegnet wäre, der nicht irgend etwas Seltsames an sich gehabt hätte, das zugleich auch die traurige Veränderung der Dinge verriet. Die vornehmsten Männer sah man ohne Oberkleid oder Mantel, den damals wesentlichsten Teil der bürgerlichen Kleidung, ohne Leibrock die Priester und auch die Mönche im Wams, kurz bei keinem ein Kleidungsstück, das durch ein Flattern etwas hätte berühren oder – was am meisten gefürchtet wurde – den Salbern zustatten kommen können. Und außer dieser Sorgfalt, so viel wie möglich nur in geschürzten und anliegenden Kleidern zu gehen, war sonst alles eitel Vernachlässigung und Unordentlichkeit; lang der Bart derer, die ihn zu tragen pflegten, und gewachsen denen, die ihn zu scheren gewohnt waren, lang auch und struppig das Haar, nicht nur durch jene Nachlässigkeit, die aus einer ständig gewordenen Niedergeschlagenheit hervorgeht, sondern weil auch die Barbiere verdächtig waren, seitdem einer von ihnen als berüchtigter Salber gegriffen und verurteilt worden war, ein gewisser Giangiacomo Mora, dessen Name hier eine Zeitlang eine städtische Berühmtheit der Schande geworden war, wo er doch eine weiter verbreitete und dauernde Berühmtheit des Erbarmens verdient hätte. Die meisten trugen in der einen Hand einen Stock, einige auch eine Pistole, zu drohender Warnung für jedermann, der ihnen hätte allzu nahe kommen wollen, in der anderen wohlriechende Zeltlein oder durchbohrte Kugeln aus Metall oder Holz mit einem essiggetränkten Schwamme darin, die sie alle Augenblicke zur Nase führten oder fortwährend daran hielten. Am Halse trugen manche ein Fläschchen mit Quecksilber, überzeugt, daß dieses die Kraft habe, jede pestilenzialische Ausdünstung aufzusaugen und zurückzuhalten, und sie achteten darauf, es alle paar Tage zu erneuern. Die Edelleute gingen nicht nur ohne das gewohnte Gefolge aus, sondern man sah sie auch mit einem Korb am Arm die notwendigen Lebensmittel selber einkaufen gehen. Wenn sich einmal zwei Freunde auf der Straße begegneten, so grüßten sie sich nur von weitem mit stummen und hastigen Winken. Unterwegs hatte jedermann genug zu tun, den widerwärtigen und todbringenden Anstößigkeiten, die auf dem Boden verstreut waren oder ihn hier und da völlig bedeckten, auszuweichen: jedermann trachtete sich in der Mitte der Straße zu halten, aus Furcht vor den garstigen und noch unheimlicheren Dingen, die aus den Fenstern herabkommen konnten, aus Furcht vor den vergifteten Pulvern, die von dort auf die Vorübergehenden gestreut werden sollten, aus Furcht vor den Mauern, die gesalbt sein konnten. So fügte die Unwissenheit, mutig und vorsichtig zur Unzeit, Angst zu Angst und gab eine falsche Furcht als Ersatz für die berechtigte und heilsame, die sie zu Anfang weggeräumt hatte. So war es also um das minder Häßliche und minder Widerwärtige bestellt, nämlich um die Gesunden und Wohlhabenden; denn nach solchen Bildern des Elends und in Anbetracht des noch viel größeren Elends, durch das wir den Leser noch zu führen haben, wollen wir uns hier nicht aufhalten, um auch den Anblick der von der Pest Befallenen, die sich durch die Straßen schleppten oder allerorten lagen, der Bettler, der Kinder, der Frauen zu schildern. Er war so, daß der Beschauer eine Art verzweifelten Trostes in dem finden konnte, was den Entfernteren und den Nachkommenden stärksten und schmerzlichsten Eindruck macht, nämlich in dem Gedanken, in der Erkenntnis, bis auf welch geringe Zahl die Überlebenden schon zusammengeschmolzen waren. Mitten durch diese Verheerung hatte Renzo schon ein gutes Stück seines Weges zurückgelegt, als er aus einer Straße, in die er einbiegen sollte, von der ihn aber noch eine ziemliche Strecke trennte, einen vielfältigen Lärm kommen hörte, in dem sich das gewohnte, entsetzliche Geklingel unterscheiden ließ. An der Ecke dieser Straße, die eine der breitesten war, angelangt, sah er in ihrer halben Länge vier Karren halten; und so wie man auf einem Getreidemarkte ein Kommen und Gehen von Leuten, ein Aufladen und Hinstürzen von Säcken sieht, so war auch an diesem Orte das Treiben ähnlich: Monatti, die mit einer Last auf den Schultern herauskamen und sie auf den einen oder den andern Karren legten; einige in dem roten Wams, andere ohne dieses Abzeichen, viele mit einem noch gräßlicheren, mit bunten Federbüschen und Troddeln, die diese Unholde wie zum Zeichen der Fröhlichkeit in so großer, allgemeiner Trauer trugen. Trübselige Stimmen riefen bald aus diesem, bald aus jenem Fenster: „Hierher, Monatti!", und mit noch düstererem Klange kam aus dem traurigen Gewimmel die heitere Antwort: „Sofort, sofort." Oder es waren auch Mieter, die murrten und zur Eile trieben; denen antworteten die Monatti mit Flüchen.

Renzo beschleunigte den Schritt, indem er diese Hindernisse nicht mehr zu betrachten suchte, als notwendig war, um ihnen auszuweichen; plötzlich fiel aber sein Blick auf einen Gegenstand, der sein besonderes Mitleid erregte, ein Mitleid, das das Herz zur Betrachtung lockte, so daß er schier unwillkürlich stehen blieb. Über die Schwelle einer dieser Türen trat eine Frau und ging auf den Zug zu: ihr Gesicht verriet eine vorgeschrittene, aber noch nicht verflossene Jugend und ließ eine Schönheit durchscheinen, die von einem großen Leiden, von einer tödlichen Ermattung umschleiert und getrübt, aber noch nicht zerstört war, jene sanfte und zugleich erhabene Schönheit, die in dem lombardischen Blute glänzt. Ihr Gang war mühsam, aber nicht hinfällig, die Augen vergossen keine Tränen, trugen aber die Zeichen, daß sie viele vergossen hatten, und in diesem Schmerz war eine gewisse Gelassenheit und Tiefe, die eine seiner völlig bewußte und ihn willig fühlende Seele bezeugte. Aber es war nicht nur ihr Anblick, der sie mitten unter so viel Elend so besonders dem Mitleid bezeichnete und dieses nachgerade in den Herzen entkräftete und getötete Gefühl für sie belebte.

Auf dem Arme trug sie ein etwa neunjähriges Mägdlein, tot, aber das Haar über der Stirn gescheitelt und in einem schneeweißen Kleidchen, als hätten es diese Hände für ein seit langer Zeit und als Belohnung verheißenes Fest geschmückt gehabt. Sie hielt das Mägdlein auch nicht liegend, sondern aufgerichtet, auf dem Arme sitzend, mit der Brust an ihre Brust gelehnt, als wäre es lebendig gewesen; nur daß ein wachsweißes Händchen mit einer gewissen leblosen Schwere herabhing und das Köpfchen mit einer Erschlaffung, stärker als der Schlaf, auf der Schulter der Mutter lag: der Mutter – denn wenn dies auch nicht die Ähnlichkeit der zwei Gesichter dargetan hätte, so hätte es doch klar das eine Gesicht besagt, in dem sich noch eine Empfindung ausdrückte. Ein scheußlicher Monatto trat hin, um das Kind aus ihren Armen zu nehmen, aber mit einer Art ungewohnter Ehrfurcht, mit unwillkürlichem Zaudern. Indem sie aber ein wenig zurücktrat, ohne jedoch Unwillen oder Mißachtung zu zeigen, sagte sie: „Nein, rührt sie mir nicht an; ich werde sie selber auf den Karren legen. Nehmt." Und damit öffnete sie ihre Hand, zeigte eine Börse und ließ sie in die Hand fallen, die der Monatto aufhielt. Dann fuhr sie fort: „Versprecht mir, ihr nicht einen Faden zu nehmen, noch zu dulden, daß sich ein anderer dessen erdreistet, und sie so in die Erde zu legen." Der Monatto legte eine Hand auf die Brust; und dann bemühte er sich ganz eilfertig und schier unterwürfig, mehr durch das neuartige Gefühl, das ihn gleichsam unterjocht hatte, als der unerwarteten Belohnung wegen, für die kleine Tote ein wenig Platz auf dem Karren zu machen. Die Mutter gab ihr noch einen Kuß auf die Stirn, legte sie hin wie auf ein Bett, breitete ein weißes Tuch über sie und sagte ihr die letzten Worte: „Leb wohl, Cecilia! Ruhe in Frieden! Am Abend kommen auch wir und bleiben dann immer beisammen. Bitte unterdessen für uns; ich werde für dich und die andern beten." Dann wandte sie sich wieder zu dem Monatto und sagte: „Wenn Ihr gegen Abend wieder hier vorbeikommt, so kommt herauf und holt mich, und nicht mich allein." Dies gesagt, ging sie ins Haus zurück, und einen Augenblick später erschien sie am Fenster, in ihren Armen ein kleineres Mägdlein, noch lebendig, aber mit den Zeichen des Todes im Gesichte. Sie sah dem unwürdigen Begängnis des ersten zu, solange der Karren nicht abfuhr, solange sie ihn sehen konnte; dann verschwand sie. Und was konnte sie nun noch tun als das einzige Kind, das ihr noch blieb, aufs Bett zu legen und sich daneben, um mit ihm zu sterben? So wie die schon üppig blühende Blume zugleich mit der Knospe unter der Sense hinsinkt, die alle Gräser der Wiese ebnet.

„O Herr!", rief Renzo aus, „erhöre sie! nimm sie zu dir, sie und ihr Kind; sie haben genug gelitten! Sie haben genug gelitten!"

Nachdem er sich von dieser Erschütterung erholt hat, trachtet er sich die Angaben über den Weg ins Gedächtnis zu rufen, um klar zu werden, ob er in die nächste Straße einbiegen solle und ob zur Rechten oder zur Linken; da hört er auch aus dieser einen Lärm, aber verschieden von dem ersten, einen verworrenen Schall gebieterischen Geschreis und schwacher Klagen, ein Weinen von Frauen, ein Geheul von Kindern. Er ging weiter, die gewohnte Traurigkeit und bange Erwartung im Herzen. An der Kreuzung angelangt, sah er von der einen Seite eine verworrene Menge herankommen und blieb stehen, um sie vorbeizulassen. Es waren Kranke, die ins Lazarett gebracht wurden: manche, mit Gewalt vorwärts getrieben, leisteten vergeblich Widerstand, schrien vergeblich, daß sie in ihren Betten sterben wollten, antworteten mit unnützen Verwünschungen auf die Flüche und die Befehle der Monatti, die sie führten, andere gingen stumm dahin, ohne Schmerz oder ein anderes Gefühl zu zeigen, wie unzurechnungsfähig; Frauen mit Säuglingen auf dem Arm, Kinder, mehr durch das Geschrei, durch die Befehle, durch die Gesellschaft, als durch den unklaren Gedanken an den Tod erschreckt und mit Gekreisch nach der Mutter und dem Heim verlangend. Ach, und vielleicht war die Mutter, die sie auf ihrem Bette schlafend verlassen zu haben glaubten, von der Seuche plötzlich dorthin gestreckt worden, um besinnungslos zu liegen, bis sie auf einem Karren ins Lazarett oder, wenn der zu spät käme, zur Grube geschafft würde! Vielleicht, o Unheil, noch bitterer Tränen wert, hatte die Mutter, völlig im Banne der eigenen Leiden, alles sonst vergessen, auch ihre Kinder, und hatte nur noch den einen Gedanken: in Frieden zu sterben! Immerhin sah man auch in diesem Wirrsal so manches Beispiel von Festigkeit und Mitgefühl: Väter, Mütter, Geschwister, Kinder, Gatten, die ihren Lieben beistanden und sie mit tröstenden Worten begleiteten, und nicht nur Erwachsene, sondern auch Knäblein und Mägdlein, die ihre noch zarteren Geschwister führten und sie wie Große mit Vernunft und Mitleid zu Gehorsam mahnten und ihnen versicherten, sie würden an einen Ort gebracht, wo man sich um ihre Genesung bemühen werde. Inmitten der Schwermut und der Rührung solcher Bilder ergriff etwas anderes unseren Wanderer viel lebhafter und hielt ihn in stärkerer Erregung. Jetzt mußte das Haus in der Nähe sein, und wer konnte wissen, ob nicht unter diesen Leuten ... Als aber der Zug gänzlich vorüber und also auch dieser Zweifel gewichen war, wandte er sich an einen Monatto, der hinterdrein kam, und fragte ihn um die Straße und das Haus Don Ferrantes.

„Scher dich zum Teufel, du Lümmel", war die Antwort.

Er hielt sich nicht erst damit auf, ihm die Antwort zu geben, die ihm gebührte; als er aber dann einen Kommissär sah, der den Zug beschloß und ein wenig christlicher aussah, tat er an ihn dieselbe Frage. Indem dieser mit einem Stock in die Richtung wies, woher er kam, sagte er: „Die erste Straße rechts und dann das letzte große Haus links."

Mit einer neuen und stärkeren Angst im Herzen geht der Jüngling diesen Weg. Nun ist er in der Straße: er erkennt das Haus sofort unter den anderen, die niedriger und schlechter sind; er tritt zu dem Tor, das geschlossen ist, legt die Hand an den Klopfer und hält sie dort unschlüssig wie in einer Urne, aus der er das Los ziehen soll, worauf entweder sein Leben oder sein Tod steht. Schließlich hebt er den Klopfer und pocht kräftig. Nach etlichen Augenblicken öffnet sich ein Fenster ein wenig; eine Frau steckt den Kopf heraus, um zu sehen, wer es ist, und ihr finsteres Gesicht scheint zu fragen: Monatti? Gesindel? Kommissäre? Salber? Teufel?

„Gnädige Frau", sagte Renzo hinaufblickend mit einer nicht allzu sicheren Stimme, „ist hier ein Landmädchen bedienstet, die Lucia heißt?"

„Sie ist nicht mehr da; geht", antwortete die Frau und schickte sich an, zuzumachen.

„Einen Augenblick, aus Barmherzigkeit! Sie ist nicht mehr da? Wo ist sie?"

„Im Lazarett"; und wieder wollte sie zumachen.

„Nur einen Augenblick noch, um Himmelswillen! An der Pest?"

„Freilich. Was besonderes, was? Jetzt geht aber."

„Ach ich Unglücklicher! Warten Sie noch: war sie sehr krank? Wie lang ist es her ...?" Aber inzwischen war das Fenster wirklich geschlossen worden. „Gnädige Frau! gnädige Frau! ein Wort noch, aus Barmherzigkeit! Um Ihrer Toten willen! Ich will ja nichts von Ihnen."

Aber es war, als hätte er zur Mauer geredet. Bekümmert über die Nachricht und empört über die Behandlung, packte Renzo noch einmal den Klopfer, preßte und drehte ihn, an die Tür gelehnt, und hob ihn, um in seiner Verzweiflung noch einmal zu pochen. Und indem er noch vor Aufregung innehielt, kehrte er sich um, ob er vielleicht einen Nachbar sehe, der ihm etwa eine genauere Auskunft, einen Fingerzeig, ein Licht würde geben können. Aber die einzige Person, die er, etwa zwanzig Schritte entfernt, sah, war wieder eine Frau, die mit einer Miene, die Schrecken, Haß, Ungeduld und Bosheit ausdrückte, mit einem verdrehten Blick, der zugleich ihn im Auge behalten und weiter ausschauen wollte, den

Mund aufsperrend, wie um aus Leibeskräften zu schreien, aber zugleich den Atem anhaltend, die fleischlosen Arme erhebend, die verschrumpften und wie Klauen gekrümmten Hände vorstreckend und einziehend, wie um etwas an sich zu raffen, die also dergestalt Leute herbeirufen zu wollen schien, ohne daß es ein gewisser Jemand bemerken sollte.

Als sich ihre Blicke begegneten, fuhr sie, noch häßlicher werdend, wie ertappt, zusammen. „Was zum Henker …?", begann Renzo und hob ebenso die Hände gegen sie; sie aber, die nun die Hoffnung verloren hatte, ihn unversehens greifen lassen zu können, ließ sich den Schrei entfahren, den sie bis jetzt zurückgehalten hatte: „Ein Salber! Drauf! Drauf! Drauf los auf den Salber!"

„Wer? ich? Du verlogene Hexe, du! Still!", schrie Renzo und tat einen Satz auf sie zu, um sie einzuschüchtern und zum Schweigen zu bringen.

Aber sofort besann er sich, daß er vor allem andern an seine Angelegenheiten denken müsse. Auf das Gekreisch der Alten liefen Leute von hier und von dort zusammen, zwar nicht eine solche Menge, wie sie sich noch vor drei Monaten in einem solchen Falle eingestellt hätte, aber mehr als genügend, um mit einem einzelnen Menschen nach ihrem Gutdünken verfahren zu können. In demselben Augenblicke öffnete sich das Fenster wieder, und die höfliche Person von vorhin sah heraus und schrie: „Greift ihn, greift ihn! Er ist sicherlich einer von diesen Schurken, die herumgehen und die Türen ehrlicher Leute salben."

Renzo überlegte nicht lange; er war sofort mit sich einig, daß es besser sei, diesen Leuten aus dem Wege zu gehen, als ihnen Rechenschaft zu geben: er warf einen Blick nach rechts und einen nach links, wo weniger Leute seien, und machte sich in dieser Richtung davon. Mit einem mächtigen Stoß schleuderte er einen zur Seite, der ihm den Weg versperren wollte, mit einem gewaltigen Schlag vor die Brust warf er einen, der ihm entgegenrannte, acht oder zehn

Schritt zurück, und davon im Galopp, die Faust geballt für jeden, der ihm vor die Füße käme. Vor ihm war die Straße immer noch frei; aber im Rücken hörte er das Getrappel und lauter als das Getrappel diesen bittern Schrei: „Drauf! Drauf los auf den Salber!" Er wußte nicht, wann sie die Verfolgung aufgeben würden, er sah keinen Ort, wohin er sich hätte retten können. Sein Zorn wird zur Wut, seine Angst verwandelt sich in Verzweiflung: es wird ihm schwarz vor den Augen; da packte er sein Messer, zog blank, stand still und kehrte das Gesicht zurück, das grimmiger und wilder war, als je ein Lebtag, und schrie, den Arm ausgestreckt und die blinkende Klinge schwingend: „Heran, wer ein Herz hat, Gesindel! Daß ich ihn wirklich salbe!"

Aber mit Verwunderung und einem unklaren Trostgefühl sah er, daß seine Verfolger schon haltgemacht hatten und wie zaudernd dastanden und daß sie, in ihrem Geheul fortfahrend, wie Besessene mit den Händen in der Luft Zeichen gaben, die Leuten zu gelten schienen, die hinter ihm von weitem kämen. Er kehrte sich wieder um und sah nun – denn die große Aufregung hatte ihn das einen Augenblick vorher noch nicht sehen lassen – einen Karren, der herankam, ja eine ganze Reihe dieser gewöhnlichen Leichenkarren mit der gewöhnlichen Begleitung und in einiger Entfernung einen andern Volkshaufen, der auch gern über ihn hergefallen wäre, um ihn in die Mitte zu nehmen; aber sie wurden durch das Hindernis abgehalten. Indem er sich dergestalt zwischen zwei Feuern sah, fiel ihm ein, daß das, was ihnen zum Schrecken gereichte, ihm zur Rettung gereichen konnte, und bedachte, daß es nicht die Zeit war, den Heiklen zu spielen: er steckte das Messer in die Scheide und lief wieder weiter, auf die Karren zu. Den ersten ließ er vorbei, aber auf dem zweiten bemerkte er einen ziemlich großen, leeren Raum: erfaßt das Ziel ins Auge, tut einen Satz, und oben ist er, auf dem rechten Fuß stehend, den linken in der Luft und die Arme erhoben.

„Bravo! Bravo!", riefen einstimmig die Monatti, die teils dem Zuge zu Fuß folgten, teils auf den Karren und auch, um das Entsetzliche richtig herauszusagen, auf den Leichnamen saßen und aus einer großen Flasche tranken, die die Runde machte. „Bravo! Ein hübsches Stückchen!" „Du hast dich unter den Schutz der Monatti begeben; du sollst so sicher sein wie in der Kirche", sagte einer von den zweien zu ihm, die auf einem Karren waren.

Beim Anblicke des Zuges hatten die Feinde zumeist schon Kehrt gemacht und liefen davon, ohne jedoch aufzuhören mit dem Geschrei: „Drauf! Drauf los auf den Salber!" Etliche zogen sich langsamer zurück und blieben alle Augenblicke stehen, um sich mit drohenden Fratzen und Gebärden zu Renzo zu kehren; und der antwortete ihnen vom Karren aus mit Faustschlägen, die er in die Luft führte.

„Laß mich machen", sagte ein Monatto zu ihm; er riß einem Leichnam einen unflätigen Fetzen vom Leibe, knotete ihn hastig, nahm ihn bei einem Zipfel, hob ihn wie eine Schleuder gegen die Hartnäckigen, wie wenn er ihn hätte auf sie werfen wollen, und rief: „Wartet nur, Gesindel!" Daraufhin nahmen alle entsetzt Reißaus; und Renzo sah von seinen Feinden nichts mehr als die Rücken und dazu noch die Fersen, die hurtig durch die Luft tanzten wie die Hämmer einer Walke.

Unter den Monatti erhob sich ein Geheul des Triumphes, ein schallendes Gelächter, ein langgedehntes „Uh", um diese Flucht zu begleiten.

„Na, siehst du jetzt, ob wir die ehrlichen Leute schützen können?", sagte derselbe Monatto zu Renzo; „einer von uns ist mehr wert, als hundert von diesen Memmen."

„Jawohl; ich kann sagen, daß ich Euch mein Leben verdanke", antwortete Renzo, „und ich danke Euch von ganzem Herzen."

„Wofür?", sagte der Monatto; „du verdienst es: man sieht, daß du ein wackerer Bursche bist. Es ist schon recht, daß du dieses Gesindel salbst: salbe sie, denn sie taugen zu nichts, außer wenn sie tot sind; zum Dank für das Leben, das wir führen, vermaledeien sie uns, und sie sagen, daß sie uns, wenn erst einmal das Sterben ein Ende genommen hat, allesamt henken werden. Mit ihnen aber muß es eher ein Ende nehmen, als mit dem Sterben; die Monatti müssen allein übrig bleiben, um Viktoria zu singen und in Mailand zu schlemmen."

„Heil dem Sterben, nieder mit dem Gesindel!", rief der andere; und mit diesem schönen Trinkspruch setzte er die Flasche an den Mund, tat, indem er sie bei den Stößen des Karrens mit beiden Händen hielt, einen tüchtigen Zug und reichte sie Renzo mit den Worten: „Trink auf unser Wohl."

„Ich wünsche Euch allen das beste, und von ganzem Herzen", sagte Renzo, „aber ich habe keinen Durst; ich habe in diesem Augenblicke wahrhaftig keine Lust zu trinken."

„Du hast eine hübsche Angst ausgestanden, scheint mir", sagte der Monatto; „du siehst mir recht wie ein armer Schlucker aus: um den Salber zu machen, braucht's andere Kerle."

„Jeder macht's eben, wie er's kann", sagte der andere.

„Gib sie einmal mir her", sagte einer von denen, die zu Fuß neben dem Karren gingen; „ich will auch einmal einen Schluck tun, auf das Wohl des Herrn da, der sich hier in dieser schönen Gesellschaft befindet ... dort, dort, scheint mir, in dieser prächtigen Kutsche."

Und mit einem gräßlichen und vermaledeiten Grinsen deutete er auf den Karren vor dem, wo der arme Renzo stand. Nachdem er dann das Gesicht zu einer noch tückischeren, schurkischeren Ernsthaftigkeit verzog, machte er eine Verbeugung dorthin und begann wieder: „Gestatten Sie, mein Herr, daß ein armer, geringer Monatto Ihren Keller versucht? Sie sehen wohl: es gibt nun einmal so gewisse Berufe, und wir sind die, die Ihnen die Kutsche gestellt haben, um sie auf Ihren Landsitz zu fahren. Und dann bekommt der Wein solchen Herrschaften oft schlecht; die armen Monatti haben einen guten Magen."

Und unter dem Gelächter seiner Gesellen nahm er die Flasche und hob sie; bevor er aber trank, wandte er sich zu Renzo, heftete ihm die Augen ins Gesicht und sagte mit einer Miene geringschätzigen Mitleids: „Das muß noch ein junger Teufel gewesen sein, mit dem du den Pakt gemacht hast; denn wären nicht wir gewesen, er hätte dir nicht gerade besonders viel geholfen." Und unter einem neuerlichen, schallenden Gelächter setzte er die Flasche an die Lippen. „Und wir? Han? Und wir?", schrien mehrere Stimmen auf dem vorderen Wagen. Der Schurke soff, soviel er wollte, und reichte die Flasche mit beiden Händen den andern;

die ließen sie von einem zum andern gehen, bis einer die geleerte beim Halse nahm, sie ein paarmal herumschwenkte und sie mit dem Schrei: „Heil dem Sterben!" aufs Pflaster schleuderte, daß sie zerschellte. Und hinter diesen Worten stimmte er einen ihrer Gassenhauer an, und sofort fielen die andern Stimmen dieses abscheulichen Chors ein. Der höllische Gesang, vermischt mit dem Geklingel der Glöckchen, mit dem Geknarre der Karren, mit dem Getrampel der Pferde, erfüllte die schweigende Öde der Straße; und in den Häusern widerhallend, schnürte er den wenigen, die sie noch bewohnten, das Herz bitter zusammen.

Aber woraus kann man nicht einmal auch Nutzen ziehen? Was kann nicht gegebenenfalls Vergnügen machen? Die Gefahr eines eben verflossenen Augenblicks hatte Renzo die Gesellschaft dieser Toten und dieser Lebenden mehr als erträglich gemacht, und jetzt war seinen Ohren eine Musik, um sie so zu nennen, angenehm, weil sie ihn der Unannehmlichkeit einer solchen Unterhaltung enthob. Noch halb in der Angst und ganz außer sich, dankte er in seinem Herzen der Vorsehung, daß er einer derartigen Bedrängnis entgangen war, ohne Böses erlitten oder getan zu haben, und bat sie, jetzt möge sie ihm noch helfen, sich von seinen Befreiern zu befreien; und er gab auch selber Obacht, behielt die Monatti im Auge und die Straße im Auge, um den Augenblick zu ersehen und sich herabgleiten zu lassen, ohne ihnen Anlaß zu einem Lärme, zu einem Auftritte zu geben, der die Vorübergehenden hätte aufhetzen können. Bei einer Straßenecke glaubte er plötzlich die Gegend zu erkennen; er blickte aufmerksamer umher und war dessen sicher. Wißt ihr, wo er war? In der Straße, die zur *Porta Orientale* führt, in der Straße, die er zwanzig Monate zuvor langsam hergekommen und hastig zurückgelaufen war. Sofort fiel ihm ein, daß es von hier geradeaus aufs Lazarett zuging; und diesen Umstand, daß er sich, nicht mit Fleiß und ohne Fragen, auf dem richtigen Wege befand, nahm er für eine Schickung der Vorsehung und für ein günstiges Vorzeichen für das Übrige. Eben kam den Karren ein Kommissär entgegen und rief den Monatti zu, sie sollten halten oder was weiß ich; tatsächlich machte der Zug halt, und die Musik verwandelte sich in einen lärmenden Wortwechsel. Der eine von den Monatti, die auf Renzos Karren waren, sprang hinunter; Renzo sagte zu den andern: „Ich danke Euch für Eure Güte; Gott vergelte es Euch", und schon war er auf der andern Seite drunten.

„Geh nur, geh, armes Salberlein", antwortete der; „du wirst Mailand nicht zugrunde richten."

Zum Glück war niemand da, der das hätte hören können. Der Zug hielt auf der linken Seite der Straße; Renzo läuft auf die andere hinüber und trabt der Mauer entlang auf die Brücke zu, geht hinüber, folgt der Straße durch die Vorstadt, kommt beim Kapuzinerkloster, das er erkennt, und in der Nähe des Stadttors vorbei, sieht die Ecke des Lazaretts auftauchen, durchschreitet das Gitter, und nun öffnet sich vor ihm der Schauplatz vor dem Gebäude: eine Andeutung kaum und ein Vorgeschmack, und doch ein weites, mannigfaltiges, unbeschreibliches Schauspiel. Den zwei Seiten entlang, die sich von dieser Stelle aus dem Beschauer darbieten, war alles ein Gewimmel: da waren Kranke, die haufenweise ins Lazarett zogen, andere, die an dem Graben, der es umgibt, saßen oder lagen, sei es, daß ihre Kräfte nicht ausreichten, um sie bis in die Zufluchtsstätte zu tragen, oder daß ihnen, wenn sie diese aus Verzweiflung verlassen hatten, gleicherweise die Kräfte mangelten, weiter zu gehen; andere Elende irrten einzeln umher wie Schwachsinnige, und nicht wenige ganz von Sinnen: hier erzählte einer in hitzigem Eifer seine Einbildungen einem Unseligen, der von der Krankheit überwältigt dalag, dort tobte einer, und wieder ein anderer blickte mit lächelnder Miene herum, als wohnte er einem lustigen Schauspiel bei. Aber die seltsamste und geräuschvollste Art einer so traurigen Fröhlichkeit war ein lautes und anhaltendes Singen, das gar nicht aus dieser jämmerlichen Menge zu kommen schien und doch all die andern Stimmen übertönte: ein heiteres, bäuerliches Liebeslied von jener Gattung, die Villanelle heißen; und wer mit dem Blicke dem Klange folgte, um zu entdecken, wer denn zu dieser Zeit und an diesem Orte zufrieden sein könne, sah einen Unglücklichen, der ruhig in dem Graben saß und erhobenen Hauptes aus voller Kehle sang. Renzo hatte kaum einige Schritte an der Südseite des Gebäudes getan, als er in dieser Menge einen außerordentlichen Lärm und von weitem Stimmen hörte, die riefen: „Achtung! Packt es!" Er stellte sich auf die Fußspitzen und sah nun eine jämmerliche Mähre daher sprengen, angetrieben von einem noch seltsameren Reiter: es war ein Tobsüchtiger, der sich, als er das Tier abgeschirrt und unbewacht neben einem Karren hatte stehen sehn, hinaufgeschwungen hatte und es nun, ihm den Hals mit den Fäusten bearbeitend und die Fersen anstatt der Sporen gebrauchend, wütend jagte; und hinterdrein brüllende Monatti, und alles hüllte sich in eine weithin ziehende Staubwolke. So gelangte denn der Jüngling, schon durch den Anblick des Elends betäubt und seiner müde, an das Tor des Ortes, der vielleicht mehr Menschen vereinigte, als in dem ganzen großen Raume verstreut waren, den er schon hatte durcheilen müssen. Er trat unter die Torwölbung und blieb einen Augenblick unbeweglich in der Halle stehen.

35. KAPITEL.

DER Leser denke sich das ganze Gebiet des Lazaretts mit sechzehntausend Pestkranken bevölkert, diesen großen Hofraum durchaus voll, hier von Hütten und Baracken, dort von Karren und dort von Menschen, diese zwei endlosen Bogengänge zur Rechten und zur Linken vollgestopft mit einem Durcheinander von Siechen oder Toten auf Strohsäcken oder nur auf Stroh, und auf diesem ganzen, schier unermeßlichen Lager ein Gewimmel, ein Gewoge, überall ein Gehen und Kommen, ein Stillstehen, ein Laufen, ein Bücken, ein Aufrichten von Genesenden, Wahnsinnigen, Wärtern. So war das Schauspiel, das mit einem Schlage Renzos Blicke erfüllte und ihn, überwältigt und ergriffen, an die Stelle fesselte. Dieses Schauspiel gedenken wir keineswegs Teil um Teil zu beschreiben, noch wird das der Leser begehren; wir werden nur, indem wir unserem Jüngling auf seinen schmerzlichen Gängen folgen, haltmachen, wo er haltmacht, und von dem, was er zu sehen bekommt, so viel sagen, daß es für die Erzählung von dem, was er tat und was ihm begegnete, hinreicht. Von dem Tor, wo er stehen geblieben war, bis zu der Kapelle in der Mitte und von dort bis zu dem gegenüberliegenden Tore lief ein wegartiger Streifen, frei von Hütten und jedem anderen ständigen Hindernis; und bei seinem zweiten Blicke sah Renzo, wie dort Karren weggerückt und Sachen weggetragen wurden, um Platz zu machen; Kapuziner und andere leiteten dieses Geschäft und schafften miteinander alle ab, die dort nichts zu tun hatten. Und da er fürchtete, auch er könne hinausgewiesen werden, schlug er sich stracks auf der Seite, wohin er sich zufällig gewandt hatte, auf der rechten, zwischen die Hütten hinein. Er ging weiter, je nachdem er Platz für seine Füße ersah, von Hütte zu Hütte, und warf einen Blick in jede, betrachtete aufmerksam die Betten heraußen unter freiem Himmel und forschte in den vom Leiden verzagten oder vom Schrecken verzerrten oder vom Tode unbeweglichen Gesichtern, ob er nicht finde, was er zu finden fürchtete. Aber er hatte schon ein hübsches Stück Weges zurückgelegt und diese schmerzlichen Nachforschungen immer wieder fortgesetzt, ohne je ein weibliches Wesen gesehen zu haben, und so kam er zu der Meinung, sie müßten von den andern abgesondert sein. Und er hatte es erraten; aber wo das sei, darüber hatte er kein Anzeichen und vermochte auch keinen Schluß zu ziehen. Alle Augenblicke begegnete er diensttuenden Leuten, an Aussehen, Gehaben und Tracht untereinander so verschieden, wie die Beweggründe verschieden und entgegengesetzt waren, die dem einen und dem andern eine gleiche Kraft verliehen, in einem solchen Dienste zu verweilen: bei dem einen die Vernichtung jedes Gefühls von Mitleid, bei dem anderen ein übermenschliches Mitleid. Aber er mochte weder an diese, noch an jene eine Frage stellen, um sich nicht etwa ein Hindernis zu schaffen, sondern beschloß zu gehen und zu gehen, bis er die Frauen finden werde. Und unterm Gehen unterließ er es nie, umherzuspähen; wohl aber war er von Zeit zu Zeit gezwungen, den betrübten und von so viel Wunden gleichsam geblendeten Blick abzuwenden. Aber wohin ihn lenken, wo ihn ruhen lassen, als auf anderen Wunden? Die Luft und der Himmel steigerten, wenn ihn überhaupt noch etwas steigern konnte, den Schrecken dieser Bilder. Der Nebel hatte sich nach und nach verdichtet und zu Wolken geballt, die, sich immer mehr verdunkelnd, ein Unwetter zu drohen schienen; nur schimmerte gegen die Mitte dieses finsteren und niederhängenden Himmels wie hinter einem dichten Schleier die bleiche Sonnenscheibe, die ein schwaches, dunstiges Zwielicht um sich verbreitete und eine drückende Schwüle herabsandte. Ab und zu machte sich mitten in dem unaufhörlichen Gebrause dieser verworrenen Menge ein Kollern von Geräuschen vernehmlich, dumpf, wie abgehackt und undeutlich; und wer auch noch so angestrengt hingehorcht hätte, würde nicht haben unterscheiden können, aus welcher Richtung es komme, und hätte vielleicht angenommen, es rühre von Wagen her, die in großer Entfernung dahinrollten und plötzlich stillständen. Auf den Feldern ringsum bewegte sich kein Zweig, kein Vogel ließ sich auf einem Baum nieder oder entflog, und nur die Schwalbe, die plötzlich über dem Dache des Gebäudes erschien, glitt mit ausgespannten Flügeln hinab, um über dem Lager dahinzustreichen; aber erschreckt von diesem Gewimmel, schwang sie sich zu jäher Flucht in die Höhe. Es war so ein Wetter, wo sich in einer Schar von Wanderern nicht einer findet, der das Schweigen bräche, wo der Jäger nachdenklich dahinschreitet, den Blick zu Boden gesenkt, wo die Bäuerin bei der Feldarbeit vom Singen abläßt, ohne es innezuwerden, ein Wetter, wie es dem Sturm vorausgeht, wo sich die Natur, äußerlich unbewegt, aber von innerer Anstrengung erschüttert, alles Lebende niederzudrücken und in jede Tätigkeit, in die Muße, in das Dasein schon eine gewisse Mühseligkeit zu legen scheint. Aber in diesem an sich dem Leiden und dem Sterben bestimmten Orte sah man den Menschen, der schon mit der Krankheit rang, dem neuen Drangsal unterliegen, sah man, wie sich Hunderte und Hunderte jählings verschlimmerten, und zugleich wurde der letzte Kampf angstvoller, wurden bei der Steigerung der Qualen die Seufzer dumpfer: über diesen Ort des Jammers war vielleicht noch nie eine so grausame Stunde dahingegangen.

Schon war der Jüngling eine gute Weile vergeblich auf den Irrwegen zwischen den Hütten herumgegangen, als er in der Mannigfaltigkeit der Klagen und dem Wirrsal des Gemurmels ein seltsames Gemisch von Weinen und Meckern unterschied, und schließlich gelangte er an eine aus rissigen Brettern schlecht zusammengefügte Wand, hinter der dieses ungewöhnliche Geräusch hervorkam. Er brachte ein Auge an einen breiten Spalt zwischen zwei Brettern und sah eine Einfriedung mit einzelnen Hütten darin, und sowohl in diesen, als auch in dem wenigen freien Raume nicht das gewöhnliche Krankenwesen, sondern Kindlein, die auf Matratzen oder Polstern oder ausgebreiteten Leintüchern oder Windeln lagen, und Ammen und andere Frauen um sie beschäftigt und, was ihm am meisten den Blick anzog und festhielt, Ziegen unter diese Frauen gemischt und als Helferinnen herangezogen: ein Spital der Unschuldigen, wie es Ort und Zeit bieten konnten. Es war, sage ich, ein einzigartiger Anblick, diese Tiere zu sehen, wie sie still über den Kindlein standen und ihnen das Euter überließen, oder wie sie auf ein Weinen wie mit mütterlichem Gefühle hinliefen, neben dem Kleinen stehen blieben und sich über ihm zurechtzustellen trachteten und meckerten und sich rührten, als ob sie nach jemandem verlangten, der ihnen beiden zu Hilfe kommen sollte. Hier und dort saßen Ammen mit Säuglingen an der Brust, manche mit so liebreichem Gehaben, daß es in dem Beschauer einen Zweifel erregen konnte, ob sie an diesen Ort durch den Lohn oder durch jene freiwillige Nächstenliebe gezogen worden waren, die Not und Schmerzen aufsucht. Eine von ihnen nahm voll Betrübnis so einen weinenden Wurm von ihrer erschöpften Brust und ging traurig auf die Suche nach einem Tier, das ihre Stelle vertreten könnte. Eine andere sah mit einem Blick des Mitleids das Kindlein an, das an ihrer Brust entschlummert war, und trug es nach einem zärtlichen Kusse in eine Hütte, um es auf eine Matratze zu betten. Eine dritte aber, die ihre Brust dem saugenden Fremdling darbot, starrte mit einem gewissen Ausdrucke zwar nicht von Nachlässigkeit, aber von Befangenheit zum Himmel; an wen dachte sie in dieser Stellung, bei diesem Blicke, wenn nicht an ein Kind der eigenen Lenden, das vielleicht noch kurz zuvor an dieser Brust gesogen, das vielleicht hier sein Leben ausgehaucht hatte? Andere, bejahrtere Frauen verrichteten andere Dienste. Eine eilte auf das Geschrei eines hungernden Kindes hinzu und trug es zu einer Ziege, die ein Büschel frisches Gras weidete, und legte es ihr an das Euter, indem sie das unerfahrene Tier zugleich schalt und liebkoste, damit es sich willig dem Dienste füge. Diese lief, um so ein armes Geschöpf wegzuholen, das eine Ziege, völlig beflissen, ein anderes zu säugen, mit Füßen trat; jene trug das ihrige wiegend herum und bemühte sich, es bald in Schlaf zu singen, bald mit linden Worten zu beruhigen, es mit einem Namen rufend, den sie ihm selber gegeben hatte. In diesem Augenblicke langte ein Kapuziner mit einem schneeweißen Bart an, auf jedem Arme ein kreischendes Kindlein, die er eben erst neben den entseelten Müttern aufgelesen hatte, und eine Frau lief hin und übernahm sie und blickte unter ihren Gesellinnen und in der Herde umher, um ihnen sofort neue Mütter zu verschaffen. Mehr als einmal hatte sich der Jüngling, angetrieben von dem Gedanken, der in ihm der erste und stärkste war, von dem Spalt abgewandt; dann hatte er sein Auge immer wieder hingehalten, um noch ein bißchen zu schauen. Nachdem er sich endlich losgerissen hatte, ging er an der Bretterwand entlang weiter, bis ihn einige daran gebaute Hütten nötigten, abzubiegen. Nun ging er neben den Hütten mit der Absicht, wieder die Wand zu gewinnen, ihr bis zu ihrem Ende zu folgen und neues Land zu entdecken.

Während er nun wegbeflissen vor sich hinsah, traf seine Blicke plötzlich für einen Moment eine vorübergehende Erscheinung und brachte ihn in Aufruhr. In einer Entfernung von etwa hundert Schritt sah er nämlich zwischen den Baracken plötzlich einen Kapuziner auftauchen und verschwinden, einen Kapuziner, der so von weitem und so flüchtig ganz den Gang, ganz das Gehaben und ganz die Gestalt des Paters Cristoforo hatte.

Mit einem Ungestüm, das man sich denken kann, lief er dorthin zu und ging und suchte, vorwärts und rückwärts, innen und außen, kreuz und quer so lange, bis er, mit ebenso großer Freude, diese Gestalt, diesen selbigen Mönch wieder sah. Er erblickte ihn unfern, wie er von einem Suppenkessel weg mit einem Napfe in der Hand auf eine Hütte zuging, und dann sah er ihn dort unter der Tür niedersitzen, ein Kreuz über den Napf schlagen, den er in der Hand hielt, und herumblickend wie einer, der immer auf dem Posten sein will, zu essen beginnen. Es war wahrhaftig der Pater Cristoforo. Seine Geschichte von der Zeit an, wo wir ihn aus dem Gesichte verloren haben, bis zu dieser Begegnung wird in zwei Worten erzählt sein. Er hatte Rimini nicht eher verlassen, hatte auch nicht eher daran gedacht, es zu verlassen, als bis ihm die in Mailand ausgebrochene Pest die Gelegenheit zu dem bot, was er immer so sehr ersehnt hatte, nämlich sein Leben für den Nächsten hinzugeben. Er bat inständig, dorthin zurückberufen zu werden, um den Pestkranken beizustehen und ihnen zu dienen. Der alte Graf war schon gestorben, und im übrigen galten jetzt Krankenpfleger mehr als Politiker, und so wurde er ohne Schwierigkeit erhört. Er kam als bald nach Mailand, trat in das Lazarett ein und war nun seit etwa drei Monaten da. Aber der Trost Renzos, einen guten Mönch wiedergefunden zu haben, war nicht einen Augenblick rein; denn mit demselben Blicke, womit er sich vergewisserte, daß er es wirklich war, mußte er auch sehen, wie sehr er sich verändert hatte. Die Haltung gekrümmt und müde, das Gesicht abgezehrt und bleich; in allem und jedem sah man eine erschöpfte Natur, einen gebrochenen und hinfälligen Leib, der sich nur mit einer ständigen Anspannung der Seelenkräfte aufrecht erhielt und sich forthalf. Auch er heftete seinen Blick auf den andern, auf den Jüngling, der auf ihn zukam und sich, da er sich's mit der Stimme nicht getraute, mit Gebärden bemerklich und kenntlich zu machen trachtete. „Ach, Pater Cristoforo!", sagte er dann, als er nahe genug bei ihm war, um gehört zu werden, ohne die Stimme zu erheben.

„Du hier?", sagte der Mönch, indem er den Napf auf die Erde setzte, und aufstand.

„Wie geht es Ihnen, Pater? Wie geht's?"

„Besser als den vielen Armen, die du hier siehst", antwortete der Mönch; und eine Stimme war schwach, hohl, verändert wie alles Übrige. Nur das Auge war noch das frühere, nur noch lebhafter und glänzender, als ob die Menschenliebe, am Ende des Werkes erhöht und über die Nähe ihres Ursprungs frohlockend, ein glänzenderes und lautereres Feuer an die Stelle jenes gesetzt hätte, das die Gebrechlichkeit nach und nach verlöschte. „Aber du", fuhr er fort, „wieso kommst du hierher? Warum setzt du dich so der Pest aus?"

„Ich habe sie schon gehabt, dem Himmel sei gedankt. Ich bin da, ... um ... Lucia zu suchen."

„Lucia? Ist Lucia hier?"

„Jawohl; wenigstens hoffe ich zu Gott, daß sie noch hier ist."

„Ist sie dein Weib?"

„Ach, liebster Vater, sie ist nicht mein Weib. Wissen Sie denn nichts von allem, was geschehen ist?"

„Nein, mein Sohn: seitdem mich Gott von dort entfernt hat, habe ich nichts mehr erfahren; aber jetzt, wo er dich mir schickt, verlangt es mich freilich sehr, etwas zu erfahren. Aber ... der Steckbrief?"

„Sie wissen also, was man mir getan hat?"

„Aber du, was hast du getan?"

„Hören Sie: wenn ich sagen wollte, daß ich an diesem Tage in Mailand vernünftig gewesen sei, würde ich lügen; aber Schlechtigkeiten habe ich auch nicht begangen."

„Ich glaube es dir, habe es auch schon damals geglaubt."

„Jetzt kann ich Ihnen also alles sagen."

„Warte", sagte der Mönch; und indem er ein paar Schritte vor die Hütte trat, rief er: „Pater Vittore!" Nach einigen Augenblicken erschien ein junger Kapuziner, und zu dem sagte er: „Seid so gut, Pater Vittore, und übernehmt auch meinen Teil der Wartung bei unseren Armen, solange ich nicht da bin. Wenn aber einer nach mir verlangt, so ruft mich. Der dort besonders! Wenn er nur ein kleines Zeichen gibt, daß er zu sich kommt, so laßt es mich, seid so gut, auf der Stelle wissen."

„Verlaßt Euch darauf", sagte der junge Mönch; und der alte wandte sich wieder zu Renzo und sagte: „Treten wir hier ein." Und sofort fügte er, stehen bleibend, hinzu: „Aber ... du siehst mir sehr erschöpft aus; du mußt Hunger haben."

„Es ist wahr", sagte Renzo; „jetzt, wo Sie mich daran erinnern, besinne ich mich, daß ich noch nüchtern bin."

„Warte", sagte der Mönch. Und er nahm einen Napf, ging ihn zum Kessel füllen und reichte ihn mit einem Löffel seinem Gaste. Er ließ Renzo auf einem Strohsack, der ihm als Bett diente, niedersitzen, ging dann zu einem Fasse in einem Winkel und zapfte ein Glas Wein ab und stellte es auf einem Tischchen vor ihn; dann nahm er wieder seinen Napf und setzte sich neben ihn.

„Ach, Vater Cristoforo", sagte Renzo, „sind denn das Verrichtungen, die Ihnen zukommen? Aber Sie sind immer derselbe. Ich danke Ihnen von ganzem Herzen."

„Nicht mir danke", sagte der Mönch; „es ist Armengut: aber auch du bist jetzt ein Armer. Nun sage mir, was ich nicht weiß, erzähle mir von unserer Armen und trachte dich kurz zu fassen; denn die Zeit ist knapp und viel zu tun, wie du siehst."

Zwischen einem Löffel und dem andern erzählte ihm Renzo die Geschichte Lucias: wie sie in dem Kloster in Monza Zuflucht gefunden hatte, wie sie entführt worden war ... Bei der Vorstellung von solchen Leiden und solchen Gefahren, bei dem Gedanken, daß er es war, der die arme Unschuldige an diesen Ort gewiesen hatte, verging dem guten Mönch der Atem; aber er fand ihn alsbald wieder, als er hörte, wie sie wunderbar befreit, der Mutter zurückgegeben und von dieser bei Donna Prassede untergebracht worden war.

„Jetzt werde ich Ihnen von mir erzählen", fuhr Renzo fort; und er erzählte ihm in gedrängten Worten von dem Tage in Mailand, von seiner Flucht, und wie er immer von Hause weggewesen sei und wie er es bei dem jetzigen Durcheinander gewagt habe, hinzugehen, wieso er Agnese nicht angetroffen habe, wie er in Mailand erfahren habe, daß Lucia im Lazarett sei. „Und darum bin ich hier", schloß er, „bin ich hier, um sie zu suchen, um zu sehen, ob sie noch lebt und ob sie ... mich noch will ... weil ... allemal..."

„Aber", fragte der Mönch, „hast du denn irgendeine Angabe, wo man sie untergebracht hat, wann sie hierhergekommen ist?"

„Nein, liebster Pater; ich weiß nur, daß sie da ist, wenn sie nur noch da ist, was Gott gebe!"

„Ach, du Ärmster! Aber wie hast du bis jetzt nachgeforscht?"

„Ich bin hin- und hergegangen, habe aber niemanden sonst als Männer gesehen. Da habe ich mir gedacht, die Frauen müßten an einem besonderen Orte sein, habe ihn aber noch nicht finden können: wenn es so ist, werden Sie mir wohl den Weg weisen."

„Weißt du denn nicht, mein Sohn, daß den Männern dort der Eintritt verboten ist, wenn sie nicht etwas zu verrichten haben?"

„Nun gut, was kann mir aber geschehen?"

„Die Verordnung ist gerecht und fromm, mein Sohn; und wenn es Menge und Schwere des Wehs nicht zulassen, daß sie mit aller Strenge gehandhabt würde, so ist das für einen anständigen Menschen kein Grund, sie zu übertreten."

„Aber Pater Cristoforo!", sagte Renzo; „Lucia hätte schon lang mein Weib sein sollen: Sie wissen, wie wir getrennt worden sind. Zwanzig Monate sind es her, daß ich leide und mich gedulde: so vielen Gefahren zum Trotz, eine schlimmer als die andere, bin ich bis hierher gekommen, und jetzt ..."

„Ich weiß nicht, was ich sagen soll", begann der Mönch wieder, mehr einen Gedanken antwortend, als den Worten des Jünglings; „du gehst in guter Absicht hin, und wollte Gott, daß sich alle, die dort freien Zutritt haben, so gut betrügen, wie ich dir vertrauen darf, daß du tun wirst. Gott, der sicherlich die Beharrlichkeit deiner Neigung, deine Treue für die, die er dir gegeben hat, segnet, Gott, der strenger, aber auch nachsichtiger als die Menschen ist, wird nicht darauf achten, was in dieser Art, sie zu suchen, Unrechtes sein mag. Erinnere dich nur, daß wir für dein Betragen an diesem Orte alle zwei werden Rechenschaft geben müssen, den Menschen wahrscheinlich nicht, aber Gott unfehlbar. Komm her."

Mit diesen Worten erhob er sich und Renzo zugleich mit ihm; dieser hatte zwar nicht versäumt, auf seine Worte zu hören, hatte sich aber dabei mit sich selber beraten, von dem Gelübde Lucias nicht, wie er ursprünglich vorgehabt hatte, zu sprechen. Wenn er auch das noch hört, hatte er gedacht, so wird er mir sicherlich noch andere Schwierigkeiten machen. Entweder ich finde sie, und dann haben wir noch immer Zeit, das zu erörtern, oder ... und dann? Was solls dann? Der Mönch zog ihn unter die Tür, die nach Norden lag, und begann wieder: „Höre: unser Pater Felice, der Vorsteher des Lazaretts, führt heute die wenigen Genesenen, die hier sind, anderswohin, wo sie noch einige Tage abgesondert bleiben. Du siehst das Kirchlein da in der Mitte" - und indem er die fleischlose, zitternde Hand hob, wies er zur Linken in der trüben Luft auf die Kapelle, die sich über die armseligen Zelte auftürmte; und er fuhr fort: „Dortherum versammeln sie sich jetzt, um in Prozession durch das Tor hinauszuziehen, durch das du hereingekommen sein wirst."

„Ach, darum also haben sie die Straße freigemacht."

„Jawohl; und du wirst auch Glockenschläge gehört haben."

„Einen."

„Das war der zweite: beim dritten werden sie alle versammelt sein, der Pater Felice wird ihnen eine kleine Ansprache halten, und dann wird er sich mit ihnen auf den Weg machen. Bei diesem dritten Schlage gehst du hin; trachte dich hinter diesen Leuten an einem Punkte des Weges aufzustellen, wo du sie, ohne zu stören oder aufzufallen, vorübergehen sehen kannst, und sieh... sieh ... ob sie dabei ist. Wenn Gott nicht gewollt hat, daß sie dabei ist, so ist dieser Teil" – und er erhob von neuem die Hand und wies auf den ihnen gegenüber liegenden Trakt – „so ist dieser Teil des Gebäudes und ein Teil des Platzes davor den Frauen zugewiesen. Du wirst einen Pfahlzaun sehen, der ihn von diesem Quartier scheidet, der aber an gewissen Stellen unterbrochen, an anderen geöffnet ist, so daß du ohne Schwierigkeit hineingelangen wirst. Wenn du dann drinnen nichts tust, was Argwohn erregen könnte, so wird dir wahrscheinlich niemand etwas sagen. Und wenn man dir trotzdem etwas in den Weg legen sollte, so sag nur, daß dich der Pater Cristoforo von *** kennt und über dich Rechenschaft geben wird. Suche sie dort; suche sie mit Vertrauen und ... mit Ergebung. Denn erinnere dich, daß es nichts Geringes ist, was du hier finden willst: du verlangst, im Lazarett jemanden am Leben zu treffen! Weißt du, wie oft ich diese meine arme Gemeinde habe wechseln sehen? Wie viele ich habe wegtragen sehen? Wie wenige weggehen?... Geh, und bereite dich auf ein Opfer vor ..."

„Jawohl, auch ich sehe es ein", unterbrach ihn Renzo mit rollenden Augen und gänzlich verzerrtem Gesichte; „ich sehe es ein! Ich gehe, ich werde schauen, werde suchen, hier und dort und im ganzen Lazarett, kreuz und quer ... und wenn ich sie nicht finde ..."

„Und wenn du sie nicht findest?", sagte der Mönch mit einer Miene der ernsten Erwartung und mit einem mahnenden Blicke.

Aber Renzo, dem die durch diese Besorgnis wieder entzündete Wut den Blick verdunkelt hatte, wiederholte und fuhr fort: „Wenn ich sie nicht finde, werde ich einen andern zu finden trachten. Ob in Mailand oder in einer ruchlosen Burg, ob am Ende der Welt oder in der Hölle, finden werde ich ihn, diesen Schurken, der uns getrennt hat, ohne den Lucia seit zwanzig Monaten mein wäre und ohne den wir, wenn uns schon der Tod bestimmt war, wenigstens gemeinsam gestorben wären. Wenn er noch am Leben ist, so finde ich ihn ..."

„Renzo!", sagte der Mönch, indem er ihn beim Arme packte und ihn noch strenger ansah.

„Und wenn ich ihn finde", fuhr Renzo fort, blind und taub vor Grimm, „wenn nicht die Pest Gericht gehalten hat... Es ist nicht mehr die Zeit, wo ein Feigling mit seinen Bravi die Leute in Verzweiflung stürzen und sie verlachen kann; es ist eine Zeit gekommen, wo sich die Männer Aug in Aug gegenübertreten, und ... ich werde Gericht halten."

„Unseliger!", rief Pater Cristoforo mit einer Stimme, die all die alte Fülle und all die alte Kraft zurückgewonnen hatte, „Unseliger!" Und sein auf die Brust sinkendes Haupt hatte sich aufgerichtet, die Wangen färbten sich mit dem alten Leben, und das Feuer der Augen hatte etwas Schreckliches. „Da sieh, Unseliger!" Und während er mit der einen Hand Renzos Arm hart preßte und schüttelte, bewegte er die andere im Kreise vor sich, um auf so viel wie möglich von dem schmerzlichen Schauspiel ringsumher zu weisen. „Da sieh, wer es ist, der straft! Wer richtet und nicht gerichtet wird! Wer züchtigt und wer verzeiht! Und du, Erdenwurm, du willst Gericht halten? Du weißt es, du, was Gericht ist! Geh, Unseliger, geh! Ich, ich habe gehofft...ja, ich habe gehofft, daß mir Gott vor meinem Tode diesen Trost schenken wird, zu hören, daß meine arme Lucia am Leben ist, vielleicht auch sie zu sehen und ihr Versprechen zu hören, daß sie ein Gebet zu meiner Grube schicken werde. Geh, du hast mir meine Hoffnung genommen. Dir hat sie Gott nicht auf der Erde gelassen, und du kannst wahrhaftig nicht die Vermessenheit haben, dich für würdig zu erachten, daß Gott auf deinen Trost bedacht sein sollte. An sie wird er gedacht haben; denn sie ist eine von den Seelen, denen der ewige Trost vorbehalten ist. Geh, ich habe keine Zeit mehr, dir Gehör zu geben." Und also sprechend, stieß er den Arm Renzos von sich und schritt auf eine Krankenhütte zu.

„Ach, Vater", sagte Renzo, ihm als Flehender nachgehend, „auf diese Weise wollen Sie mich wegschicken?"

„Was?", begann der Kapuziner wieder mit nicht minder strenger Stimme. „Getraust du dich zu beanspruchen, daß ich meine Zeit diesen Bekümmerten, die auf mich warten, damit ich ihnen von Gottes Verzeihung spreche, stehlen sollte, um die Ausbrüche deiner Wut, deine Vorsätze der Rache anzuhören? Ich habe dich angehört, als du Trost und Hilfe verlangt hast, ich habe die Nächstenliebe um der Nächstenliebe willen vernachlässigt; jetzt aber hast du deine Rache im Herzen: was willst du von mir? Geh. Ich habe hier Beleidigte sterben sehen, die verziehen, Beleidiger, die wimmerten, daß sie sich nicht vor den Beleidigten demütigen konnten, und ich habe mit den einen geweint und mit den andern; aber was soll ich mit dir tun?"

„Ach, ich verzeihe ihm! Ich verzeihe ihm wahrhaftig, ich verzeihe ihm für immer!", rief der Jüngling aus.

„Renzo!", sagte der Mönch mit ruhigerem Ernst, „denk einmal nach und sag mir, wie oft du ihm schon verziehen hast." Und da er ohne Antwort blieb, neigte er auf einmal das Haupt und begann still und sanft: „Du weißt, warum ich dieses Kleid trage."

Renzo zögerte.

„Du weißt es", begann der Greis wieder.

„Jawohl", antwortete Renzo.

„Auch ich habe gehaßt, ich, der ich dich wegen eines Gedankens, wegen eines Wortes gescholten habe; einen Menschen, den ich glühend haßte, den ich seit langer Zeit haßte, den habe ich getötet."

„Ja, aber einen Übermütigen, einen von denen ..."

„Still", fiel der Mönch ein; „glaubst du, daß, wenn es dafür eine Entschuldigung gäbe, ich sie in dreißig Jahren nicht gefunden hätte? Ach, wenn ich dir nur jetzt das Gefühl ins Herz legen könnte, das ich immer gehabt habe und das ich noch habe für den Menschen, den ich haßte! Ach, wenn ich es könnte! Ich? Aber Gott kann es: Er wird es tun. Höre, Renzo: Er will dir mehr wohl, als du dir selber; du hast auf Rache sinnen können, aber er hat Kraft genug und Erbarmen genug, dich daran zu hindern, er erzeigt dir eine Gnade, deren jemand anderer allzu unwürdig war. Du weißt, du hat es so oft gesagt, daß er die Hand eines Übermütigen hemmen kann; aber wisse, daß er auch die eines Rächers hemmen kann. Und weil du arm bist, weil du beleidigt bist, glaubst du, daß er einen Menschen, den er nach seinem Bilde geschaffen hat, nicht gegen dich verteidigen kann? Glaubst du, er würde dich alles tun lassen, was du willst? Nein! Aber weißt du, was du tun kannst? Du kannst hassen und dich verderben, du kannst mit einem Gefühle allen Segen von dir entfernen. Denn wie immer es dir auch ergehen mag, was für ein Geschick immer dir beschieden sein mag, nimm es für gewiß, daß dir alles zur Züchtigung sein wird, solange du ihm nicht auf eine Weise verziehen hat, daß du nicht mehr wieder sagen kannst: Ich verzeihe ihm."

„Ja, ja", sagte Renzo, ganz erschüttert und ganz verwirrt, „ich begreife, daß ich ihm noch nie in Wahrheit verziehen habe, ich begreife, daß ich wie ein Toller und nicht wie ein Christ gesprochen habe: und jetzt verzeihe ich ihm mit der Gnade des Herrn von ganzem Herzen.

„Und wenn du ihn sähest?"

„Würde ich den Herrn bitten, daß er mir Geduld gebe und ihm das Herz rühre."

„Würdest du dich erinnern, daß uns der Herr nicht gesagt hat, wir sollten unsern Feinden verzeihen, sondern daß er gesagt hat, wir sollen sie lieben? Würdest du dich erinnern, daß er ihn so sehr geliebt hat, daß er für ihn gestorben ist?"

„Ja, mit seinem Beistande."

„Gut also, komm mit. Du hast gesagt: Ich werde ihn finden; du wirst ihn finden. Komm und sieh, wen du hassen, wem du Böses wünschen konntest, wem du Böses zufügen, über wesen Leben du dich zum Herrn aufwerfen wolltest."

Und indem er die Hand Renzos faßte und sie so fest drückte, wie es ein gesunder und junger Mann hätte tun können, ging er voraus. Der junge Mann folgte ihm, ohne noch eine Frage zu wagen. Nach ein paar Schritten blieb der Mönch an dem Eingang einer Hütte stehen und heftete die Augen mit einem Gemisch von Ernst und Rührung auf Renzos Gesicht; und er führte ihn hinein. Das erste was sie sahen, war ein Kranker, der im Hintergrunde auf dem Stroh saß, jedoch nicht schwerkrank, sondern dem Anschein nach auf dem Wege der Besserung; und als der den Pater sah, schüttelte er den Kopf, wie um zu verneinen, und der Pater senkte den seinigen mit einer Gebärde der Trauer und der Ergebung. Unterdessen blickte Renzo mit unruhiger Neugier herum: er sah noch drei oder vier Kranke, und ihm fiel auf der einen Seite einer auf, der, in ein Leintuch gewickelt und mit einem Herrenmantel bedeckt, auf einer Matratze lag. Er betrachtet ihn genau, erkannte Don Rodrigo und trat einen Schritt zurück; aber der Mönch, der ihm von neuem die Hand kräftig fühlen ließ, zog ihn zu dem Fußende des Lagers, streckte die Hand darüber aus und wies ihm mit dem Finger den Mann, der dort lag. Der Unglückliche bewegte sich nicht: die Augen waren weit aufgerissen, aber ohne Blick, bleich und mit schwarzen Flecken übersät das Gesicht, schwarz und angeschwollen die Lippen; man hätte es für das Antlitz eines Toten gehalten, wenn nicht ein heftiges Zucken Zeugnis eines zähen Lebens gegeben hätte. Die Brust hob sich hin und wieder unter schweren Atemzügen, die von dem Mantel nicht bedeckte Rechte faßte diesen beim Herzen mit den sich krampfenden Fingern, die allesamt blau und an den Spitzen schwarz waren.

„Du siehst ihn", sagte der Mönch mit leiser und ernster Stimme. „Es kann eine Züchtigung, kann eine Barmherzigkeit sein. Das Gefühl, das du jetzt für diesen Mann empfinden wirst, der dich beleidigt hat, dasselbe Gefühl wird Gott, den du beleidigt hast, an jenem Tage für dich haben. Segne ihn, und du bist gesegnet. Seit vier Tagen ist er hier, wie du ihn siehst, ohne ein Zeichen einer Empfindung zu geben. Vielleicht ist der Herr bereit, ihm eine Stunde der Einkehr zu gewähren, will aber von dir darum gebeten sein; vielleicht will er, daß du samt jener Unschuldigen darum bittest, vielleicht behält er seine Gnade für dein Gebet allein vor, für das Gebet eines bekümmerten und ergebenen Herzens. Vielleicht hängt die Rettung dieses Mannes samt der deinigen jetzt von dir ab, von einem Gefühl der Verzeihung, des Mitleids und ... der Liebe!" Er schwieg, neigte sein Gesicht über die gefalteten Hände und betete; Renzo tat desgleichen.

Sie hatten nicht lang in dieser Stellung verweilt, als die Glocke erklang. Wie auf eine Verabredung brachen sie beide auf und gingen hinaus. Der eine fragte um nichts, der andere beteuerte nichts; ihre Gesichter sprachen.

„Geh jetzt", begann der Mönch, „geh gefaßt, sei es eine Gnade zu empfangen, sei es ein Opfer darzubringen, und Gott zu loben, wie immer auch der Ausgang deiner Nachforschungen sei. Und wie immer er auch sei, komme mir berichten; wir werden ihn gemeinsam loben." Damit trennten sie sich, ohne noch etwas zu sagen: der eine kehrte zurück, woher er gekommen war, der andere machte sich auf den Weg zu der Kapelle, die nicht weiter als hundert Schritt entfernt war.

36. KAPITEL.

WER hätte denn ein paar Stunden vorher Renzo gesagt, daß mitten in solchen Nachforschungen, beim Beginn der bängsten und entscheidendsten Augenblicke sein Herz zwischen Lucia und Don Rodrigo geteilt sein werde? Und doch war es so: diese Gestalt brachte es fertig, sich in all die teuren oder schrecklichen Bilder zu mischen, die ihm Furcht und Hoffnung auf diesem Gange abwechselnd zeigten; die an jenem Lager vernommenen Worte drängten sich zwischen die Ja und Nein, von denen ein Gemüt bestürmt wurde, und er konnte nicht ein Gebet für den glücklichen Ausgang des großen Versuches beendigen, ohne daran das zu knüpfen, das er dort begonnen und das der Schlag der Glocke abgeschnitten hatte. Die achteckige Kapelle, die, durch einige Stufen gehoben, mitten im Lazarett aufragte, war in ihrer anfänglichen Anlage nach allen Seiten offen und nur durch Pfeiler und Säulen getragen, ein sozusagen durchbrochener Bau: an den Seiten je ein auf zwei Säulen ruhender Bogen und innerhalb eine Halle rund um das, was man in dem eigentlichen Sinne eine Kirche genannt hätte und was nur aus acht Bogen bestand, die den äußeren acht entsprachen, mit einer Kuppel darüber, so daß der in der Mitte errichtete Altar von jedem Fenster der Kammern im Gebäude und schier von jeder Stelle im Hofe sichtbar war. Jetzt, wo das Gebäude zu einem ganz anderen Gebrauche verwandt wird, sind die acht äußeren Zwischenräume vermauert, aber das unversehrt gebliebene alte Gerippe zeigt deutlich den alten Zustand und die alte Bestimmung an. Renzo war kaum auf dem Wege, so sah er in der Halle der Kapelle den Pater Felice erscheinen und unter den mittleren Bogen der der Stadt zugekehrten Seite treten; vor diesem war der Zug versammelt, und aus der Haltung der Leute nahm Renzo ab, daß die Predigt schon begonnen hatte.

Er lief die schmalen Zickzackwege, um, wie ihm eingegeben worden war, hinter die Zuhörerschaft zu gelangen. Angekommen, blieb er ruhig und still stehen und überflog alles mit einem Blicke; aber er sah von dort nichts anderes als eine gedrängte Masse von Köpfen. In der Mitte waren einige mit Tüchern und Schleiern: dorthin heftete er seinen Blick aufmerksamer; da es ihm aber nicht gelang, darunter etwas mehr zu entdecken, so hob auch er ihn dorthin, wohin ihn alle anderen gerichtet hatten. Er war gerührt und ergriffen von der ehrwürdigen Gestalt des Predigers; und mit dem, was ihm in einem solchen Moment der Erwartung an Aufmerksamkeit verbleiben konnte, hörte er diesen Teil der feierlichen Rede:

„Schenken wir einen Gedanken den Tausenden und Tausenden, die dort hinausgegangen sind" - und mit dem über die Schulter erhobenen Finger deutete er hinter sich auf das Tor, das auf den nach dem heiligen Gregor benannten Friedhof führt, der damals, kann man sagen, eine einzige große Grube war - „schenken wir einen Blick rundherum den Tausenden und Tausenden, die hier verbleiben, nur allzu ungewiß, wo sie hinausgehen werden, schenken wir einen auch uns wenigen, die wir gerettet hinausgehen. Gebenedeit sei der Herr! Gebenedeit in seiner Gerechtigkeit, gebenedeit in seiner Barmherzigkeit! Gebenedeit im Tode, gebenedeit in der Heilung! Gebenedeit in dieser Auswahl, die sein Wille mit uns getroffen hat! Ach, warum wohl, meine Kinder, war das sein Wille, wenn nicht um sich eine kleine Gemeinde zu erhalten, die durch die Kümmernis gebessert und in der Dankbarkeit entbrannt ist? Wenn nicht damit wir, die wir jetzt lebhafter fühlen, daß das Leben ein Geschenk von ihm ist, dieses so schätzen, wie es ein Geschenk von Ihm verdient, damit wir es auf Werke verwenden, die wir Ihm darbringen können? Wenn nicht damit uns die Erinnerung an unsere Leiden mitleidig und hilfreich für unsere Nächsten macht? Die indessen, in deren Gesellschaft wir gelitten, gehofft, gefürchtet haben, unter denen wir Freunde und Verwandte verlassen und die schließlich alle unsere Brüder sind, die von ihnen, die uns durch ihre Mitte ziehen sehen werden, mögen zugleich mit dem Troste, den sie vielleicht bei dem Gedanken empfangen werden, daß doch so mancher heil von hier weggeht, auch eine Erbauung aus unserem Betragen empfangen. Behüte Gott, daß sie an uns eine geräuschvolle Freude, eine weltliche Freude wahrnehmen sollten, daß wir dem entgangen sind, mit dem sie noch ringen. Sie sollen sehen, daß wir für uns dankend und für sie bittend gehen, und mögen von uns sagen können: Auch draußen noch werden sie sich unser erinnern und werden fortfahren, für uns Elende zu beten. Beginnen wir mit diesem Wege, mit den ersten Schritten, die wir tun wollen, ein Leben, das nur der Nächstenliebe gehört. Wer die alte Kraft wiedergewonnen hat, reiche den Schwachen einen brüderlichen Arm: Jünglinge, stützet die Greife; ihr, die ihr keine Kinder mehr habt, blickt um euch, wieviel Kinder nun keine Eltern mehr haben! Seid ihr es ihnen! Und diese Nächstenliebe wird, indem sie eure Sünden gut macht, auch eure Schmerzen lindern." Hier wurde das Seufzen und Schluchzen, das in der Versammlung immer mehr wuchs, plötzlich unterbrochen: denn man sah, wie sich der Prediger einen Strick um den Hals legte und sich auf die Knie warf; und alles wartete in tiefer Stille, was er nun sagen werde.

„Im eigenen Namen und im Namen aller meiner Amtsbrüder, die wir ohne irgendein unseriges Verdienst zu dem hohen Vorrecht, Christus in euch zu dienen, erwählt worden sind, bitte ich euch demütig um Verzeihung, wenn wir ein so hohes Amt nicht würdig erfüllt haben. Wenn uns die Trägheit, die Ungebärdigkeit des Fleisches minder achtsam auf eure Notdurft, minder bereit für euren Ruf gemacht hat, wenn uns eine unbillige Ungeduld, wenn uns eine sträfliche Verdrossenheit manchmal euch ein unwilliges und hartes Gesicht hat zeigen lassen, wenn uns der elende Gedanke, daß ihr unser bedurftet, manchmal verleitet hat, euch nicht mit all der gebührenden Demut entgegenzukommen, wenn uns unsere Gebrechlichkeit Dinge hat tun lassen, die euch ein Ärgernis gegeben haben, so verzeiht uns. So vergebe auch euch der Herr all eure Schuld und segne euch!" Und nachdem er über die Zuhörerschaft ein großes Kreuzeszeichen gemacht hatte, erhob er sich.

Wir haben, wenn nicht den Wortlaut, so doch wenigstens den Sinn, den Inhalt der Worte mitteilen können, die er wirklich gesprochen hat; die Art und Weise aber, wie sie gesprochen worden sind, läßt sich nicht beschreiben. Es war die Art und Weise eines Menschen, der es ein Vorrecht nannte, den Pestkranken dienen zu dürfen, weil er es dafür hielt, der bekannte, ihm nicht würdig entsprochen zu haben, weil er fühlte, daß ihm nicht würdig entsprochen worden war, der um Verzeihung bat, weil er überzeugt war, daß sie vonnöten war. Die Leute aber, die diese Kapuziner in keiner anderen Beschäftigung um sich gesehen hatten, als ihnen zu dienen, die ihrer so viele hatten sterben sehen und die wußten, daß der, der für alle sprach, in der Bemühung sowohl, als auch im Ansehen immer der erste gewesen war außer zu der Zeit, wo er selbst dem Tode nahe war, man denke mit was für einem Schluchzen, mit was für Tränen sie auf solche Worte antworteten. Der bewunderungswürdige Mönch nahm nun ein großes Kreuz, das an einem Pfeiler lehnte, pflanzte es vor sich auf, ließ die Sandalen am äußeren Rande der Halle, stieg die Stufen hinab und bewegte sich durch die Menge, die ihm ehrerbietig Platz machte, um sich an ihre Spitze zu stellen. Renzo, völlig in Tränen, nicht mehr und nicht minder, als ob er einer von denen gewesen wäre, an die diese einzigartige Bitte um Verzeihung gerichtet worden war, zog sich ebenso zurück und stellte sich neben eine Hütte; dort wartete er halb versteckt mit mächtigem Herzklopfen, zugleich aber auch mit einer gewissen neuen und besonderen Zuversicht, die wohl der Rührung entsprungen war, die ihm die Predigt und das Schauspiel der allgemeinen Rührung eingegeben hatten.

Und siehe, da kam der Pater Felice heran, barfuß, mit dem Strick um den Hals und das große, schwere Kreuz erhoben, bleich und abgezehrt das Gesicht, ein Gesicht, das Zerknirschung zugleich und Mut atmete, langsamen, aber entschlossenen Schrittes, wie einer, der nur daran denkt, fremder Schwäche zu schonen, und in allem und jedem wie ein Mann, dem ein Mehr von Mühsal und Ungemach die Kraft gegeben hat, das so große notwendige und von seinem Amte unzertrennliche Mühsal und Ungemach zu ertragen. Gleich nach ihm kamen die größeren Knaben, meistens barfuß, nur wenige völlig bekleidet, manche nur im Hemde. Dann kamen die Frauen, die schier jede ein Mägdlein an der Hand führten und das Miserere sangen, und der schwache Klang dieser Stimmen, die Blässe und die Mattigkeit ihrer Gesichter, waren danach angetan, die Seele eines jeden, der sich als einfacher Zuschauer dort befunden hätte, durchaus mit Mitleid zu erfüllen. Renzo aber betrachtete und prüfte Reihe um Reihe, Gesicht um Gesicht, ohne auch nur eines zu übergehen; denn der Zug bewegte sich so langsam, daß er ihm alle Gemächlichkeit dazu ließ. Sie ziehen vorüber und vorüber; er schaut und schaut: vergebens. Er überfliegt die Reihen, die noch zurück sind: jetzt sind es nur noch wenige, jetzt kommt die letzte; nun sind sie alle vorbei: lauter unbekannte Gesichter. Mit hängenden Armen und den Kopf auf die eine Schulter gesenkt, folgte er dieser Schar mit den Augen, während die der Männer an ihm vorüberzog. Eine neue Erregung, eine neue Hoffnung entstand in ihm, als er nach dieser einige Karren mit den Genesenden kommen sah, die noch nicht imstande waren, zu gehen. Hier kamen die Frauen zuletzt; und der Zug bewegte sich wieder so langsam, daß Renzo ebenso alle prüfen konnte, ohne daß ihm eine entgangen wäre. Aber er prüfte den ersten Karren, den zweiten, den dritten und immer mit demselben Erfolge bis zu dem letzten, hinter dem niemand mehr kam als wieder ein Kapuziner, ernsten Gesichtes und einen Stock in der Hand, wie als Aufseher über den Zug. Es war jener Pater Michele, der dem Pater Felice, wie wir gesagt haben, als Gehilfe beigegeben war. — So verschwand diese teure Hoffnung ganz und gar, und im Verschwinden nahm sie nicht nur den Trost mit sich hinweg, den sie gebracht hatte, sondern ließ den Menschen, wie es meistens so geht, in einem noch schlimmeren Zustand zurück. Das Günstigste, was ihm jetzt noch beschieden sein konnte, war Lucia krank zu finden. Obwohl sich jedoch der Aufregung einer noch vorhandenen Hoffnung die der gesteigerten Furcht gesellte, klammerte sich der Ärmste mit allen Kräften seiner Seele an diesen traurigen und dünnen Faden; er trat wieder auf die Straße und machte sich in der Richtung auf den Weg, woher die Prozession gekommen war. Bei der Kapelle angelangt, kniete er auf der untersten Stufe nieder und richtete an Gott ein Gebet oder, besser gesagt, ein Durcheinander von unzusammenhängenden Worten, abgebrochenen Sätzen, Ausrufungen, Bitten, Klagen und Versprechungen, eine jener Anreden, die an die Menschen nicht gerichtet werden, weil diese nicht scharfsinnig genug sind, sie zu verstehen, und nicht Geduld genug haben, sie anzuhören: die Menschen sind eben zu kleinlich, um dabei Mitleid ohne Geringschätzung zu empfinden. Etwas ermutigter stand er auf; er ging um die Kapelle herum und befand sich in der anderen Straße, die er noch nicht gesehen hatte und die zu dem anderen Tore führte. Nach wenigen Schritten sah er den Pfahlzaun, von dem ihm der Mönch gesprochen hatte, und er fand ihn auch stellenweise unterbrochen, wie er auch gesagt hatte; durch eine dieser Öffnungen trat er ein und war im Frauenquartier. Schier bei dem ersten Schritte, den er tat, sah er auf der Erde eine von der Schellen, die die Monatti an dem Fuße trugen; da kam ihm in den Sinn, daß ihm ein solches Ding hier herinnen gleichsam als Geleitschein würde dienen können, und darum hob er es auf, sah herum, ob er nicht gesehen werde, und band es sich nach der Weise der Monatti an. Und so machte er sich sofort an sein Suchen, an dieses Suchen, das schon durch die Menge der Gegenstände, auch wenn diese ganz anders gewesen wären, ungemein viel Schwierigkeiten gehabt hätte. Sein Auge überflog, ja betrachtete neue Bilder des Jammers, teilweise ähnlich den schon gesehenen, teilweise aber von ihnen verschieden; denn unter demselben Drangsal war hier sozusagen ein anderes Leiden, ein anderes Siechen, ein anderes Klagen, ein anderes Ertragen, ein anderes gegenseitiges Bemitleiden und Helfen, und in dem Betrachtenden war ein anderes Mitgefühl und ein anderer Schauder. Er war bereits ein gutes Stück gewandert, vergeblich und ohne Zwischenfälle, als er hinter sich ein „Heda!" hörte, das an ihn gerichtet zu sein schien. Er kehrte sich um und sah in einiger Entfernung einen Kommissär, der eine Hand hob, richtig um ihm zu winken, und rief: „Dort in den Kammern braucht's Hilfe; hier ist erst aufgeräumt worden." Renzo begriff sofort, für wen er gehalten wurde und daß die Schelle die Ursache der Verwechslung war; er schalt sich einen Dummkopf, daß er nur an die Unannehmlichkeiten gedacht hatte, die ihm dieses Abzeichen ersparen, und nicht auch an die, die es ihm auf den Hals würde ziehen können. Aber zu derselben Zeit dachte er auch daran, wie er es anzustellen habe, um von diesem Manne loszukommen. Er winkte ihm wiederholt und hastig zu, wie um zu sagen, daß er verstanden habe und gehorche, und entzog sich seinen Blicken, indem er sich zwischen die Hütten schlug. Als er genug weit weg zu sein glaubte, dachte er auch daran, die Ursache des Ärgernisses von sich zu tun; und um bei diesem Geschäfte nicht beobachtet zu werden, trat er in den engen Zwischenraum zweier Hütten, die sich, sozusagen, den Rücken kehrten. Er bückt sich, um die Schelle abzunehmen, und indem er so den Kopf an die Strohwand der einen Hütte lehnt, trifft aus ihr eine Stimme sein Ohr ... Himmel! Ist es möglich? Seine ganze Seele ist in dem Ohr; der Atem versagt ihm ... Ja! ja! es ist jene Stimme! ... „Wovor Furcht?", sagt diese süße Stimme; „wir haben ganz andere Dinge überstanden als ein Gewitter. Der, der uns bis jetzt behütet hat, wird uns auch weiter behüten."

Daß Renzo keinen Schrei ausstieß, geschah nicht aus Furcht, entdeckt zu werden, sondern weil es ihm dazu an Atem gebrach. Die Knie wankten ihm, der Blick verdunkelte sich; aber das war nur im ersten Augenblicke: im zweiten steht er frischer und kräftiger als je auf einen Füßen, in drei Sätzen ist er um die Hütte herum und an der Tür, sieht die, die gesprochen hat, sieht sie außer Bett und über ein anderes Lager gebeugt. Auf den Lärm dreht sie sich um, blickt hin, glaubt irre zu sehen, zu träumen, blickt schärfer hin und ruft: „Ach, gebenedeiter Herrgott!"

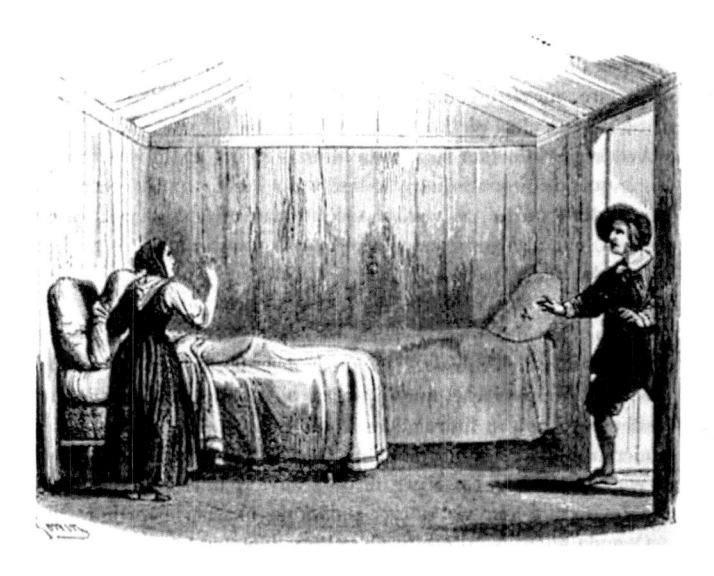

„Lucia! ich habe Euch gefunden! ich finde Euch! Ihr seid es wirklich! seid am Leben!", rief Renzo aus und trat zitternd näher.

„Ach, gebenedeiter Herrgott", wiederholte noch mehr zitternd Lucia; „Ihr? Was ist das? Wieso? Warum? Die Pest!"

„Ich habe sie schon gehabt. Und Ihr?"

„Ach!... ich auch. Und meine Mutter ... ?"

„Ich habe sie nicht gesehen, weil sie in Pasturo ist; aber ich glaube, es geht ihr gut. Aber Ihr ... wie bleich seid Ihr noch, wie schwach seht Ihr aus! Geheilt trotzdem, nicht wahr?"

„Der Herr hat mich noch hier unten lassen wollen. Ach, Renzo! warum seid Ihr hier?"

„Warum?", sagte Renzo, immer näher zu ihr tretend, „Ihr fragt mich, warum? Warum sollte ich denn wohl kommen. Muß ich Euch das erst sagen? An wen habe ich denn zu denken? Heiße ich nicht mehr Renzo? Seid Ihr nicht mehr Lucia?"

„Was sprecht Ihr? Was sprecht Ihr? Hat Euch meine Mutter nicht schreiben lassen? ..."

„O, ja, nur zuviel. Schöne Dinge, um sie einem unglücklichen, gequälten, landflüchtigen armen Jungen schreiben zu lassen, der Euch nie etwas Böses getan hat."

„Aber, Renzo! Renzo! Wenn Ihr also wußtet ... warum kommt Ihr? Warum?"

„Warum ich komme? Ach, Lucia! warum ich komme, fragt Ihr mich? Nach so viel Versprechungen! Sind wir denn nicht mehr wir? Erinnert Ihr Euch nicht mehr? Was hat denn noch gefehlt?"

„Ach, Herr", rief Lucia schmerzlich aus, indem sie die Hände faltete und den Blick zum Himmel hob, „warum hast du mir nicht die Gnade erwiesen, mich zu dir zu nehmen ... ! Ach, Renzo! Was habt Ihr getan? Schon habe ich zu hoffen begonnen, daß ich ... mit der Zeit ... vergessen würde ..."

„Eine schöne Hoffnung! Schöne Dinge, um sie mir ins Gesicht zu sagen!"

„Ach, was habt Ihr getan? Und an diesem Orte! Mitten in diesem Jammer! Hier, wo es nichts andres gibt, als sterben, habt Ihr ... !"

„Für die, die sterben, muß man Gott bitten, und man muß hoffen, daß sie an einen guten Ort kommen; aber unbillig wäre es, schon eben deswegen unbillig, daß die, die leben, in Verzweiflung leben sollten ..."

„Aber, Renzo! Renzo! Ihr bedenkt nicht, was Ihr sagt. Ein der Madonna gegebenes Versprechen! ... Ein Gelübde!"

„Und ich sage Euch, daß solche Versprechen nichts zählen."

„Ach, Herr! Was sagt Ihr da? Wo seid Ihr in dieser Zeit gewesen? Mit wem seid Ihr umgegangen? Wie sprecht Ihr?"

„Ich spreche als guter Christ, und von der Madonna denke ich besser als Ihr; denn ich meine, zum Nachteil des Nächsten will sie kein Versprechen. Wenn die Madonna gesprochen hätte, ja dann! Aber was ist's gewesen? Eine Einbildung von Euch. Wißt Ihr, was Ihr der Madonna versprechen solltet? Versprecht Ihr, daß wir die erste Tochter, die wir haben werden, Maria nennen werden; denn das will auch ich ihr versprechen: mit solchen Dingen wird die Madonna viel besser geehrt, und das sind fromme Werke, die mehr Sinn haben und niemandem Nachteil bringen."

„Nein, nein, sprecht nicht so; Ihr wißt nicht, was Ihr sprecht. Ihr wißt nicht, was es heißt, ein Gelübde ablegen; Ihr seid nicht in einer solchen Lage gewesen und habt es nicht erfahren. Geht, geht, um Himmels willen!"

Und sie wandte sich ungestüm von ihm ab, um zu dem Bette zurückzukehren.

„Lucia!", sagte Renzo, ohne sich zu rühren; „sagt mir wenistens, sagt mir, ob Ihr, wenn dieser Grund nicht wäre ... dieselbe für mich wäret."

„Herzloser Mensch!", antwortete Lucia, sich abkehrend und nur mit Mühe die Tränen verhaltend. „Wenn Ihr mich dazu brächtet, unnütze Worte zu sagen, Worte, die mir wehtäten, Worte, die vielleicht sündhaft wären, hättet Ihr daran eine Freude? Geht, o geht! Vergeßt mich; man sieht, daß wir nicht füreinander bestimmt waren. Dort oben werden wir uns wiedersehen; in dieser Welt lebt man ja nicht lang. Geht; trachtet meine Mutter wissen zu lassen, daß ich genesen bin, daß mir Gott auch hier beigestanden hat, daß ich eine gute Seele gefunden habe, die Mutterstelle an mir vertritt, sagt Ihr, daß ich hoffe, daß sie von dieser Krankheit verschont geblieben ist, und daß wir uns wiedersehen werden, wann Gott will und wie er will... Geht, um Himmels willen, und denkt nicht mehr an mich ... außer wenn Ihr zu dem Herrn betet."

Und wie jemand, der nichts mehr zu sagen hat und nichts mehr hören will, wie jemand, der sich einer Gefahr entziehen will, trat sie zurück und näher an das Bett, wo die Frau lag, von der sie gesprochen hatte.

„Hört, Lucia, hört!", sagte Renzo, ohne ihr jedoch nachzugehen.

„Nein, nein, seid barmherzig und geht!"

„Hört: der Pater Cristoforo ..."

„Was?"

„Ist hier."

„Hier? Wo? Wieso wißt Ihr das?"

„Ich habe eben erst mit ihm gesprochen und war eine Weile bei ihm; und ein Geistlicher, wie er, scheint mir ..."

„Er ist hier! Sicherlich, um den armen Pestkranken beizustehen. Aber er? Hat er die Pest schon gehabt?"

„Ach, Lucia, ich fürchte, ich fürchte nur zu sehr ..." Und während Renzo also zauderte, dieses für ihn so schmerzliche Wort auszusprechen, das es ebenso für Lucia sein mußte, war diese vom Bette weggetreten und näherte sich ihm. „Ich fürchte, er hat sie."

„Ach, der arme, heilige Mann! Aber was sage ich arm? Arm sind wir! Wie steht's um ihn? ist er zu Bette? Hat er Beistand?"

„Er ist auf den Beinen, geht herum, steht den andern bei; aber wenn Ihr ihn seht, was für eine Farbe er hat, wie er sich hält! Man hat so viele und so viele gesehen, nur allzu viele ... man täuscht sich nicht!"

„Ach, wir Armen! Und ist er richtig hier?"

„Hier und nicht weit weg; nicht viel weiter als von Euerm Hause zu dem meinigen ... wenn Ihr Euch erinnert ... !"

„Ach, heiligste Jungfrau!"

„Jawohl, nicht viel weiter. Und denkt nur, ob wir von Euch gesprochen haben! Er hat mir so viele Dinge gesagt... Und wenn Ihr wüßtet, was er mir gezeigt hat! Ihr sollt es hören; aber ich will mit dem beginnen, was er mir vorher gesagt hat, er selber, mit seinem eigenen Munde. Er hat mir gesagt, daß ich gut daran tue, Euch zu suchen, und daß es dem Herrn wohlgefällig ist, daß ein Jüngling so handelt, und er wird mir helfen, daß ich Euch finde: wie es denn richtig geschehen ist; er ist eben ein Heiliger. Also, seht Ihr."

„Aber, wenn er so gesprochen hat, so ist das, weil er nicht weiß ..."

„Was soll er denn von den Sachen wissen, die Ihr nach Euerm Kopfe allein gemacht habt, einseitig und unberaten? Ein rechtschaffener Mann, ein verständiger Mann, wie er ist, kommt gar nicht auf solche Sachen. Aber was er mir gezeigt hat!"

Und nun erzählte er ihr von dem Besuche in jener Hütte; und obwohl sich ihre Sinne und ihre Seele an diesem Aufenthalte an die stärksten Eindrücke hatten gewöhnen müssen, war sie doch ganz von Schrecken und Mitleid ergriffen.

„Und auch dort", fuhr Renzo fort, „hat er als Heiliger gesprochen; er hat gesagt, daß der Herr vielleicht bestimmt hat, diesem Armen – jetzt könnte ich ihm wirklich keinen andern Namen geben – noch die Gnade zu gewähren ... daß er hoffe, er werde ihm noch einen lichten Augenblick schenken; daß er aber wolle, daß wir miteinander für ihn beten ... Miteinander! habt Ihr verstanden?"

„Ja, ja, wir werden für ihn beten, jeder, wohin ihn der Herr führt; er wird unsere Gebete zu vereinigen wissen."

„Wenn ich Euch aber seine Worte sage ..."

„Aber, Renzo, er weiß nicht..."

„Aber begreift Ihr denn nicht, daß, wenn ein Heiliger spricht, der Herr aus ihm spricht? Und daß er nicht so gesprochen hätte, wenn es nicht richtig so sein sollte ... ? Und die Seele des Armen? Ich habe schon für sie gebetet und werde weiter für sie beten: recht von Herzen habe ich für sie gebetet, gerade als ob es für meinen Bruder gewesen wäre. Aber wie soll es denn in der andern Welt mit dem Armen stehen, wenn die Sache hier nicht beigelegt ist, wenn nicht das Böse wieder gut gemacht ist, das er getan hat? Wenn Ihr das einseht, so ist alles wie vorher: was gewesen ist, ist gewesen; er hat seine Buße hier unten getan ..."

„Nein, Renzo, nein. Der Herr will nicht, daß wir unrecht tun, damit er barmherzig würde. Überlaßt diese Sache ihm; unsere Pflicht ist, ihn zu bitten. Wäre ich heute Nacht gestorben, dann hätte ihm wohl Gott nicht verzeihen können? Und wenn ich nicht gestorben bin, wenn ich gerettet..."

„Und Eure Mutter, die arme Agnese, die mich immer so gern gehabt und die sich so sehr gesehnt hat, uns als Mann und Frau zu sehen, hat nicht auch sie gesagt, daß das ein verkehrter Einfall ist? Sie, die Euch schon zu mehreren Malen zur Einsicht gebracht hat, weil sie in gewissen Dingen billiger denkt als Ihr ..."

„Meine Mutter! Soll mir meine Mutter raten, ein Gelübde zu brechen? Renzo, Ihr seid nicht bei Euch."

„Oh, soll ich's Euch sagen? Ihr Frauen könnt diese Dinge nicht verstehen. Der Pater Cristoforo hat mir gesagt, ich soll zurückkommen und ihm erzählen, wie ich Euch gefunden habe. Ich gehe hin, und wir werden hören; was er sagen wird ..."

„Ja, ja, geht zu dem heiligen Manne; sagt ihm, daß ich für ihn bete, daß er für mich beten soll, daß ich dessen so sehr bedarf. Aber um Himmels willen, um Eurer Seele willen, um meiner Seele willen, kommt nicht wieder her, um mir wehzutun, um ... mich zu versuchen. Der Pater Cristoforo wird Euch die Sache zu erklären und Euch wieder zu Euch zu bringen wissen; er wird machen, daß sich Euer Herz zufrieden gibt."

„Mein Herz zufrieden? Ach, das schlagt Euch aus dem Kopf. Dieses garstige Wort habt Ihr mir auch schon schreiben lassen, und ich weiß, was ich darüber gelitten habe, und jetzt bringt Ihr es auch noch übers Herz, es mir zu sagen. Und dafür sage ich Euch klipp und klar, daß sich mein Herz nie zufrieden geben wird. Ihr wollt mich vergessen; ich aber will Euch nicht vergessen. Und ich kann Euch nur sagen: wenn Ihr mich um den Verstand bringt, so bleibe ich so. Zum Teufel mit dem Handwerk, zum Teufel mit dem ehrlichen Lebenswandel! Ihr wollt mich dazu verdammen, mein Lebelang toll zu sein; gut, ich will toll sein ... Und dieser Unselige! der Herr weiß, ob ich ihm von Herzen vergeben habe; Ihr aber ... Ihr wollt, daß ich mein Lebtag denken soll, daß, wenn nicht er gewesen wäre ... ? Lucia! Ihr habt gesagt, ich soll Euch vergessen; ich soll Euch vergessen! Wie soll ich das anstellen? An wen, glaubt Ihr, habe ich diese ganze Zeit gedacht?... Und nach so vielen Dingen! Nach so vielen Versprechungen! Was habe ich Euch denn getan, seitdem wir uns getrennt haben? Weil ich gelitten habe, behandelt Ihr mich so? Weil ich Mißgeschick gehabt habe? Weil mich die Welt verfolgt hat? Weil ich eine so lange Zeit fern von der Heimat, traurig, fern von Euch gelebt habe? Weil ich in dem ersten Augenblicke, wo es mir möglich war, gekommen bin, um Euch zu suchen?"

Als das Weinen Lucia zu Worte kommen ließ, rief sie, von neuem die Hände faltend und die tränenvollen Augen zum Himmel erhebend: „O heilige Jungfrau, hilf mir! Du weißt, daß ich seit jener Nacht keinen solchen Augenblick erlebt habe. Damals hast du mir geholfen; hilf mir auch jetzt!"

„Jawohl, Lucia, Ihr tut gut daran, die Madonna anzurufen; aber warum glaubt Ihr, daß sie, die so gut ist, die Mutter der Barmherzigkeit, eine Freude daran haben könnte, uns, mich wenigstens ... leiden zu lassen wegen eines Wortes, das Euch in einem Augenblicke entschlüpft ist, wo Ihr nicht wußtet, was Ihr sagtet? Glaubt Ihr, sie habe Euch damals geholfen, um uns nachher in Nöten zu lassen? ... Wenn das aber nur ein Vorwand ist, wenn ich Euch etwa verhaßt geworden bin ... so sagt es mir ... sprecht es klar aus."

„Barmherzigkeit, Renzo, Barmherzigkeit, macht ein Ende, um Eurer armen Toten willen; bringt mich nicht um ... Es wäre kein guter Tod. Geht zu Pater Cristoforo, empfehlt mich ihm, aber kommt nicht wieder her, kommt nicht wieder her."

„Ich gehe, aber denkt nicht, daß ich nicht wiederkomme. Ich käme, wenn ich am Ende der Welt wäre, ich käme." Und er verschwand.

Lucia setzte sich oder ließ sich eher zu Boden fallen; und den Kopf an das Bett gelehnt, fuhr sie fort, bitterlich zu weinen. Die Frau, die bisher Augen und Ohren weit offen gehabt hatte, ohne zu atmen, fragte sie, was es für eine Bewandtnis mit diesem Besuche, diesem Streite, diesem Weinen habe. Aber vielleicht fragt wieder der Leser, wer sie gewesen sei; und um ihm Genüge zu tun, wird es auch hier nicht allzu vieler Worte brauchen. Sie war eine wohlhabende Kaufmannsfrau und etwa dreißig Jahre alt. Binnen wenigen Tagen hatte sie zu Hause den Gatten und alle Kinder sterben sehen; und da die Pest bald darauf auch sie befallen hatte, war sie ins Lazarett geschafft und in diese Hütte gebracht worden, eben als sich Lucia, nachdem sie, ohne sich dessen zu versehen, das Schlimmste überstanden und, ebenso ohne sich dessen zu versehen, eine Leidensgefährtin nach der anderen verloren hatte, zu erholen begann und langsam wieder zu sich kam; denn seitdem sie die Krankheit, noch in dem Hause Don Ferrantes, befallen hatte, war sie immer bewußtlos geblieben. Die Hütte hatte nur für zwei Personen Raum; und unter diesen zwei betrübten, verlassenen, niedergeschlagenen, in einer solchen Menge einsamen Frauen war alsbald eine Vertraulichkeit, eine Zuneigung entstanden, wie sie sich aus einem langen Umgange kaum hätte einstellen können. In kurzer Zeit war Lucia imstande gewesen, der andern, die sich sehr schlimm befunden hatte, Beistand zu leisten. Jetzt, wo auch diese außer Gefahr war, waren sie sich gegenseitig Gesellschaft, Trost und Hut, und sie hatten einander versprochen, das Lazarett nur zusammen zu verlassen, ja sie hatten noch die Verabredung getroffen, sich auch nachher keineswegs zu trennen. Die Kaufmannsfrau, die Haus, Geschäft und Kasse, alles wohl versehen, unter der Hut ihres Bruders, der Kommissär des Gesundheitsamtes war, zurückgelassen hatte und die alleinige und traurige Herrin über mehr war, als sie zu einem gemächlichen Leben gebraucht hätte, wollte Lucia wie eine Tochter oder eine Schwester bei sich behalten. Mit was für einer Dankbarkeit für sie und für die Vorsehung Lucia eingewilligt hatte, kann man sich denken, allerdings nur für so lange, bis sie Nachrichten von ihrer Mutter haben und deren Willen, wie sie hoffte, erfahren werde. Im übrigen hatte sie ihr, zurückhaltend, wie sie war, weder von dem Verlöbnis, noch von ihren außerordentlichen Abenteuern je ein Wort erzählt. Jetzt aber, in einer solchen Aufwallung der Gefühle, war ihr Bedürfnis, sich auszusprechen, mindestens ebenso groß, wie das Verlangen der andern, etwas zu hören. Und nachdem sie ihr die Rechte mit beiden Händen gedrückt hatte, machte sie sich alsbald daran, ihren Fragen ohne einen andern Rückhalt Genüge zu tun, als den ihr das Schluchzen verursachte.

Unterdessen trabte Renzo dem Quartier des guten Mönches zu. Mit ein wenig Anstrengung und nicht, ohne manches Stückchen Weges zweimal machen zu müssen, gelang es ihm endlich, dort anzukommen. Er fand die Hütte, aber ihn fand er nicht darin; indem er aber in der Umgebung herum strich und suchte, sah er ihn endlich in einer Baracke, wo er niedergebeugt und schier liegend einem Sterbenden Trost zusprach. Er blieb stehen und wartete schweigend. Bald darauf sah er ihn diesem Armen die Augen schließen, dann knien, einen Augenblick beten und aufstehen. Nun ging er auf ihn zu.

„Ah", sagte der Mönch, als er ihn kommen sah; „also?"

„Sie ist da; ich habe sie gefunden."

„In was für einem Zustande?"

„Genesen oder wenigstens außer Bett."

„Der Herr sei gelobt!"

„Aber ...", sagte Renzo, als er so nahe bei ihm war, daß er leise mit ihm sprechen konnte; „es ist eine andere Verwicklung."

„Was denn?"

„Ich will sagen, daß ... Sie wissen, wie gut das arme Mädchen ist; aber manchmal ist sie ein bißchen eigensinnig. Nach so vielen Versprechungen, nach all dem, was auch Sie wissen, sagt sie jetzt, sie könne mich nicht heiraten, weil sie sich, sagt sie, weiß ich, was ihr damals den Kopf erhitzt hat, in dieser Nacht der Angst, was man so sagt, der Madonna geweiht hat. Ungereimte Dinge, nicht wahr? Dinge, die gut für den sind, bei dem die Einsicht und die Vorbedingungen da sind; aber für uns gewöhnliche Leute, die sich darauf nicht recht verstehen ... Nicht wahr, solche Dinge taugen nichts?"

„Sag mir, ist sie weit weg von hier?"

„O, nein; ein paar Schritte hinter der Kirche."

„Warte einen Augenblick auf mich", sagte der Mönch, „und dann wollen wir gemeinsam hingehen."

„Sie wollen ihr sagen, wollen ihr begreiflich machen ..."

„Ich weiß gar nichts, mein Sohn; ich muß sie erst hören."

„Ich verstehe", sagte Renzo und blieb mit zu Boden geschlagenen Augen und mit über die Brust verschränkten Armen stehen, eine nicht verringerte Unruhe verbeißend.

Der Mönch suchte wieder den Pater Vittore auf, bat ihn, ihn noch einmal zu vertreten, trat in seine Hütte, kam mit seinem Korbe am Arme heraus, kehrte zu Renzo zurück und sagte zu ihm: „Gehen wir"; und er ging voraus, eine Schritte zu der Hütte lenkend, die sie vor einer Weile zusammen betreten hatten. Diesmal trat er allein ein; und nach einem Augenblicke erschien er wieder und sagte: „Nichts. Beten wir; beten wir." Dann begann er wieder: „Nun führe mich du."

Und ohne noch etwas zu sprechen, machten sie sich auf den Weg. Der Himmel hatte sich inzwischen immer mehr verfinstert und kündigte jetzt das Unwetter als gewiß und nahe bevorstehend an. Blitz um Blitz durchbrach die gesteigerte Dunkelheit und beleuchtete mit jäher Helle die langgestreckten Dächer und die Bogen der Halle, die Kuppel der Kapelle, die niedrigen Giebel der Hütten; und das plötzliche Krachen des losbrechenden Donners verrollte von einer Himmelsgegend zur andern. Achtsam auf dem Weg ging der Jüngling voran, voller Ungeduld, hinzukommen, und dennoch den Schritt hemmend, um ihn den Kräften seines Gefährten anzupassen; und dieser ging, müde von den Beschwerden, von der Krankheit befangen, von der Schwüle bedrückt, nur mühsam dahin, indem er einmal übers andere das abgezehrte Gesicht zum Himmel hob, wie um sich einen freien Atemzug zu verschaffen. Als Renzo die Hütte sah, blieb er stehen, wandte sich um und sagte mit zitternder Stimme: „Hier ist sie."

Sie treten ein ...

„Da sind sie!", ruft die Frau auf dem Bette.

Lucia dreht sich um, springt auf, geht dem Greise entgegen und ruft aus: „O, was sehe ich? O, Vater Cristoforo"

„Nun also, Lucia! Aus was für Nöten hat Euch der Herr befreit! Ihr müßt wohl zufrieden sein, daß Ihr immer auf ihn vertraut habt."

„O ja. Aber Sie, Vater? Ach, ich Arme, wie verändert Sie sind! Wie geht es Ihnen? Sagen Sie, wie geht es Ihnen?"

„Wie Gott will und wie durch seine Gnade auch ich will", antwortete der Mönch mit heiterer Stimme. Und nachdem er sie in eine Ecke gezogen hatte, fügte er hinzu: „Hört: ich kann nur wenige Augenblicke hierbleiben. Seid Ihr gesinnt, mir zu vertrauen wie sonst?"

„O, sind Sie denn nicht immer mein Vater?"

„Also, meine Tochter, was ist das für ein Gelübde, wovon mir Renzo gesprochen hat?"

„Es ist ein Gelübde, das ich der Madonna abgelegt habe ... ach in einer großen Not!... ehelos zu bleiben."

„Armes Mädchen! Habt Ihr aber damals bedacht, daß Ihr durch ein anderes Versprechen gebunden waret?"

„Da es sich um den Herrn und die Madonna handelte ... so habe ich es nicht bedacht."

„Dem Herrn, meine Tochter, sind Opfer und Gaben angenehm, wenn sie von dem dargebracht werden, das unser ist. Das Herz will er und den Willen; aber den Willen eines andern, dem Ihr Euch verpflichtet hattet, hättet Ihr ihm nicht darbringen dürfen."

„Habe ich unrecht getan?"

„Nein, armes Kind, das denkt nicht; ich glaube sogar, die Absicht Eures bekümmerten Herzens wird der heiligen Jungfrau wohlgefällig gewesen sein, und sie wird sie dem Herrn an Eurer Statt dargebracht haben. Aber sagt mir: habt Ihr Euch über diese Sache noch nie mit jemandem beraten?"

„Ich dachte nicht, daß es ein Unrecht wäre, so daß ich es hätte beichten müssen; und das wenige Gute, das man tun kann, das weiß man, daß man es nicht zu erzählen braucht."

„Sonst habt Ihr keinen Beweggrund, das Versprechen, das Ihr Renzo gegeben habt, nicht zu halten?"

„Was das betrifft ... für mich ... was für einen Beweggrund? Ich könnte gerade nicht sagen...", antwortete Lucia mit einem Zögern, das etwas ganz anderes anzeigte als eine Unschlüssigkeit des Gedankens; und ihr noch von der Krankheit her entfärbtes Gesicht blühte auf einmal in der lebhaftesten Röte.

„Glaubt Ihr", begann der Greis wieder, „daß Gott seiner Kirche die Macht gegeben hat, die Schulden und Verpflichtungen, die die Menschen gegen ihn eingegangen sein können, zu erlassen und aufzuheben, je nachdem es zum größeren Heile gereicht?"

„Ja, das glaube ich."

„So wißt denn, daß wir, die wir an diesem Orte zur Seelsorge bestimmt sind, für alle, die sich an uns wenden, die weitestgehenden Befugnisse der Kirche haben und daß ich Euch demzufolge, wenn Ihr es heischt, jeder Verpflichtung, wie immer sie sei, entbinden darf, die Ihr durch dieses Gelübde eingegangen sein könnt."

„Aber ist es nicht eine Sünde, zurückzutreten und ein Versprechen, das man der Madonna gegeben hat, zu bereuen? Ich habe es richtig von Herzen gegeben

...", sagte Lucia, heftig erregt von dem Ansturm einer so unerwarteten, man muß doch sagen, Hoffnung und von einer sich dagegen auflehnenden Angst, die von all den Gedanken bestärkt wurde, die seit so langer Zeit ihre Seele hauptsächlich beschäftigt hatten.

„Eine Sünde, meine Tochter?", sagte der Mönch, „eine Sünde, sich an die Kirche zu wenden und von ihrem Diener zu heischen, daß er Gebrauch mache von der Gewalt, die er von ihr und sie von Gott erhalten hat? Ich habe gesehen, wie Ihr zusammengeführt worden seid; und wahrhaftig, wenn es mir je geschienen hat, daß zwei Menschen von Gott zusammengeführt worden sind, so waret ihr es, und jetzt sehe ich nicht, warum euch Gott sollte getrennt wissen wollen. Und ich benedeie ihn, daß er mir, unwürdig, wie ich bin, die Macht gegeben hat, in seinem Namen zu sprechen und Euch Euer Wort zurückzugeben. Und wenn Ihr von mir heischt, daß ich Euch Eures Gelübdes entbinden soll, so werde ich nicht zögern, es zu tun, ja ich wünsche es, daß Ihr es von mir heischet."

„Dann ... ! dann ... ! heische ich es", sagte Lucia mit einem nur noch vor Scham verwirrten Gesichte.

Durch einen Wink rief der Mönch den Jüngling herbei, der in der entferntesten Ecke stand und das Gespräch, das ihn so nahe anging, unverwandt beobachtete – denn etwas anderes konnte er nicht tun; und als er dort war, sagte der Mönch mit lauterer Stimme zu Lucia:

„Durch die Gewalt, die ich von der Kirche habe, entbinde ich Euch des Gelübdes der Jungfräulichkeit, indem ich alles aufhebe, was darin Unüberlegtes gewesen sein kann, und Euch von jeder Verpflichtung, die Ihr eingegangen sein könnt, befreie."

Der Leser denke, wie diese Worte dem Ohre Renzos klangen. Er dankte dem, der sie ausgesprochen hatte, lebhaft mit den Augen und suchte alsbald, aber vergebens, die Augen Lucias.

„Kehrt in Sicherheit und Frieden zurück zu den Gedanken von ehedem", fuhr der Kapuziner fort, „heischt von neuem von dem Herrn die Gnade, die Ihr von ihm heischtet, um eine fromme Gattin zu werden. Vertraut darauf, daß Er sie Euch nach so vielem Weh in reichlicherem Maße gewähren wird."

„Und du", sagte er, sich zu Renzo wendend, „erinnere dich, mein Sohn, daß dir die Kirche diese Gefährtin nicht zurückgibt, um dir einen zeitlichen und weltlichen Trost zu verschaffen, der, wenn er auch vollständig und nicht mit Mißvergnügen gemischt wäre, doch in dem Augenblick, wo ihr euch verlassen müßt, in einen großen Schmerz ausgehen würde, sondern um euch alle zwei auf den Weg jenes Trostes zu bringen, der kein Ende haben wird. Liebt euch wie Reisegefährten mit dem Gedanken, daß ihr euch werdet verlassen müssen, und mit der Hoffnung, euch für immer wiederzufinden. Dankt dem Himmel, daß er euch bis hierher nicht mitten durch stürmische und vergängliche Freuden, sondern mit Leiden und durch Elend geführt hat, um euch auf eine erlesene und ruhige Freude vorzubereiten. Gewährt euch Gott Kinder, so trachtet sie für ihn zu erziehen, ihnen die Liebe zu allen Menschen einzuflößen; und so werdet ihr sie in allem übrigen gut leiten. Lucia, hat er Euch gesagt"- und er deutete auf Renzo - „wen er hier gesehen hat?"

„Ach, Vater, er hat es mir gesagt."

„Ihr werdet für ihn beten. Werdet es nicht müde. Und auch für mich werdet ihr beten!... Kinder, ich will, daß ihr ein Andenken an den armen Mönch habet." Und damit nahm er aus dem Korbe eine Schachtel aus gemeinem Holze, aber mit einer gewissen, kapuzinerhaften Fertigkeit gedreht und geglättet, und fuhr fort: „Da drinnen ist der Rest jenes Brotes ... des ersten, das ich von der Mildtätigkeit verlangt habe, jenes Brotes, von dem ihr gehört haben werdet. Ich hinterlasse es euch; bewahrt es auf, zeigt es euern Kindern. Sie werden in eine traurige Welt kommen und in eine traurige Zeit, mitten unter die Hoffärtigen und Übermütigen; sagt ihnen, sie sollen immer verzeihen, immer! alles, alles! und auch sie sollen für den armen Mönch beten."

Er reichte die Schachtel Lucia, und die nahm sie mit Ehrfurcht entgegen, wie sie mit einer Reliquie getan hätte.

Dann begann er zu ihr mit ruhigerer Stimme: „Jetzt sagt mir: wen habt Ihr denn hier in Mailand? Wo werdet Ihr denn Unterkunft suchen, wenn Ihr von hier hinausgeht? Und wer wird Euch zu Eurer Mutter führen, die Gott bei Gesundheit erhalten haben möge?"

„Diese gute Dame vertritt einstweilen Mutterstelle an mir; wir zwei werden zusammen von hier weggehen, und dann wird sie für alles sorgen."

„Gott segne Sie", sagte der Mönch, indem er zu dem Bette trat.

„Ich danke Ihnen auch", sagte die Witwe, „für den Trost, den Sie diesen armen Geschöpfen gespendet haben, wenn ich auch darauf gerechnet habe, diese liebe Lucia immer bei mir behalten zu dürfen. Aber einstweilen behalte ich sie; ich werde sie in ihr Dorf begleiten und sie ihrer Mutter übergeben"; und leise fügte sie hinzu: „und will auch die Aussteuer übernehmen. Ich habe nur zu viel Vermögen, und von denen, die es mit mir hätten genießen sollen, ist mir niemand geblieben."

„Auf diese Weise", antwortete der Mönch, „können Sie dem Herrn ein großes Opfer darbringen und ihrem Nächsten Gutes tun. Ich empfehle Ihnen dieses Mädchen nicht weiter, da ich sehe, daß sie Ihnen schon wie eine Angehörige ist; nur der Herr ist zu preisen, der sich auch im Geißeln als Vater zu zeigen weiß und Ihnen beiden, indem er Sie einander finden ließ, ein so klares Zeichen der Liebe für die eine und die andere gegeben hat".

„Wohlan denn", sagte er dann, sich zu Renzo kehrend und ihn bei der Hand fassend: „Wir zwei haben hier nichts mehr zu tun und sind schon zu lange hier geblieben. Gehen wir."

„Ach, Vater", sagte Lucia, „werde ich Sie wiedersehen? Ich bin geheilt, ich, die ich nichts Gutes auf dieser Welt tue, und Sie ... !"

„Es ist schon lange her", antwortete mit ernstem und mildem Tone der Greis, „daß ich den Herrn um eine Gnade und um eine sehr große bitte: meine Tage in dem Dienste des Nächsten endigen zu dürfen. Wenn er sie mir jetzt gewähren wollte, so brauche ich, um ihm dafür zu danken, die Hilfe aller derer, die Erbarmen mit mir haben. Genug; gebt Renzo Eure Aufträge für Eure Mutter."

„Erzählt ihr, daß Ihr mich gesehen habt", sagte Lucia zu ihrem Bräutigam, „daß ich hier eine zweite Mutter gefunden habe, daß ich mit dieser so bald wie möglich kommen werde und daß ich hoffe, daß ich hoffe, sie gesund zu finden."

„Wenn Ihr Geld braucht", sagte Renzo, „ich habe alles bei mir, was Ihr mir geschickt habt..."

„Nein, nein", fiel die Witwe ein, „ich habe mehr als genug."

„Gehen wir", sagte wieder der Mönch.

„Auf Wiedersehn, Lucia ... Und auch Sie, gute Dame", sagte Renzo, der nicht die Worte fand, die ausgedrückt hätten, was er empfand.

„Wer weiß, ob uns der Herr die Gnade erzeigen wird", rief Lucia aus, „daß wir uns noch einmal alle wiedersehen werden!"

„Er sei immerdar mit Euch und segne Euch", sagte Fra Cristoforo zu den zwei Frauen; und er verließ mit Renzo die Hütte.

Der Abend war nicht mehr fern und das Unwetter konnte jeden Augenblick losbrechen. Der Kapuziner bot dem Jüngling an, ihn diese Nacht in seiner Baracke zu beherbergen.

„Gesellschaft kann ich dir freilich nicht leisten", sagte er, „aber du würdest doch unter Dach sein."

Renzo jedoch fühlte eine wahre Wut, zu wandern, und verzichtete gern darauf an einem solchen Orte zu weilen, wenn ihm nicht vergönnt war, Lucia zu sehen, und er nicht einmal mit dem guten Mönche hätte ein wenig zusammen sein dürfen. Was Zeit und Wetter betraf, so kann man sagen, daß ihm Tag und Nacht, Sonnenschein und Regen, Zephir und Nordsturm in diesem Augenblicke einerlei waren. Er dankte also dem Mönche und sagte, er wolle sich so rasch wie möglich auf den Weg machen, um Agnese aufzusuchen. Als sie in der Mittelstraße waren, drückte ihm der Mönch die Hand und sagte: „Wenn du sie triffst, was Gott wolle, die gute Agnese, so grüße sie auch von mir und sag ihr und allen andern, die sich noch des Paters Cristoforo erinnern, daß sie für ihn beten sollen. Gott geleite dich und segne dich immerdar." „Ach, liebster Vater ... ! Werden wir uns wiedersehen? Werden wir uns wiedersehen?"

„Dort oben, hoffe ich."

Und mit diesen Worten trennte er sich von Renzo, und der blieb stehen und sah ihm so lange nach, bis er ihn aus dem Gesichte verloren hatte; dann schritt er hastig aufs Tor zu, indem er zur Rechten und zur Linken die letzten Blicke des

Mitleids auf diesen Ort des Schmerzes warf. Es herrschte eine außerordentliche Bewegung: Monatti liefen hin und her, Sachen wurden weggetragen, die Vorhänge der Baracken wurden geschlossen, und die Genesenden schleppten sich in die Hütten und in die Hallen, um sich vor dem bevorstehenden Unwetter zu schützen.

37. KAPITEL.

KAUM hatte Renzo die Schwelle des Lazaretts hinter sich gelassen und seine Schritte nach rechts gelenkt, dies, um wieder auf den Fußsteig zu gelangen, auf dem er am Morgen unter den Mauern angekommen war, so brach es auch schon wie ein Hagel von einzelnen dicken Tropfen los, die, auf die weiße, ausgetrocknete Straße niederschlagend und wieder aufspringend, einen dünnen Staub aufrührten; binnen kurzem wurden sie dicht, und bevor er noch auf dem Fußsteig war, kam es wie mit Eimern herunter. Anstatt darüber unwirsch zu werden, plätscherte er hinein und genoß diese Erfrischung, dieses Rauschen, dieses Spiel der zitternden, tropfenden, wiederergrünenden und ergänzenden Gräser und Blätter; er atmete weiter und voller und fühlte in dieser Entspannung der Natur gleichsam freier und lebendiger die, die in seinem Geschick vor sich gegangen war. Aber um wieviel reiner und vollkommener wäre dieses Gefühl gewesen, wenn er hätte ahnen können, was sich wenige Tage darauf zeigen sollte: daß nämlich dieses Wasser die Seuche wegnahm, daß das Lazarett, wenn es auch nicht alle Lebenden, die es enthielt, den Lebenden zurückgeben konnte, so doch wenigstens keine andern mehr verschlingen sollte, daß binnen einer Woche Türen und Läden geöffnet, daß von der Pest nur noch hier und da kleine Rückstände geblieben sein würden, wie sie eine solche Geißel damals immer für einige Zeit zurückließ. Unser Wanderer schritt also munter aus, ohne sich Gedanken zu machen, wo und wie und wann und ob er ein Unterkommen für die Nacht finden werde, nur beflissen, vorwärts zu kommen, bald in einem Dorfe zu sein, jemanden zu finden, mit dem er sprechen, dem er erzählen könne, und vor allem rasch wieder aufzubrechen und nach Pasturo zu gehen, um Agnese aufzusuchen. Er schritt dahin, den Sinn noch ganz verwirrt von den Ereignissen des Tages; aber unter dem Elend, den Schrecken, den Gefahren kam immer ein süßer Gedanke obenauf: ich habe sie gefunden, sie ist genesen, sie ist mein! Und dann tat er einen Satz, daß er um sich spritzte wie ein Pudel, der aus dem Wasser kommt; manchmal begnügte er sich auch, sich ein wenig die Hände zu reiben, und weiter ging's, ungestümer als vorher. Die Straße überblickend, las er sozusagen die Gedanken auf, die er am Morgen und Tags zuvor bei seinem Kommen dagelassen hatte, und mit größerer Lust just die, die er sich damals mehr abzuschütteln getrachtet hatte, die Zweifel, die Schwierigkeiten, sie am Leben zu finden unter so vielen Toten und Sterbenden. Und ich habe sie am Leben gefunden! schloß er. Dann versetzte er sich im Geiste wieder in die schrecklichsten Umstände des Tages: er stellte sich vor, wie er mit dem Türklopfer in der Hand dort stand: Wird sie da sein, oder wird sie nicht da sein? und die so unerfreuliche Antwort! dann nicht einmal die Zeit zu haben, sie zu verbeißen, sondern sofort die Wut dieses dummen Gesindels auf dem Leibe, und dann dieses Lazarett, dieses Meer! Dort sollte ich sie finden! Und sie gefunden zu haben! Er kehrte zu jenem Augenblicke zurück, wo das Vorbeiziehen der Prozession ein Ende hatte: was für ein Augenblick! Was für ein Herzweh, sie nicht unter ihnen zu finden! Und jetzt bekümmerte ihn das gar nicht mehr. Und dieses Frauenquartier! Und hinter jener Hütte, als er es am wenigsten erwartete, jene Stimme, richtig jene Stimme! Und sie zu sehen, außer Bett zu sehen! Aber was denn? Noch immer blieb ja dieser Knoten mit dem Gelübde, und fester geknüpft als je. Auch der gelöst. Und dieser Haß auf Don Rodrigo, dieses fortwährende Nagen, das all das Weh noch bitterer machte und jeden Trost vergiftete, jetzt auch verschwunden. So würde man sich denn keine lebhaftere Zufriedenheit vorstellen können, wenn nicht die Ungewißheit über Agnese, die traurige Ahnung, was dem Pater Cristoforo bevorstand, und das Bewußtsein, sich mitten in einer Pest zu befinden, gewesen wären. Gegen abend kam er in Sesto an, und noch sah es nicht danach aus, daß der Regen hätte aufhören wollen. Da er sich aber besser zu Fuß fühlte als je, dachte er gar nicht erst darüber nach, wie schwierig es sein würde, eine Unterkunft zu finden, und wie durchnäßt er war. Das einzige Unangenehme war der große Hunger; denn eine solche Erlösung hätte ihn auch etwas anderes als das bißchen Suppe des Kapuziners verdauen lassen. Er gab acht, ob er nicht auch hier einen Bäckerladen finde, und sah wirklich einen; mit den Zangen und den anderen Umständlichkeiten bekam er zwei Wecken. Einen in die Tasche und den anderen in den Mund, und weiter ging's. Als er durch Monza kam, war es völlig Nacht; nichtsdestoweniger fand er zu dem Tor hinaus, das auf die richtige Straße führte. Obschon damit aber, um die Wahrheit zu sagen, viel gewonnen war, so kann man sich doch vorstellen, wie diese Straße beschaffen war und wie sie von einem Augenblick zum andern wurde. Eingesenkt – wie sie alle waren: und das müssen wir schon anderswo gesagt haben – zwischen zwei Wänden schier wie ein Flußbett, hätte man sie um diese Stunde, wenn schon nicht einen Fluß, aber doch wenigstens ein Rinnsal nennen können, und bei jedem Schritte Löcher, so daß es etwas heißen wollte, auch nur die Füße herauszubekommen, von den Schuhen zu geschweigen. Renzo jedoch half sich fort, so gut er konnte, ohne Ungeduld, ohne garstige Reden, ohne Reue, indem er bedachte, daß ihn jeder Schritt, wie mühselig er ihm auch sei, doch vorwärts bringe, und daß der Regen aufhören werde, wann es Gott gefalle, und daß zu seiner Zeit auch der Tag anbrechen werde, und daß dann der

Weg, den er unterdessen zurücklege, zurückgelegt sein werde. Und sagen will ich noch, daß er an diese Dinge gar nicht dachte, außer wenn er nicht umhin konnte. Das waren Zerstreuungen; sein Geist war ganz bei der Arbeit, die Geschichte dieser letzten traurigen Jahre durchzugehen: so viele Hindernisse, so viele Widrigkeiten, so viele Augenblicke, wo er daran war, auch die Hoffnung zu verlieren und allem seinen Lauf zu lassen; und diesen Bildern dann wieder die nun ganz anders aussehende Zukunft gegenüberzustellen: die Ankunft Lucias und die Hochzeit und das Einrichten des Haushalts und das Erzählen der Erlebnisse und das ganze Leben. Wie er es machte, wenn sich der Weg teilte, ob es das bißchen Ortskenntnis zusammen mit dem schwachen Dämmerlichte war, was ihn immer den richtigen einschlagen ließ, oder ob er ihn zufällig erriet, wüßte ich nicht zu sagen; denn er selber, der seine Geschichte recht haarklein, ja sogar eher langweilig als anderswie zu erzählen pflegte – und das führt zu der Annahme, daß sie unser Anonymus mehr als einmal von ihm gehört habe – er selber sagte, daß er sich dieser Nacht nicht anders erinnere, als ob er sie im Bette verträumt hätte. Tatsache ist, daß er, als sie zu Ende ging, am Addaufer war. Noch immer regnete es; aber mit der Zeit war aus dem Wolkenbruch ein Regen und dann ein feines, stilles, gleichmäßiges Sprühen geworden; die hohen und schütteren Wolken spannten sich zu einem ununterbrochenen, aber leichten und durchsichtigen Schleier, und das Zwielicht ließ Renzo die Gegend sehen. Sein Dorf war darin; und was er bei diesem Anblick empfand, ließe sich nicht schildern. Ich kann euch nichts anderes sagen, als daß ihm diese Berge, der Resegone in der Nähe und das ganze Gebiet von Lecco gleichsam zu eigen geworden waren. Er warf einen Blick auch auf sich selber, und er kam sich ein bißchen seltsam vor, wie er denn auch, nach dem, was er an sich bemerkte, überzeugt war, auch anderen seltsam erscheinen zu müssen: ein ganzer Anzug verdorben und am Körper haftend, vom Kopf bis zu den Hüften alles eine Nässe, eine Traufe und von den Hüften bis zu den Füßen Schlamm und Dreck, so daß die Stellen, wo keiner war, wie Schmutzflecken aussahen. Und hätte er sich ganz und gar in einem Spiegel gesehen, mit der schlaff herunterhängenden Hutkrempe und den im Gesicht klebenden Haaren, so wäre er sich noch absonderlicher vorgekommen. Müdigkeit, die mochte er wohl haben, aber er wußte nichts davon, und die Frische des Morgens, die sich zu der der Nacht und des bißchen Bades gesellte, erregte ihm nur einen ungestümeren Wunsch, rascher auszuschreiten.

Er ist in Pescate, geht dann ein Stückchen der Adda entlang, nicht ohne freilich einen schwermütigen Blick auf Pescarenico zu werfen, geht über die Brücke und ist auf Wegen und über Felder in einem Augenblick bei seinem Freund und Wirt angelangt. Der, der eben aufgestanden war und unter der Tür nach dem Wetter aussah, betrachtete neugierig diese so durchweichte, so beschmutzte und, sagen wir es nur, so garstige Gestalt, die dabei doch so munter und frei daherkam; sein Lebtag hatte er keinen schlimmer zugerichteten und vergnügteren Menschen gesehen.

„Oho!", sagte er, „schon da? und bei diesem Wetter? Wie ist's gegangen?"

„Sie ist noch da", sagte Renzo, „sie ist noch da."

„Gesund?"

„Genesen, und das ist besser. Ich muß Gott und der Madonna danken, solange ich lebe. Aber große Dinge, Wunderdinge; ich werde dir dann alles erzählen."

„Aber wie siehst du aus?"

„Hübsch, was?"

„Um die Wahrheit zu sagen, könntest du das Obere dazu verwenden, das Untere zu waschen. Aber warte, warte; ich werde dir ein gutes Feuer machen."

Er sagte nicht Nein. „Weißt du, wo es mich erwischt hat? Just beim Lazarettor. Macht nichts! Das Wetter hat sein Geschäft und ich das meine."

Der Freund ging und kam mit zwei Armen voll Reisig wieder; einen legte er auf den Boden, einen auf den Herd und machte bald mit ein wenig vom Abend verbliebener Glut ein hübsches Feuer an.

Unterdessen hatte Renzo den Hut abgenommen und ihn nach zwei- oder dreimaligem Schwenken zur Erde geworfen und sich, nicht ganz so leicht, auch das Wams ausgezogen. Dann nahm er das Messer aus der Hosentasche mit der ganz nassen Scheide, die im Wasser gelegen zu haben schien, legte es auf einen Stuhl und sagte: „Auch das ist gehörig zugerichtet; aber es ist nur Wasser! Nur Wasser! Gelobt sei der Herr ... Bei einem Haar wäre ich ... Ich erzähle dir's dann." Und er rieb sich die Hände. „Jetzt tu mir noch den Gefallen", setzte er hinzu, „und hol mir das Bündel, das ich oben in der Kammer gelassen habe; denn bis das Zeug trocknet, das ich am Leibe habe ...!"

Mit dem Bündel zurückgekehrt, sagte der Freund: „Ich denke, hungrig wirst du auch sein; zu trinken wird dir ja unterwegs nicht gemangelt haben, aber zu essen ..."

„Gestern Abend habe ich mir noch zwei Wecken gekauft; aber um die Wahrheit zu sagen, die Zähne schmerzen mich nicht davon."

„Laß nur", sagte der Freund; er goß Wasser in einen Kessel und hängte ihn an die Kette. Dann fuhr er fort: „Jetzt gehe ich melken; wenn ich mit der Milch komme, wird das Wasser kochen, und dann kochen wir uns eine gute Polenta. Unterdessen mach dir's bequem."

Allein geblieben, zog Renzo nicht ohne Mühe seine übrigen Kleider aus, die ihm wie angeklebt waren, trocknete sich ab und kleidete sich vom Kopf bis zu den Füßen neu an. Der Freund kam zurück und ging zu seinem Kessel; Renzo setzte sich einstweilen erwartungsvoll nieder.

„Jetzt fühle ich, daß ich müde bin", sagte er; „es war aber auch ein tüchtiger Marsch! Aber das tut nichts. Für den ganzen Tag habe ich dir zu erzählen. Wie es in Mailand aussieht! Was man da sehen muß! Was man da anfassen muß!

Sachen, daß einem vor einem selber graust. Ich muß sagen, weniger hätte es gar nicht getan, als diese kleine Durchwachung, die ich mitgemacht habe. Und wie die Herren da unten mit mir haben umgehen wollen! Du wirst es hören. Aber wenn du das Lazarett sähest! Man könnte sich in dem Elend verlieren. Genug: ich werde dir alles erzählen. Und sie ist noch da, und sie wird herkommen, und sie wird mein Weib; und du mußt den Zeugen machen, und, Pest hin, Pest her, ein paar Stunden wenigstens wollen wir vergnügt sein." Im übrigen hielt er, was er dem Freunde versprochen hatte, nämlich den ganzen Tag zu erzählen, dies um so mehr als der, da es immerfort regnete, zu Hause blieb, teils neben ihm sitzend, teils an einer Kufe oder an einem Fäßchen oder mit anderen Vorarbeiten für die Weinlese beschäftigt, wobei Renzo nicht aufs Helfen verzichtete; denn er war einer von denen, die, wie man zu sagen pflegt, beim Nichtstun müder werden als bei der Arbeit. Immerhin konnte er sich nicht enthalten, einen Sprung zu Agneses Haus zu machen, um ein gewisses Fenster zu sehen und sich auch dort ein wenig die Hände zu reiben. Er kam zurück, ohne von jemandem gesehen worden zu sein, und ging alsbald zu Bett.

Noch vor Tag stand er auf; und da er sah, daß sich das Wetter aufgeheitert hatte, brach er nach Pasturo auf. Es war noch zeitlich früh, als er dort ankam; denn er hatte nicht minder Eile, zu einem Ende zu kommen, als der Leser haben mag. Er fragte nach Agnese, hörte, daß es ihr gut ging, und ihm wurde ein einzeln stehendes Häuschen gezeigt, wo sie wohnte. Er ging hin und rief sie von der Straße aus an; auf die Stimme lief sie zum Fenster, und während sie noch mit offenem Munde dastand, um, was weiß ich, was für ein Wort herauszubringen, kam ihr schon Renzo zuvor, indem er sagte: „Lucia ist genesen, ich habe sie vorgestern gesehen; sie läßt Euch grüßen und wird bald dasein. Und dann habe ich Euch noch eine Menge Sachen zu sagen."

Vor Staunen über den Besuch und vor Freude über die Nachricht und vor Verlangen, mehr zu erfahren, fing Agnese bald einen Ausruf an, bald eine Frage, ohne etwas zu Ende zu bringen; schließlich sagte sie, die Vorsichtsmaßregeln vergessend, die sie seit langem zu treffen gewohnt war: „Ich komme Euch aufmachen."

„Wartet", sagte Renzo; „was ist's mit der Pest? Ihr habt sie, glaube ich, noch nicht gehabt."

„Ich nicht; und Ihr?"

„Ich ja; aber darum müßt Ihr Vernunft haben. Ich komme von Mailand, und Ihr werdet hören, daß ich bis an die Augen in der Ansteckung gewesen bin. Zwar habe ich mich vom Kopfe bis zu den Füßen umgezogen; aber dieser Unflat haftet einem an wie ein Zauber. Und da Euch der Herr bis jetzt bewahrt hat, solltet Ihr Euch in acht nehmen, bis die Seuche vorüber ist; denn Ihr seid unsere Mutter, und wir wollen noch eine hübsche Weile lustig miteinander leben zur Entschädigung für die großen Leiden, die wir ausgestanden haben, ich wenigstens."

„Aber ..." begann Agnese.

„Eh", unterbrach die Renzo; „da gibt's kein Aber, das Stich hielte. Ich weiß, was Ihr sagen wollt; aber Ihr werdet hören, daß es kein Aber mehr gibt. Gehen wir irgendwohin im Freien, wo man gemächlich und gefahrlos miteinander reden kann, und Ihr sollt alles hören."

Agnese nannte ihm den Garten hinterm Hause und fuhr fort: „Geht hin, und Ihr werdet zwei Bänke sehen, einander gegenüber, so daß sie just dazu hingestellt scheinen. Ich komme auch gleich."

Renzo ging hin und setzte sich auf die eine; einen Augenblick später saß Agnese auf der andern, und ich bin sicher, daß der Leser, wenn er, so unterrichtet von all dem Vorhergegangenen, wie er ist, als dritter hätte dabei sein und mit eigenen Augen diese lebhafte Unterhaltung sehen und mit seinen Ohren diese Erzählungen, diese Fragen, diese Erklärungen, diese Beileidsbezeigungen, diese Glückwünsche, das von Don Rodrigo und das von Pater Cristoforo und alles übrige und dieses Ausmalen der Zukunft, so klar und so deutlich wie der Vergangenheit, anhören können, dann bin ich sicher, sage ich, er hätte seine Freude daran gehabt und wäre als letzter weggegangen. Aber diese ganze Unterhaltung mit stummen, aus Tinte gemachten Worten auf dem Papier zu haben, ohne darin eine einzige Neuigkeit zu finden, daran, meine ich, wird ihm nicht viel liegen, und er wird sie lieber selber erraten. Der Schluß war, daß sie alle in dieses Dorf im Bergamaskischen, wo Renzo schon so gut eingeführt war, ziehen wollten, um dort einen Hausstand zu gründen; wegen des Wann konnte nichts bestimmt werden, weil das von der Pest und von andern Umständen abhing: wenn die Pest vorüber sein werde, wollte Agnese heimkehren und Lucia erwarten, oder Lucia sollte sie erwarten; unterdessen wollte Renzo öfter nach Pasturo kommen, um seine Mutter zu besuchen und sie über alles, was geschehen konnte, auf dem Laufenden zu erhalten.

Bevor er ging, bot er ihr noch Geld an und sagte: „Ich habe sie alle hier, seht Ihr, die gewissen Skudi; auch ich habe ein Gelübde getan, sie nämlich nicht anzurühren, bis die Sache im reinen ist. Wenn Ihr sie aber jetzt braucht, so bringt eine Schüssel mit Wasser und Essig; ich werfe sie Euch alle fünfzig schön und blank hinein."

„Nein, nein", sagte Agnese; „ich habe ihrer noch mehr, als ich brauche; hebt die Eurigen auf: zur Einrichtung des Haushalts werden sie uns zustatten kommen."

Um den Trost reicher, eine ihm so teure Person frisch und gesund gefunden zu haben, kehrte Renzo in sein Dorf zurück. Den Rest dieses Tages und die Nacht verbrachte er bei seinem Freunde; am nächsten Tage machte er sich von neuem auf, aber nach einer anderen Richtung, in die Heimat seiner Wahl. Er fand auch Bortolo bei Gesundheit oder bei geringerer Furcht, die Gesundheit zu verlieren; denn in den paar Tagen hatten auch dort die Dinge eine gute Wendung genommen. Krank wurden nur noch wenige, und die Krankheit war nicht mehr dieselbe: nicht mehr diese tödlichen Flecken, nicht mehr diese heftigen Formen der Erscheinungen, sondern leichte Fieber, die zumeist nicht anhielten, und höchstens hie und da eine kleine, farblose Beule, die wie ein gewöhnliches Blutgeschwür ausheilte. Schon das Aussehen des Dorfes erschien verwandelt: die

Überlebenden begannen hervorzukommen und einander zu erzählen und sich gegenseitig Beileid und Glückwünsche auszusprechen. Schon sprach man davon, daß die Arbeit wieder aufgenommen werden sollte: die Herren dachten schon daran, Arbeiter zu suchen und zu dingen, und dies hauptsächlich in den Gewerben, wo deren Zahl schon vor der Seuche gering gewesen war, wie in der Seidenspinnerei. Ohne sich lange bitten zu lassen, sagte Renzo – mit Vorbehalt freilich der erforderlichen Zustimmungen – dem Vetter zu, wieder in die Arbeit zu treten, wenn er mit den Seinigen kommen werde, um sich seßhaft zu machen. Unterdessen beschäftigte er sich mit den notwendigsten Vorbereitungen: er mietete ein größeres Haus, was recht leicht und wohlfeil geworden war, und versah es mit Möbeln und Geräte, indem er diesmal den Schatz angriff, ohne freilich ein großes Loch hineinzumachen; denn alles war billig, weil das Angebot größer war als die Nachfrage.

Nach, ich weiß nicht, wieviel Tagen, kehrte er in seine wirkliche Heimat zurück, und dort fand er alles noch merklicher zum Guten verändert. Er trabte alsbald nach Pasturo und traf Agnese völlig getrost und jeden Augenblick zur Heimkehr bereit, so daß er sie sofort selber hinbrachte: von ihren Gefühlen und von ihren Worten, als sie miteinander diesen Ort wiedersahen, wollen wir nichts sagen. Agnese fand alles so, wie sie es verlassen hatte. So konnte sie denn nicht umhin, zu sagen, daß, da es sich um eine arme Witwe und um ein armes Mädchen gehandelt habe, diesmal die Engel Wacht gehalten hätten. „Das andere Mal", setzte sie hinzu, „wo man geglaubt hätte, der Herr habe anderswohin geblickt und nicht an uns gedacht, weil er uns unsere armselige Habe wegtragen ließ, siehe, da hat er das gerade Gegenteil bewiesen, indem er mir von einer anderen Seite her das schöne Geld geschickt hat, womit ich alles wieder instand setzen konnte. Ich sage: alles, und das ist nicht richtig; denn die schöne und neue Ausstattung Lucias, die sie samt dem andern weggeschleppt haben, fehlte damals noch; jetzt aber, sieh, kommt sie uns von einer anderen Seite. Wer hätte mir doch, als ich mich abrackerte, diese erste zurecht zu machen, gesagt: Du glaubst für Lucia zu arbeiten; armes Weib! du arbeitest für Leute, die du nicht kennst; weiß der Himmel, was für eine Gattung von Geschöpfen diese Wäsche, diese Kleider tragen wird: die Lucias, die Ausstattung, die sie richtig benutzen soll, an die wird eine gute Seele denken, von der du jetzt nicht einmal weißt, daß sie auf der Welt ist." Agneses erste Sorge war, in ihrem armseligen Häuschen für diese gute Seele eine möglichst anständige Wohnung vorzubereiten; dann holte sie sich Seide zum Haspeln und vertrieb sich die Zeit mit der Arbeit. Auch Renzo verbrachte diese für ihn sowieso schon so langen Tage keineswegs in Muße; zum Glück verstand er zweierlei Handwerk, und jetzt legte er sich auf das des Landmanns. Teils half er seinem Wirte, für den es ein großer Glücksfall war, daß ihm in einer solchen Zeit häufig ein Arbeiter, und ein Arbeiter von solcher Geschicklichkeit, zu Gebote stand, teils bebaute, oder rodete er vielmehr, das

Gärtchen Agneses, das in ihrer Abwesenheit völlig verwahrlost war. Um sein eigenes Gütchen kümmerte er sich nicht im mindesten, und er sagte, das sei eine allzu zerzauste Perücke, und um wieder Ordnung zu machen, würde es mehr als zwei Arme brauchen. Er setzte nicht einmal einen Fuß hin, gerade so auch in sein Haus nicht; denn es hätte ihm wehgetan, diese Verwüstung zu sehen, und er hatte den Entschluß gefaßt, das Ganze um jeden Preis loszuschlagen und den Erlös in seiner neuen Heimat anzulegen. Wenn die Überlebenden einander wie erweckte Tote waren, so war das Renzo für die seines Dorfes sozusagen doppelt: jeder begrüßte und beglückwünschte ihn, jeder wollte von ihm seine Geschichte hören.

Vielleicht wird man sagen: Aber wie stand es denn mit dem Verhaftbefehl? Damit stand es vortrefflich: Renzo dachte nicht mehr daran und nahm an, daß die, die ihn hätten vollstrecken können, selber nicht mehr daran dächten; und er täuschte sich nicht. Und das kam nicht nur von der Pest, die so viele Dinge beseitigt hatte, sondern es war, wie man auch an verschiedenen Stellen dieser Geschichte hat sehen können, in dieser Zeit etwas Gewöhnliches, daß allgemeine und ebenso besondere, gegen die Personen erlassene Verordnungen, außer es sorgte etwa die Gehässigkeit eines einzelnen Mächtigen dafür, daß sie lebendig und aufrecht blieben, oft ihre Wirkung verloren, wenn sie diese nicht schon im ersten Augenblicke erzielt hatten, sowie Büchsenkugeln, wenn sie nicht treffen, auf der Erde liegen bleiben, wo sie niemandem Schaden tun. Eine notwendige Folge der großen Leichtigkeit, mit der man solche Verordnungen nach allen Windrichtungen erließ. Die Tätigkeit des Menschen ist begrenzt, und um das, was im Befehlen zu viel geschah, mußte in der Vollstreckung zu wenig geschehen. Was dort vertan wird, wird hier erspart. Sollte noch jemand wissen wollen, wie sich Renzo in dieser Zeit der Erwartung mit Don Abbondio vertrug, so sage ich, daß sie einander nicht in die Nähe gingen: Don Abbondio nicht, aus Furcht, etwas von der Trauung zu hören zu bekommen, und bei dem bloßen Gedanken daran sah er auf der einen Seite Don Rodrigo mit seinen Bravi vor sich, auf der anderen den Kardinal mit seinen Beweisgründen; Renzo nicht, weil er sich vorgenommen hatte, mit ihm nicht früher davon zu reden, als wenn sie vollzogen werden sollte, um nicht Gefahr zu laufen, daß er sich vor der Zeit auflehne, wer weiß was für Schwierigkeiten anstifte und die Sache mit unnützem Geschwätz verwirre. Sein eigenes Geschwätz besorgte er mit Agnese.

„Glaubt Ihr, daß sie bald kommen wird?", fragte einer von den beiden.

„Ich hoffe", antwortete der andere.

Und oft richtete, wer etwa geantwortet hatte, bald darauf dieselbe Frage an den anderen. Und mit diesen und ähnlichen Schlichen trachteten sie sich die Zeit zu vertreiben, die ihnen um so länger vorkam, je mehr davon vergangen war. Unserem Leser aber soll sie in einem Augenblicke vorübergehen, indem wir kurzerhand sagen, daß einige Tage nach Renzos Besuch Lucia mit der Witwe das

Lazarett verließ, daß sie die verordnete allgemeine Quarantäne in dem Hause der Witwe hielten, daß ein Teil der Zeit daraufging, um die Ausstattung Lucias herzustellen, woran diese, nachdem sie ein wenig Umstände gemacht hatte, auch selber mitarbeiten mußte, daß die Witwe, als die Quarantäne zu Ende war, Geschäft und Haus ihrem Bruder, dem Kommissär, übergab und daß sie die Vorbereitungen für die Reise trafen. Wir könnten auch sofort hinzufügen: sie reisten ab, kamen an, und was sonst noch folgte; aber bei allem guten Willen, der Eile des Lesers zu entsprechen, können wir doch die Dinge, die in diese Zeit gehören, nicht mit Stillschweigen übergehen, und von zweien wenigstens glauben wir, daß der Leser selber sagen wird, wir würden unrecht getan haben.

Erstens also: Als Lucia darauf zurückkam, der Witwe ihre Abenteuer eingehender und ordentlicher, als sie es in der Aufregung des ersten Vertrauens gekonnt hatte, zu erzählen, und dabei der Signora, die ihr die Aufnahme in dem Kloster von Monza erwirkt hatte, ausdrücklicher Erwähnung tat, erfuhr sie von der Witwe Dinge, die, indem sie ihr den Schlüssel zu vielen Rätseln gaben, ihre Seele mit einem schmerzlichen und furchtsamen Staunen erfüllten; sie erfuhr, daß man die Unselige, die abscheulicher Vergehen verdächtig geworden war, auf Befehl des Kardinals in ein Kloster in Mailand gebracht hatte, daß sie nach vielem Toben und Sträuben in sich gegangen war und sich angeklagt hatte und daß ihr derzeitiges Leben eine freiwillige Buße der Art war, daß eine härtere, ohne ihr dieses Leben zu nehmen, niemand hätte ersinnen können. Wenn jemand diese traurige Geschichte in ihren Einzelheiten kennen lernen wollte, so findet er sie bei Ripamonti.

Das andere ist, daß Lucia auf ihre Frage nach dem Pater Cristoforo, die sie an alle Kapuziner richtete, die sie nur im Lazarett ersehen konnte, mit mehr Schmerz als Verwunderung vernahm, daß er an der Pest gestorben war. Endlich hätte sie vor ihrer Abreise gern auch etwas von ihren alten Herrenleuten erfahren und, wie sie sagte, eine Schuldigkeit erfüllt, wenn noch jemand am Leben sei. Die Witwe begleitete sie hin, und sie hörten, daß er und sie den Weg der Meisten gegangen waren. Von Donna Prassede ist, wenn man sagt, daß sie gestorben war, alles gesagt; über Don Ferrante aber hat sich der Anonymus in Anbetracht, daß er ein Gelehrter war, ein bißchen mehr verbreiten zu sollen geglaubt, und so wollen wir, auf unsere Gefahr hin, ungefähr nachschreiben, was er über ihn Geschriebenes hinterlassen hat. Er sagt also, daß bei dem ersten Gerede von der Pest Don Ferrante einer von denen war, die sie am hitzigsten leugneten, und daß er diese Meinung bis zuletzt beharrlich vertrat, nicht etwa mit Geschrei wie das Volk, sondern mit Vernunftschlüssen, denen man wenigstens den Zusammenhang nicht wird absprechen können. *„In rerum natura"*, sagte er, „gibt es nur zwei Gattungen von Dingen: die Substanz und das Accidens; und wenn ich beweise, daß die Ansteckung weder das eine, noch das andere ist, so habe ich bewiesen, daß sie nicht ist, daß sie ein Hirngespinst ist. Und das ist so. Die Substanzen sind entweder geistig oder körperlich. Daß die Ansteckung eine geistige Substanz sei, ist so ungereimt, daß es niemand würde behaupten wollen; davon braucht man nicht zu sprechen. Die körperlichen Substanzen sind entweder einfach oder zusammengesetzt. Eine einfache Substanz ist die Ansteckung nicht, und das läßt sich in ein paar Worten darlegen. Sie ist keine luftige Substanz, denn wäre sie das, so würde sie, statt von einem Körper auf den anderen überzugehen, sofort in ihre Sphäre entfliegen. Sie ist keine flüssige; denn da würde sie nässen und würde von den Winden aufgetrocknet werden. Sie ist auch keine feurige; denn da würde sie brennen. Auch eine irdene ist sie nicht; denn da würde sie sichtbar sein. Eine zusammengesetzte Substanz ist sie auch nicht; denn da müßte sie auf jeden Fall durch das Auge oder durch den Tastsinn wahrnehmbar sein. Und wer hat sie gesehen? Wer hat sie betastet? Es bleibt noch zu untersuchen, ob sie ein Accidens sein kann. Noch viel schlimmer. Diese Herren Doktoren sagen uns, daß sie sich von einem Körper dem andern mitteilt; denn das ist ihr Schlager, das ist der Vorwand, so viele sinnlose Verordnungen zu erlassen. Gesetzt also, sie sei ein Accidens, so würde sie sich als ein übertragenes Accidens darstellen: zwei Worte, die einander ausschließen, da es in der Philosophie nichts Klareres und Selbstverständlicheres gibt, als daß ein Accidens nicht von einer Substanz auf die andere übergehen kann. Wenn sie sich dann, um die Scylla zu vermeiden, herbeilassen zu sagen, sie sei ein erzeugtes Accidens, so fallen sie in die Charybdis; denn wenn sie erzeugt wird, so teilt sie sich nicht mit, so verbreitet sie sich nicht, wie sie daherplappern. Sind diese Grundsätze festgestellt, was soll denn dieses Gerede von Flecken, Ausschlägen, Karbunkeln ...?

„Lauter Possen", entfuhr es einmal dem und den.

„Nein, nein", fing Don Ferrante wieder an, „das sage ich nicht: Wissenschaft ist Wissenschaft; man muß sie nur zu brauchen verstehen. Flecken, Ausschläge, Karbunkeln, Mumps, violette Beulen, schwärzliche Geschwüre sind allesamt achtbare Wörter, die ihre schöne und gute Bedeutung haben; aber ich sage, daß sie mit dieser Frage nichts zu tun haben. Wer leugnet denn, daß es solche Dinge geben kann, ja daß es sie gibt? Alles hängt davon ab, woher sie kommen."

Hier begann das Leiden auch für Don Ferrante. Solange er nichts tat, als sich gegen die Meinung von der Ansteckung aufzulehnen, fand er überall aufmerksame und willige Ohren; denn es läßt sich nicht beschreiben, wie groß die Autorität eines Berufsgelehrten ist, wenn er den Leuten Dinge beweisen will, von denen sie schon überzeugt sind. Als er aber auf Unterscheidungen einging und dartun wollte, daß der Irrtum jener Ärzte nicht in ihrer Behauptung bestehe, es sei ein schreckliches und allgemeines Übel, sondern in ihrer Angabe der Ursachen, dann – ich spreche von der ersten Zeit, wo man von einer Pest nichts wissen wollte – dann fand er statt der geneigten Ohren aufrührerische, nicht zu zügelnde Zungen, dann war es mit dem weitläufigen Predigen vorbei und er konnte seine Gelehrsamkeit nur noch stück- und brockenweise anbringen.

„Die wahre Ursache ist nur zu sehr da", sagte er, „und sie anzuerkennen sind auch die gezwungen, die diese windige vertreten ... Sie sollen sie nur leugnen, wenn sie können, diese verhängnisvolle Konjunktion des Saturns mit dem Jupiter. Und wann wäre es erhört worden, daß sich die Einflüsse verbreiteten ...? Und wollen mir die Herrschaften vielleicht die Einflüsse leugnen? Leugnen, daß es Gestirne gibt? Oder wollen sie sagen, daß sie zu nichts dort oben stehen wie Stecknadeln in einem Nähkissen?... Was mir aber nicht eingehen kann, das ist das Verhalten dieser Herren Ärzte: zuzugestehen, daß wir uns unter einer so tückischen Konjunktion befinden, und dann zu kommen und mit unbefangener Stirn zu sagen: Rührt das nicht an, rührt jenes nicht an, und ihr könnt sicher sein. Als ob dieses Vermeiden einer materiellen Berührung irdischer Körper die virtuelle Wirkung der Himmelskörper behindern könnte! Und diese Geschäftigkeit, Lumpen zu verbrennen! Armes Volk! Werdet ihr den Jupiter verbrennen? Den Saturn verbrennen?"

His fretus, das heißt, auf diese schönen Gründe hin traf er keinerlei Vorsichtsmaßregeln gegen die Pest: er bekam sie und ging zu Bett, um zu sterben wie ein Held Metastasios, mit den Sternen hadernd.

Und eine prächtige Bibliothek? Sie steht vielleicht noch immer dort an den Wänden.

---

38. KAPITEL.

EINES Abends hörte Agnese ein Fuhrwerk an ihrer Tür halten. Sie ist's, sicherlich! Sie war es wirklich, mit der guten Witwe. Die gegenseitigen Begrüßungen mag sich der Leser vorstellen. Am nächsten Morgen kommt Renzo daher, der nichts weiß und nur bei Agnese seinem Herzen ein bißchen Luft machen will wegen des langen Verziehens Lucias. Wie er sich gebärdete, und was er sagte, als er sie vor sich sah, werde gleicherweise der Vorstellungsgabe des Lesers überlassen. Das Verhalten Lucias hingegen war derart, daß es nicht viel braucht, es zu erzählen.

„Grüß Euch Gott, wie geht's Euch?", sagte sie mit niedergeschlagenen Augen und ohne verwirrt zu werden.

Und glaubt nicht, daß Renzo dieses Gehaben zu kalt gefunden und es ihr übel genommen hätte. Er sah die Sache von der richtigen Seite an; und wie man unter Leuten von Erziehung von den Höflichkeiten den Überschuß abzuziehen weiß, so begriff er sehr wohl, daß diese Worte nicht alles ausdrückten, was in Lucias

Herzen vorging. Im übrigen war leicht zu bemerken, daß sie zwei Arten zu sprechen hatte: eine für Renzo, und die andere für alle sonstigen Bekannten.

„Wenn ich Euch sehe, geht's mir gut", antwortete der Jüngling mit einer alten Redensart, die er aber in diesem Augenblicke erfunden hätte.

„Unser armer Vater Cristoforo …!", sagte Lucia; „betet für seine Seele, obwohl wir sicher sein dürfen, daß er zu dieser Stunde dort oben für uns betet."

„Ich habe es nur zu gewiß erwartet", sagte Renzo.

Und das war nicht die einzige traurige Saite, die in diesem Gespräch angeschlagen wurde. Aber was tat's? Wovon immer gesprochen wurde, für ihn war jedes Gespräch köstlich. Wie so ein ungebärdiges Pferd, das plötzlich stutzt und einen Fuß hinbäumt und dann den andern und sie auf der Stelle zurückbäumt und tausend Faxen macht, bevor es einen Schritt tut, und dann auf einmal davonbraust, als ob es der Wind trüge, so war für ihn die Zeit geworden: zuerst schienen ihm die Minuten Stunden; dann schienen ihm die Stunden Minuten. Die Witwe störte nicht nur die Gesellschaft nicht, sondern paßte sich ihr auch völlig an; Renzo hätte sie sich wahrhaftig, als er sie auf dem elenden Bette sah, nicht mit einer so geselligen und fröhlichen Laune vorstellen können. Aber Lazarett und Land, Tod und Hochzeit ist nicht alles eines. Mit Agnese hatte sie schon Freundschaft geschlossen; ein Vergnügen aber war es, sie mit Lucia zärtlich und zugleich schalkhaft zu sehen und wie sie sie neckte, kaum so viel stichelnd, wie es brauchte, um sie zu verhalten, all die Heiterkeit, die in ihrem Herzen war, zu zeigen. Endlich sagte Renzo, er gehe zu Don Abbondio, um mit ihm die Verabredungen wegen der Trauung zu treffen. Er ging hin und sagte zu ihm in halb scherzhaftem und halb ehrerbietigem Tone: „Herr Pfarrer, ist das Kopfweh schon vergangen, weswegen Sie uns, wie Sie sagten, nicht trauen konnten? Jetzt ist die Zeit da, und die Braut ist hier; und ich bin gekommen, um zu hören, wann es Ihnen gelegen ist, aber diesmal, muß ich bitten, rasch zu machen."

Don Abbondio sagte nicht Nein; aber er begann zu zaudern, andere Vorwände anzuführen und andere Ansinnen zu stellen; und warum sich unter die Leute bringen und seinen Namen ausschreien lassen, mit diesem Steckbrief auf dem Halle? Und die Sache könnte ebenso gut anderswo vor sich gehen, und dies und jenes.

„Ich begreife", sagte Renzo; „ein bißchen Kopfweh haben Sie immer noch. Aber hören Sie, hören Sie." Und er begann ihm zu schildern, in was für einem Zustande er den armen Don Rodrigo gesehen hatte und daß er nunmehr schon verschieden sein müsse. „Hoffen wir", schloß er, „daß der Herr Erbarmen mit ihm geübt hat."

„Das hat damit gar nichts zu tun", sagte Don Abbondio; „habe ich Euch vielleicht Nein gesagt? Ich sage nicht Nein; ich spreche … ich spreche aus guten Gründen. Im übrigen, seht Ihr, solange einer noch atmet … Schaut mich an: ich bin alt und kränklich, und war auch schon mehr drüben als herüben; ich bin doch noch da, und ... wenn kein Ungemach über mich kommt... genug... darf ich hoffen, noch ein Weilchen dazubleiben. Und andere Leute sind noch viel widerstandsfähiger ... Aber, wie ich Euch sagte, das hat damit nichts zu tun."

Einwürfe und Antworten gab es noch mehr, ohne daß sie zu einem Ziele geführt hätten, und so zwang sich Renzo einen hübschen Kratzfuß ab und kehrte zu seiner Gesellschaft zurück; er erstattete einen Bericht und sagte schließlich:

„Ich bin gegangen, denn ich hatte genug und wollte nicht Gefahr laufen, die Geduld zu verlieren und die Rücksichten zu vergessen. Manchmal schien er ganz derselbe wie das letztemal: ganz dasselbe Gesichterschneiden, dieselben Ausdrücke; hätte es noch ein bißchen länger gedauert, so bin ich sicher, er wäre mir mit lateinischen Wörtern gekommen. Ich sehe schon, es soll sich wieder in die Länge ziehen, und es ist besser, es doch so zu machen, wie er sagt, und dort zu heiraten, wo wir bleiben wollen."

„Wißt Ihr, was wir tun?", sagte die Witwe; „wir Frauen gehen hin und machen den Versuch, ob es uns nicht besser glückt. So werde ich auch das Vergnügen haben, diesen Mann kennenzulernen, ob er so ist, wie Ihr sagt. Aber wir wollen erst nach dem Essen hingehen, damit er noch ein wenig Ruhe hat. Jetzt, Herr Bräutigam, führt uns zwei, solange Agnese beschäftigt ist, ein bißchen herum; ich will Lucia bemuttern. Ich habe richtig Lust, diese Berge, diesen See, wovon ich so viel habe reden hören, ein wenig besser zu sehen; das wenige, was ich davon gesehen habe, scheint mir sehr schön zu sein." Renzo führte sie vor allem zu seinem Wirte, und dort gab es neue Freudenbezeugungen; und sie ließen sich von ihm versprechen, daß er nicht nur an diesem Tage, sondern alltäglich zu ihnen essen kommen werde.

Nach dem Essen und dem Spaziergange ging Renzo weg, ohne zu sagen, wohin. Die Frauen saßen noch eine Weile, um zu plaudern und sich zu verabreden, wie sie Don Abbondio anfassen wollten, und setzten sich endlich zum Sturme in Bewegung.

Da sind sie, sagte er bei sich, setzte aber eine unbefangene Miene auf: Glückwünsche für Lucia, Begrüßungen für Agnese und Höflichkeiten für die Fremde. Er ließ sie niedersitzen und begann sofort ein Gespräch über die Pest: er ließ sich von Lucia erzählen, wie sie diese Leiden überstanden habe, das Lazarett bot die Gelegenheit, auch die Frau, die dort ihre Gesellin gewesen war, zu Worte kommen zu lassen, und dann begann er, wie nur billig, auch von seiner Gefahr, und hierauf konnte er sich des Staunens nicht genug tun, daß Agnese glatt durchgekommen war. Die Sache zog sich in die Länge. Seit dem ersten Augenblick standen die zwei älteren auf der Lauer, wann eine Gelegenheit komme, die Unterhaltung auf das Wesentliche zu lenken, und schließlich brach die eine, welche weiß ich nicht, das Eis. Aber was wollt ihr? Auf diesem Ohr war Don Abbondio taub. Nicht, daß er Nein gesagt hätte; aber wieder dieses Winden und Drehen und Faseln.

„Man müßte", sagte er, „diesen abscheulichen Steckbrief zurückziehen lassen. Sie, Signora, die Sie aus Mailand sind, werden die Fäden der Dinge mehr oder weniger kennen, werden gute Verbindungen haben, einen oder den andern Adeligen, der sich der Sache annimmt; denn so gibt's Abhilfe für alles. Wenn man weiter den kürzesten Weg einschlagen wollte, statt sich auf lange Geschichten einzulassen, so meine ich, wo doch die jungen Leute und unsere Agnese hier die Absicht haben auszuwandern – und ich wüßte dazu nichts sonst zu sagen als: die Heimat ist, wo es einem gut geht – so meine ich, daß sich alles dort abmachen ließe, wo der Steckbrief nichts gilt. Ich kann wahrhaftig kaum die Stunde erwarten, wo diese Ehe geschlossen sein wird, aber ich möchte, daß sie ordentlich und friedlich geschlossen wird. Um die Wahrheit zu sagen, hier, solange der Steckbrief noch in Kraft ist, am Altar den Namen Lorenzo Tramaglino vernehmlich herauszusagen, das könnte ich nicht ruhigen Herzens; ich will ihm wirklich wohl und hätte Angst, ihm einen schlimmen Dienst zu erweisen. sehen Sie; seht Ihr."

Nun unternahm es bald Agnese, bald die Witwe, diese Gründe zu bekämpfen; aber Don Abbondio führte sie stets wieder in neuer Gestalt ins Feld, und es ging immer wieder von neuem los, bis auf einmal Renzo eintrat, festen Schrittes und mit einer Neuigkeit im Gesicht, und sagte: „Der Herr Marchese * ist angekommen."

„Was soll das heißen?", fragte Don Abbondio, sich erhebend; „wo ist er angekommen?"

„In einer Burg, die früher Don Rodrigo gehört hat; er ist der Fideikommißerbe, wie sie sagen, so daß kein Zweifel mehr ist. Ich für meinen Teil wäre glücklich, wenn ich erfahren könnte, daß der arme Mann gut gestorben ist. Bis jetzt habe ich auf alle Fälle Vaterunser für ihn gebetet; jetzt will ich das De profundis für ihn sprechen. Und dieser Herr Marchese ist ein wackerer Mann."

„Gewiß", sagte Don Abbondio, „ich habe ihn schon mehr als einmal als einen wirklich wackeren Mann, als einen Mann vom guten alten Schlag nennen hören. Aber sollte es denn richtig wahr sein ...?"

„Glauben Sie dem Meßner?"

„Warum?"

„Weil er ihn mit eigenen Augen gesehen hat. Ich bin nur dort in die Gegend gekommen und bin, um die Wahrheit zu sagen, just deswegen hingegangen, weil ich mir gedacht habe, dort müsse man doch etwas wissen. Und mehr als einer hat mir dasselbe gesagt. Dann bin ich Ambrogio begegnet, der eben herunterkam und ihn, wie ich sage, als Herrn dort gesehen hat. Wollen Sie Ambrogio hören? Ich habe ihn deswegen draußen warten lassen."

„Hören wir ihn", sagte Don Abbondio, und Renzo ging den Meßner rufen.

Dieser bestätigte die Sache in allem durchaus, fügte andere Umstände hinzu, löste alle Zweifel und ging.

„Ah! Er ist also tot! Ist wirklich dahin!", rief Don Abbondio aus. „Seht, Kinder, ob nicht die Vorsehung am Ende auch solche Leute erreicht. Wißt ihr, das ist eine große Sache! eine große Erleichterung für diese arme Gegend! Denn mit ihm ließ sich nicht leben. Eine große Geißel ist diese Pest gewesen, aber sie ist auch ein Besen gewesen: sie hat Leute weggeräumt, Kinder, die wir sonst nicht losgeworden wären, jung, frisch, blühend, so daß man sagen mußte, daß der, der bestimmt sei, ihm das Leichenbegängnis zu halten, noch auf der Schulbank sitze und sein Latein koche. Und im Umsehen sind sie verschwunden, Hunderte auf einmal. Jetzt werden wir ihn nicht mehr herumziehen sehen mit diesen Raufbolden hinter sich, mit dieser Aufgeblasenheit, mit dieser Hoffart, mit diesem Stock im Leibe, mit diesem verächtlichen Blick, als ob alle nur durch seine Gnade auf der Welt wären. Indessen ist er nicht mehr da, und wir sind es. Er wird ehrlichen Menschen keine solchen Botschaften mehr schicken. Er hat uns allen viele Widerwärtigkeiten gemacht, seht ihr; jetzt kann ich es ja sagen."

„Ich habe ihm von Herzen verziehen", sagte Renzo.

„Wie es deine Pflicht war", antwortete Don Abbondio; „aber man darf auch dem Himmel danken, daß er uns von ihm befreit hat. Um aber wieder auf uns zu kommen, so wiederhole ich: tut, was ihr meint. Wollt ihr, daß ich euch traue, so bin ich bereit; findet ihr es anderswo bequemer, so macht es so! Wegen des Steckbriefs sehe auch ich, daß er, wo jetzt niemand mehr da ist, der es auf Euch scharf hätte und Euch Böses tun wollte, nichts ist, worüber man sich viel Gedanken machen müßte, um so mehr, als auch der Gnadenerlaß wegen der Geburt des durchlauchtigsten Infanten herausgekommen ist. Und dann die Pest! Die hat vieles ausgelöscht! Wenn ihr also wollt... heute ist Donnerstag ... so biete ich euch Sonntag in der Kirche auf; denn das andere Aufgebot zählt nach so langer Zeit nichts mehr, und dann ist es mir eine Freude, euch zu trauen."

„Deswegen sind wir ja hergekommen."

„Sehr wohl, und ich werde euch dienen; und ich will es sofort Seiner Eminenz mitteilen."

„Wer ist Seine Eminenz?"

„Seine Eminenz", antwortete Don Abbondio, „ist unser Erzbischof und Kardinal, den Gott erhalte."

„O, was das betrifft, da entschuldigen Sie", versetzte Agnese, „wenn ich Ihnen, obwohl ich eine arme, unwissende Frau bin, doch versichere, daß man nicht so sagt; denn als wir das zweitemal mit ihm sprechen sollten, da nahm mich einer von den Geistlichen dort beiseite und belehrte mich, wie man sich mit diesem Herrn zu benehmen habe und daß man zu ihm Erlauchte Herrlichkeit und Gnädiger Herr zu sagen hat."

„Und wenn er Euch jetzt belehren sollte, so würde er Euch sagen, daß ihm die Eminenz gebührt; habt Ihr verstanden? Denn der Papst, Gott erhalte ihn ebenso, hat seit dem Juni vorgeschrieben, daß den Kardinälen dieser Titel gegeben werde. Und wißt Ihr, warum er zu diesem Entschlusse gekommen ist? Weil das Erlaucht, das ihnen und gewissen Fürsten vorbehalten war, jetzt, Ihr seht es ja selber, wie vielen gegeben wird, und wie gern sie es hinunterschlucken! Und was hätte der Papst tun sollen? Es allen nehmen? Klagen, Beschwerden, Mißvergnügen und Unglück, und zum Überflusse wäre es wieder von vorn angegangen. Da hat nun der Papst ein vortreffliches Auskunftsmittel gefunden. Mit der Zeit wird man auch die Bischöfe Eminenz zu nennen anfangen, dann werden es die Äbte haben wollen, dann die Pröbste; denn die Menschen sind einmal so: immer wollen sie höher, immer höher; dann die Domherren ..."

„Dann die Pfarrer", sagte die Witwe.

„Nein, nein", erwiderte Don Abbondio, „die Pfarrer müssen den Karren ziehen; habt keine Angst, daß sie die Pfarrer verwöhnen: die bleiben Hochwürden bis zum Ende der Welt. Viel eher werden, da würde ich mich gar nicht wundern, die Adeligen, die jetzt gewohnt sind, mit Erlauchter Herr angesprochen und wie die Kardinäle behandelt zu werden, eines schönen Tags auch die Eminenz beanspruchen. Und beanspruchen sie sie, seht Ihr, so finden sich schon Leute, die sie ihnen geben. Und dann wird der Papst, der dann sein wird, für die Kardinäle etwas anderes erfinden müssen. Wohlan, kommen wir auf unseren Fall zurück: Sonntag werde ich Euch aufbieten; und unterdessen, wißt ihr, woran ich gedacht habe, um euch recht zufriedenzustellen? Unterdessen verlangen wir Dispens von den anderen zwei Verkündigungen. Dort unten in der Kurie werden sie schön viel zu tun haben, Dispens auszuteilen, wenn es überall so geht wie hier. Für Sonntag habe ich schon ... eins... zwei... drei, und da seid ihr noch nicht mitgerechnet; und es kommen wohl noch welche dazu. Und ihr werdet sehen, wie sich das mit der

Zeit verbessern wird; nicht einer wird ledig bleiben. Perpetua hat wahrhaftig eine Dummheit gemacht, jetzt zu sterben; denn das wäre der Augenblick, wo auch sie noch einen Käufer gefunden hätte. Und in Mailand, Signora, wird es, denke ich, ebenso sein."

„Just ebenso! Stellen Sie sich vor, daß in einer Pfarre allein am Sonntag fünfzig Personen verkündigt worden sind."

„Ich sage es ja: die Welt will nicht aussterben. Und Sie, Signora, werden Sie nicht auch schon von den Fliegen umschwärmt?"

„Nein, nein, ich denke nicht daran, will auch nicht daran denken."

„Ja, ja, Sie werden die einzige sein wollen. Auch Agnese, sehen Sie, auch Agnese ..."

„Uh, sind Sie gut aufgelegt!"

„Freilich bin ich gut aufgelegt, und ich meine, daß es endlich an der Zeit ist. Wir haben garstige Dinge durchgemacht, nicht wahr, meine jungen Leute? Garstige Dinge haben wir durchgemacht; die paar Tage, die wir noch auf dieser Welt haben, werden hoffentlich ein bißchen besser sein. Ihr seid ja glücklich daran, die ihr, wenn kein Unglück über euch kommt, noch eine gute Weile vor euch habt, wo ihr von dem vergangenen Weh sprechen könnt; ich aber, ich bin an meinem letzten Viertelstündchen ... Die Schurken können sterben, von der Pest kann man genesen; aber gegen das Alter ist kein Kräutlein gewachsen; und wie es heißt, *senectus ipsa est morbus.*"

„Jetzt", sagte Renzo, „mögen Sie Latein reden, soviel Sie wollen; mir macht es nichts."

„Du hast es noch immer mit dem Latein; warte nur, ich will dich schon kriegen. Wenn du dann mit der da vor mir stehen wirst, um ein paar Wörtlein auf Lateinisch zu hören, werde ich dir sagen: Lateinisch willst du nicht; geh in Frieden. Wird dir das behagen?"

„Ei, ich weiß schon, was ich sage", erwiderte Renzo; „dieses Latein macht mir keine Furcht: das ist ein lauteres, hochheiliges Latein, wie das in der Messe, und Sie müssen ja lesen, was in dem Buche steht. Ich meine aber dieses schurkische Latein außerhalb der Kirche, das einen im besten Gespräche tückisch heimsucht. Übersetzen Sie mir doch zum Beispiel einmal, wo wir jetzt hier sind, wo alles in Ordnung ist, dieses Latein, das Sie eben in diesem Zimmer, eben in diesem Winkel hervorgeholt haben, um mir weiszumachen, daß Sie nicht könnten und es brauche noch etwas anderes und was weiß ich."

„Still, Hans Narr, still, rühre diese Dinge nicht auf; denn wenn wir miteinander abrechnen wollten, weiß ich nicht, wer etwas gut hätte. Ich habe alles vergeben, sprechen wir nicht mehr davon; ihr habt mir aber schöne Streiche gespielt. Von dir wundert's mich ja nicht, weil du ein arger Spitzbube bist, aber von diesem stillen Wasser, dieser kleinen Heiligen, an der einem ein Argwohn als Sünde vorgekommen wäre. Ich weiß es aber ganz gut, wer sie abgerichtet gehabt hat, ich weiß es, ich weiß es."

Und dies sagend, deutete er mit dem Finger, mit dem er früher auf Lucia gewiesen hatte, auf Agnese, und die Gutmütigkeit und Schelmerei, womit er diese Vorwürfe machte, ließen sich nicht beschreiben. Jene Nachricht hatte ihm eine Unbefangenheit, eine Gesprächigkeit gebracht, wie man sie seit langem an ihm nicht gewohnt war, und wir wären noch recht weit vom Ende, wenn wir den ganzen Rest dieser Unterhaltung vermelden sollten, die er in die Länge zog, indem er die Gesellschaft mehr als einmal vom Aufbruche zurückhielt und mit ihr schließlich noch unter der Straßentür stehen blieb, nicht ohne viel drolliges Zeug zu schwatzen.

Am nächsten Tage erhielt er einen ebenso unerwarteten wie angenehmen Besuch, des Herrn Marchese nämlich, von dem die Rede gewesen war, eines Mannes zwischen dem Mannes- und dem Greisenalter, dessen Aussehen gleichsam eine Bestätigung für das war, was der Ruf von ihm sagte: offen, höflich, sanft, bescheiden, würdevoll, mit einem gewissen Zuge ergebungsvoller Betrübnis.

„Ich bringe Ihnen", sagte er, „die Grüße des Kardinals."

„O welche Ehre von Ihnen beiden!"

„Als ich von diesem unvergeßlichen Manne, der mich mit seiner Freundschaft beehrt, Abschied nahm, hat er mir von zwei jungen Leuten aus dieser Pfarre gesprochen, die miteinander verlobt gewesen sind und von diesem armen Don Rodrigo zu leiden gehabt haben. Der gnädige Herr wünscht Nachrichten von ihnen. Leben sie noch? Und sind ihre Angelegenheiten wieder in Ordnung?"

„Alles in Ordnung. Ich hatte mir schon vorgenommen, ihretwegen Seiner Eminenz zu schreiben, aber jetzt, wo ich die Ehre habe ..."

„Sind sie hier?"

„Ja, und sie werden, sobald es nur möglich ist, Mann und Frau sein."

„Und ich bitte Sie, mir sagen zu wollen, ob ich etwas für sie tun kann, und mir auch die ziemlichste Art und Weise anzugeben. Bei diesem Ungemach habe ich meine einzigen zwei Kinder und ihre Mutter verloren und drei beträchtliche Erbschaften gemacht. Vermögen hatte ich früher schon mehr als genug, und so sehen Sie, daß Sie mir, wenn Sie mir eine Gelegenheit, es anzuwenden, und besonders eine solche geben, wahrhaftig einen Dienst leisten."

„Der Himmel segne Sie. Warum sind nicht alle ... so wie Sie? Genug; ich danke Ihnen von Herzen für diese meine Kinder. Und da mir Euer erlauchte Herrlichkeit so viel Mut machen, jawohl, Herr, so möchte ich Ihnen einen Weg andeuten, der Ihnen vielleicht nicht mißfallen wird. Wissen Sie denn, daß die guten Leute entschlossen sind, sich anderswo niederzulassen und das bißchen Besitz, das sie hier haben, zu verkaufen: der junge Mann einen Weinberg von neun oder zehn Ruten, aber völlig verwahrlost – man darf nur den Grund rechnen, sonst nichts –

dann noch ein Häuschen, und eines die Braut, zwei Rattennester, sehen Sie. Ein Herr wie Euer Herrlichkeit kann nicht wissen, wie es den Armen geht, wenn sie das ihrige losschlagen wollen. Am Ende fällt es immer irgendeinem Schurken in den Rachen, der vielleicht schon eine Weile auf die paar Klafter spitzt und sich dann, wenn er weiß, daß der andere verkaufen muß, zurückzieht und den Schwerhörigen spielt; dann muß man ihm nachlaufen und ihm alles für einen Pappenstiel geben, und besonders unter Umständen wie diese. Der Herr Marchese wird schon gesehen haben, wo ich hinaus will. Die köstlichste Wohltat, die Euer Herrlichkeit diesen Leuten machen können, ist, daß Sie sie dieser Unannehmlichkeiten entledigen und ihnen das bißchen Besitz abkaufen. Um die Wahrheit zu sagen, ist dieser Rat nicht ganz uneigennützig, weil ich auf diese Weise in meine Pfarre einen Besitzer bekomme wie den Herrn Marchese; aber Euer Herrlichkeit werden entscheiden, wie es Sie am besten dünkt, und ich habe aus Gehorsam gesprochen."

Der Marchese gab dem Rat vielen Beifall, dankte Don Abbondio und bat ihn, den Preis zu bestimmen und ihn recht hoch anzusetzen; und dann machte er ihn starr vor Verwunderung, indem er ihm vorschlug, mit ihm auf der Stelle zu der Braut zu gehen, wo wahrscheinlich auch der Bräutigam sein werde.

Auf dem Wege dachte Don Abbondio, durchaus jubilierend, wie man sich vorstellen kann, noch über etwas anderes nach und sagte: „Da einmal Euer Herrlichkeit geneigt sind, diesen Leuten Gutes zu tun, so gäbe es ihnen noch einen andern Dienst zu leisten. Der junge Mann hat einen Verhaftbefehl auf dem Halse für einen leichtsinnigen Streich, den er, zwei Jahre sind es her, am Tage des Aufruhrs in Mailand verübt hat, wo er ohne jede Bosheit als unerfahrener Mensch hineingeraten ist wie eine Maus in die Falle: nichts Ernsthaftes, sehen Sie, nur Kindereien, Unbesonnenheiten; wirklich Schlechtes zu tun, dessen ist er nicht fähig: ich kann das sagen, da ich ihn getauft habe und ihn habe aufwachsen sehen, und wenn sich weiter Euer Herrlichkeit die Unterhaltung machen wollen, diese armen Leute daherschwatzen zu hören, so können Sie sich die Sache von ihm erzählen lassen und werden es erfahren. Da es sich um alte Geschichten handelt, so legt ihm jetzt niemand etwas in den Weg, und, wie ich Ihnen gesagt habe, gedenkt er außer Landes zu gehen; mit der Zeit aber, ob er nun zurückkommt, oder ob etwas, was man nicht weiß, geschieht, Sie werden mir bestätigen, daß es immer besser ist, wenn man nicht so angeschrieben ist. Der Herr Marchese vermögen etwas in Mailand, wie es nur billig ist, als der vornehme und große Herr, der Sie sind... Nein, nein, lassen Sie mich reden, die Wahrheit will ihre Statt haben. Eine Empfehlung, ein Wörtchen von Ihresgleichen ist mehr, als es brauchen würde, um eine richtige Freisprechung zu erhalten.

„Bestehen keine schweren Anklagen gegen den jungen Mann?"

„Nein, nein, ich würde nicht glauben. Sie haben ihm im ersten Augenblick hart zugesetzt; aber jetzt, glaube ich, handelt es sich nur noch um die bloße Förmlichkeit."

„Wenn es so ist, dann ist die Sache leicht, und ich übernehme sie gern."

„Und dann wollen Sie nicht, daß man sagt, daß Sie ein großer Herr sind. Ich sage es aber und werde es sagen; Ihnen zum Trotze werde ich es sagen. Und wenn ich auch still bliebe, so würde das gar nichts nützen, weil es alle sagen, und *vox populi, vox Dei.*"

Sie trafen richtig die drei Frauen und Renzo. Was die für Augen machten, das überlasse ich euch auszudenken; ich glaube, daß auch die nackten grauen Wände, die Papierfenster, die Stühle und die Töpfe verwundert waren, einen so außer gewöhnlichen Besuch zu empfangen. Der Marchese brachte die Unterhaltung in Gang, indem er von dem Kardinal und von anderen Dingen sprach, mit offener Herzlichkeit zugleich und mit zarter Rücksicht. Dann ging er auf den Vorschlag über, dessentwegen er gekommen war. Auf eine Bitte, den Preis zu bestimmen, trat Don Abbondio vor; und nach einigen Umständen und Entschuldigungen, daß so etwas nicht sein Fall sei und daß er nur aufs Ungewisse dabei zutappen könne und daß er nur aus Gehorsam rede und daß er sich bescheide, nannte er eine nach seiner Meinung unangemessene Summe. Der Käufer sagte, er sei damit einverstanden und nannte dabei, als ob er sich verhört hätte, den doppelten Betrag; von einer Richtigstellung wollte er durchaus nichts wissen und schnitt jedes weitere Gespräch damit ab, daß er die Gesellschaft für den Tag nach der Hochzeit in eine Burg einlud, wo der Vertrag ordentlich abgeschlossen werden sollte. Ach, sagte Don Abbondio bei sich, als er wieder daheim war, wenn die Pest immer und überall solche Dinge zuwege brächte, so wäre es richtig eine Sünde, schlecht von ihr zu reden; da brauchte es schier in jedem Menschenalter einer, und so könnte man es sich auch gefallen lassen, sie zu bekommen. Genesen müßte man freilich auch.

Es kam der Dispens, es kam die Freisprechung, es kam der gebenedeite Tag; das Brautpaar ging mit triumphierender Sicherheit richtig in diese Kirche und wurde richtig von Don Abbondio getraut. Ein anderer und noch herrlicherer Triumph war der Gang auf diese Burg, und ich überlasse es euch auszudenken, was für Dinge ihnen durch den Sinn gingen, als sie dort hinanstiegen, als sie bei diesem Tore eintraten, und auch was für Reden sie, jeder nach seiner Gemütsart führten. Bemerken will ich aber, daß mitten in der Luft bald der eine, bald der andere erwähnte, daß, um das Fest vollständig zu machen, der arme Pater Cristoforo fehle.

„Aber ihm", sagten sie dann, „geht es sicherlich noch besser als uns."

Der Marchese erschöpfte sich in Freudenbezeigungen, führte sie in eine schöne Gesindestube und ließ die jungen Gatten mit Agnese und der Kaufmannsfrau an einem Tische niedersitzen; und bevor er sich zurückzog, um mit Don Abbondio anderswo zu speisen, blieb er noch ein Weilchen, um einen Gästen Gesellschaft zu leisten, und half sie auch bedienen. Niemand wird es sich hoffentlich einfallen lassen, zu sagen, daß es einfacher gewesen wäre, nur eine einzige Tafel herrichten zu lassen. Ich habe ihn euch als einen wackeren Mann, aber nicht, wie man jetzt sagen würde, als ein Original vorgestellt, und ich habe auch gesagt, daß er bescheiden war, aber nicht, daß er die Bescheidenheit übertrieben hätte. Er hatte deren wohl genug, um sich unter diese Leute zu stellen, aber nicht, um sie sich gleichzustellen. Nach den zwei Mählern wurde der Vertrag durch einen Doktor, der aber nicht der Doktor Nothelfer war, abgefaßt. Dieser, das heißt, eine Hülle, war und ist noch immer in Canterelli. Und für den, der nicht aus dieser Gegend ist, begreife ich selber, daß es hier einer Erläuterung bedarf. Etwa eine Meile oberhalb von Lecco und schier unmittelbar neben dem Dorfe Castello liegt ein Ort, der Canterelli heißt, und dort kreuzen sich zwei Straßen; in der einen dieser vier Ecken sieht man eine Erhöhung, wie ein künstlicher Hügel, mit einem Kreuze auf der Spitze, und diese Erhöhung ist nichts anderes als ein großer Haufen von Leuten, die an jener Seuche gestorben sind. Die Überlieferung, um die Wahrheit zu sagen, spricht einfach von an der Seuche Gestorbenen; aber das muß auf jeden Fall diese letzte und mörderischeste Seuche sein, deren Andenken sich noch erhalten hat. Und ihr wißt, daß die Überlieferungen, wenn man ihnen nicht nachhilft, immer allzu wenig besagen.

Auf dem Heimwege gab es keine Unannehmlichkeit sonst, als daß Renzo ein wenig von dem Gewicht des Geldes belästigt wurde, das er wegtrug. Aber der Mann hatte, wie ihr wißt, ganz andere Dinge zu ertragen. Von der Arbeit des

Geistes, die es ihm machte, wie es am besten anzulegen sei, rede ich nicht. Die Pläne zu sehen, die ihm durch diesen Geist gingen, die Überlegungen, die Vorstellungen, das Für und Wider zu hören, ob Ackerbau oder Industrie, war, wie wenn zwei Akademien des vorigen Jahrhunderts einander entgegengetreten wären. Und für ihn war die Schwierigkeit viel wesentlicher, weil er als ein einzelner nicht zu sich sagen konnte: Was braucht es eine Wahl? Das eine und das andere, nur frisch zugegriffen: die Mittel sind im Wesen die nämlichen; es sind zwei Dinge wie die Beine, die zu zweit besser gehen als eins allein. Man dachte an nichts sonst mehr als einzupacken und abzureisen, die Familie Tramaglino in die neue Heimat, die Witwe nach Mailand. Tränen, Danksagungen, Versprechen, sich zu besuchen, gab's genug.

Nicht minder zärtlich, bis auf die Tränen, war die Trennung Renzos und der Familie von dem Freunde und Wirte, und glaubt nicht, daß es mit Don Abbondio etwa kühl abgegangen wäre. Die guten Leute hatten ihrem Pfarrer immer eine gewisse ehrerbietige Anhänglichkeit bewahrt, und er hatte ihnen im Grunde immer wohlgewollt. Es sind nur die verflixten Machenschaften, die die Gefühle verwirren. Wollte jemand fragen, ob es ihnen schmerzlich war, von dem Heimatsorte, von diesen Bergen zu scheiden, so lautet die Antwort: Gewiß; denn Schmerz, muß ich sagen, ist überall ein wenig. Immerhin dürfte er nicht gar zu stark gewesen sein; sie hätten sich ihn ja jetzt, wo die zwei großen Hindernisse, Don Rodrigo und der Steckbrief, beseitigt waren, ersparen und zu Hause bleiben können. Aber alle drei waren sie schon seit langem gewohnt, das Dorf, wohin sie gingen, als das ihrige zu betrachten. Renzo hatte ihm die Gunst der Frauen verschafft, indem er ihnen von den Annehmlichkeiten, die dort für die Arbeiter beständen, und hunderterlei Dinge von dem schönen Leben, das man dort führe, erzählt hatte. Im übrigen hatten sie alle in dem, dem sie jetzt den Rücken wandten, recht bittere Stunden durchgemacht, und traurige Erinnerungen verleiden immer und auf lange die Orte, die sie hervorrufen. Und sind diese Orte die, wo wir geboren sind, so ist in solchen Erinnerungen vielleicht etwas noch Härteres und Schärferes. Auch das Kind, sagt die Handschrift, liegt gern an der Brust der Amme, saugt mit Gier und Vertrauen an der Brust, die es bis jetzt süß genährt hat; wenn sie aber die Amme, um es zu entwöhnen, mit Wermut bestreicht, so zieht das Kind den Mund zurück, versucht es noch einmal, läßt sie aber schließlich fahren: weinend zwar, aber es läßt sie fahren. Was werdet ihr aber jetzt sagen, wenn ihr hört, daß sie in dem neuen Dorfe kaum angekommen waren, als Renzo schon einen gehörigen und vorbereiteten Verdruß fand? Kleinigkeiten; aber es braucht so wenig, um ein Glück zu stören! Mit ein paar Worten ist die Sache so: Das Gerede, das in diesem Dorfe schon lange Zeit vor ihrer Ankunft über Lucia im Gange war, die Kenntnis, daß Renzo so viel um sie zu leiden gehabt hatte und immer fest, immer treu gewesen war, vielleicht auch ein paar Worte eines für ihn und was sein war, besonders eingenommenen Freundes hatten eine gewisse Neugier, die junge Frau zu sehen, und eine gewisse Erwartung von ihrer Schönheit erregt. Nun wißt ihr, wie die Erwartung ist: eingebildet, gläubig und sicher, bei der Prüfung dann heikel und eigensinnig: nie findet sie so viel, daß es ihr genügen würde, weil sie im Grunde gar nicht gewußt hat, was sie wollte, und sie läßt sich mitleidlos alle die guten Eigenschaften bezahlen, womit sie ihren Gegenstand ohne Anlaß ausgestattet hatte.

Als diese Lucia erschien, begannen viele, die vielleicht geglaubt hatten, sie müsse richtig goldenes Haar und wahre Rosenwangen und Augen, eines schöner als das andere, und, was weiß ich, haben, die Achseln zu zucken und die Nase zu rümpfen und zu sagen: „Eh! das ist sie? Nach einer so langen Zeit, nach so vielen Reden hätte man etwas Besseres erwartet. Was ist sie denn weiter? Eine Bäuerin wie so viele andere. Eh! solche und bessere gibt's überall." Und indem sie sie dann noch auf die Einzelheiten hin musterten, vermerkten sie hier einen Mangel und dort einen Mangel, und es gab sogar welche, die sie durchaus häßlich fanden. Solange sich freilich niemand einfallen ließ, Renzo das ins Gesicht zu sagen, war das Unheil nicht groß. Wer das Unheil stiftete, das waren gewisse Leute, die es ihm hinterbrachten; und Renzo, was wollt ihr? war tief gekränkt. Er begann darüber zu grübeln und sich sowohl bei denen, mit denen er sprach, als auch bei sich schwer zu beklagen. Was geht es euch an? Und wer hat euch geheißen, etwas Besonderes zu erwarten? Habe ich euch je von solchen Dingen gesprochen? Euch gesagt, daß sie schön ist? Und wenn ihr es gesagt habt, habe ich je etwas anderes erwidert, als daß sie ein gutes Mädchen ist? Und eine Bäuerin! Habe ich euch je gesagt, daß ich eine Prinzessin heimführen würde? Gefällt sie euch nicht? Schaut sie nicht an. Habt ihr schöne Frauen, so seht die an. Und seht nun einmal, wie dann und wann eine Kleinigkeit hinreicht, um über die Verhältnisse eines Menschen für ein ganzes Leben zu entscheiden. Hätte Renzo das seinige, wie sein Vorsatz gewesen war, ganz in diesem Dorfe zubringen müssen, so wäre es wenig heiter gewesen. Durch den Verdruß, den man ihm gemacht hatte, war er selber verdrießlich geworden. Er war mit allen unfreundlich; denn jeder konnte einer von Lucias Tadlern ein. Nicht daß er gerade gegen die Höflichkeitsregeln verstoßen hätte; aber ihr wißt, was für hübsche Dinge man tun kann, ohne die Gesetze der guten Lebensart zu übertreten, die sogar das Bauchaufschlitzen erlauben. In jedem seiner Worte lag, ich weiß nicht, etwas Sardonisches; an allem fand nun auch er etwas auszusetzen, und das ging so weit, daß er, wenn es einmal zwei Tage hintereinander regnete, sagte: „Nun ja, in einem solchen Neste!" Ich sage euch, daß derer, die ihn schon satt hatten, bald nicht wenige waren, und darunter Leute, die ihm zuerst wohlgewollt hatten; und mit der Zeit und von einem ins andere hätte er sich mit der ganzen Bevölkerung sozusagen im Kriege befunden, ohne daß vielleicht er selber die erste Ursache eines so großen Übels hätte erkennen können.

Aber fast könnte man sagen, die Pest habe es übernommen gehabt, alle seine Fehler wieder gut zu machen. Sie hatte den Besitzer einer schier an den Toren Bergamos gelegenen Spinnerei dahingerafft, und sein Erbe, ein liederlicher junger Mensch, der in dem ganzen, großen Gebäude nichts für seine Unterhaltung fand, hatte sich entschlossen, oder brannte vielmehr darauf, es zu verkaufen, auch um den halben Preis; aber das Geld wollte er hergezählt haben, um es sofort vergeuden zu können. Die Sache kam Bortolo zu Ohren, und der eilte hin, um zuzusehen, und verhandelte: bessere Bedingungen hätten sich nicht erhoffen lassen, aber die eine der baren Bezahlung verdarb alles, weil alles Geld, das er sich nach und nach erspart und auf die Seite gelegt hatte, noch lange nicht an diese Summe reichte. Er verhielt den Freund, ihm im Worte zu bleiben, kehrte eilig zurück, teilte das Geschäft dem Vetter mit und schlug ihm vor, Halbpart zu machen. Ein so schöner Vorschlag machte Renzos ökonomischen Zweifeln ein Ende; er entschied sich alsbald für die Industrie und sagte Ja. Sie gingen gemeinsam hin, und der Vertrag wurde gemacht. Als dann die neuen Herren auf ihrem Besitze ankamen, wurde Lucia, die dort keineswegs erwartet worden war, nicht nur keiner Bekrittelung unterworfen, sondern man kann auch sagen, daß sie nicht mißfiel; und mit der Zeit erfuhr Renzo, daß dort mehr als einer gesagt hatte: „Habt ihr die schöne Tröpfin gesehen, die hergekommen ist?" Das Beiwort ließ das Hauptwort hingehen.

Und auch von dem Verdruß, den er in dem andern Dorfe erfahren hatte, blieb ihm eine nützliche Lehre zurück. Vorher war er ein wenig rasch gewesen, ein Urteil abzugeben, und ließ sich leicht gehen, die Frau eines andern und alles zu bekritteln. Nun merkte er, daß die Worte in den Ohren ganz anders wirken als im Munde, und gewöhnte sich ein bißchen mehr daran, seine erst inwendig zu hören, bevor er sie aussprach.

Immerhin glaubt nicht, daß es dort ohne Verdrießlichkeiten abgegangen wäre. Der Mensch – so sagt unser Anonymus, und ihr wißt aus Erfahrung, daß er in Sachen der Gleichnisse einen ein wenig seltsamen Geschmack hat; aber laßt ihm noch dieses hingehen, weil es das letzte ist – der Mensch ist, solange er auf der Welt ist, ein Kranker, der sich in einem mehr oder minder unbequemen Bette befindet und um sich andere Betten sieht, die von außen hübsch zurechtgemacht und glatt gestrichen sind, und er bildet sich ein, dort müßte einem recht wohl sein. Wenn es ihm aber gelungen ist, das Bett zu wechseln, so beginnt er, kaum daß er sich auf dem neuen richtig hingestreckt hat, hier etwas, das ihn sticht, dort etwas, das ihn drückt, zu fühlen, und kurz, es ist ungefähr dieselbe Geschichte wie früher. Und darum, fügt der Anonymus noch hinzu, sollte man mehr daran denken, gut zu handeln, als gut zu leben, und so würde man es erreichen, daß man noch besser lebte. Das ist zwar ein wenig bei den Haaren herbeigezogen, und man kennt sofort das siebzehnte Jahrhundert heraus; im Grunde hat er aber recht. Im übrigen, fährt er fort, gab es für unsere guten Leute

Schmerz und Ungemach von der Gattung, wie wir erzählt haben, nicht mehr; von nun an war ihr Leben ruhig, glücklich, beneidenswert, dergestalt, daß ihr euch zu Tode langweilen würdet, wenn ich es euch erzählen sollte.

Die Geschäfte gingen ausgezeichnet: nur im Anfange gab es ein kleines Hemmnis wegen des Mangels an Arbeitern und wegen der Entwöhnung und der Ansprüche der wenigen, die übrig geblieben waren. Es wurden Verordnungen veröffentlicht, die den Lohn der Arbeiter einschränkten; trotz dieser Hilfe gingen die Dinge wieder ihren alten Gang, weil sie eben schließlich auf den alten Weg kommen müssen. Es erging eine neue Verordnung von Venedig, die ein wenig vernünftiger war: Befreiung auf zehn Jahre von allen Lasten für die Ausländer, die zu bleibendem Aufenthalte ins Land kämen.

Für die Unsrigen war das eine Wohltat. Das erste Jahr der Ehe war noch nicht um, als ein schönes Geschöpf zur Welt kam; und als ob dies just geschehen wäre, um Renzo sofort die Gelegenheit zu geben, ein großmütiges Gelübde zu erfüllen, war es ein Mägdlein, und ihr dürft glauben, daß ihr der Namen Maria gegeben wurde. Mit der Zeit kamen dann noch, ich weiß nicht, wie viele beiderlei Geschlechts, und Agnese hatte vollauf zu tun, um sie eins nach dem andern herumzutragen, wobei sie sie kleine Schelme nannte und ihnen Schmätze ins Gesicht drückte, so daß eine ganze Weile weiße Flecke blieben. Und alle waren sie gut geartet, und Renzo hielt darauf, daß sie alle lesen und schreiben lernten; er sagte, da diese Spitzbüberei einmal da sei, so sollten sie sie sich wenigstens zunutze machen. Ein Vergnügen war es, ihn seine Abenteuer erzählen zu hören, und stets schloß er damit, daß er die großen Dinge erzählte, die er daraus gelernt habe, um sich in Zukunft besser aufzuführen.

„Ich habe gelernt", sagte er, „mich in keinen Aufruhr einzulassen, ich habe gelernt, nicht auf der Gasse zu predigen, ich habe gelernt, das Glas nicht allzuoft zu heben, ich habe gelernt, mir keine Schelle an den Fuß zu binden, ohne Bedacht zu nehmen, was daraus erwachsen kann."

Und hunderterlei andere Dinge. Lucia freilich war von dieser Gelehrsamkeit, wenn sie sie auch nicht an sich falsch fand, nicht sehr befriedigt; ihr schien so verworren, daß ihr etwas mangle. Und da sie ihn immer dasselbe Lied singen hörte und jedesmal darüber nachdachte, sagte sie eines Tages zu ihrem Moralisten: „Und was soll denn ich gelernt haben? Ich bin die Leiden nicht aufsuchen gegangen; sie haben mich aufgesucht." „Du müßtest denn sagen wollen", fügte sie mit einem süßen Lächeln hinzu, „mein Fehler sei es gewesen, daß ich dich gern gehabt und mich dir versprochen habe."

Anfangs war Renzo darüber verlegen. Nach einer langen Auseinandersetzung und nach langem, gemeinsamem Suchen kamen sie aber endlich zu dem Schluß, daß zwar die Leiden kommen, weil man sie verursacht hat, daß aber die vorsichtigste und unschuldigste Aufführung nicht genügt, sie fernzuhalten, und daß sie, wenn sie kommen, ob unverschuldet oder verschuldet, durch das Gottvertrauen gelindert und zu einem besseren Leben nützlich gemacht werden. Dieser Schluß hat uns, obwohl er von schlichten Leuten gefunden worden ist, doch so richtig geschienen, daß wir es für gut gehalten haben, ihn gleichsam als die Essenz der ganzen Geschichte hierher zusetzen.

Hat euch diese nicht durchaus mißfallen, so denket mit Gunst dessen, der sie niedergeschrieben hat, und ein wenig auch dessen, der sie herausgegeben hat. Haben wir euch aber am Ende gar gelangweilt, so seid überzeugt, daß es nicht mit Absicht geschehen ist.

ENDE.

Zu dieser Ausgabe.

Der Text dieses Buches beruht auf der Ausgabe:

Die Brautleute. Eine mailändische Geschichte aus dem 17ten Jahrhundert / Aufgefunden und herausgegeben von Alessandro Manzoni. Deutsche Übertragung von Albert Wesselski. München und Leipzig 1913.

Der ursprüngliche Text wurde sprachlich überarbeitet sowie zum besseren Verständnis für den Leser an verschiedenen Stellen vom Herausgeber befußnotet.